日本俗信辞典　身体編

常光 徹

角川文庫
24254

日本俗信辞典　身体編　目次

【凡　例】

一、本書は、身体器官を中心とする俗信（予兆・占い・禁忌・呪《まじな》いに関する生活の知恵や技術）についてまとめたものである。

一、伝承地は（）で示した。市町村名については、現状と異なる場合は現在の地名を〈〉に記載した。但し、郡名は一部を除いて資料報告当時のままである。

例　子供がさわぐと天気がくずれる（長野県丸子町〈上田市〉）

一、伝承地を都道府県単位で示した場合は、都府県の語を省いた。

例　スルメを焼いて屋内を燻すと風邪が出て行く（東京・新潟・奈良・三重など）

一、本書で紹介する俗信は、主に大正から平成にかけて報告されたものである。基本的に資料の発表時点での記述に従っているので、現状の伝承実態とは異なる場合が多い。なお、カッコ内の伝承地は筆者が確認できたもので、当該事例のすべてを示すわけではない。

五六八頁図作成／小林美和子

【あ】

垢《あか》

○夜、耳の垢を取ってはいけない（岩手・秋田・山形・宮城・福島・群馬・茨城・千葉・長野・高知・福岡・佐賀）と各地でいう。夜間に耳垢《みみあか》を取ると、福の神を掻き出す（福岡県久留米市）、宝を失う（佐賀県武雄市）、貧乏する（宮城・長野）、幸福を掘るのでよくない（群馬県太田市）、親の死に目に会えない（山形県長井市）、思うことが叶わない（岩手県花巻市）といって忌む。夜の耳かきは慎むべきとされた。同様に、耳垢を火に入れるのも禁忌で、耳垢を焼くと、耳が聞こえなくなる（栃木・福井・和歌山・高知）、耳が遠くなる（愛知県下山村〈豊田市〉）、七代貧乏する（伊勢渡会地方〈三重〉）、気がふれる（同県桑名市）という。岩手県胆沢《いさわ》郡では、捨てた耳かす（耳垢）がアリに運ばれると耳が聞こえなくなる、といい、同県江刺郡でも耳垢をアリに食われると耳が聞こえなくなるので唾をして捨てよ、と伝えている。

○和歌山県山路郷〈田辺市〉では、耳くそ（耳垢）を食えば物覚えがよくなるといい、同じ伝承は、岐阜県本巣市、奈良県山添村、福岡県北九州市猿喰《さるはみ》にもある。耳垢は記憶のイメージと結びついているようだ。ほかにも、耳垢をなめると気がふれる（長野県北安曇郡）、耳垢が粉（乾性耳垢）の人は早く耳が遠くなる（愛知県下山村〈豊田市〉）、耳の病気は耳垢をネズミに引かせると治る（秋田県平鹿《ひらか》郡）、耳垢を取らないとハチが巣をする（徳島県小松島市）などという。

○雑俳集『前句諸点 住吉みやげ』（宝永五年〈一七〇八〉）に、「耳垢のかゆみ吉事の御注進」の句が見える。耳がかゆいのは吉事の前兆だった。今でも、耳がかゆいと良いことがある（青森・埼玉・新潟・岐阜・和歌山・香川など）と各地でいう。『秀吟三百番』（宝永年間〈一七〇四―一一〉）に見える「板に書墨なら耳の垢いれて」の句について、鈴木勝忠は「板に字を書くには、耳垢を入れて磨った墨を使えばにじまないと。」と説明している（『川柳雑俳江戸庶民の世界』一九九六年）。日尾荊山《けいざん》の『燕居雑話《えんきょざつわ》』（江戸後期）に「本邦書家者流墨のしゞむときに、耳の垢を点ずると云ふこと、淵源なきにあらず。」として、中国の例を紹介している。

○臍《へそ》の垢のことをヘソノゴマともいい、これを取ると腹が痛くなるとの伝承は全国的である。『長ふくべ』（享保一六年〈一七三一〉）に、「角力とり八子にもかゝせぬ臍の垢」の句が見える。ヘソの垢はたとえ子供であっても取らせないというのは、垢を搔き取ると力が抜けるという俗信があったからで、現在も、ヘソの垢を取ると力が抜ける（茨城・長野・岐阜・山梨・愛知・兵庫）と各地でいう。ヘソの垢は力の象徴でもあった。

○現代人は、身体の垢はこまめに落とし、常に清潔に保つことに気をつかっている。現在とは生活環境が異なるとはいえ、従来も、体についた垢を落とす機会や方法については何かと工夫をこらしてきた。そうした中で、愛知県碧南市《へきなん》では、垢がようけ（たくさん）つくと病人は治る、という。同県北設楽郡でも、垢のつく病人は治るといい、垢がつくのを病状回復の兆しと見ていて興味深い。

○保立道久は「匂いと口づけ」（『中世の愛と従属―絵巻の中の肉体』一九八六年）で、『身の垢を煎じて飲め』というのは今では全くの冗談でしかないが、夢の中に現われた高僧が『身の垢を摩って与え』たという記録も実際にあるのである」と述べて、『三外往生《さんげ》記』四三話を挙げている。「爪の垢を煎じて飲む」という諺は、その人の優れた能力が爪の垢に譬《たと》えられるが、背景には、爪先から霊的な力が発散されるとの観念があったのだろう。垢に対しては、今日のようにただ落とせばよいというだけの発想とは違う感覚があったようだ。俗信ではないが、昔話の「力太郎」は「こんび太郎」とも呼ばれ、こんび（垢）をこすって作った小さな人形が大きくなって活躍をする話である。垢は身体の一部でありながら分離可能な存在でもある。掻き出された垢が、夜間に徘徊する悪霊や異類の手にかかれば、本人に害が及ぶという感染呪術的な心配とともに、「力太郎」のように願望の分身を垢で表現することもあった。

○ほかにも、つぎのような俗信がある。赤ん坊の頭にでるオボアカを取ると死ぬという（岩手県西磐井郡など）。七夕に髪を洗うと垢がよく落ちる（和歌山県高野口町〈橋本市〉）。大根おろしは喉の垢を取る（熊本県水俣市）。爪に垢をためていると恐い夢を見る（岐阜県国府村〈高山市〉）。足に垢をたけて（つけて？）いるとキジになる（岩手県花巻市）。

⇩頭垢《ふけ》・痒《かゆ》み・臍《へそ》・耳《みみ》

欠伸　あくび

○欠伸は、眠いときや疲れたときなどにでる生理現象だが、状況によっては、神霊や物の怪の憑依・離脱の兆候を示す表情でもあった。鹿児島県沖永良部島《おきのえらぶじま》では、人が死んで一週間ぐらい経った晩にユタを頼んで死者のマブイ（霊）を降ろす。これをハミウリといい、野間吉夫『シマの生活誌』（一九四二年）によれば、「ユタが柑橘《かんきつ》の枝を叩いて呪言《じゅごん》する。その中に誰かゞ欠伸をすると、その人に死んだ人のマブイが降りたという。その人は月のはじめに定められた井戸に行ってショージ（精進）をすることになる」とある。沖縄県大宜味《おおぎみ》村では、新しい神人《かみんちゅ》に神がつくと欠伸をするという。東京都八丈島では、女性が巫女になる際には「ミバコという自分の神を納める箱を造って、それを据え、そして他の巫女に拝んでもらい、神を移してもらう。その折りには、まず欠伸がうつるといって、その女はしきりに欠伸をし、やがて神が乗りうつってくる」という（『大間知篤三著作集』四、一九七八年）。神霊を降ろす場で欠伸がでると、霊が乗り移ったしるしと見做《みな》していたことがわかる。

○降ろした死者の仏（霊）が巫女に乗り移ると、いつもは話のへたな巫女でも「別人のようになって、さらさらと考えることもなく次々とことばを述べる。終ればたいてい欠伸して正気にかえる」という（『福島県史』二四巻）。乗り移った霊が離れる際にも欠伸をする。それで正気に返るが、あとで聞いても何を話したのかよく覚えていないという。

○柳田国男は『熙譚日録』《きたん》（一九四〇年）で「八丈の島などでは今もあることだが、他でも或はそういう例があろう。女が新たに巫女になる時には、神の前で熱心に拝んで居るのが、頻りにアクビをし始めるのを、神に認められた一つの兆候として居る。或は中座とも謂《い》って、霊媒《れいばい》に物を聴く場合にも、中立ちとも謂って、本人の挙動を注意して居て、アクビをし出すのを神の懸《かか》って来た知らせとして居る。即ち単なる生理現象とは、以前の人は見なかった」と述べている。多田道太郎は、柳田の指摘を踏まえて「神とか神がかりというのは、個人的、集団的無意識というふうに考えてよいだろう。ふしぎな無意識の『場』にはいりこんだというしるしが、じつはこのあくびというものなのだ」と述べている（『しぐさの日本文化』一九九四年）。また、村山道宣《みちのぶ》は、『枕草子』『栄花物語』『古今著聞集』などに出ている欠伸に注目し、「物（物の怪）が憑依《ひょうい》するもしくは離脱する『徴《しるし》』としてアクビが解されていた」ことを指摘している（「神託としての声と身振り」二〇〇七年）。例えば、『栄花物語』巻二一に「今日は七日にて御湯のあるべければ、また夜さりの御湯殿の事どもなどさまざまのしるほどに、にはかにうちあくばせたまひて（北の方が急にあくびをなさって）、御気色いと苦しげなれば、さるべき僧たち、日ごろの御祈りにうちたゆみ心地よげなるに、にはかにかくおはしませば、皆参り集まりて加持まゐる。」と見え、僧たちが北の方にとり憑いた物の怪を駆り移す御祈禱をする。急に北の方があくびをしたのは、物の怪が憑依した「徴」と理解されていた。神霊や物の怪の憑依・離脱を示す欠伸は、眠気を催したときのような穏やかな表情だけでなく、霊的な働きかけによる（とされる）衝撃から思わず口を開いたさまをも含めていうのであろう。

○村山道宣は右の論考で、知人の男性から耳にしたこんな話を紹介している。「彼の話では、子供の時、祖母はアクビをすると必ず、『なんまんだぶ、なんまんだぶ』と念仏を唱えたというのである。祖母のトシさんは明治十年頃の生れ」だという。珍しい例だが、しかし、近世にはこうした習俗があったようで、『誹風柳多留』に「欠《あく》びにはおんあぼきやァはそごなわず」（文化五年〈一八〇八〉）の句が見える。オンアボキャは光明真言である。「欠びには善くさめには悪を吹き」（文化二年）の句もある。「くさめには悪」とは、クシャミがでた直後「クソクラエ」とか「チクショウ」などと罵《のの》り言葉を発することをいうのであろう。当然、欠伸のあとの言葉は宗派によって違っていた。「あくびすりや元の宗旨のくせが出る」（『誹風柳多留』文政八年〈一八二五〉）は、その事情をよく伝えている。

○欠伸は人にうつる（東京）とか伝染する（秋田県雄勝郡）という。『枕草子』に「見な

らひするもの　あくび。ちごども。」と見え、欠伸は見ていてうつるものとされていたことがわかる。長野県松本市では、欠伸がうつらぬと仲違いになるという。柳田国男は「熙譚《きたん》日録」で「一緒にアクビをすると、三日間の親類だという諺もあったらしい。今でもよく覚えて居るのは私の兄嫁が、惣領《そうりよう》の娘を生んだ当座に、赤ん坊を抱いて居て二人で共にアクビをした。そうして『三日の親類だね』と謂《い》ったのは良いユウモアであった。如何《いか》なる動機から此《この》様な俗信が起ったものか。是は単なる常識ではまだ説明がつかぬと思う」と、自らの体験を紹介している。二人の人間が同時に欠伸をするのは、発話の同時現象とも共通する、いわゆる「同時に同じ」にまつわる俗信の一種である。高知県東津野村〈津野町〉では、欠伸をして人にうつったらその人と三日兄弟になる、という。「同時に同じ」現象が発生した瞬間、両者の関係は一体化するとの感覚があったので、それを「三日の親類」と表現したのであろう（常光『しぐさの民俗学』）。

○栃木県日光市栗山地区では、生まれたばかりの赤子が欠伸、あるいはクシャミをする前に、とりあえずお産に立ち会った人に仮の名前を付けてもらうものだとされた。正式の名前はその後七夜までに付けたという（栃木県立博物館編『異界』二〇一二年）。欠伸をする前に仮の名前を付けるのは、曖昧な存在の赤子が悪霊に狙われないように、逸早く人間の側に取り込んでおく意図かも知れない。

○野村雅一は、「かつてはヨーロッパでも、悪魔は口をとおって出入りする、という俗信があり、あくびをするたびに口をかくしたり、十字を切ったりする習慣があった」と述べて、「あくびを手でかくすという日本人のしぐさも、なにか悪霊が身中に入りこむのをふせごうというつもりではあるまいか」と指摘している（『ボディランゲージを読む』一九八四年）。
○武藤鉄城「音と民俗」（一九三八年）に、次の報告が載っている。「欠伸は無意識に出たり、伝染したりするがマタギ即ち狩人の社会では『欠伸も唄』とされている。猟の出掛けに唄は禁物であるが、アクビも唄である以上、それをやると、サンダラ垢離を取らせられる。即ち沢の雪上にサンダラ（俵のボッチ）を一枚敷き、その上へ真裸体で坐らせ、一枚を頭に載せ、ワッパ（飯を容れる曲げ物）で水を三十三回かけられるのである。それ程緊張して猟に向う。」（秋田県角館《かくのだて》付近）。
○飯を食べながら欠伸をすると、果報を落とす（岩手県九戸《くのへ》郡）、ご飯が胃で泣く（同県東磐井郡）。お天道さまに向かって欠伸をするとキツネに化かされる（福島県滝根町〈田村市〉）。⇩口《くち》

顎　あご

○口が大きく顎肉の豊かな人は立身する（秋田県由利郡）、下顎の骨が角張っている者は出世する（同県山本・由利郡）、顎にホクロのある人は金持ちになる（同県大館市）。和歌山県高野口町〈橋本市〉では、オトガイ（顎）が長い人は長命筋という。秋田県では、顎の尖《とが》った人は子福長者（平鹿郡）という一方で、顎の細い者は貧乏する（仙北郡）、顎長の人は汁を多く飲む（大館市）ともいわれる。愛知県岡崎市ではニキビのでた位置によって次のように占う。想い（額）、想われ（顎）、振り振られ（頬）である。足がしびれて立てなくなったら、額、鼻の頭、顎に唾を三回つけるとよい（福島県飯舘村）。シビレには、頬、額、顎を指で十字に突っついて手を合わせる（群馬県板倉町）。

痣　あざ

(1) 妊婦は火事、葬式を見るな

○妊婦は火事を見るな。火事を見ると、アザ

のある子が生まれる（全国的）とか、赤アザのある子が生まれる（全国的）と言って心配する。もちろん、火事を目撃したからといって生児にアザができるわけではないが、かつては広く知られた禁忌の一つであった。愛媛県内子町では、妊婦が火事を見たら子どもに赤いノブヤキ（アザ）ができる。しぶとく見ると黒いノブヤキができる、という。和歌山県川辺町〈日高川町〉や広島県加計町〈安芸太田町〉では、妊婦が障子の穴から火事を見るとアザのある子が生まれるという。高知県十和村〈四万十町〉でも、妊婦は野火を障子の破れから見られん。見るとノブヤケといって体に赤いアザのある子が生まれる、といって忌む。三重県宮川村〈大台町〉では、妊婦が節穴から火事を覗き見ると胎児《たいじ》にアザができるという。衝動に駆られ、つい障子穴から覗こうとするのを戒めたものであろうか。妊婦が火事を見ながら小便すると赤アザのある子が生まれる（福島・群馬・茨城）との伝承もある。妊婦が見てはいけないのは火事のほかに、花火を見るとアザのある子ができる（愛知県東海市）という例もある。

○火事を見た際、妊婦が体に手を触れると、生まれてくる子の同じ箇所にアザができるとの伝承は多い。石川県辰口《たつのくち》町〈能美《のみ》市〉では、妊婦が火事を見て身体に手をあてたら、その部分に赤アザのある子が生まれる。それで、火事のとき妊婦は「出っこんなん、出っこんなん（出てはいけない）」と言われた。茨城県結城市でも、赤アザができるので妊婦のいる家では外に出さなかったという。群馬県大間々町〈みどり市〉では、火事を見ると赤アザができるので半鐘が鳴っても見るものではないといわれた。高知県本川村〈いの町〉では、火事を見ても腹を押さえるな、押さえたところがもし胎児の左頬であれば、そこにホヤ（赤アザ）ができるという。妊婦が驚いてお腹に手をあてると、その部分が赤アザとなって子どもの身体にでる（兵庫県西宮市）。火事を見ていて手を顔にあてると、そこにアザのある子が生まれる（長野）。奈良県山添村では、妊娠中に火事を見たときは、「アザはここ」と言って尻をなでておく。山口県福栄《ふくえ》村〈萩市〉では、妊婦が障子の穴から火事を見ると生まれてくる子に火焼《ほやけ》ができるので、見たらすぐ指先でお尻を押さえるとよい、と伝えている。

○福島県三春町では、妊婦がもし火事を見る時は両足を組んで見ること、という。火事はケガレである。両足を交差させた斜め十字の形は、ケガレの感染を防ぐ魔除けのしぐさであろう。長野県北安曇郡では、火事の時に前掛けを二つに折っていれば、アザのある子は生まれないという。

○妊婦は葬式を見てはいけない、との禁忌も全国的である。見ると、黒アザのある子が生まれる（全国的）、青アザのある子が生まれる（岩手・群馬・茨城・岐阜・愛知・兵庫）という。愛知県半田市では、葬式を見た妊婦が手で体にさわると、腹の子の同じところに黒アザができるといい、同県額田町明見〈岡崎市〉では、妊娠中に火葬の煙を見て皮膚をなでると、その部分に黒アザのある子が生まれる、と伝えている。妊婦が葬式を見るのを忌む禁忌だが、土地によっては多少事情が異なる。福島県梁川町〈伊達市〉では、妊娠中に葬式の見舞いに行ってもよいが、葬式の手伝いはしない。黒いアザの子が生まれるという。棟上げのときの鏡を抱いていると、葬式に参列しても青アザの子は生まれない（同県飯舘村）。岐阜県久々野町〈高山市〉では、妊婦は死人の体に涙を落としてはいけないという。もし額に落とすと、生まれる子の額にアザができるといわれる。

○長野県北安曇郡で、死人を焼く火を見ると赤アザのある子が生まれるというのは、葬式と火事の火が混同した例といえよう。妊婦が葬式を見ながら小便をすると、黒アザのある子ができる（福島市・栃木県都賀町〈栃木市〉）。妊婦が葬式の夢を見ると子どもに青アザができる（愛知県春日《はるひ》町〈清須市〉）。死人の夢は青アザの子が生まれる（群馬県大間々町〈みどり市〉）。妊婦の夫が棺かつぎをすると、黒いアザの子ができる（栃木県粟野町栃原〈鹿沼市〉）。

○妊婦が避けるべきとされる火事や葬式を見る禁忌は、報告書ではどちらか片方を忌む例を紹介した記述が多いが、しかし、双方を忌むとのケースも少なくない。妊婦が火事を見ると赤アザの子が、葬式を見ると黒アザの子ができる（福島・栃木・群馬・茨城・神奈川・長野・岐阜・静岡・愛知・岡山）。土地によっては、黒アザではなく青アザの子ができる（栃木県烏山町〈那須烏山市〉・群馬県倉渕村〈高崎市〉・茨城県大子《だいご》町）という。多分、どちらか一方を忌むというよりは、火事も葬式も忌むのが一般的ではなかったかと思われる。

○妊娠期間中、気を付けてはいても火事や葬式に遭遇しないという保証はない。この禁忌を守り通すのは容易ではないが、しかし、鏡を身につけていれば、火事を目撃しても、あるいは葬式に参列しても難を逃れる、つまり、アザのある子は生まれないといわれる。この呪《まじな》いは広く分布しており、岩手・福島・栃木・群馬・茨城・神奈川・福井・長野・岐阜・静岡・愛知・三重・和歌山・岡山の諸県で確認できる。鏡を腹にあてておくと、火事や葬式を見ても子どもにアザができない（三重県大山田村〈伊賀市〉）。妊娠中に火事を見ると生まれる子どもに赤アザができる。不用意に火事を見る場合に備えて懐に鏡を入れておくこと（茨城県麻生町〈行方《なめがた》市〉）。群馬県倉渕村〈高崎市〉では、妊娠中に火事を見ると生まれる子どもに赤いアザができ、死人を見ると青アザができるという。親戚の人の葬式はアザがかげ（見えないところ）にでるが、他人の場合には顔にでる。だから、妊婦は火事があってもうっかり飛び出すなという。鏡を持っていればこのアザを防ぐことができる。鏡にうつって子どもに移らない。栃木県烏山町〈那須烏山市〉でも、妊婦が火事を見ると赤アザが、死人を見ると青アザが生まれてくる赤ん坊の体にできるという。これを避けるため、妊婦は鏡を帯の間にはさんでおくか、紐に通した鏡を首にかけておくかしなければならなかった。また、死人を見ないようにすれば、葬式に行くのは構わなかった。いずれも、鏡が帯びている魔除けとしての呪性を示すものだが、こうした解消手段を伴っているのは、「見る」という偶発的で不可避的な状況に予め対処するためという面があるのだろう。妊婦を取り巻く環境は、敏感に胎児に影響すると考えられた。鹿児島県坂井村〈中種子町《なかたねちょう》〉では、妊娠のときに強いショックを受けるとホヤケ（アザ）ができるといい、福島県矢祭町では、妊娠中に何かを見てたまげる（驚く）と、見たものの（形の）アザが生まれた子のほっぺにできるといって心配する。以上、一連の禁忌は、火事や死のケガレが妊婦に感染する恐れから発しているといってよいが、そこには、妊婦の静穏《せいおん》を願い、精神的なショックや動揺を起こさないように、あるいはそれを緩和するための配慮が感じられる。

痣《あざ》

(2) 誕生以前の記憶がアザに

○アザにまつわる妊婦の禁忌は、火事と葬式に関する伝承が突出して多いがそれだけではない。宮城・福島県では、妊婦が鍋墨を踏むと黒アザの子が生まれるという。ホクロ（黒子）をアザという地方もあるので断定はできないが、この場合は鍋墨から黒アザを連想したのであろう。福島県西会津町では、鍋底の煤にさわるとアザのある子ができるといい、同県金山町では鍋敷きを踏むとアザのある子ができるという。
○妊婦が、赤飯に汁をかけて食うとアザのある子が生まれる（福島県梁川町〈伊達市〉）、昆布を食べると子どもにアザができる（同県西会津町）、鏡を見ながら食事をすると黒アザになる（岩手県東磐井郡）。懐に紅絹《もみ》を入れるとアザのある子が生まれる（徳島）、袋物をこしらえるとアザのある赤ん坊ができる（兵庫県赤穂市）。
○鉄漿《かね》（お歯黒）をつける時、誤って滴《しずく》を腹へ落としたら黒いアザのある子ができる（奈良県下北山村）。身持ちの時にお歯黒をつけるとアザのある子が生まれる（和歌山県紀北地方）。
○庚申《こうしん》さま、二十三夜さまの夜は夫婦共寝をするな。双方とも物忌みにかかわる信仰行事で、ことに庚申さまの夜は講宿に籠って遅くまで語り明かすのが習わしとなっている。それを冒して交われば、アザのある子や手癖の悪い子が生まれるという（福島県田島町〈南会津町〉）。庚申の夜は夫婦同衾を忌み、禁を破ると生まれてくる子が盗人になるという俗信が知られている。『誹風柳多留』（文政六年〈一八二三〉）に「五右ェ門が親庚申の夜をわすれ」の句が見える。
○愛知県西尾市寺津町で、赤子の尻の青アザは、お産のときウブノカミサンが叩いたからといい、同県額田町〈岡崎市〉では、ウブノカミサンが早く出ろとつねったあとだという。尻の青アザは乳幼児にみられる蒙古《もうこ》斑《はん》のことである。岐阜県宮村〈高山市〉では、赤ん坊のお尻の青アザは閻魔様に叩かれたしるしといわれ、同県蛭川村〈中津川市〉では神様にしかられたあとだという。福島市では、生児の尻のアザは今度だけ勘弁すると鬼に打たれたアザだ、といい、同県いわき市や新潟市では閻魔様がつねった爪のあとだと説明している。新潟県川西町〈十日町市〉でチンジュヒネリと呼ぶのは鎮守捻《ひね》りの意であろう。ほかにも、三途河《しょうずか》の婆さんに捻られたあと（秋田県山本郡）、荒神様が「早く出ろ」とつねったため（東京都大田区）など、各地でさまざまにいう。いずれも、尻の青アザは誕生以前に産神や閻魔など他界のものが関与した名残だと伝えている。蒙古斑は成長とともに消えるが、群馬県では、幼児の尻に青いアザがついているうちは神様がついているという。また、妊婦が交接すれば生まれた子の尻に青アザがつく（奈良県磯城《しき》郡）とか、赤ん坊の尻の青いのは子が腹にある間に交わった証拠（青森県八戸市）といわれる。『艶道俗説弁』巻五（明和六年〈一七六九〉）に、「産神の抓《つめ》りし跡の説」として「俗説に、生れ子の背中、腰の廻りに黒く痣のごとくなる有を、産神のつめり給ひし跡也といへり。按るに懐胎して五月《いつつき》の後、夫婦交接の事あれバ、うまるゝ子必ス黒き跡有。」とある。

○死者の体に墨をつけて（あるいは文字を書いて）葬ると、同じところにアザのある子として生れ変わる、という俗信が方々にある。秋田県仙北郡や河辺郡では、子供が死んだ時にどこかに墨を付けて葬ると、アザになって生れ変わるという。群馬県東村田部井〈伊勢崎市〉では、死んだ人（の体）に字を書いてやると生れ変わったときにアザになるといった。長野県大町市三日町では、赤子の青アザには、生れ変わりの人の氏名が記されているといって判読したという。同じ場所にアザがあると生れ変わりだという（新潟県山古志村虫亀〈長岡市〉）。銭形のアザのある人は他人の生れ変わり（秋田県河辺郡）。

○アザを取るには、墓地の土を取ってきてそれでこするとよい（福島・栃木・群馬）という。子供のアザを取るには、墓の土を夜こっそり取ってきてつける（群馬）。葬式に出合って子供に黒アザができた時は、死体の埋められてある墓の土を取ってきて「子供のアザを取ってくだされ」と唱えながら、その土をアザの部分にぬりつけると取れる（同県新治村〈みなかみ町〉）。黒アザは卵塔の土を取ってきて洗えば治る（福島）。こんな話もある。ある家の子供に「武州××作左衛門」という名前のアザがあった。名前の人の墓土をもらってこすったら消えたという（群馬県千代田町）。

○アザを取る俗信には次のような伝承もある。赤アザを取るには、火事場の灰と飯粒をアザにぬる。黒アザを取るには、死者の着用した衣類（シニカワという）を焼いた灰と飯粒をアザにぬると治る（福島県下郷町）。黒アザができたときはヘソナワ（へその緒）を焼いてつける（茨城県常陸太田市）。子供の赤アザは母親の産後の下り物の血でふいてやると消える（群馬県子持村〈渋川市〉）。アザは、後産《あとざん》（胎盤）でなでるとよい（福島・石川・愛知）。竈の煤をアザにつける。硯の墨でアザを塗り隠す。蛇の脱け殻でアザをなでる。三日月様を拝んで信仰すると治る（いずれも群馬県板倉町）。福島県飯舘村では、アザの寸法を取っておくと、それ以上大きくならないといわれている。『民家日用廣益秘事大全』（嘉永四年〈一八五一〉）に「痣ぬき薬」と題して、藜《あかざ》、石灰、砥石、もち米を用いた薬の作り方がでている。

○アザ、とくに子供のアザは、誕生以前の微かな記憶の名残と考えられていたようで、アザはその子の前世に想いを馳せる表徴であった。そう考えると、墓の土でアザを消すのは、前世の記憶を消す行為といってもよい。アザは神霊との遭遇を示すしるしでもある。石上堅は「にわかに、子供の体に黒くアザの出ることがある。これを『モノに逢った』という。これは神さまの遊んでいる時に、出逢い、神さまの袖が子供の体に当ったためにできたのだと、その時はイタコに祓ってもらう（岩手県紫波郡）」と『日本民俗語大辞典』に記している。
○アザのある箇所によって吉凶を占う伝承もある。アザが、額にあると家宝を持つ（岩手）、眉間にあると出世する（石川・岐阜・高知・大分）、目の上にあると幸福になる（岩手）・吉兆（福岡）、目の下にあるのは泣きアザ（岩手・秋田・高知）・苦労が多い（岩手・広島・愛媛）、首にあれば着る物に恵まれる（岩手・山口・愛媛・鹿児島）などという。ただ、この場合、アザと言っているが鵜呑みにはできない。事例のほとんどはホクロをさしていると思われる。東條操編『全国方言辞典』を見ると、ホクロのことをアザという地方が東北・中国・四国の一部から九州一円に及んでいる。実際、それが身体（とくに顔）のどこにあるかによって占う俗信は、ホクロについていうのが一般的である。わずかな位置の違いによってあれこれと判断できるのは、ホクロだからでアザでは難しいと思われる。柳田国男は「鍋墨と黛と入墨」（一九三一年）で「アザという日本語には、目下地方により三通りの内容がある。其一は羽後河辺郡（秋田）や土佐の中村の如く、痣も黒子《ほくろ》も共にアザというもの、其二は九州の大半から沖縄の諸島のように、黒子だけに限ってアザというもの、第三は即ち弘く旧日本の大区域に亙って、痣即ちぽつ〳〵で無い肌膚《きふ》の変色のみをアザと謂《い》って居るものである」と指摘している。そして、アザの語が最も古く、最初は容貌の異常なるものを総括していたのであろうと推測している。⇩黒子《ほくろ》

足《あし》

(1) 足の大小、俵指、足の裏

○足と脚は使い分けることも多いが、本項目では足で統一する。足の大きな子は大きな体になる（秋田・福島）。足の小さな者は親孝行（和歌山）という。一方で、馬鹿の大足、たわけの小足（岐阜・愛知）ともいう。群馬県には、馬鹿の大足、のろまの小足、ちょうどいいのはろくでなし、の言葉が伝承されている。宮城県七ヶ浜町では、足の長い子は大きい体になるという。足首の細い人は、達者だ（長野県生坂村）、道軽い（健脚）（和歌山県高野口町〈橋本市〉）。土踏まずの深い人は遠道ができる（長野・愛知）。土踏まずのない者は道下手だ（和歌山県高野口町〈橋本市〉）。べた足の者は走るのが遅い（徳島）。足首と手首の細い人には油断するな（青森県大畑町〈むつ市〉）。足の甲の厚い人は金持ちになる（愛知県豊田市）。コムラの下がった足の人は怠け者（秋田）。

○足の親指（第一指）より第二指が長いと、親より出世する（岩手・秋田・福島・栃木・群馬・石川・福井・岐阜・愛知・京都・大阪・奈良・三重・和歌山・兵庫・岡山・広島・山口・島根・徳島・高知・長崎・大分・宮崎・鹿児島）と各地でいう。親勝《まさ》り（新潟・石川・長野・岐阜）、親より運がよい（静岡県浜松市）、果報者（青森県大畑町〈むつ市〉）とも。第一指を親に見立ててそれより第二指が長いと、親を超える出世の相とするもので、二つの指の長短を親と子の福運（能力）の差として占断している。他方で、第二指が親指より長いと、早く死ぬ（青森県五所川原市）、早く親に死に別れる（岩手県住田町）といった例もある。また、足の中指（第三指）が長い人は、出世する（岩手・滋賀・和歌山・島根）、両親に早く別れる（秋田）。足の中指が一番長いと、親より出世する（岩手）、親孝行（長野）ともいう。足の小指が親指より長い者は親より出世する（岐阜県高山地方）。

○長野県生坂村で、足の第二指の裏に三つの筋がある者は俵指《たわらゆび》といって運がよいという。和歌山県紀北地方では、足の裏（第二指）に三筋があると俵を踏むといって幸福になると伝えている。俵を踏めば親より出世する（島根県江津《ごうつ》市）。米俵は三か所を縄で巻いてあることから、第二指に三筋あるとそれを俵に見立てて吉兆とされる。俵を踏むという表現には、打ち出の小槌を持ち米俵にのる大黒天像のイメージがあるのだろう。島根県江津市で、俵を踏めば親より出世する、というのも足の第二指の裏が三筋に分かれていることをいう。足裏の俵踏まえは裕福の相（高知県大方町〈黒潮町〉）。足の裏に三筋があると、俵を踏むといって幸福になる（奈良）。足裏に三筋の線のある人は運がよい（宮崎県えびの市）。同県東郷町〈日向市〉で、足の第二の指の下側の節が三つあると金持ちになる、というのも、第二指の裏側に筋が三本あるという意味であろう。足の二番目の指が三筋ある者は味噌三丁つく所へ嫁に行く（山口県大島町〈周防大島町〉）。石川県輪島市などで、足の第二指の裏側に三本の筋のある者は、前世で善光寺に参詣したことのあるしるしといわれる。

○足の指が長い者は背が長くなる（愛知・徳島）。足の指と指の隙間の大きい人は親不孝（秋田県仙北郡）。手足の指が太くて短い人は働き手（富山県小矢部市）。

○南方熊楠の「紀州俗伝」に「田辺（和歌山県田辺市）の古伝に、他人の足の底を掻けば、掻かるる人の身に持った病を、掻く人の身に引き受ける、と。同地に近き神子浜では、人の足の底掻く者早く死す、と言う」と見える（『南方熊楠全集』第二巻）。他人の足の裏を掻くと病気が移るとの俗信は、愛知・大阪・三重・和歌山・岡山・徳島・高知・大分の諸県でもいう。ほかにも、貧乏になる（秋田・富山・石川・長野・兵庫・岡山・広島・島根・徳島・福岡）、金が逃げていく（群馬）、金が絶える（新潟県川西町〈十日町市〉）、火事が起こる（新潟県小木町〈佐渡市〉）、出世できない（愛知）、よい子に育たない（香川県観音寺市）などといって忌む。

○足の裏がかゆいと、私のことを、誰かがうわさをしている（東京・石川・宮崎）、他人が悪口を言っている（群馬・三重・岡山・宮崎・鹿児島）、誰かが怨んでいる（長野県北安曇郡）、人から憎まれている（熊本県南関町）。似た俗信はクシャミでもいう。予兆の意味もあり、足の裏がかゆいと、良いことがある（岩手・和歌山・鹿児島）、金ができる（愛知）、よい品を得る（石川）、人が来る知らせ（群馬・富山・石川）、見知らぬ人が来る（長野・兵庫）、珍しい人が来る（富山）、損をする（群馬）、雨が降る（宮崎・鹿児島）などという。足の裏がかゆいと恥をかく。端《はし》をかくより恥をかくに転じていう（山口県小野田市〈山陽小野田市〉）。群馬県では、右の足の裏がかゆいと午前中遠方の人が来る、左の足の裏がかゆいと午後遠方の人がくる、と伝えている。

○群馬県太田市竜舞では、死んだ人の足の裏に字を書いてやると、その人は他所《よそ》に生れ変わるといわれている。生れ変わったかどうかは、生まれた子の足の裏に字が書いてあるのでわかる。その字を消すには、死んだ人の墓の土をもらって字をこすると消えるという。愛知県西尾市では、死者の足裏に住所氏名を書いておけば、再生の嬰児《えいじ》にその文字があるという。これを消すには前世の墓の土を取り、それで撫でて洗えば消えると伝えている。三重県伊勢市でも、死者の足の裏に名を書いておくと、生れ変わったときに足の裏にその字が現れると伝えられている。再生に関する伝承は数多くあり、死者に文字を書くところも足裏とは限らないが、生れ変わりは事実あること、あったこととして広く信じられてきた。十方庵敬順の『遊歴雑記』四編下巻（江戸後期）に、こんな話が載っている。備前出身で江戸八丁堀地蔵橋に住む町同心綿貫甚三郎が文政二年二月に病死した。その三回忌にあたる日に、備前岡山の百姓孫右衛門の家に男子が生まれた。七夜の日に初めて開いた掌に、江戸八丁堀綿貫甚三郎と書き付けてあったが、いくら洗っても文字が消えない。そこで腹心の者を江戸へやり、甚三郎の家を探しだし、訳を話して墓所の土を貰い受けた。その土で子供の掌を洗うと、たちまち文字は消え失せた。これによって、甚三郎が再生したことを知ったという。長崎県南有馬町〈南島原市〉で、足に字を書いたならば、一生習字は上手にならない、というのもこうした俗信から忌むのか。

○足の裏にホクロのある女は良家へ嫁ぐことができる（奈良）。ホクロが足の裏にある人は力持ち、または着物大臣（群馬）。

足　あし

⑵左足か右足か、貧乏ゆすり

○島根県柿木村〈吉賀町〉では、妊婦が敷居を跨ぐ時、最初に左足を出せば男の子、右足からだと女の子が生まれるという。防長（山口）では、分娩の当日来た人が入口の敷居を左の足から入って来た時は男の子、右足から跨いだ時は女の子が生まれる、という。和歌山県南部川《みなべがわ》村〈みなべ町〉では、妊婦が座敷へ上がる時、右足を先に上げたら女児、左足を先に上げたら男児が生まれると伝えている。長野県南信濃村〈飯田市〉では、妊婦が上がり框《かまち》をあがる時、左足ばかり先に出してあがると男の子、右足ばかり先に出すと女の子が生まれるという。特定の場所を通過する時に、左右どちらの足を最初に踏み出すかで、生まれる子の性別を判断する。右の例では、左足だと男の子、右足だと女の子である。しかし、これとは反対の判断をする土地も多い。福島県富岡町では、妊婦が土間から部屋に上がる時、右足から先に上がったら男で、左足から先に上がったら女の子が生まれるといい、その確率は高かったと言い伝えている。高知県十和村〈四万十町〉では、妊婦が右足から敷居を跨ぐと男児、左足から跨ぐと女児が生まれるという。長野県中川村では、妊婦が階段を上がる時、右足から上がれば男の子、左足から上がれば女の子と判断する。群馬県桐生市川内でも、妊婦が高い所に上がる時、先ず右足を上げれば男児、左足なら女児と占う。最初の踏み出しが左右どちらの足かに注目をする占いだが、判断の結果は土地によって異なり、左右と男女の関係が一元的に対応しているわけではない。性別を占う俗信としては、幼児の太ももの筋（くびれ）が、一本だと次は男の子、二本あると女の子が生まれる（青森・京都・広島・福岡・熊本）という伝承も各地にある。

○高知県檮原《ゆすはら》町では、商売に出る時、朝の歩き始めに右足から出ないと不吉なことに出遭うという。同県東津野村（津野町）では、敷居を跨いで旅立ちをする時、左足から跨いで出ると出先で待ちわびるようなことがないという。訪問の時、玄関へは右足から入らない（和歌山県東牟婁郡）。沖縄県多良間村では、魔物に遭う時は左足を武器にせよといわれる。魔物は左足を恐がるからだという。モンペをはくには左から足をさし、右からさすものではない（山形県西川町）。左足から先に足袋をはくな（徳島県西祖谷山《にしいややま》村〈三好市〉・藍住町）。履物は、男は左から女は右からはく（群馬県大間々町〈みどり市〉）。

○各地で便所へ裸足《はだし》で入るのを忌む。裸足で入ると、サメに食われる（石川県江沼郡）、死んだときに足が燃えない（岡山）、高山に登っても神仏の効がない（徳島）、あぐち（指の根元のひび割れ）になる（岡山県備中町〈高梁市《たかはしし》〉）、田虫（白癬）になる（和歌山県高野口町〈橋本市〉）、とうろ虫（？）が食う（岡山）。栃木県那須野村〈那須塩原市〉では、大便所の踏板《ふみいた》を洗足で踏むと死んでから化けて来るという。

○長野県上伊那郡で、脚気《かつけ》で膝《ひざ》が痛むときは便所で、「便所の神さまと水神さまとご兄弟ですから」「そんなこと誰が言った」「ひざかっけが言った」このように三べん言うと治る、という。『調法記 四拾七ゟ五拾七迄』（江戸後期写）に、「脚気を治す伝」として「又咒《まじない》に早天に汲立《くみたて》の水にて朝貌《あさがお》の身（実）を吞《のむ》べし、吞時に、井戸神様厠《かわや》の神様我《われ》の脚気を直して下され、さなくバ二人が蜜通人につげますとゆうて吞べし」とある。井戸神と厠神を脅して脚気の治癒を迫るものだが、この両神は夫婦だという伝承もあり、特別の関係にあるようだ。

○岐阜県蛭川村〈中津川市〉では、脚気になったら家の周りを裸足で歩くとよいという。脚気に罹ったときは墓地の土を裸足で踏む（長野県上伊那郡）。冬素足で歩くと脚気が治る（愛知）。脚気のときには裸足で歩けばよいとは、福島・富山・徳島県でもいう。岡山県吉永町（備前市）には、脚気には雨垂れのところの土を裸足で踏む、との伝承がある。青森県大畑町（むつ市）では、脚気は素足で朝露を踏むと治るといい、長崎県美津島町〈対馬市〉でも、朝早く露のあるうちに裸足で外を歩くとよい、と伝えている。群馬県安中市でも、朝露を踏むとよいといって朝早く裸足で散歩をした。朝露を裸足で踏むと脚気に効くとの伝承は福島・福岡県にもある。

○馬糞を裸足で踏めば、背が高くなる（岩手県稗貫郡）、身長が小さくなる（群馬県太田市）、足が大きくなる、髪が黒くなる（共に岩手県和賀郡）。素足で祈願すると御利益が高い（徳島県小松島市）。乳が出ないときは、氏神様に裸足参りや月参りをする（福岡県岡垣町）。味噌搗きは裸足でする（鹿児島県栗野町〈湧水町〉）。葬式に参列して役割のある人は、墓場からの帰りに草履を捨てて裸足で帰って来る。この草履を拾って履くと丈夫になる（長野県上伊那郡）。産婦はオビヤが明けるまで素足で歩いてはいけない（新潟県山古志村〈長岡市〉）。人を呪《のろ》うまじないは裸足で行う（長野県飯田市）。

○新潟県山古志村（長岡市）では、囲炉裏に足を出して揺《ゆ》するのを貧乏ゆすりといって、してはならないとされた。山形県でも、炉端で足をふるわせると貧乏になる（村山市）とか、貧乏神が来る（南陽市）といって嫌った。炬燵《こたつ》の中で足を揺すると貧乏になる（富山・長野・愛知・島根）、火事になる（長野県丸子町〈上田市〉）ともいう。食事のとき足をゆすると貧乏する（福島）。ご飯のときに膝《ひざ》をゆすると貧乏神が憑く（岩手県九戸・胆沢郡）。徳島県小松島市では、座っていて足をぶるぶる揺するのを貧乏ゆるぎといって金ができないという。福島県棚倉町では、体や足を故意にガタガタ震わせてはならぬ。貧乏ゆすりといい嫌われる。岩手県和賀郡では、家の中で足をカタカタさせたりするとその家に不幸がおとずれるといって忌む。膝などを小刻みに震わせる貧乏ゆすりは、貧乏ぶるい、貧乏ゆるぎともいい嫌われる癖の一つである。『誹風柳多留』に「びんぼうゆすりがこうじておやす也」（天明二年〈一七八二〉）の句が見える。『義経千本桜』（延享四年〈一七四七〉初演）に「彌左衛門一家のやつら暫く汝に預くる。お気遣ひなされますな。貧乏ゆるぎもさせませぬ。」とある。体を揺することと貧乏の関係には何か理由があるに違いないが、俗信の事例からは分からない。井之口章次は『日本の俗信』（一九七五年）で、貧乏ゆすりについて次のように述べている。「現代の世相の中では、ちょっと理解しにくくなっているが、明治・大正から昭和にかけて、都市的なものが徐々に発達し、村落共同体や家族制度からハミ出した人々が都市に集まってくる。しかし社会保障制度のほとんどなかった時代に、いわゆる中風になった気の毒な人々が（中略）生活に窮し、橋の袂や往来に坐って物乞いをすることが多かった。そういう光景を日常的に見聞している人々の間では、手足の振動と乞食、したがって貧乏とを、連想的に結びつけることは容易であった。貧乏ゆすりという言葉にはユーモアも感じられるが、実はこのような残酷さを背負っているのである。」

○足を洗う際、手を使わずに足と足をこすり合わせて洗ってはいけない（岩手・福島・栃木・群馬・福井・長野・愛知・京都・岡山・高知）という。これを、モミアシ（神奈川県津久井郡）とかアシモミ（愛知）という土地もあり、禁を冒すと、親の死に目に会えない（栃木・長野・愛知・岡山）、旅先で盗難に遇う（高知県中村市〈四万十市〉）といったりする。この行為を忌むわけについては、葬送習俗から説明されることが多い。足を洗うとき足同士をこするな、葬式のときにすることだから（福井県小浜市）。葬式で位牌を持った人は、式がすんで足を洗うときは手を使わずに足と足でこすって洗え（岩手県陸前高田市）。足を洗うときに手を使わずに足をこすり合わせて洗うな。湯灌の後片づけのときにそれと同じことをする（群馬県渋川市）。湯灌が終わると、そのままの姿で近くの川に行って手足を洗い、帰ると逆に伏せた臼に腰かけてモミアシで足を洗い、水は拭かずに振って乾かしてしまう（神奈川県津久井郡）。同県津久井郡城山町〈相模原市〉で、女が臼に腰をかけると産が重いという。これは、葬式の野辺送りから帰って家へ上がるときに、逆さ臼に腰かけてモミアシで足を洗うことから避けるとされている。通常、物を洗う時には手を用いる。意識することもないほど自明の行為といってよい。葬式の場で、手を使用せず両足をすり合わせて洗うのは、非日常的な逆さまの行為であることを端的に示している。「足を洗う」行為には、付着しているかも知れぬケガレを洗い落とし、死霊との関係を断つ意味もある。身体のなかでも足は汚れの付きやすいところだが、手の汚れのように小まめに洗い落とす機会は少ない。それだけに、足を洗うという行為には、手洗いとは違う開放感を伴っている。

○タワシで足を洗うと火事のとき走れない（鳥取）。田植え始めに湯で足を洗うとイネが枯れる（福島県岩代町〈二本松市〉）。顔を洗ったあと足を洗わないと親の死に目に会えない（群馬県太田市）。人が死んだとき、ゾースイ（雑炊飯）を食べると死人が足を洗いにやってくる（福島県三島町）。

○足を伸ばして寝ると、背が伸びる（愛知・徳島）、夢の中で走れない（山形県長井市）。乳児を寝かせ、足を伸ばして「伸びた、伸びた」と言って撫でてやると足が伸びる（徳島県小松島市）。産前は子が太るので、妊婦は風呂に入るときや夜寝るときに足を伸ばしてはいけない（新潟佐渡〈佐渡市〉）。ご飯のとき足を伸ばして食べると、貧乏神が喜ぶ（岩手県稗貫郡）、足がくさる（同県九戸郡）、足ばかり伸びる（長野県塩尻市ほか）。勉強するとき足を伸ばすと天神様が逃げる。裁縫のとき足を伸ばすとお針の神様が逃げる（共に秋田）。神仏の前に足を伸ばしてはいけない

（沖縄県本部《もとぶ》町）。生まれどこ（故郷）へ向いて足を長めれば親が死ぬ（青森県五所川原市）。以上は足を伸ばすことの俗信だが、反対に、足を曲げて寝ると、追いかけられた夢を見たときに逃げられない（東京・新潟・愛知）、背が伸びない（愛知・徳島）という。茨城県土浦市では、蒲団をかぶり足をちぢめて寝ると、火事のとき逃げられないといわれる。石川県門前町〈輪島市〉で、寝る時に足を違えて寝ると恐ろしい夢を見るという。不浄を祓ったり妖異を防いだりする時に、しばしば手や足を交差させる。足を違えた形が斜め十字（×）になるのを忌むのであろう。足を上げて寝ると逃げられない夢を見る（群馬）。大分県大野郡では、雪隠で食事をすると足が屈《かが》まらなくなる、といわれる。

足　あし

(3) 盗人の足跡、旅と足石

○泥棒の足跡に釘を打つと、泥棒の足が、腐る（秋田・福島・新潟・長野・和歌山・鳥取）、痛くなる（群馬・千葉）、腫れる（埼玉県）、悪くなる（群馬）、怪我をする（福島・広島）、足裏に傷ができる（岩手県和賀郡）などという。その結果、泥棒は動くことができなくなって捕まるというのである。泥棒が残した足跡に五寸釘を打つと、泥棒は足が痛くなって歩けなくなる（群馬）。盗賊の足跡に味噌を塗り、釘を打つと盗賊の足が腐る（秋田県北秋田郡）。犯人の足跡があった時は、それへ五寸釘を打ち込めば犯人の足が腫れるといわれている（埼玉県志木市）。盗人の足跡に釘を打ち込んでおくと遠くまで逃げないうちに捕まる（長野県諏訪湖畔）。釘は五寸釘を用いるという所が少なくない。また、足跡に打つのは釘だけではない。秋田県大内町〈由利本荘市〉では、盗人の足跡にアカエイの針（トゲ）を刺せば泥棒の足が痛むという。アカエイは尾のトゲに毒腺がある魚として知られる。群馬県太田市では、盗人の足跡に針を打つと盗人の足が悪くなり体が動かなくなるといい、鳥取県佐治村〈鳥取市〉では、畑のコンニャク玉を盗まれた時は、その足跡に棒を突き刺しておくと相手の足が腐る、といわれている。福島県表郷村〈白河市〉では、符を盗人の入ったところか足跡の付いたところに立てて日月の神に灯明を捧げ、一七日間つぎの神歌「かくすともかくさせはせじ月と日の神の光のあらん限りは」を唱えれば、盗品は必ず手に戻るという。『咒咀調法記』(元禄一二年〈一六九九〉)などに、盗人の足の跡に立てる呪符が紹介されている。盗人を捕まえるために足跡に釘を打つのは感染呪術の一種だが、その背景には、足跡は単なる足の跡ではなく、それを残した本人とは切り離すことができない影のような存在と意識されていたことがわかる。群馬県渋川市半田では、家出人がでた時は半紙に「足」と書いて、真ん中に釘を打って神社に貼ると帰って来るという。○泥棒が残した足跡に灸をすえるのも有力な手段だった。灸をすえると盗人は、足が痛む(岩手・山口)、足が腐る(和歌山・山口)、火傷して捕まる(広島)、足が動かなくなる(石川県金沢市)、歩けなくなる(奈良)、遠くへ逃げられない(同県宇陀郡)、早く知れる(大阪)という。盗人対策かどうか分からないが、『誹風柳多留』に「足どめの灸をすへるで死出の旅」(文政八年〈一八二五〉)の句がある。他にも、人の足跡を踏むと出世せぬ(岡山)。囲炉裏の灰に足跡をつけるな、福が逃げていく(福島県天栄村)という。

○足跡の想像力は実に豊かである。ダイダラボッチの足跡(巨人伝説)をはじめ、世界各地の足跡に関する伝承を分析した南方熊楠は「人の足跡は、その陰影および映像と等しく、居常《きよじよう》身体に付き纏《まと》いて離るること罕《まれ》なるものなれば、蒙昧の諸民これを陰影映像同様に、人の霊魂の寄托するところと思惟《しい》せしは、足跡に種々の妙力を付せしにて知らる」と述べている（「ダイダラホウシの足跡」『南方熊楠全集』第三巻）。

○旅の安全の呪《まじな》いに梅干を食べて出発する。留守宅で足形石を毎日湯で洗うと足痛にならない（福島県猪苗代町）。同県天栄村でも、足に似た石を風呂に入れてやると旅に出た者の足が軽いといい、山形県長井市では、兵隊に行く人には、その人の足のような石を拾って毎日洗ってやると草臥《くたび》れないといった。同市では、兵隊に行った人がいるとき、足の平《ひら》の形をした石を仁王様に上げ、百度参りをすると丈夫で帰れるともいわれた。祖母が出征した孫の健脚を願い、足石を朝夕さすって祈った（福島県原町市〈南相馬市〉）。類似の民俗は『奥州秋田風俗問状答』（江戸後期）に「旅立の時の事」として見える。「農家なんどには旅立て後草鞋《わらじ》を作り、外へ向くようにして神棚へ置く、其人の故郷へ赴かん程をはかりて、内へ向くようにして置く也。又石二つ清く洗つて神棚へ置く、その人の足強からん厭勝《えんしょう》（呪《まじな》い）なりと申す也」とある。石二つは左右の足を意味するのであろう。昔は、家の主人が伊勢参りなどの長旅をするとき、残った家族は帰るまで針を使ってはいけないとされ、使うと旅先で足を痛めるといわれた（神奈川県横須賀市）。葬式のあとの草履や草鞋をはくと、足が丈夫になり遠道しても足が疲れない（京都府美山町〈南丹市〉）。

○釘を踏んだときは金槌で叩くとよい（新潟・石川・岐阜・愛知・和歌山・兵庫・島根・鳥取・山口・徳島・長崎・鹿児島）と広い範囲でいう。兵庫県加東郡では、釘を踏んで血の出るときは金槌で打つと血が止まるといい、愛知県春日町〈清須市〉では、金槌で叩いておくと膿《う》まないという。熊本県水俣市では、古材の錆びついた釘を踏みつけたときは、なるだけ早く金槌か石などの硬いもので傷口を叩き、血を出せといわれていた。小さい傷口はすぐふさがり中で化膿しやすいので、痛くとも血を出しておくと治りも早いという。

○香川県志度町〈さぬき市〉で、針を足の裏に立てると頭へ上がるといい、和歌山県高野口町〈橋本市〉では、針をカカトから踏むと頭の上まで通るという。松浦静山の『甲子夜話』続篇巻九八に、足の裏に立てた縫い針が数年後に肩から出たという話が載っている。

○一年の始まりである正月には、その年の吉凶を占う行事が集中している。とくに、小正月（一月一五日を中心とする前後）は、その年の豊作を願う予祝行事や年占、火祭りなどが盛んに行われる。秋田県山本郡では、小正月の年取りの晩に足の指を少しでも炉（囲炉裏）に入れるとカモが苗代の籾《もみ》をみな食べるという。新潟県南魚沼郡八海山山麓では、小正月の年取り（一月一四日）は、囲炉裏の中に茶釜や薬缶《やかん》など口のある物は入れない。入れると水口《みなくち》掘れ（掘れ？）がするという。また、炉に足を出さない。出すとサギが稲を踏み込むといって忌む。福島県相馬市では、小正月一五日には囲炉裏の灰の上に足跡を付けるものではない。カラスに苗代を荒らされるという。小正月の囲炉裏を苗代に見立て神聖視し、そこに足を入れる行為を害鳥が苗代に入ることに連想を重ねている。類感呪術にもとづく禁忌で、かつては方々でいわれた。一月一五日の朝、囲炉裏に足を出して温めると苗代にカラスが入る（富山県氷見市）。旧一月一六日には足を炉の中におとさぬこと。もしおとすとその年は苗代にカモが下りて荒らす（青森県南部町）。こうした禁忌は、本来小正月を中心とした伝承だったと思われるが、大正月でもいう。正月一、二、三日の間に囲炉裏に足を入れれば苗代田をカラスに掘られる（長野県丸子町〈上田市〉）。正月三が日のうちに囲炉裏で足をあぶると苗代田をカラスが踏む（岐阜県高山市）。除夜に足を炉の中へ入れるとスズメが苗代を荒らす（石川県鹿島町〈中能登町〉）。青森県中里町〈中泊町〉では、節分に囲炉裏に足を入れたり灰を掻きまわすと、苗代にカモがおりて荒らすという。

○囲炉裏の縁《ふち》に足をかけるな（秋田・新潟・長崎）。足をかけるのは、親の頭に上がるのと同じ（秋田・新潟）という。足が曲がる（秋田県山本・雄勝郡）とも。長崎市では、ユルリ（囲炉裏）は四方荒神といって尊び、炉縁に足をかけることを嫌う。囲炉裏に足を入れるな（宮城・福島・新潟・石川・静岡）。足を入れると、罰《ばち》があたる（群馬県太田市）、貧困になる（石川県河北郡）、火の神様に咎《とが》められる（新潟県赤泊村〈佐渡市〉）という。福島県南郷村〈南会津町〉では、囲炉裏にドタッペエリ（炉に足を投げ出すこと）をしてはならないといい、これをすると火箸で足を叩かれたという。石川県江沼郡では、大晦日の晩囲炉裏に足を入れると、その人が寝てからアマミトリという鬼が足をかっさきに来る、と伝えている。囲炉裏を蹴《け》とばすと足が曲がる（埼玉県加須《かぞ》市）。ジロ（囲炉裏）の鉤《かぎ》を足でいじると天狗に攫《さら》われる（新潟県川西町小白倉〈十日町市〉）。炉の自在鉤に足をかけるのは、親の面に足をかけるのと同じ（青森県五所川原市）。竈《かまど》に足をかけるな（岐阜・愛媛・福岡）。かけると、罰があたる（愛媛県肱川《ひじかわ》町〈大洲市〉）、足が曲がる（岐阜県南濃町〈海津市〉）といって忌む。

○床の間に足をかけると、足が曲がる（秋田・埼玉・大阪）。机の上にあがると、足が曲がる（岩手・新潟・愛知・岡山）、足が額にひっつく（佐賀県大和町〈佐賀市〉）。上がり框《かまち》に足をのせると、貧乏する（熊本）。砥《と》石《いし》に足をのせると、足が大きく腫れる（鹿児島県大島郡)。
○仏壇の方に足をむけて寝ると、罰があたる(富山・山口)。年床さんの方へ足をむけて寝てはいけない(島根県江津市)。床の間に足を向けてはいけない(山形県長井市)。親の前に足を投げ出すと、足が曲がる(埼玉県入間郡)。

足《あし》

(4) ふむ・ける・またぐ

○道などに落ちている物は不用意に拾わない。落とした人の厄が憑《つ》いている不安があるからだ。当事者が厄や病魔を特定の物に移し、それを辻などに捨て去るということが、かつてはよく行われた。仮に、たまたま落とした物であっても、持ち主の厄が付着しているかも知れぬとの心配があった。岐阜県真正町〈本巣市〉で、櫛を拾うと苦がついてくる。拾うなら足で踏んで拾えという。櫛を拾うときは踏んでから拾うもの(青森・宮城・栃木・福井・愛知・兵庫ほか)と各地でいう。三度踏んで拾えばよい(青森・福島・長野)とか、自分の歳ほど踏んで拾え(新潟県新発田《しばた》市)という所もある。踏むのは櫛に憑いているかも知れない厄を圧伏し取り除く手段である。長崎県壱岐郡〈壱岐市〉では、古衣《ふるごろも》を買って着る時は、襟《えり》を足で踏んで着る。こうすると悪病も移らぬという。青森県中里町〈中泊町〉では、便所で転ぶのは不吉といわれ、転ぶと女に足を三度踏ませて不吉を解消した。踏むことで邪気の不安を除く狙いである。反閇《へんばい》や四股《しこ》を踏むのは、本来悪霊や邪霊を踏み鎮め、あるいは土地の精霊を圧する意味があると説かれるが、そうした感覚は俗信のなかにも脈打っている。というか、日常の身ぶりにおける身体感覚が、儀礼や芸能が呼び起こす無意識の共感の根底に横たわっているのであろう。
○次のような俗信もある。ウマの糞を踏むと、足が軽くなる・早く走れる(茨城・富山・和歌山・島根・愛媛・佐賀・鹿児島ほか）、背が高くなる（福島・栃木・埼玉・富山・滋賀・岡山ほか）という。ウマの走力や姿から連想したものだが、それを期待してわざわざ馬糞を踏むというのではなく、偶然踏んだときなどに言ったものだろう。ウシの場合は、糞を踏むと、力が強くなる（大阪・山口）、走るのが遅くなる（富山・愛媛）などという。牛馬の糞を踏むのは邪気を祓うのとは違って、踏んだことによって、踏んだ相手（対象物）の影響を受けるという感覚が表現されている。
○貴いものを踏むと足が曲がる（岩手県江刺郡）といい、同県胆沢郡では、暦を飛び越えたり踏みつけると足が曲がると伝えている。ものを踏むのは相手を穢す行為でもある。特に神聖とされるものや大切なものに対して忌まれた。奈良県吉野郡で、暦（日めくり）を踏んだり跨いだりするとヘビに咬《か》まれるといい、新潟県新発田市では、暦を踏んだり跨いだりするとカマイタチにかけられる（切られる）といわれる。鎌鼬《かまいたち》は気づかないうちに切り傷を負うという怪異。飛騨高山地方（岐阜）では、鎌鼬にくわれた時は古暦を貼ると血が止まると伝えている。橘南谿『東遊記』（寛政七年〈一七九五〉）の「七不思議（越後）」に、鎌鼬に切られた時は「古き暦を黒焼にし、さゆにて用うるに、数日の間に平癒し、疵《きず》の跡も見えずなおるという」とある。枕を踏むと頭痛がする（山形・栃木・福井・静岡・岡山・山口）。本を足で踏むと、字が読めなくなる（新潟県加茂市）、字が下手になる（奈良県吉野郡）、成績が悪くなる（愛知県豊田市）、足が太くなる（沖縄県国頭《くにがみ》郡）。人の影を踏むな。その人の寿命をつめる（福島県喜多方市）。ご飯を踏むと足が曲がる（岩手）。フキ（蕗）の皮を踏むと痔になる。屋根の上に（フキの皮を）放り上げる（高知県大方町〈黒潮町〉）。線香の包み紙を踏めばおできができる（神奈川）。妊婦が鍋墨を踏むとお産が重い（滋賀）。物を踏んだ時は、その物を頂いておくと罰があたらぬ（愛知県一宮市）。

○福島県棚倉町では、夜、便所に起きて困る時には、用を足した後で「明日の晩から用事があって来られません」と便所の神様にお断りし、足を右左右と三度踏み鳴らすと、翌日の晩から起きなくなるという。高知県越知《おち》町では、お宮の神殿に瓦葺きは禁じられた。瓦は人間の汚れた足で踏んで作ったものだからという。トンド（小正月の火祭り）の灰を踏めば、ハミ（マムシ）に咬《か》まれぬ、夏病みしない（共に岡山）。京都では一月一四日のドンドの灰を足の先につけておくと、その年はマムシに咬まれないという。

○人の頭を足で踏むと足が腐る（岩手県紫波郡）。他人の足を踏むとヘビに足を咬まれる（同県和賀郡）。群馬県群馬町〈高崎市〉では、他人に足を踏まれると火事の時に逃げられなくなってしまう、といって心配する。長崎県壱岐島（壱岐市）では、足を踏まれるものではない、踏まれたら踏み返さねばならぬという。長野県諏訪湖畔でも、足を踏まれたら踏んで返さないとつまんばれを病むという。踏み返すのは、同じ行為を相手にすることで最初の不安が帳消しになるという心意である。鉢合わせをした時はもう一度頭を打ち合わすとよい、という俗信と似ている。

○道に落ちている櫛を拾うときは、蹴《け》ってから拾う（福島・茨城・石川・岐阜・兵庫・高知・福岡・沖縄ほか）。和歌山県高野口町〈橋本市〉では、自分の櫛を落とした時でも三度蹴ってから拾えという。沖縄県具志川市〈うるま市〉では、扇を拾う時は必ず蹴ってから取れといわれる。櫛や扇に付着しているかも知れぬ厄を蹴り祓う意である。人を足で蹴ると、足が腐る（石川県内灘町）、足がもげる

（岩手県九戸郡）。枕を蹴ると、頭痛がする（福井・岐阜・山口）、出世しない（愛知・徳島）。カエルを蹴り殺したら足の裏に魚の目ができる（大阪府能勢町）。ネズミを足で追うと着物を食われる（岐阜県関ヶ原町）。蹴るという行為は一瞬で、しかも攻撃性を帯びている。「踏む」とも共通する呪的な意味をもっているが、手許の事例を見る限りでは、「踏む」に比べて俗信の多様性に乏しい。「踏む」・「蹴る」という行為の違いが影響しているのだろうか。

○刃物、暦、秤《はかり》を跨ぐな（宮城県七ヶ宿町）。囲炉裏を跨ぐな（富山県上平村〈南砺《なんと》市〉）。人を跨ぐと跨がれた人が出世しない（岩手）。枕を跨ぐのは親の頭を跨ぐこと（群馬）。商店では算盤を跨ぐと店がつぶれるという（長野県上伊那郡）。同県北安曇郡では、鎌を跨いだ時には跨ぎ直して頂く。これはカマイタチにならないためといわれる。跨ぐことを忌む俗信は多いが、とりわけ女性（または妊婦）の禁忌とする例が顕著である。女が、砥石を跨ぐと割れる（群馬・千葉・神奈川・和歌山・愛媛など）。馬の手綱を跨ぐと、難産する（北海道・千葉・岐阜・福岡）、妊娠期間が十二か月になる（群馬・岐阜・山口・徳島・愛媛・沖縄など）。箒を跨ぐと難産（ほぼ全国的）等々、事例は枚挙にいとまがない。一方で、女性が胞衣《えな》（胎盤）を跨ぐと懐妊する（栃木・千葉・長野・愛知・三重・滋賀・和歌山・鳥取・香川・長崎・沖縄ほか）という例も多い。この場合は、子供を授かりたいとの願いから積極的に跨ぐのであろう。京都府右京区の梅宮神社の境内に、またげ石と称する石がある。子供の欲しい女性が跨ぐと子供を授かるといわれ、以前は多くの人が訪れたという。かつて、お歯黒をつける際には鉄漿《かね》汁を温めたが、艶《つや》をだすとか歯によく乗るようにと、煙草の吸殻や酒、飴などを鉄漿壺《かねつぼ》に入れた。江戸の変わった俗信に、褌《ふんどし》を外した男に鉄漿壺を跨いでもらうというのがあった。「呪《まじな》いのへのこが利イて歯が染り」（『誹風末摘花』三篇）は、へのこ（男根）の呪力を示す句だが、果たしてどれほどの効果があったものか。そのほか、落ちている櫛《くし》は跨いで拾えばよい（群馬・新潟・福井・兵庫）というのは、櫛に付着しているかも知れぬ厄を祓う意味である。

○跨ぐという行為には、跨いだ人が影響を受ける場合（受動関係）と、跨ぐ対象物に影響を与える場合（能動関係）とがある。倉石忠彦は「跨ぐということ」（『身体伝承論』）で、「受動関係にしかないのは女性の生殖機能にかかわる、妊娠、出産や胎児・生児に対する伝承である」と指摘している。跨ぐ行為は女性と深く関わっている。女性の穢れを忌むとか無作法を嫌うといった要因が考えられるが、倉石は右の論考で「跨ぐことは、両足の間に存在するものと観念的に交合が行われる姿であると認識されていたのである。つまり跨がれたものが直接、女性性器に影響を与えるからこそ、女性が跨いだ物の影響を受ける受動の関係にあるのである」と説いている。

足《あし》

⑸民間療法、その他

○「怠け者の節供働き」の諺のように、本来節供の日は物忌みの日で働くことを控えた。茨城県桜村〈つくば市〉では、五月節供に田に入ると足がはれるという。同県日立市では、節供の時に働くなといわれ、田に入ると足の病になると言われていた。「せっくせっくと働いて盆にぽっくり死んじゃった」の言葉が残っている。四月八日の一〇時前に田に入ると足を病む（同県藤代町〈取手《とりで》市〉）。禁忌を冒した際の制裁が足の病として示されている。盆に働くと地獄の釜の蓋が開いて足を引っぱられる（福島県表郷村〈白河市〉）。

○足で火を消してはならない（愛知・徳島・山口・熊本）。足で消すと、気がふれる（愛知県春日町〈清須市〉）、火事に遭う（山口県小野田市〈山陽小野田市〉・熊本県水俣市）という。足で洗濯物を揉み洗うと親の死に目に会えぬ（岡山）。

○死ぬ前には足がだるい（福岡県築上郡）。病人の横足が腫れると先が長くない（愛媛県柳谷村〈久万高原町《くまこうげんちょう》〉）。空の盥《たらい》に足を片方入れると二年目に死ぬ（大阪府河内長野市）。死人の足が曲がらないときは、花瓶の水をつけると自然に曲がる（岐阜県南濃町〈海津市〉）。葬式に足の速いのは後がつづく（奈良県広陵町）。葬式の時に脱ぎ捨てた草鞋《わらじ》を拾って履くと、足が丈夫になる（長野県辰野町）、足を痛めない（鳥取県日吉津村《ひえづそん》）、足痛が治る（京都府京北町〈京都市〉）。福島県小野町で、墓で転び足がつけば足、手がつけば手を切り落とせという。これは手刀で切る真似をするのであろう。

○島根県隠岐には便所の神の信仰があり、火事のときにこの神に施してある注連縄《しめなわ》を腰に巻くと、足がよく利くといわれる。便所の中へ足をはめるとよく肥える（福井県小浜市）。

○夏の初めにヘビを最初に発見すると、その子は足が遅くなり、カナギッチョ（トカゲ・カナヘビ）を見ると足が速くなる。子供たちの間では信じられている（福島県檜枝岐村《ひのえまた》）。ヘビに足を見せると足が腐る（岩手県岩手郡）。

○足にホクロのあるのは貴人の兆し（岡山）。足に碁盤の目のような條のある子は死ぬ（秋田県由利郡）。足を傷つけて血を流す夢は富貴《ふうき》の身となる（福島県表郷村〈白河市〉）。砂の上を歩いて足がめりこむ時は天気は下り坂（沖縄県宜野座村）。波打ち際の砂に足が沈みこむうちは天候が回復しない（岩手県陸前高田市）。足腰が痛む時は天気が変わる（群馬県太田市)。
○磨り臼の台の跡には足を入れるな。鍬《くわ》を使って洗わないと足を切る(共に福島県大沼郡)。地割れの中に足を突っ込むと元へ戻らない(香川県飯山町《はんざん》〈丸亀市〉)。味噌を捨てると足が悪くなる(岩手県気仙郡)。靴下を履いて寝ると足が太くなる(岡山)。囲炉裏の灰に足跡をつけて、それを火箸で突くとそこに出来物ができる(石川県七尾市)。旧暦の朔日《ついたち》に足首を糸でくくると風邪を引かない(岡山)。履物を夜おろすと足の病気になる(兵庫県赤穂市)。中風除けや転ばない呪《まじな》いに、足の片方に糸を巻く(大阪府泉大津市)。朝露が足にあたると身体によくない(徳島県小松島市)。
○足を病んだ時は、大きな草鞋を作って仁王様に上げると治る(長野県北安曇郡)。足の痛みは仁王様に参り、全快すれば大草鞋を作って供える(岡山県阿哲地方)。足が疲れたら弘法様の前に石を積むとよい(愛知)。波田須の弘法大師のところにある清水に足をつけると足が丈夫になる(三重県熊野市)。切目村島田〈和歌山県印南町《いなみ》〉にある足神(他へ合祀された)に祈れば足の病に験あり。同県南部町〈みなべ町〉で、足が痛い時は足神さんに草鞋をお供えするというのは、和歌山市の足守《あしがみ》神社のことであろうか。足切地蔵に参ると足の病気が治る(和歌山県日高町)。足痛は地蔵様に草履を供えれば治る(奈良市)。長母寺の池で足を洗うとしもやけが治る(名古屋市)。足の痛みには、庚申様にお参りして自分の足のわるいところを撫ぜ、そこと同じ庚申様の部分を撫ぜる(埼玉県白岡町〈白岡市〉)。和歌山県岩出町〈岩出市〉では、突然足の痛みを感じた時、「井戸神(美人)とチョウズ(便所)の神(醜男《ぶおとこ》)と夫婦でござい」「それやだれや言うたら」「井戸の神は言うた、アビラウンケンソワカ」と三唱する。

○小児が引きつけた時、足の裏に「五月五日」と書くと息を吹き返す（長野県北安曇郡）。足の裏に「五月六日」と書いておくと熱が上がらない（愛知）。あたり腹だと足の裏に灸をしても熱くない。そうでないと熱い（島根県江津市）。底豆は味噌をのせて灸をすえると治る（島根県広瀬町〈安来市〉）。風呂から出たら足底を火にあぶれ、風邪を引かない（山形県長井市）。足の裏に膏薬《こうやく》をはると熱が下がる（愛知県平和町〈稲沢市〉）。煙草の脂を足の土踏まずへ貼ると熱が取れる（岐阜県美並《みなみ》村〈郡上《ぐじょう》市〉）。便秘にはネズミの糞を足の裏につけて縛る（石川県中島町〈七尾市〉）。赤子が気絶した時はツバメの糞を足につけると治るという（福島県西会津町）。

○足に怪我をしたとき、エヌゴ（リンパ節の腫れ?）が出ないように、反対側の足の親指に糸を三回結ぶと治る（山形県長井市）。イノネ（リンパ節の腫れ）ができた時、ユルリ（囲炉裏）の灰に足型をつけ、その上にオキリ（赤くおこった炭火）をのせて「イノネを焼き切ってください」と火の神に頼む（宮崎県高千穂町ほか）。イノグ（リンパ節の腫れ）ができたら、灰の中へ足形をつけ、土踏まずに袂糞で灸をすえる（長野県北安曇郡）。腫物は灰の中に足を置き、土踏まずに灸をすえる（長野県北安曇郡）。瘧《おこり》にかかったら右の足の型をとって左の戸口に貼《は》るとよい（愛知）。足が疲れたときは、藁みごを額に貼りつける（福島県滝根町〈田村市〉）。⇩踵《かかと》・痒《かゆ》み・踝《くるぶし》・脛《すね》・膝《ひざ》

汗《あせ》

○鼻の頭に汗をかく人は、よい嫁さんをもらう（茨城・新潟・和歌山・島根）、よい婿をもらう（岩手・和歌山）、よい配偶者を得る（和歌山那智勝浦町）。鼻に汗をかく女は、遠い所に嫁に行く（岩手・群馬・岐阜）、大きな家に嫁に行く（岩手県胆沢郡）という。ま

た、鼻の上に汗をかく人は、出世する（岡山）とか、裁縫が上手（奈良）など総じて評価が高いが、一方では、短気（長野）、気が弱い（長野・愛知）、体が弱い（愛知・三重）とも。岩手県住田町では、鼻汗をかく男は女が好きだという。富山県細入村〈富山市〉では、鼻に汗が流れると雨が近い、といっている。○汗のよくでる人は、長生きする（愛知・徳島県小松島市）、身体が丈夫である（徳島県小松島市）という。死にかけている人は汗をかかない（三重県大山田村〈伊賀市〉）。寝汗をかくと、風邪を引く（愛知県下山村〈豊田市〉）、雨が降る（岩手県住田町）。寝汗をかく人は体が弱い（三重）。○汗をかく夢をみると、大いに悪し（香川県飯山町〈丸亀市〉）、病気になる（山形県長井市）。土用の丑の日にウナギを食べると汗がでない（茨城県土浦市）、かき餅を湯で煮て飲んだら汗が目に入らない（石川県辰口町〈能美市〉）。

○汗にまつわる言い伝えは、人に限ったことだけではない。岩手県遠野市では、かつて、出産の時に妊婦がやみ始めると、その家の馬に鞍をつけ、馬が止まるところまで引いて行った。夜中でも引いて行く。馬が立ち止まるとサイノカミがお乗りになったのだという。この時、馬が汗をかくという（『民間伝承』通巻85号、一九四二年）。馬の汗は出産を司るサイノカミが乗ったためと見做したのである。各地に伝えられる「汗かき地蔵」は、災害を始め変事の起きるときには汗を流して知らせるという。暁晴翁の『雲錦随筆』（江戸末期）に「世に霊仏の汗して善悪の兆を示し給ふ事少からず、生駒山般若窟《はんにゃくつ》の不動尊の汗し給ふ事あり。予め災禍を示し給ふ也。亦《また》相州大山の不動尊大《おほい》に汗し給ひしが、大地震ありて人多く死したり、霊験あらた成《なる》尊像には何れの尊といふ事なく、汗し給ふあれども、

（中略）播州《ばんしゅう》明石郡大山寺の薬師の霊像も国家に災ある時は大に汗して予め告示し給ふとかや。」とある。⇩鼻《はな》

頭　あたま

(1)福助頭、ゲジゲジと禿

○頭の大きい者は、知恵がある（岩手）、賢い（秋田県平鹿郡）、出世する（山口県大島町〈周防大島町〉）という。秋田県平鹿郡では、福助頭の人は賢いという。大きな頭で知られる福助人形は、福運を招くといわれる縁起物で今も人気が高い。福助の起源については諸説あるが、江戸では享和三年（一八〇三）から文化元年（一八〇四）頃に叶福助の人形が流行ったとの記録が見える。その影響は各地に及んだようで、尾張藩士高力種信の『猿猴《えんこう》庵《あん》日記』文化二年正月条に、「冬より、江戸にて、叶福助と言事、専流行し、大あたまの人形にて、上下を着たる姿なるを、立身出世等の頼、成就する運の守り也とて、祭る事之よし。当地へも、追々流行し、持遊び、或錦画抔《など》に出たり、是を東都にては叶大明神抔号て、福の神のごとく敬ふよし。」とあり、名古屋でも流行ったことがわかる。大きな頭を吉とする背景には福助のイメージもあるだろう。秋田県大内町〈由利本荘市〉で「頭の大きい奴ぁ御飯《まま》えっぺぁ食う」というのは、一日に食べる飯の量はその人の頭の分だけ、とも言われたことに由来するのではないかという。

○頭の後ろが出っ張っている人は利口である（岩手・愛知・滋賀・三重・徳島）という。前頭部が出っ張っている者は賢い（岩手・和歌山・山口）。金槌頭は頭がよい（岩手県遠野市）。巾着頭の頭脳よし（岩手県川崎村〈一関市〉）とか、頭の先の尖っている人は頭がよい（秋田県山本郡）という。『永代大雑書萬暦大成』（安政三年〈一八五六〉再刻）に「頭《かしら》の尖るものハ物の頭となる円《まる》きは実情あり」とある。頭に凸凹のある人は怜悧《れいり》（秋田

県仙北・南秋田郡)。頭の後ろが平らな子は勉強ができる(新潟県横越町〈新潟市〉)とも。他にも、柄杓で水を飲めば頭の丸い子が生まれる(岩手県気仙郡)、子供を生む時に大鉢を頭のところに置くと頭の形がよくなる(兵庫県竹野町〈豊岡市〉)、へら(杓子)を頭に上げると頭が平らになる(岩手県江刺郡)という。
○群馬県太田市内ヶ島では、お寺の御本尊様に供えてある団子と自分が供える団子を取り替えて、子供に食べさせると頭がよくなるという。頭がよくなる方法には、仏様に供えた水を飲む(岩手県気仙郡)、お寺の前の香炉の煙で頭をなでる(香川県引田町〈東かがわ市〉)、木魚を叩いて自分の頭を叩く(岩手県東磐井郡)、馬糞を踏む(同県和賀郡)、葬式の後の履き捨てた草鞋を履く(山形県南陽市)など、さまざまである。岩手県釜石市では、アカマツの南向きの枝の葉を砂糖水に入れて一か月後に飲むと頭がよくなるという。タマネギ(同県胆沢郡)、ニラ(同県盛岡市)、ネギ(同県江刺市〈奥州市〉)を食べると頭がよくなる。反対の俗信もある。栃木県栗山村〈日光市〉で、ミョウガばかり食うと頭がわるくなるというのは、ミョウガを食べると物忘れするという俗信の影響であろう。山形県酒田市では、枕にあがると頭が悪くなるという。
○ゲジゲジに頭をなめられると、禿《はげ》になる(神奈川・新潟・岐阜・奈良・島根・広島・山口・徳島・福岡・長崎・宮崎)と各地でいう。毛が抜ける(愛知県北設楽郡)、毛が生えない(岐阜県加茂郡)。足の裏をなめられると頭が禿げる(愛知)とも。この虫は敵に襲われた時など、長い脚を簡単に脱落するところから脱毛を連想したのであろうか。原省庵の『夜光璧《やこうのたま》』(享保一三年〈一七二八〉)に「故なくして頭の丸く禿るを俗に蚰蜒《げじげじ》の舐《ねぶ》りたる痕といふハ誤れり」とある。山崎美成《よししげ》の

『海録』巻一〇には「俗諺に、げぢに舐らるといふ事あり、太田全斎翁云、『伊澤辞安曰、俗間に頭髪のふと脱て、銭の大さ或は指のはらの大さ程はげたるを、げぢに舐られしと云て、げぢ〳〵虫の事とせり、虫のなせしわざならば、はひしとも云べきを、昔よりなめしといひきたれるは、故ある事ならん、虫の事にはあらざるべし（中略）されば俗説のげじはげじきの約りたるなるべし、げじきは今の仮名暦にもあり』」と見える。北静盧『梅園日記』では、『夜光璧』を引用しながら「たゞし此げじ〳〵は下食の誤りなり。暦林問答集に、尚書暦云。下食時者。沐《フニ》レ髪《ヲ》忌《ム》二其時《ヲ》一也。」と記している。この俗信の起りは、ゲジキジ（下食時）の転で、下食時に髪を洗うと髪が抜け落ちるという陰陽道の説と、虫のゲジゲジが結びついたものといわれる。「蚰《げじ》〳〵もなめばえのせぬはげ天窓《あたま》」（『誹風柳多留』天保五年〈一八三四〉）。茨城県土浦市で、ナメクジに頭をなめられると禿になるという例は珍しい。

〇ゲジゲジ以外にも、禿になるという俗信は少なくない。家の中で帽子をかぶると頭が禿げる（青森・茨城・愛知）というのは、場違いの使用を忌む俗信。禿げるのでかぶってはならないとされた物には、笊《ざる》（群馬県群馬町〈高崎市〉）、張子（徳島）、温めた手拭（石川県七尾市）などがある。敷居の上に薬缶を置くと、頭が禿げる（静岡県水窪《みさくぼ》町〈浜松市〉）、親の頭が禿げる（和歌山県日高町）。月夜に提灯をとぼすと頭が禿げる（千葉・岐阜・愛知）。

囲炉裏に唾を吐くと禿になる（島根県石見地方）。箒で頭をなぐると禿になる（福島県喜多方市）。頭の上に電灯をとぼすと禿になる（愛知）。ネズミに小便をすると禿になる（岩手県九戸郡）。ニワトリに頭上を飛ばれその体から落ちる羽毛が頭にかかると禿げ頭病にかかるといわれた（沖縄県宜野湾村〈宜野湾市〉）。クリのイガが頭にあたると禿になる（群馬県古馬《こめ》牧《まき》村〈みなかみ町〉）。入浴中に歌をうたうと頭が禿げる（中奥村〈石川県白山市〉）。半夏生に、グミ（山形県南陽市）、ウメ（同県白鷹町）を食べると禿になる。井戸のエビやウナギを獲って食うと禿げる（沖縄）。子供が茶を飲むと禿げる（茨城）。辛いものを食べると頭が禿げる（岩手県江刺郡）。新米を食うと頭が禿げる（千葉県茂原市）。

○心配ごとがあると頭が禿げる（岩手・和歌山・岡山・徳島）というのは、経験に裏打ちされた知識といってよい。過度のストレスが脱毛症の原因になることがあるのは、現代の医学でも指摘されている。

○禿げ頭に悪人なし（岩手・岐阜・愛知・三重・兵庫）と各地でいう。禿げている人は、お人好し（岐阜県荘川村〈高山市〉）、分別者（岩手県軽米町）。頭の禿げた人は金持ちになる（石川・愛知・三重）。額が禿げあがった人は金持ちになる（秋田・岐阜）。若禿げは出世の相（岩手県住田町・宮城県七ヶ浜町）など、禿げた人に対する俗信の評価は高い。

○生まれたばかりのネズミの子を壺に入れて、雨垂れの下に埋めておき、それが液体になったものは禿の妙薬（徳島）。タコを食べると禿げる、イカを食べると頭が尖る（福島県原町市〈南相馬市〉）というのは、その形状から連想した俗信。

頭　あたま

(2) 頭が痛いと雨が近い

○頭が痛いと、雨になる（岩手・山形・宮城・福島・群馬・愛知・和歌山・高知・福岡・長崎・鹿児島）、曇りか雨（山形県村山市）、天気が悪くなる（福島県二本松市）。頭が重いと、雨になる（青森・岩手・山形・福島・和歌山・徳島・沖縄）、天気が変わる（福島・長野）という。頭痛や頭が重いと雨が近いとの伝承は全国的といってよい。福島県金山町では、頭が重くなると雨になるといい、こういう現象を「天気病み」と言っている。和歌山県高野口町〈橋本市〉では、頭痛がすると雨が降るというのは、よく当たるがこれは体質によるという。達者でもなく病弱でもないというような人が、よく「今日は体にもたれるから雨がくる」などといったりする。天気の変化に敏感なのは、誰でもというわけではなく、頭痛持ちの人（福島・長野・愛知・高知・熊本・沖縄）という土地が多い。福島県鏡石町では、頭病みの人が頭を病むと必ず夕立がくるといい、沖縄県では、頭痛持ちがいつもと比べて頭が重く感じられる時は雨が近いという。また、山形県長井市豊田では、体の弱い人が頭病みすると明日は雨、といっている。低気圧になると頭痛がすると訴える人は少なくない。低気圧が接近すると雨が降りやすくなるので、頭痛と天気予知には一定の因果関係があるのだろう。現在は、気温や気圧の変化によって引き起こされる症状を気象病とか天気痛といっている。

○枕を投げると、頭痛がする（千葉・富山・石川・長野・岐阜・京都）、頭痛持ちになる（千葉・東京・長野・香川）。枕を踏むと、頭痛がする（山形・栃木・福井・静岡・岡山・山口）、頭痛持ちになる（福岡）。枕を蹴ると頭痛がする（福井・岐阜・山口）。枕に腰をかけると頭痛をする（岩手県西磐井郡）。枕をまたぐと頭病みする（山形県長井市）。頭痛の原因として枕の手荒な扱いを挙げる俗信は多い。枕は頭を支えるだけでなく、使う人の魂が宿るとも考えられた寝具であり、乱暴に扱うことを戒めた。ほかにも頭痛が起きるとされる行為には、切った髪の毛を踏む（福島）、ネコを頭にのせる（岩手県九戸郡）、ヘビを殺す、盆にセミやトンボを殺す（共に大阪府能勢町）、人の櫛を拾う（同府枚方市）、生卵を食べる（岐阜県蛭川村〈中津川市〉）などがある。

○今も昔も頭痛に悩まされる人は多い。頭痛封じのためにあの手この手で解消策を模索した跡が見て取れる。その内容は実に多様だが、基本的には、頭痛が起きないことを願って予め行うものと、実際に頭痛が起きた時の対処とに分けられる。前者の伝承からいくつか紹介する。正月一一日に芯松を田に立て、鍬で耕しながら「一鍬ザックラショ、二鍬ザックラショ、三鍬目の鍬先に金銀茶釜を掘りだした」と言って芯松の根元に土をかけてまるめ餅をあげて拝む。拝んだら餅を半分に割って置き、残り半分を持ってきて食べる。これを食べると頭病みしないという（福島県鏡石町）。小正月の小豆粥を食べると頭痛が起らない（大阪府能勢町）。小正月のどんど焼きの煙にあたると頭痛を病まない（群馬県安中市）。正月の一六日の午前一〇時までに擂鉢《すりばち》を頭にかぶり、その上に灸を三つすえると一年中頭痛を知らずにすむといって行った（茨城県潮来《いたこ》町〈潮来市〉）。二十日正月に擂鉢をかぶって灸をすえると頭痛がしない（栃木県真岡《もおか》市）。下田島の妙高寺では、土用の丑の日の前後三日間、ほうろく灸を行った。ほうろく（焙烙）を頭の上にあげて、その上に灸をすえた。万病に効くとか頭痛病みに効くといった（群馬県太田市）。『諸民 秘伝重宝記』（江戸後期）に「頭痛の根をきる傳」として「申の年申の月七月也申日申の時申の方に向ひて、新しきすり鉢をうつむけに頭にかづき、其底へ灸七火すゆれバ、ふたたびおこらず、又方毎年夏土用中の丑の日、子供手あそびにもつすり鉢をうつぶけて頭にいただき、炎天に出てすり鉢の底に灸三火すゆべし」とある。ほうろく灸は今も各地で行われている。卯月八日の花祭りの甘茶を飲むと頭病みしないという（福島県白河市）。四月八日の甘茶を頭につけると頭痛が癒《い》える（愛知県小牧市）。五月節供に、ショウブで鉢巻をすると頭痛にならない（岩手・栃木・群馬・茨城・大阪・和歌山・奈良・愛媛・福岡）、ショウブを頭に挿すと頭痛がない（茨城）、ショウブ湯に入ると一年間頭が痛くならない（福島県表郷村〈白河市〉）。七夕の朝早くハスやサトイモの葉にたまった水玉を集め、女がその水で髪を洗うと頭病みしないという（同県白沢村〈本宮市〉）。盆の一三日によその家の墓にあがったものを取って食べると頭病みしない（山形県長井市）。獅子舞《ししまい》の獅子に頭を咬んでもらうと頭痛を病まない（青森・岩手・山形・宮城・福島・福井・京都・兵庫）。女の人で頭の痛むひとは、善光寺の本堂の裏の格子に張ってある金網に、髪に挿すピンをさして願えばよい（長野）。葬式に供えた団子を食べると頭痛がしない（宮城県桃生町《ものう》〈石巻市〉）。賓頭盧《びんずる》さんの頭を撫でると自分の頭痛が治る（大阪府河内長野市）。葬式の草履をはくと頭痛にならない（大阪府能勢町）。余り苗を干して小さく切り、よく揉んだものを枕に入れておくと頭病みしない（福島県飯舘村）。夕方、川で頭を洗うと頭痛持ちにならない（群馬県太田市）。事前の行為なのか頭痛時の対処なのかはっきりしないが、継続的に頭痛がするときには、紙片に年齢と性別を書いて折りたたみ、お寺の木魚の中に入れてお経を読むたびに叩いてもらえば治る（山形）という。

○次に、実際に頭痛におそわれた時の処置である。広く知られているのは、頭痛の時には梅干の皮をこめかみに貼る、という方法で、宮崎・福島・富山・岐阜・愛知・京都・大阪・三重・和歌山・兵庫・長崎・熊本・宮崎でいう。頭がきりきりと痛む時は、ドクダミとフキの根と甘草を煎じて飲むとよい（富山県氷見市）。ノイバラの実を二合の水に入れて一合五勺《しゃく》に煎じて飲む（秋田）。ダイコンの汁を飲むとよい（岐阜県谷汲村〈揖斐川町〉）。カエルッパ（オオバコ）を陰干にしたものを煎じて飲む。手拭に塩と梅干を入れて頭をしばる（共に福島県天栄村）。煙草の脂《やに》を小鬢《こびん》にぬる（山形県新庄市）。炉に石を入れて焼けばよい（岩手県住田町）。臼をかぶる（福島県喜多方市）。ねじり鉢巻をする（茨城県東海村）。節分に豆を炒ったかわら（焙《ほう》烙《ろく》）を頭にかぶる（香川県観音寺市）。藁草《わらぞう》履《り》を頭にのせる（群馬県大間々町〈みどり市〉）。食事中の頭痛は病因が茶碗の糸尻《いとじり》にいるので糸尻を焼くと治る（奈良県曽爾村）。鍋蓋《なべぶた》であおぐとよい（和歌山県川辺町〈日高川町〉）。畑で仕事をしていて頭が痛くなった時は、鎌か包丁を持ちおおみ（大箕か）で「早く、早く」と言ってあおぐと治る（徳島県美馬町〈美馬市〉）。子供の頭痛・腹痛のときは、親がその痛むところを撫でながら「父にうつれ、母にうつれ」などと唱える（鹿児島県和泊町）。頭痛の時は「ひらやま村のなむ草摘み大明神さん、頭の痛いのを治してください」と何回も繰り返す（佐賀県東脊振村〈吉野ヶ里町〉）。愛宕さまに自分が作った枕をあげると頭痛が治る（山形県長井市）。八塔寺《はっとうじ》にある首なし地蔵の横の堀の清水を地蔵にかけて、流れ落ちる水を頭につけると治る。病状が重くて参れない人は、清水をいただいて来てもらい頭につける（岡山県吉永町〈備前市〉）。頭が痛い時は、観音さんに鉢巻をさせるとよくなる（愛知県豊田市）。

頭　あたま

(3) 盆に死ぬと頭を叩かれる

○笊《ざる》を頭にかぶると背が伸びない、との禁忌は全国的にいう。笊に限らず日常使っている道具をかぶるのを忌む伝承は少なくない。背が伸びないといって忌む物には、桶（和歌山・岡山・徳島ほか）、籠（千葉・富山・石川・三重・山口など)、箕《み》(福島・新潟・石川・愛知・静岡ほか)などがある。頭から押さえ込まれ、封じ込められる印象があるのか、器状の物や窪みのある物をかぶるのを嫌う傾向がつよい。紙を頭にかぶるな(福島・愛知・和歌山・山口)というのは、葬式の影響であろう。愛知県北設楽郡では、納棺の時は死人の頭に半紙をかぶせる。だから半紙をかぶるものではないという。

○一方で、奈良県吉野郡松柱〈十津川村〉では、後産がなかなか下りない時は、亭主が屋根に上がって糠篩《ぬかふるい》を頭にかぶり、産屋の上のあたりから「もう後産下りたか」とおめく(叫ぶ)と、下で「下りた、下りた」と応ずる。こうすれば早く下りるという。宮城県気仙沼市でも、お産が重い時は篩をかぶると安らかになるといい、石川県尾口村〈白山市〉では、産が重い時は水嚢《すいのう》を頭からかぶせるとよいと伝えている。篩は粒状のものを選別し水嚢は水を漉《こ》す道具である。網目を通すという働きにあやかってスムーズな出産を願ったのであろうか。

○山形県長井市で、麻疹《はしか》のときは北口の馬舟(飼い葉桶)を頭にかぶると軽くてすむという。各地で、麻疹が流行したら子供に飼い葉桶をかぶせよ(栃木・長野・岐阜・愛知)といい、そうすれば、麻疹に罹らない(栃木・長野・愛知)とか、罹っても軽くてすむ(岐阜県高山地方)という。山口県大島郡では、ウシの桶をかぶると麻疹に罹らぬと伝えている。馬の飼い葉桶をかぶると麻疹に罹らないとか軽くすむとの呪《まじな》いは江戸時代にもいわれた。文久二年(一八六二年)の大流行では、子供の頭に桶をかぶせる姿を描いたはしか絵が出まわった。とくに浅草寺の神馬《しんめ》のものが効くとされた。群馬県北橘村〈渋川市〉で麻疹には、ご飯を炊いた直後の釜を空けて、まだ温かいうちにその釜を頭にかぶせるという。

千葉県市川市では、三升釜で飯を炊き、その飯を移した釜をすぐに、麻疹に罹っていない子供の頭の上に三回かぶせると麻疹は軽くすむという。愛知県碧南市では、ご飯を炊いた釜を洗わずに子供の頭にかぶせると麻疹に罹らないといわれている。擂鉢をかぶると麻疹が治る（群馬県群馬郡）とも。頭に物をかぶる（かぶせる）という行為は、その物が帯びている属性を、呪的な力に変換する想像的な行為でもある。それぞれの場の文脈に沿って多様な意味づけがなされるが、とりわけ、封じ込めるとか鎮魂といった機能を発揮する点に特徴が認められる。

○ほかにも、同い年の者が死ぬと、鍋蓋をかぶって塩をねぶる（大分県庄内町五ヶ瀬〈由布市〉）。年越しの晩に臼を頭にかぶると歳を取らない（青森・茨城県出島村〈かすみがうら市〉）。生まれるとすぐ父の茶碗を子供の頭にかぶせると大人しくなる（山形県南陽市）などの伝承もある。筆者は以前、新潟県山古志村〈長岡市〉でこんな俗信を聞いた。旧六月一日は、クワの木の下で蚕が衣を脱ぐとか、人間が皮を脱いで新しくなるという。擂鉢をかぶってキニョの陰（木の陰？）に行くと、人間の衣が脱げるのが見える。

○盆前や盆の期間中に亡くなったときは、死者の頭に焙烙《ほうろく》などをかぶせて葬る習俗があった。長野県上伊那郡では、盂蘭盆《うらぼん》の日に葬式をするときには、死人の頭へ鉢をかぶせて埋める。仏等が娑婆へ行くときに「何で今頃来た」と、皆で寄って死人の頭を打つ。それを避けるためだという。愛知県北設楽郡や豊橋市では、盆月に死んだ者にはカワラケかホーロクをかぶせてやる。これは御精霊様がこの世に来る途中、道が遅れるので頭を叩くからだという。埼玉県越谷地方では、お盆に死んだ者の頭には焙烙をかぶせよ。その死人の魂があの世に行くと、「お盆に来るなんて馬鹿者だ」と亡者仲間に頭を叩かれるからである、と伝えている。神奈川県相模原市でも、盆中に死んだ人は頭に擂鉢をかぶせて葬る。盆に留守をしていた仏が帰ってから死者の頭をなぐるから、と説明している。こうした伝承は早くからあったようで、『三河吉田領風俗問状答』(江戸後期)に「盆前に死にたる者には、焙烙を冠せて葬る也、さるは途中にて聖霊に行逢ふ時に、我々は娑婆へ行くを何とて冥途へは来るぞと云ひて頭をたゝくなり、其時に此焙烙なくては、頭が痛む故なりとぞ(いとおかしき事なり、されど郷村にては必用ひ、市中にても用ふるもの多し)。さて、右の事によりて、此月は死ぬ事を嫌ふなり」とある。頭に焙烙をかぶせる行為は、死者の影響を封じ込めることである。死者との関係を断ち、盆の期間中に死のケガレが及ぶのを避けたのであろう。頭に容器をかぶる・かぶせる俗信は多彩だが、そこには、頭が人間の魂が宿る重要な部位と見做されていたことを物語っている。

○怪異現象に遭遇したり妖怪に出合ったり時に、頭に履物をのせると難を逃れるとの伝承が各地にある。高知県吾川《あがわ》村〈仁淀川町〉では、タヌキに化かされたときは草履を頭にのせるとよいといい、愛知県では、キツネに出合ったら草履をぬいで頭にのせれば化かされないという。キツネかタヌキが騙したときは、草履か下駄をぬいで頭にのせ、しゃがむと騙されずにすむ(鹿児島県松元町〈鹿児島市〉)。徳島南方に芝山という山があり、四と九の日には怪火が出る。これを四九火と呼んでいるが、この火は手招きすると必ず飛んで来る。その時は雪隠に入って下草履を頭上におくと、火は雪隠上を三回舞って飛び去ると伝えられている(徳島)。静岡県三ヶ日町〈浜松市〉では、天狗岩から天狗が来るといい、天狗が出たら草履を頭にかぶれ(のせろ)といったという。常に地面に接し、あらゆるものを踏みつける履物は、一面では不浄で穢れたものと見做された。それを頭上にのせることで、妖怪の類が手をださないと考えたのであろうか。

○俗信資料の記述には、かぶるとのせるの違いが明瞭でない場合も少なくないが、頭にのせる俗信にはつぎのような事例がある。履物を頭にのせると出世しない（茨城・静岡）。機織《はたお》り筬を頭にのせると出世できぬ（広島）。機織りの枠を頭にのせると一生できものが治らない（山梨）。バケツを頭にのせて歩くと背が伸びない（愛知県豊田市）。食物を頭にのせると親に早く死に別れる（岩手県大船渡市）。子供が生まれたらすぐ頭に真綿をのせると長生きする（京都）。夜外出する時は塩を頭の上において行く（沖縄県糸満市）。

頭　あたま

(4) 鉢合わせは不吉、その他

○子供が頭を打ったときは「チチランカンプン、チチランカンプン、天竺のジイとバアが金の熊手で痛いところをかっさらっていっちまえ」と唱えて、打ったところをさする（茨城県桜村〈つくば市〉）。花巻近郊（岩手県花巻市）では、火棚や自在鉤に頭をぶつけても痛いと言わなければ果報があたる、といい、同県湯本村〈花巻市〉では、自在鉤に頭をぶつけて痛いと言えば家宝を飛ばすという。秋田県山本郡では、炉鉤の装飾金具に頭を打つと珍しい客が来ると伝えている。

○頭と頭がぶつかる鉢合わせは、火事になる（山形県長井市・愛知県小牧市）、橋から落ちる（岩手県大船渡市）、病気になる（大阪）、悪いことが起こる（徳島県小松島市）といって心配する。鉢合わせは、「同時に同じ」状態を忌む俗信の一つであろう。石川県金沢市や滋賀県神崎郡では、鉢合わせをしたら、もういっぺん鉢合わせすると腫れない、といい、大阪では頭を打ち合わすと病気になるが、今一度打ち返せば大丈夫という。愛知県でも、鉢合わせをした時はもう一度するとよいという。鉢合わせという「同時に同じ」状態が引き起こす不安を、もう一度鉢合わせをすることで解消する、つまり元に戻す。譬えれば、裏返した硬貨をもう一度裏返すと元の状態に戻るといった感じだが、これに似た心意は他の俗信でも確認される。宮城県女川町では、縁側から出入りしたら同じところから出入りしなければならないという。縁側から外に出るのは不吉とされているが、仮に縁側から出たときは再び縁側から入ることによって、つまり、なぞるように往復することで、縁側から出た行為が打ち消されるとの心意である。道に落ちている草鞋《わらじ》を踏むものではない。踏んだ時は踏み直す（高知）。寝ているところを跨《また》がれると大きくならない。跨ぎ返してもらう（徳島）といった伝承がある。

○頭を叩かれると、出世できない（和歌山・徳島）、背が伸びない（愛知）、たわけになる（岐阜・愛知）、阿呆になる（徳島）。愛知県大治《おおはる》町では、箒で子供の頭を叩くと出世できない、といい、同県豊田市では、子供の頭を箒で掃くと出世しないという。鉄鉢で子の頭を撫でると人見知りしない（石川県石川郡）。赤子が初めて外に出る時は頭の上に墨をつける（同県辰口町〈能美市〉）。柄杓で水を飲むと頭の大きい子が生まれる（岩手）。

○敷居を踏むな、踏むと、主人の頭を踏むのと同じ（福島・栃木・群馬・茨城）、親の頭を踏むのと同じ（福島・茨城）、主人が頭を病む（群馬・静岡）、親が頭痛する（福島・群馬）と各地で忌む。かつて、家に囲炉裏があった時代には、炉縁《ろぶち》に上がるのも同様に禁忌であった。炉縁を踏むのは父親の頭に上がったと同じ（山形・福島）という。山形県南陽市では、囲炉裏の炉縁を傷つけるのは、親の頭を傷つけるのと同じだから、煙管の雁首《がんくび》で叩いてはいけないという。

○その他の俗信。頭に鳥の糞がかかると、早死にする（山形県新庄市）、馬鹿になる（岩手）、糞がかかるのは天罰（徳島県小松島市）。秋田県雄勝・山本郡では、鳥に頭に糞をかけられるとその人は三日以内に死ぬという。しかし、樽の尻に水を汲んで洗い落とせば死なずにすむ（同県雄勝郡）といわれる。便所で頭を掻くと、サカモゲ（逆むけ）ができる（岡山）、指が腐る（香川県三豊郡）、サカゲ（逆毛、あるいは逆むけ?）ができる（同県志度町〈さぬき市〉）。頭を夜掻くと一日早く死ぬ（愛知）。夜頭を洗うと、自分でしきれない苦労をする（茨城県古河《こが》市）。申の日に頭を洗うと気がふれる。雨の日に頭を洗うとナメクジが巣をつくる（群馬）。頭を病む夢を見れば、願望がかなう（福島県表郷村〈白河市〉）、昇進する（和歌山県吉備町〈有田川町〉）。頭を切った夢は良い（長野県北安曇郡）。他所に行って寝過ごさないようにするには、起きる時間の数だけ頭を叩いておく（福島）。夜寝ているときネズミが頭に上がるとその人は死ぬ（岩手）。頭を布団の中へ入れて寝ると出世しない（岡山）。寝食いをすると頭に角が生える（栃木県大平町〈栃木市〉）。汁の実を鍋蓋の上から入れると、人に頭を押さえられる（愛知県北設楽郡）。川に頭をつけて水を飲んではいけない（三重県多度町〈桑名市〉）。頭へクモが下がると死ぬ（栃木県都賀町〈栃木市〉）。人に物を渡す時は、頭越しに後ろへは渡すな（秋田県大館市）。女親に頭を見てもらいながら食べ物を食べていると、親の死に目に会えない（長野県丸子町〈上田市〉）。草花を頭（髪）に挿すと親の死に目に会えない（福島・千葉・長野・和歌山・広島）。

○民間療法。ナスの初なりを食べると頭の病なし（茨城県常陸太田市）。枕の中にナタマメを四〇ほど入れておけば頭の病なし（岩手）。夜尿する子供には擂鉢を頭にかぶせ、擂鉢の底にお灸をすえる（福岡県北九州市小倉南区西谷）。急死したときは臼・壺に頭を入れて死人の名を呼ぶと蘇生する（奈良県五條市）。櫛を投げて屋根棟を越させ、落ちた櫛を頭にのせ後ろを見ずに家に入ると瘧《おこり》が落ちる（愛知県西尾市）。喉に食べ物が引っかかったときは、頭に箸を立てると治る（秋田県秋田郡）。餅を喉に引っかけたときは、皿を頭上にのせて三回手をたたけば治る（同県仙北郡）。針を逆さまに頭にさすと電車に酔わない（奈良県下市町）。三味線の糸を頭に巻いておくと百日咳に罹らない（茨城県竜ヶ崎地方）。⇩額《ひたい》

【い】

胃《い》

〇生米を食うと胃病になる（島根）。心配しつつ食事をすると胃病になる。北に流し場や不浄物があると主人が胃病にかかる（共に徳島県小松島市）。胃の悪い人は手に、腹の悪い人は足に疣《いぼ》ができるという（新潟）。

〇青森県蟹田町〈外ヶ浜町〉では、胃のつかえは火葬の熾《おき》で煙草をのめば起きない、また、骨瓶《こつがめ》にたまった水もよく効くという。福島県梁川町〈伊達市〉では、一月一五日のかせどりの日に、橋を渡らずに隣三軒の家から暁粥《あかつきがゆ》をもらって食べると胃病が治るといわれる。広島県加計町〈安芸太田町〉では、胃がにがる（痛い）時は、ヘソの穴に塩を入れ、上に穴

の開いた一文銭を置き、その上から大きなやいと（灸）をすえると温《ぬく》もって気持ちがよいという。また、ミゾオチへ灸をすえることもある。この場合は、にがっている時は熱くないが、痛みが止まると熱く感じるようになるという。

○胃腸薬は、土用の丑の日に採ったオトギリソウを洗って乾燥させ、三五度の焼酎に二か月漬けたものを飲む（福島県西会津町）。イバラの木またはヨモギを煎じて飲むと胃の薬になる（岐阜県谷汲村〈揖斐川町〉）。

息

⑴息《いき》を吹く、除災と禁忌

○火傷の時は「ほのぼのと明石の浦の朝霧に島がくれゆく舟をしぞ思ふ」という歌を三回唱えて、息を患部に吹きかける（奈良県磯城《しき》郡）。この歌は『古今和歌集』に見える読人しらずだが柿本人麻呂（人丸）の作ともいわれる歌で、ここでは人丸を火止るの意味にかけている。火伏や火傷の治癒《ちゆ》に効果があるとされる呪歌だが、最後に息を吹きかけるしぐさを伴っている。愛媛県久万町〈久万高原町〉には、四国遍路が伝えた火傷の呪《まじな》いが伝えられている。火傷をした時はその場で「霜柱氷の梁《はり》に雪の桁《けた》雨の垂木に霧の葺草《ふきくさ》ナムアブラウンケンソワカ〳〵」と唱えて、痛む箇所を自分の口でフウフウフウと三回吹く。これを三回繰り返すと不思議に痛みが止まるという。「霜柱氷の―」の歌は火伏の目的で唱えられる呪歌のひとつである。野本寛一は、この歌の呪的な原理について「火を消す力を持つ『水』が、霜・雪・雨・露という様々な形で列挙され、しかも、それらが建築物の部位に冠せられているからである」と述べている（『言霊の民俗』）。火傷の際にこの歌が用いられるのも、火がもたらす災いを打ち消すという点で共通の心意に根差しているが、本項で注目されるのは、呪歌の最後にフウフウフウと息を吹きかけるしぐさを伴っている例が少なくない点である。佐賀県有田町では、火傷をした時はお呪《まじな》いを唱えて息を吹きかける。呪いの言葉は「イッサイガサンボ、ショテンテンジ、コウソウニチレンダイボサツ、コマツバラニスムダイジャカナ、ウマズ、ツズカズ、キズナラズ、クスリトオモエ、サルサワノミズ、アブラオンケンソワカ」で、これを三回繰り返す。コウソウニチレンダイボサツは日蓮上人のこと。窯業《ようぎょう》に従事している人のなかには今も行っている人がいる（『有田の民俗』一九九六年）。

○幼児が手足を打った時などに、母親がさすりながら「ちちんぷいぷい　いたいのいたいの　とんでいけー」と唱えて、痛むところをフウーと吹いてやる呪《まじな》いも広く知られている。群馬県甘楽《かんら》町では、子供が身体を痛くした時には「ちちんぷいぷい、いてぇところは向こう山へとんでいけ」とか「ちんぷるかんぷるかわねこひょうたん、いてぇところは、向こう山のこぶになれ」などと言って撫でてやり、プウと吹くという。山崎美成編『疑問録』に「ち丶んぷい〳〵御代の御寶と云事如何　志賀理斉　智仁武勇は御代の御寶と云事也　美成」と見える。怪我や病気などの呪《まじな》いの際に息を吹きかける事例は枚挙にいとまがない。いくつか挙げてみる。血を止めるには、白いきれいな紙（紙がなければきれいな葉）を九つに折り「やまおくのおにのかけたるたまだすき、めもはもきれてかたちもなし、アビラオンケンソワカ」と三口言い、紙または葉を傷口にあて、三度息を吹きかける（岡山県富村〈鏡野町〉）。タズ（帯状疱疹）ができた時は、包丁をタズにあてて息を吹きかける。その時「オオサカタニノ　タニカズラ　ネヲキッテ　ハヲフキカラス」と三回唱える（福岡県太宰府市水城）。おたふくかぜの時は、出刃包丁の先で頬を突《つつ》く真似をして、息をフッと吹きかけるとよい（愛媛県内子町）。目にゴミが入った時は「ジサとバサと（爺さんと婆さんと）杓子持って吹いていけ」と唱えてプッと息を吹く（岐阜県丹生川村〈高山市〉）。疳《かん》の虫の呪《まじな》いは、掌《てのひら》に「來」という字を三つ⿱來⿰來來の形に書く。一字ごとに「南無庚申」と唱え、書き終わると「ナムアビラウンケンソワカ」と唱えつつ、字のめぐりに輪を書いてフッと吹く（奈良県十津川村）。沖縄県北中城《きたなかぐすく》村では、ウルシにかぶれることをハジマキというが、ハジマキはただのかぶれではなく一種の祟りだと信じられ、熱田ではハジマキにかかるとハジマキの神に出合ったのだねといってカッティ（手馴れた人）が息を吹きかけて呪文を唱えたり、また、ハジマキの木に石を下げる呪《まじな》いなどをした。マムシやムカデに咬《か》まれた時にも呪歌を唱えて傷口に息を吹きかけることがある。富山県東礪波《ひがしとなみ》郡では、マムシに咬まれた時には「宝の山の知者マムシ、チボヨ（道芝）の恩を忘れたか」と一気に三唱し傷口に息を吹きかける。秋田県では、他所で水を飲むときの呪文として「この水にジャバラ虫がいたならば、とってたもれよヒマラヤ坊さん」と三回唱え、ハァーッと息を吹きかけてから飲むと、水当りしないという。人々は、怪我をしたり病気に罹ったりする要因として、何か目に見えない邪悪なモノの影響を感じ取っていたようだ。息を吹きかけるのは、それらを祓い浄化するためだといってよい。

○一月一五日に粥《かゆ》（小豆粥）を食べる風習は広くみられるが、その際、粥を吹いてはならないとされている。吹いて食べると、田植えのときに風が吹く（岩手・新潟・長野・和歌山）、田植え時にしける（和歌山県大塔《おおとう》村〈田辺市〉）、二百十日に風が吹く（群馬・岡山）、稲が風害にあう（群馬・三重・和歌山）、死んだときに風が吹く（長野）、鼻が赤くなる

（福岡県北九州市）などという。埼玉県越谷地方では、七草粥は熱くとも吹いて食べるな、福を吹いてしまうからという。禁忌を冒した際の制裁の多くが、風による稲の害に集中している。小正月には、一年間の農作業の真似事をして秋の豊かな収穫を願う予祝《よしゅく》儀礼が行われてきた。右の禁忌は、小豆粥を田んぼに見立てたもので、吹いて食べると風が吹くというのは、似たものは似たものを生むという類感呪術にもとづく伝承である。

○火鉢の火を二人で吹くと、大風になる（静岡県浜松市笠井町）、吹き負けた人は吹き勝った人より早く死ぬ（山口県宇部市）、火事がある。吹くときには一人はカラス、一人はトビ（鳶）と言って吹けばよい（名古屋地方〈愛知〉）。炭火を兄弟が一緒に吹くと火事になる（同県）。炭火を二人で吹くと、吹き負けた方に凶事がある（山形県庄内地方）。二人で火を吹き合うと喧嘩するようになる（福岡県北九州市）。二人同時に火を吹けば、一人が病気になる（青森県弘前市）。いずれも、同じ火（一つの火）を二人の人間が同時に吹き合うことを忌む俗信で分布は広い。禁忌を冒すと「負けた方に凶事がある」「喧嘩をするようになる」などと心配するのは、「同時に同じ」という差異を失った現象が孕んでいる激しい侵犯性を物語っている（常光『しぐさの民俗学』）。

○神仏の燈明を吹き消してはいけない（秋田・宮城・新潟・富山・千葉・山梨・滋賀・三重・香川）。吹き消すと、幽霊に遭う（秋田県仙北郡）、金を失う（富山県氷見市）、罰があたる（香川県豊中町〈三豊市〉）という。祭に線香の火を口で吹いて上げてはならぬ（沖縄）とも。禁忌のわけについて、山梨県中巨摩郡では、お燈明は吹いて消すものではない。口は不浄のものだからという。宮城県七ヶ宿町では、線香やロウソクの火は吹き消すな。手を振って消すものと伝えている。吹く行為は邪霊を退ける際の手段でもある。そのため神仏に供える燈明を吹くのを忌むのであろう。

○福島県田島町〈南会津町〉では、新しいロウソクはいったん吹き消してからつけよといい、山形県置賜地方でも、ロウソクは一度吹き消してからつけるという。鹿児島県国分市〈霧島市〉では、葬式の時以外はロウソクの火は一度必ず吹き消せという。福島県南郷村〈南会津町〉では、ロウソクの火は最初一度つけてから消してもう一度つける。そうしないとキツネに化かされるといわれる。ロウソクに一度で火をつけるのは悪い。一度消して二度目につける（秋田県平鹿・雄勝郡）。これらは、一回を忌む禁忌の一種であろうか。

息《いき》

(2) 夜の口笛、口笛と蜂

○夜は口笛を吹くな、という。分布は全国的で、禁を冒した際の制裁も実に多様である。夜口笛を吹くと、泥棒に入られる（山形・福島・栃木・群馬・茨城・長野・大阪）、ヘビが来る（栃木・群馬・茨城・東京・静岡・大阪・兵庫・高知・宮崎）、化物がでる（山形・栃木・熊本）、魔物が寄って来る（山形・福島・群馬）、悪魔が集まる（福島県表郷村〈白河市〉）、幽霊がでる（兵庫・鹿児島・沖縄）・貧乏神を呼び寄せる（山形・宮城・福島・和歌山）、鬼が来る（福島県喜多方市）、入道坊主が来る（同県原町市〈南相馬市〉）、死神が来る（山形県米沢市）、山のヌシが近寄る（徳島県那賀町）、キジムナーが来る（沖縄県豊見城市《とみぐすく》）、ゴンゴジイが来る（広島）、貧乏になる（山形県東根市）、火事になる（福島・栃木）、魂が出てしまう（茨城県大子町）、親の魂を吹きぬく（茨城県常陸太田市・栃木県栗山村〈日光市〉）・親に死に別れる（福島県塙町）、山の神に嫌われる

（富山）、大神宮様に嫌われる（福島県三島町）、地震が起きる（同県原町市〈南相馬市〉）などなど。夜間の口笛は、泥棒やヘビ、妖怪などを呼び寄せる不吉な行為として、広く忌まれているのがわかる。熊本県水俣市では「あこくろや夜更《よさ》りにウソ（口笛）吹けば、ガゴ出《づ》る」と言った。あこくろは薄暮《はくぼ》のことでガゴは化物である。鹿児島県徳之島にはこんな話が伝わっている。ある夜、百姓が川海老《かわえび》を獲りに行ったが一匹も獲れないので、退屈まぎれに口笛を吹いた。すると、川上から一匹の豚の子が流れてきたので、網にかけたところ、編目から幾千とも知れぬ豚の子が飛び出し、追いかけてきた。百姓は豚小屋に入り、大きな豚の傍らに隠れて難を逃れたという（『旅と伝説』一九二八年七月）。群馬県桐生市には、朝口笛を吹くと福の神が来ないとの例がある。

○家の中で口笛を吹くと、福の神が逃げる（山形県酒田市）、福の神がふっとぶ（埼玉県加須市）、貧乏神が入る（福島県天栄村）、貧乏になる（山形県東根市）、貧乏よばりといって良くない（福島県西会津町）、三宝荒神さんが逃げ出す（群馬県上野村）、親を吹き倒す（新潟県赤泊村〈佐渡市〉）、風邪を引く（山形県新庄市）という。夜、家の中で口笛を吹くと、ヘビが来る（福島・群馬県板倉町）、悪者が来る（福島県飯舘村）。便所で口笛を吹くと虫歯ができる（岩手県二戸郡）。山形県南陽市では、便所には便所の神様がいるので、中でオソバエ（口笛）を吹くなといい、同県川西町では酒蔵で口笛を吹くなという。

○山で口笛を吹くのを忌む土地も少なくない。山で吹くと、事故に遭う（福島県保原町〈伊達市〉）、怪我をする（山形・栃木）、良いものも悪いものも集まってしまう（福島県郡山市）、ヘビが憑く（同県）、魔が憑く（同県田島町〈南会津町〉)、天狗が来る(同県南郷村〈南会津町〉)。福島県白河市旗宿のマンガン山(黄金沢鉱山?)では、めでたい歌をうたったり、口笛を吹いたりしてはいけないといわれている。山の神は犬をつれて歩いているので、口笛で犬が呼ばれると、山を押さえている山の神が手を離してしまい山が崩れて事故が起きたりするからだという。
○鉱山や炭鉱などでは、坑内での口笛を忌む。坑道で口笛を吹くと坑道が崩れる(鹿児島)。坑内では口笛は厳禁で、口笛を鳴らすと天井が落ちる(落盤《らくばん》)といって忌む(長門〈山口〉)。坑内では、口笛を吹いたり手をたたいたりすることは固く止められている。坑道では山の神ががっちりと天井を支えているために、坑内員たちは安全に働くことができるのである。もし、口笛を吹いたり手をたたいたりすると、山の神が喜んで天井を支えている手がゆるみ、しばしば落盤や陥没などの災害が起きるといわれる(秋田)。鉱山の坑道の中で口笛を吹くと、天盤《てんばん》を支える山の神が笑って力を抜いてしまう(福島県保原町柱田〈伊達市〉)。口笛を吹くと天狗さんが気を緩めて坑内がゆるむ(富山県大山町〈富山市〉)。北海道上砂川町では「朝、入坑前とか坑内で口笛を吹く事は殊に嫌う。之は神様の連れておいでになる犬を呼ぶことになる。犬を呼んでしまうと神様を護るものが居なくなる。又口笛は一般に気持が緩んだ時に吹く事が多いので仕事に対する緊張の弛緩を意味する。また物を吹飛ばすという考えから瓦斯爆発や落盤を誘致する原因となるとて嫌うこと夥しい。一説には神様は口笛が最もお好きなので、口笛を聞かれると其方へ気をお向けになるため肝心の坑内の守護が留守になるからだともいわれる」(『民間伝承』七巻六号、一九四二年)。山形県南陽市では、坑内員は、坑内で柏手《かしわで》をしたり口笛を吹いたりしてはいけないという。坑内での仕事は、どんな音にも敏感でないと大事に至ることがあるといい、口笛は山の神が嫌うともいう。また、口笛は、すべてが浮かれ出すので嫌うともいわれる。福島県桑折《こおり》町では、洞門の中で口笛を吹くな、土砂崩れが起きるという。
○口笛を吹くと、風が吹く（青森・岩手・福島・鹿児島・沖縄）、大風が吹く（鹿児島）、嵐になる（福島県浅川町）。朝、口笛を吹くな。その日大風が吹くから（千葉県市川市）。家の中で口笛を吹くと風が吹く（岩手・秋田）。海で口笛を吹けば風がたつ（青森県五所川原市）などという。とくに、船の中で口笛を吹くのを忌む（青森・岩手・宮城・福島・石川・静岡・愛媛）。風がでると波が高くなって漁ができないなどの心配からだろう。福島県相馬市の原釜や磯部では、船の上では歌をうたったり口笛を吹いたりしてはいけないと言われていた。吐く息が嵐を呼ぶからだという。石川県輪島市でも、口笛を吹くと海がシケるというが、この理由を土地の人は、口笛の音がシケの時の音に似ているからではないか、と説明している。筆者は、二〇〇二年に民俗調査で中国の浙江省温嶺市石塘鎮を歩いたとき、次の俗信を聞いた。「口笛を吹くと風を呼んでくる」（東興村・男性・一九三四年生れ）、「船の中では口笛は吹かない。また、船の中では歌をうたってはいけない。その声で魚が逃げる」（里箬村・男性・六七歳）、「船の中で口笛を吹いてはいけない。風がでる」（東興村・男性・一九六一年生れ。小箬村・男性・六七歳）。（「漁と海に関する俗信」二〇〇六年）
○口をすぼめて息を強く吹いたり口笛を吹くことをウソブキ（嘯）というが、ウソブキが風を招く話が『日本書紀』の海幸山幸の神話に出ている。「又、兄、海に入《い》りて釣《つり》せむ時に、天孫海浜《うみへた》に在《ま》して、風招《かざをぎ》を作《な》したまふべし。風招は即《すなは》ち嘯《うそぶき》なり。如此《かく》せば、吾瀛風《われおきつかぜ》・辺風《へつかぜ》を起し、奔波《はやなみ》を以《も》ちて溺《おぼほ》し悩《なやま》さむとまをす。火折尊《ほのをりのみこと》帰来《かへりきき》まして、具《つぶさ》に神《わたつみ》の教《をしへ》に遵《したが》ひたまふ。兄《え》の釣《つり》する日に至及《いた》り、弟《おと》、浜《うみへた》に居《ま》しまして嘯《うそぶき》たまふ。時に迅風《はやち》忽《たちまち》に起り、兄則ち溺《おぼほ》れ苦《くる》しび、生《い》くべきに由無《よしな》し。」(『日本書紀①』小学館)。「風招は即《すなは》ち嘯《うそぶき》なり」とある。口をすぼめて息を吹きだす状態やその時の音が、風の連想と結びついた呪術であろう。

○口笛を忌む一方で、帆船《はんせん》の時代には一定の風を必要としたので「帆を張るとき風がなければ口笛を吹くとよい」(青森・福島・沖縄)ともいう。土佐藩士で安政四年(一八五七)に函館を視察した手《て》島季隆《しますえたか》の『探箱録』五月九日条に「四ツ時西風吹来リ碇ヲ揚ケ走ルコト三里余風忽止ミ忽吹キ波濤ノ為ニ進退ス未ノ刻ニ至リ風ナキニ至ル帆壁ノ如ク立チ舟子激潮ノ為ニ東洋へ流出セラルヽ患へ頗ル恐惧ス口笛ニ風ヲ呼タリ楫ヲ以テ押セドモ何トモ致方ナシ」とある。口笛で風を呼ぶ例は農作業の面でも見られる。「農民が籾《もみ》などの撰別・風撰作業で箕を使おうとする時、無風では仕事にならないので風を呼ばなければならない。その風を呼ぶのに口笛を吹く」(野本寛一「海上信仰」一九八八年)。筆者も同様のことを、沖縄県竹富町で聞いたことがある。同県北中城村では、かつて、夏の涼をとっているさいに夕凪《ゆうなぎ》で風が止んだときには、大人たちが口笛で風を呼び寄せていたという(『北中城村史　第二巻』)。

○口笛を吹くとハチが逃げる(秋田・山形・群馬・神奈川・長野・奈良・岡山・佐賀・長崎・熊本)と各地でいう。和歌山県高野口町〈橋本市〉では、口笛を吹いたらハチに刺されないといい、秋田県仙北郡では、口笛を吹くとハチが寄ってこないという。明応八年(一四九九)の序文をもつ『竹馬狂吟集』巻第五に「花を折りをりうそをこそ吹け」の句に「軒端なるはちのずはいに梅さきて」と付けた例がみえる。新潮日本古典集成『竹馬狂吟集 新撰犬筑波集』では、「花を折りつつ鼻歌を口ずさんでいるよ。―軒端の蜂の巣のある若枝に梅が咲いてね。実は鼻歌ではなくて蜂を吹き払っているのさ」と現代語訳を付している（木村・井口 一九八八）。うそを吹くとは、口をすぼめて息を強く吐くこと、口笛を吹くことである。鎌倉時代の説話集『十訓抄』には、ハチに襲われて逃げ惑う様子を「今は目をふさぎうそをふきて、あきまをさゝれじとあはてさはぐほどに」とある。また、ハチに襲われた少年がうそを吹きながら逃げるさまが『弘法大師行状絵詞』巻六（一四世紀後半成立）に描かれている。ハチを払うために、息を強く吹く、あるいは口笛を吹くとよいとの俗信が早くからあったことがわかる。

息 いき

(3) 息と霊魂、妖怪を吹く

○妖怪の正体を見破るには狐の窓から覗くとよい、との伝承は各地にある。『化物念代記』（文政二年〈一八一九〉）に「なンでもあやしいと見たらバ づのごとくゆびをくミ けしやうのものかましやうのものか正たいをあらハせト三べんとなへてのぞけハ もとのすがたをあらハす」とある。図の如く指を組み、というのは狐の窓（図1）をつくることで、この穴から覗き見るとともに、穴から相手に息を吹きかけることもある。大分県直入郡では、狐窓をして吹けば

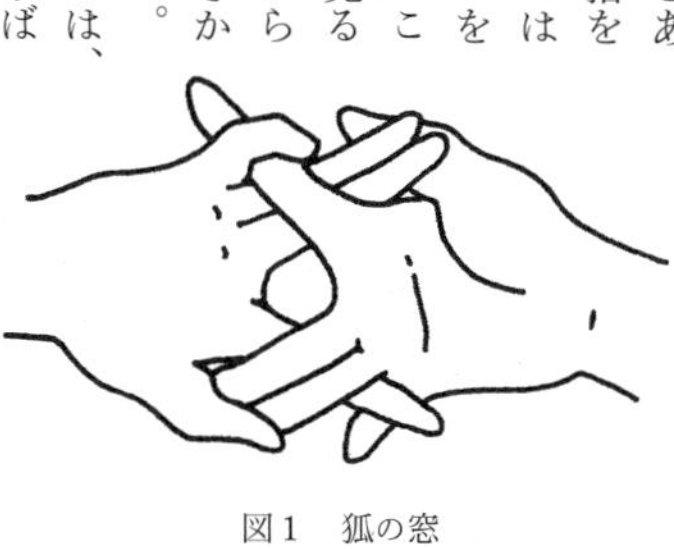

図1 狐の窓

狐火が消えるといい、長野県北安曇郡では、キツネに騙された時には狐の窓をこしらえて三度吹けばよいという。愛知県伊良湖村小塩津〈田原市〉では、狐の火を見た時には指を組み合わせ「ソーコーヤアサダガハラニ モンタッテ トーヤヒガシヤ ランヤ アララン」と唱え、その窓へ息を吹き込むと狐の火が消えるといわれている。狐の窓から覗くと、人を化かしているものの正体が見えるという。本性が露見した途端、妖異は人を化かす力を失う。当然、狐の窓から覗いたり息を吹くのは妖異に向けてすることで、人に向けて行ってはならない。大分県直入郡では、両手の指で狐窓を作ってその窓から口で人を吹くとその吹かれた人が死ぬ、といって禁忌とされている。狐の窓に限らず、人に向って息を吹きかけるのを忌む土地は少なくない。人を吹くと、死んだとき大風が吹く（岩手・島根）、福が逃げる（長野県丸子町〈上田市〉）という。秋田県雄勝郡などで、人に息を吹きかけると夜間幽霊に息を吹きかけられる、というのは、吹き祓うべき対象から反対に人が吹かれた場合の危険性を暗示している。小泉八雲の「雪女」では、吹雪の夜、山小屋に現れた女が寝ている茂作に白い息を吹きかけて殺す。民話のなかには、妖怪や幽霊が、寝ている男の顔に息を吹きかけて殺すモティーフをもつ話が伝えられている。

○呼吸は私たちの諸活動の根源のはたらきを司っている。呼吸と命は密接不可分なもので、気息（息づかい）は生命や霊魂と同じとも考えられてきた。息と魂の深い関係について、谷川健一は沖縄での調査をもとに次のように言っている。「南島地帯をあるくようになってから、『フー』という言葉にしばしば出合うことが多いからである。『フー』というのは息をふきかけることがそもそものはじめであって、それが魂ともみなされるようになったと私は思う。呼吸と霊魂との関係は不可分であり、往々にしてそれは同一物であるとみなされてきた。アイヌの間でも息は魂と考えられている。そうして息は風のごときものとみなされたことは、南島は帆をプーと呼ぶことからも推察される」（『民俗の宇宙』Ⅰ）。沖縄県の宮古では、人間の運気の衰えた状態を「フーさがり」と言うそうだが、このときの処方について、谷川は万古山の老婆からの聞き書きをもとに「苧（麻糸）をまるめてしばり、それをフーの下がった人間の頭の上におくまじないをする。また、ぐったりとした子どもの頭の頂点の毛の渦巻き、すなわち『つむじ』にむかってフーと息を吹きかけることもある。そうするのは、頭の頂点の毛髪の渦巻きのところは、そこから息を吹き入れる場所と考えられていたためである」と述べている（『民俗の宇宙』Ⅰ）。息を吹き込む行為は同時に、その生命力に満ちた息を吸収するという、二者の関係が想定されている。ただ、息で「吹き祓っている」のか、息を「吹き込んでいる」のか、その判断は常に確定しているわけではない。実際には、両者の意味の境界は重層している場合が多いと予想される。

○岡山市今村では、苦労性（何かにつけて苦労の種にするくせのある人）は、死者入棺の前に棺の中に入り、蓋《ふた》をしてもらって、しばらく寝て、息を三度吹きかけておけば、死者がすべての苦労を持って行ってくれ、あまりくよくよしなくなるという。悪癖を黄泉路へ旅立つ死者に持って行ってもらうのが狙いである。この場合の息を吹きかける行為は、癖というとらえどころのないものを、吹き出す息とともに身体から離して外に移す手段である。石川県河内村〈白山市〉では、大正時代に流行性の風邪（スペイン風邪）が流行した時、白山宮より白紙を人形《ひとがた》に切り、息を吹きこんで川に流す法が行われたという。また、病気の時に桟俵《さんだわら》に洗米をのせ線香をとぼし、病人の息を吹きかけ、これを道に捨てておけば人に伝染して病気を治す、との報告もある（岡山県上道郡）。

○高知県中土佐町上ノ加江で、赤ん坊を夜間に連れ出すときには息を吐きかけておく。徘徊する悪霊から子供を守る魔除けであろう。徳島県鳴門市では、食物を持って夜道を行くときはタヌキに取られぬようにホケシ（息）をかけておくとよいという。同県徳島市や板野郡などでも、夜間に物を持って行くときは息を吹きかけておくとタヌキに化かされぬと伝えている。化かされぬというのは、物を取られないという意味であろう。息のかかったものには外部のモノは容易に手をつけることができない。そこには、息を吐きかけた者の意志、言葉を変えれば霊的な力が作用しその影響下にあることを示唆している。特定の人間の影響や支配を受けることを、「○○の息がかかった者」と言う心意である。家を留守にするとき、茶碗に息を三度かけて炉辺《ろへん》に伏せて外出すると、留守中盗難を免れる（福島）。山形県西村山郡でも、留守をするとき自分の食べた茶碗に三度息をかけると泥棒が入らないという。

○手まね足まねで怪我した人の事を話した時は、その箇所に息を吹きかけないと自分もその怪我をする（岩手県岩手郡）。同県二戸地方でも、手まね物まねで（他人が）怪我などをしたことを人に話した後で、その箇所に息を吹きかけておかぬと、自分もその箇所に怪我などをすることがあるという。

○針金を曲げる呪《まじな》い。「曲がれ曲がれ、曲げての御法なりナムアミダオンケンソワカ〳〵」と言い、曲げようと思うところに息を吹きかけて曲げると、不思議に曲がるという（和歌山県那智勝浦町）。女の使った櫛を使う時は、フーと息をかけてから使わぬと悪い（徳島県小松島市）。家の中でヘソビ（鍋底の煤《すす》）を吹くと貧乏になる（宮城）。土瓶《どびん》の口に茶の葉が詰まれば、土瓶の尻を吹けば取れる（長野県南信濃村〈飯田市〉）。灸のあとは口で吹くものではないという（高知県土佐山村〈高知市〉）。便所の板に息をかけると幽霊に遭う（富山県氷見市）。

息　いき

(4) 息を吸う、漁師とねず鳴き

○ここまで、息を吹く俗信を見てきたが、反対に口をすぼめて息を吸うしぐさに関する俗信もいくつかある。チュウチュウと音をたてて息を吸う「ねず鳴き」は、ネズミナキとかネズグチなどとも呼ばれて漁師や海女の間で伝承されている。高知県宿毛《すくも》市鵜来島《うぐるしま》では、船霊様にお神酒《みき》をあげたり、釣針を投げる時などにねず鳴きをする習慣があって、それをネズグチといっている。同市沖ノ島弘瀬でもネズグチといい、漁師が網を海になげる時などに神に豊漁を祈って「チュウ」と音をたてる。同時に「ヤットエベスサマ」とも唱える。島根県都万《つま》村〈隠岐の島町〉でネズミグチというのは、漁師が釣りでなかなか魚が食わぬとき、釣針に唾をかけて「チューオエベス」と言うことだという。瀬戸内海の各地で、釣り漁師が釣糸を海に入れるとき、あるいは網を海に入れるときに「チョイ、エビスサン」とつぶやいて大漁を祈る。このチョイもねず鳴きを表現したものであろう。鹿児島県奄美大島では、漁師が魚を釣る時、まるで魚を誘引するかのように「チュッチュッ」とネズグチを発することを登山修が報告している（『奄美民俗の研究』一九九六年）。中世から近世にかけての庶民生活を色濃く映し出しているといわれる『狂言六義　抜書』に収められている「ゑびす大黒」には、「ゑびすは釣をたれんとてねずなきをしつゝさおゝたれめでたいをつりあげたる」とみえる。ねず鳴きを行う背後には、豊かな海の幸への願いがこめられている。息を吹く行為の多くが、ある対象を遠ざける意図のもとに行われるのに対して、息を吸うねず鳴きは対象を招き寄せる意味を帯びているといってよい。

○ねず鳴きは海女の習俗にもみられる。岩田準一は『志摩の海女』(一九七一年)のなかで、「沖へ出て採取場の適宜な所に舟を留めて、潜水する前に、トマエは先ず杓で海水を汲んで嘗《な》め、それを舟縁《ふなべり》に振りかけながら、チュッチュッと鼠鳴きをするか、あるいは『ツイヤショウジョウ』などと唱える。龍神への挨拶で、また魔を除けるためでもある。これは漁夫のあらゆる場合に斉《ひと》しく行うている呪禁《じゅごん》である。海女は舟縁にたたずみノミを以て海水を拯《すく》い嘗め、あたりへ振灑《ふりそそ》いだ後、それを額へ押当てて戴きながら鼠鳴きをする。或は舟縁をノミで敲《たた》き『ツイツイツイ』と唱えて鼠鳴きをしたり、ノミで海水を拯うて『ツイヤ龍グンサン』と唱えてから鼠鳴きをしたりする」と報告している。徳島県由岐町阿部〈美波町〉の海女は、海に入る直前に「チョベッサン」と呪文をつぶやくという。これは「チュウえびすさん」の縮まったもので、「チョ」はねず鳴きの音を写したものであろう。三重県須賀利村〈尾鷲《おわせ》市〉で、海に網を投げるときに「ツヤ」という伝承について、柳田国男は九州の漁民などが行うチュウチュウと唇を吸う鼠鳴きをヒントに、「私の想像ではツヤのツも、其音を言語に現わしたので、もう一歩を進めて考えると、人が何物かを欲求する場合に、我知らず出て來る生理上の発作を、わざと力強く意識して表示したのが、そのチュウチュウの音のもとであったかも知れぬ」と推測している(「民俗覚書」一九七〇年)。

○遊女が客を呼び込もうとするときや、男女の逢引の合図などにねず鳴きを行ったことが知られている。中尾達郎の『色町俗謡抄―浅草・吉原・隅田川』（一九八七年）には、次のような鼠鳴きの唄が紹介されている。〽思うこと　ままならぬこそ苦の世界　じれて紙縒《こより》の待人も　抜けて来るかと鼠鳴き　〽島影がちらちらとさして嬉しき朝日影　梅の小窓に初音もゆかし　来るか来ぬか　ちょいとちょいと　辻占開けば来るという　鼠鳴き。中尾によれば「鼠鳴きは唇をすぼめてチュウチュウと息を吸い込む動作で、一口にいって待人を呼び寄せる色町の呪である」といい、それには、直接客に向かって行うものから、待人が来り喜ぶべきことが起こったときにしてやったりという感じで行う場合など、いくつかのケースがあるという。石川県加賀市片山津では、客を呼ぶ時にはねずみの啼声を真似して内股を三度叩き、手招きを三度すると客が来るという。浮世草子『新色五巻書』三には「三條の小橋伏見屋と云ふ旅籠屋に宿を求め。四條の川原残らず見物して。歸り様道縄手《なはて》の夷屋《あびすや》には、簾の内から鼠鳴《ねずみな》き。何事かと寄る袖の時雨」とあり、夷屋は色茶屋と考えられている。ねず鳴きの由来については、ネズミの鳴き声を真似たものといわれるが、チュウチュウと息を吸う音からネズミを連想したと考えるべきであろう（常光『しぐさの民俗学』）。『枕草子』一五一に「うつくしきもの　瓜にかきたるちごの顔。雀の子の、ねず鳴きするにをどり来る」とあるように、動物を呼ぶときにもこのしぐさがみられる。ねず鳴きは、豊漁の祈願、客の呼び込み、動物を呼ぶときなど、さまざまな場面で行われてきたことが知られる。共通しているのは、豊かな幸や福運、目をかけた相手を引き寄せようとするはたらきだといえよう。

○山口県福栄村〈萩市〉で、他人の寝息を吸うと吸われた方が死ぬという。諸国から集めた奇事異聞を収録した『絵本百物語』（『桃山人夜話』・天保一二年〈一八四一〉）には、山地々（ヤマチチ）という妖怪の画に「このもの人の寝息をすい、あとにて其人の胸をたゝくとひとしく死するとなり」と解説している。猿のようなヤマチチが男の寝息を吸っており、妖異に息を吸い取られることの恐怖が描かれている。

○新潟県山古志村種苧《たなす》原《はら》〈長岡市〉では、難産の時は、親類が集まり鉢巻をしてみんなで唸《うな》ったという。この場合の唸るとは息をつめてきばる（力む）ことで、いわば、声の合力によって出産を助けようとしたのである。土佐藩御山廻役春木次郎八繁則が記した『寺川郷談』（宝暦二年〈一七五二〉）に、「一、女産をしたるをガッタと云。そちのメロべもどんばらがほてつつるがガリアガッタけなと云へバ、よんべりはらがぐハつて在所中がこんかうよせしてへはつたが、ちとへばりにガリましたと云。」とある。この記述について森本香代は「一、女がお産をすることをガッタという。あなたの娘のお腹が大きくなっていたが、もう産まれたかと問えば、昨夜お腹が痛くなったので村中から大勢の人が集まり、いきんだところ一回で産まれたといった。」と現代語訳を付している（田村監修『寺川郷談』二〇〇二年）。かつて、出産の時に親類や在所の者が集まって、妊婦と共に息む（力む）という習俗のあったことがわかる。

○翌朝目を覚ましたいと思う時間の数だけ枕を叩いて「朝起きてまたもまどろむことあらば、ひき起こしてよわが枕さま」と、呼吸を止めて三度唱えれば、起きたいと思う時間に目が覚める（石川県石川郡）。「天《てぃん》ぬ うらや玉や 玉ぬ水《みじ》ぬ 吹《ふき》かいり流りけーり」この呪文を七回唱えて家を出たら必ず美人に出会うという。ただし一息で七回唱えないと実現しないという（沖縄県竹富町）。⇩くしゃみ・

鼾口《いびきくち》

○高鼾《たかいびき》が耳に入ると傍の者はなかなか寝つけない。本人は睡眠中で気がついていないだけに、どう対処すればよいのかもわからない。この悩みを解消する俗信がいくつか伝えられている。イビキをかいている人のそばで「殿さまのお通り」と言えば止まる（長野・岐阜・和歌山・熊本）という。熊本県南関町では、イビキが高いときは「殿さんのお通り」と三度言うときっと止む、といい、長野県上伊那郡でも「殿さまがお通り」と三遍唱えると大イビキをかかなくなるという。岐阜県垂井町では、イビキをかいている人の頭のそばで手を三度たたくと止まるといっている。「鼾かく者は夜聡《よざと》し」の諺のように、寝ていても耳近くの声や音には意外と敏感に反応し、その結果止まるのであろう。昔は、殿さまという言葉で多少びっくりさせる意味もあったのだろう。

○イビキをかく人に鍋蓋をかぶせると止まる（長野県北安曇郡・愛知県高豊村〈豊橋市〉）。長野県上伊那郡では、イビキをかいている人の鼻の頭へ鍋の蓋を持っていき「アビラオンケンソワカ」と三遍唱えるとイビキは止まる、と伝えている。鍋蓋はしばしば呪《まじな》いに用いられる道具だが、この場合も鍋蓋の力でイビキに蓋をするのであろう。鼻イビキをする人の枕下に盃を伏せておくとイビキが止まる（岩手）。イビキをかくときは蒲団の下に鋏を入れれば止む（和歌山県太地町）ともいう。

○イビキをかく人の、顔に濡れ雑巾をかぶせる（岐阜県池田町）、鼻に水を入れる（石川県七尾付近）という報告もある。目を覚ますには違いないが、いささか乱暴なやり方である。岐阜県岐南町では、イビキをかいて寝ると桑名へ行くという。

○高鼾をかくのは人間だけではないようだ。

大蛇がイビキをかいて寝ているのを目撃した話が方々にある。昔、草刈に行って、変な音がすると思って見たら、大きなヘビが茅草の上でイビキをかいていた。帰って三日ほど寝込んだという（奈良県大塔村〈五條市〉）。腕白者が稚児ケ池の雑木林の中で迷っていると、緋の衣をまとった老僧に出会う。明日ここに来れば面白いものを見せてやるといわれ、翌日、約束の場所に行った。そこで、老僧から衣の袖を覗いてみろと言われ、透かして見ると、一匹の大蛇が叢《くさむら》のなかでぐうぐうとイビキをかきながら眠っていた。たまげた腕白者は一目散に逃げ帰った。老僧は天狗だったに違いないという（京都）。⇩鼻《はな》

疣《いぼ》

(1)イボの原因、数えるとふえる

○ヒキガエルにさわるとイボができる（奈良・和歌山・広島・佐賀）というのは、この動物の体表にあるイボ状の隆起からの連想であろう。ヒキガエルをいじめるとイボができる（岐阜県蛭川村〈中津川市〉・愛媛県内海村〈愛南町〉）、小便をかけるとイボができる（福島県原町市〈南相馬市〉）、後ろを歩くとイボができる（大阪府枚方市）ともいう。イボガエル（主にツチガエル）に小便をかけるとイボができる（群馬・島根）も同想であろう。イボガエルを手に持つとイボができる（群馬県子持村〈渋川市〉）とも。また、カエルに小便をかけられるとイボができる（岩手・福島・和歌山・山口）といって嫌うが、反対に、カエルに小便をかけるとイボができる（群馬・和歌山・徳島・鹿児島）という所もある。○山口県久賀町〈周防大島町〉で、寺の鐘が鳴りやまぬうちにその下を通るとイボができるという。梵鐘《ぼんしょう》の表面についている突起（乳）からイボを想起したものか。鐘の下に行くとイボができる（岡山）との俗信もある。海の泡をおもちゃにするとイボができる（同県）。

カニの泡や海水の泡にさわるとイボができる（山口県大島郡）。川の流れの淀みにできる泡にさわるとイボができる（大分県国東町〈国東市〉）。鹿児島県枕崎市では、汚れたあぶくに足を入れるとイボができるという。同県伊仙町では、水溜りのぶく（泡）を手足で触れるとイボができると言い伝えられ、これを信じて子供たちは泡に触れるのをおそれたという。

○イボができる心配から禁忌とされる俗信は少なくない。妊婦が、火事を見ると生まれてくる子供にイボができる（岩手県住田町・福島県相馬市）、葬式を見ると子供に大きなイボができる（岩手県住田町）、納豆を食べると赤子にイボができる（福島県平田村）、タコを食べると子にイボができる（奈良県磯城郡）。妊婦のときに鉄漿《かね》（お歯黒）をつけるとイボのある子ができる（和歌山県那賀郡）。妊婦が担桶《たご》の緒を仕替えると耳のところにイボができる（山口県大島町〈周防大島町〉）。

○生梅を食うと身体にイボができる（愛知）。ホオズキの種子を食えばイボができる（和歌山県太地町）。魚の目を食うとイボができる（同県那智勝浦町）。高知県東津野村〈津野町〉で、モツゴを食うとイボができるというのは、川で獲ったモツゴでイボをこすり（イボを魚に移して）再び川に放つとイボが取れる、という呪《まじな》いがあるためだろう。小正月に餅を盗んで食べるとイボができる（岩手県和賀郡）。

○ご飯を踏みつけると足の表にイボができる（福島県保原町〈伊達市〉）。ご飯をこぼすとイボができる（福岡県岡垣町）。魚の目をえぐるとイボができる（岩手県東磐井郡）。ナスを腐らすとイボができる（栃木県真岡市）。雨垂れの水が皮膚に当たるとイボができる（福岡県久留米市）。下水に足をつけるとイボができる（同市）というのは、泡に触れるとイボができるとの俗信をいったものか。籠をかぶるとイボができる（群馬・和歌山）。箒の上にあがるとイボができる（群馬）。枕の上にまたがると尻にイボができる（愛知）。人の足を踏むとイボができる（岡山）。串作《くしつくり》のいぼ地蔵さまに悪いことをするとイボができる（埼玉県加須市）。仏さまに供えた花を踏むと足にイボができる（徳島県小松島市）。

○イボが身体のどこにできるかによって吉凶を占う。イボが掌《てのひら》にできると、家族の者が死ぬ（愛知県豊田市）、身内に死者がある（岐阜）。愛知県西春町法成寺〈北名古屋市〉では、イボが手の内側にできると身内の者が死ぬ、手の外側にできると外の人が死ぬという。イボが手の甲にできると親戚の者が死ぬ、親指にできると親が死ぬ（同県）。黒いしみがあるイボが指の股の内外にできるのは死の予兆（同県東海市）。手や足にイボができると人が死ぬ。それが外側ならよその人が死に、内側だと家の人が死ぬ（岐阜県墨俣《すのまた》町〈大垣市〉）。

見えないところにイボができると身内に死者がでる（岐阜県真正町〈本巣市〉）。手首のイボの数だけ子供を生む（長野県北安曇郡）。イボが、目の上にある人は運が良い（山梨県甲西町〈南アルプス市〉）、睫毛《まつげ》のまわりにある人は運が良い（広島市）、目の下にあると不幸で背中にあっても不幸せという（香川県土庄《とのしょう》町）、目の近くにある人は涙が絶えない（大阪）、口の端にあると食べ助という（福井県小浜市）。大分市では、イボが眉毛より上にあれば出世をする、首筋にあれば衣裳持ち、背中にあれば運がしだいに開ける、目より下にあれば泣き言が多いという。イボが百できると死ぬ（愛知県碧南市）。

○イボを数えるのを忌む。数えると、イボがふえる（岩手・秋田・埼玉・東京・愛知・和歌山・兵庫・岡山・山口）、数えた分だけふえる（石川県江沼郡）、イボの数が倍になる（東京・神奈川・石川・岡山・山口・福岡）

という。愛媛県内海村〈愛南町〉で、イボの数を読むと読んだだけうつるというのは、読んだ数だけふえる意であろうか。イボの血をつけるとイボがふえる（宮崎県高千穂町）。

疣 いぼ

⑵イボイボ渡れ、クモの糸を巻く

○イボを取る方法は多様だが、広く知られる方法の一つにイボを他のものに移す呪《まじな》いがある。移す対象は、人の場合と人以外のものに分けられる。まず、他人に移す例を挙げてみる。山梨県旧上九一色村では、イボができたときは、自分のイボから他の人へ箸をかけ渡して「イボイボ一本橋を渡れ」と唱えれば、イボはその人に移るという。同村本栖〈富士河口湖町〉では「イボイボ移れ」と唱える。秋田県由利郡では、他人に分からぬように自分の手から他人の手に箸を一本渡し「イボイボこの箸渡れ」と三度唱えると移るという。箸を用いるのは手頃な道具であるだけでなく、箸と橋を掛けている。新潟県村上市では、自分のイボと他人の手の間に箸などの細い棒を渡して「イボイボ、橋かけて渡れ」と唱える。これは相手に気づかれないようにするという。この呪《まじな》いを相手に知られぬように実行するのは容易ではない。和歌山県本宮《ほんぐう》町〈田辺市〉では、人が寝ている時に金物を持ってきて、イボから寝ている人に掛け渡して「イボイボわたれー、かねのはしわーたれ」と唱えると移るといった。岡山県中和《ちゅうか》村〈真庭市〉では「イボイボ金の棒を渡れ」と言いながら、イボを他人の皮膚に渡す真似をする。麦わらなどをイボにつけ、端を他の人につけて「イボイボ一本橋渡れ渡れ」と言えば無くなるといわれた（長野県望月町高呂〈佐久市〉）。イボは藁《わら》の橋をかけて「イボイボこの橋渡れ」と言うと、他人に移っていく（石川県七尾市）。近くの人にわからないように棒で橋を作り「この橋渡れ」と三回唱える（群馬県板倉町）。

イボから橋をかけて「イボイボ渡れ、この橋きょうとい（恐い）ことはないわ」と唱えるとイボが移動して無くなる。これをされたためイボができたという人があった（福井県名田庄村〈おおい町〉）。

○橋や棒などを用いずに、指のしぐさと唱言で人に移すやり方も多い。兵庫県小野市では、イボを他人に移す時は、「イボ橋渡れ、橋がなけらポイッと跳べ」と唱えながら、人差し指で、自分のイボと移そうと思う人の体の箇所を交互に押さえる。最後の「ポイッと跳べ」のべで相手の体を（つよく）押さえる。島根県江津市では、イボができると自然物や他人に移して取る。「イボイボ渡れ」と唱えながら、人差し指でイボと対象物を交互に橋渡しすれば取れるという。「ヒシネ（イボ）、ヒシネ渡れ、一本橋渡れ、わかったら（渡ったら？）帰るな」と唱えることもある。岩手県住田町では、「イボイボ、せんだいはし渡る」と言いながら、指先で相手の箇所と自分のイボとを接触させれば、イボは相手に移り自分のイボは治るという。群馬県子持村〈渋川市〉では、イボを取るには、相手に向かって、指で自分のイボに触れ、次に相手の手に対して指を向けながら「イボイボ移れ、一本橋渡れ」と三回唱える。こうすると、イボが相手に移って自分のイボは取れるという。イボができたら、「イボイボ橋わだれ」と唱えて、他の人の手と代わりばんこにつければ移っていく（青森県五所川原市）。「イボイボ移れ、イボイボ移れ」と唱えながら人の手にイボをこすりつける（長野県御代田町）。イボは人にかける（移す）とよい。「いぼさぎうづれ、チョンチョン」と指で移す真似をする（茨城県東海村）。イボができたら、他人の手に「イボ橋渡れ」と三回言って、手で三回こすると治る（大阪府能勢町）。筆者も福島県舘岩村〈南会津町〉を歩いた時、土地の女性から、イボを指でさわり「イボイボ移れ」と言って、他の人につけて移すと取れる、と聞いたことがある。イボは「ゴトイボ渡れ」と言って人につける（三重県勢和村〈多気町〉）。イボがでた時「イボイボ渡れ」と言って人に移すと治る（鳥取県日吉津村）。「イボ橋渡れ、子負うて渡れ」と唱えて他人に移す（福井県美浜町）。

○イボを移す対象は人以外にもいろいろあるが、とくにサンショウ（山椒）が多い。長野県諏訪湖畔地方では、イボからサンショウの木へ箸か藁で一本橋をかけて「イボイボ一本橋を渡れ」と唱える。同県上伊那地方では、イボができた時はサンショウの木の下へ行って「イボイボわたれ、サンショの木へわたれ、いっぽんばしょわたれ」と唱えて、イボからサンショウの木へ棒切れを一本渡し、イボとサンショウの木とを代わりばんこに指でつつくと、イボはたちまち木へ移るという。そのためサンショウの木はイボだらけになっている。サンショウの木は表面に突起が多数あることから、これをイボに見立てて呪《まじな》いに利用するのであろう。岐阜県谷汲村〈揖斐川町〉では、サンショウの立木と手のイボを麦わらでつないで、「イボイボサンショの木に移れ」と唱えながら撫《な》ぜると落ちる、といい、同県本巣町〈本巣市〉では、麦から（麦藁）の太いのを切り、イボをその中に入れサンショウの木に移すと治るという。イボを取るには、左縄を綯《な》って輪にしたものでイボを撫で、サンショウの木に輪を掛ける（同県北方町）。エボ（疣）ができた時は、エボとサンショウの木の間に棒をかけて渡し「エボがサンショウの木へ移るように」とお呪《まじな》いをする（埼玉）。イボを取るには、サンショウの木を取って川に行き、橋にする真似をしながら「橋を渡れ」と三度唱える（長野県北安曇郡）。サンショウの木か葉に「イボイボサンショウの木に移れ」と言ってこすりつける。箸でつまんでサンショウに移す（共に愛知）。イボをサンショウの木に渡すと取れる（奈良県広陵町）。

○サンショウ以外の植物を挙げてみる。福島県保原町大泉〈伊達市〉では、フエイボにはクモの巣をイボに巻きつけ、エノキ（榎）の木を曲げてそれに肌をすりつけて「フエイボ移れ、フエイボ移れ」と三回唱える。エノキに「エボエボ一本橋渡れ」と言って渡す（群馬）。イボを箸でつまんでエノキの木につける（愛知）。イボとエノキに割箸を渡し「イボイボ渡れ、橋かけるから渡れ」と三回唱える（鳥取県淀江町〈米子市〉）。イボはエノキに「イボイボ渡れ」と言ってすりつけると取れる（岡山）。エノキの老木には疣状の突起が多くできることから、イボを集める木と見做されたものか。その点ではサンショウと似ている。キリ（桐）の木の瘤《こぶ》へ「イボイボ移れ」と三回唱えながら、自分のイボからキリの木のイボ（瘤か）へ人差し指で交互にさわるようにする（福島県金山町）。イボはキリの木に「イボイボ渡れ」という（群馬）。ケヤキ（欅）の木へ箸を渡し「イボイボ渡れ」と唱える（長野県北安曇郡）。イボがでたらサクラ（桜）の皮に移すと治る（山形県長井市）。イボに糸をつけ、その端を木に掛けて「イボイボ橋を渡れ」と言う（兵庫）。

○岡山県哲多町〈新見市〉では、イボのことをヒシネという。取るには、十字路の真ん中に小石を置き、木の箸をつかってヒシネと小石に橋を掛けて「ヒシネヒシネ渡れこの橋渡れ」と言うと、ヒシネが渡って無くなる。これを人にすると相手にイボができる。石のところへ「イボイボ移れ」と言って撫でながら移した（長野県東部町本海野〈東御《とうみ》市〉）。駒山の中腹にあるいぼ石に「イボイボ移れ、イボ移れ」と唱えながら指で移す（愛知）。イボを取るには、河原でイボと砂との間に竹切れを渡して、イボと砂とを代わる代わる押さえ「イボ橋渡れ、ネコさえ渡る」と唱える（兵庫）。

○イボを移す対象がはっきりしない事例もある。京都府美山町〈南丹市〉では、イボができたら「イボイボ橋渡れ、子を負うて渡れ」と言いながら、イボから他のところへ橋渡しをするとイボが移動して無くなるという。「イボ橋渡れ」と言いながら、イボから他の物へ移すしぐさをする（和歌山県上富田町）。「イボイボ通れ」と言いながらイボに食用パンを当てて他の物に移す（長野県上田市小井田）。イボに橋をかけて「イボイボ渡れ、この橋渡れ」と言うと渡って治る（栃木県茂木《もてぎ》町）。なかには、唱え言だけの場合も見られる。「イボよ渡れよ、子を抱いて渡れ」と唱える（兵庫）。「イボイボ渡れ、橋の上でこけんな」という（島根県日原町〈津和野町〉）。イボに「イボ橋こえろ、橋がなけりゃ飛んでげー」と唱える（茨城県東海村）。イボを取るには、お盆の一六日の仏送りに「イボイボ橋渡れ」と言う（長野県南木曽《なぎそ》町）。本来はイボを移すしぐさを伴っていたと考えられる。

○クモの糸をイボに巻くと取れる（秋田・福島・栃木・群馬・茨城・富山・長野・岐阜・静岡・愛知・三重・山口・徳島・高知・福岡・熊本・宮崎）。ほぼ全国的に分布するが、細かく見ると土地によって変化がある。イボは小さいものならクモのイガリ（巣）のねばる糸を巻いておくと取れる（茨城県東海村）。新しいクモの巣を取って一本の糸にし、これでイボを巻き切る（福島県原町市〈南相馬市〉・岐阜県川島町〈各務原《かかみがはら》市〉）。クモの糸を歳の数だけ巻きつけておく（長野県北安曇郡）。エンバリ（クモの巣）をイボにぎりぎり巻いて引っぱる（福岡県太宰府市）。クモの糸は人のいないうちに巻いておくと取れる（富山県氷見市）。雷鳴の時、人の見ぬ間にクモの糸を絡めると取れる（秋田県平鹿郡）。クモの種類にこだわる土地もある。福島県玉川村では、オニグモの糸でイボの根元をしばる。伊勢渡会地方（三重）でも、手にイボができたらオニグモの糸で巻くと翌朝取れるという。茨城県三和《みわ》村〈古河市〉では、ジシングモ（地震蜘蛛？　巣を揺らすナガコガネグモか）の巣の外側の太い糸をイボにきつく巻き付けておくとよい、といい、栃木・群馬の両県でもイボにジシングモの巣を巻くと治ると伝えている。ジョロウグモの糸をイボに巻くと取れる（茨城・福井・静岡・高知）と各地でいう。ただ、高知ではジョロウグモといえばコガネグモを指す。ほかにも、ジグモ（埼玉）もイボ取りには効果があるという。宝永四年（一七〇七）の『手鼓』に「くる〳〵と・蜘の巣巻きてとれるいぼ」の句がある。『秘密妙知伝重宝記』（天保八年〈一八三七〉）にも「いぼをくものすにて七八重まきてよし、いぼ取れる也」と見え、この俗信の早くから知られていたことがわかる。

○イボを糸でしばると取れる（福島・群馬・茨城・新潟・長野・山梨・兵庫・沖縄）という所も多い。この場合も細部には変化がある。糸で三回しばる真似をする（群馬）。糸でしばりつけて抜き取る（沖縄県多良間村）。糸をイボに巻きつけて「このイボおっこった」と言えばよい（山梨県増穂町〈富士川町〉）。「イボおちえ（落ちろ）」と三遍唱えて糸でしばる（新潟県佐渡市羽茂）。麻糸でイボの根元をくっておくと取れる（同県山古志村〈長岡市〉）。イボを取るのに絹糸で巻く（長野県南信濃村〈飯田市〉）。白糸でイボの根元をしばる（新潟県佐渡市・長野県佐久町〈佐久穂町〉）。イボは近所の女の人に紺の糸でしばってもらうと取れる（茨城県岩瀬町〈桜川市〉）。イボを取るには、鍋の弦を通した手を三人姉妹の末子に絹糸でしばってもらう（長野県南木曽町）。
○髪の毛でイボをしばると取れる（福島・群馬・新潟・石川・和歌山・兵庫・鳥取・徳島・沖縄）。沖縄県宜野座村では、イボの根元を髪の毛でつよくしばり、次第に切っていくという。髪の毛というだけで男女の違いには触れていないが、鹿児島県伊仙町では、女の髪の毛でイボの根元をしっかり巻きかたく結んでおくと自然に取れるという。長野県南木曽町蘭や愛知県半田市向山町などでも、女性の髪の毛でしばるという。
○イボはウマの尻尾の毛を巻き付けておくと取れる（新潟県山古志村虫亀〈長岡市〉）。ウマの尻尾の毛でくくり、その上にイボが黒くなるまで灸をすえる（鹿児島県伊仙町）。
○紙縒《こよ》りでイボを結んで「どうぞ治してください。治ったら解きます」と唱える（兵庫）。半鐘《はんしょう》に結びつけた紙縒りでイボをくくると落ちる（和歌山県太地町）。イボを藁でしばってから勝手の流しの下に（藁を）入れておく（長野県諏訪湖畔地方）。

疣《いぼ》

(3) 箒で掃く、ナスとイボ

○愛媛県御荘町〈愛南町〉では、イビラ（イボ）を取る呪《まじな》いとして「こりゃぬすびと、アブラオンケンソワカ〳〵」と言って、箒でイビラを掃くという。箒には「掃き出す」という実用的な機能があるため、そこから類推して「払う」「落す」といった俗信的な発想と結びついた例が少なくない。イボは便所の箒で掃く（撫でる）と取れる（岩手・山形・群馬・富山・石川・長野・和歌山）という。便所の箒が重宝される理由はよく分からないが、邪悪なものを祓う際に排泄物（糞）を利用する例は多い。この場合も不浄と関わる箒を用いることで、イボを掃き出す効果が高まるのか。あるいは便壺（他界）に落とすという意味もあるかも知れない。和歌山県川辺町

〈日高川町〉では、便所の落し藁でイボを撫でると落ちるという。

○雷鳴の時に箒でイボを掃くと取れる（岩手・山形・栃木・群馬・茨城・千葉・富山・愛知・大阪）。土地によっては、初雷《はつらい》の時に箒でイボを掃くと取れる（岩手・群馬・長野・愛知）という。雷が鳴っているとき箒の先でイボを三度さすると取れる（千葉県市川市）。稲光のとき箒でイボを払う（群馬県上野村）。電光が光る間に箒で三度イボを掃くと取れる（栃木県茂木町）。雷が鳴った時、新しい箒で掃けば取れる（岩手県盛岡市・気仙郡）、荒神箒で掃くと取れる（大阪）、外に出て箒でイボを掃くと治る（岩手県気仙郡）、橋の上で箒でイボを三回掃く（群馬）。雷の鳴る日に竹箒で掃く（同県）。初雷の時に箒で掃き落とす真似をするとイボが取れる（長野・愛知）。雷鳴がイボを取る時機だというのもよく分からない。雷様が臍《へそ》を取るという俗信となにか関係があるのだろうか。『耳嚢《みみぶくろ》』巻之六に「雷の鳴る時、みご箒にていぼの上を二、三篇はき候得ば、奇妙にいぼとれ候よし。ためし見しに違はざるよし、人のかたりぬ」とある。箒ではないが、雷の鳴っている時に扇でイボを掻くと落ちる（兵庫県赤穂市）との伝承もある。

○箒・便所・雷鳴の三つの条件を揃えた俗信もある。イボは雷鳴の時に便所の箒で掃くと取れる（岩手・群馬・富山・石川・山口）。稲光した時に便所の箒でイボを撫でると取れる（群馬県板倉町・山口）。長野市付近では、ミズイボは初雷の時「雷さんこのイボ治しておくれ」と言いながら便所の箒でイボを三度掃くと治る、という。

○箒とイボその他。初雷のとき便所を掃除するとイボが取れる（群馬）。暗いところでイボを掃くと治る（岩手県住田町）。初雪でイボをこするとよい。あるいは、初雪の時に新しい箒でイボを撫でると治る（長野市付近）。初雪のとき箒でイボをこすれば取れる（岩手県松尾村〈八幡平《はちまんたい》市〉・西根村〈同市〉）。雨が降るときイボを箒で掃けば落ちる（和歌山県太地町）。イボは、盆の時に仏壇に飾ったソーローボーチ（メドハギを束ねて箒の形にしたもの）で患部を三回撫でる（沖縄県読谷《よみたん》村）。箒でイボを落とす呪《まじな》いについては、江戸時代後期の『諸民 秘伝重宝記』（江戸後期）に「疣ほくろを取る法」として「節分の夜、釜箒と塵斗《ちりとり》とをもち箒にていぼほくろを塵斗へはきおとし、四辻へもち行はゝきにてちりとりをはらひおとして、あとを見ずにて帰る也、はゝきちりとりハ持て帰る也」とある。同じ呪いが『諸民必要 懐中咒咀調法記』（文政頃）にも見えている。

○イボを取るのにナスが効くとの伝承は多い。ナスのヘタでイボをこすると取れる（秋田・福島・群馬・岐阜・愛知・和歌山・山口・香川・大分）。ヘタでこするというのは、ヘタの部分を切り取ってその汁をつけることであろう。群馬県太田市植木野では、アブラウンケンソワカと唱えながら、ナスのヘタでイボをこすると治るという。イボをこすったヘタは、土に埋める（長野・兵庫・福岡）、人に見られないように土に埋める（茨城・和歌山・香川）、道に埋めておくと踏んだ人に移り自分は治る（山口市）。茨城県東海村では、ヘタの切り口でこすり人に見られない所に埋めておくと、腐るにしたがってイボが取れるという。香川県直島町では、撫でたヘタを人の見ていない所に埋める際に「イボイボ橋渡れ」と唱える。群馬県板倉町では、ヘタでイボをこすり、人目につかないように流しの下に埋める。石川県江沼郡では、初なりのナスビのヘタでイボをこすり、ナスビはえんぞ（下水溝）へ埋めると取れるという。ナスのヘタをイボに当てて川に流す（福島県南郷村

〈南会津町〉）。ナスのヘタでこすり、人目につかぬように川へ流す（愛知）。ナスのヘタを溝へ捨てるときウマがそれを見ているとイボが取れる（同県）。『秘密妙知伝重宝記』（天保八年〈一八三七〉）に「いぼをとるニハ茄子のへたの切り口の水気のある所ニていぼの上をよくこすり其へたハ流し川へ流すへし、いぼ取れる」とある。

○お盆に仏様に供えたナスでイボをこすると取れる（岩手・宮城・千葉・京都・岡山）。福島県猪苗代町内野では、お盆にお供えしたナスに豆を二つあげてイボをこすって流すと、ナスの腐るのと一緒にイボが流れ取れるという。山形県長井市では、お盆にお墓参りに行ったとき、墓に供えたナスの露を他人に見つけられないようにイボにぬると治るという。京都府八木町〈南丹市〉では、おしょらい（御精霊）さんに供えたナスを、人の見ていない時に拾って来て、それをイボにつけてから埋めておくと取れるという。拾って来るというのだから、精霊流しの時であろうか。お盆にあげたナスのなり口（ヘタか）でイボを撫でて地中に埋める。腐る頃に治る（群馬）。イボを取るには、精霊流しのとき、お供えしていたナスを二つに切って、その汁をぬればよい（和歌山県白浜町）。

○右の例は、いずれも盆の供物のナスを利用してイボをとる伝承だが、今一つ、精霊馬を用いる方法がある。盆に先祖の霊をのせる精霊馬はキュウリやナスでつくるのが一般的である。群馬県黒保根村〈桐生市〉では、手のイボはお盆のときのナス馬でこすって送り出す。同県大泉町では、盆様にあげたナスで作った馬の足（オガラ）でイボを撫でる。長野県上伊那地方では、盆のときのナスかキュウリの馬でイボをこすり「イボを背負って行っておくれ」と言うと、その後イボは取れてしまうという。同県北安曇郡では、お盆に作るナスの馬を四つに切ってイボを撫でる。埼玉県川越市では、お盆の馬のナスを人に見つからないようにイボにつけて、落ちるまで人に話さないとよいといわれる。お盆の精霊馬のナスでイボをこすり、溝の中に埋めるとナスが腐るにつれてイボが落ちるという（新潟県新発田市）。お盆のナスの馬でイボをこすり、馬を人通りの多い道路に埋める。ナスの馬を踏んだ人にイボが移り、自分のイボは取れる（群馬県子持村〈渋川市〉）。お盆のときに牛や馬にして仏様にあげたナスかウリでイボをこすって川へ流してやる（長野県諏訪湖畔地方）。いずれも、精霊馬にイボを移して、あの世に持って行ってもらうのが狙いといってよい。

○盆ではないが、イボができた時は、七夕様へ供えたナスをすりつけて人に分からぬように隠しておく（長野県上伊那郡）とか、イボは七夕のナスで撫でよ（愛知）という事例もある。

○島根県広瀬町〈安来市〉では、ナスを縦に二つに切り両方の切り口でイボをこすり、元通りに合わせて藁で結び土の中に埋めると治る、と伝えている。福島県湯川村では、ナスを半分に切りそのナスでイボを何度もこすり、ナスを元のように一つに合わせ紐で結んで、堀などの水分の多い所に埋める。このナスが腐ると同時にイボも取れるといわれる。京都府宮津市では、初ナスを二つに切ってイボにつけ、二つ合わせて捨てるという。二つに割ったナスでイボをこすり、再び合わせるのは、ナスの中にイボを封じ込める狙いであろう。和歌山県本宮町〈田辺市〉では、イボは二股になっているナスビを二つに切り、また元通りにしたうえで、人の通る道に埋めておいたという。初ナスを真ん中から切ってイボをこすり、台所の流し尻に埋める（山形県新庄市）。初ナスを二つに切ってイボをこすり、人に知られぬようにたまや（ゴミ捨て場）に捨てる。ナスの腐るにつれて癒《い》える（愛知）。ナスを二つに切ってイボをこすり、川に流して振り向かないで帰る（福島県浅川町）。畑から盗んできたナスを二つに割ってイボをこすり、見つからぬように盗んできた畑に埋める（群馬）。半分に割ったナスでエボ（イボ）をこすり「ナスが腐るまでにエボが治るように」と言って、人に知られないように埋《い》ける（同県）。

○ナスとイボその他。イボには、他家の畑のナスを盗んでつける（長野県北安曇郡）、生ナスを噛んでつける（群馬）、初ナスの種をつける（同県）。水引でナスをくくり道の四辻に埋けておくと治る（大阪府能勢町）。ナスの汁をイボにつけて「これが生えなんだらイボ取ってくだされ」と言って、かす（ナス）を土中に埋める（兵庫）。ナスでイボをこすりナスを溝に埋める。埋めたナスが流されるとイボは取れず、ナスが腐れば取れる（石川県金沢市）。イボはナスの皮でこすり、石垣の中に入れる。ナスの皮が腐る頃にイボが落ちる（佐賀県東脊振村〈吉野ヶ里町〉）。ナスビを切ってイボをこすり、知られぬように人の通る四つ角に置いておくと治る（同村）。ナスをイボにこすりつけて、それを下水の泥に差し込む。ナスが腐る頃にイボが取れる（熊本県有明町〈天草市〉）。ナスを切ってイボをこすり、道路に埋めておけば治る。踏んだ人にイボができる（鹿児島県東郷町〈薩摩川内市〉）。ナスを一口食ってイボをこすり、人のいない所へ隠すと取れる（愛知）。

疣《いぼ》

⑷イボとカマキリ、胡麻の花など

○ヘビの脱け殻でイボをこすると取れる（青森・岩手・山形・宮城・福島・栃木・群馬・新潟・富山・石川・長野・岐阜・愛知・岡山）と各地でいう。その際、脱け殻を濡らしてイボをこする（長野市・岐阜県池田町）。人の見ていない所でイボをこする（岩手・福島・富山）。水の流れのところでヘビの皮（脱け殻）をイボにつける（群馬）。イボをこすったヘビの脱け殻を土に埋めると取れる（群馬・富山・愛知）。岡山県美作《みまさか》市では、マムシの皮でこすると取れるという。ヘビの脱け殻はいろいろな呪《まじな》いに用いられるが、表皮を脱ぎ捨てる脱皮がイボを皮膚から分離するイメージと結びつく面があるのだろう。『耳《みみ》嚢《ぶくろ》』巻之七に「瘊《いぼ》を取《とる》奇法の事」として「蛇のぬけ殻を糠袋様の物に包みこするに、いゆる事妙也と人の語りしに、折節予が家内にていぼ多く面部へ出来てこまりしが、人の教《おしえ》に任せ其通《そのとおり》になせしに、癒《いえ》ぬる事まのあたりに見し故、爰《ここ》に記《しるし》ぬ」とある。岩手県江刺郡では、ミズイボのある人は生きたヘビでこすれば治るという。福島県船引町〈田村市〉では、ヘビの生皮を干して紙にくるみ「アビラウンケンソワカ」と唱えてイボをこすると取れると伝えている。

○カマキリにイボを食わせると取れる（岩手・福島・群馬・富山・愛知・島根）という。イボに味噌をつけ、カマキリに咬《か》ませる（群馬）という例もある。カマキリの古名はイボムシリで、『倭名鈔』に以保無之利と見え、『物類称呼』に「相模にて、いぼしり又いぼくひ、奥州にていぼ虫」とある。『本草綱目啓蒙』にもイボムシ（奥州）イボクヒ（相州）などの呼称が紹介されている。しかし、カマキリにイボを取り去る力があるとは思えない。イボをこの虫に食わせる真似をするとか、この虫でイボをこする呪《まじな》いが行われたのであろう。

○ナメクジをイボに這わせると取れる。ナメクジに塩をかけそれでイボをこする。イボを取るにはオカマガエルを洗う（共に群馬）。ドジョウでイボを撫で、人の見ない間に埋めておくとそれが腐りしだい癒《い》える（富山県氷見市）。高知県東津野村〈津野町〉では、川で獲ったモツゴでイボをこすった後、川に逃がすと取れるという。そのため、モツゴを食うとイボができるという。長野県諏訪湖畔地方では、魚でイボを撫でてその魚を猫に食わせるという。手足にイボができたときは、イボの上にいり干しを置き猫に食わせると治る（岡山）。イボを握り飯でこすってウマにくれる（群馬）。

○福島県保原町二井田〈伊達市〉では、フエイボができたら、三日月様に「私のフエイボを治してくれたら、餅をあげます」と言って頼む。群馬県板倉町大曲では、イボは三日月様に「治ったら団子をあげますから」と言って願をかけるという。三日月の夜、テッコハッコ（アリ地獄にいるウスバカゲロウの幼虫）をイボの数だけ取って拝む（同県）。イボができたときは、三日月様を拝めば治る（山梨県鳴沢村）。イボは三日月様に豆腐を上げる（群馬・長野）。『耳嚢』巻之八に「いぼの呪ひ品〳〵あるなれど、三日月へ豆腐壱丁を供へ念頃《ねんごろ》に祈る時は、其《その》治る事妙也。右豆腐は川へ流し捨る事也。あやまって其豆腐喰ふものは、いぼ其喰ふ者へ生《しょうず》る事また奇妙のよし、人の語りぬ。」とある。

○ゴマの花をイボにすりこむと治る（岩手・秋田・福島・群馬・神奈川・富山・石川・福井・岐阜・愛知・大阪・岡山・徳島・長崎）と各地でいう。とくに、人に見られないようにイボをこする（岩手・福島・岐阜・富山・愛知）。富山県庄川町〈砺《と》波《なみ》市〉では、こっそり隣のゴマ畑で花の汁をつけると取れるといわれる。岐阜県安八《あんぱち》町などでは、人に見られないように、北向きに咲いているゴマの花を取ってイボをこする。北向きに咲いている花を用いる例は福井県・大阪府にもある。最初に咲いた北向きの花をすりつける（奈良）という所もある。ゴマの花をサトイモの葉にたまった朝露につけてイボをこする（石川）。朝日の出る前にゴマの花をぬる（群馬）。ゴマの花でこすったあと土中に埋める（群馬・岡山）。ゴマの葉を揉《も》んでその汁をつける（石川・愛知）。七夕の朝ゴマの葉でイボをこする。ゴマの葉を煎じてつける（共に愛知）。七夕の朝早く田の切り口へ行き、ゴマの葉でイボを洗いながら「この田には入りません」と言って、葉を田に捨て、その田には入らないようにする（三河鳳来町〈愛知県新城《しんしろ》市〉）。『和漢三才図会』に肬《いぼ》は、胡麻の花を用いて頻りこする、あるいは生茄子の肉で摺るもまたよしとある。

○イチジクから出る白い汁をイボにつけると取れる（宮城・栃木・群馬・埼玉・新潟・富山・石川・福井・静岡・愛知・大阪・和歌山・兵庫・広島・山口・徳島・福岡）。イボの先に少し傷をつけて液汁をぬりつけ、その上に灰をまぶすとよい（兵庫県加古川市）。

○キリ（桐）の葉の汁をイボにつける（群馬）。キリの葉を揉み、その汁をつけて「アビラオンケンソワカ」と唱える（岡山県富村〈鏡野町〉）。キリの葉でイボを揉んで投げ、後を見ないで来ると治る（岩手県岩手郡）。キリの木の枝の水をイボにつける（長野県北安曇郡）。キリが切りに通ずる意味もありそうだ。

○ネナシカズラの茎でイボを撫でる（長野県諏訪湖畔地方）。手のイボを取るには、ネナシカズラを苗代に浸けて、それが腐るとイボが取れる（秋田県仙北郡）。筆者も新潟県山古志村〈長岡市〉で、イボにはネナシヅル（ネナシカズラ）をつけるとよいと聞いたことがある。

○イボを取るのに効果があるとされる植物はほかにも多い。センダンの木またはナンテンでこする（愛知）。ニンジンで撫でて土の中に入れる（群馬）。ホウキグサで撫でると取れる（石川県江沼郡）。飯出山の苔《こけ》でこすると治る（新潟県畑野町〈佐渡市〉）。ヘシネ（イボ）は、川に流した盆飾りのキュウリを二つに折って折れ口でこする（島根県広瀬町〈安来市〉）。スベラヒョウ（スベリヒユ）の草の汁でイボをこすり、草を土中に埋めておけば、それが腐る頃にイボは癒《い》える（長野県上伊那地方）。タケニグサという毒草の黄汁をイボにつけると取れる（同地方）。クワの葉の汁をつける（群馬）。イボにはラハラグミの葉の汁をつける（岡山）。アオギバ（アオキ）の葉をイボにつける（秋田県山内村〈横手市〉）。イボクサ（疣草）をつける（長野県南木曽町）。イボにはとろろ芋をつける（岩手県釜石市）。七夕様のタケを川へ流すとき、イボにタケの葉で水をつけ「七夕さま、七夕さま、どうかイボを流してください」と三回言う（群馬）。ヤツデの木に名前を彫り、それが消えるとイボが癒える（愛知）。イボは花を自分の歳だけ取ってくるとよい（群馬）。筆者は埼玉県玉川村〈ときがわ町〉を歩いた時、イボは道端の雑草を五種類とりそれを揉んでつけるとよい、と聞いた。『新撰児咀調法記大全』（天保一三年〈一八四二〉）に「いぼ二ッ三ッも出《いで》たるにハ、から芋の蔓を引《ひき》きりて白き汁いづるを度々付べし」とある。

○米を用いてイボを取る呪《まじな》いも少なくない。岩手県上閉伊《かみへい》郡では、イボにお米を三回まわして、誰も知らない所に埋めると治るという。群馬県桐生市川内北では、米でイボをこすりその米を流し溜の所に埋める。同県、板倉町では、米三粒でイボを撫で、流し台の下に埋めると、米粒がなくなると同時に治るという。米をイボにつけて紙に包み人に見られないように土に埋める（栃木県湯津上村〈大田原市〉）。米粒に〆を書いて紙に包み、その紙でイボをこすったあと腐りやすい所に埋める

（群馬）。イボに米をつけ「エボエボ取れろ、この米が芽を出すまでに取れろ」と言ってフーッと吹く（同県）。イボに米粒をぬり付けてウシになめさせた（長野県真田町〈上田市〉）。イボに米粒を付け、その米粒を取っておき、腐るとイボが治る（山梨県増穂町〈富士川町〉）。イボができたとき、他所からご飯を貰うと治る（石川県門前町〈輪島市〉）。徳島県板野郡や名東《みょうどう》郡などでは、糯白米をイボの上に置き、鋭利な小刀を糯上に十文字に当て「ノーボータリツタポリツタニヤサンタンオエンピソワカ」と三度唱え、その糯を清浄な水気のある地に埋めると、その糯が腐って形を失うのと同時にイボも落ちる、と伝えている。イボには、石灰と囲炉裏の灰を混ぜて糯米《もちごめ》を加えて練り、密封して暗所に置き、糯米が軟化したら取り出してつける（愛媛）。同様の方法が、江戸後期の『諸民 秘伝重宝記』に「いぼほくろをぬく傳」として見える。「灰と石灰と等分にあわせ、水にてこね、其中へもち米を二十粒立にうえ、あたゝかなる所へ一両日置て取出し見れば、もち米水銀《みつかね》のやうになる也、これをいぼに付べし一度にて落る也」とある。重宝記などの知識が民間に流布した可能性が考えられる。糠《ぬか》をイボにつけて土中に埋め、これが腐るまでに治るようにと祈る（群馬県板倉町飯野辻）。

○藁《わら》の節を自分の歳の数だけ揃《そろ》えて束ね、その節でイボをこすりながら「イボイボ腐れ」と三回唱え、人に見られないように家の下の土に埋める（福島県金山町）。麦藁でイボを結び、それを溝へ埋めればイボが取れる（石川県金沢市）。麦藁の中にすみ（鍋墨か）をイボの数だけ入れて捨てる（群馬）。麦藁をその数（イボの数）だけ切って水の中に入れる。それが腐ると癒《い》える（愛知）。イボ一つに対しオオムギ一粒で「イボ取れイボ」と言って三遍撫で廻して、年の吉方へ埋めれば治る（大阪）。イボに平麦（押麦）を当てて、治るようにと願いながらこするとよくなる（茨城県大子町）。

○和歌山県本宮町伏拝〈田辺市〉では、イボができた時は、溝を渡らぬ範囲の家三軒からアズキ粒を貰ってきて、それを入れた小豆粥《あずきがゆ》を炊いて食べると治るといった。岩手県胆沢郡では、ミズイボが出たら十字路にダイズを年齢の数だけ置いてくれれば取れるという。沖縄県伊良部町〈宮古島市〉では、フツビ（イボ）ができたら豆を紙か布に包んで四辻に置くと治るという。イボはアズキを、流し尻に埋める（石川県江沼郡）、他人に見られぬように流し台の下に埋める（群馬県板倉町）。イボの数だけのアズキに糸のついた針を通し、セーナ（流し台）の下におく（福島県舘岩村〈南会津町〉）。アズキを自分の歳の数だけ袋に入れ、人の見ていない所でイボをこすり家の下の土に埋める（同県金山町）。イボの数だけ豆を炒《い》ってそれでイボを撫で、産土様《うぶすな》の石段の傍《そば》に埋めておけば、豆が腐る頃にはイボが取れる（長野県北安曇郡）。

疣《いぼ》

⑸タワシでこする、井戸、雨垂れ

○富山県氷見市や石川県鹿島郡では、イボを落とすには他家のタワシをひそかに持ち帰り、それでこするとよいという。群馬県では、他家のタワシを盗んでこすり、それを土に埋ける。筆者は、富山県平村〈南砺市〉を歩いた時、イボを取るにはおばの家に行って、気づかれないように流しのタワシでこすると落ちる、と聞いた。隣近所の流し元へこっそり行って、タワシでイボをこすると取れる（長野県上伊那地方）。他所のタワシで人に知られぬようにイボを撫でる（同県北安曇郡）。他人の家のタワシでこすってそれをたまや（ゴミ捨て場）へ埋める。タワシが腐るとイボも取れる（愛知）。タワシでこすり誰も見ていない時に溝《どぶ》に捨てる（群馬）。川で洗ったタワシでイボを洗うと取れる（愛知）。明治末に亀の子タワシが考案され、現在はスポンジ製などが一般的だが、以前は藁や縄などを束ねたものが用いられた。群馬県群馬町〈高崎市〉では、小さな縄タワシを作り「あぶらうんけん」と三回唱え、タワシを戸口の人が跨ぐところに埋め、イボが落ちたら川に流す。長野県佐久町〈佐久穂町〉では、使い古した縄タワシでイボを洗い、タワシは川に流す。タワシが腐る頃にイボが治るという。いずれも、汚れを落とすタワシの働きから連想したイボ落としの呪《まじな》いである。その際「他人に気づかれぬように」という条件を伴う例が少なくない。こっそり手に入れるのは容易ではないが、厳しい条件を乗り越えるほど御利益は大きいのであろう。朝早く他の家の洗い場に行き、洗い縄でイボをこすると癒える（愛知）。左縄を投げ上げて梁をくぐらせたもので撫でるとイボが落ちる（同県西尾市）。

○イボの数だけの米粒を井戸に入れると取れる（茨城・富山・石川）という。生米でイボをこすり井戸に落とす（秋田県山本郡）。イボの上に米粒をのせて井戸に落とし入れる（長野県諏訪湖畔地方）。イボを米粒に移し、あるいはイボに見たてた米粒を井戸（他界）に捨て去る方法だが、捨てるのは井戸だけではない。イボの数だけの米を人が見ないうちに池に入れると治る（富山県氷見市）。米粒をイボにつけて十の字を書いて溝《どぶ》に投げると取れる（石川県江沼郡）。米粒をイボの上に置き、その米を刃物で十字に切り、それを溝の中に捨てる。米が腐敗すればイボが取れる（大分県蒲江町〈佐伯市〉）。

○イボの上にアズキをのせ「イボだと思ったらアズキだった」と言って、井戸の中にアズキを入れる（群馬県利根郡）。この方法はモノモライ（麦粒腫）を取る呪《まじな》いとして知られている。宮崎県五ヶ瀬町では、小豆を握って川に行き、イボの上にのせて「イボじゃなかったアズキじゃった」と言って川に流すと治るという。朝早く人に見られぬようにアズキを三粒井戸に投げ入れるとイボが取れる（岩手県下閉伊郡）。イボを取るには便所にアズキを投げる（同県和賀郡）。歳の数だけのアズキでイボをこすり、井戸に入れる（宮城）、便所に捨てる（群馬）。
○碾《ひ》き割りでイボをこすり便所に捨てる（群馬）。盆のキュウリを頭に載せて「これが腐るまでにイボを取ってください」と言って川に流す（兵庫）。梯子《はしご》をいく段か上って、藁を縛ったものでイボを撫でそれを落とす（群馬県北橘村〈渋川市〉）。イボができた時、笊《ざる》を被って井戸の前で踊ると治る（岩手県宮古市）。池に行って水嚢《すいのう》を半分見せ「治ったら全部見せる」と言う（群馬）。
○イボを取るには、雨垂れをつける（長野市）、山へ行って雨垂れを受ける（群馬）、人の見ぬ間に雨落水をつける（秋田県平鹿郡）、だれも居ない所でタケ（竹）の雨垂れをつける（岩手県盛岡市）などという。長野県南箕輪村では、雨垂れ落ちの小石を七つ重ねてイボをこする。ナスを二つに割り、イボを撫でて雨垂れにさらす（群馬）所もある。山口県大島郡では、ナスビでも何でも生成りのものを二つに切って、切った面でイボをこすり、元の通りに合わせて雨垂れ落ちに人に見られぬように埋めると治るという。米でイボを撫でて雨垂れの所に置く（群馬）。イボは雨垂れ落ちにムギの穂を置く（同県）。三仏堂の雨垂れの砂をつけるとイボはすぐ取れて無くなる（同県太田市）。諏訪神社の疣神様の雨落ちの所の石を一つ借りてきて撫でる。治れば倍にして返す。返さないとまたできる（長野県諏訪湖畔地方）。お宮の雨垂れの下の丸い石を拾ってきてイボを三度こすると治る

（長野県北安曇郡）。
○揖保《いぼ》川の水に一銭を入れて手を洗ったら手のイボが取れる（兵庫県山崎町〈宍粟《しそう》市〉）というのは、揖保と疣を掛けたのであろう。愛知県武豊町でも、イボは原田を北に向かって流れるいぼ川の水をつけると治るという。イボは北へ流れる川の水で洗うと治る（同県美浜町）。イボは、紙にイボの絵を描いて川へ流す、麦藁《むぎわら》で墨をつけて流す（共に群馬）。イボに筆で墨をつけて紙にうつし流せば治る（富山県氷見市）。
○イボは、石の溜まり水で洗う（福井・長野・愛知・山口・福岡・大分）、石に溜まっている水で人の見ていない時に洗う（長野県北安曇郡）、石塔の溜まり水をつける（静岡・大阪）。イボを落とすには、墓の水をつける（宮崎県えびの市）、墓の水を三度つける（広島・山口）、墓石に溜まった水をつける（岩手・香川）、墓石に溜まった水をつけて後ろを振り向かずに帰る（岩手県久慈市）という。高知県中村市〈四万十市〉では、イボにつければ落ちると伝える墓碑の溜まり水があり、それをつけつつ「治ったら盆に踊りを進ぜます」と言って頼む。旧七月七日の墓掃除の時の石碑の溜まり水をイボにつけるとよい（福島市）。イボを取るには、墓の花立て（花筒）の水をつけるとよい（愛知・島根・鳥取・愛媛・長崎・熊本・宮崎）、墓の花筒の水を人に知られぬようにつける（宮崎）、お寺の花筒の水をつける（秋田県秋田郡）。群馬県渋川市では、お墓に供えた水の腐ったのを見つけて、新しい水に取り替えるとイボが治るという。
○長野県長藤村的場〈伊那市〉には、藤沢川の淵にのぞんで疣石という岩がある。岩の上には人の足形の窪みがあり常に水が溜まっている。この水をイボにつけると取れる。治った時にはその水を増やしておくという。霞森山の疣石の上に溜まる水を、七日間イボにつけるか飲むかすると八日目に取れる(山梨県東山梨郡)。七面山の疣石のそばにイボの取れる水がある(同県南巨摩《こま》郡)。埼玉県東秩父村の琴平山の奥に疣石があり、この窪みの水をつけるとイボが治るという。いぼたれ石の水をつけるとイボが取れる(愛知県下山村〈豊田市〉)。

○深田の化粧井戸の水をつけるとイボが落ちる(大分県臼杵市)。椿坂の清水谷の渓流水をイボにぬると取れる(和歌山県南部町〈みなべ町〉)。イボを取りたいときは下鍋谷の池の水で洗う(高知県十和村〈四万十町〉)。イボは、夕立のときにウマの足跡に溜まった水をつける(群馬)。岸野村平井〈長野県佐久市〉にある蛇石様の水をイボにつけるとよいと聞いたことがある。イボには木の株の水をつける(宮崎県五ヶ瀬町)。墓にあがっている花をイボに当てて縛っておく(茨城県東海村)。

疣《いぼ》

(6)芋の露、箸ではさむ、その他

○芋の葉に溜まった水でイボを洗う(愛知)。朝早くコイモ(サトイモ)の露でイボを洗うと取れる(埼玉)。群馬県板倉町では、七夕の芋の葉に溜まった滴をイボにつけるとよい、といい、宮崎県延岡市川島町では、七夕の朝に芋のコロコロ水(サトイモの葉に溜まった露)でイボを洗うと治るという。イボ取りに、七夕の日の芋の露を利用する土地は方々にある。七夕の朝、太陽が昇らぬうちにサトイモの葉の上に溜まった水をつけるとイボが取れる(福島県小高町〈南相馬市〉)。イボを治すには、七夕の朝人に見られないように芋の露をつける(宮崎県高千穂町)。七夕さまの日に、朝早くシロイモの露をイボにつけると落ちる(大分県国東町〈国東市〉)。芋の露以外では、つぎのような例もある。イボを治すに

は、七夕の朝人の知らぬ間に芋の中を走ればよい（徳島市ほか）。七夕の朝芋畑を七回這う（群馬県群馬町〈高崎市〉）。七夕に吊るしたものの葉でイボを撫でると取れる（高知県東津野村〈津野町〉）。七夕の竹の露で「イボ治れ」と言って三回こすると取れる（長野市）。
○盆の一四日子芋の葉に溜まった露をイボにつける（和歌山県高野口町〈橋本市〉）。盆の一四日の朝早く、誰にも知られぬようにコンニャク玉の露をつけると落ちる（同県かつらぎ町）。盆の一五日の早朝、人に見られぬように里芋畑を走り抜け、芋の葉露がイボにつくと不思議に落ちる（兵庫県千種町〈宍粟市〉）。お日様の出ないうちに大豆畑に行って、その露をイボにつけると治る（岩手県和賀郡）。フエイボには、草の尾に朝露のついているうちにつける（福島市）。イボは、ゴマの花にサトイモの葉に溜まった朝露をつけてこすると落ちる（石川県七尾市）。クモの巣にかかった露をイボにつける（群馬）。
○愛知県南知多町では、イボはお盆の供え箸ではさむと治るという。はさむ時に「イボ箸、飛んでけー」と言う。盆のお精霊さんの箸でイボをはさむと取れる（福井・滋賀・奈良）といい、滋賀県水口《みなくち》町〈甲賀市〉では、箸は川に流す。イボができると精霊さんの箸で三べんつまめば取れる（奈良県新沢村〈橿原市〉）。イボはお精霊さんの箸でつまみ、その箸を溝に埋めておくと取れる（福井）。長崎県美津島町〈対馬市〉では、送り盆の夜（七月一五日）にメンドウバシ（メドハギの箸）で「イボを取ってください」と言って三回はさむ。箸は白紙に包んで精霊船に乗せて流すと、いつの間にかイボは取れているという。三重県磯部町〈志摩市〉では、イボを火箸ではさむと取れるという。岩手県住田町で、火箸でイボをはさんで火に入れるというのは、火に入れる真似をするのであろう。
○新潟県三条市では「イボイボ子をぶて（負うて？）橋渡れ」と唱えて、お盆の精霊棚の飯に供えた箸でイボを突けば取れる、という。群馬県板倉町では、お盆さまの時のオガラの箸で人目につかないようにイボを三、四回つつくとか、盆さまの箸でつついて流しの下に埋めておくという。盆にあげたカルカヤの箸でイボをつついて川に流すとよい（茨城県常陸太田市）。お盆の時に仏に供える箸（ボンドノハシ）でイボをつつくと取れる（福島県天栄村）。旧盆のときに供えるメドハギの箸でイボをつく（沖縄県多良間村）。
○イボの上にお灸をする（沖縄）。親イボが熱くなるまで灸をすえ、数日間つづける（鳥取県淀江町〈米子市〉）。イボが黒くなるまで灸をすえる（鹿児島県伊仙町）。イボを線香の火で焼く（沖縄県宜野座村）。イボに味噌をつけて熾《おき》で焼く（群馬）。イボを落とすには障子の桟《さん》に灸をすえる（播州赤穂地方〈兵庫県赤穂市〉）。
○長野県諏訪湖畔地方では、人に見られぬように道に小石を積んでおく。その石を崩した人にイボが移るという。似た伝承は熊本県有明町（天草市）でもいい、ここではイボの数だけの小石を道の四つ角に積んでおく。それを踏み倒した人にイボが移り、自分は治るといわれる。紙に小石を包んでイボをこすり、四辻に捨てる。それを誰かが踏めば治る（愛知）。岐阜県高山地方では、イボを藁でこすり、その藁を道路の石の下に隠しておくと、その石につまずいた人に移るという。イボのできた人は豆を半分にしてこすり、それを人のいない所で捨てる。これを踏むと早く取れる（富山県大沢野町〈富山市〉）。イボは四国参りの人に踏んでもらう（愛知）。
○小石を取って来てイボを撫で、勝手元に埋めておいて道六神（道陸神）にあげるとよい

（茨城県土浦市）。コンニャク玉でイボをさって、それを土中に埋けておく。コンニャク玉が腐るまでにはイボが治る（群馬県北橘村〈渋川市〉）。新しいマッチ箱でイボをなで、それを十字路に捨てて後ろを見ずに帰る（愛知県西春町〈北名古屋市〉）。エボ橋へ行って橋の上で銭一文でエボ（イボ）をこすり、その銭を落としてくる（石川県加賀市）。「イボはしわたれ」と書いた紙に一銭銅貨を包んで、往来に捨てると治る（大阪府能勢町）。
○イボに筆で墨をつけ、上から日本紙を当てて跡をつけそれを流せば治る（富山県氷見市）。同県小矢部市では、イボをうつした紙を人に知られぬように地面に埋めると取れるという。イボに墨をぬりそれを紙にうつして、その紙を土中に埋めておくと治る（長野市）。墨でイボの形を半紙にうつして、人の踏まぬ土中に埋め「この紙が腐るとともに私のイボがとれるように」と唱える（兵庫）。
○イボの大きさほどの筆軸に紙を巻き、高さ三センチぐらいに切ってイボの上に立て、火をつける。イボの根に皺がより、その夜のうちに抜ける（福島県船引町〈田村市〉）。イボの大きさの筆軸のようなものに紙を巻き、それを一寸ほどに切ってイボの上に立て、紙の小口に火を点ずるとイボは取れる（福井県鯖江市）。『続咒咀調法記』（元禄一四年〈一七〇一〉）に「いぼぬく事　いぼの大小によりて筆のぢくに紙をまき長さ一寸程にして其紙のこぐちに火をつくればいぼの縁ぎハより皺よりて夜の間にぬくる也」とある。こうした重宝記などの影響が考えられる。
○沖縄県竹富町では、イボの多い者は葬儀屋に行って、棺の板切れ、竹の切りくずでイボをなでる。そうすると、死人がイボをもらってあの世に持っていくという。
○福井市では、「百疣大売出し」と書いて貼っておくと治る。一番最初にそれを見た人に移るといい、石川県江沼郡でも、百イボと書いて貼っておくと一番先に読んだ人に移るという。「このいぼ売りもの」と書いて貼っておくと、イボが取れる（大阪府能勢町）。イボができたときは、電信柱に「いぼがうつります」と書いた紙を貼っておくと、読んだ人に移ってできた人は治る（山口県大島郡）。

○イボを取る俗信は、一つの集落や村のなかに複数の方法が伝承されていることが多い。たとえば『わが赤城根村』（一九五四年、群馬県赤城根村役場〈沼田市〉）には、つぎの伝承が記されている。稲荷様のところに行ってはしを渡し「イボイボわたれ」と唱える。土橋の下へ行って横木に針を刺すとすぐ取れるという。大石の上に溜まっている古い雨水の中にいぼ神様がいるから、その水で洗うと癒える。夕立の時便所に行って、便所の箒で三回なでる真似をし、後を見ないで帰ってくる。三峰山に底抜け柄杓進ぜますとお参りする。赤木の大沼へカニを持って行って放す。旧八月一日に日の出ないうちにイボクサのつゆをぬる。糸、馬の毛、髪の毛などで強く結ぶ。ナスのへたの腐ったのでこする。根なし草を揉んでつける。ナメクジのぬたをつける。イボガエルに小便をかけられると治るという。ナメクジを用いる方法については『文政新刻 俗家重宝集』（文政七年〈一八二四〉）に「疣の奇方 一なめくじりを衣《きぬ》に包ミ五六度《たび》按《なつ》れバ治《ぢ》すると妙也」と見える。

○その他の俗信。イボを取るには、母親のあつこ（踵《かかと》）で擦《す》ってもらうとよい（長野県上伊那地方）。象牙でイボをこする（同県佐久町〈佐久穂町〉）。釣鐘の疣をわらすべで片手で括る（和歌山県すさみ町）。うげばち（手水の石）にカワニナを歳の数だけあげる（群馬）。虹に後ろを向いて礼を三回すると取れる（鹿児島県中《なか》種《た》子《ね》町増田郡原）。イボを取る呪文。「△△うまりぬ からだに むちゃ

りる　あばれひすべーま　からだはら　身《みー》はら　ゆりよ　ゆりよ　ゆりよ　神はらぬ　うすすど　ういすど　ういすど　ゆれ　ゆれ　ゆれ」。△△に生れ年の干支を入れ、この呪文を唱えるとイボが取れるという（沖縄県竹富町）。

疣《いぼ》

(7) いぼ地蔵、いぼ神様ほか

○イボ取りに御利益があるという神仏は各地に多いが、なかでも地蔵に祈願する例が顕著で広く分布している。筆者が調査をした埼玉県玉川村〈ときがわ町〉や嵐山町では、将軍沢の寺にあるいぼ地蔵に泥団子を供えて祈願し、治ったら米の団子を供えると伝えていた。佐賀県東脊振村辛上〈吉野ヶ里町〉では、地蔵町のいぼ地蔵に泥を入れたつとを持って行くと落ちるとか万才豆を持って行くと治るという。香川県仁尾町〈三豊市〉では、お地蔵さんに松笠を歳の数だけ供えると治るといい、長野県北安曇郡でも、地蔵さまに「イボを治してくだされば歳の数だけ松笠をあげる」と言って祈願する。同郡では「崎の石地蔵さまイボを治してくだされば芋の子を歳の数だけ上げます」と願掛けするともいう。お地蔵さまの前に石をイボの数だけ積んでおじぎをする（群馬県利根郡）。いぼ地蔵さまにお願いし、治ったら自分の背丈だけの団子をヨシンゴ（葦？）にさして上げる（群馬県板倉町）。いぼ地蔵に頼むときに「よくしてくれ」と言うとかえってイボが増えるので、「なくしてくれ」と頼む（秋田県仙北郡）。

○静岡県を中心にいぼ取りの神仏について調査した平松洋の『いぼとり神様・仏様』（二〇〇五年）によれば、訪ねた八四か所のうち地蔵が四〇か所で最も多かったという。全国的にみても地蔵の優勢は変わらないと思われる。地蔵さまの石でこすると落ちる（秋田・福島・千葉・石川・長野・愛知・和歌山・福

○夜、密かに地蔵さまの所に行き地蔵さまのお体でイボを擦る（秋田県山本郡）。イボができたら妙法院の地蔵さまを撫でた手でイボを撫でると治る（新潟県中条町〈胎内市〉）。いぼ地蔵さまのイボをさわって、自分のイボをさわると取れる（埼玉県加須市）。いぼ地蔵を石で叩いてでた粉をイボにつけて取る（山梨県市川大門町高田〈市川三郷町〉）。

○イボにはお地蔵さまの水（溜まり水）をつけると治る（秋田・長野・岐阜・愛知・三重・山口・徳島・宮崎）という土地は多い。地蔵さまのお水を内密にイボにすりつけると治る（愛知）。イボには平泉寺のお地蔵さまのお水をつける（新潟県畑野町〈佐渡市〉）。観音堂裏の岩屋に祀ってあるいぼ地蔵に溜まった水をつけるとよい（大分県臼杵市門前《もんぜ》）。地蔵さんの花壺の水をつける（和歌山県上富田町）。船屋敷の道の上にあるいぼ取り地蔵さんに供えてあるお茶をつけるとイボが取れる（石川県江沼郡）という土地は方々にある。石川県江沼郡では、石地蔵に供えてある石で密かにイボをこすれば取れるというが、多くの例では、地蔵尊に供えてある石なのか、周辺にたまたまある小石なのかはっきりしない場合が多い。栃木県黒羽町〈大田原市〉のひやかし地蔵に供えてある石を借りてきてイボをこすり、治ったら石を倍にして納める。ひやかしはこの地方でとげ魚をいい、地蔵はこの魚のいる泉に祀られているのでこの名が生じたといわれる。山形県西川町砂子関では、地蔵さまのイボ取り石を一つ借りてきてこすり、治ると石を二つにして返す。地蔵さまの小石を借りてきてイボをさすり、治ると倍にして返す例は群馬・長野県などにもある。新潟県六日町田中〈南魚沼市〉では、いぼ地蔵に上がっている石を借りて来てイボを撫でるとイボが無くなるという。治った人は自分の歳の数だけの小石を上げる。

る（三重県熊野市二木島里町）。
○地蔵さんの灰をつけるとイボが治る（愛媛県朝倉村〈今治市〉）。宇津江の地蔵さまに祈願し、線香を上げてからその灰をイボにつけるとよく落ちた（香川県土庄町）。地蔵の線香の灰をつける（三重県伊勢市）。東佐与の鬼坂のお地蔵さまにお参りをし「黒豆を齢の数だけあげます」と言って、赤土をもらってつけるとよい（福岡県穎田《かいた》町〈飯塚市〉）。イボは人に見られないように六地蔵に供えてある箸でつっつくと取れる（秋田県大館市）。イボは小さなお地蔵さまを縄で縛り「治ったらほどきに来る」と言う（群馬）。
○以上、地蔵とイボ取りについて紹介したが、地蔵以外の例も少なくない。イボができたときは薬師さまに、蛸の絵を描いて上げると治る（栃木県真岡市）、小石を自分の歳の数だけ上げるとよい（群馬県利根郡）。豆を大塚の薬師さまに上げる、イボ虫の葉をお薬師さまに上げる（共に山形県長井市）所もある。いぼ薬師さまの石を借りてきてイボをこする（福島県小高町〈南相馬市〉）。いぼ薬師に祈ると落ちる（和歌山県切目地方印南町）。
○いぼ取り観音の石を借りてきてこする。お礼には石を倍にして返すとか酒を持って行く（長野県南木曽町）。保渡田南集落の観音さまの堂下の石を借りてきてイボを撫でると良く効く。治ったら二倍にして返す（群馬県旧上《かむ》郊《さと》村）。馬頭観世音または蚕神さまの上にのせてある石を借りてきてイボをこすり、治ったら奇麗な石を二つ返しておく（長野市）。小野のいぼ観音のお水をもらってつけると取れる（静岡県細江町〈浜松市〉）。イボを取るには観音さまへ針を上げる（群馬）。
○小高根地区ではイボができると、大洋村中居の阿弥陀さまの床下の土を貰ってきて患部をこすると取れるといって実行されていた（茨城県鉾田町〈鉾田市〉）。イボができたときは阿弥陀如来にお参りするとよい（山形県長井市）。お大師さんのお水をつけるとイボが取れる（徳島県小松島市）。弘法さまの足跡に溜まった水をイボにつけると治る（三重県熊野市波田須）。イボができたら、お遍路さんに本人の草履でイボを踏む真似をして「南無大師遍照金剛さん」と唱えてもらうと取れる（岐阜県谷汲村〈揖斐川町〉）。朝柄《あさがら》の不動さんは首から上の病気に効くといわれ、滝の水を頂いてイボにつける（三重県勢和村〈多気町〉）。

○善光寺参りの時の草履でイボをこすると取れる（石川・愛知）。善光寺の階段をくぐった草履でイボを撫でる（群馬）。イボがでたら宮内の宝積坊に参詣する（山形県南陽市）。イボを取るには、お寺の釣鐘の乳《ち》に、左手でよった紙縒りを左手の指でイボの数ほど結びつける（福島県滝根村〈田村市〉）。

○いぼ神の伝承も方々にある。いぼ神さまに参ってそこの石でこする（群馬・長野・愛知）。松任市北安田〈白山市〉の神社の境内にいぼ神さまという祠があり、境内の石でイボを撫でて祠に祀ると治るといわれている（石川）。いぼ神社に石を上げてその石でイボの上を撫で、また元の所に置いてくるが、そのとき後ろを振り向かない（長野県北相木《きたあいき》村）。諏訪神社の鳥居の左側にあるいぼ石にイボをこすりつけて、「このイボを取ってくださればこれからお参りします」と唱えた（同県佐久市茂田井）。兼六園金沢神社の前にあるいぼ取り石で人に知られぬようにイボをこすれば取れる（石川県金沢市）。天神さまの石を借りてきてその石でこする（埼玉県浦和市）。白鳥社本殿の前の小石を撫でるとイボが落ちる（讃岐平野大川地方〈香川〉）。

○福島県飯野町大久保〈福島市〉の氏神の八幡さまはイボの神さまといわれている。境内の脇を流れる小川の石を拾いイボを撫でると消えるという。消えるとお礼参りをするが、その際、川の石を一つ拾って行き、先に借りた石と一緒にお返しをする。栃木市川原田町の三日月神社の境内の石を借りてきてイボをこすると治る。石は倍の数にして返す。長野県坂城町では、八幡さまに供えてある小石を拝借してきて、「どうかイボが落ちますように」と祈願し、小石でこするといつの間にか落ちるという。治ったら石の数を倍にしてお返しするが、その石は千曲川から拾ってくる所もある。山形県新庄市では、いぼの神様にお参りをして、穴あき石をいただいてくる。治ったらお礼に石を倍返しにして納める。鈴木牧《ぼく》之《し》の『北越雪譜』（江戸後期）に「石打明神」と題してこんな話が載っている。「小千谷の内農人某《なにがし》の地面に小社あり、石打明神といふ。昔より祀る処也。その縁起は聞《き》もらせり。贅肉《いぼ》あるもの此神をいのり、小石をもつていぼを撫《なで》、社の縁の下の簁子《かうし》の内へ投いれおくに、日あらずしていぼのおつる事奇妙なり。さてなげいれたる小石いかなる形なりとも、いつとなく人の円《まる》めたるごとく円石《まるいし》となるも又奇妙ふしぎなり。されば社のえんの下に大小の円石満《まるいしみち》みちたり。」と見える。石打明神は新潟県小千谷《おじや》市の瑞玉神社である。

○三宝荒神は丸石が好きでいぼ取りの神でもある（山形県南陽市）。イボができると大谷のいぼ神さまに行きスゲを掛けてくる。治ると解きに行く（福島県郡山市）。川の中の石を拾ってよく洗い、イボを擦《こす》っておぶすなさま（氏神さま）に上げて、「小豆の初なりができるまでこの石を預かっておいておくんな」と言って拝む。イボが取れたら新小豆を持って行って神さまに進ぜる（長野県上伊那地方）。野尻という所にいぼ取りの神さまがあり、そのお宮の床下の砂を持ち帰り患部につける（福島県西会津町）。いぼ神さまの砂をつける。これは二倍にして返す（群馬県太田市尾島）。
○いぼ神さまの水をつけるとイボが取れる（福島・岐阜・山梨・福岡）。伊那富村神戸《ごうど》〈長野県辰野町〉にはいぼ沢という沢があって、その沢口に石で造った小さいいぼ神さまの祠がある。祠の前にある石の窪みの水をイボにつけると取れる。お礼には石の窪みの水を増やして進ぜる。イボにはお宮の雨水をつけるとよい（広島県加計町〈安芸太田町〉）。イボには木戸五郎兵衛神社の水をつけると治る（秋田県横手市雄物川町沼館）。
○イボができると、いぼ神さまに縄を巻いてイボが治るように頼み、治ったらその縄を取る（福島県須賀川市）。いぼ神さまは森山にある。このいぼ神さまを縄で括って、早く治してくださいとお願いする。治ると泥団子をお供えする（岡山鴨方町〈浅口市〉）。鷺子山《とりのこさん》上《じょう》神社末社のいぼ神さまに、自分の歳の数だけ大豆を供えて信仰すればイボが取れる（茨城県三和町〈古河市〉）。イボは気仙郡小友村〈遠野市〉のいぼ神さまに、イボを擦った卵を供えれば治る（岩手）。イボを取るには、白紙でイボを拭いてそれをいぼ神さまの木に括りつけると取れる（和歌山県南部川村〈みなべ町〉）。文銭（穴あき銭）でイボを擦り、足助《あすけ》の在のいぼ神さまへ参詣して納める（愛知県豊根村）。いぼ神さまに願をかけ、治ると歳の数だけ松ぼっくりを上げる（群馬県群馬町〈高崎市〉）。いぼ神さま（一宮市丹陽町五日市場の石柱）にお神酒を供えて石柱をさするとイボが取れる（愛知県西春町〈北名古屋市〉）。
○初物をお稲荷さまに上げるとイボが治る（山形県長井市）。お稲荷さまの床下の土を少しいただき、イボにつけると治る。治ったら土を倍にして返す（福島県三春町）。イボを撫でた米をお稲荷さまに上げて、「魚の骨を三年食べないから治してくれ」と言う（群馬)。イボは伊勢参宮の人に踏む真似をしてもらえば取れる(秋田県仙北郡)。金毘羅さまの小石を借りてきてエボ(イボ)をこすった。治ったら小石を倍にして返した(長野県上田市小井田)。イボは弁天さまにお参りをして杓子を供える(群馬)。三峰(三峰神社か)に向かって「私のイボを治してくだされば、底抜け柄杓を上げる」と言う(群馬)。イボ(魚の目)を治すには、庚申さまの石でこすり、後で小石を七つにして返す(岐阜県東白川村)。イボを落とすには、庚申さまに参って「猿を三つ上げる」と言えば落ちる(徳島)。天狗さまに祈って、治ったら石を自分の歳の数だけ持って行く(群馬県利根郡)。○板倉内膳の碑に参詣したらイボが取れるといわれる(長崎県南有馬町〈南島原市〉)。森藤氏宅の近くにある古い墓に参るとイボがよく取れるといわれ、祈願成就、年齢、性別を書いた幟を立てる(高知県本山町大石)。お墓の花さしの水をイボにつけると取れる(岩手・福島)。

○イボはいぼ石に祈願をかけると必ず治る。その際「歳の数だけ豆を炒って上げるから治してください」と言ってイボをこする(福島県保原町村岡〈伊達市〉)。志賀町の出雲にいぼ石という大きな石がある。この石にイボをこすると取れると信じられている(石川)。日高町〈日高市〉の駒高と小瀬との境にいぼ石と呼ぶ大きな岩がある。この石でイボを撫でると落ちるという。地名も疣石という(埼玉)。イボの治らぬときは、洞根のいぼ石に移して治す(長野県清内路村〈阿智村〉)。「いぼいぼ移れ」と唱えて駒山の中腹にあるいぼ石に移す(愛知県旭町〈豊田市〉)。いぼ清水と呼ばれる清水が松橋地内にある。この清水に紙を浸してイボにつけ、その紙を清水のわきの木に打ち付け、後ろを見ずに帰ってくると取れる(福島県三春町)。

【う】

腕《うで》

○生まれた子供の腕に横に走る線があると早死にする（石川県金沢市）。神さまの松明は腕から先しか見えない（沖縄）。秋田県平鹿郡で、足や腕を刃物で切られる夢を見ると縁起がよいという。腕に限らず、刃物で切られる夢は金が入るという（兵庫県竹野町〈豊岡市〉）。吉兆とするわけについて、福島県会津高田町〈会津美里町〉では、金物で身体を切れば金が入るので縁起がよいと解釈する人もいる。

【え】

えくぼ

○エクボのできる子はお月さまにかわいがられる（長野・愛知）。群馬県では、エクボのある人はお月さまにかわいがられ、死んでからお天道さまにかわいがられる、とか、両方の頰にエクボのできる人はお天道さまにかわいがられ、片方のエクボはお月さまにかわいがられるという。また、エクボのできる人は、地蔵さまにめごがられる（かわいがられる）（山形県立川町〈庄内町〉）、神さまにかわいがられる（群馬）とも。

○エクボのある人はかわいいとか神仏の寵愛を受けるといわれ、生まれた子供、もっぱら女の子にエクボができるのを願う俗信が各地にある。愛媛県魚島村《うおしま》〈上島町〉では、子供が生まれると産飯《うぶめし》を炊き茶碗に高く盛る。それを箸で少し窪まして赤ん坊の枕元に供えると、エクボができるという。高知県東津野村〈津野町〉では、子供ができたときはご飯を炊き茶碗についで産《おぶ》の神に供える。この時、杓文字《しゃもじ》で飯の上をなで、女の子であれば「赤ちゃんがきれいになりますように」と唱え、箸でエクボの象徴をつくるとエクボのある子になる、と伝えている。エクボの象徴をつくるとは、箸でご飯を少し窪ますことであろう。壱岐《いき》の渡良村《わたら》〈長崎県壱岐市〉では、子供が生まれるとウブチの飯といって、別に一椀だけ飯を押しつけて盛っておく。生児の首がぐらつかずにしゃんとなるようにするためだという。この飯の上をちょっと指で圧《お》しておくと、エクボができるといい、えくぼ飯ともいっている。長野県生坂村では、産飯を産土神様《うぶすながみ》にあげるとき、指で二つ穴をあけておくとその子にエクボができるという。岡山県上道郡では、名付けの時に赤飯の小豆を小児の頬につければエクボができるといい、愛媛県肱川町《ひじかわ》〈大洲市〉でも、名付けの時に米粒を両頬につけるとエクボができるという。柳田国男は「女の咲顔」（『定本 柳田國男集』七）で、エクボのある娘は愛されるとか憎まれないといわれることについて、「どうして又女の子に限って、愛せられ憎まれないことが特に必要であったのか」と述べ、幸福なる結婚に向けてエクボのもつ咲顔《えがお》の魅力について触れている。〇エクボのある人は、美人（徳島県小松島市）、笑うことが多い、好色（共に秋田県北秋田郡）、食道楽（同県平鹿郡）。因みに、エクボの由来を語る話として知られる中国の「忘川河伝説」は、俗信のなかには確認できない。⇩頰《ほお》

胞衣 えな

⑴胞衣が下りない時

○胞衣は、胎児を包んでいた羊膜と胎盤のことで、アトザン・ノチザン・ゴサン・イナなどという。生まれた子の性格や病気などに影響力をもつと信じられ、胞衣の扱いには強い関心が払われてきた。福島県原町市〈南相馬市〉で、もだら（藁で作ったタワシ）を大きく作るとゴサン（胎盤）が大きくなるといい、同県保原町〈伊達市〉でもとぎ縄（タワシ）が大きいとゴサンが大きくお産が重いという。タワシの大きいのを使っているとアトザンが大きくてなかなか下りない（香川県多度津町）。妊婦が桟俵《さんだわら》に腰をかけると胞衣が大きくなって下りなくなる（栃木県小山市）。桟俵を敷いて坐るとヨナ（胎盤）が大きくなる（奈良県西吉野村〈五條市〉）。立ち臼の底に付いた餅を取って食べるとアトザンが下りない（愛知県北設楽郡）。お産のとき灰の話をするとアトザンが下りない（岩手県岩佐郡）。栃木県小山市で、釜を洗ったあとは水を入れておけ、水を入れておかないとアトザンが下りないという。かつて、釜や鍋は日ごろから水を入れた状態にしておくものとされ、空にしておくと容器に邪悪なものが入り込み災いをもたらすと心配した（常光徹『魔除けの民俗学』）。

○胞衣が下りない時、つまり分娩後に胎盤が出ない時の呪法はさまざまである。柄杓の柄を、口に入れる（福島県いわき市・神奈川県津久井郡）、なめる（福島県郡山市）、産婦に齧《かじ》らせる（秋田県羽後《うご》町）。茨城県常陸太田市では、ゴサンが落ちないときは、夫が誰にも気づかれぬように便所の踏み板を裏返しにするとか、夫のゆもじ（褌）の端を切って飲むとか、また物差しを寝ている下に入れろという俗信があるが、いつまでも落ちないと子供が臆病になるといって、柄杓の柄を口にくわえさせて吐かせる、という。柄杓の柄を口に入れるのは嘔吐を催させその反動で胞衣を下ろすためだといわれる。便所の踏板を裏返すのは、排泄の場の板の上面を下に向けるという逆転する行為が胞衣をすみやかに下ろす連想と結びついている。栃木県茂木町でも、アトザンが下りない時は亭主が便所の踏み板を裏返すとすぐ下りると伝えている。岡山県久米町〈津山市〉では、他人の家の便所の薦《こも》をその家の人が知らないうちに切り落とすとよい、という。胞衣が下りないのは、何か悪いものの影響とも考えられたようだ。物差しのような目の多い道具は災厄を祓う魔除けの呪具で、胞衣が下りないときは産婦の寝ている下に物差しを入れるとよい（神奈川・大阪）という（『日本俗信辞典　衣裳編』）。物差しを産婦に気づかれないように床の下にさしこむとアトザンの痛みがなくなる（福島県相馬市坪田）という所もある。邪霊が嫌う糞穢《ふんえ》と関わる褌も呪具の性格を帯びている。胞衣が下りない時は、亭主の褌をなめれば落ちる（福島県郡山市）、夫の褌をちぎって産婦に飲ませる（群馬県太田市）という。

○胞衣の取れない時は箒を抱かせる（岐阜県蛭川村〈中津川市〉）。箒は掃き出すという実用的な機能から、不用なものを外に移動させる呪力が認められてきた道具である。愛媛県肱川町〈大洲市〉で、胞衣が下りない時は敷居のゴミを取るとよい、というのは、開け閉めの通りをスムーズにすることにあやかる俗信であろう。ほかにも胞衣を下ろす伝承は多彩である。お腹を鍋蓋で押さえると胞衣が早く下りる（長野県更級《さらしな》郡）。スイノ（水嚢）を産婦にかぶせ「スイノの神様の御利益によって、おろしてください」と祈願する（福井県南条郡）。主人の下駄を一足そろえて産婦の背中に置く（広島市）。田のしび（刈り株）をひっくり返してくるとよい（福島県保原町

（神奈川県津久井郡・岡山県久米町〈津山市〉）、冬至のときに使ったユズの種を飲ませる（群馬県太田市）。ひっこ（ヤママユ）を飲ませればよい（岩手県盛岡市）。カエルの卵を飲めばよい（山形県米沢市）。お竈さまの神棚の鼠糞《ねずくそ》を飲めば落ちる（福島県いわき市）。ネズミの糞を一粒飲ませる（静岡県村櫛村〈浜松市〉）。鍋墨を飲ます（三重県伊賀地方）。竹の中の薄い膜を飲ませる（山口県吉敷《よしき》郡）。仏さんの花筒の水を飲ますとよい（奈良県吉野川沿岸）。垣根に括ってある男結びの縄を煎じて飲めばよい（岡山県加茂町〈津山市〉）。菅笠を燃やした灰を飲むと胞衣が早く下りる（福井県坂井郡）。障子の桟の埃を飲ませるとアトザンが早く下りる（奈良県十津川村）。お歯黒を飲むと早く下りる（和歌山県高野口町〈橋本市〉）。腹帯を口にくわえるとよい（福島県山都町〈喜多方市〉）。木割の峯（斧？）をなめさせるとよい（岩手県胆沢郡）。〈伊達市〉）。井戸の端に箕をかぶせておくとよい（千葉県加茂村〈市原市〉）。釜の上に俎板《まないた》をのせ、その上に包丁を置いて「後産がきたらのけます」と言って荒神さまに祈願する（高知県東津野村〈津野町〉）。牛の鞍を越せ（岡山）。産婦のそばに箕を立てる（沖縄県竹富島）。『遠野物語拾遺』二三九に「後産の下りるのが遅い時には、産婦の頭に甑《こしき》を冠ぶせると間もなく下りるという。佐々木君（佐々木喜善）の隣家の娘が子を産んだ時も、後産が下りなくて困ったが、村の老婆がこの呪禁を覚えていたので、難なく下ろすことが出来た。この呪禁の効き目は否《いや》と言われぬものだという。」とある。『徒然草』第六十一段に、「御産《ごさん》の時、胞衣が下りない時の呪《まじな》いとして「御産の時、甑《こしき》落す事は、定まれる事にはあらず。御胞衣《おんえ》とゞこほる時のまじなひなり。とゞこほらせ給はねば、この事なし。」と見える。

○胞衣が下りない時は、ユズの種を飲ませる群馬県太田市で、産婦に機織りのときの杼《ひ》を飲ませるとその力で出てくるというのは、杼を飲む真似をすることであろうか。元禄五年（一六九二）刊の『女重宝記』に「一、胎衣《えな》下りざるには、蓖麻子殻《とうごまのみ》を去りすて、続飯《そくいい》に練りまぜ、足の裏にぬれば、そのまゝ下るゝものなり。」と見える。
○奈良県十津川村松柱では、アトザンがなかなか下りないときは、亭主が屋根へ上がって糠篩《ぬかぶるい》を頭にかぶり、産屋の上あたりから「もうアトザンおりたか」とおめく（大声をあげる）と、下で「おりた、おりた」と応ずる。こうすれば早く下りる。同村小山手では、下駄と草履を片足ずつ履いて上がるという。
○栃木県馬頭町〈那珂川町〉では、胞衣が下りない時は次の呪《まじな》いを唱えて妊婦の腹をさする。「忘れましたよ蓑と笠 返しておくれよ君のため アブラウンケンソワカ〳〵」。群馬県甘楽町に伝わる胞衣下ろしの歌は「かかるよに 生まれおおみの穴埋めと 思わでたのめ十こえひとこえ」「ふるさとへ 忘れて来たぞ蓑と笠 ひと一人お通し下されたく候」。下腹を上の方に撫でながらこの歌を三回唱える。同県黒保根村〈桐生市〉では、胞衣が出ない時は「ねなしづる何をたよりに長びいて早く浮世に出るがよい」と唱える。長崎県美津島町〈対馬市〉では、イヤ（胞衣）が下りない時は「東山こう坂山の藤葛、根を切って葉を枯らす（せ）。この血は父と母の間《あい》にある。この血下れよ。」と言って、アブラオンケンソワカを三回唱える。沖縄県竹富町のアトザンの呪文は「さきだぬ大《ふう》じ さきだぬはーや みどぅゆり作《すく》れる稲《いに》や ぶい稔《のう》たん 節稔《ちちのう》たん 折《ぶい》待《まち》な 節待《ちちまち》な」。この呪文を唱えると胞衣が早く出るという。蓑笠を使った呪法について、飯島吉晴は「蓑笠はこの世の者でないことを象徴的に表すとともに、異界とこの世という二つの世界を移行する手段でもあった」と述べている（「胞衣笑いの深層」）。

胞衣《えな》

⑵胞衣の処理、場所と方法

○胞衣の始末については、地中に埋めるのが一般的だがその場所は多様である。胞衣は曲げ物に納めて出産した部屋の床下に埋めるのを普通とするが、士族の中には山伏から方位を占ってもらって屋敷内の一隅に埋める家もある（大分）。胞衣は部屋の床下に埋める風がある（島根県川本町）。高知県中村市〈四万十市〉では、胞衣は太陽に当ててはならず、人に踏まれてはならぬから床下の土中に埋めたといい、福島県小野町夏井では、昔は納戸でお産をしたので胞衣は納戸の下に埋めたという。同県大熊町では、今から六、七十年前ごろは、お産をした納戸の下とか、藁ぶち石とか、縁の下などあまり人の踏まないところに方角をみて埋めた（『大熊町史』一九八五年）。筆者が埼玉県玉川村〈ときがわ町〉で聞いた話では、胞衣は甕《かめ》に入れ方角を占って縁の下に埋めた、埋め方がわるいと子供が病気になったりするといって心配したという。福島県いわき市では、胞衣は吉方位をみて梅の枝に葦《よし》を添えて、女なれば針と十文銭を縁の下に埋める。梅に葦は「埋めて良し」の語呂合わせであろう。胞衣を床下・縁の下に埋めるのは全国的といってよい。

○群馬県桐生市相生では、胞衣は末広扇や水引などを麻とともに家の入口の敷居の下に埋め、人に多く踏まれるのを吉とする。長崎県美津島町〈対馬市〉では、莫蓙や麦藁帽子の古いものに入れ、これにネズミの糞と麦粒をそれぞれ七個加えて一緒に包み、人のよく踏む所、たとえば戸口や土間や十字路などに主人が埋める。胞衣は、入口・敷居の下など人に踏まれやすいところに埋める（長野県豊科町〈安曇野市〉）、人のよく踏むところがよいから庭の上り口の傍らに埋める（兵庫県姫路市）、戸口に埋めると子が強くなる（徳島）、男子は戸口（表）、女子は裏口に埋ける（鳥取県用瀬町《もちがせ》〈鳥取市〉）、とぼ口（出入り口）は人の出入りが多いのでそこに埋める（群馬県黒保根村〈桐生市〉）など、敷居の下や戸口に埋める例も多い。『女重宝記』三之巻（元禄五年〈一六九二〉）に、胞衣について「俗には敷居の下、そのほか人の越《こゆ》る所に埋むべしとも、又は産したる居間の下に埋むともいふなり。下《した》〳〵の産には、胎衣《えな》を薦《こも》に包み、路道にすつるを鵄《とび》、鳥かけゆきて、宮社の上、神木、鳥居にすておくは勿体なき事なり。」とある。『婦人養草』（江戸前期）にも、敷居の下や床下に胞衣を埋める記事がでており、早くからここが胞衣を処理する場所であったことが知られる。

○胞衣は便所の踏石の下、または墓地に埋める。なるべく人の踏む所に埋めると頭が堅くなってよい（和歌山県高野口町〈橋本市〉）。

長野県南木曽町では、胞衣は他の汚物と一緒にボロに包んで便所の近くかお墓などに埋めた。柄杓や箱に入れて埋める所もあった。便所の近くに埋めるのは、人が出入りするところでよく踏まれるからだという。踏まれるほど強い子になったり、愛嬌のある子になるといわれた。ほかにも、胞衣は、納屋の土台の下など人に踏まれないところに埋める（福島県西会津町）、厩《うまや》の肥のあわい（あいだ）に埋める（岩手県盛岡市）、馬の足の当たるところがよいといって厩の入口にうめた（青森県南郷村〈八戸市〉ほか）、三叉路《さんさろ》に埋める（島根県木次町《きすき》〈雲南市〉）など、さまざまである。胞衣は踏まれるほどよいという場合と踏まれるのを忌む場合とに二分される。矢野敬一は、胞衣の上を踏みつけるしぐさには、胞衣に対する恐れと同時にその力を押さえ込もうとする意味が見いだせると説く。床の下に埋める場合にも胞衣の上に石を置く例があるのは、胞衣の力を押さえつけるものとして機能しているという(「誕生と胞衣―産育儀礼再考―」)。ただ、先述の『女重宝記』に、胞衣は「俗には敷居の下、そのほか人の越る所に埋むべしとも」とあるように、敷居は踏むものではなく、跨ぐものであり、胞衣を跨ぐという行為にも注目する必要があろう。岐阜県蛭川村〈中津川市〉では、日が悪いと胎盤(胞衣)は地中に埋めず、便所の中の不浄場に吊るしておく、という。
○取上げ婆さまが布か油紙に包んでくれるので、それを父親がオサゴ(散米)を持参して、太陽が昇る前とか夕暮れに墓に埋める(福島県大熊町)。胞衣は埋める日を占いさんに占ってもらい、半紙に包み、葦を手測り分の長さに三本切って立て、人の踏まないような所とか、あるいは墓地などに埋める(千葉県東金市小沼田)。胞衣は出産時の下り物と一緒にして莫蓙《ござ》に包み、夕方暗くなってから、他人に見られないように墓地に埋めるのは夫の仕事だった(茨城県牛久市)。胞衣は翌日墓へ埋めるが、そのとき鍬で叩かないで手で土を押さえる。これは叩かれると子供が夜泣きをするようになるというからである(大阪市岸和田市)。中村禎里は『胞衣の生命』(一九九九年)で「床下埋納についで墓地に埋める報告が多い。そのうちかなりの部分は新しい習慣であるとされているが、すべての例がそうだとも言いきれない」と述べ、葬法との関連で無視できないと指摘している。
○胞衣を埋める時、男児には筆と墨、女児には針を添える(長野県豊科町〈安曇野市〉)。福島県小野町では、胞衣を埋める時、紙に算盤の絵を描いて埋めると赤子は算盤が達者になり、字を書いて埋めると字が上手になるというので、親は子供への願い事をいろいろと紙に書いていたという。
○胞衣は屋敷の亥の方角(西北)に埋め、土地の神にお礼の言葉を捧げる（沖縄県竹富町）。胞衣を埋める方角が悪いと性悪の子になったり、母親の肥立ちが悪くなる（福岡県甘木市〈朝倉市〉）。胞衣は方角をよくみて埋めぬと子供に祟る（三重県津市）。胞衣の埋め方が悪いと、夜、梁の上を青光りがしてきて命を取る（青森県八戸市）。胞衣の埋め方が悪いと、晩に青光りしてその子の生命を取る（和歌山県高野口町〈橋本市〉）。胞衣の甕の蓋を開けて見ると目がつぶれる（福岡県八女市）。胞衣を埋めたら後を振り向かずに帰れ（鳥取県淀江町〈米子市〉）。胞衣は浅く埋めてその上に木を植えるとよい（長野県南信濃村〈飯田市〉）。横井清『的と胞衣』（一九八八年）に、室町幕府の要職にあった蜷川親元《にながわちかもと》の日記の寛正六年（一四六五）の記事にある、胞衣を埋めた上に松を植え込んだ例を紹介している。イヤ（胞衣）は浜辺の木に吊るしておくという所もある（長崎県対馬市）。

○胞衣を埋める際に大笑いをする胞衣笑いの習俗については、沖縄から報告がある。島袋源七の『山原の土俗』（一九二九年）に、イヤワレーと題して次の記載がみえる。「胎衣《えな》笑ひの義であらう。子供が生まれた時に行ふ儀式で、唯だ国頭村與那に於いて見る事が出来るのみである。子が産れたら産児に命名をする。其日、祖母か又は親族の婦人が産児を抱き産着（白衣）を着せ、戸口に於て祈願をなし『某々』と命名した事を告げる。同時に其子の父親は台所の火ノ神を祭った裏の軒下に胎衣を埋め、祈願の終るや否や大きな声を張り上げて、『上《うい》ん、下《ひちゃ》ん、笑いんそうり、ようい』（即ち上座に居る人も下座の人も皆笑ひなさいの意）と叫ぶと、皆が大声を発してどつと笑ふ、それは子供の生ひ立ちの良きを祈るものらしい。」胞衣笑いについては、伊勢貞陸《さだみち》の『産所之記』（室町時代末）に「一　ゐなをおさむる時は。引目射たる人におんようじのかみ（陰陽師の頭）をそへ。二人つきて。よき方におさめ申候。帰りざまにどつとわらひて帰る事也。」とある。『貞丈雑記』巻之一（江戸後期）には「一　胞衣を納て帰る時、其役人笑ひて帰る事、産所記殿中日々記等に見たり、公家にも此事有天子の御胞衣は稲荷山賀茂山吉田山此三所へ納る也、人のふまぬ所に納めて三声笑て立帰るよし公家の有識の人申たりき」と見える。

○福島県須賀川市仲作で、赤ん坊が眠っていて笑うことを「エナにあやされる」という。胞衣にすかされる、というのと同じである。江戸時代の川柳に見える「ゑなにすかされた程娵《よめ》わろふ也」（『誹風柳多留』天明三年〈一七八三〉）は、花嫁のうちは大声で笑わず、赤子が睡眠中に笑うように控えめに笑うという意。

○明治期に多くの県で胞衣に関する取締規則が施行され、その取扱いや胞衣に対する人々の認識が変化した。奈良県では、明治二七年に制定された「清潔法施行規則」に胞衣に関する規定がみられる。安井眞奈美は、『奈良県風俗誌』（大正四年〈一九一五〉）に記載された胞衣納めの習俗を分析し、習俗の変化とともに過渡期にある伝承の様相を描いていて興味ぶかい（「胞衣の近代―『奈良県風俗誌』にみる出産習俗の変容―」）。『奈良県風俗誌』から、胞衣の処理について何例か紹介したい。「胞衣ノ処理　従来ハ土器炮烙ニ入レテ、今一ツノ炮烙ヲ以テ之ヲ蓋シ、人ノ尤モ多ク踏ム所、即チ家ノ入口ノ一足跨ゲタル所ニ埋メタリシガ、今日ニテハ郡山町胞衣引受人へ引渡スコトトナレリ」（生駒郡郡山町）。「処理ノ沿革　従来ハ杓ノ柄ヲトリ去リ、中に筆墨ニ算盤珠ヲ共ニ入レ（女子ニハ針ト糸トヲ加フ）、床下又ハ便所ノ踏石ノ下ニ埋ム」（北葛城郡磐城村・新庄村・当麻村）。「胞衣ノ容器　稀ニ桶又ハ陶器等ヲ用フルモノアレドモ、大部分ハ分娩ノ際、産婦ノ下ニ敷キタル筵ノ中ニ汚物ト共ニ包ミテ捨ツ」「処理ノ沿革　昔ハ自家ノ屋敷内（方角ヲエラビテ小炮烙ヲ二個合ハセテソノ中ニ容レ、コレヲ埋没シタリ）進ンデハ部落一定ノ胞衣藪或ハ野井戸ニ捨テタリ、近来ハ尚其ノ藪又ハ野井戸ノ外ニ民家ヨリ離レタル所ニ一定ノ場所ヲ設ケ、周囲ニ土塀又ハ生垣ヲ廻ラシ、之ニ捨ツルニイタレリ」（磯城郡桜井町・城島村・安倍村・多武峰村）。「汚物ノ処理　従来汚物ハ産所ノ下ノ土中、又ハト者ノサシズニヨリテ日蔭ノ畑等ニ埋ミ、其他墓地ニ埋ミシコトアリシガ、近来ハコレヲ取扱フ人アリテ、ソレニ申込メバ一ツ拾銭位ニテ其処理ヲナス」（高市郡八木町・鴨公村・今井町）。

胞衣《えな》

(3) 前世がわかる、最初に踏む者

○胞衣を洗うとその親かその家の紋がでる（和歌山県高野口町〈橋本市〉）とか、密夫の子の胞衣を洗うと密夫の紋が現れる（長野県諏訪湖畔地方）という。子を生んで男（相手）のわからぬ時、胞衣を洗えば男の名と常紋とが浮かぶ（徳島）ともいう。江戸小咄集『和良井久佐《わらいぐさ》』（安永三年〈一七七四〉）収載の「爺《てて》なし子」に、「『ゑな洗ふと男の常紋が付て有もの、夫《それ》を証拠に男のせんぎしやう』と、洗ふて見れば、紋所が廿四五有るゆへ、人〳〵思案に落ず」とある。類話は『豆談語』（安永年間）にも見える。

○胞衣を洗ってみると、その子がどこの誰の生れ変わりか、つまりその子の前世がわかるということもよく聞く話である。どこかの生れ変わりかも知れないから、胞衣は洗うものではないという。もし洗ってどこそこの生れ変わりだとわかったら、こんどはそこに行って、死んだ人の墓場の土をもらってきて胞衣と一緒に埋めねばならないという（福島県小野町）。胞衣に前世の住所姓名が書かれてあ

る。見るべきものではない（秋田県大内町〈由利本荘市〉）。胞衣には、その人の一生の運が書いてあり、これを見ると目がつぶれるといい、埋めたところを踏み固める（福島県保原町〈伊達市〉）。

○女が胞衣をまたぐと妊娠する（群馬・大阪・奈良・高知・福岡・沖縄）。群馬県黒保根村〈桐生市〉では、子供ができない人は、子供が生まれた家に行って胞衣をまたぐと子ができるが、しかし、またがれた子供が死んでしまうともいう。出産後の温もりのさめない胞衣を貰い受けてきてまたぐか腰をおろすと妊娠する（福岡県太宰府市）。子供のほしい人で生まれないときは、胞衣の上にじかにお尻をつけて座ると子供ができるという。実際にそういう例があった（大阪府岸和田市）。胞衣をまたぐと子供を生めなくなる（沖縄）。胞衣を貰ってきて温かいうちに腹巻にくるんで腹に巻くと妊娠する（福島県北塩原村）。子供のできない人が胎盤を食べると妊娠するとか、高い所に手を上げると乳の筋が切れるという（岡山県真庭市藤森）。

○胞衣を片付ける女は子宝を多く得る（沖縄）。産のあった家のカコー（おしめ）を洗ったり、胞衣の後始末の手伝いをするとお産が軽い（同県今帰仁《なきじん》村）。

○胞衣を埋めた上を最初に通ったもの、あるいは踏んだ人を子供は生涯怖がる（福島・栃木・群馬・茨城・長野・静岡・愛知・大阪・奈良・和歌山・福岡）という土地は多い。胞衣は山のある家では山になるべく深く掘って埋める。その上をヘビが渡ると赤ん坊は成長してからヘビを怖がるようになる（群馬県倉渕村〈高崎市〉）。胞衣の上を初めて通ったものが恐ろしいものになる。父親が踏めば父親が一番こわくなり、父親の命をよく聞く子になる（大阪府枚方市）。胞衣を埋めたところを最初に通ったものをその子がこわがるようになる。だから先ず父親が踏んでおく（奈良県十津川村）。生まれた子は、胞衣を埋めた上を一番に踏んだ人を恐ろしがる。よって父が踏め。胞衣を埋めた上には食塩をふれ、そうすると生まれ子は筋をつらぬく（福岡県築上郡）。『誹風柳多留』（天明元年〈一七八一〉）に「ゑなの上初手どらものにふませたい」の句が見える。子供が放蕩者を嫌うのを願って最初にどらもの（放蕩者）に踏んでもらいたいとの親心。「胞衣の上初手金持がふんだろう」（『川柳評万句合』天明元年〈一七八一〉）は、金に縁がないのは最初に金持ちが踏んだためか、とぼやく可笑しさ。

○袋を縫うと袋子（卵膜に包まれた胎児）が生まれる（奈良）。手拭で頬被りをしたまま便所に入ると袋子が生まれる（山形県米沢市）。妊婦の夫が手拭を首にかけると、生児の首に胞衣がまきついて死産すると信ぜられたので妊娠中はこれを避けた（沖縄県伊是名《いぜな》村）。身持ちの時に石臼を引けば胞衣が首にからまる（岩手県盛岡市）。妊婦が襷をかけたまま便所に入ると胞衣からみになり難産する（宮城）。ウマのハンナ（つなぎ縄）はまたぐものではない。またぐと胎児の胞衣が切れて流産する（福島県猪苗代町）。胞衣を被って生まれた子は大成功するか、または大失敗する（石川県羽咋《はくい》郡）。

【か】

顔　かお

○秋田県雄勝郡で、女は円顔《まるがお》で肉付きがよいと幸福という。おたふく顔は幸せがくる（富山県小杉町〈射水市〉）、下ぶくれの人は福々しい（愛媛県御荘町〈愛南町〉）というのも女性の吉相をいう。一方、男は長手の顔がよいと考えられている（和歌山県高野口町〈橋本市〉）ところもある。また、顔の黒い人は立身する（秋田県仙北郡）、地蔵様に似た顔は長命（秋田県平鹿郡）、顔が赤くて太っている女は子をたくさん生む（長野・愛知）、流れ星を見て顔をさすると色が白くなる（愛知）、すいとんで顔を洗うと器量がよくなる（群馬）、初雪で顔を洗うと美女になる（徳島県小松島市）などの俗信もある。
○顔がほてるのは、誰かが自分の噂をしている（岩手・秋田）、誰かにほめられている（岩手・石川）、誰かに好かれている（岩手県花巻市）などという。群馬県赤堀村〈伊勢崎市〉では顔がほてると風が吹くといい、沖縄県伊良部町〈宮古島市〉では冬に耳や顔がほてると明日は晴という。
○人見知りする子は、顔を雑巾で拭いてやると治る（北海道・秋田・山形・福島・千葉・神奈川・新潟・富山・石川・長野・岐阜・愛知・滋賀・奈良・三重・兵庫・岡山・島根・山口）と各地でいう。山形県西川町では、わにる（人見知りする）子を治すには雑巾で顔を下から逆さになでてやるという。長野県北安曇郡では、臆《おく》する子供は元日の朝、雑巾で顔を洗ってやるとわにない（人見知りしない）ようになる、という。赤面症は雑巾で顔を拭くと治る（広島）、雑巾で顔を拭くと内気が治る（新潟）とも。雑巾で拭くことの意味がいま一つ分からないが、汚れを拭い取る雑巾の力にあやかって「人見知り」を取り去る、あるいは雑巾に移すというのであろうか。栃木県真岡市で、雑巾で顔を拭くと顔の皮が厚くなるというのも同義であろう。
○雑巾で顔を拭くと、人見知りしなくなるだけでなく、愛嬌がよくなる（群馬・千葉・長野・香川）という所も少なくない。福島市などでは、雑巾で子供の顔を拭くと美しくなると伝えている。また、子供とは記されていないが、雑巾で顔をふくと、美人になる（栃木・新潟）、器量が良くなる（群馬）、肌理《きめ》がよくなる（同県）、色白になる（奈良県御杖《みつえ》村）という。雑巾で産婦の顔を拭いてやると可愛い子供が生まれる（山形）。雑巾で顔を拭くと他人のなかで恥をかく（茨城県水戸市）、子供の疳の虫封じには雑巾で顔を拭く（岐阜県宮村〈高山市〉）、鼾《いびき》には濡れ雑巾を顔にかぶせる（同県池田町）との例もある。

○手拭を火にあぶって顔を拭くと、人前で赤面する（和歌山・宮崎県小林市）、事件の裁きのとき面が赤くなる（鹿児島県中種子町）。高知県東津野村〈津野町〉では、手拭をあぶってすぐに被ると盗難があったとき顔色が変わり無実の罪を受けることがある、という。

○顔は二回拭かないと親の死に目に会えない（愛知）というのは、一杯茶や一膳飯、一声呼びを嫌う伝承と同様、一回を忌む俗信で、もう一度繰り返すことで安心をする心意といってよい。朝、顔を洗って拭かないと一日中友だちと仲が悪い。袖で顔を拭くと泣くことがある（共に長野県南信濃村〈飯田市〉）。人の顔を拭くと貧乏がうつる（同県北安曇郡）。頭を洗ったあとで顔を洗わないと親の死に目に会えない（群馬県太田市）。若水で顔を洗うと若くなる（岩手・山形）。七夕の朝はネブタ（ネム）の葉を濡らして顔を拭け、丈夫になる（群馬県渋川市）。

○顔に墨をつけて寝ると恐ろしい夢を見る（岐阜・島根・山口・愛媛・高知）といって忌む。以前は、子供が夜間に外出する時の魔よけとして顔（とくに額）に鍋墨をつけることがあった。顔に墨をつけた状態で寝るのは、悪霊出現の不吉な時空を想起させるのであろう。沖縄県今帰仁村では、幼児を連れて夜道を歩くときは、中指で鍋底の煤（鍋墨）をとり、幼児の顔にぬりながら「タルンミヤンドー、アムルミユンドー（誰も見るな母を見るんだよ」と言う。福島県小野町菖蒲谷では、夜中に子供を負ぶって外出するときは子供の顔に炭をつけると、キツネに化かされないと伝えている。
○顔に傷のできる夢は吉（秋田）。故人の怒った顔を夢で見ると凶（山形県長井市）。顔が泥でよごれている夢は恥をかくことがある（岡山県哲多町〈新見市〉）。
○柱に傷をつけると顔に傷が絶えない（鹿児島県国分市〈霧島市〉）。高知県長岡郡では、上《あ》がり框《かまち》に傷をつけると顔に傷がつくという。敷居を踏むのは、親の顔に乗るのと同じ（群馬県安中市）、家の主人の顔を踏むのと同じ（福島県飯野町〈福島市〉）。炉縁に上がれば親の顔に上がったと同じ（青森県五所川原市）。囲炉裏縁は檀那の顔だから傷をつけるな（福島県郡山市）。
○便所をよく掃除すると、きれいな子を生む（岩手・山形・宮城・福島・茨城・愛知・静岡・三重・広島）、美人の子を生む（栃木・茨城・石川・岐阜・和歌山・兵庫・佐賀）、器量のよい子を生む（新潟・石川・長野・静岡・愛知・和歌山・福岡）、かわいい子が生まれる（山形・福島）という。正月の餅を上手に丸めるときれいな子が生まれる（福島県保原町〈伊達市〉）。芋名月に里芋をむいて上げると器量良しの子が生まれる（山形県西川町）。妊婦が月見団子を丸めるとお月さまのような別嬪《べっぴん》が生まれる（栃木県大平町〈栃木市〉）。仏壇にきれいにご飯を盛ると美しい子が生まれる（岩手県和賀郡）。妊婦はアワビを食べると目鼻立ちのすっきりしたかわいい子が生まれる（愛知県大治町）。
○杓文字を舐めるものではない。なめると、しゃもじ顔になる（岩手県和賀郡）、杓文字のような子が生まれる（山形・福島）。包丁をなめると包丁に似た平な顔の子を生む（岩手県稗貫郡）。カボチャを食うと器量のわるい子が生まれる（福島市）。川に小便をするな、長い顔の子が生まれる（茨城）。ヘビをまたぐと顔がヘビの顔に似てくる（岩手県江刺郡）。女の野小便は顔をゆがめてするとキツネが憑かぬ（福岡県北九州市小倉南区西谷）。
○妊婦の顔の表情から生まれてくる子の性別を判断する俗信も広く分布している。妊婦の顔がきつくなると男の子（群馬・栃木・茨城・新潟・長野・静岡・愛知・奈良・和歌山・三重・兵庫・岡山・広島・香川・福岡・熊本・大分）。大分市では、妊婦の顔がきつくなったり肌目が荒れたりすれば男の子といら。反対に、やさしい顔つきだと女の子（茨城・新潟・長野・岐阜・愛知・和歌山・三重・香川・福岡・熊本）。愛媛県肱川町〈大洲市〉では、妊婦の腹がなだらかで顔がやさしいと女の子、腹が飛び出てきつい顔だと男の子が生まれる、という。長野県佐久市長土呂では、前に生まれた女の子が、男のような顔をして生まれてきたときは次は男の子だと判断する。
○子供が朝生まれれば運がよく、昼生まれれば器量よし（山形県南陽市）。女の子が父親に似て、男の子が母親に似れば幸福である（富山・高知）。
○赤ん坊に鏡を見せてはいけない、との禁忌は全国的である。鏡を見せると、大きくなっても赤ん坊のときの顔がぬけない（群馬・長野・鹿児島）という。赤子の魂が鏡に吸い取られて離脱し、本人の成長（この場合は顔かたち）が止まるという意味であろうか。子供が話せないうちに鏡を見せると口がきけなくなる（福島・群馬・長野・静岡・山口・徳島・香川）というのも、その時点の状態で成長が止まったままになることを暗示している。
　合わせ鏡に映った顔の十三番目は、自分が死ぬ直前の顔（鳥取県米子市）という。
○着物の袖から顔を出しているのを鳩に見つ

けられると、その人は死ぬ（秋田県山本郡）。袖に顔を入れて覗くとか袖の下から見るのは、異常な場面に遭遇したときの呪的なしぐさである（常光『しぐさの民俗学』）。そこから、通常はこうしたしぐさを忌むのであろう。

○おたふく風邪の人は、銀貨で顔をなでて表に捨てると、拾った人に伝染して本人は治る（秋田県平鹿郡）。夫が上気すれば（のぼせて顔が赤くなれば）、妻は自分の腰紐を、夫の寝床の下に左から右へ長く敷きおけば治る（大阪）。妊婦が死んだ子を抱いていると顔がむくむ（栃木県粟野町〈鹿沼市〉）。幼児の夜泣きを止めるには、父親の股引《ももひき》の尻隠しを顔にかぶせると止まる（福島県岩代町〈二本松市〉）。顔の真ん中にできもの（面疔《めんちょう》）ができると命取りになる（三重県多度町〈桑名市〉）。顔の中に腫物ができたときは、次の符を作って飲む。「屛明見急如律令」（福島県表郷村〈白河市〉）。

踵《かかと》

○山形県米沢市では、囲炉裏に足を出すと罰があたるといい、昔は炉のあく（灰）にカカトがつくと年寄りによく叱られた。あとを塩で清め、附木《つけぎ》で火をつけたという。囲炉裏は神聖な場所である。炉縁《ろぶち》に足を投げ出したりするのを忌む土地は多いが、一方で、病の時には炉の灰に足を入れて呪《まじな》うなどの伝承もある。長野県北安曇郡では、いのぐ（リンパ節の腫れ）の時は、炉の灰のなかにカカトの跡をつけ、そこに三つの火を入れて消えるまで掻き回すとよいという。島根県広瀬町〈安来市〉では、囲炉裏か十能《じゅうのう》に取った灰に、えのこ（リンパ節の腫れ）のある方のカカトをつけて、その跡を熾《おき》で焼く。灰は川に捨てるという。鳥取県淀江町〈米子市〉では、足のリンパ腺が腫れて痛む時は、竈《かまど》の灰を十能にすくって、痛い方の足のカカトの跡を灰につけ、そこに大きな灸をすえたあと川に流す。

○和歌山県高野口町〈橋本市〉では、針をカカトから踏んだら頭の上まで通るという。香川県志度町〈さぬき市〉でも、針を足裏に立てると頭へのぼるといって心配する。踏んだ針が頭まで上がるとの俗信は埼玉・千葉県でもいう。松浦静山の『甲子夜話』続篇巻九十八(江戸後期)にこんな話が載っている。「或時聞たるは、一婦あり。過つて縫針を足の裏に践《ふみ》たてたるに、深く入り半は折れて遂に出でず。痛甚しかりしが、為《せ》ん方もなければ其まゝにして打過たるに、其後は総身の中折々疼《いたみ》たること数年なりしが、或とき肩ノ上に腫物出きて疼悩む。依て医者を頼みて、膏薬を施《はり》たれば、膿《うみ》をもち、尋《つい》で口あき、膿汁出たる中に一物有り。見るに、先年足跖《あしのうら》にたてたる折針なり。人々驚き、当人は益々不思議を為したりと。これ足なるもの中身を廻り、終には肩上より出る。」

○熊本県三加和町〈和水《なごみ》町〉では、河童に引かれないためにカカトに唾をつけて水に入る。河童はカカトに爪を立てて人を引き込むので、河童の嫌いな唾をつけておくと近づかないという。福岡県柳川市では、水泳するときはキュウリのヘタを切り落としたものでカカトをさすり、その香りをつけておけば河童に取られないという。岩手県浄法寺町〈二戸市〉では、夕方墓地のそばを通るとあくど(カカト)にぼこっぼこっと取り憑くものがいる、これをアクドボッポリと呼んでいる。キツネに騙されたと思ったときは、カカトをしっかりつけて歩くとなおる(佐賀)。カカトは妖怪が目をつける身体の一部であったようだ。山崎美成『世事百談』(天保一四年〈一八四三〉)に、妖怪に出合って鬼魘死《おそはれし》した者を蘇生させた時は「その病人を喚活《よびいか》すべからず。脚の跟《きびす》を力一ぱい口にて咬《かむ》べし。又は面《かほ》へ唾を吐《はき》かくべし」とある。

○送り狼に合った場合には、かがんで足を洗わない。かがむと、死んだと思って食う。だから、普段はキビスとキビスを合わせて足を洗うものではない（岡山県久米町〈津山市〉）。○疣を取るには母親のカカトで擦《す》ってもらうとよい（長野）。同県上伊那郡では、ども（白癬）ができたときは親父のカカトで患部をこすってもらうとよいという。カカトがひび割れたときは、天神様にお参りすると治る（佐賀県東脊振村在川〈吉野ヶ里町〉）。カカトのごうわれ（ひび割れ？）には、野辺送り役の草履を拾って履くと治る（長野県清内路村〈阿智村〉）。しびれた時はカカトを手で三度たたく（愛知）。『呪咀調法記』（元禄一二年〈一六九九〉）に「足の跟《きびす》傷ミ地踏《ふむ》事ならざる大事」として「黄牛のふんに塩を入あぶりあつきをもつて跟をつゝむべし」とある。⇩足《あし》

影　かげ

(1) 影が薄い人、写真と影

○影という言葉の意味は多様だが、物体が光を遮ったとき反対側にできる黒い像、あるいは、水面などに映るものの姿をいう場合が多い。影の薄い人は早く死ぬ（青森・岩手・秋田・新潟・長野・岐阜・愛知・奈良・和歌山・愛媛・沖縄）とは各地でいう。影は単なる黒い形ではなく、その人の魂（生命）と不可分の存在だと信じられてきた。死ぬようになるとその人の影は薄くなる（奈良県広陵町）、死ぬ人は二、三年前から影が薄いといわれる（青森県大畑町〈むつ市〉）、旧正月の年越しに自分の影が薄ければその年に死ぬ（青森市）、夜歩くとき影が薄くなると死ぬ（岐阜市）、月の夜外に出て影が薄いと早く死ぬ（岩手県住田町）など、いずれも死の前兆とされる。筆者も沖縄県西表島で、死ぬ人は影が薄いのでわかる、と聞いたことがある。『誹風柳多留』の「茶の会にかげのうすいがてい主也」（明和六年〈一七六九〉）は、吉良上野介の茶会をいったもの。

○富山県大沢野町〈富山市〉では、地面にうつる自分の影に頭が無かったらその年に死ぬという。新潟県赤泊村〈佐渡市〉では、月影にうつされた自分の姿に首がないと死ぬといい、岩手県遠野市附馬牛《つきもうし》では、影法師のない人は間もなく死ぬ、と伝えている。体、とくに頭部の影がないのは死の前兆とされた。江戸の川柳に「陰の無いしうと壱人と仲人いゝ」(『誹風柳多留』天明三年〈一七八三〉)の句がある。

○影による占いは日常的に行うほかに、特定の日の影から判断する場合がみられる。その多くは、満月あるいはその前後の夜にうつる影から判断する。岩手県大船渡市では、小正月の一五日の晩、月影に自分の首(頭)がないと年内に死ぬという。秋田県の仙北郡や雄勝郡でも、旧正月一五日夜に首の影がうつらないとその年の内に死ぬという。陰暦一月一五日の夜、正東に向いて立ち、左眼正面に月が出れば吉、それより左または右にあれば凶。また、月の大に見ゆれば吉、小なれば凶。その際、己の影に首あればその年生命あり、首なければ死す、という(石川県能美郡)。正月一五日夜に影に首がないとその人は死ぬ(岡山県落合町〈真庭市〉など)。

○旧正月一五日の夜、戸外にでて月の光に自分の上半身の影がうつらないと、その人は年内に死ぬという(岩手県玉山村〈盛岡市〉)。小正月の夜の月で影がうつらないと死ぬ(岩手県遠野市)。正月一五日の夜に首見に外に出る。雪の上に映る自分の影法師を見て、もし首がないと死ぬと信じられていた。満月の夜だったというから旧正月の頃のことであろう(飛驒白川村木谷〈岐阜県白川村〉)。旧正月一六日の丑の刻に影に首がうつらないとそのうちに死ぬ(秋田県由利・河辺郡)。正月一六日と盆の一六日の夜、月の影に頭のない人はその年のうちに死ぬ(岐阜・愛知)。どんど焼き(小正月の火祭り)で自分の影をうつす。うつらなければその年は寿命がない（群馬）。とんど（左義長）を焼くとき、その人の影に頭がないとその年に死ぬそうな（広島県東広島市）。正月一四日のドンドヤ（火祭り）の帰りに、月に形を映して身の運を卜する。首がはっきりと見えれば吉。万一頸のところに区切りがなく、擂鉢を被ったように見えたらその年のうちに死ぬといった（熊本県阿蘇郡）。家相見は元旦に庭先に竿を立ててみて、その影が長いか短いかでその年の運勢を占った（福島県保原町〈伊達市〉）。
○盆の一五日の夜、月に照らされた自分の影に首がないと年内に死ぬ（秋田県由利・雄勝郡）。盆の一五日の夜、影が薄いとその年に死ぬ（愛知）。
○高知県土佐清水市では、十五夜の月の晩、自分の影のうつらないときはその年に死ぬという。同様の俗信は岡山県にもある。十五夜に自分の影が薄いと死ぬ（愛知・徳島県小松島市）。愛知県半田市乙川では、月見の夜、ナス畑に立って自分の影が濃いと長命、薄いと短命という。鹿児島県奄美諸島や沖縄県には、八月十五夜の晩に自分の影に首がないのに気づいた男が、占い師にみてもらった結果、妻の間男を射殺して難をのがれる「首のない影」の話が数多く伝承されている。同県具志川市〈うるま市〉や南風原《はえばる》町では、姦淫《かんいん》した者は旧八月一〇日から一五日まで月夜に首の切れた影がうつる、と伝えている。
○さんやさま（二十三夜）のお月さまで、自分の首のない影が地面にうつると生命がない（群馬県黒保根村〈桐生市〉）。田楽の夜（七夕提灯行列か）、犬にほえらっだら月に照らさった自分の影ば見ろ。首がないごんたら死ぬ（山形県東根市長瀞《ながとろ》）。一二月一七日の月夜に自分の影をうつして首がうつらないと死ぬ（岐阜県藤橋村〈揖斐川町〉）。
○大阪府田辺町〈大阪市〉で、人の影を踏んで歩くと出世ができぬといい、同じ俗信は愛知県春日町〈清須市〉でもいう。目上の人の影を踏むと偉い人にはなれぬ（愛知）とも。他人の影を踏むと幸福になる（新潟県新津市〈新潟市〉）との報告もある。福島県喜多方市岩月町では、人の影を踏むな、その人（相手）の寿命をつめる、という。影を踏まれると、寿命が短くなる（福島・愛知）、貧乏する（岡山）、出世しない（徳島県小松島市）といわれる。踏むか踏まれるか、いずれの場合も忌まれる行為といってよい。影をその人の分身と見做す心意が働いているのであろう。影法師を自分で踏めると昼（長崎県瑞穂町〈雲仙市〉）。『日本全国児童遊戯法』（一九〇一年）の「影や道祿神《どうろくじん》」には「月夜の遊戯にして、月光にて地上に印する影を互いに踏み合うにて、我が影は人に踏まれざるようになし、人の影を踏まんと競い廻るなり。このとき児童は手を打ちつつ互いに左の如く唱う。影やどうろく神、十三夜《やー》の牡丹餅、サア踏んで見ィしやィナ。」とある（『日本児童遊戯集』より）。『遊戯大事典』（一九五七年）には、影踏み鬼の遊びについて「この遊戯は、我が国でも昔から明治三〇年代頃まで行われたものではあるが、日中ではなく月明の夜に行われた。『影や唐禄神、十三夜の牡丹餅』と囃しながらやったと云うことであるが、今は全くそのかげを絶ってしまった」と見える。影踏みには十五夜の頃の月明りが最適だったのであろうが、その背景には満月の晩の影から吉凶を占う俗信が関係しているように思われる。

○写真を撮ると影を取られて早く死ぬ（新潟県佐渡市）という。撮影はその人の姿形を写し取る。それは水面や鏡に映るそのものの姿（影）と似ているが、違うのは、紙焼き写真だと映像がいつまでも残る点だ。以前には、写真を撮れば影が薄くなる（青森県平賀町〈平川市〉）、何度も写真を撮ると影が薄くないた。他の人が写真に撮られるのを心配する人がいた。写真に撮られると影が薄くなるとは早死にするとの意味である。碓井益雄は、かつて人々が写真に撮られるのを不安視した根拠として「映像を霊魂の姿と考え、鏡ですら霊魂を吸いとるものとして警戒した人々が、写真機を人々の霊魂や生命を吸いとる恐ろしい箱だと考え、懼《おそ》れをなしたということは、容易にうなずかれることだろう。」と述べている(『霊魂の博物誌』一九八二年)。山口県福栄村〈萩市〉で、写真の影が薄くなると死ぬという。青森県五所川原市でも、写真の写りが薄いと早く死ぬといい、同じ俗信は三重県名張市や磯部町〈志摩市〉でもいう。写真に写っている人が死ぬと、その写真の影が薄くなる(富山県宇奈月町〈黒部市〉・愛知)。本人が死ねば写真も薄くなる(奈良・和歌山県太地町)。人が死ぬ時にはその人の写真の色が変わる(岩手県陸前高田市)。死んだ人の写真は色が変わる。他の人と比べて薄くぼんやりしている(兵庫)。

影 かげ

(2)影を呑む妖怪、影の病

○影取《かげとり》という怪がある。淵や沼の畔を通る人の影が水に映ると、その処の主である魔物が、人を水中へ引入れてしまうという。角館郊外、豊岡村〈秋田県大仙市〉お玉ケ池や、平鹿郡〈秋田県〉の影取沼にその気味悪い伝説がある(『旅と伝説』通巻一一四号、一九三七年)。池の水に映った人影を蛇体に呑まれると死ぬという話があり、影が映るときは通ることができないといわれた(和歌山県田辺市本宮町)。水面に映った影を池や沼の主に取られると命を失うとの話は各地にあり、東京都町田市や神奈川県藤沢市の「影取池」伝説も知られている。沖縄では、小児等が井戸をのぞくとカムローはカー(井戸)に住んでいて、古井戸をのぞくと、引入れてしまう。また、古井戸をのぞくと、水面の影をカムローに取られ、その人は病弱になることがあるという。

○『改訂 綜合日本民俗語彙』に「影鰐《かげわに》。島根県邇摩《にま》郡温泉津町〈大田市〉でいう語。船が航行中、海に投影した船夫の影をこのわにが呑むと、その船夫が死ぬという。影わにの骨を足にさして死んだ話もある。わには勿論この地方で鮫のこと。」とある。岡山県でも、船に乗っている人の影をフカ（サメ）が呑んだらその命はない、という。大分県に伝えられる「影を呑んだ鱶《ふか》」の話は、船に乗った侍がフカに影を呑まれるが、弓を引いてフカを退散させる。その後、侍が港に立ち寄ると、矢の刺さった大きなフカが浜にあがっている。自分が射たフカにちがいないと口の中に頭を入れて見ていると、つっぱり棒がはずれて侍は咬み殺された。和歌山県すさみ町の上戸川《こどがわ》の琴の滝には牛鬼がおり、この牛鬼に影を食われると死ぬという。影を取られることはその人の命を取られることを意味している。

○姿見《すがたみ》の井「紀州の高野山にもある。かの山一の橋から奥の院へ行く路の側、汗かき地蔵の東に在る薬井《くすりい》と云う井戸を、世人は又姿見の井とも称し、此井の水に姿を映して見て我影の判然と映らぬ者は三年の内に死ぬと云う言伝えがあって、参詣の者は往々之を試みると云うことである」（『郷土研究』三巻七号、一九一五年）。「大和吉野郡賀名生村〈奈良県五條市〉大字黒淵の常覚寺と云う普賢菩薩を祀る寺にも、姿見井《すがたみのい》と云うのがあって参詣者は皆試みる。此もやはり影が判然《はっきり》と映らぬ者は死ぬと云うて居る」（『郷土研究』三巻一〇号、一九一六年）。

○狐狸の類が人に化けても、その影には正体が映るという。ヤコ（野狐）は四辻に現れる。人の姿に化けても池に映った影には尻尾が見えるという（長崎県諫早市）。ムジナだと思ったら、水さ影うつして見ればわかる（青森県五所川原市)。昔話の「狐女房」譚は、狐が女に化けて人間の男と結婚する話で「信田《しのだ》妻」とも関係の深い内容である。女は子供を儲けた後に正体がばれて去って行くが、正体が露見する契機の一つに、女の影が狐だったという伝承がある。月岡芳年の錦絵「新形三十六怪撰 葛の葉きつね童子にわかるゝの図」は、母親が童子丸と別れる場面を描いたもので、障子には正体である狐の影が映っている。横山泰子は『江戸歌舞伎の怪談と化け物』(二〇〇八年)で、四世鶴屋南北作『独道中《ひとりたび》五十三駅《ごじゅうさんつぎ》』を取り上げて「芝居の油なめの場面では、老婆が行灯の中に顔をさし入れると、顔の影が猫の形になる。『化け物の正体は、影の姿で明らかになる』という、伝統的な考え方のあらわれである」と述べている。新潟県二十村郷〈長岡市〉には、猟師が鉄砲玉をはね返す娘(化物)を前にして、「化物はかげら(影)に打て」という言葉を思い出し、娘の影を狙って打ち退治する話が伝わっている(水澤謙一編『とんと昔があったげど』第二集、一九五八年)。同県黒姫村〈柏崎市〉にも、鉄砲打ちが化物の影を撃って仕留める話があり、「影が形で形が影」という言葉を伝えている(真鍋真理子編『越後黒姫の昔話』一九七三年)。

○中山太郎は面影橋について、「『面影橋』とて橋の上から自分の姿を水に写し、同じく影のないときは近いうちに災いがあると言い伝えられていた」と述べている(「水鏡天神」『旅と伝説』九号、一九二八年)。『北国奇談《ほっこくきだん》巡杖記《じゅんじょうき》』(文化四年〈一八〇七〉)に「九人橋の奇事」という話がでている。加州金沢〈金沢市〉の城下に味噌倉町という武士町がある。ここに九人橋という小さな橋があり、昼夜をいわずこの橋を十人が並んで渡ると、一人の影が見えず残り九人の影のみ映る。何度渡り直しても数が不足している。一人一人渡ると

き は何のわずらいもない。

○タクシーの怪談のなかに、若い女性を乗せた運転手が途中でルームミラーをのぞくと、乗客の姿が映らない、驚いて振り返ると座って居る、という話がある。実は乗客は幽霊で、生前の姿でタクシーに乗り込んだのであった。「子育て幽霊」譚には、身重で死んだ女が墓の中で子どもを産むが、この子は死者から生まれたので影が無かったという話がある（鳥取県大山町）。墓場からでたモーレン（亡霊）の火は影が映らない（鹿児島県瀬戸内町）。小松和彦は、幽霊に影がないという伝承について「幽霊は生命を欠いた存在である。それはあの世に存在する霊のこの世に現われた『影』であり、その影の『影』は存在しないのである」と述べている（「影のオカルティズム」『酒呑童子の首』一九九七年）。

○只野真葛《まくず》の『奥州波奈志《おうしゅうばなし》』（江戸時代中・後期）に「影の病」と題してこんな話が見える。「北野勇治という人、外より帰って我居間の戸を開きて見ると、机におしかかりて人がいる。誰だろうかとしばし見ていたが、髪の結いよう、衣類の帯にいたるまで、自分が常に着ているものである。自分の後影《うしろかげ》を見たことはないが寸分違わないようだ。あまりに不思議なので、面《おもて》を見ようと歩みよると、彼方《あなた》を向きたるままで、障子の細く開いたところより縁先に走りでた。追いかけて障子を開いて見たが、どこへ行ったのか姿が見えなくなった。家の者にこのことを語ると、母は物をもいわずひそめるようすだったが、それより勇治は病みついて、その年の内に死んでしまった。これ迄三代、その身の姿を見てより病みつきて死んでいる。これは影の病なるべし。」勇治の見た自分の後ろ影は死の予兆だった。肉体から抜け出た魂が本人と瓜二つの影となって現れたのであろうか、目撃した段階で勇治の身体は空ろな状態だったのであろう。『曾呂利物語』（寛文三年〈一六六三〉）には、雪隠に行った女が同じ姿の二人の人間として現れる「離魂と云ふ病ひの事」が収められている。松谷みよ子『現代民話考Ⅳ』（一九八六年）に、青森県五所川原の話としてこんな報告が載っている。「雪おろしをしていると、足もとから白い着物を着たひとが、突然とび出していった。振り返った顔は、自分の顔であったという。気味悪く思っていたが、それから一週間後、その男のひとは、用事が出来て、青森市へ自転車で出かけなければならなかった。雪の中、自転車を走らせて、青森市からの帰り道に、ダンプに轢《ひ》かれて、亡くなった。（回答者・藤かおる）。『新撰呪詛調法記大全』（天保一三年〈一八四二〉）に「かげ（影）の煩ひの治方」として「辰砂《しんしゃ》人参茯苓三品をよく煎じのますべし、真人《まことのひと》ハ気分さわやかに成、影のかたハ消る也」と見える。

○岡山県苫田郡などでは、池鏡は悪い家相とする。家の影が水に映る地形で、したがって川鏡も忌む。

○影を食うと大きくならん（高知）とか、出世しない（同県中村市〈四万十市〉）という。影を食うとは、自分の影が映った食べ物に箸をつけることであろう。神奈川県相模原市では、冬に日向ぼっこをしているとき、自分の前に立った人に向かって、「人の影になる奴は、盆にぽっくりおっ死《ち》んで、正月餅は食えねぇぞ」と言ったりした。岡山県では、人の影になれば貧乏するという。

○チャ（茶）を蒔くとき自分の影を埋めると死ぬ（三重県松阪市）。タケを植えるとき影を植え込めば死ぬ（長野県北安曇郡）。ネギは人の立つ影を嫌う（新潟県赤泊村〈佐渡市〉）。月夜のカニ・シャコはみが入らん。月夜のカニは自分の影をうつして痩せるという（兵庫県赤穂市）。

○耳影にホクロのある人は幸福（秋田県平鹿郡）。鏡を見ると影が薄くなる（栃木）。小便をするとき泡に影が映らないと怪我をする（岩手県気仙郡）。影に灸《やいと》をすえると瘧が落ちる（福井市）。歯（乳歯）が抜けたとき上の歯なら籠の影に捨て、下の歯なら屋根の上に投げると歯が早く生える（岩手県胆沢郡）。
○山中の池に人影がさすと雨が降るという（岩手）。家の中へ人影がうつると客が来る（愛知県赤羽根町・渥美町〈共に田原市〉）。
○人影ではないが、鳥の影が障子や窓に映ると来客がある（岩手・秋田・山形・東京・新潟・福井・石川・長野・愛知・大阪・和歌山・鳥取・徳島・愛媛）と各地でいう。伝承を細かく見ると、土地によって変化がある。珍しい客が来る（秋田・東京・新潟）。久しぶりの客か遠方の来客がある（大阪）。朝、鳥の影がさすと人が来る（岩手・山形・新潟）。天気の朝にスズメが影を映せば人が来る（岩手県二戸地方）。トビが庭に影を映すとお客がある（愛媛）。来客の予兆のほかにも、朝、家に鳥影がさすとよいことがある（群馬・新潟・石川・長野）、障子に鳥の影が映ると友達から手紙が来る（群馬）、スズメの影が障子にさすとその日のうちに幸福が舞い込む（千葉県市原郡）などという。なかには、小鳥の影が障子などに映るとカゲドリといって縁起が悪い（長野県中川村）という例もある。影取りの意に解して忌むのであろうか。

肩《かた》

○山形県長井市で、肩越しに物をわたすなといい、同県米沢市では、肩越しに物をわたすのは四十九日の餅だけという。青森県五戸地方でも、肩越しに物をやり取りするのは死んだ時ばかりといって忌む。この禁忌は葬送習俗と関係が深い。岩手県九戸郡の山間部で兄弟餅と称するのは「葬式のとき、兄弟が餅二つを後手に組み交して持ちあい、ちぎって肩越しに斜後方に投げつける」ことである(『改訂 綜合日本民俗語彙』)。「死んだ人の髪を結う時(勿論形式的に櫛でなでつける程度)、櫛を渡すには後向きになって、自分の肩越しに投げてやる」(沖縄)(『民間伝承』四巻二号、一九三八年)。新潟県三川村上綱木〈阿賀町〉では、葬式を終えた夜に四十九の餅を搗く。四九個は皿に盛って仏に供え、五〇個目は、親戚のなかで両親があり跡取りになる者が、一升枡を裏返しにして載せ、隅に塩をおいて三本トリイの下に持って行き、内側を向いてこの餅に塩をつけて一口食べ、あとは後向きのまま、「餓鬼にくれる」と言って肩越しに外へ投げる(『新潟県史 資料編22』一九八二年)。この種の事例は多いが、肩越しに餅を投げる相手は死霊や餓鬼などでこの世のものではない。折口信夫は、「岡見」について「歳末大晦日の夜の事となって居る。深更、里の人々笠を冠り、蓑を裏返しに着て、里の岡に登り、肩越しにわが人居を見ると、来年一年中の出来事が、予め見えるものだ、と伝えて居たと言う。」と述べている(『万葉集講義』一九三二年)。本来、窺い知ることのできない未来という異界を見る呪的な方法である。こうしてみると、肩越しに投げたり見たりする向こう側は日常とは異なる世界である。肩はその意味で、この世(身体の前面)と異界(背後)とのいわば境界の部位といってよい。

○島袋源七の『山原の土俗』(一九二九年)に「夜、人の肩に手をかけて歩いてはいかぬ。幽霊がそうする。」(沖縄)とある。岡山県には、夜、眉を濡らして歩くとキツネに騙されぬ、との俗信が伝承されている。妖怪の類はしばしば人の肩を狙って取り憑くようだ。いくつか事例を挙げてみよう。ある人がイワシを買って帰り、家に着いたら一匹も残っていなかった。肩のところにキツネが憑いて、みんな食べてしまっていた（千葉県長柄《ながら》町）。キツネは人の肩にとまって、人が口にはこぶ食物を食べてしまうので憑かれた人は痩せる（静岡県両河内《りょうごうち》村〈静岡市〉）。ヤコが憑いたときの特徴は、着物に毛が付いている、袂《たもと》に毛が入っている。ヤコの足跡が肩についている（鹿児島市）。ニュウドウボウズ（入道坊主）は、イタチが人の肩の上に立つので見上げるほど高くなる（福島）。
○肩を押さえられると、出世できない（広島・愛媛）、裁縫が下手になる（福井県小浜市）、算盤が下手になる（岡山）という。石川県金沢市では、力士は肩に手をかけられると勝負に負けるといい、手をかけられることを嫌う。広島県加計町〈安芸太田町〉では、朝、山へ行くとき肩に手をかけると怪我をするという。肩にすがられると商法損をする（高知県中村市〈四万十市〉）。
○二人で肩を組んで並んで歩くと裁縫が下手になる（岡山）。肩を組むとお針が下手になる（愛知）というのは、「同時に同じ」を嫌う俗信の一種か。
○鎌を担ぐのを忌む。鎌を担ぐと、背が伸びない（和歌山・広島）、キツネに化かされる（広島・島根）、山の神が祟る（島根県江津市）、葬式に合う（岩手県川井村〈宮古市〉）、親が死ぬ（千葉県夷隅郡）などという。高知県大方町〈黒潮町〉では、土間から鍬・鎌を担いで出ぬもの。手に持ち柄を前に向けて出るものといい、和歌山県大塔村〈田辺市〉でも、家の中から鍬・鎌を担いで戸外に出るなという。島根県邑智《おおち》町〈美郷町〉では、家の中へ鎌を担いで入ると死人がある、といって忌む。草刈り鎌などは手に持つか、あるいは腰に差すのがふつうで担ぐほどのものではないし、担ぐとかえって危険であろう。担ぐのを忌む禁忌は鎌以外にも少なくない。右の事例にもある鍬もそうで、田畑に行くのに鍬を家の中から担いで出るものではない（茨城・千葉・島根）とか、鍬を担いで家に入るな（千葉・島根・鳥取）という。鍬の場合、鎌と少し違うのは、担いだ状態での家の出入りは忌むが、戸外で担ぐのは問題ではないようだ。田畑で使用する鍬を担いだままでの出入りは、家の内と外との秩序を混乱させる行為として嫌うのかも知れない。徳島県撫養《むや》町〈鳴門市〉では、鍬を担いで敷居を跨ぐと葬式がでるようになるという。

○柄杓を担ぐな、という土地も方々にある。この禁を犯した際の制裁は大きく二つに分かれ、一つは、「雨になる」で、福島・長野・愛知・京都・兵庫の各県でいう。長野県飯田市では、子供がかつぐと雨になると伝えている。収集した事例のなかに柄杓の種類についての説明はほとんどないが、京都府美山町〈南丹市〉では、担いでいけないのは長柄の肥柄杓だといい、雨が降る理由についても、仰向けに担ぐと雨を受ける状態になるからだという。実は、この問題については柳田国男も関心を示しており「信州に於《おい》て柄杓を擔いであるくと雨が降ると言うのは、或は水を翻す形と同じだからとも言えるか知らぬが」（「杓子・柄杓及び瓢箪」）と、美山町とは反対の理由を想像している。愛知県鳳来町〈新城市〉でも、肥柄杓《こえびしゃく》を担ぐと雨が降るという。肥柄杓を仰向けに担ぐのは天に糞尿をかける形なので、それが天の怒りを買って雨になるというのであろうか。今一つの制裁は、「背が伸びない」（岡山・香川・熊本・鹿児島）で、香川県観音寺市ではこの禁忌の対象になるのは小便杓である。この二つ以外では、家が流れる（鳥取県八東村〈八頭町〉）、背に腫物ができる（沖縄県国頭郡）という報告がある。愛知県では、柄杓を逆さに担ぐと葬式の真似という。高知県でも、柄杓は担ぐものでないとされているが、そのわけは、葬式後に死者の衣類の洗濯に行った女たちが戻るとき、別の女が柄杓を担いで迎えに行くため平生この行為を忌むという。これらの俗信の背景には葬送習俗との関係が予想される。

○和歌山県川辺町〈日高川町〉で、杵を担いで家に入るなといい、徳島県小松島市でも、餅を搗く杵を担いではならぬ、と禁忌とされる。しかし、子供が生まれにくい時は、産婦の夫が杵を担いで家の周りを三回まわる（和歌山県かつらぎ町）という。佐賀県川副町〈佐賀市〉でも、難産の時は夫が（産婦を）なで杵を担いで家の周りを三回まわるとよい、と伝えている。難産は、出産時を狙って周囲を徘徊する悪霊のしわざと考え、それを祓う魔除けであろうか。ものを搗き砕く杵は一面では攻撃的な道具でもある。箒を担ぐと背が伸びない（佐賀・大分）。秤を担ぐと背丈が伸びない（愛媛県松山市）とも。

○石川県輪島市で、囲炉裏の火がはねて肩を越すと晴着がもらえる、といい、同県鳥越村〈白山市〉でも、飛火が肩を越すと新しい着物（アカイバ）があたるという。千人の股はくぐっても一人の肩を越すな（宮崎県高崎町〈都城市〉）。尺取虫が足から肩まで上がると死ぬ（大分県国東町〈国東市〉）。鳥の糞が人の肩にかかると、その人は幸福なことがある（石川県金沢市）。風呂敷を肩から斜めにかけて歩くと雨が降る（岩手県水沢市〈奥州市〉）。

○肩にホクロのある人は、よい着物を着る（青森・秋田）、兄弟の縁がうすい（秋田）。左の肩にホクロがあれば、よい着物をたくさん着る（秋田県山本郡）。手首から肩までにホクロが七つある人は偉くなる（同県鹿角《かづの》郡）。

○ネコを肩に載せれば腫物がでる（岩手県西磐井郡）。箒の毛をむしると肩が薄くなる（岡山）。目にごみが入ったら、入った目の方の肩を自分でなめる（愛媛県御荘町〈愛南町〉）、入った目の反対の肩を舌で三度なめると取れる（岩手県盛岡市）。湯に入って右肩に三度湯をかけると風邪を引かない（岡山）。肩が痛い時は、入湯してはじめにアビラウンケンソワカを三唱して湯を三度かけると治る（同県）。肩こりは、刃のこぼれた鉞《まさかり》で叩くと治る（青森県大畑町〈むつ市〉）。肩が凝るときは紅さし指に指輪をはめると凝らない。文銭を溶かして指輪にしたのを指にはめておくと肩の凝りが治る（共に福井市）。

髪　かみ

⑴髪の毛を燃やすな、若白髪

○髪の毛を燃やしてはいけない、とは全国的にいう。燃やすと気がふれる、といって忌むのもほぼ全国的といってよい。ヘビが出る（青森・群馬・新潟・富山・石川・京都・福岡）という土地も方々にある。ほかにも、髪を燃やすと、神様が怒る（青森県五所川原市）、荒神様が怒る（静岡県志太郡）、罰が当たる（茨城・新潟）、祟る（新潟）、七代祟る（和歌山県南部町〈みなべ町〉）、家が貧しくなる（福井県小浜市）、三代貧乏する（和歌山県上富田町）、運が傾く（京都府京北町〈京都市〉）、出世しない（茨城県水戸市）、寿命が短くなる（秋田・福島・岡山）、親の死に目に会えない（愛知県木曽川町〈一宮市〉）、縁起が悪い（長野）、火事に遭う（長野県下伊那郡）、家に風の神を呼び込む（青森県むつ市）、肺を患う（沖縄県名護市）、夜間にネズミが来て人を齧る（岐阜市）など、禁を侵した際の多彩な制裁が用意されている。髪は身体の一部であるが同時に分離可能なものである。これらの俗信は、髪が身体から切り離されたあとも、元の身に影響を及ぼす存在であることを示している。禁忌に違反した結果として、気がふれるという言い方を全国的にするのは、髪を燃やす行為が魂に及ぼす衝撃の烈しさと混乱を物語っている。髪と同様の発想は爪や唾などにもみられる。また、髪を焼いた時に異臭を放つ点も注意を引く要因であろう。福井県小浜市や高浜町では、死んだ人を焼いたかざ（臭い）と同じだから神様が嫌われる、といい、京都府美山町〈南丹市〉ではヘビは焼いた毛髪の臭いを好むという。新潟県村松町〈五泉市〉では、囲炉裏に髪の毛をくべた時は塩をかける。長野県南箕輪村で、戸口でナンバン（唐辛子）と髪の毛を燃やすと家に病気が入ってこない、というのは、異臭を疫病神退散に利用した例で、臭いが発する力は多方面に威力を発する。高知県十和村〈四万十町〉では、イノシシが畑に入って荒らすときは、髪の毛を焼いたものを竹に挟んで立てておくと脅しになる、という。

○若い時に生える白髪を若白髪とか福白髪といい吉兆とされる。岐阜県串原村〈恵那市〉では、頭に一本白髪があれば福白髪といい、同じことは長野県北安曇郡や広島県加計町〈安芸太田町〉でもいう。福井県丸岡町〈坂井市〉や和歌山県高野口町〈橋本市〉では、頭髪に一本か二本白髪があるのを福白髪といい、丸岡町ではこれを取るとよくないといっている。富山県小杉町〈射水市〉では、若い人で白髪が生えると果報者になり、白髪三本になると長寿のしるしといい、石川県鹿島町〈中能登町〉でも、白髪三筋は果報をするという。

○若白髪は、幸運に恵まれる（青森・岩手・富山・石川・岐阜・徳島・宮崎・鹿児島）、幸福になる（岩手・栃木・石川・広島）、福がある（石川・長野）、富貴の相（宮城県中田町〈登米市〉）、縁起が良い（群馬・石川）、金持ちになる（岩手・山形・宮城・福島・栃木・群馬・茨城・新潟・福岡）、出世する（岩手・秋田・愛知・徳島）、長生きする（岩手・富山・和歌山・鹿児島）、良家に嫁す（秋田県平鹿郡）などという。雑俳書『百合の華』（天明元年〈一七八一〉）に「鉢植にしてもめでたき若白髪」の句がある。

○白髪になる夢は慶び事ありて吉（秋田・香川）という。夢で頭の髪が白髪となるとみれば命長く大吉（和歌山県吉備町〈有田川町〉）。頭の毛が白髪になった夢を見ると、尊い人の前に呼ばれる（富山県氷見市）。『永代大雑書萬暦大成』（安政三年〈一八五六〉再刻）の夢はんじに「髪しらがとなると見れば大によし」と見える。一方で、夢で白髪になると凶、手違いあり（福島県郡山市）とか、頭の毛が俄に白くなる夢を見れば心配事ができる（長野県北安曇郡）と、凶兆とする伝承もある。

○白髪を抜くと白髪がふえる（岩手・長野・岐阜）。岐阜県養老町では、白髪一本抜くと三本になるといい、同県高山地方では、若白髪は一すじ抜けば三すじになるから抜かぬこと、と伝えている。

○若い頃に生える数本の白髪は福白髪などと呼ばれて重宝されるが、一方で、仕来りを守らなかった時などは、制裁として「白髪になるぞ」といわれる。にわかに頭髪が白くなるのは忌まれることであった。群馬県上野村では、一二月三一日の晩は早く寝てはいけない。白髪になる、といい、岩手県でも年取りの晩に早く寝ると白髪が生えるといって忌む。同様のことは秋田・石川県でもいう。大晦日は、この日の夕刻に訪れる年神を迎え、夜を徹して祀る風があったためである。正月一四日に早く寝ると団子ににらまれ白髪になる（福島県天栄村）。正月一五日の晩、早く寝ると白髪になる（岩手・秋田）とも。群馬県群馬町〈高崎市〉では、庚申の夜に早く寝ると白髪が生えるという。庚申信仰では、庚申の夜に人が眠ると、体内にいる三尸《さんし》が抜け出て天帝に日頃の罪悪を告げ、その人の寿命を縮めるといわれる。それでこの晩は、遅くまで寝ないで過ごす。同町では、節分の日に早寝をすると白髪が生えるともいう。

○月夜に提灯をつけると白髪になる（長野・和歌山）。白馬を見たときは、自分の髪の毛を一本抜かないと白髪になる（岩手県紫波郡）。日向で鏡を見ると白髪になる（長野県北安曇郡）。火葬の灰にかかると白髪になる（愛知）。大変驚くと白髪になる（富山・愛知）。心配すると髪が白くなる（青森・富山・岐阜・愛知・岡山・徳島）。

○笊を被ると白髪になる（和歌山・山口・愛媛・高知）。籠を被ると白髪がふえる（山口県大島町〈周防大島町〉）。箕を被ると白髪が生える（千葉県東葛飾郡）。蓑を覆ってはいけない。白髪がふえるから（同県市川市）。

髪　かみ

⑵洗う、結う、梳く

○七夕に髪を洗うと、汚れがよく落ちる（福島・茨城・新潟・石川・長野・愛知・奈良・和歌山・愛媛）、艶がよくなる（福島市）、色がよくなる（岩手県水沢市〈奥州市〉）、黒く長くなる（埼玉・大阪）、臭くならない（愛知・長崎）、頭の病が治る（茨城）などという。七夕に油気を洗えばよく落ちるといって、女衆はこの朝、日の出前に髪を洗う（長野県諏訪湖畔地方）。七夕の朝、髪を洗うと常に美しく臭くもならないという。これは日の出前に洗わねばならない（長崎県壱岐島〈壱岐市〉）。七日の日（七夕）には髪の毛を洗った。この日に髪の毛を洗うと、カラスのように黒くヤナギのように長くなるといった（大阪府貝塚市）。『うつほ物語』（平安時代成立）に「かくて、七月七日になりぬ。賀茂川に御髪洗《す》ましに、大宮よりはじめたてまつりて、小君たちまで出でたまへり。賀茂の川辺に桟敷《さじき》打ちて、男君たちおはしまさうず。」とあり、七夕に女性が髪を洗う風の早くにあったことがわかる。七夕には、水にかかわる伝承が多い。その背景には、お盆をひかえて身についた穢れを洗い流し清める禊《みそぎ》の意味があると考えられている。
○元日に髪を洗うな、針持つな（岐阜県武儀町〈関市〉）。正月一日より七日まで髪を洗ってはならぬ（埼玉県越谷市）。年神を迎えて静かに一年の幸を祈る時に、洗い流すとか刺すという行為を嫌うのであろう。同様の俗信は小正月にもある。茨城県古河市では、一月一五日には髪を洗うものではないという。朔日と一五日には髪を洗ってはいけない（福岡県久留米市）。一日か一五日に洗濯をしたり髪を洗うと愛嬌を落す（群馬）。寒に頭髪を洗うと火事になる（岐阜県北方町ほか）。彼岸に髪を洗うと、赤毛になる（鹿児島県金峰町〈南さつま市〉ほか）、髪がかれる（同県坊津町〈南さつま市〉）、枝毛になる（同県栗野町〈湧水町〉）。七月お盆に髪を洗ったら白髪になる（沖縄県具志川市〈うるま市〉）。盆には髪を洗ってはいけない（愛知県西春町〈北名古屋市〉）。十五夜、十三夜さまに向かって髪を洗うと気がふれる（茨城県古河市）。午の日に髪を洗うと気がふれる（群馬・茨城・埼玉・千葉・東京）。庚申の日は髪の毛を洗うな（新潟県津南町）。
○洗い髪のまま便所に行くことを忌む。洗い髪で便所に入ると、便所の神が乗り移る（千葉県東葛飾郡・鹿児島県国分市〈霧島市〉）、幽霊がでる（新潟県十日町市）、気がふれる、頭が痛む（共に東京都八王子市）、難産する（山形県米沢市）、髪が抜ける（広島県加計町〈安芸太田町〉）、親の死に目に会えない（茨城県古河市）、縁起がわるい（群馬）などという。山形県白鷹町では、雪隠の神は頭髪がないので、頭髪を乱して入ると、髪が欲しいと引っぱられると伝えている。鹿児島県三島村黒島では、便所の神はきれいな女で、下げ髪で便所に行くと取り憑くから「女子は洗い髪をすんな」といわれる。髪を結わず長く垂らしたまま便所に行けば便所の神様に（の？）罰が当たる（佐賀県小城町〈小城市〉）。こうしてみると、女性の洗い髪は、霊が取り憑きやすい不安定な状態であることを示しているといってよい。とくに、便所は異界と通ずる境界的な場所で、怪異が発生しやすい空間である。この危険を避ける手段として、洗い髪のままで厠に行くな、必ず油をぬってゆけ（千葉）という。洗い髪に油をつけて便所に行けば難を逃れるとの伝承は、群馬・茨城・東京でもいう。群馬県古馬牧村〈みなかみ町〉では、髪を洗って油をつけないうちに死人の話を聞いたら洗い直せ、といい、熊本県一の宮町〈阿蘇市〉では、髪を洗ったらすぐに少しでも油をつけないと、死人の話を聞くたびに洗わねばならないという。髪油には邪霊から身を守る魔除けの意味も認められる。洗い髪に油をつける俗信について、飯島吉晴は「油をつけるとは文化であり、自然のままの姿は厭まれるということなのだろう。」（『竈神と厠神』一九八六年）と指摘し、板橋作美も「水が自然状態のしるし、油が文化状態のしるしとして用いられていると考えられる。」と述べている（「禁忌の構造」一九九一年）。

○島袋源七の「頭髪」（『旅と伝説』通巻五二号、一九三二年）に、南島では「神人が海神祭前のウングマヒや初めて神人になる儀式即ちアラハンサラ（又はアラカンサラ）のある晩は、神人は総て髪を解かし、垂髪にして儀式を挙げる。又古宇利〈沖縄県今帰仁村〉の海神祭の時に神人は、彼の傳説の主人公である琉球創始の祖先の舎利を洗ふ式があるが、その時も必ず髪は解かねばらならぬ」と見える。

○鹿児島県松元町〈鹿児島市〉では、洗い髪で山や川に行くと神さまに会って病気になるという。沖縄県読谷村で、漁に出る前に髪を洗ったり針を使うと不漁になる、というのは、男か女か不明だが、おそらく女性の洗髪をいうのであろう。筆者も以前、高知県物部村〈香美市〉で、女が髪を洗っているときに振り返った顔と目が合ったら山に入るな、と聞いたことがある。女が川で髪洗いをするのを忌む。猿猴に魅入られるという（高知県東津野村〈津野町〉ほか）。流れ水で髪を洗うとヘビになる（和歌山県紀北地方）。髪の毛は屋外で洗うものではない（群馬）。

○鹿児島県和泊町では、夜、髪を結わないで洗い髪にして外出するのを忌む。マジムン（悪霊）が髪にひっかかるから、だという。夜間は悪霊の跋扈《ばっこ》する時間帯であり、それらに狙われやすい洗い髪のままでの外出は避けるのである。夜、髪を洗うと、親の死に目に会えない（群馬・鹿児島）、泣き髪になる（秋田県平鹿郡）、うるさい旦那さまを持つ（群馬県太田市）。夜、髪を洗って乾かないうちに寝ると、死ぬ（沖縄県伊良部町〈宮古島市〉）、不吉が来る（同県平良市〈宮古島市〉）。鹿児島県中種子町西海では、日が西に傾いた時は髪を洗ってはいけないという。なぜなら、死人は夕方に湯灌するから。

○雨降りの日に髪を洗ってはいけない（福岡県田川市）。雨の日に髪を洗うと、毛が抜ける（群馬・茨城・和歌山）、ゲジゲジがねぶる（群馬・愛知）、親の死に目に会えない（香川・佐賀）、悪いことが起きる（徳島県小松島市）、気がふれる（高知）、人縁（結婚の縁）がうすい（鹿児島県金峰町〈南さつま市〉）という。雨の日の洗髪は乾きにくいためであろうか。つまり、濡れたままの髪を忌むためか。梅雨の雨が髪にかかると毛虫がわく（大阪）。女の髪に雨があたるとシラミがわく（徳島県小松島市）。髪の毛を雨にぬらすとシラミがたかる（茨城県土浦市）。

○髪を洗って人の死んだ話を聞いたら七回洗い直す（群馬）。月経の時に髪を洗うな。洗ってもきれいにならぬから（埼玉県越谷市）。風呂の中で髪を洗うと出世ができぬ（愛知県東浦町）。

○洗い髪が邪霊に取り憑かれやすいというのは、洗髪後に髪を結わずにいることの不安をいったものである。その例は右に示したが、高知県南国市稲生《いなぶ》でも、女が夜間に髪を括らずに井戸へ行くのを忌むという。大原梨恵子は『黒髪の文化史』（一九八八年）で、「『髪を結う』ことと、『紐を結ぶ』こととは、この時代（古代）にあってともに魂を結び籠める重要な意味があり」と指摘している。この心意は今日の俗信のなかにも脈打っているといえよう。

○夜、髪を結ってはならぬ（沖縄県本部町）。夜、髪を結うと、親の死に目に会えぬ、気がふれる（共に長野県北安曇郡）、泣き髪になる（秋田県雄勝郡）、大工の鼻《かか》になる（同県由利郡ほか）という。日没後は洗髪を忌む禁忌と同類である。

○髪を洗った後、藁で括っておくと早く乾く（東京・京都府京北町〈京都市〉・岡山）。女が髪を洗った後、藁で結ばないと親の死に目に会えぬ（愛知）。髪を洗った時、藁で結ぶと親の死に目に会う（茨城県龍ヶ崎地方）。髪は藁で結ぶのが良いとする一方で、糸で結ぶと、糸のような子が生まれる（栃木県真岡市）、気がふれる（東京・静岡）、親の死に目に会えぬ（鳥取県岩美町）といって嫌う。五月節供にショウブで髪を結ぶと髪が長くなる（岡山）。

○髪の根もとを束ねる紐を元結《もとゆい》という。近世には和紙を撚《よ》ったこよりが多くつかわれた。もっといいともいう。髪の根もとを締めるとき、手を組んでいるとその元結が切れる（大阪）。女の髪を結ぶとき足を組ませているとよく切れる（富山県氷見市）。髪を結っている時、元結が切れると災いが起きる（石川県羽咋郡)。長い元結で結ぶと、遠方へ縁づく(秋田県山本・南秋田・平鹿郡)。和歌山県高野口町〈橋本市〉では、元結を結んだまま捨てると悪いといい、同県太地町では、元結を捨ててその上に草が生えるとその人は死ぬという。愛知県北設楽郡では、元結を抜いたまま捨てて、その中に草が生えると死ぬ、と伝えている。

○栃木県真岡市で、二人で髪を結ってやると人が死ぬ、といい、茨城県土浦市では、髪の毛を二人で編むのは死んだ人ばかり、といって忌む。これは「同時に同じ」を忌む伝承といってよい。一人あるいは一つの物に対して二人の人間が同時に同じことをするのを嫌う伝承で、俗信に限らずさまざまな民俗で見られる。二人が髪を結い合うと早死にする(青森県むつ市)。

○北を向いて髪を結うな(福島・熊本)。北枕をはじめ死者の衣類は北向きに干すなど、葬送習俗との関係から忌む。髪を結いながら多言すれば気がふれる(三重県大山田村〈伊賀市〉)。髪を結ってもらいながら物を食うものではない(長野県北安曇郡)。油を一滴たらして髪につけて結ってはいけない(沖縄)。嫁の髪は一度で結い上げなければならない。二度も結い変えるのは縁起が悪い(同県)。葬式に行く時は、家の者は結髪しない(同県平良市〈宮古島市〉)。

○軒下で女性が髪を結ってはいけない。雨垂れが散るように髪が抜け落ちてしまう。グショー(冥土)の人はここで髪を結うといわれている(沖縄)。

○毎月朔日に髪を結ぶと繁盛しない(秋田県山本郡)。三月三日には髪を結わない。淡島さんの祭りが三月三日だからと言っている(香川県高室村〈観音寺市〉)。庚申には男女共に髪を結ってはならぬ(三重県嬉野町〈松阪市〉)。亥の子の晩に髪を結うと盗人の子を生む（徳島）。囲炉裏のそばで髪を結うと気がふれる（福井）。雷の鳴る時に髪を結うと雷に捕まえられる（三重県青山町〈伊賀市〉）。
○高知県中村市（四万十市）では、想う人の髪の毛を自分の（頭髪）と結んで雨垂れの下に埋めておけば想いが叶う、という。秋田県仙北郡では、好きな者同士が夫婦になりたいときは、両人の髪の毛を結び合せて神社の下の土に埋める、という。二人の頭髪を一緒にして、道祖神の前に埋けると夫婦になれる（長野県北安曇郡）。髪と髪をくくって解けぬと仲が良い（岡山）。髪の毛と髪の毛が結べると仲がよくなる（愛知県赤羽根町〈田原市〉）。髪はその人の魂を象徴するものであり、しかも、結ぶという行為や形を実践するに適した形状をしている。
○囲炉裏のそばで髪を梳《と》くな（岩手・宮城・福島・新潟）。抜け落ちた髪の毛が炉に入る（燃える）のを心配するためであろう。
○両親のある者は日暮れに髪を梳くな（岩手県宮古市）。髪を日の入りあいに梳かすものではない。親の死に目に会えない（長野県上山田町〈千曲市〉）。女は夜髪を梳かすな（秋田県山内村〈横手市〉）。夜、髪を梳かすと、親の命を短くする（岩手県川井村〈宮古市〉）、大工の嚊になる（新潟県新発田市）。先に述べた日没後に髪を洗うとか結うのを忌むのと同類の伝承だが、とりわけ、昼と夜の時間の境界、いわば二つの時間が重なる日暮れ時が禁忌の対象として意識されている点は興味深い。かつては、日没ごろからの髪の手入れは控える風があったようだ。青森県むつ市では、夕方になってから髪を梳かすときは「夕暮れや昼暇なくて夜けずる。許したまえや夕暮れの神」と三度唱えればよい、という。
○水鏡で髪を梳いてはいけない（愛媛県久万町〈久万高原町〉）。水鏡で髪を梳くとヘビになる（高知県大月町小才角）。淵や池の主に魅入られる危険をいったもの。

○髪を梳かしながら、櫛が折れると不吉（愛知・沖縄）、物を食べると親の死に目に会えない（長野県諏訪湖畔地方）。髪を結ったあとでなでぐしといってもう一度梳かさぬと死霊に遭う（秋田県平鹿郡）。生霊はたいてい頭へ憑く。女に憑くとその憑いた部分は髪がもつれてとけなくなる。そして気がふれたようになる（山口県大島郡）。

○長野県南木曽町では、種物を蒔くとき髪を梳《と》かしたり掃除や洗濯をしてはいけない、という。高知県土佐山村〈高知市〉で、種籾を蒔いた日には女の頭髪の解き結びをしないこと、というのも同じである。種蒔きは、その後の作物の成長や実りを願う大切な物忌みのときで、日頃の作業を慎むべきとされた。沖縄県伊是名村では、ナークチ（苗代の鍬入れ始め）に髪を洗うと白髪になる、といい、長野県北安曇郡では、作始め（正月一五日）の日に髪を乱していると粟がかんぼうじ（タンポポ）になる、という。

髪《かみ》

(3)子供の頭髪、黒髪のまじない

○子供が何人できるかを知る女性の占いがある。富山県氷見市では、自分の髪の毛の一本に白銅貨をつけ、茶碗の方に向けて吊るしじっとしていると、自然に動いて茶碗に当りカン〳〵と鳴る。その音の数が自分の子の数である、という。同様の占いは群馬県にもある。

○身持ちのときに胸や襟や頭（髪）に針を刺すと、耳の下にいっぱい穴のあいた子ができる（兵庫県神戸市）。子が生まれぬ前、蚕豆《そらまめ》を帯の間にはさむと髪が一本しか生えぬ（徳島）。井戸の傍に白い葉や白い花のものを植えると白髪の子が生まれる、子が育たぬ（愛知）。髪を結いながら物を食うと産が重い（群馬県桐生市）。髪を梳かしたとき鏡を見ないと難産（山形県米沢市）。妊婦が熱いもの

を食うと髪の毛のうすい子を生む（大分県大野郡）。妊娠中にトウガラシを食べると頭髪のうすい子が生まれる（福島・栃木）。
○お産のとき妊婦の髪を麻でしばると、安産する（栃木・群馬）、頭が痛くない（群馬県太田市）。屋根を茅葺《かやぶ》きするとき弓を張るが、その麻（弦）で産婦の髪を結ぶとお産が軽いとされている（宮城）。お産のとき、上棟式に使った麻で髪を結わえると産が軽い（群馬）。葬式のときの麻で妊婦の髪の毛をしばってやると安産する（福島県飯舘村）。出産は悪霊に狙われやすく、また、妊婦の魂も不安定で逸脱する危険を恐れた。魔除けの力を持つとされる麻の紐で髪を結ぶことで、魂の安定をはかり、悪霊の影響を受けぬようにするためであろう。大関の相撲取りが土俵に吊るせる紙を持ち来たり、分娩の際これを髪にさせば平産すべし（石川県鹿島郡）。安産のため成田山のお札を髪の中におさめた（長野県駒ヶ根市）。
○陣痛の時は髪を、麻糸で結ぶ（栃木）、黒繻子《しゅす》の紐でしばる（三重）。福島県小野町塩庭では、なかなか生まれない時には、ヘソナワ（へその緒）をしばる麻で髪の毛をたばね、梯子に吊るしてなさせた（産ませた）という。急難の際に頭髪を引っぱる手段は、難産に限らずあったようだ。『永代大雑書萬暦大成』（安政三年〈一八五六〉再刻）に「人に圧《おし》うたれ或ハ人に撃れ又ハ高き処より落《おち》又ハ落馬して気絶するものハ其人を座禅の如く居《すは》らせ一人ハ髪の毛を引張半夏《ひっぱりはんげ》の末《まつ》あるひハ胡椒の粉を吹入嚔《ふきいれくさめ》をさすべし」云々とある。
○出産の時、産婦の実母の櫛で三回梳かす。そうすれば産後髪の毛が抜けぬという（群馬県桐生市）。産後に頭髪に釘をさしていれば血（血の病）を起こさない（岐阜県高山地方）。産婦は産後七五日間髪を洗ってはならぬ。もし洗えば血が騒ぐ（埼玉県越谷地方）。

出産直後に髪を梳いてはいけない（和歌山県南部川村〈みなべ町〉）。産後一五日は髪を梳くな（岐阜県蛭川村〈中津川市〉）。

○高知市布師田《ぬのしだ》では、女がお産で死んだ時、死者の姉にあたる者が、死者の髪の毛を切って大きな輪につなぎ、顔から胴体にかかるようにかけてやる。それがあの世での血の池で浮袋の代わりになるという。香川県白鳥町福栄〈東かがわ市〉では、お産で死んだ人は髪を剃るなという。

○後頭部から首すじにかけての中央の窪んだところをボンノクボ（盆の窪）という。生後初めて産毛を剃るとき、ここの毛を残した。土地によってはチンケとかトトクイゲなどといい、子供が川や囲炉裏などに落ちそうになったとき、神さまがそれを摑んで引き上げてくれるといわれる（「盆の窪」の項目参照）。ボンノクボのほかにも、頭頂の髪を筆の穂先のように残すことも多く、芥子《けし》坊主と呼ばれた。長野県立科町山部では、ケシボーズといって子供が丈夫に育つことを願って頭髪の一部を残し、数え年の七歳になったら剃り落し、それを願をかけた所へ奉納した。同県長和町和田では、大正一〇年〈一九二一〉頃まで、丈夫に育つことを願って頭のてっぺんの毛を剃り残し、赤い布でしばっていたという。福島県いわき市では、男でも女でも頭のてっぺんの髪を一か所残しておいた。これをポシボウズといった、という。『守貞謾稿』巻之九（江戸末期）に「今世、土民ノ男女児出産シテ、第七日ニテ初テ髪ヲ剃リ。芥子坊 江戸ニテ、オケシト云。百會ニ、髪ヲ残スヲ芥子ト云。七日に全髪ヲ剃リ、後日ニ残レ之アリ。或ハ、産毛トテ、不剃シテ初ヨリ残レ之モアリ。此風、京坂ニハ少ク、江戸ニ多シ。」と見える。鬢《びん》の毛を残すこともあった。子供の髪の毛はケシポといって、三歳ごろまで頭の後ろと鬢のところを残した（福島県三春町）。

赤子の髪の毛はボンノクボと両鬢の部分を残して全部剃る（同県小野町）。両耳の上に残した毛をベンケともいう（福島市平野）。産毛を剃る時に、明治三〇年〈一八九七〉頃までは、頭の真ん中を丸く剃り、そしてそのまわりを丸く剃り残すか、またはビンチョといって両耳の上に少し残しておき、五、六歳ころに剃り落す風習であった。これは魚を食う毛だなどといった（愛知県段嶺村田峯〈設楽町〉）。『福島の民俗Ⅱ』（一九八〇年）に、「初そり」として「幼児の髪剃りの際に、額の上（マエガミ）、耳の両側（ビンコ）、頭の頂上（ケシポ）や後頭部などにそれぞれわずかに頭髪を剃り残す風習があった。これをチンケを残すといったが、いずれも頭の急所にあたるところを残すので、保護と飾りを兼ねているものと思われる」と見える。山東京山『歴世女装考』の「ちゃん〳〵、おけし、はんかふ」の項に「今俗にちゃん〳〵とて小児の髪を頭の左右へ残しおくは、礼記内則《らいきないそく》の為《づゐ》鬌《をなす》とあるにおなじければ、古風なる事勿論《もちろん》なり。又おけしとて頂《いただき》にあるは罌《け》子《し》粟の実の形に似たるゆゑの名なるべし。」「さて又小児の耳の脇に毛をのこすをはんかうといひしを近年はやつことといふ。田舎にてはそりかけといふ。」とある。

○繁原幸子は、『源氏物語』「横笛」で、若君（薫）の「頭はつゆ草してことさらに色どりたらむ心地して（つゆ草で特に染めたように、剃りあとが青々としていて）」や、『栄花物語』「はつはな」に見える「その日ぞ若宮の御髪《みぐし》はじめてそぎたてまつらせたまふ」の記述をもとに、「宮中では十一世紀には、ほぼ産毛剃りの儀礼が定着していたのではないかということが想像できる」と述べている（「古典からみた産毛剃り儀礼」一九九六年）。因みに、頭が露草で染めたように青いというのは、土佐で幼児のオドリコ（ヒヨメキ）に藍をぬって魔除けとする習俗を彷彿とさせる。

○福島県大熊町では、髪立祝いといって、生後八日目に祖母が赤子の産毛を剃り落し、それを紙に包んで道に捨てる。千人の人に踏んでもらうと丈夫に育つとか愛嬌がよくなるという。京都府綾部市では、生後はじめて切った髪は、新しい草履の鼻緒を一か所切り、その上にのせて道端におき、大勢の人に踏んでもらうと髪が濃くなる、また、頭が堅くなる、といわれる。このように「産毛そり」で剃った毛を道に捨て、多くの人に踏んでもらう土地は多い。踏まれると、髪が黒くなる(愛知・岡山)、よい毛ができる(新潟・徳島)、髪がかたくなる(長野・徳島)、頭髪が多くなる(和歌山)、頭が堅くなる(長野・京都・奈良・鳥取)、頭を病まなくなる(長野)、万人に愛される(山形)、偉人になる(福岡)などという。辻に捨てて人馬に踏ませると子が健やかになる(奈良県波多野村〈山添村〉)。剃った産毛は馬小屋に捨てると丈夫に育つ(福島市)。生まれた時の髪の毛を自分の家の門口に埋めておくと諸人の愛敬をうける(秋田県山本郡)。多くの人に踏まれると良いという一方で、これを忌む例も散見する。栃木県古里村〈宇都宮市〉では、ごく少数であるが、産毛を七日目に剃って人に踏まれないように、坪庭の南天の木の下に埋める。群馬県玉村町では、産毛は他人に踏まれると寿命がちぢむといい、清浄な地へ丁寧に埋める。川に流す家もある、という。同県六合村〈中之条町〉では、産毛はこれを人の踏む所に捨てるという者と、踏まない所に捨てるという者と二通りある。胞衣の処理とも似た点がうかがえる。ほかにも、剃り落した産毛を保存し、迷子となった時はそれに火をつけ、その煙の方向を探せば見当たるという(福井市)との伝承もある。

○出世前の男子の髪の毛は踏まれるところに

捨てるな（茨城県小川町〈小美玉市〉）。月代《さかやき》の髪の毛を人に踏ませると、月代のときに痛くない（岐阜）。髪の毛を人に踏まれると、出世しない（福島・群馬・徳島）、頭痛がする（福島・群馬）、馬鹿になる（群馬県太田市）というのは、成長後の頭髪と思われる。○古来、黒髪は美髪の象徴としてもてはやされてきた。俗信にも黒髪を願う伝承は少なくない。和歌山県川辺町〈日高川町〉では、髪を黒くするには刈った髪を道の辻に捨て、人に踏んでもらうとよいという。自分の髪を路上に捨て、他人に踏んでもらうと髪が黒くなるとの報告は、愛知・和歌山・岡山・愛媛県にもあり、愛知県犬山市では、人が踏むほど髪が黒くなるといわれる。報告資料の記述が簡単ではっきりしないが、これらの例は産毛ではなく成長後の髪であろう。昆布を食べると髪が黒くなる（岩手・山形・宮城・富山・岐阜・愛知・高知）。昆布の色や質感からの連想であろうか。筆者も子供の頃に聞いた記憶がある（高知県中土佐町）。妊婦が昆布を食べると髪の黒い子が生まれる（栃木・群馬・岐阜・愛知・兵庫・岡山・山口・福岡）。妊婦が番茶を飲むと髪の毛の黒い子が生まれる（兵庫県赤穂市）。濃い茶を飲む者の髪は黒く、そうでない者の髪は赤い（長崎県壱岐島〈壱岐市〉）。クワの根を煎じて髪を洗うと黒くなる（岩手県久慈市）。キリの葉を煎じて髪を洗うと黒くなる（同県久慈市・葛巻町）。『調法記　四拾七ゟ五拾七迄』（江戸後期写）に、髪の赤きを黒くする傳として「桐の葉煎じ髪を洗うべし黒く成也」とある。○流星を見たら口を利かずに頭に手をやると髪の毛が黒くなる（静岡県浜岡町〈御前崎市〉）。ウマの糞を裸足で踏めば髪が黒くなる（岩手県和賀郡）。ウシの糞を踏むと髪が黒くなる（同県気仙郡）。切った髪の毛をイワシバ（岩柴）の根元に埋めると毛が黒くなる

（愛知県犬山市）。髪を切って田に入れると髪が黒くなる（広島県加計町〈安芸太田町〉）。五月節供にショウブで髪を括ると毛が黒くなる（岡山）。便所をきれいにしておくと、髪の毛の黒い美しい子を生む（鹿児島県国分市〈霧島市〉）。髪が太く黒い者は白髪になりやすい（岐阜県国府町〈高山市〉）。

○宮武粛門の「肥前川上郷の話」（『郷土研究』四巻二号、一九一六年）に、佐賀県川上村〈佐賀市〉のこんな行事が紹介されている。「二月初午の日は、娘等は大麦・小麦・早稲《わせ》藁《わら》・かつらごうし（一名いんころ柳）・木《から》炭《すみ》・髪の毛の七つ（？）を紙に包んで丁寧に水引を掛け、川（川上川）に出かけ水面を背にして立ち、肩越しに其《その》紙包を川へ流す。其時の唱え詞は、『此《この》川や〳〵長さ広さは知らねども流るゝさきまで延びよ黒髪』。斯《こ》うすると髪の毛がよく延びると云う」

○トウガラシを多く食べると髪の赤い子が生まれる（山形・福島）というのは、トウガラシの赤色からの連想か。馬糞を踏めば髪の毛が赤くなる（岩手・富山）。赤髪の人は酒が好き（岩手）。生まれつき赤毛の子供は利口（福島県小野町）。赤髪の女はほっぱれ（おてんば）（愛媛県内海村〈愛南町〉）。

○徳島県名西《みょうざい》郡や徳島市では、流星を見た時、その星が落ち着かぬあいだに「夜這星《よばいぼし》ちょろ〳〵、わしの髪ゆっさ〳〵」と言うと、髪が長く伸びるといい、少女が唱えるという。流れ星を見た時、髪の毛をなでると、髪が長くなる（富山・静岡・香川）、よく成長する（石川県鹿島郡）、ちぢんだ髪がなおる（静岡県三ヶ日町〈浜松市〉）という。生え際をなでれば生え際が長くなる（岡山）とも。

○ウマの糞に上がると髪が早く伸びる（岩手・山形）。ウマの足跡を踏むと髪の毛が長くなる（和歌山県紀北地方）。馬屋に髪の毛を切って捨てれば髪が伸びる（福島県相馬市)。同県只見町では、初午の日に髪を結い、少し切ってそれをウマに踏ませると髪の毛が美しく伸びる、という。佐賀県東脊振村〈吉野ヶ里町〉では、初午の日に髪を切って川へ流すと、ウマのように髪が長くなると伝えている。ウマの長い毛にあやかる呪《まじな》いである。髪を切って川に流すと、髪が長くなる(岡山・佐賀)、早く伸びる(広島県加計町〈安芸太田町〉)。沢庵漬けのしっぽを食えば女の子は髪が長くなる(秋田)。散髪した髪は、人が踏めば踏むほど長く伸びるから道に捨てる(岡山)というが、他方で、散髪した髪を道に捨てると早く伸びない(愛知・岡山)との伝承もある。鳥の足跡をたどって行くと頭の髪が長くなる(岡山)。マダ(木の皮)で髪を結うと、こわいこわいといって伸びる。髪をタケの節に結うと髪が伸びる(共に青森県八戸市)。髪を包丁で切ると伸びない。髪の先を焼くと伸びない(共に岡山)。

○髪の毛の多い人は苦労する(群馬・兵庫・愛媛)。髪の毛の多い人は苦労性、少ない人は幸せになる(岐阜・奈良)。産毛は全部剃り落すと髪の毛が多くなる(福島県鏡石町)。ウマの糞を知らずに踏むと髪が多くなる(青森県八戸市)。

○辛いものを食べると、生まれた子の髪の毛が薄くなる(岩手・山形・福島・栃木・石川)。妊婦が熱いものや冷たいものを急に食べると薄毛の子が生まれる(岩手県和賀郡)。熱い湯を飲むと髪の毛の薄い子ができる(鳥取県河原町〈鳥取市〉)。ナスを多く食うと毛が抜ける(岩手)。髪の毛の薄い人は気立てがよい(岩手県住田町)。髪の毛の薄い女は気立てが優しい(秋田県仙北郡)。初めて蚊帳を吊った時、足の方から入らないと髪の毛が薄くなる(石川県七尾市)。

○沸騰した湯を流しに捨てると髪がちぢれる(秋田県由利郡)。髪の毛を火にくべるとちぢれ髪になる（同県鹿角郡）。髪のちぢれた人は勝ち気（岩手）。頭のくせ毛が伸びると雨が近い（沖縄）。髪のやわらかい人は温和（岩手県石鳥谷町〈花巻市〉）。月代《さかやき》の髪は人の跨ぎ越すところに捨てるもの。髪がやわらかになる（山口県大島町〈周防大島町〉）。

髪　かみ

(4)花を髪にさすな、夢、その他

○生花を頭（髪）にさすな、頭にさすと、寿命が縮まる、という禁忌はほぼ全国的に分布する。頭にさすと、寿命が縮まる（秋田県平鹿郡）、早く死ぬ（岡山県総社市）、親が死ぬ（岩手・群馬・富山・福井・京都・三重・兵庫・愛媛・高知）、母親に早く死別する（福井・静岡・大阪・島根・山口・高知）、親の死に目に会えない（福島・千葉・石川・福井・長野・岐阜・和歌山・広島）、親が失明する（群馬県利根郡）、友達が病気になる（東京都八王子市）などと心配する。静岡県田方郡では、ツバキの花を簪《かんざし》にすると早死にするといい、高知県仁淀村泉川〈仁淀川町〉でも、女の子がツバキの花を頭にさすのを忌む。東京都南多摩郡で、生花を左にさすと坊主に惚れられる、というのも死を暗示している。花が枯れるとき花簪にして遊んだ者も死ぬ（高知市高須）。花を一本髪にさすと縁遠くなる（岐阜県恵那郡）ともいう。高知県では、頭に花をさす時は、花の元に二、三度唾をつけて「花は枯れても髪ゃ枯れんな」と唱えた。同県物部村槙山〈香美市〉では、娘子らが生き花を髪に飾って遊ぶときは「親も死ぬな、子も死ぬな」と唱える風があったという。草木の花・枝などを頭髪にさす挿頭《かざし》について、石上堅は「生花を簪にすると、親の死目に会えぬとか、早死するとかということは、自然の花の枝を、手にとって、髪に挿むものが、尋常の家庭の生活をしない女性、すなわち物忌みをし、神事にあずかれる女性であったことを、かすかながら記憶しているものと思われる」（『日本民俗語大辞典』）と述べている。花は、精霊を迎えたり、仏に供えたりするところから、平生身に着けるのを嫌った面もあるのだろう。高知県檮原町四万川では、子供たちが山に咲く野生の花の枝を手折り、手に持って歌ったり騒いだりするのを忌み嫌った。人に憑きたくてさまよう無縁仏に憑かれるといって、厳しく戒める風があったという。現在では想像できないが、かつて、家庭での草花の栽培を忌む俗信があり、桂井和雄はそれが死のイメージと結びついていることを指摘している（『仏トンボ去来』一九七七年）。
○蟻・髪・ご馳走の夢は不吉（沖縄県玉城村〈南城市〉）。夢で髪を洗い化粧をすれば、一切煩悶解決すべし（福島県表郷村〈白河市〉）。髪をきれいに結う夢を見ると死者がでる（長野県諏訪市北真志野）。髪を梳かす夢を見た時には心配ごとがある（長野県北安曇郡）。髪の毛がもつれた夢は争いが起きる（群馬）。髪の毛の伸びた夢を見ると褒美がもらえる（同県太田市）。香川県飯山町〈丸亀市〉で、髪が抜け落ちる夢は子に祟り事ありて凶という。同じ俗信は『永代大雑書萬暦大成』（安政三年〈一八五六〉再刻）の夢はんじに「髪ぬけると見れば子にたゝるなり」とある。髪が抜けた夢は家内に不幸がある（群馬）。
○動員袋に白髪が入っていると戦争が起きる（兵庫県飾磨《しかま》郡）。兵隊の奉公袋に女の髪の毛を入れておくとよい（愛知）。三三歳の女の人の髪の毛を壮丁《そうてい》の知らぬように着物の襟に入れてやると兵隊を免れる（長野県北安曇郡）。五黄《ごおう》の寅年の女の左手の手形と女の髪の毛を三本もって戦地へ行くと弾除けになる（愛知）。髪はその再生力とともに、身体から分離可能である特性から、しばしば呪術に用いられまた禁忌の対象とされる。
○大豊村葛原《かずらわら》〈高知県大豊町〉にある淡島様は、

女の神様を祀っており、腰から下の病気に効くといわれ女性の信仰を集めている。病気平癒の願がかなったら、自分の髪の毛を切って奉納する（高知県本山町）。病気のときは神仏に二一日間祈願し、治ったら自分の髪の毛をあげる（長野県上田市）。福島県檜枝岐村では、村の婦人たちが、鎮守様に頭髪を切って供えるのは、一生涯にただ一度の、これが最後という祈願をこめるときだけである。第二次大戦に出征している夫の妻たちは、一人残らず髪を切り鎮守に供えて、夫の無事に帰宅することを祈願した。彼女たちは夫が帰還するまでは頭髪をのばさず、もの忌み、謹慎の生活をつづけた（今野圓輔『檜枝岐民俗誌』一九五一年）。荒天で難船の危機に見舞われた時、船乗りたちが髪を切り、船霊《ふなだま》様や船内の神仏に供えたり、身代わりとして海神に捧げた記録はいくつも残っている（關山守彌『日本の海の幽霊・妖怪』一九八二年）。

○恨んでいる人の髪の毛三本をロウソクの火であぶると、その人は死ぬ（新潟県新津市〈新潟市〉）。着物に頭髪を縫い込むはその人の死を祈るものなり（石川県珠洲《すず》郡）。

○女の髪の毛で鳥が巣をつくるとその人は、気がふれる（徳島・愛媛県松山市）、目が回る（長野県北安曇郡）。秋田県平鹿郡では、髪の毛を鳥に巣の材料にされた人は恐ろしい夢を見る、といい、栃木県都賀町〈栃木市〉では、髪の毛を鳥にくわえて行かれると気がふれるという。とくに、カラスに髪の毛を持ち去られるのを心配するケースが目立つ。髪の毛をカラスがくわえて行くと、その人は気がふれて早く死ぬ（栃木県宇都宮市）。髪の毛をカラスがくわえて氏神様へもって行くと気がふれる（静岡県志太郡）。髪の毛を道に捨てて、これをカラスがつまんでゆくと腹が痛くなる（愛知）。髪がカラスの巣に入ればその人は高い所から落ちる夢を見る（青森県五所川原市)。カラス以外では、スズメが女の髪で巣をつくるとその女は死ぬ。社や寺につくった時はとくにすごい(愛知)という。フレイザーの『金枝篇』には、チロルでは毛髪を「小鳥が見つけて巣の中に敷くと、元その髪の毛のついていた頭が痛んで来るというので、それを避けるために焼いたり埋めたりする。」という例が紹介されている。フレイザーは感染呪術の視点から説いているが、この俗信には柳田国男も注目している。「髪長媛」(『定本　柳田國男集』八)で、「婦人が端近く出て髪を梳くを忌む風がある。其理由を問うと萬一にも鳥が抜け毛をくわえて、神の樹に巣を作るようなことがあると、其毛の当人は気ちがいになるから、又は縁が遠くなるからと言って居る。気ちがいというのは神気《かみけ》が副うことであった。神に誓願する者が毛を切って捧げたのも同様に、髪を召さるゝことは即ち身を任せ申すことであった。」と述べている。

○兄弟の頭髪を混じて捨てると兄弟喧嘩になる(愛知)。他人の髪と自分の髪とをまぜると、死んでからいろいろ分けさせられる(愛知県犬山市)。髪の毛を一緒にすると死んで喧嘩する(岡山)。二人の頭髪を混ぜることで、両者の区別が無化する不安をいうのであろう。喧嘩するとは、境界が無くなることで生じる相互の侵犯性を物語っている。和歌山県川辺町〈日高川町〉では、散髪した二人の頭髪を一緒にするときは何か境目を入れること、と伝えている。髪をのゝす(のばす)湯を一人ごとに替えぬと喧嘩になる(高知県高岡郡)。

○黒髪を無言にて三度弾けば待ち人の便りある。玉の簪を髱《たぼ》と鬢《びん》との間にさせば待ち人来る(共に大阪)。マフラーに髪の毛を三本まぜて贈ると、大の仲良しになる(埼玉県加須市)。

○餅つきの杵を落すとその家は、潰れる(山梨・愛知）、貧乏になる（愛知県下山村〈豊田市〉）という。三河鳳来町〈同県新城市〉では、餅搗きの時、杵を落したら臼と杵を髪の毛でたねて（たばねて？）屋根へ上げよ、という。

○髪の毛の入った飯を食べると金持ちになる（群馬）。長野県大町市源汲《げんゆう》では、朝、食器に女性の頭の毛が入っていれば幸いがあるといい、同県生坂村では、食べ物の中に髪の毛が入っていた時は、誰にも知られないように左袂に入れる、という。豆腐を女の髪の毛で切って食うと死ぬ（愛知）。

○女の櫛やピンなど髪に関係ある物を拾うのは不吉。足で蹴ってから拾え（福島県北塩原村）。髪の道具を落したら足で踏んでから拾う（愛知県旭町〈豊田市〉）。蹴るとか踏むというのは、櫛などに付着しているかも知れぬ不浄なものを祓う意味である。

○忌中の間は、頭髪や爪を切ってはならぬ（秋田県南秋田郡）、当主や身内の人は髪を切ったり髭を剃ってはいけない（福岡県太宰府市）。葬送に女の髪に油をつけてはならぬ（秋田県鹿角郡）。月代の髪は紙にとらぬもの。死人のは白紙にとる（山口県大島町〈周防大島町〉）。裸で頭髪を刈ると葬式の真似（愛知）。夫が先立つと、妻は髪を切って出棺のときに入れる（佐賀県川副町〈佐賀市〉）。

○お墓で転んだ時は、髪の毛を二本置いてくるとよい（茨城県古河市）とか、髪の毛を三本抜け（兵庫）という。墓で転ぶのは死霊のしわざ、あるいは転んだ拍子に死霊に取り憑かれると心配した。身代わりに髪を置いていくのであろう。片袖を置いていく例は方々に見られる（『日本俗信辞典　衣裳編』）。

○頭の毛を三本抜くとサルになる（岐阜・愛知・徳島）。女子の頭髪の裂けたる者は後にヘビになる（鹿児島県大根占町〈錦江町〉）。髪の毛を裂いて血の出る人は死ねば大蛇になる（同県栗野町〈湧水町〉）。ウシに頭をなめられると頭髪が逆に向く（岡山）。布団をかぶって寝ると、髪の毛が切れる。寿命が短い（共に愛知）。後頭部の生え際の髪が亀の尾のようになっているのは養子にいくという（長崎県壱岐島〈壱岐市〉）。海で釣りをして、髪の毛またはそれに類するものが掛かってきたときは、釣竿を捨てて帰ってこなければならない。その霊に引きずりこまれる（沖縄県名護市）。イカの船が出たあとで髪をほどくとイカが獲れない（青森）。漁に出たあと、女は髪をはだけるものではない（同県五所川原市）。老年になっても白髪の生えないのは貧乏性である（群馬）。

○赤ん坊が生まれると臍緒（へその緒）を切断し微温湯《ぬるまゆ》で洗ってやるが、この時は女の長髪をまるめたもので赤ん坊を洗う。この産湯用の女髪のために、村の婦人たちは平常から抜けた頭髪を捨てずに溜めておく。この髪で洗う時、洗い方が下手だと赤ん坊の皮膚にブツブツ吹き出物が出るという（今野圓輔『檜枝岐民俗誌』一九五一年）。

○悪疫流行の際、袂の底に毛髪があると疫病を病まない（兵庫県飾磨郡）。伝染病の流行する時は、家の入口にニンニクと髪の毛とを結んで吊るすと伝染しない（岩手県気仙郡）。悪疫流行の際に、魔よけとして豚小屋の軒等に髪を吊るしておくことがある（沖縄）。驚風《きょうふう》になった子供には、母親の髪の毛を子の顔にかけて名を呼ぶとよい（福島県保原町〈伊達市〉・飯舘村ほか）。子供が引き付けを起こした時は、母親が髪を解いて子供の顔にかぶせて目をふさいでやると治まる（同県山都町〈喜多方市〉）。鼻血を止めるには後頭部の髪の毛を三本抜くとよい（石川・和歌山・福岡）。目にごみの入った時は頭の毛を三本抜くとよい（福井県勝山市）。妊婦はナスを食べると髪の毛が抜ける（福島）。髪の毛が抜ける原因として、秋のナスを食う（同県岩月村〈喜多方市〉）、昆布を沢山食べる（岩手県東磐井郡）、冷たい水を多く飲む（徳島県小松島市）、海魚と川魚を一緒に食う（栃木県栗山村〈日光市〉）、便所に行って手を洗わない（青森県五所川原市）、心配性（富山県入善町）などの伝承がある。ショウブを頭にさすと頭が痛くならない（富山県氷見市）。辛いものを食べてなおらぬ時は母親の毛髪をなめる（福岡県田川市）。指が病むときはツバメの糞と女の髪を小便に入れ、沸かして指につける（高知県仁淀村〈仁淀川町〉）。木魚の中に人知れず髪を入れておくと頭痛は治る（秋田県平鹿郡）。鳥越観音の仁王様にお参りをして痛いところに髪をはってくるとよい（岩手県一戸町浪打）。頭の毛の立っている者は疳の虫がいる（岐阜県国府町〈高山市〉）。髪が耳にかかると夜泣きする（岩手県浄法寺町〈二戸市〉）。男の子にノメ（麦粒腫）ができたら、隣の家の女の末子の髪の毛を貰ってきて「なにくくる、ノメくくる」と三回唱えて、ノメのできているところをさすると治る（福島県山都町〈喜多方市〉）。⇩頭《あたま》・体毛《たいもう》・旋毛《つむじ》・ひよめき・盆《ぼん》の窪《くぼ》

痒み　かゆみ

○眉がかゆいと、よいことがある（秋田）、珍客が来る（青森・岩手・秋田・福島・岐阜）、親しい人が来る（長野）、嬉しい人に会う（秋田）、懐かしい人に会える（山形）、思う人を見る（長野）、女に会う（岩手県遠野市）、誰かに想われている（和歌山）という。眉がかゆい日は珍しい人に会うが、掻いてしまえば帰って行く（秋田）。鼻の中がかゆいのは伯母（叔母）のなかで誰か一人が妊娠をしているという知らせ（栃木県大平町〈栃木市〉）。鼻の中がかゆいと腹に虫がわいた証拠（山梨県甲西町〈南アルプス市〉）。身体の一部がかゆいのは何らかの前兆とする俗信が多い。
○耳がかゆいと、良いことを聞く（岩手・福

島・栃木・群馬・埼玉・新潟・富山・石川・長野・静岡・京都・奈良・和歌山・兵庫・鳥取・香川・高知)、良いことがある(青森・群馬・茨城・新潟・富山・石川・長野・岐阜・静岡・愛知・京都・兵庫・岡山・香川)、珍しい人が来る(兵庫)、誰かが自分の噂をしている(岩手・福島・京都・兵庫・福岡・佐賀・宮崎)、誰かが悪口を言っている(大阪・広島・山口・愛媛)、金が入る(群馬・愛知)、翌日は雨(岐阜県関ケ原町)、客がある(愛知)、珍しい人が訪ねて来る(兵庫)、近所に子供が生まれる(石川県辰口町〈能美市〉)などという。『前句諸点　住吉みやげ』(宝永五年〈一七〇八〉)に「耳垢のかゆみ吉事の御注進」の句があり、耳がかゆいのは吉事の前兆との俗信があったことがわかる。

○愛媛県内海村〈愛南町〉では、朝右夜左、といって朝は右耳、夜は左耳がかゆいと良いことがあるという。香川県長尾町〈さぬき市〉でも、朝は右耳が夕方は左耳がかゆいと吉報があるという。このように、朝は右耳、夜(夕方)は左耳がかゆいと吉兆とする伝承は、群馬・新潟・石川・三重・兵庫・岡山・広島・山口・福岡・佐賀県でもいう。これに対し、新潟県新津市〈新潟市〉や長野県大町市では、朝は右耳、夜は左耳がかゆいのはよくないといい、福岡県犀川町〈みやこ町〉でも、朝は右、晩に左の耳がかゆいと、誰かが悪口を言っているという。朝夜とも凶兆とする例は、栃木・愛知・和歌山・広島・福岡県にもある。また、香川県綾上町〈綾川町〉では、朝、右の耳がかゆいと良いことが聞こえ、夕方、左の耳がかゆいと悪いことがあるという。朝と夕方で吉凶が分かれる。ほかにも、朝右の耳がかゆければ良いことを聞き、午後も右の耳がかゆければ良いことを聞く(長野県北安曇郡)との例もあり、朝夜と左右の耳による吉凶の関係は一様でない。朝夜の時間帯とは関係なく、右の耳がかゆければ褒められ、左の耳がかゆければそしられる（愛知・山口・熊本）という例もある。壱岐（長崎県壱岐市）で、「左思いに右そしり」というのは、左耳のかゆいのは情人に思われているしるしで、右耳のかゆいのは誹《そし》られている兆しだといわれる。

○右の耳がかゆいと、良いことがある（岐阜）、幸福なことがある（富山県氷見市）、他人が悪口を言っている（高知）。朝、右耳がかゆいと良いことがある（富山・熊本）という。左の耳がかゆいと、良いことを聞く（石川・福岡）、良いことがある（岐阜・岡山）、運が良い（愛知）、他人が噂をしている（高知）。夕方、左耳がかゆいと良いことがある（熊本県水俣市）。夜、左耳がかゆいと悪いことがある（長野県佐久市）。かゆみの俗信を見ると耳が他の器官に比べて多い。誰もがしばしば味わう経験であるとともに、吉凶に関する情報を逸早く感知する耳の働きを映しているのだろう。

○掌《てのひら》がかゆいと、良いことがある（群馬・新潟）、お金が入る（石川・福岡）、貰い物をする（岩手・石川・高知）、おいしいものが入る（富山県氷見市）、誰かに褒められている（長崎・鹿児島）、ふしぎな事がある（長野県北安曇郡）という。

○お尻がかゆいとイワシが獲れる（岩手・秋田・石川・長野）、ニシンが獲れる（青森）。肛門がかゆいとイワシが獲れる（青森・秋田・石川）。尻の穴のかゆい時は浜に法事がある（新潟県新発田市）。お尻がかゆいと東京が火事だ（茨城県新治《にいはり》郡）。背中がかゆいと雨が降る（宮城県本吉町〈気仙沼市〉）。

○足の裏がかゆいと、良いことを聞く（和歌山）、良いことがある（岩手）、見知らぬ人が来る（長野・兵庫）、遠くから人が来る（群馬・石川）、珍しい人が来る（富山県氷見市）、人が悪口を言っている（群馬・石川・岡山・長崎・宮崎・鹿児島）、人から憎まれている（長野・熊本）、良い品を得ることができる（石川県松任市〈白山市〉）、金のできるしるし（愛知）、損をする（群馬）、恥をかく（山口県小野田市〈山陽小野田市〉）、雨が近い（宮崎・鹿児島）という。右の足の裏がかゆいと午前中遠方の人が来る。左の足の裏がかゆいと午後遠方の人が来る（群馬）。

○霜焼けがかゆいと、雨になる（岩手・宮城・愛知・和歌山・兵庫・佐賀）、雪になる（岩手・宮城・島根）、寒くなる（奈良・山口）という。あかぎれがかゆいのは雨か雪の兆し（岩手県大迫町〈花巻市〉）。あかぎれが痛み、霜焼けがかゆいのは雨（同県玉山村〈盛岡市〉）。魚の目がかゆいと人が死ぬ（岐阜県八百津町）。水虫がかゆいと雨が降る（山形・三重）。

○妊婦が、とろろを食べると子供の体がかゆくなる（福島県西会津町）、里芋を食べるとお腹の子がかゆがる（同県会津高田町〈会津美里町〉・平田村）。かゆい時は墨をぬると治る（岐阜県国府町〈高山市〉）。山を歩いていてジンマシンのようにかゆくなったら木の主に見られたため（沖縄県粟国《あぐに》村）。⇩耳《みみ》

【く】

くしゃみ

⑴クシャミとうわさ

○クシャミがでたのは、誰かが自分のことをうわさしている証拠だといって、その回数から内容をあれこれ判断する俗信は広く伝承されている。クシャミがでたのは、誰かが私のうわさをしている（ほぼ全国的）、誰かが悪口を言っている（福島・群馬・神奈川・福

井・長野・岐阜・大阪・三重・岡山・香川・徳島・鹿児島）という。クシャミを一つしたときは、人にほめられている（山形・富山・石川・岡山）、良いことがある（長野県長門町長久保〈長和町〉）。クシャミが二回つづけてでると、誰かがうわさをしている（青森・群馬）、誰かに悪口を言われている（山形・富山・石川・三重・和歌山）、どこかで笑われている（愛知県大府《おおぶ》市）という。クシャミを一回すると人にほめられている、二回するとそしられている（岐阜県上之保村〈関市〉）とも。

○クシャミが三回でると、人が悪口を言っている（広島県加計町〈安芸太田町〉）、風邪を引く（山形・岡山）。クシャミは一回はほめられ、二回はそしられ、三回は風邪を引く（茨城・千葉・石川・大阪・和歌山）。一回はほめられ、二回は憎まれ、三回は惚れられる（石川県松任市〈白山市〉）。一回は惚れられ、二回はけなされ、三回は風邪（山梨県牧丘町〈山梨市〉）。一回ほめられ、二回そしられ、三回笑われる（岐阜・兵庫）。クシャミがでたとき、一ほめられ、二そしられ、三きらわれ、という（愛知県半田市）。

○四回クシャミをすると風邪を引く（富山・岐阜・愛知）。クシャミの回数によって、一ほめられ、二憎まれ、三惚れられ、四風邪を引く（福島・群馬・埼玉・山梨・新潟・石川・長野・岐阜・愛知・京都・和歌山・広島）という。山梨県落合村〈南アルプス市〉では、クシャミ一つは良いうわさ、二つはようわさ、三つ惚れられ、四つ夜風邪を引く、という。広島県加計町〈安芸太田町〉では「いちほめにくさしさんぼれよかぜ」といわれる。一ほめられ、二そしられ、三笑われ、四風邪を引く（福島・岐阜・愛知・三重・兵庫）。一回するとほめられ、二回するとそしられ、三回すると笑われ、四回すると怒られている

（奈良市）。一回そしられ、二回ほめられ、三回笑われ、四回風邪を引く（富山・愛知）。一回うわさされ、二回ほめられ、三回そしられ、四回風邪を引く（島根県広瀬町〈安来市〉）。香川県仁尾町〈三豊市〉では、クシャミについて、一つは人のそしりばな、二つは人の思いばな、三つ、四つは風邪引きか、という。鹿児島県西之表市では、一回するとうわさされており、二回すると憎まれ口をいわれている、三回、四回は風邪の始まり、という。
○高知県中村市〈四万十市〉や大方町（黒潮町）では、一ほめられ、二にくまれ、三ほれられ、四風邪、五ごねる（死ぬ）という。
○柳田国男は「クシャミはまことにふしぎなもので、出かゝると、自分でもおさえることができない。アクビやセキバライとはちがって、わざとしてみるということもできない。（中略）これには、何かかくれたる理由があるものと、むかしの人たちはみな思っていた」と推測している（「クシャミのこと（孫たちへの話）」『定本 柳田國男集』二〇）。わが身に起きる現象でありながら自らの意思で制御することが難しいのは、自分以外の何者かが働きかけているからだと感じていたからであろうという。小馬《こんま》徹も「クシャミはほとんど制御不可能な生理現象であるがゆえに受動的な身振りであり、したがってそれは人間を越えた霊的存在から届く兆候と解される傾向が強い」と述べている（「クシャミの比較民族学」二〇〇三年）。クシャミという現象に、他者からの見えない働きかけを予想する俗信は、『万葉集』にも数首みえている。たとえば、巻十一の「うち鼻ひ鼻をぞひつる剣太刀身にそふ妹し思ひけらしも」（二六三七）は、クシャミがでたのはいつも添い寝する妻が私のことを想っているにちがいない、との歌意である（桜井満訳注『対訳古典シリーズ 万葉集（中）』旺文社）。『枕草子』に、中宮定子が『我をば思ふや』と問はせたまふ御答《いら》へに、(清少)『いかがは』と啓するにあはせて、台盤所《だいばんどころ》の方に、はなをいと高うひたれば、(宮)『あな心憂《う》。そら言を言ふなりけり。よしよし』とて、奥へ入らせたまひぬ」という話がある（松浦貞俊他訳注『枕草子 下巻』角川書店）。これについて、堀維孝は「嘘を言うと誰かがくさめをするという信仰があったからに相違無い」と推測している（「『くさめ』に関する俗信（完）」一九二七年）。

○古くは、クシャミをすることはハナヒル（鼻ひる）と言った。ヒルは放つという意味である。クシャミをさすハナヒという古語は、今でも鹿児島県奄美大島など一部の地域で使われているが、一般にはクシャミという言葉が定着している。クシャミはクサメの変化した語だが、ハナヒからクサメへの変化については、呪文として唱えられていたクサメという言葉がハナヒに取って代わったためと説かれている（柳田国男「クシャミのこと（孫たちへの話）」）。クサメの呪術性を示す例としては、『徒然草』第四十七段にこんな話がみえている。「或人、清水へ参りけるに、老いたる尼の行き連れたりけるが、道すがら、『くさめ〳〵』と言ひもて行きければ、『尼御《あまご》前《ぜ》、何事をかくはのたまふぞ』と問ひければも、応《いら》へもせず、なほ言ひ止《や》まざりけるを、度々問はれて、うち腹立ちて、『やゝ。鼻ひたる時、かくまじなはねば死ぬるなりと申せば、養君《やしなひぎみ》の、比叡山《ひえのやま》に児《ちご》にておはしますが、たゞ今もや鼻ひ給はんと思へば、かく申すぞかし』と言ひけり。有り難き志なりけんかし」（安良岡康作訳注『徒然草』旺文社）。老尼が「かくまじなはねば死ぬるなりと申せば」と言っているように、明らかにクサメは呪文である。下出積與《しもでせきよ》は「本来、クシャミのことは『鼻ひる』といったのだが、鎌倉時代以後は京都を中心にして、次第に『クサメ』という言い方が普及していった。室町時代以後になると『鼻ひる』はほとんど死語となり、全国的に『クサメ』というようになっていったらしい」と指摘している（『縮刷版 日本宗教事典』弘文堂）。鎌倉時代あたりから、ハナヒに代わってクサメがこの生理的な現象をさす言葉として広まっていったのではないかとの推測には説得力がある。下出はクサメの語については、鎌倉時代の『二中歴』に、ハナヒをしたときに「休息万命《くそくまんみよう》 急々如律令《きゆうきゆうによりつりよう》」と唱えると記されている事例を示して、「クシャミのでたときにはこの呪文を唱えたが、いつしかきまり文句の部分を略して『休息万命』とだけいうようになり、やがてそれをくり返すうちにさらに略されて『休息命』だけが呪言となった。しかも、クシャミが出るとそれが止まるまで急いで何回も唱えねばならぬところから、『クソクミョウ』が『クソミ』となり、それが訛って『クサメ』になった」と説明している（『縮刷版 日本宗教事典』）。

くしゃみ

⑵クサメの語源と俗信

○クサメが「休息万命急々如律令」に由来するとの解釈ははやくから行われているが、これに対して柳田国男は「クシャミのこと（孫たちへの話）」のなかで、「いまある辞典や註釈の本を見ると、クサメという語の起りは、休息萬命、急々如律令と言うとなえごとを、まちがえたものだと、どこにも出ている。そんなおろかしい説明をまに受けて、ちっともうたがわない人があるのだろうか。休息萬命なんかは、漢字を知っている者にも、なんのことを言うのかまるでわからない。そうしてまったく字を知らぬ者が、じつはむかしから、クシャミをおそれていたのである」とつよく否定し、むしろ、休息萬命のほうがクサメをこじつけた可能性を示唆している。柳田によれば、クサメは「糞はめ」であってクソクラエと同じ語で、隠れた悪意に対する反発、最大級の悪罵だという。かつての人々がこれほどまでにクシャミを気にかけたのは、鼻や口から息を激しく吐き出す勢いとともに魂も押し出されるのではないかと心配したためで、罵り言葉を発するのは、魂を狙う邪悪なモノを追い払うためである。

○クサメの語については、平安時代後期に原態が成立したと考えられている『簾中抄』に、「はなをひたるおりの誦　休息万命　急々如律令　くさめなといふハこれにや」とある。経尊が建治元年（一二七五）に北条実時に進上した『名語記』の巻八には、「鼻ヒタル時クサメトマシナフ如何　コレヲハ九足八面鬼トトナフレハ短ヲウカヽフ鬼　ワカ名字ヲイハレテ　害ヲナサス　逃去トイヘル義アリ　又休息万命急々如律令トトナフヘキヲクサメトハイヘリトイフ説アリ」と見えている。また、『簾中抄』を有力な参考にしたとされる鎌倉時代の『拾芥抄』《しゅうがいしょう》には、「嚔時頌《ハナヒルノ》『クサメノトキノ事』休息萬命　急急如律令。クサメト云ハ是也」とでている。

○山里純一は「くしゃみの呪文『クスクェー』」（一九九七年）の論文で、ハナヒルのことをクサメと言っていたのをこじつけて「休息万命　急々如律令」という呪文ができたのか、または、初めにこの呪文があって、それが訛ってクサメというようになったのか、何とも言いがたいと述べたあとで、しかし「少なくとも平安時代末期の貴族社会において、くしゃみのまじないとして『休息万命　急々如律令』が唱えられていたことは動かし難い」と指摘している。「休息万命」の訛伝がクサメなのか、クサメを「休息万命」にこじつけたものか、その経緯についての決め手は容易に得られないが、『簾中抄』で、休息万命急々如律令のあとに「くさめなといふハこれにや」と、疑問の意を表しているのは、当時この生理現象の直後に「クサメ」と唱える言い方のあった事が確認できるとともに、「クサメ」と「休息万命」の関係については判然としていなかった状況がうかがえる。『名語記』では、クサメは明確にハナヒタルの時の呪《まじな》いとして記述されており、休息万命との関係は「トイフ説アリ」と、一説として紹介している。『拾芥抄』では、ハナヒルことをクサメと称していたことがわかる。休息万命との関係については「クサメト云ハ是也」と断定している。これらの記録からは、「クサメ」を「休息万命」からの変化とする説得力のある根拠は見出し難い。むしろ、当時広く行われていた「クサメ」という呪文に対する知識人の関心が、本来、出自の異なる呪文として知られていた「休息万命」と結びつけた可能性が高いように思われる。「クサメ」と「休息万命」の関係を、前後の連続性として捉える視点を一旦離れて、共存する二つの言葉の関係からみることも必要であろう。

○沖縄県では、クシャミの直後に「クスクェー」と言う所が多い。クスクェーは糞食えの意という。同県今帰仁村では、クシャミをしたときクスタッケーと言わなければならない。そう言わないと後生《ぐしよう》（あの世）の人に連れて行かれるという。同県那覇市では、幼児がクシャミをすると、クスクェー（糞くらえ）と唱えた。悪霊退治の呪言である。同県竹富町では、子供がクシャミをしたら側にいる者が「スゥークレ、スゥークレ」と唱えれば魔物は逃げていく、といわれる。鹿児島県和泊町では、クシャミをすると「クスクレ　シバイクレ（糞くらえ、小便くらえ）」と唱える、という。筆者は、福島県舘岩村川衣《かわぎぬ》〈南会津町〉で明治四四年生れの男性から、クシャミをしたら「ちくしょう、くそくらえ」と言う、と教えてもらった。クシャメがでると「この畜生め」とか「糞でもくらえ」と唱える（長野県諏訪湖畔地方）。十返舎一九の『東海道中膝栗毛』五編や江戸小咄の『俗談 今歳咄』（安永二年〈一七七三〉）には、クシャミのあとの「くそをくらえ」を素材にした笑話がみえており、また、川柳に「くしやみすりや糞をくらへも道具也」（『誹風柳多留拾遺』）の句もあって、この呪文が庶民のあいだに広く行き渡っていた実態がわかる。

○現在もクシャミに関する人々の関心はつよく、平成五年（一九九三）二月二八日付の朝日新聞の「天声人語」に、各地の読者から寄せられた次のクシャミの呪文が紹介されている。

くしゃみのことを二十日の小欄に書いたら、大勢の読者から手紙を頂いた。それぞれ、生まれ育った土地で「はっくしょん」にはこういう合いの手を入れます、と教えて下さっている▼ありがたく読んだ。氏名を記す紙幅がなくて残念である。実に面白い。沖縄の「クスクェー」には驚いた。「糞食え《くそくら》」の意味だというから、まさに「くさめ」の語源、そして江戸時代の表現の直系といえる。「クスクェー、ヒャー」とも言ってののしる感じを強めるという▼「人間に向かって使う言葉ではなく、呪文に近い」という解説もあった。「インニャクラエ」（奄美大島）も同様の意味だ。「コノクソッタレ」（栃木県那須郡）や「クソーッ」（滋賀県大津市）「クソゲドウ」（広島県比婆郡）も仲間だろう。ゲドウは、人に災厄をもたらす外道か▼これほど直接的ではなくても、ののしる表現はいろいろある。「チクショウ」（新潟県魚沼地方、佐渡、栃木県足利市、大阪府、静岡県遠州地方、その他）「オンドレ」（山口県宇部市）「チクショウドロボウメ」（山梨県甲府市）。「チクショウ」の直後に「オモウタビニアエルカイ」（東京、埼玉県川越市）、あるいは「タッシャダヨ」(山梨県)をつけ加える地方もある▼地域の伝承か個人のくせか、判然としない、と断っている人もいた。「アラドッコイショ」(大阪市、島根県松江市)「モウヒトツ」(宮崎県都城市)「ヨイショ」(兵庫県氷上郡)や「コラーッ」(和歌山県有田市)の類も多い▼こういうのもある。「オシミャアセンデ」(岡山県高梁市)。「惜しまなくていいよ」の意か、とある。はくしょん、の音につられて「ヒャクショウクワカツグ」(三重県伊勢市)と唱える所もある▼どうも一度では書き切れぬ。明日も続けよう。異例だが、そこはくしゃみ、思わぬ連発もよくあることで……。

これだけ多彩な呪文が各地に伝えられているのは実に興味深い。クスクェー(糞くらえ)とかクソゲドウ、チクショウなどといった罵り言葉が目に付くが、それだけではない。「オモウタビニアエルカイ」とか「タッシャダヨ」と言うのは、自分のことを想ってくれている見えない相手に対して応えているのだろう。新潟県巻町〈新潟市〉では、クシャミを一つしたときは「あいたば、こっぱい(会いたければ来い)」と言う。

○強烈な罵り言葉で悪霊を退散させるほかに、いまひとつ別系統の呪文がある。「天声人語」は、クシャミの俗信を二日にわたって取り上げているが、翌日(一九九三年三月一日付)の欄は次のような内容である。

「はっくしょん」とくしゃみをしたら、すぐ続けて何と言うか。読者の手紙の中から、昨日は「クスクェー」その他を紹介した。いわば、ののしりの表現だ。様々な言葉の中で大きな一群をなす。くしゃみをさせる邪悪なものを追い払おうとでもする心の働きが、こういう表現を各地に生み、それが伝承されてきたものだろうか。別に大きな一群があった。その代表は「トコマンザイ」である▼読者の手紙によると福島県安達郡、東京の下町、関西一円などで親から聞き、今でも言い伝えているという。ある人は「最初のトにアクセントを置き、三拍子のようにして早口で言う」と教えてくれた。地方によっては鼻の頭と額、あるいは背中などを指先でとんとんとたたきながら言うそうだ▼ののしりとは趣が異なる。ものの本には、「徳若《とくわか》に御万歳《ごまんざい》」の略とある。さらに調べると徳若は常若《とこわか》が転じたもので「いつまでも若々しい」ことである。となれば、ののしりと違って、ドイツ語の合いの手「ゲズントハイト」と同様に、健康を祈る表現ではないか▼浄瑠璃の『大経師昔暦《だいきょうじむかしごよみ》』に「徳若に御萬歳と御代も栄えまします……」というくだりがある。もとは「京の町」という万歳歌だというが、このあたりが「トコマンザイ」の起源だろうか、と想像する▼スペイン語で「サルー」と合いの手を入れる習慣を、ペルーに住んでいた読者が教えてくれた。健康を祈る気持ちがこもり、言われた人は「グラシアス」（ありがとう）と礼を言うそうだ▼合いの手ではないが、くしゃみをすると「だれかがうわさをしている」と言う。これは全国的なものらしい。くしゃみの数により、一ほめられ、二にくまれ、三ほれられ、四る（夜）風邪をひく……。各地さまざまに判定する▼どうやら、くしゃみへの反応は、撃退型、健康祈念型、うわさ意識型に三大別できそうだ。

江戸時代の安永から天明のころの風俗を書き留めた『神代余波《かみよのなごり》』に「正月元旦朝嚔すれば傍より、常万歳《とこまんざい》といふ事あり、みづからは糞食《くそくらえ》といふ人あり、常万歳は、天竺にて長寿といへるよし」とある。顕昭の歌学書『袖中抄』にも「今俗《(ノ)(ニ)》正月元日、若《ハ》早旦嚔《ニハナヒツレバ》即称《(チ)シテ》曰《フ》二千寿万歳急々如律令《ト》一、是縁《(ノ)》也。何只在《(ソ)》二元《(ラン)》日《(ニ)》一哉。尋常々《ヨノツネニツネニ》禱《(フ)》レ之《(ヲ)》。」（川村晃生校注『歌論歌学集成 第五巻』）とある。クソクラエが邪霊に向って発する罵り言葉であるのに対し、トコマンザイはクシャミをした本人の健康や長寿を祈る言葉だが、結果的にどちらも邪霊を寄せつけないという点では同じである。

○明応九年（一五〇〇）の『随兵之次第事』に、「一 馬のいばゆるについて吉凶まじなふ事。同其主はなをひる事。又はまろびたをれたる時は。具足の上帯を解てゆひなをして。たんしをすべし。たんしに口傳有。惣じて弓矢の事には。ゐんみやう可レ有　一 馬のいばふに吉凶といふは。馬屋にていばふは大吉。其主乗て後いばふは凶也。其時も具足の上帯をしめなをし抔すべし。是等は出ざまの儀也」とある（『群書類従・第二十三輯 武家部』）。出ざまに鼻をひることと、つまり、出陣の時のクシャミを凶兆としていたことがわかる。たんし（弾指）をするのは縁起直しの意であろう。家を出る間際のふるまいに特別の関心を払う心持ちは現代の伝承にも見ることができる。長崎県美津島町〈対馬市〉では、家を出る時だれかがクシャミをすると、入ってまた出直すという。出がけに針を使うと、縁起がわるいとか怪我をするなどといって忌む出針の禁忌は広く分布している。また、一年の最初である元旦に喧嘩をすると一年中喧嘩をするようになる（愛知・岡山）とか、生まれたときが雨だと結婚式の日も雨になる（群馬・岐阜）などという。物事の初発時の行動や状態が、吉凶を含めて、その後のあり方を拘束するようなつよい影響力をもつという心性は私たちの生活の処々に脈打っている。

○その他。元日クシャミをするのは長命の相（新潟）。クシャミをすると来客がある（長野県大町市）。梅漬けの上でクシャミをすると梅が腐る（福島県滝根町〈田村市〉）。クシャミがでたとき「水水水」と三回唱えると治る（香川県観音寺市）。⇩鼻《はな》

口《くち》

○口の大きい人は、福をもつ（新潟・和歌

山）、一生食べ物に困らない（石川・長野・和歌山）、美食ができる（秋田県南秋田郡）、不況に負けない（同県）、歌がうまい（新潟・徳島）、早く夫に別れる（岩手・秋田）という。秋田県秋田郡では、口が大きく顎《あご》肉の豊かな人は大量といい、同県由利郡では立身するという。口の大きい人は福持ちである上に歌がうまい（新潟県村上市大栗田）。口の小さい人は、無駄口しない（秋田県雄勝郡）、多弁（同県仙北郡）。口の小さい子は美人になる（徳島県小松島市）。和歌山県高野口町〈橋本市〉では、女の口はちょぼ口がよいという。茨城県潮来市には、小さい口の子が生まれるように、縄タワシの小さいのを作るなどの伝承がある。

○鼻と口のあいだが、短い人は短命（和歌山・岡山）、長い人は長命（和歌山県高野口町〈橋本市〉）。

○岐阜県蛭川村〈中津川市〉で、口もとのふすべ（ホクロ）は愛嬌ふすべといい、福島県では、ほすび（ホクロ）が口のまわりにあると穀物ほすびといって、食べるものに不自由しないという。口のまわりにホクロがある人は、一生食べ物に不自由しない（石川・広島・香川）、おしゃべり（長野県北安曇郡）、水商売が繁盛する（広島）。岐阜県高山地方では、口のすべは食いすべ（働いただけ食べてしまうすべ（ホクロ））という。口の上にホクロのある人は雄弁家（長野）。口の下にホクロがあるのは、一生生活に追われる（広島）。『永代大雑書萬暦大成』（安政三年〈一八五六〉再刻）に「口の角に黒子あるハ水難あり、尤運も甲斐なし、俗に喰黒子《くひぼくろ》とて酒食に縁ありといふハ非也」と見える。

○便所で口をあけていると歯が弱る（秋田県仙北郡）。雪隠で唾を吐くと口がくさる（宮崎県福島村〈串間市〉）。便所に痰をすれば口の病をする（秋田県仙北・北秋田郡）。口を開けて寝るとカラスが灸をすえる（新潟県長岡地方）。
○群馬県太田市で、白馬を見た時は親指を隠し、口を閉じないと不幸になるという。白いウマのいる所を通る場合は、口を結んで通らないと病気になる（鹿児島）という土地もある。白馬に歯を見せるのを忌む禁忌は方々にあり、歯を見せると、親が死ぬ（岩手・石川・愛知）、歯が黒くなる（栃木）、歯が抜ける（群馬）などという。口を閉じるのは、霊的なものが侵入するのを防ぐためであろう。口を通じて魂などが出入りする伝承については、欠伸、息、鼻の項を参照されたい。
○お灯明や線香の火を口で消してはいけない（福島県天栄村・桑折町）という。岡山市でも、神仏の燈火を口で吹き消せば口が腫れる、と伝えている。
○口そじ（口の荒れ）は、紙に「あほうー」と書いて唱え、その紙を十字路に埋める（福島県二本松市）。口中の病気には、朝食前に双生児の一人に、口の中を吹いてもらうとよい（大阪）。
○口の両脇が炎症を起こすこと（口角炎）を、カラスに灸をすえられる（福島・茨城など）とか、アクチが切れる（和歌山・香川）、ゴキズレができる（長野・山梨）などという。その原因として、福島県田島町〈南会津町〉では、カラスの鳴き真似すると口に灸を焼かれる、といい、千葉県印旛《いんば》郡では、カラスの口真似をするとゴキズレを病むという。和歌山県有田市では、カラスの鳴き真似をするとアクチが切れる、といわれる。このようにカラスの鳴き真似をすると口角炎になるとの伝承は広く、山形・福島・栃木・群馬・茨城・千葉・神奈川・新潟・福井・長野・山梨・大阪・奈良・和歌山・岡山・鳥取・香川・沖縄などにある。柳田国男は、カラスの口真似をするとアクチが切れるということについて、

「成る程よく見ると、彼（カラス）の口脇も些《すこ》し無用に裂けて居る。殊に幼少の鴉には白い処が著しい。声を似せると形まで似るように、昔の人は考えて居たのかも知れぬ」と述べている（「笑われる馬」『定本 柳田國男集』三）。カラスの鳴き真似を忌む理由の背景には、各地で「カラス鳴きが悪いと誰か死ぬ」と言われるように、カラスの鳴き声を凶兆とする心意があるのかも知れない。

○カラスの鳴き真似以外にも次の例がある。カラスの悪口を言うな、灸をすえられる（栃木・群馬・奈良）。人の口真似するな、カラスに灸をすえられる（福島県桑折町）。人の悪口を言うとカラスに灸をすえられる（栃木県真岡市）。便所に唾をするとゴキズレになる（福島県保原町〈伊達市〉）。口の両端がただれると「お前は口が悪い（食い意地がはっている）からカラスに灸をすえられている」という（茨城県古河市）。

○口角炎ができたときの呪《まじな》い。「ゴキズレ、ゴキズリ、ゴケズレ」と三様に唱える。また、鍋墨をぬることもある。カラスに向って「カラスのゴキズレおかやし（お返し）もうす」と言う者もある（長野県下伊那郡）。「カラスカラス、おれのアクチ治さな、われ（汝）の子三匹取るぞ」と言う（奈良）。朝日の出る前に炉縁に灸をすえると治る（栃木県茂木町）。双生児の一方に息を吹きかけてもらう（福島県喜多方市）。民間療法としては、薪を燃やしたときに切り口からでる泡をつけるとよい（福島・神奈川・長野・岐阜・静岡・和歌山）。キワダ（キハダ）を嚙ませる（福島）。

○柄杓で水を飲めば、口の大きな子が生まれる（岩手・福島・福井・長野・滋賀・福岡）、歯を病む。思うことが叶わない（共に長野県生坂村）、出世しない（岐阜県美並村〈郡上市〉）という。薬缶に口をつけて水を飲むな。「兎《い》唇《ぐち》」の子が生まれる（岩手・秋田・福島・新潟・山口）といい、同様の禁忌は、鉄瓶（岩手・山形・石川）、土瓶（岩手・山形）、急須（岩手）、片口（岩手・福島・茨城・愛知・愛媛）、徳利（岩手県紫波郡）、皿（同県二戸郡）、擂鉢（同県東磐井郡）などでもいう。これらは器物に直接口をつけて水を飲む行為を忌む俗信だが、共通するのは、本来の用途とは異なる使い方をすることで、日常の秩序から逸脱している点である。

○福島県熱塩加納村《あつしおかのう》〈喜多方市〉や長崎県美津島町〈対馬市〉で、女が鉢の中からご飯を食べると口の大きい子が生まれるという。用途違い、マナーに反する食事作法をすると、口の大きい子ができるという俗信は、つぎの行為でもいう。杓子で飯を食う（長野県生坂村）、女が杓子で味見をする（長崎県美津島町〈対馬市〉）、大きな皿で飯を食べる（長野）、鍋に直接箸を入れて食べる（愛知県東海市）など。ご飯を食べながらこぼすと口が曲がる（群馬・長野・愛知・滋賀）という。口が曲がるという制裁を伴う伝承もいくつかある。擂粉木《すりこぎ》をなめる（岩手県和賀郡）。近所から貰ったものを親に見せないで食べてしまう（愛知県北設楽郡）、仏壇のご飯に魚をつけて食べる。お精進の日に魚を食べる。和尚さんが肉を食べる（共に岩手）など。盆の一三日に魚を食べないと、仏様に口をなめられる（福島県西会津町）。盆の一三日は何でもくさいもの（魚など）を食べた。くさいものを食べないと仏様に口をすわれるといった（群馬県太田市）。

○女が叺《かます》に腰をかけると、口の大きな子を生む（岩手・福島・栃木・茨城・長野）。かすり（米を叺に入れる時に使用する道具）に腰をかけると、口の曲がった子を生む（岩手）。福島県大熊町では、妊娠中に叺や臼など口の大きなものに腰をかけると、口の大きな子が生まれるという。

○親に口答えすると口がゆがむ（栃木・徳島）。口の中に小さな虫などが入るとご馳走にあうという（沖縄県平良市〈宮古島市〉）。ウマを虐待すると口の不自由な子が生まれる（岩手）。口のまわりが荒れてくるときは欲張り（和歌山県南部町〈みなべ町〉）。口のまわりに粉を付けていると虫がわく（鳥取県鹿野町〈鳥取市〉）。食後、口を拭かないとイヌに吠えられる（秋田）。妊婦の口に灰が入ると流産する（宮城県多賀城市）。口が荒れた時は、自分でご飯を食べる茶碗に水を入れて、便所を掃除する真似をする（群馬県板倉町飯野）。ナスビのヘタの黒焼きは口の荒れによい（和歌山県那智勝浦町）。⇩欠伸《あくび》・息《いき》・くしゃみ・鼻《はな》

唇《くちびる》

○唇が厚い人は、口が重い（群馬・愛知・和歌山・広島）、信義に厚い（秋田）、情が深い（石川県鹿島郡）、成功する（富山県氷見市）、長生きする（愛媛県朝倉村〈今治市〉）、おしゃべり（岡山）、貧乏する（秋田）などという。唇の厚い女は精力家（岩手・福島）。下唇の厚い人は酒好き（岩手県川崎村〈一関市〉）。対して、唇の薄い人は、よくしゃべる（岩手・群馬・富山・長野・岐阜・愛知・和歌山・広島）という伝承が多い。唇が薄くて口の大きい人は声がよい（岩手県衣川村〈奥州市〉）とも。上唇の上がっている女は夫をしのぐ（同県矢巾町）。唇にアザのある人は、うまい物に不自由しない（同県花泉町〈一関市〉）、大酒飲み（愛媛県朝倉村〈今治市〉）。『永代大雑書萬暦大成』（安政三年〈一八五六〉再刻）に「唇厚く潤あるハ吉唇」とある。

○唇にホクロのある人は、一生食べ物に困らない（群馬・広島）、一生生活に不安なし（秋田）、苦労する（岩手）、親に早く別れる（秋田）、おしゃべり（広島）。唇のホクロが、中央にある人は水難の相、下にある人は財産

をもつ・親泣かせ、上に二つある人は双生児を生む（共に秋田）。『永代大雑書萬暦大成』（安政三年〈一八五六〉再刻）に「唇に黒子あるは衣食に縁あれども水難あり」「上唇に黒子ある者ハ双子を産といふ説あれども黒子のミにては定めがたし」と見える。唇にアザのある人は福を有す（石川）。

○山口市で、舌を噛んだときは人が悪口を言っているとき、唇を噛んだときは人がほめているとき、という。シャックリは一回でたときに上唇を三回なめる（群馬県板倉町）。

○ウサギの肉を食べると「兎唇」の子が生まれる（全国的）というのは、ウサギの口からの単純な連想である。福島県船引町〈田村市〉では、田の水口から上り下りすると、産が重くなる、「兎唇」の子ができるという。水口は田の神の居場所だからと伝えている。禁忌のなかには「兎唇」と結びつく例が少なくない。いくつか挙げてみる。妊婦（または妊婦のいる夫）は田の水入れ口を切るな（愛知）。妊婦のいる家では、竈をつくるな（岩手・山口・愛媛・高知・大分）、竈をいじるな（愛知・長崎・大分）。クド（竈）の上に刃物を置くな（三重）。妊婦は、箒を跨ぐな（石川県辰口町〈能美市〉）、高い所に手をのばすな（静岡県沼津市）、欠けた湯飲みや茶碗を使うな（鹿児島県和泊町）。鉄瓶に口をつけて飲むな（岩手）。妻の妊娠中に夫は屋根の棟を跨ぐな（愛知県知多市ほか）。妊娠中は刃物を懐中するな（群馬・富山・和歌山）。鍋蓋の上で物を切るな（石川県辰口町〈能美市〉）。妊婦のいる家では、母屋と台所の間のティー（雨垂れを防ぐもの）をかけてはならない（沖縄県宜野湾市）等々。

○新潟県三条市では、子供はよく指で唇をはじき、歯を鳴らすが、これをすると家が衰微するという。

○唇のただれは、生木を焚いてでるその汁や泡をぬると治る。また、塩俵の藁を黒焼きにしてつけると治る（島根県出雲市・広瀬町〈安来市〉）。いきれ（唇の切れ）になると、カキの木を焚いてその泡をつけると治る。また、川へ油揚げを供えて「川の神さん、これから決してタデを食べません」と三遍唱えると治る（和歌山県すさみ町）。鼻がつまったら上唇に唾をつけよ（岐阜・愛知）。目に入ったごみは、下唇を三回なめる（兵庫）、目をつぶって上唇を三度なめて唾を三度吐く（愛知）。⇩口《くち》

首《くび》

○首の長い人は、長生きする（秋田県南秋田郡）、呼吸器系が弱い（岩手県軽米町）。首の太い人は子供をたくさん生む（長野県生坂村）。

○首にホクロのある人は、衣装持ちになる（福島・山梨・長野・岐阜・愛知・滋賀・三重・奈良・和歌山・岡山・広島・香川・愛媛・徳島）、着物をさずかる（長野・岐阜）、着物に不自由しない（秋田・石川・長野・岐阜・愛知・滋賀）という。群馬県では、首のまわりにホクロのある者は、首廻りがよく着物がたくさんできる、といわれる。とくに、襟元（襟首、うなじ）にホクロがあると、衣装持ちになる（秋田・福島・群馬・愛知・愛媛）、着物に不自由しない（宮城・群馬・富山・石川・和歌山・岡山）といい、これをエリボクロ（福島県小野町）とかキブクロ（群馬）と呼ぶ土地もある。『俳諧金砂子』（宝暦四年〈一七五四〉）に「死黒子物着黒子をうらやまむ」の句が見える。死黒子は早死にをするといわれるホクロであろう。なかには、首のホクロは良い着物を着れぬ（秋田県南秋田郡）という例もある。ほかにも、首にホクロがあると、食いしん坊（長野）、金を貯める（同県北安曇郡）、学問ができる（秋田県鹿角郡）、福が来る（同県南秋田郡）、遠い所

へ嫁に行く（岐阜県高山地方）。襟元にホクロのある人は幸せ（愛知）という。首にアザのある人は着物に恵まれる（岩手・鹿児島）。首に瘤のある人はお金が貯まる（群馬）。
○沖縄県浦添市で、妊婦はタオルを首にかけてはいけない、へその緒が胎児の首にからまる、といい、同県南風原町では、妊婦とその夫は手拭や帯などを首に巻いてはいけない、産児の首に胎衣《たいい》が巻きつく、といって忌む。
○大工の墨糸を首に巻くと流行病にかからない（宮城県刈田《かった》郡）という。大工道具である墨壺は呪的な道具でもある。福島県広野町では、百日咳よけの呪《まじな》いに、子供の首に墨壺の糸を巻いておくという。泳ぎに行くときは、足首に墨壺の糸を結んでおくとよい（熊本県小川町〈宇城市〉）との伝承もある。神社の幟で紐を作って首に巻けば風邪を引かない（福島県相馬市）。風呂敷を首に巻くと盗人になる（石川県野々市町〈野々市市〉）。縄で首をくくると縄が切れる（愛知）。シャクトリムシが、首を一周するとその人は死ぬ（愛知県下山村〈豊田市〉）、首を三廻りすると命がなくなる（群馬県太田市）、首を這い回るとその人は死ぬ（奈良県山添村）という。
○後頭部の首筋がくぼんで線がはっきり二本あらわれると、その人は二、三年後に死ぬ（沖縄県渡名喜村）。
○千葉県で、杓子のくびれをよく洗えば首筋の美しい子を持つ、といい、山口県宇部市では、杓文字の首をきれいにしないと首のきたない子供ができる、という。杓子の柄を洗わないと襟首の黒い子が生まれる（茨城県出島村〈かすみがうら市〉）とも。杓文字のくびれを人の首に見立てた類感的な呪《まじな》い。
○福引に首を洗って行くと良いのがあたる（富山県氷見市）。妊娠中に糸で髪を結ぶと首の長い子ができる（栃木県小山市）。茶一杯で出かけると首が折られる（岩手県岩手郡）。

釜に口をつけて飲むと首がまがる（岩手県九戸郡）。

○胸焼けには、藁を首に一本巻いて結んでおくとよい（三重県多度町〈桑名市〉）、藁で軽く首をくくると治る（大阪府能勢町）。百日咳の流行っている時、黒糸で首のまわりを結わえておくと移らない（山形県長井市）。瘧《おこり》震いは脅かせば治る。ヘビを首に巻いたり焼けた火箸で脅かす（長野県北安曇郡）。穴のあいたお金を首にさげると流行病をよけられる（岩手県気仙郡）。シャックリの時、水を口に含み鼻をつめて首を左へ右へ捻じっていると治る（和歌山県高野口町〈橋本市〉）。鼻血には、うなじの毛を二、三本抜く（福井・石川・岐阜・愛知・福岡ほか）、首の後ろを叩く（新潟・石川）。⇩臍《へそ》の緒《お》・盆《ぼん》の窪《くぼ》

踝　くるぶし

○福井県美浜町で、白い糸を三重にして中の日に両足のくるぶしを括《くく》ると、怪我をせず卒中（脳卒中）にならないという。旧暦の一日にあたる日に括るとも。秋田県平鹿郡では、内くるぶしに怪我をするのは親不孝といい、群馬県邑楽《おうら》町では内くるぶしはアリにも這わせるなという。トリコノフシ（足首の関節）を怪我すると、塩三升食わぬと治らない（愛媛県小田町〈内子町〉）。足首の関節の怪我は長引くことをいったもの。⇩足《あし》

【け】

月経　げっけい

○月経のときは神参りをしない（ほぼ全国的）。兵庫県神戸市では、生理中の女性は鳥居をくぐってはいけない。通るときは鳥居の外を回って通る、といい、三重県熊野市では、弁天様、浅間様は女の神様なので、月のもの

をもっている女は行ってはいけないという。メンスのときは神参りはしないが葬式は差支えない（山形県南陽市）。女性が生理のときは宮に参らない、仏も祀ってはいけないという（兵庫県神戸市）。生理のときには仏壇や神棚を祀ってある座敷には入れない（愛知県西春町〈北名古屋市〉）。生理中にもかかわらず宮参りをする者は、サカキの葉あるいはマッチ（赤）を頭にさしてから参る（滋賀県水口町〈甲賀市〉）。この種の伝承は多い。血に対する穢れ観による禁忌で、とくに神事に関して顕著に見られる。血穢《けつえ》の発生とその歴史的展開、血が帯びている多面的な力の解釈については多くの研究が存する（板橋春夫『産屋の民俗』二〇二二年）。

○月経のときは、風呂に入ってはいけない（長野・愛知）、初湯には入れない（長野県御代田町）、七日間風呂に入られん（高知県十和村〈四万十町〉）という。生理の洗濯物は物陰に干す（栃木・茨城・新潟・和歌山・徳島）。不浄の洗濯物は日の神に遠慮して陰干しにする（徳島県美馬町〈美馬市〉）。ヒマヤフンドシ（生理用品）を天日干しにすると、お日様の罰があたる（和歌山県南部川村〈みなべ町〉）。

○山形県新庄市では、結婚式当日、アズキ三粒を井戸に落とすと、誰にも気づかれずに生理日を遅らせることができる、といい、福島市では、生理をのばしたいときは、生アズキを呑むとよい、一粒呑むと一日のび、二粒は二日のびるという。石川県金沢市でも、生理日をのばしたいときは、のばしたいと思う日数のアズキを呑めばのばすことができる、という。月経をのばすには、アズキを三粒呑み「めぐりあい見しやそれともわかぬまに雲がくれにし夜半の月かな」と三回唱える（群馬）。口紅をつけてスルメを食うと生理周期を変えることができ、結婚や旅行に合わせられる（福島市）。『民家日用 廣益秘事大全』（嘉永四年〈一八五一〉）に、「月水をのばす方」として「婦人ハ時によりて月水を延さねバならぬ事あるものなり、其時ハ唐胡麻を細末にして頭《かしら》の百會《ひやくえ》（あたまのまん中也）にはりおく時ハ、いつまでも月水のびること妙なり、いつにても取捨《とりすつ》る時ハ直《すぐ》に月水くだるなり、但し房事をいむべし」とある。月経のある人は他出するときに、便所の柱に縫い針を刺しておき、帰宅するまでそのなきことを願う（大阪府中河内郡）。旅行などするとき、月のものになりそうな場合は、針に黒糸を通して便所に刺しておくと効き目がある（埼玉県越谷市）。針に赤糸を通して便所の羽目板に刺しておくとさわり（月経）が早くなる。遅らせるには、畑の畝を跨ぐと遅くなる（静岡県島田市）。ツキヤク（月経）をとめる法、「なには津に咲くや此花冬籠り　口伝」（福島県保原町〈伊達市〉）。口伝とあるのは、この文句を唱える意であろう。月経のときネギをまたぐと少なくてすむ（高知県東津野村〈津野町〉）。

○ツキヤクの時の唱え言。「十九や九やが多ければ、十九夜念仏始まりて、十九夜御堂に納め置く、下る水の濁りしは、洗ってこぼすもあわれさよ、ゆすいでこぼすもあわれさよ、天も地神も水神も、流し給えや観世音」と唱えれば軽くてすむ。「はらやらの身に行く雲が棚引きて月の障りが何の苦しかるらんアビラオンケンソワカ」と三唱する（共に長野県諏訪湖畔地方）。山形県飯豊《いいで》町新沼の渡辺氏の家に伝わる月水留《とま》る時に用いる護符。「日品生鬼　急如律令」と白紙に書き、清き汲みたての水で一口に呑んでしまう。

○月経中の女性は船に乗ってはいけない（新潟・静岡・兵庫・香川）。漁師の妻は月厄（月経）のとき、船のとも綱に触れたり跨いだりしてはならない（三重県伊勢市）。女の人が生理のときに船にさわると不漁になる（茨城県大洗町）。漁に出かけるとき、生理中の女にあったら不漁になる（沖縄県読谷村）。福島県檜枝岐村では、月経をハチベーと呼んでいる。妻がハチベーの期間中はその夫は狩猟に出かけない。共食、同衾はよいという。○稲種は女性が水につけてはいけない。月経のあるときは桶の中をのぞいてもいけない（沖縄県西原町）。月のものの女性は、サンバイさん（田の神）をおろした田は植えられない（愛媛県肱川町〈大洲市〉）。水田に月経の女の入るのを忌む（高知県三原村）。○女性は月経中は梅を漬けてはならない（山形・福島・長野・岐阜）。腐るか味が悪くなる（福島）、黒くなる（岐阜県高山地方）という。月のものがあるとき梅干にさわると色が変わる（山形・福島・長野）。生理のときは梅干の出し入れをするな（山形県新庄市）。梅干を漬けたり触れたりするのを嫌うのと同様に、月経中に味噌をつくってはいけない（福島・滋賀・大阪）という。月経のある人が、味噌を仕込めば腐敗する（大阪府中河内郡）、味噌に手を入れると味が落ちる（山形県南陽市）。女の人は月のものがあるときには、味噌の味が落ちるといって、味噌部屋に入るのを避けた（三重県多気町）。月のもののときは、梅漬けや漬物に手を出してはいけない（長野県佐久穂町佐口）。月のものがあるとき、漬物に手を入れてはいけない（福島・福井）。かびてしまう（福島県田島町〈南会津町〉）。禁忌を強調するのが、梅干、味噌、漬物など長く保存する食べ物であるのは、影響が長引くのを嫌う一面もあるのだろう。○月経中の女性は、竈の火をつけるのはよくない（長野）、竈で尻をあぶってはいけない（栃木県大平町〈栃木市〉）、餅にさわらない（愛知・徳島）、正月のお供え餅をつくらない（長野）、着物を裁ってはいけない（徳島）、剃刀を使うと怪我をする（大阪）、お灸をすえても効かない（香川県豊中町〈三豊市〉）。月のものの女性がお供え餅を搗くときは、アサを腰に巻いてする（長野県飯田市金野）。

○近くで火事が発生したとき、火に向って腰巻を振れば類焼を免れる、という伝承は全国的である。とくに、月経の時の腰巻がよいとの事例は少なくない。いくつか挙げてみる。類焼をうけそうな時には、月経のついた腰巻を火の方に向けて振ると免れる（大阪府中河内郡）。火事の時に生理中の女のオコシ（腰巻）を振ると火が消える（島根県木次町〈雲南市〉）。火事の際、女の腰巻を振れば類焼しない。現に使っていて経水で汚れているのがよい（新潟県三条市）。腰巻は汚れている方がよいともいう（福島県桑折町）。女性の赤い腰巻を棒の先にしばり付けて振り、類焼を避けた。腰巻は赤く汚れているほどよいといった（長野県原村払沢）。

○以前、筆者は、火事の時に実際に腰巻を振る現場に立ち会ったという明治三五年（一九〇二）生れの男性から話を聞いたことがある。その体験談を紹介したい。「俺《わし》が越知面《おちめん》（高知県檮原町《ゆすはら》）の横貝に奉公しとった時に、そこの嫁さまの里が火事がいた。通る道があって、上が母屋《おもや》で下が蒸し釜じゃったが、蒸し釜に火がついての、ほいて、居屋《おりや》へむけてどんどん風がまくりよった。それから母屋の軒へ三回火がついたんじゃがの。『これは大事《おおごと》じゃ上へ火がついたぞ』いうことで、部落の人がの、水かけたけんど、なかなか下のはおち（吹き上げる風）がえらいもんじゃけ、水がとどかん。俺《わし》も下で水を汲みよったが、そいたら、そこの爺さんなる者が、『嫁よ』『なんな』、『お前のいもじ（腰巻）は有りゃせんか』『有《あ》らわえ』、『いけん時（月経の時）のが、置いとらせんか』『有るが』、『それがえのじゃ、早う出せや』言うてな。持って来ると、竹の両方へ旗を張るように張ったけん。そしたらえらいもんねや、下から吹きよった風が全部変わってしもうて、川下へ吹き出しての、母屋が助かったことがあらや。これは実際あったことを俺が見とるけ嘘じゃない（常光徹編『土佐の世間話』）。かつて、女性の下半身を覆う腰巻は、不浄で穢れたものとされた。板橋作美は「ケガレは呪的な力をもっており、それは、悪い方に解釈されれば神聖性をけがす邪悪な力とされて忌避されるが、逆に、邪悪な力に対しては、それを打ち消すものとなる」と指摘している（「火と小便―俗信の論理（三）」）。火事の火は穢れである。火と腰巻という同じ穢れたものの間には、強く反発しあう関係が生じるようだ。長野県真田町〈上田市〉で「下肥をすくい出してかけるとくず屋は絶対に燃えないといった」というのも、共通の思考に根ざしているといってよい。そう考えると、月経の時の腰巻がより強力な威力を発揮するという理由も理解できる。糞穢をもって邪悪なモノを退散させようとする呪いなどとも通じているだろう。

○ミコハン（巫女か）の秘伝として、自分の月経があった時にまとった新調のオコシ（腰巻）を、死にかかっている男の病人の顔に他人が見ていないときにそっと被せると、自分の死ぬ日時、死後最初に話を交わす身内の者の名を言う、という（大阪）。

○その他の俗信。結婚話のとき、どんな良縁と思われる話も娘が月経のときに始まった話はうまくいかない。まとまっても必ずブク（破談）になる（山梨県落合村〈南アルプス市〉）。月経のときは性交をしてはいけない（秋田・福島・山口・高知）。月経中の女性と関係した大工さんは、絶対に高い所に上がらない（山口県大島郡）。火事の夢を見ると月のものがくる（新潟県三条市）。月のもののときは年に二回ある十九夜講にでない（長野県佐久町上本郷〈佐久穂町〉。妻が月のさわりのときは井戸に近づかない（福島県塙町）。

⇩血《ち》

【こ】

声《こえ》

⑴風を追う声、魂を呼ぶ声

○ナメクジを、生のまま呑むと声が良くなる（秋田・埼玉・愛知・福井・大阪・広島）とか、焼いて食べると声が良くなる（石川県江沼郡）という。ナメクジ以外にも、声が良くなるとされる俗信は少なくない。挙げてみる。黒豆を食べる（岩手）。黒豆の煮汁を飲む（秋田）。ナス・ショウガを食べる（福島県熱塩加納村〈喜多方市〉）。生豆を毎日二粒食べる（岩手県胆沢郡）。青蛙を食う。セミを食う（共に同県九戸郡）。ミミズを煎じて飲む（富山県氷見市）。風呂の水を飲む（石川県門前町〈輪島市〉ほか）。寒中の水を飲む（山口県小野田市〈山陽小野田市〉）。雨水を飲む（岩手県江刺市〈奥州市〉）などである。富山県氷見市では、寒中に声の練習をすると声が良くなるという。唇が薄くて口の大きい人は声が良い（岩手県衣川村〈奥州市〉）との伝承もある。反対に、風呂で歌をうたうと声が悪くなる（鳥取県三朝《みささ》町）。便所で歌をうたうと声が悪くなる（神奈川）。襁褓《むつき》で赤子の口をふくと声が悪くなる（大阪府田辺町〈大阪市〉）といって忌む。

○大風の時、空に向かって大声を発し風を追い払う習俗は、かつては各地で見られた。和歌山県日高町では、台風のとき鍬、鎌を持って大声で追うと風が逃げるといい、同県上富田町では、風払いといって雨戸に閂《かんぬき》をさし「ホーイ、ホーイ」と風を追い払った。大正初年頃まで見かけた、という。岐阜県各務原市では、台風の風が吹き始めると、大人たちは蓑笠を身に着け、カドに出て「ホーイ、ホーイ」とか「ホーホホ」と声を出し、同市鵜沼大伊木では「ホーイ、ホーイ、風ぼうや」と大声で叫び風をぼった（追った）。大風のときは、家の主人が屋根に上がって、何度も何度も怒鳴った。風に負けないように怒鳴ると風がよけて通るといった（新潟県七谷村〈加茂市〉）。外に出て大勢で「ホーホー」と風を追うと風が静まる（福島県国見町小坂）。昭和の初め頃、風が吹き始めると家々から大人が出て四辻に集まり「ホーホー、ホーホー」と風を追った（高知県芸西村瓜生谷）。強風の際に大声で追い払うのは、近世にも盛んに行われていたようだ。幕末の土佐の庶民生活を記した井上静照の『真覚寺日記』安政三年五月八日（一八五六）条に、「夜半頃より大風雨戸を打て寝られす、七ツ頃愈《いよいよ》甚しく枝を折石を走らしむ、浜辺の家々朝まで風を追ふ声喧し」。同日記安政四年八月二〇日条にも「夜四ツ半頃より風雨、八ツ頃風大ニ烈しく雨少々添、橋田ノ者共又家ノ倒れん事を恐れ、隣家ノ丈夫成家へ逃るも有、戸をたゝき風を追ふもあり騒動」と見える。場所は現在の高知県土佐市宇佐である。大声だけでなく、戸を叩くなど烈しい音を出して風を追っていたことがわかる。『奥州白川風俗問状答』（江戸後期）にも「強風の節は大勢声をあげ風を送り候事も有之候へ共」と見える。菅江真澄の『あきたのかりね』天明四年一〇月一三日（一七八四）には、雄勝郡西馬音内《にしもない》の庄（秋田県羽後町）で、夜間、強風に向かって「此風《この》しちませにせん」と叫ぶ人々の声が記されている。

○緒方惟勝『杏林内省録』（江戸後期）に「北国風厳キ地、寒中暴風吹来テ家モ吹倒サントスル時ハ、大勢家ノ上ニ登テ高声ニ叫べバ、風必其家ヲ避ク、又海上難風ニ逢テ大浪打来リ、船覆ントスル時ニ、船中ノ人皆船ノ頭ニ立テ叫ベバ、大浪船ヲ避ルコト諸人徧ク所レ知ナリ。」とある。南方熊楠は、大正三年（一九一四）発行の『郷土研究』一巻一二号で「海上で波高く至る時オイ〳〵〳〵と呼《よぶ》と鎮まる。風烈《はげし》き時も然りとて大声で喚《わめ》くを去年も自ら聞いた、呼ぶと鎮まるで無く鎮まる迄呼ぶのだ」と報告している。大声を発するのは大風の時だけではない。次のような例もある。火事のときには、声をあげてどめく（騒ぐ）、家内そろって鬨《とき》の声をあげる（奈良）。大水のときには集落総出で水追いをやる。風追いと同じように「ほうい〳〵」と大声をあげて追いやる（長野県北安曇郡）。火災の炎、大水の水勢は、多勢の鬨の声をあげれば炎や水を向こうへ押しやることが出来る（石川県金沢市）。大風、大水、火災に向かって大声を浴びせ追い払う。この場合の大声（あるいは叫声）は、災厄をもたらす相手を威嚇し退散させる声であり、その力は一人よりも、多勢の声の結集がより大きな効果を発揮した。時には、物を烈しく打ち鳴らす乱打音を交え、災害に対峙したのである。（常光徹「大声の力」二〇〇六年）。

○気を失った時や死の前後に、屋根の上などからその人の名を大声で呼んで生き返らせようとする魂呼《たまよ》びは、かつては方々で見られた。「大病の時、くずやの屋根に上って破風の方から、その名を呼び返すと生きる」（群馬県東村〈東吾妻町〉）。「急死した場合、乾《いぬい》（北西）の方向にあたる屋根瓦をめくり、雨傘をさしてその底から大声で死にかかっている者の名を呼ぶ。これをヨビイケルという。時に蘇生することがある」（香川県詫間町〈三豊市〉）。「お産で出血して死んだ時は、一人は屋根に上り、一人は井戸をのぞき大声で呼ぶと魂がかえる」（新潟県佐和田町〈佐渡市〉）。

にわかに病が起こって気絶している時、屋根に上がっておがる（叫ぶ）と戻る（和歌山県高野口町〈橋本市〉）。ひきつけを起こしたら、自分の家の井戸に顔を入れて、ひきつけた子供の名前を、大勢で何度も大声で呼ぶと気が付いて治る。子供には割箸を口にかませておく（茨城県龍ヶ崎市）。魂呼びに関する事例は多い。江戸時代後期の『三安漫筆』に「宇佐（高知県土佐市）の俗、病人の気を閉し時、屋上ニ登りその名を高く呼び、或ハ屋上を穿ちて呼ぶ。一時これを穿ちて呼ぶニあたり、病人の衾中より出火て（火出て）、その穴より飛び去る。其《その》病癒《いえ》ずして死す」と見える（『皆山集』6）。『越後風俗志』（一八九五年）に、「家に新死《しんし》ありしもの修験などに頼み『なきたまよばい』といふことを為せり。一名招魂ともいへり。其《その》死人の存生中着たる衣服を携え、東南の方より家の上へ登り、北に向ひ大音《だいおん》にて三度呼招《よびまね》き、其衣服を巻て頼みし人の前へ投落《なげおと》し、己は西北の方より地へ降る。尤も男をたまよばいするには在世の名を呼び、女は字《あざな》を呼びしものと云へり。魚沼郡中にては文化の頃まで最も流行せしやに聞けり」と見える。以上の例は、身体から抜け出た魂を呼び戻す際に発する大声である。実際には、死の現実を受け入れる儀礼の一環として行った場合と、何としても生き返らせたい必死の願いから行った場合があったと思われる。後者の魂を呼ぶ声は、想像を絶する悲痛な叫び声であったに違いない。

○柳田国男「遠野物語拾遺」に「双児が生まれた時には、その父親が屋根の上から近所に聞こえるだけの大声で、俺あ嬶《かかあ》双児を生んだであと三べん喚《よ》ばわらなくてはならぬ。そうせぬと続けさまに、また双児が生まれるといわれている」とある。現代では信じられないことだが、かつて双生児の誕生は多くの土地で忌むべき事態として受け止められた。双子が生まれると、父親が屋根に登り大声で双子誕生を告げる習俗については各地から報告がある。板橋春夫は「双生児の誕生を知らせるために大声で叫ぶ儀礼の目的は、双生児誕生の事実を広く知らせて集落内に双生児が二度と誕生しないようにするという再発防止にあるといえる」との見解を示し、集落内に生じた異常性に対する応急処置であり「恥をかく」ことに注目すべきだと述べている（『誕生と死の民俗学』二〇〇七年）。板橋の見解に従えば、屋根の上で発する大声は、集落に事実を知らせる、伝達するという機能が重視される。

○鹿児島県和泊町では、ウァーマ（竈）の前で足を伸ばしたり大声を出したり、人の悪口を言うものではない、といい、沖縄県宜野座村でも、竈（火の神）の前で大声をだすとか人の悪口を言ってはいけないと伝えている。和歌山県那賀郡では、竈のそばで喧しく言うと気がふれるという。山の中で「お〵い〳〵」など大声をあげて呼ぶと、山の神様が連れに来るから言わぬ（越中太田村〈富山市〉）。ガアタロウ（河童）は、ちょっとした水溜りにも棲んでいるから、必ず大声を発するか、歌をうたって人間が通過することをガアタロウに知らさねばならない（大分県蒲江町〈佐伯市〉）。物忌みのときの禁忌は数々あるが、大声をあげず静かにしているのもその一つである。以上、大声に関する若干の民俗事例を紹介したが、それぞれの場の文脈のなかで、大声が帯びている役割は実に多様である。

声《こえ》

(2)ささやき声、しわがれ声、鼻声

○福島城のお堀の橋につかうため大杉を伐り出した。以来、夜になると、こそこそとささやくような声がするようになった。行って見ても誰もいない。占いをたてると、橋になっ

た大杉の精がおろすという女性を慕ってささやくのだとでた。供養をすると聞こえなくなったという（福島市）。細語《ささやき》橋伝説はほかにもあり、背景には、道を行きかう人の姿が夕闇にまぎれる時刻に橋にでて、行人の言葉を聴いて占う橋占《はしうら》が指摘されている。柳田国男は「木思石語」（『定本 柳田國男集』五）で、「其名から考えると恐らく神来って耳にさゝやくべしと、信じた時代もあったのである」と述べている。夕暮れは、人間の活動する昼間から夜へと移り変わる境界の時間で、人ならぬものが出没する時間帯とする心意があった。誰とも見分けがつかないこのときに、橋や辻で耳にするささやき声は、神霊の声と通じている。村山道宣は、大歳の夜に、人のささやく声がするという洞に耳を入れて来年の吉凶を聞くという『加賀志徴』の記事について、「ささやき声が古くは神託と関わり、また辻占や橋占などの占いにも関わっていたということと無関係ではないであろう」と解説している（「耳のイメージ論―日本―『聴耳』考序説」一九八五年）。川田順造によれば、西アフリカのモシ族の社会では、王の声は小さくて低く、侍立する復唱の役の者が王の声を大声で増幅して会衆に伝えるという。川田は「わかりにくさは、声の文節的な明晰性の減少に反比例して増大する韻律性の生む効果によって、秘儀性、ありがたみを増したメッセージとして、受信者に受けとられる」と指摘している（『口頭伝承論』一九九二年）。うわさは一般に自然発生的に生まれる情報で「ささやかれる」という言い方をする。非公式で秘密の性格を帯びていることによるのだろう。網野善彦は、中世社会におけるうわさについて「噂は耳から耳へと伝わっていくささやき（耳語、囁）であり、まさしくそれ故に神意の表現ということになったのであろう」と述べている（「高声と微音」一九八八年)。また、川田のモシ族における小声と大声の文化をヒントに、それを日本の古代、中世に移しかえせば「微音」と「高声」にあたるといい、宮廷の諸行事や寺院の法会などのさいに両者は区別され使い分けられていたと指摘している。

○佐々木喜善「ザシキワラシの話」(『郷土趣味』五巻二号、一九二四年)に「陸中江刺郡米里村字人首《ひとかべ》の智徳寺の門前に俗にモゲンと云う家がある。此家の座敷に出るのは腰の屈った老爺が瓶《かめ》を持って歩き廻りつゝ徹夜(で)何か人語を呟くと言う」とある。化物のことを讃岐ではオジョモ、マノモンという。草を刈っていると、グダグダと人のつぶやくような声がするという。顔を上げると声は止まり何も見えない(香川県長尾町〈さぬき市〉)。

「長野県南佐久郡七曲りの渕の沈鐘のごとき大勢の人で引揚げようとしたがあがらず松原の諏訪様へでもあげてゆこうとつぶやくと難なくあがり、今に松原の神社の境内にあるという。」(最上孝敬「沈鐘伝説についての一考察」『日本民俗学』九六号、一九七四年)。つぶやきも時として、人ならぬものとの交流の回路として機能していた。

○網野善彦は、「高声と微音」(一九八八年)で、「また神の声、人ならぬものの声が『しわがれ声』だったこともあった」と述べて、『今昔物語集』巻二十七「三善清行の宰相の家渡の語」と、『平家物語』巻第六「嗄声」を挙げている。人ならぬものの声が「しわがれ声」との指摘は近世の文献にも見ることができる。『諸国百物語』(延宝五年〈一六七七〉)の「賭づくをして、我が子の首を切られし事」では、夜間、宮の前の川に流れ着いた死骸から指を切り取って帰る女が、途中で「森の上より、からびたる(しわがれた)声にて、『足もとを見よ、足もとを見よ』と云ふ」声を聞く。女は苞《つと》を取りあげて持ち帰るが、中には背に負った子の首が入っていたのであった。野田成方『裏見寒話』（宝暦二年序〈一七五二〉）の「蟹沢の長源寺」では、妖怪のでる寺に泊った廻国の僧のもとに、「深更に及んで本堂、庫裡鳴動して凄く、軒端を洩るゝ月影より、しはかれたる声にて、いかに旅僧、四手八足と云」とある。『嬉遊笑覧』巻二下の「船吟」の項に、「一説に彼あたけ丸を繋ぎ置たる御船蔵の内にて、繋たる鎖の音大地を轟し、彼御舟しはがれ声を上て伊豆へ行ふ〳〵と幾度となく鳴云々」と見える。

○吉田三郎の「男鹿寒風山麓農民日録」の昭和一〇年一二月九日〈一九三五〉に、秋田県男《お》鹿《が》地方の婚礼について、つぎの記述が見える。「ジヤヘ人（座配人）が高サゴを歌ふ。するとそど客（外客）即ち主に村の若者が、高サゴの一節ごとに鼻をゴウ〳〵とまるで牛の鳴き声みたいな声でならすのです」「花ムゴ花嫁が鉄ビンを打つける時もそど客の若者は鼻をゴウ〳〵鳴らす。」佐賀県鎮西町打上〈唐津市〉では、占いの上手な人がいて、そこのお稲荷様は信仰を集めていた。漁の神とも商売の神ともいわれ、主に漁師が信仰していた。祈禱師が拝みはじめると稲荷様が乗り移り、三度震えてから鼻声になり、お告げをする。お稲荷様は祈禱師以外に、一七、八歳以上の乗り移りやすい人にも乗り移るという。ある人は鼻声になり知らない祝詞をすらすら言ったという（『民俗採訪』昭和四二年度）。日常とは異なる場面や、神霊が憑依したときに、鼻声をだすとか鼻声になるということがあったようだ。『源平盛衰記』「豪雲僉議事」に、豪雲が山門の僉議について、破れた袈裟で頭を裹《つつ》み、杖を手にして小石に尻をかけた衆徒が並ぶところで「鼻ヲ押ヘ声ヲ替テ、『満山ノ大衆立廻ラレヨヤ』ト申テ」と語る場面がある。蔵持重裕は『声と顔の中世史』（二〇〇七年）で、顔を隠すことについて「蓑・笠という姿と同じように、非日常であることを表すものであろう」と述べ、声を変えることについても、個性の消去や日常のしがらみからの解放などに触れ、こうした姿や振舞いが帯びている演技性に言及している。さらに、「豪雲僉議事」には、豪雲は三十余人を引き連れて、御前の雨打の石に尻をかけ「豪雲己ガ鼻ヲ押ヘテ、『大衆立廻ラレヨヤ』」と言って、訴訟について申すくだりがある。雨打の石の記述は興味深い。雨垂れや雨垂れ石に関する俗信には、それがこの世と他界の境界の意味をもつ例が少なくない。袈裟で頭を裹み、杖を手にした姿で雨打の石に腰を下ろして発する言葉は、一面では神霊の意を伝える声の性格をもつものであろう。松尾恒一は「鼻を抑えて出す声は、延年においては『神降ろし』のための発声であったものとみられる」と指摘している（「延年芸能の声と話法」一九九八年）。

○唸り声やうめき声は、発する本人の苦しさと同時にそばで耳にする者も辛い。庭木の禁忌のなかには、禁を破ったときの制裁として唸り声をいう例が少なくない。ビワの木を屋敷に植えてはいけない、ビワは、病人のうめき声で太る（福岡・佐賀・沖縄）、病人の唸り声を喜ぶ（千葉・静岡・愛知）。屋敷にシダレヤナギを植えない。人のうめき声を聞きたがるから病人が絶えないと信じられている（福島県只見町）。蔓ものは病人のうめき声で太くなる（鹿児島県栗野町〈湧水町〉）。イチョウは病人のうめき声で太くなる（宮崎県高崎町〈都城市〉）。ブドウは病人の唸り声を聞きたがる木だから、家の周りに植えるものではない（福島県西会津町）。

声《こえ》

(3) 異界との交流は一声、その他

○柳田國男は「妖怪談義」（『定本　柳田國男集』四）で、「佐賀地方の古風な人たちは、人を呼ぶときは必ずモシモシと言って、モシとただ一言いうだけでは、相手も答えをしてくれなかった。狐じゃないかと疑われぬためである」と述べている。一声呼びの禁忌である。桂井和雄も、「平生、人を呼ぶ場合、一口だけ呼ぶのを忌みきらう俗信が、高知県の一部に残っている。これを一口呼びといい、例えば『オーイ』と一声人を呼べば、必ずもう一度『オーイ』と呼ぶものという。人の名を呼んで『馬吉よう』と言えば、やはりもう一度『馬吉よう』と呼ぶものだという。」と述べている（「一口呼び」『生と死と雨だれ落ち』一九七九年）。人を一声で呼ぶのを忌む俗信だが、一声で呼ばれた際の対応についても伝承がある。島根県北浜村〈出雲市〉では、一声のものは魔物であるから返事をするな、といい、沖縄県糸満市では、グソー（あの世）の声は一声でニーアギーである。その声に同調したら命を取られる。一声で呼ばれたら返事をしないのがよい、という。同県国頭地方では、夜、声をかけられたら必ず返事をするが、二声で返事をしなければならない。返事をしないと不審者とみなされ、一声で返事をすると亡霊か妖怪の類だとみなされる、という。長崎県対馬〈対馬市〉には、一声だけのおらび声（叫び声）をあげる一声おらびという化物がいるといわれ、高知県にも一口声という妖怪の話が伝えられている。この妖怪の発する声（一声）に返事をしてはならない。返事を返すのは、異界のものである妖怪の誘いに乗じた危険な状態を意味している。桂井和雄は、一口呼びが忌み嫌われるのは、高知県下にみられる、野辺送りの際に一声だけ死者の名を呼ぶ習俗に由来するのではないか、と説いている（「一口呼び」）。これらの事例は、一声や一口が、日常の外側の世界とか非日常的な状況に属していることを物語っている。妖怪をはじめ異界のものが人に呼びかける時には一声であり、また、人が死霊などに呼びかける際にも一声であるという観念のあったことを示している。この世と異界の交流は、しばしば一声あるいは一口で行われてきたようだ（常光『しぐさの民俗学』）。
○沖縄県北谷《ちゃたん》町で、夜中にダビジュネー（葬列）のワーと泣く声が聞こえると、近所の人が近々亡くなるシラセである。これは昼間聞こえることもある、という。夜中に大人の泣き声が聞こえると死人が出る（同県読谷村）。
○沖縄県読谷村や本部町では、夜、道を背にして立っている者に声をかけてはいけないという。同県嘉手納町では、夜道で背を向けて立つものは幽霊だといわれている。岩田準一の『志摩の海女』（一九七一年）には、「雨夜などに、五里、六里と離れた沖中で漁をしていると、時々ボーシン（船幽霊）に遭う。舟縁に後ろ向きに並んで腰掛けている」と見える。いずれも夜間のできごとのようだ。幽霊が人の前に姿を見せるときには、時として後ろ向きの恰好をしていることを示している。
○便所の中でものを言うものではない（秋田・宮城・富山・愛知・大阪）。ものを言うと、三年の短命になる（大阪府田辺町〈大阪市〉）、馬鹿になる（富山県氷見市）、歯が弱る（秋田県仙北郡）、歯がくさる、歯が抜ける（共に愛知）などという。
○便所の中で歌をうたうと、母に早く死に別れる（長野県丸子町〈上田市〉）、口がきけなくなる（兵庫県城下村〈宍粟市〉）、歯が抜ける（奈良県御杖村）、ヘビになる（福井県高浜町）。炊事場でうたうと食あたりする人がでる（福島県滝根町〈田村市〉）。サンショウの木の下で歌をうたうと木が枯れる（秋田・福井・滋賀・兵庫・山口・福岡）。歌をうたいながらサンショウを摘むと木が枯れる（京都・奈良・和歌山・兵庫・広島・福岡）。岡山県では「山椒太夫さんは昔から辛い、今はわかえでなお辛い」と歌いながら若葉を摘むと木が枯れる、と伝えている。山で口笛を吹いたり歌をうたうと怪我をする（山形県南陽市）。

○赤子は初声に一生の運勢を語るもので、集まった神々様だけがこれを聞かれるのだという（長崎県壱岐市）。泣き声の大きい子は達者だ（長野県大町市）。声の太い女は多情（秋田県平鹿郡）。エジコを頼んで編んでもらったときは、黙って貰って行け。挨拶や声をかけるものではない（福島県桑折町）。漁に出る人が他人に声をかけられて、返事をしてしまったら凶。そのときは、また出直す（沖縄県宜野座村）。便所にいる人を呼ばぬこと。むかし鬼ばばになって出てきたから（岩手）。生のエビを食べるにはホーと言うとよい。谷川の水を飲むときホーというとあたらない（共に兵庫）。

腰　こし

○昔も今も腰痛の悩みを抱える人は多い。とくに、田仕事など腰をかがめて行う作業の多かった頃には、腰痛は一段と深刻で、俗信にもそれが投影している。福島県の『飯舘村史　第三巻　民俗』（一九七六年）に、「苗ば藁を苗代の上におき忘れると腰病みする。という伝承は広く県内に行きわたっているが、それで苗ば藁は常に腰に縄で結いつけておくか、あるいは苗代から引きあげる時は必ず、最後の一人が苗ば藁をおき忘れないように点検するという風習がある」と載っている。苗ば藁は苗を束ねる藁、苗把藁であろう。岩手県九戸郡では、小正月の朝に橇乗《そり》りすると腰が痛まない、といい、同県胆沢郡などでは、正月一五、一六日の晩に他家の橇に乗れば腰が痛まない、と伝えている。旧正月一五日の晩に橇乗りしないと田植えの時に腰を病む（同県和賀郡）ともいう。文銭（裏に文の字を鋳出した一文銭）を腰につけていると、けっして腰痛は起きない。この一文銭は、方広寺の鐘を鋳って作った銭である。仏体で作った銭であるから仏の功徳がある（兵庫県但馬海岸地区）。昆布を食うと腰が痛くならない（岐阜県高山市）。家の南に水溜りがあると腰の病気になる（佐賀県川副町〈佐賀市〉）。
○長野県塩尻市や松本市では、田植えのときは、縞苗（葉脈に筋目のある稲苗）を人に知られず腰にはさむとか、焼米を食べると腰の痛みが治るという。福島県猪苗代町では、かんめえ（腰痛）は、半紙を横に半分にし、上部からたたんで折り、ウメの木の所に行き「痛みを治してください」と三度唱え、折紙をウメの枝に結び、後を振り返らずに帰る。また、患者をうつ伏せにし、その上に蓑をかけ、伊勢参りに行ってきた人に飛び越してもらう、という。腰痛はショウブを腰に差すとよい（同県広野町）。腰の痛い時は、赤い幟をこしらえて便所の上に立てておくとよくなる（愛媛県肱川町〈大洲市〉）。腰が痛いときは、臍の上に灸をすえるとよいが、若い人は子供ができなくなる（福島県塙町）。
○腰の病に御利益があると伝える神仏や霊物も各地にある。腰の痛い人はばっこ石にお参りすると治る（青森県七戸町）。豊川落合の地蔵様は腰痛の人がお参りすると治る（山形県長井市）。腰が痛いときは田中神社に奉納された男根でさすると治る（福島県喜多方市）。腰痛のときは西之保の藤塚（富士塚）にお参りすると治る（愛知県西春町〈北名古屋市〉）。和歌山県真妻村崎ノ原〈印南町〉の腰神（巨岩）に祈れば腰部の病に験あり。腰の痛みは、阿哲郡内に数か所ある腰折地蔵に参拝して祈願をするとよい（岡山）。大豊町豊楽寺の下にある腰掛け地蔵は腰痛によく効く（高知県本山町）。腰痛には、久留米の水天宮のお札やお大師さまのお札（センマイトウシ）を飲む（福岡県太宰府市）。

○千葉県印旛村〈印西市〉では「天気の変り目にゃ腰が痛む」といわれる。腰が痛むと雨になる（岩手・群馬・茨城・東京・愛知）と各地でいう。腰が痛む時は明日雨（茨城県美和村〈常陸大宮市〉）。老人の腰が痛む時は雨が降る（群馬県赤堀村〈伊勢崎市〉）。年寄りが朝腰が痛いと雪が降る（同県）。体が痛むなどの変化を、天気が変わる前兆とするのは頭痛などでもいう。気温や気圧の変化によって引き起こされる気象病であろうか。

○腰をかけてはいけない、とされる物はいくつもあり、違反した場合の制裁も多い。机に腰をかけると、腰が曲がる（秋田）、腰が抜ける（群馬）、お尻がくさる（青森）。臼に腰をかけると、長生きしない（栃木）、背が伸びない（山形・群馬・茨城）、おできができる（岩手）。井戸の枠に腰をかけると津波の時に腰を抜かす（岩手県下閉伊郡）。桐の木に腰をかけるとゲンがわるい（大阪府河内長野市）などという。ほかにも、腰をかけるのを忌む物としては、米櫃（秋田・埼玉・愛知）、食台（秋田・三重）、釜・鉢・桶（共に岩手）、桟俵（茨城）、叺《かます》（栃木・茨城）、下駄（福島・徳島）、枕（千葉）などがある。女性の禁忌を強調する例も見られる。女は、下駄に腰をかけると産が重い（徳島）。叺に腰をかけると口の大きな子が生まれる（栃木・茨城）。木割台に腰かけると腰が大きくなる（岩手）。これらの物に腰をかけるのは、本来の用途から外れているだけでなく、物を穢してしまうとする意識が読み取れる。

○福井県美浜町では、囲炉裏の火で妊婦が腰あぶりをすると、早く陣痛がきて安産するという。難産のときは、産婦の腰を押さえる（新潟県山古志村〈長岡市〉）、夫が腰を持ち上げると軽くなる（秋田県大館市）。後産のでないときは、夫の下駄を産婦の腰の下に入れる（山口・福岡）。福島県西郷村では、お産のあと腰が痛むときは、本人が知らないうちに鋏と物差しを床《とこ》の下におくと治る、と伝えている。
○荒縄を腰に巻いてはいけない（栃木・長野・山梨）。巻くと出世しない（栃木）、腰へ縄を巻けば死んだ者（長野県北安曇郡）という。鉢巻や手拭を腰にしめるとお産が重い（群馬県太田市）とも。
○橋の近くで小便すると火事の時に腰が抜ける。腰脚気の時に蕎麦を食べると腰が抜ける（共に岩手）。笊を被ると腰が曲がる（茨城県土浦市）。
○病気の流行っているとき、ニンニクを腰にぶらさげておくと病気にかからない（群馬県太田市）。流行目《はやりめ》は、ウツギを三、四センチの長さに切って糸を通し、三角形にして腰に下げていると早く治る（長野県御代田町）。麻疹にかかっても軽くすむように瓢箪を作り腰にぶら下げて歩く（和歌山県中津村〈日高川町〉）。麻疹にかかるとキンカンを袋に入れて腰につると早く治る（香川県飯山町〈丸亀市〉）。

子供　こども

⑴貰い子、命名、捨て子の習俗

○子供に関する俗信は多岐にわたる。ここでは、なるべく他の項目と重ならない事例を紹介する。子供のない人が貰い子をすると子が生まれる（青森・秋田・福島・新潟・山梨・長野・岐阜・愛知・兵庫・岡山・島根・鳥取・香川・大分）と各地でいう。大阪府摂津市では、子供がどうしても生まれないときは、他所から子供を貰うとヘンネシゴといって子供が生まれるという。ヘンネシは妬むという意味。未だこの世に姿を現わしていないが、いずれ生まれるべき子が貰い子をみて嫉妬し、誕生すると考えたのであろうか。秋田県雄勝郡では、子供のない者が貰い子をするとやっかみ子といって子供が生まれる、といわれる。

福島県小野町では、子供がいないので養子を貰うと子供ができたりする。これをイセッパリゴとかイジッパリコという。子供のない人が預かり子をすると子ができる（愛知・沖縄）。子供のない人がよその家の子を抱いて寝ると子を授かる（福島県飯舘村比曽）。なかなか子供ができないときは、よその子を自分の子のようにかわいがると本当に子供ができる（三重県大山田村〈伊賀市〉）。高知県大方町〈黒潮町〉などでは、子供のない人は守児《まぶりこ》を貰っておけば子ができる、という。愛知県段嶺村田峯〈設楽町〉では、夫婦の間に子のない場合には、タネゴ（種子）と称して子を貰い受けることがある。その後実子ができれば、兄弟の待遇で育て、後他家に縁づかせる。もし実子ができなければ相続させる（『日本産育習俗資料集成』）。山口県福栄村〈萩市〉では、子の育たない家ではセリゴ（貰い子）をもらうと家の子が育つ、といわれる。

○岩手県胆沢郡で、味噌玉を二つずつ吊るすのに一つ半端ができると結婚前に子が生まれる、といい、福島県只見町では、味噌玉が奇数にできると子供ができる、という。お供えの数を半端に作ると、その年に赤ん坊ができる（群馬）。幼児が急に駄々をこねたり泣きべそをかくなどソベル（甘える）ようになると、次の子を妊娠していることが多い（山形県温海《あつみ》町〈鶴岡市〉）。歩いていて、空から鳥の糞をかけられると必ず良いことがある。また、子供を授かる（福島県伊南《いな》村〈南会津町〉）。人の亡くなった夢を見ると子供が生まれる（山梨県下部町〈身延町〉）。小さい子に人形を背負わせるとすぐあとの子ができる（福島県滝根町〈田村市〉）。子供が市松人形をほしがるのは弟妹の生まれる前兆（奈良）。

○元旦に生まれた子は、出世する（岩手県水沢市〈奥州市〉）、高運者（秋田県大内町〈由利本荘市〉）、特別利口かまたは馬鹿になる（群馬）。京都府綾部市では、八月みごもって五月生れは頭の良い子が生まれるという。一二月生れは運が強い（和歌山県高野口町〈橋本市〉）。年を越えて生まれる子は丈夫だという（福島県西会津町）。七月生まれは親に添わない（岐阜・愛知）。一二時かっきりに生まれるとおしゃれ（群馬）。

○庚申の日に生まれた子は、運が良い（新潟県中魚沼地方）、利口になる（同県畑野町〈佐渡市〉）、大成功か大失敗をする（兵庫）、盗人になる（福島・新潟・奈良・兵庫・岡山）という。福島県須賀川市仲作では、庚申の日に生まれた子は弱いので、「庚申」とか「甲申」と刻んだ庚申塔を建て、それに子供の名前を書くという。

○秋田県大内町〈由利本荘市〉で、やづき子（八月子・八か月の胎児）は育つが九月子は育たない、といい、高知県田ノ口村〈黒潮町〉でも、八月子は育つが九月子は育たないという。同様の伝承は新潟・岐阜・鳥取にもある。九月子は育たない（岐阜・兵庫）。福島県須賀川市では、十か月以前に生まれた子は一般に弱いが七月子は丈夫に育つ、といわれる。七月子は投げても育つ（新潟県長岡市）。

○四二歳の父に二歳の子があれば、その子は夭折するかまたは成功する（石川県金沢市）。四二歳の二つ子は、よくない（千葉・和歌山）、親の命を取る（岡山）、仇となる（石川県穴水町）、総領をねらう（秋田県大内町〈由利本荘市〉）、家におくことができない（岐阜県高山地方）、良い（和歌山県高野口町〈橋本市〉）という。高知県大月町柏島では、男親は四二歳の厄年に女の子が生まれると良い、女親は三三歳の厄年に男の子が生まれると良いという。母親が三三歳の時の子を嫌う（秋田・愛知）。六一歳のときにできた子は、大いに成功するか、非常に貧乏になる（富山県氷見市）。親が厄年のときに生まれた子にまつわるかつての俗信である。親の厄を背負って生まれるとの発想からであろうか、嫌う例が多いが、吉凶が大きく分かれる例も少なくない。
○千葉県香取郡では、生まれるとすぐに仮名を付ける。名を付けないうちに地震があると子に不祥事があるという俗信から、健康な祖父母または父母の幼名を仮に付けておく。福島県飯舘村でも、赤子の名前は地震のこないうちにつけろといって、一週間内にはつけた。祖父とか集落の知識人がつけることが多かった、という。群馬県群馬町〈高崎市〉では、男の子らしい名前を女子に、女の子らしい名前を男子につけると丈夫な子に育つ、という。弱い子供は男女反対の名を付けると丈夫に育つ（栃木）。女の子の育ちの悪いときは男の名を付け、男の子の育ちの悪いときは女の子の名を付けるとよく育つ（東京）。大藤ゆきは『子どもの民俗学』（一九八二年）で、「子育ちのわるい家で新たに男の子が生まれたときに、『花子』と女名を付けたり女なら男名を付けると丈夫に育つというのは、性を転換することによって、悪魔から魅入られるのを避けるという魔除けの意味と、異性には特別の呪力があると考えられていたためであろう。」と述べている。丑年生れの子は外に出て行く名前をつけないと、その家に座りこむ（石川県金沢市）。女の子ばかりできるときは、あぐりと名前をつけておくと次は男の子が生まれる（群馬・長野・大阪・奈良）。子供がたくさん生まれると末の子を留子と名付けるとよい（大阪）。次子を望まないときは、トメ（留蔵・とめ子）、スエ（末吉・末子）、オサメなどと名付ける（京都府木津村〈京丹後市〉）。
○栃木県大平町〈栃木市〉では、生後七日目の子供に、便所参りとか雪隠参りと称して便所にお参りさせ、大便を食べさせる真似をする。

こうすると犬の子のように丈夫に育つという。群馬県太田市では、生まれて七日目に子供の額に犬の字を書き、自分の家と両隣の家の便所に連れて行くと丈夫に育つ、といわれる。○泣く子は丈夫に育つ（福島県下郷町）。寝る子は育つ（秋田・長野）。うつ伏せに寝る赤ん坊は丈夫な子（岐阜県美並村〈郡上市〉）。子供を育てるとき親の肌につけて寝かすと丈夫になる（長野県諏訪湖畔地方）。獅子に頭を噛んでもらうと丈夫に育つ（福島・群馬）。新しいえづこ（イジコ、乳児を入れておく器）にネコを入れてから使えば子供が丈夫に育つ（岩手県山形村〈久慈市〉ほか）。産湯は馬屋に捨てると赤ん坊が丈夫に育つという（福島県鏡石町）。尾張富士へ左鎌を供えると丈夫に育つ（愛知）。○川原雀の卵を取ると子供が育たない（岩手県九戸郡）。子が臼に入ると育たない（福島県白沢村〈本宮市〉）。

○体の弱い子を辻などに捨て、他人に拾ってもらう習俗は各地にある。香川県引田町〈東かがわ市〉では、子供が丈夫に育つようにといって四つ辻に捨てて拾ってもらう。ことに子供が弱くよく死ぬ家では漁師の親分に拾ってもらい名前を付けてもらう。福島県棚倉町では、体の弱い子は、子育ての上手な主婦に拾ってもらい、仮の親になってもらうと子供は丈夫に育つといわれる。赤子を盥に入れて橋の上《かみ》から流し、橋の下で仮の親が拾い上げることもあるし、よその軒下に置くこともある。同県岩代町〈二本松市〉でも、弱い赤子は一度川に捨ててほかの人に拾ってもらう、という。親が子供に「お前は橋の下で拾ってきた子だ」という言葉は、子供の健康を願うこうした習俗が背景にあるのかも知れない。子供の早死にが続いて育たないときには、新たに生まれた子は捨て子にして拾ってもらい、それを育てるという形式にしてやるとよく育つ（長野県北安曇郡）。

○病弱の子や六か月以内に歯の生えた子、親が厄年のときに生まれた子は捨て子にする。家の近くの分かれ道のところに、箕に入れた赤子を捨てておき、前もって頼んでおいた親戚の人に拾い親になってもらう。何らかの不安を感じる場合には形式的に赤子を捨てて、いったん親子の縁を切り、不安を除く（福島県下郷町）。親のどちらかが四二歳のときに生まれた子供は、手籠に入れて肥塚に捨てる。予め人に頼んでおいて拾ってもらい、捨て子を貰ったことにする。拾い親には酒一升を礼に送る（山形県櫛引町〈鶴岡市〉）。子供を捨てるのは、いずれも境界性を帯びた場所といってよい。

○山形県長井市では、生まれた子が弱いときは椿の鬼子母神さまの取子《とりこ》にしてもらう、といい、福島県棚倉町では、子供が弱いときは神や仏に取子にあげる。何年間かその弟子にしてもらうことで丈夫になる、といわれる。『改訂 綜合日本民俗語彙』のトリゴの項には、「秋田県平鹿郡には神のトリゴといって、弱い子供はその名を書いて御社に納め、別の名を付けると丈夫になるという俗信がある。由利郡の方ではこれをまたカミノミドリゴともいうそうであるが、起りはその神に仕える人を、親に取っていたのかと思う」とある。

○秋田県大内町〈由利本荘市〉では「弱い赤ん坊を鍋づるくぐらせれば丈夫になる」といい、実際にそうして育てられた人がいたという。群馬県利根郡でも「子供の育たない家は鍋の弦をくぐらしてなべと名をつけるとその子は育つ」といい、青森県八戸市では「生まれたらすぐ鍋の弦をくぐらせると丈夫に育つ」と言っている。鍋づるをくぐることで病弱な身体を他界に捨て去り、健康な身体への再生を願う習俗である。この場合、鍋の弦はこの世とあの世の境界を区切る意味を帯びている。

名前まで変えるというのは、それまでの不安な状態を徹底して払拭し切り替える狙いで、観念の上では別の子に生れ変わらせることである。
○子供がつぎつぎと死んで育たないとき、新生児には百軒の家から布を貰いそれを縫い合わせて着物を作り、着せれば死なない（石川県金沢市）（『日本俗信辞典 衣裳編』産着の項参照）。
○弱い子を相撲取りに抱いてもらえば丈夫になる（秋田県大内町〈由利本荘市〉）。弱い子は相撲取りに抱かれて、辻へ出て踊ってもらえば丈夫になる（長野県北安曇郡）。
○体の弱い子供は名前を付け直すと丈夫になる（群馬県渋川市）。体が弱い子には、本名以外の通称名に強い動物などの名をつける。トラ・クマ・ワシなど（福島県猪苗代町）。
○弱い子は、長寿で亡くなった人の葬式のミズノミダンゴを貰って食べると丈夫になるという（群馬県安中市）。
○その他。子供のない人が子供をほしいと思ったら、隣のお椀を盗んでそれで食べると子供ができる（岩手県住田町）。薪を逆さにくべると子供が逆さに生まれる（長野県上伊那郡）。男子が生まれると「大女」、女子の場合は「大男」と言う（沖縄）。女の子は男親に似るとぶに（果報）がある。男の子は女親に似るとぶにがある（高知県室戸市ほか）。子供が生まれた家に男の人が最初に来たら運がよい（香川）。乳幼児を抱き上げる時は重いと言うのを忌み、クソベーとかクソビイと言うものという（高知県大川村ほか）。赤ん坊の髪を四辻に置き、千人に踏ませると幸運を招く（岩手県一関市萩荘園ほか）。赤ん坊がトトと言うまで魚を食べさせてはいけない（奈良県御杖村）。嬰児の握力が強いと将来金持ちになる（栃木県茂木町）。年寄りが乳児に添い寝すると、子供の生気を取るといって忌む（高知県春野村〈高知市〉ほか）。

子供《こども》

⑵子供と予兆、夢、夜道と魔除け

○子供がさわぐと、雨になる（岩手・山形・宮城・長野・岐阜・和歌山）、翌日は雨（青森・山形）、天気がくずれる（長野県丸子町〈上田市〉）、雪が降る（同町）、翌日風が吹く（同県穂高町〈安曇野市〉）という。山形県温海町〈鶴岡市〉では、二、三人の子供がさわぎだして止まないと「明日は荒れ空になるぞ」とか「ハタハタが来るぞ」といい、同県西川町では、子供等がさわぎすぎると「あまり騒ぐな、雨なっから」とごしゃかれた（叱られた）という。子供がさわぐのを天気が変化する予兆とする俗信だが、とくに、夕方さわぐと雨になるという例が多い。夕方子供がさわぐと、雨になる（岩手・福島・長野・岐阜・島根）、翌日は雨（岩手・秋田・宮城・福島・新潟・富山・愛知・高知）、天気が変わる（福島・群馬・千葉・新潟・高知）、天気が悪くなる（福島）などという。宮城県中田町〈登米市〉では、夕方子供たちがおそくまで遊んでいると翌日は雨、といい、新潟県中魚沼地方では、夕方子供があばれると、雨のときは晴、晴のときは雨になるという。本来この俗信は、夕暮れ時に戸外で子供たちがあそび騒ぐと天気が変わる、という予兆だったと思われる。夕暮れは逢魔が時ともいわれるように、子供たちが外であそぶ時間帯ではなかった。夜、子供がさわぐと翌日天気が悪くなる。大荒れの前に子供がさわぎまわる（共に山形県温海町〈鶴岡市〉）。

○夕方子供が泣くと雨が降る（栃木県芳賀郡）。子供が、夜更かしすると雨が降る（宮城県気仙沼市）、お茶を飲むと風が吹く（神奈川県津久井町〈相模原市〉）。子供が泥をいじると、雨が降る（栃木県黒羽町〈大田原市〉）、天気が悪くなる（長野県北安曇郡）。

○島根県広瀬町〈安来市〉では、小さい子供が箒で座敷を掃くと来客がある、といい、秋田県仙北郡では、朝早く家中を子供が掃くと客が来るという。子供が、土間を掃くと客が来る（同県）、庭を掃くと客が来る（秋田・長野）。子供が箒を使うのを見て、来客を予知して掃いていると解釈したのであろうか。子供には大人にはない予知能力があると見られていたようだ。秋田県羽後町では、幼児が箒をもてあそぶと用もない客が来るといって、箒を取り上げるという。

○子供が仏壇の鉦《かね》を打ってあそぶと親類に不幸ができる（福島県岩代町上長折〈二本松市〉）。子供が弓を射ると飢饉がくる（同県浅川町）。寝起きから子供がゴーイラス（面倒かける）のは縁起が悪く、その日は物事が成就しないという（広島市）。

○子供が生まれた夢を見ると、人が死ぬ（岐阜・愛知・三重・愛媛・高知）、身内の者が死ぬ（岐阜県本巣町〈本巣市〉）、知人が死ぬ（愛知県北設楽郡）という。岡山県では、子供の生まれた夢は死人がある、死人の夢はその反対という。赤子の夢を見ると、凶（宮城県本吉郡）、人が死ぬ（長野県北安曇郡）。子供の夢は万事ことごとく成就する（福島県表郷村〈白河市〉）。赤ん坊を山に連れて行くと悪い夢を見る（栃木県芳賀郡）。

○鹿児島県和泊町では、初立《うったち》のとき、または宮参りのとき、赤ちゃんの額にナビヒグル（鍋墨）をつけ出発した、といい、高知市布《ぬの》師田《しだ》では、赤ん坊が三三日たって外出するときは、その額に鍋墨をつけてやる、という。青森県五戸町粒ヶ谷地や十和田市赤沼でも、子を初めて外に出す時、ヤッコといって鍋墨で斜十字（×）を子の額に描く、という。江戸時代の後期に東北地方を歩いた菅江真澄も『おがのあきかぜ』（文化元年〈一八〇四〉）のなかで、「ぬかぐろに十字《やすこ》かいたる乳児《ちご》おひたる女ふたり、天神まうでしなんとてさいだつ」と書き記している（内田武志他編『菅江真澄全集』四）。ぬかぐろとは額のことである。赤ん坊が初めて外出するときに額に鍋墨をつける習俗は各地にみられるが、いずれも、嬰児の不安定な魂が邪霊の手にかからぬように魔除けの目的でおこなわれる。額には鍋墨や紅で○・×・＋・大・犬などと書く（常光『魔除けの民俗学』）。

○かつての人々は、昼間は人間の時間で、夜は神霊や悪霊が支配する時間との認識をもっていたようだ。昼間から夜に移る夕暮れは、異界のモノが出没し始める不安な時間帯であった。岡山県哲多町〈新見市〉では、夕方子供が外へ出ると魔がさす、といい、神奈川県津久井町〈相模原市〉では、子供が夕方遅くまで遊んでいると夜かくしに隠されるといって心配した。子供が神隠しに遇うのはしばしば夕方だった。

○島袋源七の『山原の土俗』（一九二九年）に、「夜行する時、子供が同行を拒んだり又は急に泣き出したら、引き返さねばならぬ。必ず途中で不幸に會ふ。」（沖縄）とある。同県本部町では、夜、赤ちゃんをおんぶして他所へ行くときは鍋の煤《すす》を赤ちゃんの額につけ、または唾をつけてアンマールミール　タルンミーナヨー（母よりほかに誰も見るなよ）と唱える、といい、糸満市では、夜、子供を連れて歩く場合はナービヌヒング（鍋の煤）を子供の額につけ、そして「君は強い牛の子、馬の子だよ、父と母に向くのであって、よそを見てはいけないよ」と言う。これは、風邪や伝染病などの悪風、または悪霊が取り憑くのを防ぐためである、と伝えている。また、同県玉城村〈南城市〉では、夜、赤子をつれて他所へいく時は鍋の煤を額につけるかサンを結んでもって行く、という。鍋墨のほかに唾・サンも魔除けに用いられていることがわかる。サンはススキの葉などの先端を結んだ魔除けの呪具。夜間、子供が何かに怯えて帰って来ると、大人がフール（便所兼豚小屋）に連れて行って豚をグーグーと鳴かした。そうすると悪霊が退散すると信じられていた（那覇市）。

子供　こども

⑶子供留守、子供の死、その他

○奈良県吉野郡では、杓子に「子供ルス」と書いて家の入口にはっておくと麻疹《はしか》が入ってこない、といい、愛知県犬山市では、入口に「子供るす」と書いた紙をはっておくと子供が疫病に罹らない、という。大阪府では、麻疹の流行時に子供のある家では、紙に子供の名を書きその下に留守と認《したた》めて門口にはる。いずれも居留守をつかって疫病神を騙し家に入ってくるのを防ぐ呪《まじな》いである。同府柏原《かしわら》市では、子供たちが熱病に罹らないように「子供留守」と半紙に書いて門口にはる。文字を書いた紙をはる際、逆さまにする例も少なない。百日咳が流行したら「コドモルス」と書いて逆さまに戸口にはっておく（愛知）。「子供留守」と書いて門口に逆さまにはると麻疹のまじないになる（鳥取県日吉津村）。子供の伝染病が流行すると「子供留守」と書いて逆さに戸口にはっておくとよい（徳島県小松島市）。兵庫県神戸市では、子供の麻疹が流行しているときは「ハシカノカミサンオトヲリクダサイ」と書いた紙片を逆さに門口にはると、麻疹に罹らないという。同県千種町〈宍粟市〉では、半紙を半分に切り「ハシカスンダ、コドモオラヌ、サキヲタズネテユケ」と書き、入口にはっておくと麻疹の疫病神が入らない、と伝えている。

○石川県金沢市では、子供が麻疹に罹らぬように、紙に「佐佐良三八御宿」と書いて門口にはるとよい、という。この俗信は各地に伝えられている。山東京伝『昔話稲妻表紙』巻之二に「厄神の報恩」と題して由来譚が載っている。佐々良三八郎（六字南無右衛門）が犬に襲われた老女を助ける。老女は疱瘡の神で、後に、南無右衛門に「しからば鮑貝《あわびがい》のうちにさゝら三八宿とかきつけて簷《のき》にかけおき玉へ。その目じるしある家には、我は勿論ともがらの者をも立よらすまじ。」と教える。この伝承に関しては、大島建彦『「ささら三八」考』（『疫神と福神』）に詳しい。
○子供の伝染病が流行したら、ニワトリの絵を描いて門にはりつけると移らない（岩手県釜石市）。子供が百日咳に罹ったらニワトリの絵を描き、竈の神の前に逆さまにしばっておけば治る（栃木県下都賀郡）。子供の麻疹にはサルノコシカケを門口に吊るすと病気が入らない（兵庫県神戸市）。
○葬式のときの五色の旗を持ってきて、子供の身の回りのものに用いるとその子は病気をしない（福島県飯舘村）。左義長を見に行った子は夏病みしない（愛知）。麻疹の子を箕に入れて振れば他人に伝染しない（岩手県気仙郡）。
○子供が火あそびすると寝小便をする（ほぼ全国的）。囲炉裏を汚すと子供が火傷をする（秋田・群馬・新潟）。葬式のときの撒《ま》き銭を拾って、へら（杓子）と一緒に炉の鉤に結びつけておくと子供が火傷しない（福島県郡山市）。
○福島県小野町上羽出庭では、赤子の最初の胎便《たいべん》をカナクソといい、乾燥させて仕舞っておく。子供が大病をしたときに飲ませると効くといわれる。子供が引きつけを起こした時には、その家の井戸を覗き子供の名前を呼べば治る（石川県鹿島郡）。『越谷市民俗資料』（一九七〇年）に「子供が気を失った時、井戸のふたをあけて、名前を呼ぶ。名前を呼ぶと気がつく。自分の息子が気を失った時やった」とある。子供が熱を出すと神棚に水を供え、その水を飲む真似をしてから川に流すと治る（兵庫県加古川市）。子供が頭を打つと、打ったところに唾をつけて「ハゲにもなるな、コブにもなるな、アブラオンケンソワカ〳〵」と唱える（愛媛県中山町〈伊予市〉）。子供が転んで打ったとき、手でさすりながら「ちちんぷいぷい、こがねさらさら、いたいとこむかいのやまさ、とんでいけよー」と唱えて、飛んで行った方にさすっている手の指をのばす（福島市）。

○岐阜県糸貫町〈本巣市〉や岐阜市などでは、子供の時から何でも気がつく利発な子は早死にするという。神仏に願ってできた子は早死にする（福岡県北九州市）。薪を燃やすとき先端からくべると子供が早死にする（沖縄）。正月三日に食い初めをした子は死ぬ（秋田県仙北郡）。子供の死ぬときは親に夢の知らせがある（愛知）。福島県大熊町では、子供が死ぬと「逆さ仏」という。七歳以下は神のうちといい、また棺台にのせてはならないという。棺は晒《さらし》で包み竹の棒を通して担ぎ、本式の葬式を出さない。これは、早く生れ変わってきてもらいたい願望だろうという（『大熊町史 第一巻』一九八五年）。沖縄県平良市〈宮古島市〉では、一〇歳以下の子供は棺に入れないで抱いて墓に行く、といい、沖縄市では、幼子が死ぬと本墓の袖垣に葬る、という。青森県つがる市や六戸町では、七つ前は神様だといい、幼くして亡くなったときは葬式は簡素に済ませた。秋田県北秋田郡では、生まれたばかりの子を丁寧に葬ると後に子供ができない、といわれる。幼児の死者は乳親《ちーのおや》を頼まねばならぬ。後生（あの世）で育てるのは乳親だから（沖縄）。子供の葬式に親は墓まで送るものではない（新潟・岐阜・大阪・山口・高知）という。子供が死んだとき母親はその供をしてはいけない（静岡）。大阪府能勢町では、子供の葬式に親が墓まで送ると死んだ子がついて帰る、といい、三重県芸濃町〈津市〉でも、子供が死亡したとき母親は野辺送りはしない。子が母親について帰るという。親が野辺送りに参加しないのは、子供の霊が未練を残さぬようにするためだといわれる。裏返せば、親にとっては死んだ子への未練を断ち切る覚悟の表出でもある。習俗の背後には、早く生れ変わってほしいとの配慮が随処に感じられる。三重県松阪市では、子供が死んだときは、寺の弔鐘を聞かないために大根漬けで耳を押さえた、という。

○人の死んだ家は借りてもよいが、子供が生まれた家は世《ゆー》（福）が分けられたあとだといわれ借りてはならない（沖縄県平良市〈宮古島市〉）。人の死んだ家は貸してもよいが、子供の生まれた家は貸してはならぬ。死人の家は不幸が分けられるが、子供の生まれた家は福が分けられてしまう（同県名護市）。

○夜、便所へ行く癖のついた子供は「川越するからもう来ません」と三度唱える（奈良県御杖村）。子供が寝てから便所へ起きる癖を止めるために、囲炉裏《ゆるり》の自在鉤の上部の竹に藁を結いつけて「どうぞ起きません如ッ」と唱える。そして「起きませんならこれを解きます」と願を立て、悪癖が遠くなると解く（熊本県宮地町〈阿蘇市〉）。子供が便所に落ちると寿命が短いといい、自分の家を含めて近所七軒から少しずつご飯をもらってきて子供に食べさせる（三重県椿村〈鈴鹿市〉ほか）。子供が知らずに糞を食うと大人になって梅漬けが腐る（岩手県岩手郡）。

○その他。仏様に供えたものを子供が食べると、出世しない（愛知）、学問が上達しない（長崎）、字を書くとき手がふるえる（和歌山）。縁遠くなる（新潟）、物覚えが悪くなる（徳島・愛媛）という。子供と同い年の犬猫を飼うのを忌む（高知）。子供を負んぶして外に行き、抱いて入って（帰って）くるものではない（秋田県鷹巣町〈北秋田市〉）。七つ前の子は神様（群馬県大間々町〈みどり市〉・新潟県長岡市）。一五歳までの子は神様の子供（三重県大山田村〈伊賀市〉）。子供が新湯《あらゆ》に入ると年寄りになる（長野）。灰のついた団子を食べると子供でも年老いる（岩手県上閉伊郡）。子供がお茶を飲むと山の向うに飛ぶ（新潟県山古志村〈長岡市〉）。子供が残り米を食うと山犬が来る（長野県北安曇郡）。三つ子に杓でなぐられると死ぬ（福井県小浜市）。子供が便所に落ちると呼び名を変える。理由は、位が下がるからという（高知県西土佐村〈四万十市〉）。逆さ子は走るのが早い（群馬）。芸事は子供が六歳の六月六日に手ほどきをすると上達する（群馬）。子供がじくねる（我がままをいう）ときは「今日は猿がかたる（加わって子守する）日だ」と言うと黙る（新潟）。電気が消えかけたとき「男の子」と言うとよい（愛知）。ばばさっ子は三文安い（長野県穂高町〈安曇野市〉）。子供をかわいがる人は子を生まぬ（同県豊科町〈安曇野市〉）。よなみといって小児が異常なくして下痢するのは、知恵を増すしるしである（埼玉県越谷地方）。⇩髪《かみ》・小便《しょうべん》・性別判断《せいべつはんだん》・歯《は》

瘤《こぶ》

○子供が頭を打って瘤ができた時（あるいは痛がる時）に、親たちが唱える呪文が各地に伝承されている。佐賀県川副町〈佐賀市〉では、瘤ができた時は「こぶなな、はちなな、もとんごと、なーれ」と言って、唾をつけてさすると治る、といい、福島県郡山市では、子供の打ち瘤なおしに「ちちんぷいぷい、痛いの痛いの磐梯山に飛んでいけ」と唱える、という。群馬県安中市では、子供が瘤をつくった時は「ちちんぷいぷい△ちゃんの痛いの痛いの遠くの山へ飛んでけ」と唱えながら、指に唾をつけて患部をなでてやる。同県子持村横

堀〈渋川市〉では、瘤に息を吹きかけて撫でながら「ちちんぷいぷいぶよのちんぼこあびろうけえそわ」と唱えてから「あっちの山へ飛んでけ」と言って、唾をペッペッと吐く、という。茨城県出島村〈かすみがうら市〉では、瘤には「ちじらんかんぷん、かちかへいが呪いで、ぷっとなおれ、ぷっぷっぷっぷ」と唱える。栃木県宇都宮市周辺では、子供が瘤をだしたら「ちんぷんかんぷん向うのお山へ飛んでいけ」あるいは「ちちらんかんぷん瘤の山へ飛んでゆけ」または「智行武勇御御代御宝」と言って頭をさする、という。山崎美成や屋代弘賢などが催した疑問会の活動を記した『疑問録』に、「ちゝんぷいく御代の御宝と云事如何　志賀理斉　智仁武勇は御代の御宝と云事也　美成」というやり取りが交わされている。「転んだ子ちゝんぷいく御宝」（『苔翁評万句合』宝暦一三年〈一七六三〉）。「ちゝんぷいくと御袋療治なり」（『誹風柳多留』文化八年〈一八一一〉）。
○福島県若松市〈会津若松市〉などで、子供が物に額などを打ちつけた時に、母親がその箇所をなでながら、何べんも「カラスのコブになれ」と唱える。群馬県渋川市では、子供が転んだ時「ちんぱいぱい神の御用、カラスのコブになーれ、△さんのコブになるなー」と唱え、患部を撫でて息を吹きかけてやるという。同県桐生市では、子供が頭に瘤をこしらえた時は「おらがコブになーるな、カラスのコブになーれ」と言って、唾を指先につけてなでてやる。いずれもカラスに瘤を移そうとの魂胆。新潟県栃尾市〈長岡市〉では、「この子のコブにならんで鬼のコブになれ」と言って、生米を噛んでつけてやる、という。
○瘤ができたら、瘤に息を吹きかけ「アブラウンケン　アブラウンケン　アブラウンケン」と三回唱える（群馬県板倉町）、「親のツバッバ」と三回唱える（兵庫）、「ちいはいはい」

と撫ぜながら言う〈群馬県群馬町〈高崎市〉〉。頭に瘤ができたら、母親が「こぶこぶ治れ、残らんよに飛んでけ。弘法さんの唾だに早治れ」と言って、唾をつける（愛知県武豊町）。たん瘤は「こぶになんな　かさになんな　ちょいと出て　ひっこめ」と言う（島根県日原町〈津和野町〉）。体を物に打ちあてた時は「禿になんなコブになんな、打ったところから太れ」と言って揉んでおくと、痛み腫れが少ない（高知県東津野村〈津野町〉）。頭を打って瘤ができた時は、生米を噛んでつけるとよくなる。また「あぶらうんけんそばの粉、一升たけば粉八合、練って食えば御器《ごき》三杯、くわん、くわんやんぼしゃ八杯食う」と早口に三遍となえると、泣いている子も泣き止み、笑いだす（長崎県吉井町〈佐世保市〉）。子供のたん瘤は「痛かた、イタチの糞、かいかた、カラスの糞、猫八幡、ちょうらんガネ、伊勢の神風、あぶらおんけんそわか、南無阿弥陀仏、南無阿弥陀仏、南無阿弥陀仏」と唱える（熊本県有明町〈天草市〉）。

○果物など丸いものを懐中すれば子供の頭に丸い瘤ができる（福島）。懐に餅を入れると瘤のある子が生まれる（山口）。餅をちぎるとき、足したりすると瘤ができる（山形県東根市）。寝ていて物を食べると瘤ができる（愛知県平和町〈稲沢市〉）。年取りの朝、便所に行けば瘤ができる（岩手県九戸郡）。子供の頭にネコを上げるとネコのような瘤ができる（岩手県西磐井郡）。夜、顔に瘤のできたときは喜びがある（鹿児島）。滋賀県神崎郡で、頭を打ち合わすと瘤ができる。今一度打ち合わせておけばよいという。同じことを繰り返すことで、元の状態に戻るとの発想は俗信にはしばしば見られる。石川県金沢市でも、鉢合わせしてぶつかったら、もういっぺん鉢合わせすると腫れないという。

○兵庫県小野市では、子供が倒れたり、打って瘤ができたとき、老人たちはよく草履をぬいで、その裏で打った箇所を撫でこすりながら「打ったとこ大けなれ」という言葉を繰り返し唱える、という。「打ったとこ大けなれ」と唱えるのは逆ではないかという気がするが、先に紹介した高知県東津野村〈津野町〉でも「打ったところから太れ」と言っている。本意とは逆のことをわざと言う例は、海上の荒れを静めるときに、鬨の声を上げて「もっと荒れもっと荒れ」と声を発する（島根県隠岐郡）のもそうであろう。邪悪なものは、人間の安全や幸福を脅かし、人の願いとは反対の動きをすると考えられていた。それを逆手にとった呪《まじな》いであろう。新潟県赤泊村〈佐渡市〉では、瘤ができたら草履でこすると治る、といい、愛知県大府市や東浦町では、瘤は草履の裏で撫でると治るという。頭や顔に瘤ができたときは、草履で撫でる真似をする（同県）。草履の呪力の一端は、この履物が帯びている不浄感が邪霊を遠ざけることや、ものを踏みつける力であろう。石川県辰口町〈能美市〉では、善光寺参りの草履で瘤を撫でると治る、と伝えている。朝早く新しき草履を履き、神社に至りて脱ぎ帰るときは瘤を治す（石川県石川郡）。

○瘤ができた時は、タワシに水をつけて瘤をなでる（愛知県西春町〈北名古屋市〉）、足の親指を糸でしばる（群馬県板倉町）、生米を噛んでぬる（秋田・愛知）、砂糖をぬる（宮城県蔵王町）という。山形県新庄市や山口県小野田市〈山陽小野田市〉では、昆布を三年食べると瘤が落ちる、といわれる。瘤はお灸をすえて白いものがでると治る（群馬県板倉町）。青森県八戸市付近で、ニワトコは瘤を落すというので瘤の木という。茨城県稲敷郡柴崎村〈稲敷市〉の愛宕社が蔵する木槌を借り受けて、朝夕、瘤やアザなどの患部をたたくと治るという。治れば同じ大きさの槌を新たに作って納める。『民家日用 廣益秘事大全』（嘉永四年〈一八五一〉）に「瘤落し薬」として「丹礬《たんばん》をこよりにより込《こみ》瘤を結びおくべし、自然にだんだんとしめよせ終に落るなり」とある。

○後頭部に瘤のある人は色情が深い（秋田県由利郡）。後頭の瘤は色こぶといって色好み（福岡県北九州市）。首に瘤がある人はお金が貯まる（群馬）。

○松浦静山『甲子夜話』巻四には、腕に瘤のある八弥という農人が、観音像を祀る堂で仮寝し、夢の中に現れた観音に瘤を取られる痛みで目覚めたところ、瘤が無くなっていたという話が見える。著者は「かゝれば、昔鬼に瘤を取られしこと寓言とも言がたし」と結んでいる。浅井了意の『伽婢子《おとぎぼうこ》』「蛇瘿《こぶ》の中より出《いづ》」は、女のえり首にできた瘿を剃刀で裂いたところ、中から蛇が飛び出たという話だが、瘤にまつわるこの種の奇談は少なくない。『寓意草』下（江戸中期）には、ある人の「左のかたにちひさきこぶありて、時々かゆかり。ひとひおのづからさけて、あをきかはづ（蛙）一つをどりいでたり。」とあり、同書には、瘤からしらみのでた話も収められている。

拳《こぶし》

○愛媛県南内海村〈愛南町〉などで、こぶしを握って皺《しわ》がたくさんあったら子供の多い生れ、という。石川県金沢市では、手を握って握りこぶしの中に隠れるホクロのある人は幸福になれる、といわれる。寝ている時にこぶしをつくっている人は出世する（愛知）。

○ヘビを指さすな、指が腐る、との禁忌はほぼ全国的である。京都府北桑田郡では「あそこにヘビがいる」というときは握りこぶしでさせという。指が腐らぬように握りこぶしでさすというのは、石川・愛知・和歌山・兵庫・広島・山口県などでもいう。ヘビと同様にカボチャを指さすな、との禁忌も多い。ただ、この場合はカボチャの方が腐って落ちるといわれる。高知県幡多《はた》郡では、カボチャを指さすと腐って落ちるので、握りこぶしで数えたりするという。

○ザシキボッコがいるという家の前を通るときは、親指を中にしてかたくこぶしを握り、脇見をせずに通り過ぎないと、ボッコに乗り移られると教えられた（秋田県鹿角市）。かつて、目に見えない霊的なものは、人間の親指の先から体内に侵入すると信じられていた。霊が取り憑くのを防ぐために、親指を包み込むようにこぶしをつくったのである。胸のつかえは、水を飲んで、握りこぶしを頭の上にのせて呼吸を止める（群馬県板倉町）。疳の虫は、虫切りといって、左手の握りこぶしにお灸をすえ、指先から追放する（栃木県真岡市）。⇩手《て》

腓　こむら

○コブラとも。京都府京北町〈京都市〉で、コムラガエリ（腓返り）を治すには「ぼけ〳〵」と三遍唱えてこするとよい、という。宮城県気仙沼市では、コムラガエリの時は、男女とも自分の性器を引き伸ばしながら「ぽけとぽけと」と唱える、と伝えている。『続咒咀調法記』（元禄一四年〈一七〇一〉）に「こぶらかへりのまじなひ」として「木瓜にてこぶらの所をなでさする、奇妙になをる也、もし木瓜なき時は木瓜〳〵と三遍となへて其こぶらがへりの所をさすりてよし　又一説に云　次ニ念仏四十八返となふべしと」とある。天保一三年板（一八四二）『新撰咒咀調法記大全』には、「こぶらがへりを治すまじなひ」と題して「木瓜〳〵と三べん唱へてさするべし、又男は陰茎を引《ひく》べし、女ハ乳を左右へ引もよし、直《ただち》に治す」と見える。福井県美浜町では、足の親指に黒糸を二本結ぶとコブラがあがらない（コムラガエリをしない）という。

秋田県では、コムラの下がった人は怠け者という。⇩足《あし》

こめかみ

○頭痛の時はコメカミに梅干を貼るとよい、との伝承は全国的である。ほかにも、梅干をコメカミに貼ると、熱に効く（愛知県西春町〈北名古屋市〉）、風邪が治る（兵庫県赤穂市）という。福島県二本松市では、疳の虫退治には煙管《きせる》ののろ（脂《やに》）をコメカミにつけるとよいといい、山形県新庄市では、煙管にみご（稲の芯）を通して脂を取り、それをコメカミ、ヘソの周り、おいどめ（尾てい骨）につけると疳の虫に効くといわれる。長野県上田市小井田では、子供が鼻血を出した時、後ろから、左右のコメカミを両手で押さえつけて吊り上げ「江戸みろ、江戸みろ」と言うと止まる、と伝えられている。

○『誹風柳多留』に「米かみと能《よ》く気の付た俵也」（文化八年〈一八一一〉）の句が見える。平将門を俵藤太が討った話は江戸ではよく知られていた。将門伝説は、今も関東地方を中心に伝承されている。将門は『太平記』巻一六に「その身皆鉄身《てつしん》にて矢石《しせき》にも破られず」とあるように強靭な鉄の身体だったという。『俵藤太物語』（室町時代成立）にも、五体は鉄身で六人の影武者を擁していたとある。攻めあぐねた秀郷は将門の寵姫《ちょうき》小宰相に近づき、将門の急所がコメカミであることを知る。千葉県市川市に伝わる伝説でも、影武者のなかで将門だけはコメカミが動くという秘密がもれたため、敵方にここを狙われて討たれる。鉄身（鉄人）伝説では、その弱点がコメカミにあるという話は多い。

【し】

舌　した

(1)舌を抜かれる、杓子をなめると

○舌の長い人は、長命（山口県小野田市〈山陽小野田市〉）、歌が上手（秋田・長野）、雄弁（徳島県小松島市）、ほら吹き（山口）、泥棒（福島）という。舌の短い人は、幸せがくる（富山県小杉町〈射水市〉）、雄弁でない（徳島県小松島市）。舌先の尖っているのは嘘つき（京都府与謝郡）。舌が鼻にとどく者は盗人（秋田・高知）。舌が顎にとどけば盗人になる（岡山）。顎を下げて舌を出し胸につけば泥棒になる（長野県北安曇郡）。

○山口県福栄村〈萩市〉で、舌を噛んだ時は誰かが陰で自分の悪口を言っている、といい、同県熊毛町〈周南市〉では、人がほめ口を言うと舌を噛む、という。

○嘘をつくと、閻魔様に舌を抜かれる（福島・群馬・茨城・新潟・静岡・広島・鹿児島）とか、鬼に舌を抜かれる（岩手・山形・福島・栃木・群馬・茨城・大阪・島根・徳島）という。伝承地は著者の手元の資料で確認しただけで、全国的に知られた俗信である。大阪府旧豊川村では、嘘をつくと地獄で鬼に釘抜きで舌を抜かれる、といい、徳島県小松島市では、嘘を言うと立江のお地蔵さんの鬼に釘抜きで舌を抜かれる、といわれる。茨城県小川町では、嘘をつくと雷に舌を取られるという。福島県平田村では、嘘を言った者は、舌《べろ》をだして見ると、舌に書いてあるからわかると子供に言う。嘘を言っている者は恥じて舌をださないのでわかる、といわれる。この俗信は子供の躾の意味合いがつよい。『往生要集』（平安中期）の大叫喚地獄には「獄率、熱鉄の鉗《かなばし》を以て、其の舌を抜き出す。抜き已れば復た生ず。生ずれば即ち復た抜く。」と説かれている（『建保版「往生要集」翻刻と訳註』二〇二二年）。地獄絵には、獄卒（鬼）が手にするヤットコで舌を抜かれる場面が描

かれており、視覚に訴える悲惨な姿が、この言い伝えと重なって受け止められることもあっただろう。また、舌は味覚をつかさどる敏感な器官だけに、舌を抜かれるという生々しさは実感として怖い。近世には、広く知られていた俗信で、浮世草子『熊谷女編笠』三(宝永三年〈一七〇六〉)に「嘘ついたものちこく(地獄)の釜へほつたりと落て舌をばぬかるゝとや」とある。因みに、今もゆびきりの誓言に「ゆびきり、かまきり、嘘いや、地獄の釜へぽったりしょ」(長野)と言ったりする。

○人間の舌を抜くのは閻魔や鬼だけではない。秋田県山内村〈横手市〉に伝えられる「三十人小屋場」や「熊野山神社由来」は、山仕事をする三十人の男たちが、小屋で百物語をしたあと、夜中にあらわれた化物に舌を抜かれ、一人だけが助かるという話である(國學院大學民俗文学研究会編『伝承文芸』一七号)。化物が夜間に木挽きの舌を抜いて殺すという怪異は、鳥取県若桜《わかさ》町にも伝えられている。

○ものを舐めるのは舌の重要な機能で、俗信のなかにも舐める行為に関する多様な性格が映し出されている。杓子をなめると、嫁入りの時に雨が降る(福島・岐阜・岡山・広島・高知・熊本・沖縄)、嫁入りの時に犬がほえる(兵庫・愛媛)という。板橋作美は「赤飯に汁」(『俗信の論理』一九九八年)で、赤飯に汁をかけて食べると、嫁入りに雨が降るとか犬に吠えられるという俗信と、それに関連する俗信群について分析している。板橋は、「嫁入りに雨が降る」のも「犬に吠えられる」のも花嫁が恥をかくことで、「文化的規範に外れた行為(行儀悪い行為)は名誉喪失の行為(恥ずかしい行為)であることを言っているのだと考えられる」と指摘している。

○杓子をなめるものではない。なめると、貧乏する(島根県安来市)、縁遠い(大分県前津江村〈日田市〉)、へらへらと軽い人になる(山形県長井市)、餓鬼になる(新潟)、長患いをする(福島県保原町〈伊達市〉)、食いけの病になる(長野県上伊那郡)、杓子のような子を生む(福島・群馬・長野・岐阜・高知)、鼻の低い子を生む(新潟県佐渡市)、口の大きな子が生まれる(奈良)、双生児が生まれる(岐阜)、早くヒゲが生える(香川県豊中町〈三豊市〉)など、さまざまである。未婚の男が篦《へら》をなめると、自分よりも年上の妻を娶る(岩手県紫波郡)。男が杓文字をなめるとヒゲが生えない(沖縄県糸満市)。お粥のついた杓子をなめると次の日雨が降る(岩手県西磐井郡)。『紀州民俗誌』(一九六九年)には、和歌山県打田町〈紀の川市〉で、杓子をなめると蛇になるという言い伝えについて、「道成寺物語で、安珍が清姫の家に泊った時、清姫が台所で飯粒のついている杓子をなめているのをふと見ると、その舌の先が二つに分かれ、ちょうど蛇のように見えたので、逃げ出したという伝説に起因するようである」と記されている。

○匙をなめると、人前で恥をかく(岡山・広島)。お皿をなめると、出世しない(徳島)、歯の生えた子が生まれる(熊本)、舌のない子が生まれる(福井県高浜町)、口の大きな子を生む(兵庫)。妊娠のときに擂粉木《すりこぎ》の味噌をなめると、赤子の陰茎に異常を生ずる(岡山)。擂粉木をなめると、人の中にでたとき屁をたれる(岩手県岩手郡)。擂鉢の残り汁をなめると、歯の生えた子が生まれる(佐賀)。櫛をなめると、歯が欠ける(青森県北津軽郡)、頭髪が抜ける(山口)。糊をなめると雪崩の下になる(長野県北安曇郡)。

○高知県南国市浜改田では、帯を締めるとき、そばに立っている人に帯の端が当たるのを忌み、当たると端をなめさせた。同県香我美町徳王子〈香南市〉では、投げた梭《ひ》(機織りで緯《よこ》糸《いと》を通す道具）がそばの子供に当たったときは、そこから腐ると伝えて、何か唱え言をしながら梭の爪の部分をなめさせた。梭の両端には爪と呼ぶなめらかなシカの角の細工をはめ込んであった。類似の伝承は同県土佐市用石や十和村〈四万十町〉にもあったという。シカの角は、土佐では猿猴除けなど魔除けに用いられることが知られている。
○喉の痛いときには炉の鉤《かぎ》の鼻をなめると治る（秋田県南秋田郡）。舌に出物ができたときは、誰も見ていない時かまたは夜に炉の鉤をなめると治る（同県山本郡）。舌にシタシトゲという腫瘍が出ると、誰にも見られないうちに鉤の鼻をなめるとよい（同県男鹿市）。火事を耳にしたら鉤竹をなめるとよい（群馬）。囲炉裏の鉤に限らず、鉤状の形のものには呪的な力が宿るとされる例が少なくない。なめる目的の一つは、なめる相手の力を吸収し身につけることである。
○安産の呪《まじな》いに、障子の桟にたまった埃《ほこり》をなめる（長野県上村中郷〈飯田市〉）。難産の時は、桶の垢《あか》をなめさせるとよい（高知県佐川町ほか）、タワシをなめさせるとよい（同県須崎市）。赤ん坊の腹痛はへその緒をなめさせると治る（新潟県妙高高原町〈妙高市〉）。子供が手など切ったら母親がなめてやると治る（群馬県桐生市）。疳の虫には、掌《てのひら》や足の裏に墨で呪文を書いて、それをなめさせると治る（愛媛県小田町〈内子町〉）。
○村で同年齢の者が死んだ時は、下駄を裏返しにして敷居の上に置き、塩を三か所に載せ、その塩を本人がなめて、外に蹴飛ばす（長野県伊那市）。死者の着物の襟先を焼いて水に溶かし、葬式から帰った血縁の者がなめると喪負けしない（高知県春野町芳原〈高知市〉）。葬式を見に行って転ぶと死ぬ。ただし、すぐに草履の裏をなめると免れる（信濃松本付近〈長野〉）。

○山道で突然空腹を感じ、冷や汗が出て歩けなくなる状態を、高知県本川村〈いの町〉では、餓鬼仏に憑かれるといい、憑かれたときは草履の裏をなめると治るという。

○風邪にかかったら、四方が戸か障子になっている柱をなめると治る（長野市付近）。竈の煤をなめると事故にあわぬ（福岡県芦屋町）。メコジキ（麦粒腫）は、便所に行って、瞼の上にできた場合は着物の裾の上、下の場合は下の裾をなめて目に当てると治る（長野県上伊那郡）。

○目にゴミが入った時は、舌でなめてもらうと取れる（新潟県中条町〈胎内市〉）、反対の頬の内側を舌でなめる（島根・山口）、反対の頬の内側を舌で三回なめる（兵庫県但馬海岸地区）、反対の頬の内側を舌で三回なめ口から唾を三回だす（福島県小野町）、ゴミの入った方の頬の内側を三回なめる（群馬県上《かむ》発知《ほっち》町〈沼田市〉）、反対の肩を舌で三回なめる（岩手県盛岡市）。

○クワ（桑）の皮の露をなめると中風にならない（山形県長井市）。辛いものを食べてなおらぬ時は、母親の毛髪をなめるとよい（福岡県田川市ほか）。シャックリには、掌に柿という字を書いて三回なめる（群馬県板倉町籾谷）。掌に人という字を三回書いて、舌でねぶって飲み込むと人前であがらない（愛知県阿久比《あぐい》町）。

舌　した

(2) 舌出しは拒否の意

○相手を小馬鹿にしたり拒絶するときに舌を出すしぐさをすることがある。『改訂 綜合日本民俗語彙』の「アエロ」の項に次のようにでている。「新潟県ではアイロ・アイロベ・アイロベコともいい、舌を出してこういうと拒否の意を現わす。青森県五戸地方では舌を出して人を威すことだというが（五戸の方言）、これは怖れぬことを意味するのか、相手を軽蔑するのは明らかでない。同県野辺地町地方ではアエロケまたはエロケという。アエロ・エロは舌の意、ケは食えの意であるから侮辱をあらわす語である。仙台ではエエロというが（方言七ノ一）、ここはべっかこう、すなわちあかんべのことだというから、新潟県と同じく拒否の意思表示であった。長野県上水内郡では舌を出して侮辱をあらわすをアベロン、静岡県では舌のことをオエロ・オベロ・オベラ・ベラなどという（静岡県方言誌）。すなわちアは口を開く時の表現、エロはベロと関係があり、舌を出す時の擬声から、転じて舌を意味する語になったことは、ほぼ疑いない。」。『幼稚遊昔雛形《おさなあそびむかしひながた》』（天保一五年〈一八四四〉）に、「あかんべい　これハ人にものをもらひうけられ、いやなるとき、あかんべいト、目のしたをゆびでおさへながら、したをだすのなり」とある。舌を出したアカンベの表情は、秋田県のべらぼう凧などにも見られる。

〇岩国城の武士が、元旦に城中へ年始に行くため、下僕に髪を結わせた。しかし、気に入らずに何度も結い直させたので、下僕が何気なしに舌をぺろりと出した。ちょうど主人の前の鏡にその姿が映り、怒った主人は下僕を切り殺した。その血で餅が赤く染まり、それ以後、餅を搗いても赤くなるので、その家では餅を搗かぬようになったという（『旅と伝説』通巻四五号、一九三一年）。餅無し正月の由来を説く伝説だが、そのきっかけに、舌出しの無礼が語られている。

〇舌を出した表情は鬼瓦などにも見られ、東アジアをはじめ日本以外にも分布するという。松尾充晶は「邪霊を追いやる鬼の顔」で、古墳時代後期の御崎山古墳（島根県松江市大草町）に副葬されていた大刀の柄の端部の鬼のような顔が、舌を出していることを紹介し、「舌を出した怪異の面相は、相手を威嚇し、悪霊をも畏れさせる力があると考えられていた」と述べている（「いまどき島根の歴史」第一七話・島根県古代文化センター）。舌を出すのが、相手を威嚇し侵入を阻止する積極的な表情であるのに対し、舌を巻くといえば、相手に圧倒されたときの、防御的で消極的なしぐさといってよい。出すか巻く（引っ込める）かで、表意する方向が反対になる。

○山の神といわれる桜の木がある森を伐ったところ、ヘビがでた。この木を買って焚いたところ病人が続出し、赤子がペロペロと舌を出す癖がついた。常にヘビが地を這うような音がする。祟りだというので祠を建てて祀った（和歌山県有田川町）。舌を出すイメージには、二股に分かれた舌を震わせるヘビの姿を連想させる面もある。

○嫌な客が来た時は、舌で口の裏側をなめる（福島市）。客に舌を出すわけにはいかないが、気持ちとしては舌出しと同じ意味であろう。

熊本県球磨郡地方で、嘘をいわぬ約束のしぐさをシタキリという。お互いに舌を出して、右の人差し指で舌を切る真似をする。

○岩手県胆沢郡で、元日に飴を食べないと鬼に舌を抜かれる、といい、同県上閉伊郡では、正月一一日の朝、飴を食べないと鬼に舌を抜かれるという。送り盆に川で泳ぐと猿猴が舌《べろ》を抜く（山口県福栄村〈萩市〉）。

○小児が舌苔を生じたときは、双生児の一人の唾をつければ治る（石川県鹿島郡）。『譚海』（寛政七年〈一七九五〉跋）に「赤子口中に乳のかすのやうに、しろき物出来、又はうはあご抔へ出来ものせしを、なほす妙薬、羌蜋（雪隠の壺に出る虫、うなむしといふもの）右一味飯つぶにすりまぜ紙にぬり、小児の足のうらへ張おく時は、直る事奇妙也、黒焼にしてもよし」とある。同書にはまた「舌のあれたる時は、なすびのへた黒焼を付べし、但殊の外しみる也」と見える。目にゴミの入ったときは、北を見て三回舌を出せ（岩手県稗貫郡）、舌を鼻の方に動かせ（宮崎県五ヶ瀬町ほか）。目にものの入った時は、ユズの種子を黒焼きにして、それを舌の上に置けば直ちに出る（群馬県桐生市）。

痺れ しびれ

⑴ しびれしびれ京へ上れ

○本項で扱うのは、長く座るなどして足がしびれた時の呪《まじな》いである。シビレがきれた時は、額に唾をつけるとよい（岩手・秋田・山形・宮城・福島・群馬・茨城・新潟・富山・石川・福井・長野・岐阜・愛知・京都・三重・兵庫・岡山・島根・鳥取・香川・徳島・愛媛・福岡・佐賀・宮崎）との俗信は広く分布している。長野県浅科村駒寄〈佐久市〉では、額に唾をつけて強く押すという。青森県五所川原市では、足しびれたら薬指でなずきさ（額に）よだれつければなおる、と伝えている。いずれも唾を額につけるが、眉毛につける（福島・千葉・長野・岐阜・広島・宮崎）所もある。鳥取県鹿野町〈鳥取市〉では、指先で額に唾をつけて眉毛を撫でるという。ほかにも、唾をつけるのは、眉間（長野県長門町宮ノ上〈長和町〉）、睫毛（島根県赤来町〈飯南町〉）、頭（愛媛県柳谷村〈久万高原町〉）、鼻の先（群馬・長野・愛知）、鼻の先と額（長野県佐久市横根）、掌（茨城県里美村〈常陸太田市〉）、膝（群馬県板倉町）、足の親指（長野県下伊那郡）と変化に富む。群馬県板倉町飯野辻では、土踏まずに唾をつけて足をしずかに伸ばす、といい、長野県丸子町練合〈上田市〉では、足の裏に唾で「龍」の字を書く。石川県金沢市では、畳の縁の布に唾液を浸し足をつけるとなおる、と伝えている。

○埼玉県越谷市では、久しく座して足にシビレをきらした時は、指先に唾液をつけ、三度額につけるとなおる、といい、群馬県板倉町では、シビレには指先を舌でなめて額を三度たたく、という。額に唾をつける際に「三度つける」のは、岩手・秋田・福島・群馬・埼玉・茨城・新潟・長野・京都・和歌山・兵庫・岡山・島根・山口・香川・福岡・佐賀の諸県でいう。福島県飯舘村伊丹沢では、足がしびれて立てなくなったら、額、鼻の頭、顎に唾を三回つけるとよい、といい、同じことは群馬県板倉町大曲でも伝えている。ほかにも、シビレが切れた時は、おでこと鼻の頭に唾を三回つける（長野県東部町東田沢〈東御市〉）、眉間に唾を三回つける（三重県磯部町〈志摩市〉）、眉毛に唾を三度つける（長野県諏訪湖畔地方）という。同じことを三回繰り返すことでより大きな効果を生む、との伝承はさまざまあってシビレに限ったことではない。三本締め、三拍子、三種の神器等々、私たちの生活に馴染みの深い三という数の文化や世界観については、郡司正勝『和数考』（一九九七年）に詳しい。熊本県南関町では、シビレには唾を年齢の数だけ額につければよい、といい、同じことは岩手県衣川村〈奥州市〉でもいう。シビレがきれたら額へ唾を何回もつける（長野・愛知）。

○筆者は、以前、埼玉県玉川村〈ときがわ町〉を歩いたとき、シビレは藁を短く切りそれに唾をつけて額にはるとよい、と教えてもらった。新潟県山古志村中野〈長岡市〉の調査でも、シビレがきれた時は、藁しべを一寸くらいに切って唾をつけ額にはる、と聞いた。ただ唾をつけるというだけでなく、藁しべや紙片など小さなものを唾で額につける呪《まじな》いの分布は全国的である。額にはる物の種類について、手許の資料を整理すると、最も多いのが藁で四八例、次いで畳と塵が同数の二一例、紙一八例、筵《むしろ》一二例だった。シビレには藁（藁屑）を唾で額につけるのが、この呪《まじな》いの基本といってよい。それだけ身近に藁や藁製品が多かったということでもある。資料の記述に従って藁と筵を分けたが、筵の多くは藁で作られている。かつての農家の生活を想像すると、畳表をむしるよりも、筵のひげをむしって額にはるのが一般的であっただろう。和泉流『狂言六義』(天理図書館蔵)の「しひり(痺)」に、「シテ『しびりがおこりまらして、たちゐがならぬ』と云、『まじないがある』と云て、ちり(塵)をとつてつ(付)くるまねをする、シテ『ちりのいちだ(一駄)や二だつけて、なおるやうなしびりでは御ざらぬ』と云、」とある。熊本県松崎村〈八代市〉では、足のシビレは笹の葉に唾をつけて額にはるとなおる、という。和歌山県高野口町〈橋本市〉では、シビレがきれた時は、額に竹の皮をはりつける。竹の皮が無ければ藁すべをあてる。同県紀北地方では、額に糸をつけるという例もある。シビレがきれたら、額に梅干の皮をつける(群馬県板倉町)、でこ(額)に辛子をはりつける(愛知県碧南市)。

額以外では、三重県磯部町〈志摩市〉で、シビレは藁を眉間にはるとなおる、といい、奈良・島根県では敷物の藁を少し取って眉間にはるという。長崎県美津島町〈対馬市〉では、シビレがきれたら藁で眉に唾をつける。

二〇〇二年から五年まで、筆者は中国浙江省温嶺市の民俗調査(団長 福田アジオ氏)に参加して、沿海の集落を歩いたが、シビレの呪《まじな》いはしばしば耳にした。シビレは藁に唾をつけて額にはる(陳祥順・男性・一九三四年生れ・石塘鎮東興村)。シビレは藁を短く切ったものに唾をつけて額にはる(洪本福・男性・六七歳〈二〇〇四年当時〉・石塘鎮東海村)。シビレは藁切れに唾をつけて額につけ、しびれている足で何回か地面を踏む(劉招蘭・女性・七九歳〈二〇〇五年当時〉・石塘鎮東海村)。シビレになった時は「足のしびれ、足のしびれ」と唱えてから、短く切った草に唾をつけて額につける(汪玉彩・女性・六四歳〈二〇〇五年当時〉・石塘鎮東興村）。聞き書きの一部に過ぎないが、ほとんどの事例が、藁切れに唾をつけて額につける、というものだった。その後、二〇〇七年から九年にかけて中国貴州省黎平県岩洞村のトン族の集落を歩いたが、ここでもシビレは藁切れに唾をつけて額につける、と聞いた。日本とまったく同じである。鈴木棠三《とうぞう》『語源散策・相合い傘』（一九九〇年）には、シビレについて「このまじないのことは、貞門あるいは談林派の俳諧に好んで詠まれているが、もとは中国から渡来したものだという。中国では、痺れた足と同じ方の上まぶたに草をはりつけたり、鼻の頭に紙をはって、シビレ鼻へ上れという唱え言をしたものらしい。そういう異国風が俳諧の題材として好まれたのであろう。」とある。中国に関する出典はわからないが、似た記事は『嬉遊笑覧』巻八に見える。

○シビレには、唾を額につける、あるいは、唾で藁などを額につけるが、その際、呪文を唱えることも多い。南方熊楠は「紀州俗伝」で「足痺れて起《た》つあたわざる時、『痺れ、京へ登れ、藁の袴買うて着しょ』と三たび唱え、畳の破れ目等から、藁一片抜き、唾で額へ貼ればすなわち痺れ止む、と。」（和歌山）と報告している（『南方熊楠全集』第二巻）。石川県七尾市では、シビレは藁を唾で額にはって「しびれ〳〵京詣り、京にみごとがあるといの、早よ行かねばすむといの」と言って、軽くたたくとすぐなおる、という。山口県福栄村〈萩市〉では、藁しびに唾をつけて額にはり「しびり、しびり京へ上《のぼ》れ、儂《わし》もついて上ろ」と三度唱える。香川県直島町では、紙を唾で額につけ「しびれ、しびれ京へ上れ、京の道は広いぞ」と言う。これらの呪《まじな》いには、唾・藁・呪文の三要素が登場するが、唾と呪文の二つの要素だけのものや、呪文のみの場合もある。長野県佐久町平林〈佐久穂町〉では、

「しびれ、しびれ京へ上れ、京の水はうまいぞ」と唱えながら額に唾をつける、といい、兵庫県赤穂市では、額に唾をつけて「しびれ、しびれ、京へ上れ」という。和歌山県日高町では「しびれ、しびれ、京へ上れ」と唱えればなおる、という。雑俳集『二息』に「塵をだに捨ずしびりの付け薬」（元禄六年〈一六九三〉）の句が見え、『誹風柳多留』には「しびれの路金みご藁を一分程」（天保五年〈一八三四〉）の句が載っている。

○シビレの呪文で多いのは、「シビレ、シビレ京へ上れ」（群馬・長野・和歌山・兵庫・山口・福岡・大分）、あるいは「シビレ京へ上れ」（岐阜・大阪・和歌山・徳島）である。「シビレ京都へ飛んでいけ」（三重県伊勢市）、「京によれよれ」（福井）、「京見よ、京見よ」（高知県中村市〈四万十市〉という報告もあるが、基本は「シビレ（シビレ）京へ上れ」で、この文言の後にさらに言葉をつづける例が各地に見られる。大阪府岬町では「しびれ京にのぼれ、京はご馳走して待っている」と唱え、しびれた足を手でこする。兵庫県小野市では「しびり京へ上れ、京の叔母が餅搗いて待っとら」と言って、唾で塵を額にはりつける。「しびれ、しびれ、京に上れ、京に餅が搗けるぞ」（同県）。徳島県上那賀町〈那賀町〉では、「しびれ京へ行け、今日餅ついて食わす」と一遍唱えて藁しぶを唾で額にはる。京都府園部町（南丹市）では、額に唾を三回つけて「しびれ京へのぼれ、京にはおかいがたける、大阪には小豆が煮える」という。いずれも、京の御馳走をちらつかせてシビレを追い出そうとの魂胆。鳥取県琴浦町に伝承されている「しびりかし、上《かみ》へあがれ、上の家にゃ餅がつける、下《しも》の家にゃ粥が煮える」も類型であろう。

○新潟県栃尾市〈長岡市〉では「しびれ、しびれ、京へ行け、京の町は広いぞ、足の裏（下）

は狭べぇから、京へ行け」と唱える。同県三条市栄町では「しびれ、しびれ、京へ行け、京の町は広いぞ、足の裏は狭いぞ」と唱えながら、足の裏をとんとんと叩けばすぐなおるという。長野県上伊那郡では「しびれ、しびれ、京へ行け、京の町は広いぞ」といい、同県下伊那郡では「しんびれしびれ、京の町は広いぞ、あしたの町はせまいぞ」と口の中で言う。香川県直島町では「しびれ、しびれ、京へ上れ、京の道は広いぞ」と言う。せまい足にとどまらないで広い京都に行け、と勧める内容。「しびれ、しびれ、京へ上れ、京都の子に皆移れ」と言う（愛知県南知多町）。藁を額につけて「しびれ、しびれ、京へ上れ、大阪へ上れ」と言う（岡山県鴨方町〈浅口市〉）。「しびれ京へ上れ、上ったら下りてこい。または、上ったら飛んでゆけ」と言う（和歌山県紀北地方）。「しびれ京へ上れ、上らにゃ飛んでいけ」と何回も唱える（同県上富田町）。「しびれ京へ上れまた明日下れ」と言いながらさする（同県高野口町〈橋本市〉）。「しびれ、しびれ、京へ行け、橋がなければぴょんととべ」と言って、額に唾をつけた紙をはる（新潟県山古志村虫亀〈長岡市〉）。フタグチ（額）に唾をつけ「京さん上ってフタグチひっつけろ」と言う（熊本県有明町〈天草市〉）。シビレのきれた時は壁のスサ（切藁）を取って額につけ「京見よ、京見よ」と言う（高知県中村市〈四万十市〉）。「しびれしびれ京へ上れ」の呪文は早くから知られていたようで、『俳諧絹はかま』（元禄一四年〈一七〇一〉）に「都ではしびりをどこへやる事ぞ」の句がえみる。洒落本『素見数子《ひやかしかずのこ》』二（一八〇二年）には、「今めへりいすトひたいへつは（唾）をつけて、しびれ京へのぼれ〳〵トあしをひき〳〵立かゝる所へ」とある。

○「京に上れ」と言う以外にも、次のような呪文がある。群馬県甘楽町では、額に唾をつけ「一びれ、二びれ、三びれ、四びれ、四びれ山へのぼれ」と言いながら、しびれたところと額を交互にたたく。茨城県山方町〈常陸大宮市〉では、唾をつけながら口と額を往復し「一びり、二びれ、三びれ、四びれ」と唱える。「一びれ、二びれ、三びれ、四びれがきれた」と唱える（兵庫）。山中共古の『甲斐の落葉』に「市川大門村〈市川三郷町〉ノ上ノ山ニシビレ湖トイフアリ此ノ湖ノ水ガ切レ出ルト市川ノ家ハ大水害ヲ蒙ルコトアリトソレユヘ痺レガ切レルトイフヲ忌ミテ一ビレ二ヒレガ切レルト申ト甲府ノ人ハイヘリ然レ市川ノ者ハカクイフ者無シ」と見える。シビレは薬指で額に三度唾をつける。その時「一つぶれ、二つぶれ、三つぶれ、四つぶれ、五つぶれがなおれ」と唱える（群馬県板倉町）。岐阜県串原村〈恵那市〉では、筵の藁を摘み切って額にはり「しびれ、しびれ天にのぼれ」と唱える。天にのぼれと唱えるのは、長野・岐阜・愛知・鳥取県でもいう。静岡県宇刈村〈袋井市〉では、藁くずを額にはり「しびれ、しびれ山へ行け」と唱える、といい、京都府宇治田原町でも、額に藁をつけて「しびれ山へ登れ」という。長野・香川県にも「山へ登れ」という伝承がある。栃木県粟野町〈鹿沼市〉では、足がしびれた時は、誰かの名前を唱えながら指で額に唾をつける、といい、岐阜県輪之内町では「しびれこ、しびれこ、△さんとこへ飛んで行け」と唱える。三重県長島町〈桑名市〉では、筵を一寸むしり取って唾をつけ「しびれこ、よーなってけ、おれも後からついてくに」と唱えて額につけ、患部をなでる。「しんびり、しんびり、遠くに行け」と言うとなおる（静岡県細江町〈浜松市〉）。「足のしびれ、でぼ（額）に上がれ」と唱える（兵庫）。「アブラオンケンソワカ」と唱えながら、眉毛に唾をつけるとよい（愛媛県久万町〈久万高原町〉）。

痺れ　しびれ

⑵額に十字、その他の呪い

○シビレがきれた時は、指に唾をつけて額に十字を書くとよい（青森・群馬・千葉・富山・石川・長野・兵庫・愛媛）という。群馬県安中市では、指先に唾をつけて額に十の字を書くと、乾く頃にはなおる、といい、千葉県市川市では、人差し指に唾をつけて額に十文字を書くとすぐなおる、という。シビレがきれたら額に、十字を三度書く（新潟・石川・長野）、唾で十字を三つ書く（群馬県桐生市）、墨で×印を三つ書く（福井県丸岡町〈坂井市〉）、大の字を書く（長野県山口村〈岐阜県中津川市〉）、オニと三回書く（岩手県九戸郡）という。顔に唾で十字を三回書く（岩手県岩手郡）。群馬県板倉町稲荷木などでは、シビレは眉毛に唾を三回つけてから額に十字を書く、といい、同町大曲では、頬と額と顎を指で十文字に突っついて手を合わせる、という。シビレは、手の薬指に唾をつけて額に四回左十文字を書く（長野県諏訪湖畔地方）。シビレのきれた時は、足の裏に炭で十の字を書けばなおる（秋田県仙北郡）。十字は邪気を祓うときなどによく見られる魔除けの形である。蚊に刺された箇所に、爪先で十字のしるしをつけると痒くならない、というのもそうである。

○シビレがきれた時、長野県御代田町では、唾を三回つけて足の親指を逆に（上に）曲げるとなおるという。各地で、足の親指を曲げるとよい（群馬・新潟・長野・愛知・兵庫）というのも、上に曲げることであろう。愛知県阿久比町では親指を立てる、といい、福島県小高町〈南相馬市〉で、両足の親指を座ったまま立てる、のも親指を外に曲げる点では同じである。ほかにも、足の親指を、ぐるぐる回す（愛知県春日町〈清須市〉）、揉む（岩手）、力いっぱいつかむ（長野県佐久町〈佐久穂町〉）、引っ張る（茨城県岩瀬町〈桜川市〉）、親指と親指を重ねる（長野県上伊那郡）などの方法が伝えられている。

○岐阜県丹生川村《にゅうかわ》〈高山市〉では、足のシビレには、足の親指に炭をはさむ、といい、同県宮村〈高山市〉では、足の親指と中指の間に炭をはさむ、という。秋田県大内町〈由利本荘市〉でも、シビレがきれたときは、親指に消し炭をはさめばなおる、といわれる。炭は災いを祓う呪物としてしばしば用いられる。背景に火の力を宿している点で鍋墨とも共通する。愛知県春日町〈清須市〉では、マッチの軸を足の指にはさむとなおる、と伝えている。

○シビレがきれたら、フクラハギを手の親指で強く押す（新潟県中条町〈胎内市〉）、ヒザを強く押す（群馬県板倉町）、カカトを手で三度たたく（愛知）、額を三度なでる（山形・栃木）、目から耳にかけて三回こする（岩手県江刺郡）、鼻筋を三回なでる（群馬県板倉町）、タモトックソ（袂の塵）を取って三回いなだく（押し頂く）（長野県小諸市耳取）、箆《へら》でたたく（和歌山県紀北地方）。長野県明科町〈安曇野市〉で、盆の窪の毛を三本抜く、というのは、通常は鼻血止めに行われる呪《まじな》いである。また、三重県大山田村〈伊賀市〉で、シビレがきれたら茶碗に水を汲み、箸を十字に置いて四隅から飲む、のはシャックリ止めの呪いを利用したものらしい。

○シビレがきれたら敷居を、なでる（長野県北安曇郡）、掻く（和歌山県紀北地方）、三回なでる（岐阜・愛知）、三回掻く（愛知・三重）、三回たたく（愛知）という。敷居を三回掻いて笑うとよい（長野県上伊那郡）とも。敷居をさすってその手でしびれたところをさする（愛知県西春町〈清須市〉）。シビレは敷居を三度跨ぐ（岐阜県池田町）。

○シビレを予防する伝承。長野県南信濃村〈飯田市〉では、藁一本を床の間に供えておき、その頭をそっと三つに切り、懐に入れておくとシビレがきれぬ、という。茨城県岩瀬町〈桜川市〉で、予め両足の親指を重ね合わせて座るとしびれない、というのは、愛知県碧南市で、親指を十文字に交差して座る、というのと同じであろう。座る前に両方の親指を水引でしばっておけばシビレがきれぬ（長野県北安曇郡）。
○シビレがきれた時、転ぶと中風になる（群馬・長野・和歌山・高知）という。人の前でシビレをきらすとその家と仲が悪くなる（長野県北安曇郡）。⇩唾《つば》・額《ひたい》

染み　しみ

○静岡県裾野市で、皮膚にシミがでると長生きするという。群馬県大間々町〈みどり市〉では、腕や顔に黒いシミのジゴクボシができると長命のしるし、という。

指紋　しもん

○手の指先の指紋が全部巻いている人は、出世する（秋田・岐阜・愛知）、偉い人になる（長野・愛知）、発明（利発）（長野）、手先が器用（秋田県大館市）という。『永代大雑書萬暦大成』（安政三年〈一八五六〉再刻）の「三紋混雑の部並渦紋吉凶」に「五指ともに渦紋《うづもん》あるものハ貴人学者出家などハ大によし平人は却てわろし」とある。本書では、各指の渦紋（指紋）の吉凶について、図を添えて説明している。たとえば「大指と中指と小指とに渦紋あるハ武士出家ハ大によし平人ハわろし又色難あり」といった具合である。ただ、口承のレベルでは、ここまで細かく言うことは少なかったようだ。指紋が巻いている人は、幸福（愛知・徳島）、利巧者（和歌山那智勝浦町）、能書である（岐阜）、字が上手になる（広島県加計町〈安芸太田町〉）。指紋に渦巻きの多い人は、器用（岩手・宮城）、器用な人になる（兵庫）、手先がきく（秋田）。指の指紋がまるく巻いている者は出世をする（徳島

県小松島市)。指の巻目(指紋)が流れていないで、まるく巻いている人は器用(群馬)。手のギリ(渦状の指紋)が多いほど苦が多い(和歌山県高野口町〈橋本市〉)。ジン(指紋)の流れている者は手がはやい(長野県北安曇郡)。指紋のほぐれた人は欲が深い(秋田県由利郡)。⇩指《ゆび》

しゃっくり

⑴びっくりさせる、怒らせる

○何かの拍子にシャックリがでることがある。たいていは数分のうちに治まるが、止めようとしてもすぐに止まらないこともまれではない。自分の意思とは無関係に起きる現象だけに、それが続くと落ち着かない。とくに、周りに人がいるときなどは気になってちょっとした不安に駆られる場合さえある。シャックリを止める方法はいくつも伝えられているが、その効果には個人差があって、これで必ず止まるという決定的な方法は無いようだ。シャックリが止まらない人がいると、後ろからびっくりさせるとよいという。この方法はほぼ全国的に分布するが、その際、わざわざ後ろからというのは、本人に気づかれぬよう不意におどろかせるのがポイントで、事前に知られては効果がないことを示している。やり方としては、いきなり背中をたたく(福島・茨城・岐阜・愛知・福岡)例が多い。突然、背中をたたかれれば、だれだって思わず息を呑む、その一瞬の驚きがシャックリを止めるには有効らしい。元禄一六年(一七〇三)初板の『俳諧媒口《はいかいなこうどぐち》』に「うしろからおどすしやくりの留薬」の句が見え、『みつめぎり』(文化八年〈一八一一〉)にも「〔うしろから曦呪《まじな》ふしのびあし」の句が出ており、びっくりさせるのは早くから有力な方法として人口に膾炙していたことがわかる。

○土地によっては、背中を三回たたく(茨城・岐阜・和歌山)など、たたく回数が決ま

っている場合もあるが、これはびっくりさせるというよりも、三回たたくという点に意味が移っている。また、岐阜県武儀町〈関市〉で、背中に「尺くり」と指で書いてその上をどんとたたく、というのは、おどろかせるのではなく、背中に書いた「尺くり」の文字を強くたたいてシャックリを追い出す一種の呪《まじな》いであろう。
○たたく以外では、後ろから突然大声をあびせる（愛知・香川・愛媛・福岡）方法も知られている。群馬県子持村〈渋川市〉では、後ろから本人に気づかれないように近づき、ワッと大声をあげて肩をたたくと止まる、という。シャックリをしている人の両肩を「おい！」と言ってたたいておどかした（広島県加計町〈安芸太田町〉）。大声と同時にたたくことで、つまり、声と身体を打つ衝撃の相乗効果で一段と強い効果を狙ったものである。
○本人に向かって、お前はよその家の物を盗んで食ったか（長野県諏訪湖畔地方）と言ったり、いきなり「泥棒」などと叫ぶ（長崎県佐々町）方法も見られる。土地によっては、仏様の飯を盗んで食うたな（福井・奈良・長崎）とか、寺の赤味噌をつかんで食た（和歌山県太地町）などと、まるで見ていたような言い方をする。本人をびっくりさせるだけでなく、泥棒呼ばわりすることで、戸惑いにも似た一瞬の怒りを誘う思惑が見て取れる。しかし、なかには、仏様のご飯盗んで食べたと三回唱えると治る（東京・奈良）というように、本来の趣旨から離れて唱え言に変化をしているケースもみられる。三回くりかえすのは唱え言の効果を高めるためで、三という数字が帯びている呪的な力と関係がありそうだ。
○青森県佐井村に、シャックリにまつわる笑話が伝えられている。「乞食が、道路をとんどん、とんどんおりて来たらば、侍が道路のうえにのぼっていぐとき『ヒッ、ヒッ』ってしゃっくりしてたたって、そこで乞食が杖つっぱァんで、『こら、親のかだぎじんじょうにさずかって勝負せェ』って。侍はびっくりしたって『おい、親のかだぎなんて、なにも覚えがないぞ』っていってる間にしゃっくりが止ったたって。『しゃっくりが止まったら、どうだ一文』って、もらったたって。」（國學院大学民俗文学研究会編『下北地方昔話集』）。シャックリをしている侍をおどろかせ、止まったとみるやすかさず一文請求するという話。侍に向かって「親の仇」と言うところが面白いが、シャックリ止めの知識があって笑える小話であるのは言うまでもない。この趣向は近世には人気があったようで、明和五年（一七六八）刊の『軽口片頬笑《かるくちかたほえみ》』巻之二に、「さる人、田舎へ下りしに、先の方へ侍壱人歩ミ行れしに、堤の陰より、非人壱人かけ出、こもの下に竹杖に仕込の刃物と見へて、小脇にかいこみ、親の敵やらぬといふ。此侍肝をつぶし、我らさらさら覚へなしと云。八年先に身共が親を討て立退き、今さら覚ぬとハ比興者（卑怯者）、抜合せて勝負せよ。何程にいふても此方に覚なし。しやくりが直ったら、壱文くださりませ。」と見える（武藤禎夫他編『噺本大系　八巻』）。類話は『新口《しんこう》花笑《はなえ》顔《がお》』（安永四年〈一七七五〉）にも載っている。

〇つぎに、びっくりさせたり怒らせるわけではないが、そばに居る人が不意に「豆腐は何からできているの？」と質問をする（東京・長野・愛知）手もある。「えーと、大豆じゃないの」などと答えているうちに止まる。質問がなぜ豆腐なのかは分からないが、新潟県新津市山谷〈新潟市〉では、シャックリが止まらないときは「大豆、大豆、大豆」と言うと止まる、といわれる。なかには、シャックリの止まらない本人が「豆腐は何からできているのかって、私に聞いて」と頼むケースもある。自ら「大豆」と答えると止まるというのだが、やはり、唐突な質問を不意に投げかける方が効果的なように思える。シャックリの常習者には毎回同じ質問では刺激がうすれるので、質問内容を変えることも必要だろう。豆腐のほかに筆者の手許にあるのは「キュウリの花はどんなん?」(奈良)「菜の花の色はどんな色?」(福島・奈良)「レモンの色は何色」(福島)という質問。どれも「黄色」が答えだ。いずれにしても、こうした方法に共通しているのは、いかにして、シャックリから本人の気をそらすか、という点に工夫がこらされていることだろう。

しゃっくり

(2) 茶碗に箸を十字、水の飲み方

○びっくりさせるやり方と並んで、多くの人が知っているのは「水を入れた茶碗に箸を十字の形に置き、四つの口から飲む」という方法で、分布はほぼ全国的である。茶碗やコップに入れるのは湯茶の場合もあるが、水が圧倒的に多い。手っ取り早く用意できて、すぐに実行に移せるからであろう。箸を十字にわたすと、茶碗の口は四分の一ずつに区切られる。その四つの口から一口ずつ飲むという例が最も多く、この方法の基本といってよいが、細かく資料を見ていくとさまざまな変化形があることがわかる。たとえば、一口飲むとよい(岩手県藤沢町〈一関市〉)、三口で飲み干す(岩手・群馬)、二口に飲めば治る(兵庫県美嚢郡ほか)といった例があり、また、一隅から飲む(奈良・和歌山・愛媛)、三つの口から飲む(栃木・群馬)、茶碗の向こう側から飲む(岐阜・愛知)ともいう。さらに、息を止め四回廻して飲む(広島)、一息で四つの口から飲み干す(岩手・秋田・長野・和歌山)等々、飲む回数や口を当てる箇所など飲み方も一様でない。

○具体例で示してみる。シャックリが止まらないときは、茶飲み茶碗に水を八分目入れ、

割り箸を十文字にのせて、よく熾《お》きた炭のかけら一つを水に落し、箸をしっかりおさえて茶碗の水を飲み干すと止まる（福島県桑折町）。シャックリを止める法。茶碗に水半分を入れ、その水の中へ箸の先にて南という字を三つ書いて箸二本を茶碗の上へ十文字に渡し、その四つの間より水を一口ずつ四口飲めば止まる（福島県玉川村）。二例とも福島県の伝承だが、茶碗の上に箸を十字に渡して飲む点は同じでも、細部の約束事に目をやるとかなり異なっている。面倒な作法に注意を払っているうちにシャックリから気がそれるという狙いだろうか。巧まざる深慮が働いた結果ともいえるが、ただ、この方法で注目されるのは、箸を十字の形にして飲む点であろう。山口県熊毛町〈周南市〉では、ギチ（シャックリ）がついたら茶碗に水を一杯くんで箸を十字におき、息をしないで四か所より全部飲むと治る」といい、高知県東津野村〈津野町〉では、シャックリがついた時は、茶碗の上に箸を十字にわたしてその間から飲むと治る、という。岡山県哲多町〈新見市〉でも、シャックリがついた、という言い方をする。「つく」という言葉には「憑く」の意味があるようだ。そうすると、シャックリで表現されるような何か目に見えないモノが憑いたために、この現象が起きると考えたとしても不思議ではない。十字の箸には取り憑いたシャックリを落す呪的な効果が期待されている。

○わざわざ十字の形にするのは、茶碗の水を飲みづらくする意図もあるのかも知れないが、それよりも、十字の形が帯びている魔除けとしての側面を考慮する必要がある。この形には、邪悪なモノを祓い除けたり災禍を未然に防ぐ呪的な力が認められるからだ。子どもたちが行うエンガチョのあそびで、不浄なものに感染するのを防ぐために、人差し指の上に中指を交差させて斜め十字の形をつくるしぐさなどもその一つである。板橋作美は「俗信における怪異について」（二〇〇三年）で、茶碗に箸を十文字に置いて水を飲むという呪いが、シャックリ以外にも用いられていることを指摘している。「茶碗に箸を十文字に置くことによる呪力は、茶碗や箸に意味があるのではなく、十文字を作る、ということに意味があるのだと考えられる」と述べ、十字形を書くことによって病気を治す方法についても論究している。珍しい例としては、十字の箸を茶碗に渡すのでなく、箸を斜め十字の形にして茶碗に立てた状態で飲むとの報告もある（奈良県白銀村〈五條市〉）。先に、びっくりさせて止める方法を取り上げたが、シャックリがついたら、びっくりさせると止まる（島根・山口・香川・徳島）と「シャックリがつく（憑く）」という言い方をする地域は少なくない。おどろかすのも、憑いたモノを落とす手段の一つとみられていたらしい。というか、おどろかせた結果シャックリが止まった状態を見て、憑いたモノが落ちたと納得したといったほうがよいかもしれない。

〇以上、箸を十字の形にする方法を中心に述べたが、その形は十字に限定されているわけではない。少数だがつぎのような事例もある。岡山県鴨方町〈浅口市〉では、湯飲み茶碗に水を入れてその上に箸を渡し「かわいや、橋の下の水飲ましょう」のお呪《まじな》いの文句を唱えて、一息に飲み干すとシャックリが止まる、という。群馬県旧上郊村では、茶碗に水を入れて箸を二本わたして下の水を飲む（橋の下の水を飲む）という。いずれも、茶碗に渡した箸を橋に見立て、その下つまり橋の下の水を飲むという理解である。この場合、橋の下の水に何かわけがありそうだ。また、茶碗に水を汲んで箸をのせ「しゃっくりしゃっくり橋を渡って京の町へ行け」という（長野県北安曇郡）報告もある。茶碗に水を入れその上に箸を一文字に置き、一二口に飲むとシャックリが止まる（兵庫県小野市）。ヒクリのついた時は茶碗に水を汲み箸一本をわたして飲めば治る（福岡県築上郡）。シャックリを止めるには、茶碗に箸を丁字に置いてその間からお茶を飲むと治る（山梨県増穂町〈富士川町〉）。同じく箸を使っても茶碗を用いないやり方もある。頭の上に箸を立てるとよい（福島・長野）とか、箸を頭の上に逆さに立て、息をつかずに唾を三回くんのむ（群馬県板倉町）という例がそれである。

○つぎに、箸を使用せずに茶碗の水を飲む方法を紹介したい。よく知られているのは、手にした茶碗の反対側から飲む（福島・神奈川・新潟・石川・岐阜・愛知・三重・和歌山・広島・高知）やり方で各地でいう。筆者も子どもの頃に伯父からこの方法を教わった（高知）。ほかにも、一息で一気に飲む（岩手・群馬・三重）、三口で飲む（群馬・長野・福井）、熱い茶を七口飲む（愛知）など飲む回数をいうもの、鼻をつまんで飲む（福島・群馬・愛知）というのもある。手の込んだ方法としては、茶碗に清水を入れ、その上に「寺」という字を三遍書きその水を三口に飲む（福井・大阪）という。この方法は『民家日用 廣益秘事大全』（嘉永四年〈一八五一〉）に、「呃逆《しゃくり》のまじなひ」として「わがしやくりを止《とむ》るにハ冷水の中へ寺といふ字を三べんかきて其水を三口に飲べし直ること妙なり」とある。ほかにも、茶碗に湯を入れ「の」の字を書いて飲むと治る（山梨増穂町〈富士川町〉）、茶碗に茶を入れ十字を十回書いて南を向いて飲む（愛知）など、飲み方に関する方法は多様である。

○シャックリは横隔膜の不随意の痙れんから起きる。茶碗の反対側から飲む不自然な姿勢や、飲む回数を決めたり鼻をつまむなどのやり方は、呼吸をコントロールすることで、横隔膜の働きになんらかの刺激を与える作用があるのだろうか。最上孝敬は、自らの体験を思い起こしてつぎのように述べている。「私が子供の時から家で行っていたしゃっくり止めの方法は、家に伝わる小さな刀を押しいただいてずっと頭をさげるのであった。私の弟妹たちもそれを実行し、不思議にしゃっくりがおさまっていた。しゃっくりは横隔膜の痙れんによることを学んだ私は、この頭を前へさげ胃のあたりを圧迫することが効くのだろうと思って、何も持たないでそのような姿勢をとってみると案の定、しゃっくりはおさまる。丁重に捧げもった茶碗の水を飲むにも同様な姿勢をとるところに、その効果があらわれるのであろうと考えるようになった」（『西郊民俗』六五号）。最上は、刀の呪力ではなく頭を下げる姿勢に秘訣があるのだと認めている。確かに、茶碗の反対側から飲む方法でも、前屈みで深く頭を下げる姿勢になっているのは事実だ。

○今一つ、シャックリを止める興味深い世間話が、埼玉県本庄市に伝えられているので紹介しよう。「しゃっくりが長く続くと、意外と苦しいものだ。このしゃっくりを止めるには、本人に不意打ちをかけて驚かす方法が広く行なわれているが、もっと確実で、速効ある呪いが下町には行なわれている。深谷新道端に住む明治二十二（一八八九）年生れのおしげさんが広めたものだといわれている。コップに適量の水を汲む。それを一口飲むたびに、十・九・八・七……という風に、数字を一まで逆に数える。大声を出す必要がある。一の数に到着するまでに、コップの水を飲み終わると、しゃっくりは必ず止まる。うっかり水を飲み過ぎて、一にいく途中で終ってしまったり、水が少量過ぎても、多量で飲み残しても、その効果は保証できないといわれている。適量の水とは、ありふれた大きさのコップに、水八分目位を十回に分けて飲むことである。」（小林初枝『非差別部落の世間ばなし』）。一口ごとに大声をだすとか、コップの水は十回でぴたりと飲み切るなど、かなり気をつかいながら飲まないと効果は保証されないようだ。シャックリから注意をそらせるための、もっともらしい注文が具体的に示されていて示唆に富む。この本を読んだ時には、おしげさんという女性が考え出した独自の方法だと思っていたが、どうもそうではないらしい。その後、シャックリは、十から一まで水を一口ずつ飲みながら唱えると止まる（群馬県群馬町〈高崎市〉）とか、シャックリが止まらない時は、お茶を少しずつ十杯、九杯、八杯……三杯、一杯と言いながら飲むとすぐ止まる（福井市）といった事例に出合ったからである。数字を唱える方法では、シャックリは、一二三四五・五四三二一と数えて一息にお湯を飲む（群馬県板倉町）という報告もみられる。

○福島県白河市で、仏壇の飯碗で水を飲むと止まる、といい、同県の浅川町や平田村で、仏様のお茶を飲むと治る、というのは、特殊な飲み方をするわけではなく、仏様に供えた神聖な碗や茶にシャックリ止めの力を期待する側面がつよい。

しゃっくり

⑶ 柿のヘタを煎じて飲む、その他

○シャックリには、柿が妙薬とされる。とくにヘタを煎じて飲む例が多いが、それだけではない。『日本俗信辞典 植物編』の「柿」の項目には、シャックリに効果があるとして、ヘタを黒焼きにして飲む（鳥取）、種子を煎服する（新潟・富山・岡山）、葉を煎服する（島根）、螻蛄《けら》の黒焼きと串柿のヘタの黒焼きとを等分に混ぜ、白湯で飲む（岩手）などの方法が見える。掌《てのひら》に柿という字を書いて三回なめればよい（群馬県板倉町）ともある。シャックリに柿のヘタを用いるのは早くから知られていたようで、『多聞院日記』天文八年九月三日（一五三九）条に「シャクリヲスルニハ、クシカキノヘタヲ取テ、黒焼ニシテ湯ニテ可呑云々」とある。江戸時代の天明から文化にかけて根岸鎮衛《やすもり》が書き留めた『耳嚢《みみぶくろ》』（巻之六）にも「しやくり奇薬の事」という話がでている。「美濃の枝柿《えだがき》の蔕《へた》を水一杯にて煎じ用ゆれば、即時に止る事妙也。予が許《もと》へ来る牧野雲玄病家《びょうか》に、老人にて久〳〵煩ひけるしやくり出、殊之外《ことのほか》困りける故、加減の薬を用ひ一旦止りけれど、兎角《とかく》時〳〵其憂ひ有りしに、或日岩本家へ至り右の咄《はな》しをなしけるに、岩本の老人、『気逆《きぎゃく》には美濃柿の蔕を洗ひし水を用ひて度々奇功ある事』を咄《はな》し、到来献残《けんざん》の蔕を貯置《たくわえおき》し由にて与へける故、早速煎じ用ひしに立所《たちどころ》に止りぬと語りし故、予も右柿蔕 貯《たくわえ》の義申付《もうしつけ》ぬ。」気逆はシャックリのことである。この話を知った著者の鎮衛は、柿の蔕を貯えるように申し付けたというから、柿のヘタの効き目については間違いないと思ったのだろう。じつは、『耳嚢』（巻之四）にはもう一つ「しやくり呪《まじない》の事」という記事が見える。「しやくりを止《とむ》るには、其人の口を明かせ、右口の内へ宗と云文字を三度書けば止る事妙なりと、人の語りし故こゝに認置《したためおき》ぬ」とでている。柿の蔕に比べるとこちらの方は聞いた話の要点を書き留めただけだが、ただ、この呪《まじな》いのように特定の文字を書いて止める方法も少なくない。掌に書く文字で最も多いのが「水」の字である。福岡県北九州市では、シャックリのついたときは、左の掌に「水」の字を人差し指で書き、他人に見られぬように三度嘗めるとよい、という。茶碗に水を入れて飲むのを簡略化したやり方にもみえるが、すぐに茶碗を用意できないときの便法でもあるのだろう。似た例としては、近畿や四国などでいうヒダルガミに取り憑かれた際の呪《まじな》いが思い浮かぶ。これに憑かれると歩けないほどの激しい空腹に襲われるが、その時は、弁当の残りの御飯を一口食べるか、ない時は手のひらに「米」という字を書き、それを三回なめると元気になるという（和歌山県古座川町）。シャックリを止めるのに、掌に水の字を書くのは、富山・岐阜・愛知・三重・和歌山・岡山でもいうが、その際、書いた字をなめる場合と同じ文字を三回書く場合とに大別される。水のほかには、「鬼」（秋田・愛知）、「犬」（群馬・長野）の字を書く例があり、掌ではないが、唾で額に十字を書く（福島・富山・愛知）土地もある。「鬼」「犬」「十字」の文字は、いずれも邪悪なモノを祓う呪的な意味を帯びているといってよい。
○乳幼児がシャックリを起した時はどうするか。和歌山県上富田町では、赤子のシャックリは頭のオドリ（ヒヨメキ）に親の息をハァッと吹きかける、という。同様のことは福島・群馬・兵庫・香川・熊本でもいう。また、子どもに限ったわけではないが、ボンノクボの毛を三本抜く（福井・愛知）、ボンノクボを三度たたく（群馬県安中市）場合もある。
○ここまで紹介してきた以外にも、「砂糖をなめる」「酢を飲む」「南無阿弥陀仏を唱える」「鵜の鳥を思いだす」「唇をなめる」「息を止める」等々挙げていくと切りがない。常に自分に合った止め方の工夫が試みられており、さらに、個人の創意による新しい方法も登場していて、この世界の裾野は広大である。数多い事例のなかには、実効性のありそうなものから呪的な性格のものまでが複雑に絡み合っていて、両者の関係を個別に判断するのはむつかしい。そもそも、シャックリはさくりの転訛で、平安時代の『和名抄』に佐久利とみえ、すでに室町時代には拗音化していたという。鈴木棠三は『日常語語源辞典』（東京堂出版）で「シャックリの方言には、キクリ・ギックリ・ギャックリ・ゲックリ・ケックリ・ヘグリなど、クリという語尾のついた形が多い。古語でもセグルがせき上げることで、これはサクリのいま一つの意味であるすすり泣き（シャクリ泣き）の意味に近い」と説いている。

○なぜシャックリがでるのか、その原因を説明する俗信もいくつかある。盗み食いをするとシャックリがでる（岩手・秋田・山形・愛知）という土地が多い。とくに、仏様に供えたものを盗んで食うとでる（岩手・新潟）という。また、つまみ食いをするとでる（大阪・山口）とか、おいしい物を一人で食べるとけっくり（シャックリ）がでる（岩手県和賀郡）など、食べ物に関する盗みや不作法を咎める例が目立つ。口とシャックリはイメージのなかで繋がっているらしい。鹿児島県坊津町〈南さつま市〉で、杯で水を飲むとしゃくりをする、というのは、酒を飲むべき器で水を飲むという用途違いの行為を嫌うのであろう。

○シャックリが百回つづくと死ぬ（岩手・宮城・福島・群馬・京都・大阪・岡山）と伝える土地も広い。ふつう一過性で治まるシャックリが、異常に長引いたり頻繁に起きる場合には何らかの病気が潜んでいる可能性もあるそうで、気をつけねばならない。ただ、右の百回という数に医学的な根拠があるわけではない。百鬼夜行とか百物語のように、百はたくさんとか、あるまとまった区切りを示す意味である。誰しも百回で死ぬなどとは思っていないが、しかし、シャックリが止まらないときに、こうした俗信が頭をよぎるとちょっとした不安に駆られることもあるだろう。ほかにも、三日つづくと死ぬ（岩手・岐阜）、一昼夜つづくと死ぬ（岩手・山形・富山・愛知・高知）ともいわれる。

○筆者は二〇一二年から一五年にかけて、民俗調査で中国浙江省の沿海部を歩いた。その時、通訳をしてくれた譚秋霞さん（寧波大学学生）が、出身地（湖南省）では「シャックリは、水を入れた茶碗の上に箸を十字に置いて、四か所から一口ずつ飲みます」と教えてくれたときには、ほうと声を上げた。「日本でも同じことをしますよ」と言うと、譚さんも驚いた表情。とても偶然の一致とは思えない。二人とも、どこかでこの呪《まじな》いが繋がっているのではないかと直感したのである。かつて大陸から日本に伝えられた呪《まじな》いだろうか。そんな想像が膨らんで、調査ではシャックリの俗信には気を付けて聞くようにした。最初に訪ねた象山県石浦鎮東門島では、「お湯を飲む」「水を飲む」、「誰かが『人のものを盗んだ』という」、「近くにいる人が『忘れ物ですよ』と声をかけてやる」という方法を確認した。つぎに訪ねた温嶺市石塘鎮では、「お湯を飲む」（海浜村）、「熱い湯を飲む」（小箬村ほか）、「水を飲む」（東海村・東湖村）、「お湯に砂糖を入れて飲む」（石塘鎮）、「胸を叩いて首の皮を引っ張ってからお湯を飲む」（東海村）、「息を止めて七回唾をのむ」（東興村）、「子どものシャックリは、親が子どもの片方の耳を手で引っ張りながら『シャックリがお腹に落ちる』と言う」（東海村）例を記録した。なかでも「お湯を飲む」方法は東門島でも石塘鎮でもよく耳にした。シャックリは世界中のだれもが経験する生理現象である。シャックリ止めの方法という、一見ささやかな言い伝えだが、これを世界的に比較した場合、発想の共通性や独自性とともに、私たちの身近な俗信がたどってきた文化交流の軌跡がかすかに見えてくるかも知れない。

寿命　じゅみょう

(1)長命と身体の特徴、夢占

○長寿は誰もの願いだが、思い通りに齢を重ねられるとは限らない。長生きをするかどうかを占う俗信は多彩で、身体の特徴から判断するのもその一つである。眉毛の長い人は長生きする（青森・岩手・秋田・山形・茨城・新潟・長野・岐阜・愛知・和歌山・兵庫・岡山・広島・島根・福岡・宮崎）との分布はほぼ全国的である。中には、眉毛のなかの、一本か二本が長く伸びている人は長生き（新潟県村上市）、二本か三本が長いと長命筋（和歌山県高野口町〈橋本市〉）という土地もある。眉毛のなかに白い毛があれば長生きをする（奈良県吉野村〈吉野町〉）、眉毛の濃い人は長命（岐阜県輪之内町）とも。眉毛は、歳を重ねるとある時期から抜けずに成長するため、長い眉毛と高齢者（長命）のイメージが重なり、「眉毛の長い人は長生きする」といわれるのであろう。『永代大雑書萬暦大成』（安政三年〈一八五六〉再刻）の「眉の部」には、「ふとくして目より長きは福分ありて命ながし」「眉直《すなほ》にして四十過より白髪交るハ至て長命なり」「眉三ケ月の如くなるハ知恵ふかく命長し」などと記されている。睫《まつげ》毛の長い人は長生きする（青森・岩手・長野）という所もある。若白髪がある人は長生き（岩手・岡山）、若白髪が多い人は長生き（鹿児島県中種子町）。巻目（ツムジ）の長い人は長生き（岩手）。

○耳の大きい人は長命（石川・和歌山・宮崎・鹿児島）。耳たぶの大きな人は長生きする（愛媛・宮崎・鹿児島）。耳が遠い人は長生きをする（山形・秋田・新潟・奈良）。耳が後方にある人は長生きする（秋田県平鹿郡）。耳の穴元に毛の多い人は長命である（長野県南箕輪村）。耳穴の毛が長いと長命（秋田県南秋田郡）。『永代大雑書萬暦大成』（安政三年〈一八五六〉再刻）の「耳の部」に「耳の内に毛生るハ長命なり」「土耳　耳あつく大なり、富貴にして男女とも夫妻のえんふかし、此耳に毛はゆれば百才の長寿なり」とある。鼻の下が長い人は長命（岩手・秋田・新潟・富山・長野・愛知・和歌山・岡山・福岡）という土地も多い。鼻の穴の大きい人は長生きする（鹿児島）。額に三本の皺のある人は中風にかからず長命。額の皺が長く切れ目なければ長命（共に秋田県秋田郡）。額に三本筋の通った人は長生きする（愛媛県御荘町〈愛南町〉）。歯に隙のある人は長生きする（岩手県住田町）。舌の長い者は長命（山口県小野田市〈山陽小野田市〉）。オトガイ（顎）の長い人は長命筋（和歌山県高野口町〈橋本市〉）。

○小指が薬指より長い人は長命（秋田県秋田郡）。爪に三日月のある人は長生きする（奈良県東吉野村）。爪の目（爪の根の半円形の白い部分）が大きい人は長生き（秋田県山本郡）。爪に白い斑点のある人は長生きする（同県平鹿郡）。掌の生命線が長いほど長生きする（広島県加計町〈安芸太田町〉）。手の巨大な人は長命（秋田県南秋田郡）。足の親指が人差し指より長いと長生きする（愛知）。

○汗のでる人は長生き（愛知・徳島）。皮膚にシミがでると長生きする（静岡県裾野市）。ホクロができると長生きする（兵庫・福岡）。目尻にホクロがあると長命（広島）。顔にホクロが二つ以上ある人は長命（秋田県仙北郡）。歯の生えるのが遅い子は長命（和歌山県由良町）。

○長野県麻績《おみ》村で、人の死んだ夢は、その夢で死んだ人が長生きする、といい、新潟県三条市でも、誰かが死んだ夢を見たときは、夢の中で死んだ人は長生きするという。同様の俗信は山形・石川・愛知県にもある。また、他人の死んだ夢を見ると長生きする（岐阜県谷汲村〈揖斐川町〉）とか、友達の死んだ夢を見ると長生きする（茨城県古河市）というのは、夢を見た本人が長生きする意であろう。同じことは青森・山形・愛知県でもいう。山形県庄内地方では、自分の葬式の夢を見ると長生きするという。広島県加計町〈安芸太田町〉でも、自分が死んだ夢を見ると命が長くなる、と伝えている。各地で、死んだ夢を見ると長生きする（秋田・福島・新潟・山梨・徳島・福岡・宮崎・沖縄）というが、この場合、他人の死なのか自分の死なのか、今一つはっきりしない。多くは自分の死ぬ夢をいうのであろうが、どちらにしても夢の中の死は吉である。夢には正夢と逆夢があるとされる。死の夢を吉夢と解釈するのは逆夢で、夢の世界はこの世とは逆転していることを示している。恐ろしい夢を見ると長生きする（群馬県太田市古戸）。

○兵庫県赤穂市で「あの人は死んだ」と思われている人は長生きする、といい、山形県酒田市や山口県小野田市〈山陽小野田市〉でも、死んだと思い違いされた者は長命といわれる。死んだと噂される人は長生きする（群馬・愛知・鳥取・愛媛）とも。岩手県胆沢郡では、死にたい死にたいと言う人は長生きするという。鹿児島県中種子町では、死ぬことばかり言っている人は長生きする、といわれる。重い病気や怪我などで死にかけたら長生きをする（鹿児島県南種子町ほか）。生きているうちに石碑を建てると長命である（福岡県大野城市）。

○福島県天栄村では、長生きをした人の葬式の団子を食べると長生きする、といい、岩手県江刺郡では、墓に供えた団子を左手でとって食べると長生きする、という。葬式の引っ張り餅を食うと長生きする（福島県浅川町）とも。

○八〇歳以上で亡くなった人の棺巻の布は持ち帰り、小さくちぎって近親者に配り長生きのお守りにした（福島県白河市）。長生きした人の位牌覆いで財布をつくると長生きする、金持ちになる（同県浅川町）。老人の葬式に撒く銭をお守り袋に入れて持っていると長生きする（山梨県富士吉田市）。長寿にあやかる俗信である。

寿命　じゅみょう

(2) 初物七十五日、長寿と俗信

○初物を食べると七五日長生きする（全国的）という。広く知られている俗信である。江戸小咄の「初物」（『坐笑産《ざしょうみやげ》』安永二年〈一七七三〉）に、「『まづ七十五日生きのびた』とよろこぶ。『きやつ、初物をしめたな』『ヲヲヨ、おのしたちの口へはいるものではない』」とある（興津要編『江戸小咄』一九七三年）。岩手県では、初物は仏に上げて食べると七五日長生きするという。川柳に「初物が来ると持仏がちんと鳴」（『誹風柳多留』明和二年〈一七六五〉）とあるように、初物はまず仏壇に供えた。群馬県群馬町〈高崎市〉では、神仏に初物を上げるときは右手であげるという。岩手県胆沢・紫波郡では、初物を笑って食べると四九日長生きするといわれる。福島市では、初物を食うときは東の方を向いて大笑いをすると七五日長生きをする、といい、同県飯野町〈福島市〉では、野菜や果物の初物を食ったとき、東を向いて笑うと三日間長生きをする、と伝えている。ところが、同じ福島県内でも、川内村や船引町〈田村市〉では、初物は西の方を向いて食うと七五日長生きする、といっている。岩手県釜石市では、初物を食べたときは南の方を向いて笑うと長生きする、という。初物を食べて生き延びる期間も、すべてが七五日と決まっているわけでもない。三日（福島県飯野町〈福島市〉）、五日（同県熱塩加納村〈喜多方市〉）、三五日（岩手県九戸郡）、四五日（茨城・愛知・三重）、三年（福島・群馬）などさまざまである。また、珍しいものを食べると七五日寿命がのびる（栃木県大平町〈栃木市〉・岐阜県下呂町〈下呂市〉）という所もある。

○長野県上伊那地方で「初物七十五日」というのは、ソバは「蒔いてから七十五日に成熟するのでこういう。成熟したものは、蕎麦粉一升ひいて粉一升出るが、七五日より早いと一升ひいて粉一升にならない（續山村小記）」（『改訂 綜合日本民俗語彙』）。長崎県厳原町上槻《こうつき》〈対馬市〉では、初もん食べたら七五日（八〇日）長生きする、といい、その由来についてこんな話を伝えている。「或る年の十二月二十日に、明日は首を斬られるという罪人に、役人が何か遺言はないかと聞くと、その罪人はソバが食べたいという。それで役人はその罪人のためにソバの種子を蒔いてやった。ソバは種子を蒔いてから食べられるまで七十五日。罪人の生命も七十五日延びた。それ以来、おいしいものや珍しいもの、初ものを食べると七十五日長生きするという。」（『美津島町誌』一九七八年）。初物七十五日の起源については諸説ある。俗信面から見ると、物事の最初に一際こだわる（重視する）のは、私たちの生活に沁みついているくせといってもよい。初発時のあり方が、その後の動向や結果と深く結びつくとする心意は今も随所に見られる。

○元日に飴を食べると長生きする。正月二日はとろろを食べると長生きする（共に岩手県胆沢郡）。正月の供え餅を左手で取って食うと長命（同県江刺郡）。正月の御馳走にエビを供えるのは、エビのように腰が曲がるまで長生きするため（富山・愛知）。節分の豆を歳の数だけ食べると長寿になる（栃木県栗山村〈日光市〉）。節分にユズを食べると長生きする（富山・愛知）。土用のウナギを食べると長生きする（岩手・福島・富山・岐阜・愛知・静岡）。九月九日に菊酒を飲めば長生きする（岩手）。冬至に、カボチャを食べると長生きする（岩手・群馬・愛知・熊本）、ユズ湯に入ると長生きする（茨城県常陸太田市）。米とぎ日（暮れの二七日）にとぎ汁を風呂に入れると長生きする（山形県南陽市）。年越しそばを食べると長生きする（岩手・滋賀・三重）。
○ナンテンの箸を使うと長生きする（山形）。広島県加計町〈安芸太田町〉では、ナンテンで作った箸は難を転じるで良いという。ナンテンの箸を用いると中風にならないという土地は多い。クコの箸で飯を食うと長命（福島県保原町〈伊達市〉）。長い箸を使用すると長生きする（岩手・栃木）。長生きした人の食器を用いると長生きする（福島県鏡石町）。クワの茶碗で飯を食べると長生き（群馬県太田市）。老人の作った箸を使うと長生きする（奈良県御杖村）。
○アカザの杖をつくと長生きする（秋田・山口・高知）。アカザの杖は疫病除けとか中風に罹らないといわれる。『東磐井郡誌』には、門崎村〈岩手県一関市〉にある清悦墳について「参詣するもの藜《あかざ》の杖を納めて長寿を祈ると云ふ」とある。ナンテンの杖をつくと長生きする（岩手・山形・新潟）。
○生後七日間は頭に真綿を一枚かぶらせる。これをすると長生きするという（福井県坂井郡）。産湯のあとに年寄りのネルの腰巻にくるむと長生き（山形県南陽市）。子供に帯で縫った着物をきせると長生きする（富山県氷見市）。丸帯を枕にすると長生きをする（岩手県東磐井郡）。群馬県大泉町では、六十年ごとの中年に、子供が親とか仲人親にシタオビ（腰巻や褌）を作ってやれば、長生きするとか、お尻の世話にならないといわれている。同県東村国定〈伊勢崎市〉では、派手な腰巻をすると長生きするという。老人の作った草鞋をはくと長生きする（奈良県御杖村）。
○岐阜県宮村〈高山市〉で、便所の長い人は長生きする、といい、岩手県九戸・東磐井郡でも、便所に長くいる人は長生きする、と伝えている。便所の掃除をすると、それだけ長生きをする（群馬県大泉町）。

○長寿と動物。ツルやカメの夢は長生き（愛知・和歌山）。カメに酒を飲ませて逃がしてやると長生きができる（愛知県犬山市）。ヘビの夢は長生きする（山形・愛媛）。ヘビを食べると長生きする（新潟県栄町〈三条市〉）。ヘビの声を聞くと七七日長生き（岩手県盛岡市）。鳥に糞をかけられると長生きする（同県岩手郡）。ツバメの糞が体にかかると長生きする（富山県氷見市）。カッコウを三日食べると長生きする（岩手県岩手郡）。トンボが頭にとまると長生き（愛媛県長浜町〈大洲市〉ほか）。アマガエルを焼いて食べると長生きする。ヒキガエルに味噌をつけて焼いて食べると長生きする（共に岩手県東磐井郡）。

○長寿と植物。マツを夢に見れば長生きする（福島県郡山市）。マツを植えている夢は長生き（岡山哲多町〈新見市〉）。生松葉を噛むと長生きする（岩手県大船渡市）。タケに登って落ちると長生きする（栃木県真岡市）。カキの木を植えると三年長生きする（福島県白沢村〈本宮市〉ほか）。イチョウの実を食べると長生（岩手県盛岡市）。ミカンの皮を食うと長生き（富山・愛知）。花の好きな人は長生きする（岩手県九戸郡）。水がしら（家に取り込む水口の上部）にオコギを植えると長生きする（福島県西会津町）。

○長命の俗信その他。満潮の時に生まれた子は、寿命が長い（三重県熊野市）。名前に「子」の字をつけると長生き（富山県宇奈月町〈黒部市〉）。幼児の食い初めのとき老人から食べさせてもらうと長命する（秋田県山本郡）。小さい時に重い病気をすれば長生きする。よろくそう（意地悪な人）は長生き（共に鹿児島県中種子町）。オカメ入り（便所へ落ち込むこと）すると長生きするといい、亀蔵、亀子のごとく亀のつく名前をつける（高知県大豊町桃原ほか)。人に憎まれると長生きする(山形)。御仏飯を食べると長寿(宮崎県高原町)。御神飯を食べると長生き(同県高崎町〈都城市〉)。橋を渡らずに七軒の家のシミツカレ(シモツカレ)を食べると長生きする(栃木県都賀町〈栃木市〉)。尻をあぶると長生きする(和歌山・島根)。八八歳の人が作ったものを食べると長生きする(群馬)。新しい風呂に入ると長生きする(群馬県太田市)。長生きするには八月七日の大般若経の長持の下をくぐるとよい(群馬県板倉町)。東の方に流れている水を飲むと長生きする(岩手県盛岡市)。

寿命《じゅみょう》

(3)寿命が縮む、墓場・柿・写真

○墓場で転ぶと、長生きしない(福島・栃木・茨城)、早死にする(群馬・東京)という。栃木県那須町では、墓参りや葬列に参加して転ぶと三年生きられない、といい、茨城県土浦市では、葬式の門送りに行って転ぶと、三年しか生きない、といわれる。墓場で転ぶと、三年生きない(福島・栃木・茨城)、寿命が三年ちぢむ(栃木県市貝村〈市貝町〉)。長野県諏訪湖畔では、墓参りの途中で転ぶと近い内に死ぬ。もし転んだら、片方の袖を墓に置いてくるとよい、と伝えている。三重県度会町では、墓で倒れたら片袖か片草履を置いてくる。そうしないと死人が迎えに来るという。墓場で転ぶのは、死霊が取り憑こうとしている、あるいは、死霊に取り憑かれたためと判断したようだ。片袖をはじめ身に着けた物をその場に置いてくるのは、身代わりの意味であろう。群馬県桐生市では、お墓で転んだら土をなめないと三年目に死ぬといわれている。なめるのは転んだ所の土である。ヘビやネコを殺した時はその肉を一口食えば祟られない、というのと似ている。墓場の土をなめて相手と同化することで、祟る側と祟られる側の関係を無化するのであろうか。高知県物部村〈香美市〉の上韮生《かみにろう》では、墓穴掘りなどに従事して病気になるのをハシリとよび、墓穴の上げ土を取っておいて煎じて飲むとい う。三年坂で転ぶと三年以内に死ぬ、という俗信なども類型の一つであろう。柳田国男『禁忌習俗語彙』に、三年坂について「京都の清水観音の門前の他に、岩代高倉村の三年阪、武蔵八王子の八木町又東京にも此名の阪があって、何れもそこで転ぶと三年のうちに死ぬという俗信を伴って居た。」と見える。便所で倒れると三年しか生きない（茨城県桜村〈つくば市〉）との伝承もある。

○柿の木から落ちると、死ぬ（岩手・新潟・奈良・島根・熊本など）、三年のうちに死ぬ、三年しか生きられぬ、三年目に死ぬ（山形・栃木・千葉・福井・長野・静岡・鳥取・大分など）、寿命が縮まる（茨城県常陸太田市）という。柿の木からの転落を凶兆とする伝承はほぼ全国的である。筆者も子供の頃に祖母から「柿の木に登られん。落ちて怪我をしたら治らん」と言われた記憶がある（高知県東津野村〈津野町〉）。柿は折れやすいということもあるようだが、それだけではないらしい。新潟県山古志村〈長岡市〉を歩いたときも、古老から、柿の木から落ちたらその木はすぐに伐り倒すと聞いた。柿は霊魂と深く関わる木である。飯島吉晴は「柿の民俗」で、柿はあの世とこの世を結ぶ境界の木であると指摘し「木から落ちれば死の世界にいくと考えられたためであろう」と述べている（『竈神と厠神』一九八六年）。

○福島県桑折町で、写真はあんまり写してもらうな、寿命を吸い取られて長生きしないから、といい、岩手県松尾村〈八幡平市〉でも、写真を写せばそのつど命が短くなるという。写真を多く撮ると長生きしない（宮城県気仙沼市）。写真の写りが薄いと早く死ぬ（青森県五所川原市）。写真の薄くなる人は短命（岐阜県美並村〈郡上市〉）。写真機が日本に登場した当時、人々のなかには霊魂を吸い取られるのではないかと心配する風があった。今も俗信のなかにその心意の一端がうかがえる（影の項参照）。三人で写真を撮ると真ん中の人が早く死ぬ（青森・山形・栃木・新潟・富山・岐阜・愛知・京都・大阪・三重・兵庫・島根・山口・徳島・高知・福岡・佐賀・鹿児島・沖縄など）という俗信もしばしば耳にする。島根県江津市では、三人で写真を撮ると真ん中の人が早く死ぬので、その時は真ん中の人は人形を抱いて撮るとよい、といい、徳島県小松島市では、三人で写真を撮る時は人形を抱くか動物を入れるか、ぬいぐるみを置くとよい、という。筆者も都内のある写真館では、三人の写真を撮る時は、後ろにさりげなく人形を飾って、一人ふやした形にすると聞いたことがある。

○引潮の時に生まれた子は寿命が短い（三重県熊野市・長崎県対馬市）。人が死ぬ時は下げ潮（引潮）の時で、その時に生まれた子は長生きしない（鹿児島県曽於《そお》郡）。彼岸の中日に生まれた子は長生きしない（茨城県桜村〈つくば市〉）。墓地へ子供を連れて行くと早死にする（群馬県太田市）。便所に落ちた子は長生きしない（山形県米沢市）。幼児や若者が短命で死んだときは、幼児の場合、顔を除いた体の一部に墨をぬったり、「長い寿命をもらってこい」と言った（新潟県中里村〈十日町市〉）。徳島県祖谷《いや》地方では、生まれた子が次々死ぬことを、クルマゴとよんで、死んだ子の額に墨をつけて葬ると、その後にできる子は丈夫に育つといわれている。墨はかつての山村では鍋墨を利用した。

○額に縦皺のある人は短命（秋田県仙北郡）。眉と眉のあいだが、狭い人は短命（富山・岐阜・愛知）、続いている人は短命（秋田県雄勝郡)。眉毛と眉毛の近い人は若死にする(岩手)。

耳の小さい人は早く死ぬ(石川)。鼻の下の短い人は短命(長野・和歌山)。鼻の真上に青筋の立つ者は早死にをする(長野)。顎骨の細い杓子顔の人は薄命(秋田)。土踏まずのない人は短命(同県山本郡)。

○夜爪を切ると寿命が短くなる(山形・福島・新潟・石川・広島・高知・大分・鹿児島ほか)。頭髪を火にくべると寿命が縮まる(福島・岡山)という。群馬県渋川市では、長く病んでいる人の鼻が曲がってくると「もう、あの人も長くない」とか、足の親指の裏がふくらんでくると「もう長くない」という。

○帯を切ると、命が短くなる(岩手・秋田・山形・石川・福井・岐阜・大阪・和歌山・兵庫・大分)、長生きしない(岩手・石川・三重・熊本)という。また、帯で着物をつくるものではない、といい、帯で仕立てた着物をきると、寿命が短くなる(秋田・茨城・岐阜・岡山)、早死にする(群馬・長野・愛知)といって忌む。鋏で綿を切ると寿命が縮む(岐阜・愛知)。衣服に綿を入れるとき、糸屑を入れると早く死ぬ(栃木県日光市)。

○箒で叩かれると、長生きしない(山形県温海町〈鶴岡市〉)とか、三年しか生きられない(栃木・茨城)というのは、叩かれたために魂が抜け出たり不安定になることを意味している。箒の俗信には、塵芥を掃き出す機能から対象物を移動させる連想が働いている。縄を燃やすと長生きできぬ(愛知)。臼に腰をかけると長生きしない(栃木県真岡市)。

○イタチに横切られると寿命が縮む(栃木県湯津上村〈大田原市〉)。茨城県日立市では、イタチに道を横切られると命が縮まるといわれ、その時は「いたちみちきれ　ちみちきれ　われゆくさきは　あらぢぎのさと」と唱え、三歩後ずさりして出直す。鳥に糞をかけられると長生きしない（岩手県紫波郡）。鳥に糞をひっかけられるとその人は三年生きられない（福島県保原町〈伊達市〉）。シャクトリムシに体を這われると長生きしない（同県田島町〈南会津町〉）。ビワの木を庭のそばに植えると長生きしない（岩手県気仙郡）。ツバキの花を頭につけると早死にする（茨城県藤代町〈取手市〉）。
○大食をすると寿命が縮む（愛知県東浦町）。お菜を三切れ持っていくと寿命が縮まる（長野県生坂村）。死んだ人の残し物を食うと寿命が縮まる（岩手県住田町）。怒ると寿命が縮む（富山県宇奈月町〈黒部市〉）。
○一〇月一〇日に大根畑に入るな。大根の年取りで、大根の割れる音を聞くと長生きしない（福島県飯舘村）。節供に稼ぐと盆にぽっくり死ぬ（同県鏡石町）。夕日の沈む直前を見た者は寿命が短くなる（鹿児島県南種子町西海）。深海にもぐると長生きしない（同県中種子町）。影を踏まれると寿命が短くなる（福島・愛知）。人の周りをめぐるな。めぐられた人は三年のうちに死ぬ（福島県天栄村）。寝がさ（寝姿？）の小さい人は短命である（岐阜県美並村〈郡上市〉）。風吹きに嫁に行くと寿命がなくなる（岩手県気仙郡）。八畳の蔵を建てると長男が短命だ（岡山）。便所で倒れると三年しか生きない（茨城県桜村〈つくば市〉）。
○人魂を見ると長生きする（群馬県群馬町〈高崎市〉・東京）という。一方、男の人が二○歳前に人魂を見ると早死にする（群馬県太田市新島）ともいわれる。また、愛知県小牧市では、人魂を見ると長生きするか、または寿命が縮むと伝えていて、吉凶の判断は一様ではない。人が死ぬ前後に人魂が抜けだして飛ぶという伝承は多い。『民間伝承』の「生死観特集号」（昭和一九年四月〈一九四四〉）にこんな話が載っている。「角喜さんは、大野薬局の店先に腰かけていて、そのときは、まだ病気でも何でもないのに、『あヒトダマが出ていった。オレはもうぢき死ぬ』といっていたが、間もなく消えるように死んで行った。」（愛知）。人魂（火の玉）が、川を越して飛ぶと三年生き延びる（岐阜・愛知・奈良）、川を越さないとすぐ死ぬ（愛知）という。

○『続咒咀調法記』（元禄一四年〈一七〇一〉）に「子をやしなひ其子の命の長き短きをしる事」として、「洗米を東の方のたかき所にそなへ、その前にむかふて南無八まん大ぼさつと二十一へんとなふべし、さて長命の子なればバ烏来てかの洗米をくらふなり、短命なる子にハ烏きたらず」とある。

○運定めの話（「産神問答」譚）は、人はいかに努力しようとも、生まれた時に産神によって寿命や運勢が決められていると語る話である。また、人魚の肉を食べた少女が八〇〇歳まで生きたという「八百比丘尼」伝説も各地に伝承されている。落語の演目にある「死神」は口承の世界でも広く流布している。寿命にまつわる説話は豊富で内容も多様である。橘南谿の『黄華堂医話』（『南谿医話』抄録）には、医術神妙の名医によって、今後三〇年の寿命があるという病弱の老人の命を、二〇歳ばかりで死んだ者に移す話がある。老人は死に、死人は忽ち生き返ったという。『愛媛県史 民俗上巻』（一九八三年）には、こんな話が収められている。北宇和郡津島町〈宇和島市〉の小西家は三百年の伝統を誇る家柄だが、本家の当主は正月元旦の雑煮餅を食べない。何代目かの当主の夢枕に神様がたって「小西家は子々孫々栄えるが、当主の寿命は六一歳を越すわけにはいかない」とのお告げがあった。以来、当主は正月の雑煮餅に箸をつけないしきたりになった。雑煮餅を食べると齢を一つ重ねるといわれるためである。

小便　しょうべん

⑴ミミズに小便をかけると

○ミミズに小便をかけるな。かけると、陰茎が腫れる（全国的）という。主に男児を対象にした俗信といってよい。腫れるという以外にも、陰茎が曲がる（茨城・新潟・長野・岐阜・静岡・愛知・三重）、小便が出なくなる（岩手・栃木・静岡・奈良）、罰があたる（山形・富山・岐阜・静岡・愛知・滋賀・兵庫など）、目がつぶれる（愛知・佐賀）、足がまがる、熱が出る、お尻が赤くなる、雨が降る（共に栃木）などといわれる。人見必大『本朝食鑑』（一六九七年）に、李時珍『本草綱目』を参照して「小児が蚯蚓に尿をかければ陰部が腫れる。これは蚓が毒気を吹いてそうなるので、」とある（島田勇雄訳注『本朝食鑑』5）。江戸中期の国学者天野信景《さだかげ》の『塩尻拾遺』には、「或人曰く、小児俄かに陰腫るゝ事あり。俗に云ふ、みゝずに小便しかくればはるゝと。然りや。是を治する薬もありやと。予曰、本草綱目服器の部三十八曰く吹火筒《ひふきたけ》の主治に云ふ。小児陰被《レ》二蚯蚓《ニ》呵《セ》一腫《ル》、令三婦人《ヲシテ》以レ筒吹二其腫処《ヲ》一即消。時珍かくあれば、もろこしよりいふ事也。これを消するに、火吹竹を以て、婦人にふかしめて試るに験あり。万のまじなひも虚妄ならぬ事多かり。」と見える。『本草綱目』を引いて、この俗信の中国からの伝播を示唆しており興味深い。因みに『本草綱目』虫部・四二巻「蚯蚓」に「今は小兒の陰腫に、この蟲に吹冒されたためだといふものが多い。」とあり、服器部・三八巻の「吹火筒」には「小兒の陰が蚯蚓に呵せられて腫れたるには、婦人をして筒を以てその腫處を吹かせれば消《ひ》く」と記載されている（『新註校定 國澤本草綱目』）。

○道に小便する時は「ミミズさん、カエルさん、許しておくれ、後で土産持って来る。」ミミズも神様もちょっとお通り、わたしの小便はよい小便、ミミズも神さんも許しておくれ。メメズも神さんもちょっと退いてんげ。神さんの戸をしめてください。神さん退け退け。わしの小便は良いしょんべ。お茶か湯か。ミミズも神さんも小便一杯」などと言う（奈良）。神社の境内で小便する時には「ミミズもトカゲもクチナワもどいてくれ」と言ってすればよい（京都）。

○ミミズに小便をかけて陰茎が腫れた時は、ミミズを洗ってやると治る（ほぼ全国的）、清水で洗う（長野・奈良）、水をかけてやれば腫れが引く（埼玉・福井・愛知・福岡）、水をかけて、ごめんなさいと言うと治る（福井・兵庫）、金盥の中に入れ、よく洗ったあと「どうか治してくれ」と三回言って放してやる（兵庫県姫路市）。奈良で、小便がミミズにかかったと思ったら、三べん洗って土の中に埋めると堪忍してくれるという。高知県には、ミミズに塩をかけて流してやると治る、という伝承がある。『嬉遊笑覧』巻一二に「ここにて小児の陰はるゝ時は、みゝずを捕へて洗て放つ呪あり『鎮江府志』今小児陰腫、多以為二此物所一レ吹、以二塩湯一浸洗即瘉。こゝの呪は何のみゝずにても取て洗ふに功験あるも奇ならずや」と見える。ミミズに塩をかける伝承について、南方熊楠は「小児の陰腫」で、次のように述べている。「小児の陰腫に、紀州で蚯蚓《みみず》一疋掘り出し、水で洗い放つ、あるいは塩で浄めて放つともいう。支那から伝えたことらしい。『嬉遊笑覧』巻一二、「ここにて小児の陰腫るるは、蚯蚓を取りて洗いて放つ呪あり。『鎮江府志』、「今、小児の陰腫は、多くもってこの物の吹くところとなす。塩湯をもって浸し洗えば、すなわち愈《い》ゆ」。ここの呪は、どの蚯蚓にても取りて洗うに、功験あるも奇ならずや」と言えるは、喜多村氏、支那では当の敵たるその蚯蚓を、探し中《あ》てて洗うと解したらしいが、それはむつかしい尋ね物だ。『府志』の文意は、小児の陰部を塩湯で浸洗することと見える。それを誤りて、本邦でどの蚯蚓でも構わず、一疋掘り出し、浄めて放つこととなったらしい」と述べている（『郷土研究』一巻七号、一九一三年）。塩で洗うのは小児の陰部であって、ミミズではなかったとの指摘である。滝沢馬琴の『燕石雑志』巻五にも、「小児誤つて蚯蚓に小便しかくれば、忽《たちま》ちその気に吹れて陰茎腫《はれ》いたむものなり、そのとき何処《いづこ》にもあれ、蚯蚓を掘出《ほりいだ》しよく洗ひて、旧《もと》の処へ埋《うづむ》れば即《すなはち》癒《いゆ》」と見える。

○福島県表郷村〈白河市〉では、小児の陰茎が腫れると、ミミズに小便をかけたためだといい、この時は、女子に腫れた陰茎を火吹き竹で吹かせればよいという。和歌山県では子供の陰腫をミミズのせいだとし、火吹き竹を逆さまにして吹き、一匹のミミズを洗い清めて放つとよい、と伝えている。ミミズを水で洗い火吹竹で陰茎を吹く（福岡）。『調法記 四拾七ゟ五拾七迄』（江戸後期写）に「小児蚯蚓に小便しかけ陰茎《ちんぼう》はれたるを即座に治す傳」として「火吹竹にて女子《おなご》に吹《ふか》しむべし忽ちになをる事妙なり」とある。『諸民 秘伝重宝記』（江戸後期）にも「小児ちんぼうはれたるを直す傳」として「火吹竹にてちんぼうを女の子に吹しむべし直る也」と見える。女子が火吹き竹で吹くのは『本草綱目』の記述と類似している。ミミズに小便の俗信の始まりは定かでないが、ただ、『本朝食鑑』をはじめ、近世に出版された『和漢三才図会』『嬉遊笑覧』『重宝記』などの書物を通して、知識が庶民に流布した可能性が推測される。

○カエルに小便をかけると疣ができる（福島・栃木・山口・徳島・鹿児島）というが、一方で、カエルに小便をかけられると疣ができる（岩手・栃木・富山・福井・和歌山・山口・島根・徳島）ともいう。福島県原町市

〈南相馬市〉や山口県和木町で、ヒキガエルに小便をかけると疣ができるといい、島根県江津市では、イボガエルに小便をかけられると疣ができるという。カエルの体表にみられるイボ状の突起からの連想が働いているのだろう。栃木県宇都宮市などでは、カエルに小便をかけてもかけられても目がつぶれるという。

○ヨタカに小便をかけると早く死ぬ（栃木県芳賀郡）。ネズミに小便すると禿になる（岩手県九戸郡）。ヘビに小便かけるとポチポチができる（島根県江津市）。カマキリに小便をひっかけると変事がある（宮崎県馬関田《まんがた》〈えびの市〉）。ホタルに小便をかけると火事になる（長崎県有明町〈島原市〉）。ナマズに小便かけるとちんぽ（陰茎）がゆがむ（愛知）

○川に小便をすると、陰茎が腫れる（福島・栃木・群馬）、陰茎が曲がる（山形・福島・徳島）、長い病気をする、火事のとき焼け死ぬ（共に岩手）、長い顔の子が生まれる（茨城）、目がつぶれる、河童に引き込まれる（共に栃木）。女は小川に小便をすると長い病気になる（福島県境石町ほか）。川端の物洗い場には水神さまがおられるので小便をしてはならない（同県原町市〈南相馬市〉）。川に小便をしたら唾をかける（栃木県那須郡）。下水に小便したら体の自由が利かなくなる（秋田県鷹巣町〈北秋田市〉）。井戸に小便をしたら塩をまく（同県）。

○雨垂れ落ちに小便をするな（秋田・山形・栃木・新潟・石川・長野・岐阜・和歌山・香川・徳島・愛媛・高知・沖縄）と各地でいう。新潟県新発田市では、家の雨垂れ落ちに小便をすると、火事地震のとき出られない、といい、秋田県鷹巣町〈北秋田市〉でも、軒垂れに小便すると火事のとき家から出られなくなる、といって忌む。石川県加賀市では、雨滴口（雨垂れ落ちであろう）には神様がいるから小用をすると何か変異のある時に家から出られぬ、という。禁忌の理由として、雨垂れ落ちに神様がいるからとの説明は、山形県南陽市や香川県綾上町〈綾川町〉でもいう。長野県北安曇郡では、あもちだれ（雨垂れ落ち）に小便をすると、死んでから三途の川が渡れない、と伝えている。ほかにも、雨垂れ落ちに小便すると、罰があたる（山形）、水神様の罰があたる（長野県北安曇郡）、金神さんが祟る（徳島）、神様に手をしばられる（栃木）、ちんぼ（陰茎）が曲がる（長野県北安曇郡）、ちんぽが腫れる（高知県東津野村〈津野町〉）、目がつぶれる（長野県北安曇郡）、水腹になる（沖縄県嘉手納町）など、禁を侵した際の制裁は多彩である。新潟県山古志村虫亀〈長岡市〉では、雨垂れ落ちに小便をするのは、親の顔に小便をするのと同じ、といわれる。和歌山県御坊付近〈御坊市〉でもこの行為を忌むが、ただし「御免」と言って唾を吐けば差支えないという。雨垂れ落ちは、子供が生まれた時にここの石を産神に供えるとか、死者がでると雨垂れ落ちの上で枕飯を炊くなどの習俗がある（桂井和雄『生と死と雨だれ落ち』）。雨垂れ落ちを、あの世とこの世の境としての聖なる場所とみなす心意は、民俗のなかに数多く残っている。

○軒下に小便をするな（秋田・山形・福島）。福島県田島町〈南会津町〉で、軒下に小便をすると、親の死に目に会えぬとか三途の川を渡れぬ、といい、秋田県北秋田郡では腰を抜かすという。

○屋根から小便すると、腰が抜ける（秋田）、目が見えなくなる（長野）。屋根に小便するな（和歌山県高野口町〈橋本市〉）。庭に小便するのは神様にかけるのと同じ（群馬）。庭に小便するとお天道様に叱られる（栃木）。風呂で小便したら罰あたる（大阪府河内長野市）。大便の汲み口から小便をすると逆子を生む（和歌山県紀北地方）。薪に小便をかけると罰があたる（奈良県御杖村）。門松を立てた穴に小便をすると、おちんちんが痛くなる（栃木）。ウマの小便溜に妊婦は小便をするな。お産が重くなる（福島県飯野町〈福島市〉）。
○稲荷様の前に小便すると必ずキツネにだまされる（秋田県雄勝・仙北郡）。地蔵様に小便をかけると、厄病がはやる、河童に引き込まれる（共に栃木）。太陽に向かって小便してはならない（福島・栃木）。宵の明星に向かって小便すると怪我をする（山形県村山市）。
○苗代に小便するな（福島・和歌山）。田の中に小便をかけると局部が腫れる（栃木）。田の水口に小便をするな（同県宇都宮市）。
○神様は三辻（三叉路）に立っているのでそこに小便してはならない（山形県酒田市飛島）。四つ角で小便すると下の病にかかる（栃木）。鍬など農具に小便をひりかけるとその年は不作だ（長野県北安曇郡）。夏日に焼けている石に小便をすると病気になる（岩手県和賀郡）。三人で並んで小便するとネコが化ける（香川県三豊郡）。二人並んで小便するときは裾を合わせぬと親が早死にする（岡山）。高い所から小便するとカマイタチになる（栃木）。

小便　しょうべん

⑵寝小便と火あそび、民間療法

○子供が火あそびすると（火をいじると）寝小便をする（岩手・山形・福島・栃木・群馬・茨城・新潟・石川・長野・岐阜・奈良・和歌山・兵庫・山口・島根・徳島・山口・愛媛・福岡・鹿児島）という。分布はほぼ全国的である。岩手県二戸郡では、子供が火あそびすると大人になってからも寝小便する、といい、同県紫波郡などでは、火のついた薪を振り回すと寝小便するという。福島県梁川町〈伊達市〉では、子供が囲炉裏の火を掻きまわすと寝小便する、といい、和歌山県白浜町では、子供が火鉢の火をいじると寝小便するといわれる。囲炉裏生活の頃は、今よりも火が子供の身近にあった。火あそびは一歩誤れば火傷や火災の危険を伴うので、どこでも厳しく戒めた。

○寝小便が治らないときは、布団を担がせて家の周りを三回まわらせると治る（新潟県出雲崎町）。栃木県粟野町〈鹿沼市〉では、おねしょには布団を背負い、縄をつけたツチンボ（横槌）を引きずりながら家の周りを三回まわるとよい、という。寝小便には、布団を担がせ鈴を鳴らして家の周りをまわると治る（富山県福岡町〈高岡市〉）。寝小便をする子は、正月一五日に布団を背負わせて家の周りをまわらせると治る（福島県梁川町〈伊達市〉）。群馬県赤城根村〈沼田市〉では、寝小便をしたらその布団を背負わせて臼の周りをまわらせる、といい、新潟県川西町平見〈十日町市〉でも、寝小便こく子は布団を背負って餅搗き臼のめぐら（周り）を三回まわらせると治る、と伝えている。板橋作美は、この俗信について「寝小便の治し方で家のまわりをまわるのは、日常生活では禁じられ葬式のときには必要とされる行為をおこなうという、日常時と儀礼時の逆転の論理をもちいて、寝小便という逆転した行為を正常にもどそうとするのであり」と説いている（『俗信の論理』一九九八年）。大阪府茨木市では、寝小便をする者は、布団を被って村を廻り、塩を振りかけてもらうと治る、といい、同府河内長野市では、寝小便には布団を背負って塩をもらいにやると治るという。

○寝小便する子供は、八幡様へ「止まれば鍋蓋かぶってお参りする」と願をかける。治ればお参りし、その鍋蓋を上げてくる（長野県更埴《こうしょく》地方）。河南《かなん》町前谷地〈宮城県石巻市〉の石神に、その子供の歳の数の卵をのせると寝小便が治る。木村長門守の墓地の松葉を、寝小便する者の床下に敷けば治る（大阪）。夜尿症には「ありがたやぼさつのえんにおろみとう、眠りをさます暁の鐘」と唱える（福島県猪苗代町）。寝小便には擂鉢を逆さにして頭に載せ、底に灸をすえる（福岡県田川市）。寝小便には、赤い紙にウマを三頭俵積みの形に切り抜き、四つに折って敷布団の下に入れる（福島県船引町〈田村市〉）。同県の『表郷村史』（二〇〇八年）に、小児の寝小便たれを治す法として「半紙一折を敷き布団の下の小便のしみ通るところに敷いて、翌日その紙を黒焼きにしてこれに甘草《かんぞう》五分を加え、湯を注ぎ飲ます。」と出ている（白河市）。『民家日用　廣益秘事大全』（嘉永四年〈一八五一〉）に、寝小便をなおす方として「半紙一枚ねござの下の小便のした所にしきて寝させ、これを黒焼にして甘草五分入のむべし、其夜より止る事妙」と見える。寝小便する人は、寝ている下の土を薬にして飲むと治る（岩手県岩手郡）、寝る前に三つ裁ちの餅一個を何もつけないで食べるとよい（茨城県東海村）、臍の上に味噌やいと（灸）をすると治る（富山県福岡町〈高岡市〉）という。

○寝小便には、イヌの肉を食うとよい（秋田・福島・茨城）、赤犬の肉がよい（福島・千葉）という。ほかにも、寝小便に効くとされるのは、赤ガエル（栃木・富山・岡山）、ネズミの肉（長野・岐阜・愛知）、ネズミの黒焼き（福井・愛知）、イタチの肉（山口県錦町〈岩国市〉）、ウサギの糞（岩手県九戸郡）、ウマの小便（同県岩手郡）、ニワトリのトサカ（兵庫）、ミミズを煎じたもの（新潟県川西町〈十日町市〉）、ナマコ（同県和賀郡）、ヤツメウナギ（兵庫）、カヤの実（山形県米沢市）などがある。子供を風呂から出したあと、布団の中で焼いたジャガイモを食べさせる（福島県天栄村）。キツネの集めたクリを食べれば寝小便が治る（岩手県紫波郡）。寝小便は正月のカケブナを味噌汁に入れて飲ませる（群馬県北橘村〈渋川市〉）。

○福島県須賀川市大栗では、ねぼけ団子を食べると、ねぼけたり寝小便をしない、といわれ、鹿児島県栗野町〈湧水町〉では、こしきの飯を食べると寝小便をしないという。山口県大島郡では、縄を焼くと寝小便をするが、唾をつけると寝小便しないという。夜、カキ（柿）を食えば寝小便する（群馬県古馬牧村〈みなかみ町〉）。木の尻をいじると寝小便する（岩手県岩手郡）。

○『誹風柳多留拾遺』に「御めかけハまづ火いちりをことハられ」（明和三年〈一七六六〉）の句があり、『誹風柳多留』に「おめかけのわるい病ハね小べん」（文政七年〈一八二四〉）の句が見える。火をいじると寝小便をするという俗信が背景にあるが、この場合は子供ではなく妾である。石川一郎によれば「江戸時代の妾奉公には、故意に寝小便をして暇を出され、支度金を取って諸所を渡り歩く者があった。」という（『江戸文学俗信辞典』）。

○寝小便の事例を紹介したが、それ以外にも小便と火に関する俗信がいくつかある。福島県檜枝岐村では、囲炉裏に小便したらその部分の灰を除き、あとに塩をまいて清めなければならぬ、といい、岩手県浄法寺町〈二戸市〉でも、炉にはおしっこをこぼすな。こぼしたら塩で清めるという。石川県鹿島郡では、囲炉裏に子供が小便をしたら、塩をくべないと（撒かないと）火事になるといって忌む。囲炉裏に小便すると体の自由が利かなくなる（秋田県鷹巣町〈北秋田市〉）。焚火に小便をかけると病気になる（栃木）。屋根に登って小便をすると火事になる（栃木）。二階から小便すると火事のときに腰を抜かす（秋田県阿仁町〈北秋田市〉）。流し尻に小便すると火事のときに腰を抜かす（同県雄勝郡）。火雷が落ちて火事になったとき、小便をかけて消すとすぐ消える（福島県棚倉町）。鹿児島県東郷町〈薩摩川内市〉では、近所が火事のとき、腰巻を小便壺につけて竿に結んで立てると火を防ぐ、といわれる。火事の時に腰巻を振ると類焼を免れるとの伝承は広く分布する。ケガレとしての火に腰巻のケガレで対抗し防除しようとの狙いで、小便壺（糞尿の汚穢）につけることでより強力になるとの発想であろう。

○三一日と一月一日のあいだ、午前零時に便所へ行くと小便たれになる（富山県氷見市）。小便をする夢は悪い知らせがある（福島県富岡町ほか）。小便をするとき泡に影が映らないと怪我をする（岩手県気仙郡）。小石をたくさん積んで小便をひっかけると虹が消える（新潟県磯部村〈糸魚川市〉）。へその緒を長く切ると小便が遠い（長野県南信濃村〈飯田市〉）。へその緒は短く切ると小便が近く、長く切ると遠いという（福島県大熊町）。女の野小便は顔をゆがめてするとキツネが憑かぬ（福岡県北九州市旧小倉区）。愛知県豊田市で、山で天狗に憑かれそうになったら、頭の上に草鞋をのせるとよい。草鞋に小便をかければさらによい、といい、栃木県には、キツネにだまされた時は自分のまわりに小便すればキツネが逃げて行くとの伝承がある。小便の不浄を妖異が嫌う例といえよう。

○静岡県入出村〈湖西市〉で、大小便が出そうになった時は「牛や馬がきたにすっこんで行け」と言うと止まる、といい、長野県北安曇郡では、大小便をこらえるには大便は大の字、小便は小の字を男は左手、女は右手の掌に記してこれを三度なめる、という。『新撰咒咀調法記大全』（天保一三年〈一八四二〉）に、「小便を久しく堪るまじなひ」として「見物またハ貴人の前に出《いで》、又はつとめ事にて小便を遠ざける也と思ふときハ青松葉をよくもミて臍《へそ》のうちに入置べし」とある。

○火傷をした時は、小便をつければよい（岩手県住田町・沖縄）、小便壺に入れば中までやけない（青森県五所川原市）という。傷は小便で洗うとよい（岐阜県蛭川村〈中津川市〉）。怪我をした時は傷口に煙草をつけたり、小便とか唾をかけたりする（三重県伊勢市）。指が痛むときはツバメの糞と女の髪を小便に入れ、沸かして指につける（高知県仁淀村〈仁淀川町〉）。眼病にかかったら自分の小便で目を洗うと治る（栃木県茂木町）。流行目には小便をかけると悪病神が逃げて病は治る（岡山）。生爪を起こしたら小便をつければよい（富山県氷見市）。ハチに刺された時はそのハチを殺した汁をつけるか、小便で傷口を洗うと治る（岐阜県笠松町）。小便の病気にかかったら、赤褌を七五枚盗んで地蔵さまの下に埋めるとよい（愛知）。小便を我慢すれば盲腸（虫垂炎）になりやすい（岩手県気仙郡）。

○子供の疳の虫には小便を飲ませる（秋田県男鹿市）という。飲尿による療法は現在もしばしば話題になる。幕末土佐の庶民生活を記した井上静照《じょうしょう》の『真覚寺日記』には、静照が大病を患った際に「始メ出血の時、小便を呑セ呉よといひしゆへ、妻直ニ小皿へ小便を入レ予ニ呑しめける由なれとも、予ハ苦痛中ゆへ覚へず」と見える（慶應二年二月一日〈一八六六〉）。同日記には、文久三年一〇月一七日条にも、自分の小便に犀角の粉をまぜて飲むとの記述がある。八隅蘆菴の『旅行用心集』（文化七年〈一八一〇〉）に、船に酔ったときの妙法として「童子便を呑すべし、もし童子便なき時ハ大人の尿《いばり》を呑すべし」と見える。山崎美成『世事百談』（天保一四年〈一八四三〉）に「鬼魘《おそはれ》たるもの、治療」として、妖怪に出合って鬼魘《おそはれし》死した者を蘇生させた時は「扨《さて》病人の眼をあきたらばあつき小便一ぱい口に入るべし。しばしありて正気になるなり。またはその病人を喚活《よびいか》すべからず。脚の跟《きびす》を力一ぱい口にて咬《かむ》べし。又は面《かほ》へ唾を吐《はき》かくべし」とある。『天狗草紙』（「三井寺巻A」小松茂美編『続日本の絵巻』26）には、一遍上人の着物の裾をまくり上げて、尿筒《しとづつ》に尿を受ける場面が描かれている。まわりには「これは上人の御しと（尿）にて候。よろつのやまひのくすりにて候」と話し合う者や、「わらハヽはらのやまひの候へハ、くすりに御しとのミ候ハむ」と両手を差し出す女など、一遍の尿を乞う人々が取り囲んでいる。内藤久義は「放尿する一遍と画中詞」（二〇二三年）で、「治療薬としての効果というより、信徒らの一遍に対する熱狂的な信奉こそが治療なのだろう。」と述べている。

尻　しり

(1)尻あぶり、尻がかゆいと

○正月の火祭り行事のときに、尻をあぶって一年間の健康を願う。長野県南木曽町では、サンチョ（ドンドヤキ）でお尻をあぶると一年中風邪を引かないといわれる。栃木県茂木町では、旧正月一五日のワーホイ火（ドンドヤキ）で尻をあぶると、その年は腫物ができぬという。岡山県真備町〈倉敷市〉では、トンドで尻を温めておくと冷え性にならない、といい、長崎県有明町〈島原市〉では、鬼火焚き（正月の火祭り）で尻をあぶると百まで長生きする、と伝えている。山口県大島郡では、大つごもりの晩、ナスの木を焚いて尻をあぶると中風がでぬという。正月行事ではないが、埼玉県の東松山市や川越市などでは、旧六月一日の早朝、各家の門口で麦がらを焚き、家族一同がその火で尻をあぶって無病息災を願うケツアブリ（尻あぶり）という行事があった。着物の裾をまくって尻をたたき「諸病万病根ぬけ」などと唱えた。ケツアブリをすると、夏やせしないとかナガモノ（ヘビ）が近づかないといわれ、昭和の初め頃まで行っていたという。尻（肛門）は、体内の悪いものを排出し、災厄の侵入を防ぐという、身体における境界的な部位である。

○お尻をあぶると長生きする（和歌山・島根）。焚火をして赤子の尻をあぶってやると長生きする（山口県大島郡）。死人を焼く煙で尻をあぶると痔が治る（奈良県下市町）。

○一二月一日を川浸《かわびた》り朔日《ついたち》と称して、関東などでは、この日の朝はやく川に尻をつけると河童に引かれないといって、尻を水に浸す風習がある。

○赤ん坊の尻の青いの（蒙古斑）は、閻魔さまにつねられたから（愛知県小牧市）、地獄の鬼につねられたあと（石川県石川郡）、産神さまがひねったから（香川県志度町〈さぬき市〉）、荒神様にたたかれた手形（長崎県壱岐市）などという。福岡県甘木市〈朝倉市〉では、妊娠中に火事を見たら顔に赤いほやけ（アザ）のある子ができる。葬式を見たら黒いほやけのある子ができる。すばやく尻をなでるかつねるとほやけがそこに移る、という（痣の項参照）。襁褓《おむつ》を洗った水は人の跨がない所に捨てること。でないと、子供の尻がただれる（山形・栃木）。

○臼に腰をかけると、臼のような尻になる（秋田・神奈川）、尻が重くなる（秋田・千葉）、丈が伸びない（秋田県雄勝郡）。女が臼に腰をかけると、尻が大きくなる、尻が重くなる（共に岩手）という。挽き臼に腰をおろすと尻がくさる（鹿児島県大島郡）。丹波美山町〈南丹市〉では、叺《かます》や桟俵を尻にしくと難産するとか、叺、俵、袋を尻にしくと袋子（卵膜に包まれたまま生まれた胎児）ができるといわれ、若い女性は気をつける。袋子は袋状の物からの連想であろう。お櫃《ひつ》に腰をかけると尻が曲がる（岩手県盛岡市）。飯台に腰をかけると尻が曲がる（神奈川・三重）。妊婦が桟俵の上に座ると尻の穴のない子が生まれる（長野県阿南町）。一般に、食べ物にかかわる生活道具は尊いものとされ、腰をかけるとか尻にしくなど、それを穢す行為は禁忌であった。ほかにも、次のような事例がある。台所の流しに腰をかけて仕事をすると尻が大きくなる（岩手県上閉伊郡）。鍛冶屋の鉄打台に腰をかけるとお尻が曲がる。塩を撒けば曲がらない（同県気仙郡）。女子子供が囲炉裏の横座に座ると尻がでかくなる（新潟県十日町市）。妊婦は下駄に尻をついて洗濯をしてはならない（福島県湯川村）。妊婦が箒を尻にしくと箒神の祟りにあう（愛媛県久万町〈久万高原町〉）。座布団など尻にしいたものを枕にして寝るな。出世しない（福島県鏡石町）。

○仏壇に尻を向けると罰があたる（静岡県御殿場市）。仏壇に尻を向けて寝てはならない（鹿児島県始良《あいら》郡）。仏壇に尻を向けておろし（おろし金）をおろすと辛くなる（長野県北安曇郡）。竈に女が尻を向けてあたると竈神が怒る。男がかくすると喜ぶ。竈神は女神だから（鹿児島）。用をたす（大小便をする）には北へ尻を向けろ（長野県北安曇郡）。野火に尻を向けると赤痢にかからない（岩手県岩手郡）。東に尻を向けるような大便所を建てるのは凶（秋田県平鹿郡）。

○字の書いてある紙で尻を拭くと、字が上達しない（千葉・富山・石川・愛知・三重・和歌山・徳島）、字が下手になる（岐阜・和歌山・兵庫）、罰があたる（秋田県大内村〈由利本荘市〉）、尻が曲がる（岩手・福島）、痔が悪くなる（岐阜県蛭川村〈中津川市〉・愛知）という。習字の紙で尻を拭くと手が上がらない（岩手県宮古市）。障子紙で尻を拭くな（秋田・宮城・福島・長野・愛知・奈良・島根）。拭くと、病気になる（奈良県御杖村）、痔になる（秋田・福島・長野・愛知・島根）という。会津喜多方地方〈福島〉では、蠟燭《ろうそく》を包んでいる紙で尻を拭《ぬぐ》えば病気にかかる、といわれる。

○尻がかゆいとイワシがとれる（岩手・秋田・石川・長野県北安曇郡）。青森市で、どんじ（尻）がかゆいばイワシとれる、という。岩手県水沢市〈奥州市〉では、尻の穴がかゆい時は浜でイワシがとれる、といい、石川県金沢市では、肛門がかゆい時はイワシが多くとれる、という。青森県稲垣村〈つがる市〉では、どんじ（尻）かゆぐなればニシンがあがる、と伝えている。新潟県新発田市では、尻の穴のかゆい時は浜に法事があるという。尻がかゆいとは肛門がかゆいことをいう。かゆいという現象は、総じて何か良いことがある前兆といってよい。

尻 しり

(2) 尻をなでる妖怪、その他

○口丹波〈京都府丹波地方南部〉では、「節分の夜は便所に行かぬものだと言われているから、子供は昼のうちに用便は済ましておく。もし便所に入れば『カイナデ』が来て臀《しり》を撫でると。やむを得ず便所に行かなければならぬ時は、『赤い紙やろか、白い紙やろか』と言って入ればよい。」という（『口丹波口碑集』一九二五年）。カイナデは「掻き撫で」の転とされる。「赤い紙、白い紙」は、現代の学校のトイレの怪談にもでてくる文句で興味深い。ただ、学校の怪談ではトイレの妖怪が発する妖しい声であって、カイナデを防ぐために子供が唱える言葉ではない。声の主が逆転している。カイナデは京都では知られた妖怪だったようで、明石粋人の「覚帖の中より（三）」（『郷土趣味』通巻一六号、一九二〇年）に「京都では夜中厠へ行くものでないと児童の節から教えられて居る、（中略）又夜中厠に行くと毛もくじゃらの大きな手が出て来て、臀をそっと撫で廻すと言う、即ち所謂かいなでと称するものである」と記されている。年越しの夜便所に行けば尻撫ぜが来る（京都）との伝承もある。同類の話で鬼が登場する事例もある。京都府美山町〈南丹市〉では、節分の夜便所にいくと鬼が尻を撫でる、といい、福井県小浜市や高浜町でも、節分の夜便所に行くと鬼がお尻（おいど）を撫ぜる、と伝えている。福井県名田庄村〈おおい町〉では、節分の夜は鬼が廻っているといって便所に行く者がなかった。夜行くときは提灯を持って行ったという。節分の夜に雪隠に入ると鬼に尻をつねられる（静岡県藤枝市）。からさでさん（からさで祭）の晩に雪隠に行くと鉄のかぎで尻をなでられる（島根県広瀬町〈安来市〉・出雲市）。ほかにも、午後六時に便所に入るな。便所神様に尻を引っ掻かれるから（埼玉県越谷地方）とか、裸で廁に入ると廁神さまがお尻を引っ掻く（東京都八王子市）といった伝承がある。

○便所で、下からでてきた手が女性の尻を撫でる話は河童伝説に多い。手は切り取られるが、河童が伝える妙薬の製法と引き換えに返却される。この話は近世には広く知られていた。津村正恭『譚海』巻二（寛政七年〈一七九五〉跋）に、「佐竹家の医者に神保荷月と云外科あり、（中略）家に傳方の秘書一巻あり、川太郎（河童）傳たるものとてかなにて書たるもの也、よめかぬる所もありとみたる人のいへり、此神保氏先祖廁へ行たるに、尻をなづるものあり、其手をとらへて切とりたるに猿の手の如きもの也、其夜より手を取に来りて愁る事やまず、子細を問ければ川太郎なるよし、手を返して給はらば継侍らんといひしかば、其方をしへたらんには返しやるべしといゝしかば、則傳受せし方書なりとぞ」と見える。現在も、河童に尻子玉を抜かれたといった話は全国に分布し、和田寛編『河童伝承大事典』（岩田書院）に事例が豊富に収載されている。

○宮武省三『習俗雑記』（一九二七年）に、こんな話が載っている。「肥前佐賀郡〈佐賀〉では子供が糞づまりすると、老人は雪隠で子供の尻を『シッタタキタロジャ』と繰返し口に唱へつゝ叩いてやる奇風がある。『シッタタキ、タロジャ』とは鶺鴒《せきれい》の別名で此鳥、尻尾をピヨン〳〵揺がすので其《その》格好から聯想《れんそう》して、シッタタキ、タロジャと子供の尻をたたいてやるのである。」

○二軒が並んでいて、一軒が火事になりだんだん燃えてくるようであれば、どこにでも尻を当てて尻の下がホトホト熱ければ、自分の家も焼けるから急いで物を出すこと。冷たければ焼けない（富山県氷見市）。

○尻の大きい女性は、健康で落ち着きがよい（兵庫県赤穂市）、子を多く生む（愛知県豊橋市）。尻の穴の大きい者は度胸がよい（和歌山県野上町〈紀美野町〉ほか）。尻の穴の小さい者は度胸がない（長野県生坂村・岐阜県串原村〈恵那市〉）。

○その他の俗信。尻をたたくと利口になる（愛知・徳島県小松島市）。若い女は尻をたたかれると縁が遠い（大阪）。炊事場で転んだときは、尻を三回打ってもらわないと病気する（山形県置賜地方）。妊娠中に尻もちをついてはいけないといった（長野県臼田町〈佐久市〉）。苗代田の植え終いには尻の向きを変えるな（岐阜県串原村〈恵那市〉）。苗植えに尻と尻をあわせるな。田の神がきらう（山形県長井市）。針を失くしたときは鋏を尻の下にかくす（長野県上伊那郡）。大根おろしをする時、馬小屋の方へ尻を向けて作ると辛くない（群馬）。子供が煙草をのむと尻から煙がでる（岩手県九戸郡）。餅を搗いたとき臼の中に残った餅を食べると人の尻になる（同県紫波郡）。尻穴《けつ》がふわふわだと死ぬ前兆（愛知県碧南市）。中の日に尻の病にかかると全快まで日数がかかる（福島県湯川村）。腹の痛むときは、笑わずに尻の穴を見てもらうと治る（徳島市ほか）。産婦が後産で腹の痛むときは、当人の知らぬ間に尻の下へ機織りの筬《おさ》を入れておく（福島県田島町〈南会津町〉）。腰巻にノシをつけてしまっておくと、お尻の世話にならずに成仏できる（栃木県大平町〈栃木市〉）。

皺　しわ

○秋田県南秋田郡で、額に横に深く三本の皺がある人は決して中風にかからぬ、長命するという。一方、額に縦皺のある人は、短命（同県仙北郡）、気むづかしい（同県南秋田郡）といわれる。額の皺が深くて多い人は苦労が多い（愛知県北設楽郡）。額でも手の筋でも皺のよる人は苦が多い（和歌山県高野口町〈橋本市〉）。口角の外側に縦皺の多い人は客を好む（秋田県仙北郡）。

○山形県長井市で、若い時あまりお茶を飲むと早く皺がよる、といい、石川県内灘町では、子供が茶を飲むと顔に皺ができるという。濃い茶を飲めば顔に皺ができる（同県松任市〈白山市〉）。

○大晦日の夜早く寝ると顔に皺ができる（群馬・石川）。石川県辰口町寺畠〈能美市〉では、大晦日に早く寝ると顔に皺がよるとか、白髪になるといわれ、それで「はぜ（あられ餅）をはやせ（切れ）」と言われ、はぜ切りをして眠気を払ったという。

○最初に生まれた子の股のつぎ（皺）が一つだったら、次は男の子、二つだったら女の子が生まれる（ほぼ全国的）。熊本県有明町〈天草市〉では、乳離れしない子のちだきり（大腿部の内側の皺）が二つあると女の子、一つあれば男の子が生まれる。小指を曲げてできる皺の数だけ子供を生む（広島県加計町〈安芸太田町〉）。拳を握って皺がたくさんあったら子供の多い生れである（愛媛県内海村〈愛南町〉など）。手を握った際にできる小指の根

の皺数によって、将来子供が何人できるかを占う（福島県田島町〈南会津町〉）。⇩性別判《せいべつはん》断《だん》

心臓《しんぞう》

○爪に半月があると健康、黒いと心臓が悪い（石川県金沢市）。心臓が悪くなると爪に筋ができる（愛知県半田市）。生ナスを食うと心臓が弱くなる（新潟県川西町〈十日町市〉）。福井県美浜町では、ウメの木に生えたサルノコシカケは心臓の薬として珍重されるという。佐賀県東脊振村〈吉野ヶ里町〉では、心臓にはモグラ打ちのとき、ときわのカゴで焼いた餅を食べるとよい、といわれる。ツリガネニンジンは心臓の薬（岡山）。センブリは胃・心臓に効く（新潟県山古志村〈長岡市〉）。心臓病にはフキの陰干しを煎じて飲むとよい（岐阜県谷汲村〈揖斐川町〉）。

○柳田国男は「食物と心臓」で、握り飯の三角や節供の食物が三角をしていることについて「自分の想像を言って見るならば、是は人間の心臓の形を、象って居たものでは無いかというのである」と推測している（『定本柳田國男集』一四）。

身長《しんちょう》

○笊《ざる》を頭にかぶると、背が伸びない（岩手・山形・福島・栃木・埼玉・茨城・富山・山梨・大阪・和歌山）、背が低くなる（岩手・山形・福島・茨城）、成長しない（岩手・福島）という。同様の俗信は籠にもあり、籠をかぶると、背が伸びない（岩手・福島・富山・三重・和歌山・兵庫・岡山）、背が低くなる（千葉県船橋市）といわれる。主に子供を戒める禁忌である。かぶってはならないとされる道具として笊・籠が多いが、禁忌の対象物はそれだけではない。箕をかぶると、背が伸びない（岩手・福島・静岡）、小さくなる（栃木県真岡市）。篩《ふるい》をかぶると、背が伸びない（福島県南郷村〈南会津町〉）、小さく

なる（岩手県九戸郡）。桶をかぶると背が伸びない（静岡・愛知・三重・岡山）、背が低くなる（岐阜県安八町）。擂鉢をかぶると背が伸びない（青森・静岡）など。ほかにも、かぶると背が伸びないとされる物に、枡（新潟県加茂市）、鍋（静岡・愛知）、味噌漉《みそこし》（静岡県島田市）、座布団（徳島県小松島市）などがある。基本的には、うつわ状の物をかぶるのを嫌う例が顕著で、背が伸びないというのは、そこに押さえ込まれて成長が阻害されるという心意が働いているようだ。枡をかぶると出世しない（愛知）というのも、それから派生した表現の一つとみられる。新潟県では、小児が俄雨のときに袂をかぶって来るのを、縁起が悪いといって叱ったり、背丈が伸びなくなるといった。袖をかぶるのは、死んだ時（奈良・和歌山）とか、死んだ者の真似（愛知）といわれるように、葬式に参加する女性が袖（普通は左袖）をかぶる習俗から、平生この行為を忌むのであろう。

○臼の中に入ると、背が伸びない（秋田・山形・福島・栃木・茨城・千葉・新潟・静岡・佐賀）、背が小さくなる（栃木・茨城）、育たない（福島）という。臼に足を入れるのは、頭上に笊・籠をかぶる禁忌と対照的だが、身体の上下の端がうつわ状の物に接しそれに覆われている状態は共通する。臼に上がる（乗る・立つ）と、背が伸びない（秋田・栃木・群馬・埼玉・茨城・東京・高知）、背が低くなる（栃木・群馬・埼玉）、背の低い子が生まれる（茨城県土浦市）という。上がるというのは、臼の中に入る意味も含むのであろう。臼に腰をかけると、背が伸びない（山形・栃木・群馬・茨城）、背が低くなる（群馬・埼玉・茨城）。群馬県甘楽町では、立ち臼に上がると背が大きくならない。背の低い善光寺様が上がっている、という。石臼や藁叩き石に上がると背が伸びない（同町）。

○物差しで身長を測ると、背が伸びない（岩手・茨城・愛知・京都・岡山・山口・徳島・高知）、背が短くなる（岡山県上道郡）、死ぬ（京都府宇治田原町）という。橋詰延寿『介良風土記』（一九七三年）に、明治の頃のこんな体験談が紹介されている。「明治二十七年（一八九四）に介良野高等に入学したとき身長をはかられた。四尺八分あったと家へ帰って話した。すると『まあどうしょう。そんなことしたら、ええ太らんが』と言われた。学校というところは、いろいろな事をする。背を測ったりするもんがあるもんかと、親たちの間で話題になった。」という。俗信が日常の感覚に沁み込んでいたことがわかる。介《け》良《ら》は、現在の高知市である（『日本俗信辞典　衣裳編』物差しの項）。身長を測ると背が伸びない、というのは、その人の身長が分かった時点で、成長が止まってしまう意味だろう。測るという行為が帯びている呪的な力といってよい。

○岩手県東磐井郡などで、シャクトリムシに頭のてっぺんから足の爪先まで測られると死ぬ、といい、群馬・鹿児島県でも、シャクトリムシが足の先から頭の上まで上がると死ぬという。同様の俗信は各地に多い。自分以外のものに身長（背丈）を測られるのは危険なことであった。『奄美民俗』四号（一九六三年）にこんな話が見えている。中沢という蹴足の名人が子供を寝かせていると、七つの尾をもつ猫が現れて、口にくわえた棒で子供の背丈を測った。危険だと感じたので、子供を安全な場所に移し、代わりに藁の人形を置いた。戻ってきた猫が人形にかみつこうとした時、薪を投げ蹴足で殺した。猫は子供の背丈ほどの穴を掘っていた（鹿児島県奄美市）。

○ウマの糞を踏むと、背が高くなる（岩手・茨城・神奈川・富山・長野・滋賀・島根・広島ほか）、早く走れる（茨城・長野・愛知・

和歌山・広島・愛媛・佐賀・鹿児島ほか）という。一方、ウシの糞を踏むと、背が低くなる（伸びない）（群馬・埼玉・富山・長野・愛知・滋賀・京都・岡山・広島）、走るのが遅くなる（富山・愛媛）という。ウマ（高い・早い）、ウシ（低い・遅い）と、対照的なイメージが定着している。
○長野県下高井郡などでは、除夜の年取りの晩、夕食をすませて後、藁叩き石の上に登って背伸びをすると、背が高くなるといっている（『改訂 綜合日本民俗語彙』）。
○人に跨がれると背が伸びない（岩手・福島・徳島・愛媛）という。岩手県九戸郡では、女が寝ている男を越えると男の背が伸びない、とか、自分より大きい人に越えられると身長が伸びないという。讃岐大川郡〈香川〉では、薦《こも》を編むのに用いる横木を跨ぐと背丈が伸びぬ、といい、三重県明和町では、鍬を跨ぐと背が伸びないといって忌む。箒を越えれば大きくならない（岩手県九戸郡）。喜界島〈鹿児島県喜界町〉の子供たちは、人の手などを踏んだとき「ハントーミ」と言って、その手を自分の頭の上におく。これをしなければ踏んだ子は背丈が伸びないという（『改訂 綜合日本民俗語彙』）。
○三股《さんまた》（竹三本を結わえて物干し竿を掛けるようにしたもの）をくぐると、背が伸びない（神奈川）、背が小さくなる（茨城県土浦市）という。高知県幡多郡では、物干し竿をのせるために木を三本組んで作った三叉の下を抜けると背が伸びない、といわれる。鎌をかつぐと背が伸びない（和歌山県南部町〈みなべ町〉）。子供が井戸桁にのぼると背が伸びないという（群馬県安中市）。
○秋田県雄勝郡や平鹿郡では、一二五歳の正午まで身丈が伸びる、といい、同県大内村〈由利本荘市〉では、一二五歳の朝飯前まで大きくなるという。栃木県塩原町〈那須塩原市〉では、嫁入りの日の朝まで背が伸びる、といわれる。

○その他の俗信。年の初め、一番先に背の高い人が来るとアサ（麻）が長くなる。正月一六日の朝に小さい人が来るとアサが悪い（秋田県仙北郡）。宮参りに行って背が高くなるようにと高い木に紙をつける（大阪府枚方市）。流れ星を見た刹那、全指を互いに合わせて腕を上（に）高くのばし、その姿勢のまま飛び上がると丈が高くなる（富山県氷見市）。米を縦に食えば身長が伸び、横に食えば小さくなる（岩手県東磐井郡）。恐ろしい夢は背の伸びるとき（宮崎県えびの市ほか）。空を飛ぶ夢を見ると背が高くなる（広島県加計町〈安芸太田町〉）。三人の背立（背丈か）が同じ者が揃って歩くと雨が降るという（奈良県菟田野《うたの》町〈宇陀市〉）。子供が南蛮（トウガラシ）を食べると背が伸びない（岩手県和賀郡ほか）。人を騙すと身長が伸びない（岡山）。背の高い人は働かぬ（秋田県南秋田郡）。足を伸ばして寝ると背が伸びる（愛知）。足をちぢめて寝ると背が伸びない（愛知・徳島）。

【す】

睡眠　すいみん

⑴眠れない時の呪文、梁の下

○本項では、眠りと寝ることに関する俗信を紹介する。福島県三島町で、眠れない時は「寝ては釈迦、起きては阿弥陀の立ち姿、南無阿弥陀仏」と三回唱えるとよい、といい、愛知県南知多町では、寝つきのわるい時は「一日の思いしこと、ちり、ほこり、ほうきならなん。南無阿弥陀仏、なむあぶらおんけんそわか」と唱えるという。宮城県気仙沼市長磯原では、西の方へ手を合わせ「わが体にジャガラの虫が来たならば、そこ除《よ》けたまえ鬼子母神さま」と三度唱える。群馬県渋川市行幸田《みゆきだ》では、眠れない時は床に就いてから「寝るぞねだたみ、頼むぞたれ木、もの事あれば起こせこうりょう、アビラウンケンソワカ」と三回唱えると、ひとりでに眠れるという。長野県上伊那郡では、眠られない時は「ナムオンケンソワカ」と三遍唱えるか、枕元にネギを置く。子供の寝つきの悪い時は、モグラの頭骨を枕の中に入れておくとよく眠るようになる（大阪）。子供が眠れない時には、子供の掌に筆で字を書く（福島県梁川町〈伊達市〉）。

○群馬県大胡町上大屋〈前橋市〉では、田植えが終わったあと、泥を落とさないと眠たいという。そのため、田植着物《ぎもん》はみんな洗濯してしまえといわれた。滋賀県水口町〈甲賀市〉では、サビラキ（初田植え）・サナブリ（田植え終い）のお握りを、人の知らぬ間に食べると居眠りしなくなるといわれる。春早くナメラヘビ（シマヘビ）に合うと、一年中食べ物に不自由しない。また、眠気が起きない（福島県郡山市）。長崎県吉井町〈佐世保市〉では、眠くて目が開かない時は「目は塩たくかまやの煙」と三遍唱えて、天井に向かってペッペッペッと三度唾を吐くと目が覚める、と伝えている。岩手県花巻市では、野始《のはだて》（正月一一日）の朝起こされるとその年は眠たいという。『民家日用 廣益秘事大全』（嘉永四年〈一八五一〉）に、「よく眠る人をねぶらせぬ方」として「馬のかしらの骨を焼て灰となし、一匙ツヽ日に三度のむ時ハねむる事なし。夜も一度呑てよし、又、馬の頭骨を枕とすれバねすぎる事なし」とある。

○旧暦七月七日のねぶたは、睡魔を払う眠り流しの行事に盆の精霊送りなどが習合したものといわれ、東北・関東地方を中心に分布している。福島県の『下郷町史 第五巻 民俗編』

（一九八二年）に、次のように出ている。「ネムタ流し　旧七月七日のナヌカビに、大豆の葉で三回眼をこすり、川に流す。小松川では、こうすると朝起きがよくなり、夏の暑い日に眠気が覚めるという。この時『ネムタは流れろ、豆っ葉はつっかかれ』と唱える。ネムタは睡魔のことで、ちょうどこの季節は労働も忙しく、熱さも厳しい。ネムタ流しはこれを追い払う呪《まじな》いと考えられ、川に流すことから、本来は盆をひかえての物忌み・禊《みそぎ》と思われる。」

○寝過ごさず起きたい時間に目を覚ます、また、夜中に緊急の事態が発生したときに目が覚める、という呪《まじな》いがある。石川県石川郡では、目を覚ましたい時間の数だけ枕をたたいて「朝起きてまたもまどろむことあらば、引き起こしてよわが枕さま」と、息を止めて三回唱えれば思う時間に目が覚めるという。徳島県上那賀町〈那賀町〉では、思う時間に目覚める呪法として、夜寝る前に「うちとけてもしもまどろむ事あらば、引きおどろかせ、われまくら神」と三遍唱える。床に就く前に「うちとけて若しもまどろむ事あらば、うち驚かせ我枕神」と三遍唱えて寝るとよい（福井市）。これらの呪歌は、近世の調法記（重宝記）等の影響が大きいと考えられる。『咒咀調法記』（元禄一二年〈一六九九〉）に「夜《よ》るふしておきたき時おきるまじなひ」として「夜るねさまに大の字ひだりの手に三字かきて舌にてなむるなり、さてまたまくらに、ふつにんふどうゆんたひにち、此通をまくらに書なり、うたに、うちとけてもしもまどろむ事あらばひきおとろかせわがまくら神、三べんよむべし、此まじなひを起たき時目さむる、又大事あれバをのづからしる法也」とある。類似の呪歌は、『新撰咒咀調法記大全』（天保一三年〈一八四二〉）や『諸民　秘伝重宝記』（江戸後期）などにも見える。起きたいと思う時間の数だけ枕をたたいて寝ると、思った時間に目が覚める（群馬・愛知・石川・大阪）。朝早く起きようと思ったら、起きる時刻の数だけ畳をたたいて寝ればよい（奈良）。

○京都府京北町〈京都市〉では、夜「人丸やまこと明石の浦ならば、我にも見せよ人丸の塚」と謹んで三遍唱えて寝ると、何時でも思う時に目が覚めるという。大阪府堺市では、目の覚める呪《まじな》いとして、「ほのぼのと明石の浦の朝霧に、しまかくれゆく舟をしぞ思ふ」という歌の、上の句を寝る前に唱えると予定の時間に必ず目覚める。起きた時に下の句を唱える。『増補咒咀調法記大全』（安永一〇年〈一七八一〉）に「夜《よ》る臥《ふし》て起たき時に目のさむるまじなひ」として「歌ニ人丸やまことあかしのうらならばわれにも見せよ人丸が塚三べんつゝしミよむべし」とある。岡山県富村〈鏡野町〉では、朝、きちんと目を覚ましたい時は「長き夜のとおのねむりのいま（みな）めざめなみのりふねのおとのよきかな」を三度言って、今から起きるまでの時間が何時間と思って寝る、という。

○常陸鹿島〈茨城〉では、寝る時に「寝るぞねた、頼むぞ垂木、はりも聞け、何事あらば起こせこうばり」と三度唱えて眠る時は、夜中に災難の起らんとするときに必ず目を覚ますという。福島県小野町横町では、早起きしたい時は「寝るぞ根太、頼むぞたる木、桁、柱、

△時になったら起こせ屋の棟」と三回唱える。群馬県板倉町では「ねるぞ、ねだ、たのむぞ、たるき、なにごとあらば、おこせ、こうばい」と三度唱えて寝れば、どんな事があっても、怪我をして起きられないということがない、といわれる。夜休むとき「寝るぞねた、頼むぞたる木、何事あらば起こせ屋根棟」と三度唱えれば、夜中に大事の起きた時でも必ず目が覚めるという（青森県五戸町）。

○長野県生坂村では、棟上げをした晩には家

人がそこに寝なければ悪い事があるという。岐阜県久瀬村〈揖斐川町〉では、「建前の夜、主人はかならずその屋内で寝なければならないが、天候などの都合で寝ることができないばあい、目籠を棟からつり下げておく。籠が無数の目で見はっていて魔物をにらみ返してくれる」（『久瀬村誌』一九七三年）といわれる。棟上げ祝いの晩から必ず一人は泊るもので、泊らぬと魔物に先駆けられる（新潟）。棟上げの晩だけ泊る。魔物が泊ると悪いから（大分県弥生町〈佐伯市〉）。新築をしたとき、最初の時点で家を空けることの不安を物語っている。まず、その家の者が泊ることで邪霊に付け入る隙を見せない。霊的なものに対して家の所有を明かにする示威行為でもある。棟上げの時に限らず、家を空にすることの不安は他の事例にも見られる。このことと関係あるかどうかは不明だが、中世の荘園領主が犯罪の発生に対して、犯人を領内から追放しその住宅を焼却したことについて、勝俣鎮夫は「家を焼く」（『中世の罪と罰』一九八三年）で次のように述べていて興味深い。「現在私は、一方ではこの時代の人々にとって『家人の居住しない家』は、あってはならない存在、不吉な存在、禍をもたらす存在と考えられ、このような『家』観念が基底にあって、家の消滅＝禍の除去が行われたと考えている。」

○梁の下に寝るものではない、と各地でいう。梁の下（真下）に寝ると、うなされる（青森・福島・群馬・茨城・静岡・愛知・広島・香川・福岡・佐賀）、押さえられる（新潟・長野・静岡・愛知）、悪い夢を見る（新潟・静岡・和歌山）、悪夢で苦しむ（福岡・佐賀）、恐ろしい夢を見る（福岡）、白猿の夢を見ると死ぬ（栃木県芳賀郡）、魔物に驚かされる（長野県北安曇郡）、追いまくられる（新潟県新発田市）、病気にかかる（新潟・佐賀）、眠れない（岩手県川井村〈宮古市〉）などという。睡眠中に何かに圧迫されるような苦しさに陥るようだ。金縛りのような現象であろうか。寝る姿勢について、秋田県雄勝郡では、梁と同じ方向で寝るな、といい、香川県綾上町〈綾川町〉では、梁の下に平行に寝たらネズミが踊るという。うなされる理由について、静岡県春野町〈浜松市〉では、家の梁の真下に寝るとひどくうなされるのは、梁には家の守り神がいるからだという。群馬県利根郡では、テンが鴨居や梁の上を夜通るので、その下で寝るとうなされる、と説明している。実際、梁にはネズミやネコ、ときにはヘビ（アオダイショウ）などが姿を見せる。その下に寝るとうなされるというのは、梁のモノの影響を受けるということだが、梁と平行に寝ることで（おそらく「同時に同じ」関係になることで）両者の間の境界がなくなり、直に影響を受けるのであろう。『梅園日記』（弘化二年〈一八四五〉）に「俗に胸に手をおきて寝、又梁の下に寝ぬれば、おそはるといふは、久しきならはし也」として『文海披沙』を紹介している。

○棟木の下で寝るものではない（福島・新潟・広島・徳島・高知）という土地もある。高知県本川村〈いの町〉では、山小屋で寝る時は棟木の真下で寝るのを忌む。新潟県新発田市滝谷では、棟木と同じ方向に寝るな、といい、広島県では、棟木なりといって棟木と同方向に寝るのは悪いという。徳島県三好郡では、家の棟木と平行に寝ると息苦しくなるから寝てはならないという。夜中に目覚めても口が利けなくなっていることがある。どうしても棟木と平行に寝なければならない時は「寝るぞ梁《うつばり》、頼むで垂木、夢見し給え、縄のいいうし」と唱えてから寝るとよい、といわれる。愛知県には、死人を棟と平行に寝せると伸びる、という怖い伝承もある。

○岐阜県揖斐郡では、杣小屋のサカマタ（屋根の垂木）の間隔は三尺に定まっている。このサカマタとサカマタの間の真下にあたる場所に寝るものではないという。ここに何故寝てわるいかは不明であるが、杣小屋でのお日待ちの時には、このサカマタの間（天井）ごとに御幣を飾るという。

○柱のそばに寝ると、金縛りになる（山形県長井市）、押さえられて胸苦しい（徳島）。床柱のところに寝るとその人がうなされる（広島県加計町〈安芸太田町〉）。柱を真ん中にして寝ると夢にうなされる（岩手）。柱に菰《こも》を巻いて寝ると朝寝をしない（北海道）。

睡眠　すいみん

⑵戻れない霊魂、寝言など

○鹿児島県徳之島では、幼児が夜寝るときに体に墨などを塗ったまま寝てはいけないという。その理由として、松山光秀は「夜、体から遊離した霊魂が、また元の肉体に戻ってくる時に、墨などを塗っておくと、自分の宿っていた肉体を見誤る場合があるから」と説明している（『徳之島の民俗1』二〇〇四年）。高知県などには、節分の晩、魔除けのために額に鍋墨をぬる習俗があるが、平生それをするのは禁忌だった。右の話で見誤るというのは、遊離した霊魂が墨のために元の体に戻れないということであろう。似た俗信に、夜眠る時に顔に墨をつけておくと、夢を見て魂がかえって来た時ビックリして這入《はい》れないでその人は馬鹿になる（宮崎）という例がある。夜、墨をぬって寝ると阿呆になる（和歌山県南部）。顔に墨をつけて寝ると、恐ろしい夢を見る（島根県日原町〈津和野町〉）、悪い夢を見る（佐賀県小城町〈小城市〉）とも。寝る時には、帯は部屋の衣桁《いこう》に掛けておかなければならない。夜中に体から抜け出して遊びに行った魂が、戻ってきた時に帯に絡まって体の中に入れなくなるからで、そうなると目を覚ませなくなるという（長野）。
○長崎県壱岐島〈壱岐市〉では、他人の寝言の相手となって返事をしてはならぬ、という。和歌山県太地町では、寝言を言っている人をからかって、阿呆と言えば、からかった人は必ず阿呆になる、と伝えている。奈良県五位堂村〈香芝市〉では、寝言の相手になるな、相手になるとその者が返事を仕切ると息が絶えてしまうから、という。久保孝夫編「高校生が語る現代民話（その3）」（一九九五年）にこんな話が見える。「高校一年ごろ、おばあちゃんから聞いた話です。寝ている人が寝言を言っても、言い返してはいけないそうです。もし、寝ている人に言い返し、寝ている人が負けてしまったら、その人は死んでしまうそうです。」。熊谷チヨは「鹿角の座敷ボッコ(三)」（『西郊民俗』一〇九号）で次のように報告している。「よく祖母が言っていたが、子どもが寝ごとなど言っている時は、それに受け答えしてはいけない。夢でどこかへ遊びに行って居ることがある。あんまり受け答えしていると、子どもから抜けた魂が戻れないことがある。」
○徳島県板野郡などで、人の寝言を聞いた時、その人の袖の中に頭を入れて尋ねると返答をする、という。袖を被って覗くと妖異の姿が見えるという伝承があるように、このしぐさには異界と交流する呪的な意味がある（常光『しぐさの民俗学』）。袖の中に頭を入れることによって、夢の世界（異界）にいる人間との会話が可能になるようだ。女が寝言を言う時、頭髪の先を水につけてやるとどんな秘密でも話す（沖縄県名護市）。扱《しご》き帯を四つにたたみ、愛人の寝ている上に載せておくと実のことを寝言にしゃべる（大阪）。しつけ糸のついたままの着物を着ると寝言をいう（福島県相馬市）。岩手県松尾村〈八幡平市〉で、餅を搗いたとき臼についた餅を食べれば寝言をしない、といい、同県上閉伊郡では、小正月の餅搗きの臼のまわりについた餅を食べると寝言がなおるという。寝言を言う者には鍋蓋をかぶせるとなおる（長野県北安曇郡）。寝言は便所の草履を枕下におくと治る（岩手県盛岡市）。『調法記 四拾七ゟ五拾七迄』（江戸後期写）に「寝言ゆはぬまじない」として、「哥禍の門口しめて寝るが夜の夜るのあだ口かたるなよ夢、此哥三べんよみてねるべし、寝ごとゆう事無し」とある。山形県南陽市では、寝言で肉親の名を呼ぶのは死期が近いという。

○衣服を裏返しに着て寝ると思うている人の夢を見る（大阪）。着物の裏を着て寝ると逢いたい人に逢える（愛知）という。『古今和歌集』に「いとせめてこひしき時はむばたまの夜の衣をかへしてぞきる」（小野小町）とあるように、衣を裏返しに着て寝れば恋しい人を夢に見ることができるという俗信が、早くにあったことがわかる。着物を裏返しにして着ると、思うままの夢を見る（秋田県雄勝・平鹿郡）、死人の夢を見る（同県大内町〈由利本荘市〉）ともいう。福岡県北九州市猿喰や合馬《おうま》では、一枚布団を裏返しに寝ると好きな人の夢をみる、と伝えている。布団を逆にかけて寝るものではない（秋田・栃木・静岡・福岡）というのは、裏返しではなく、天地を逆にして寝るのを忌むのであろう。

○愛知県北設楽郡で、いつもより眠い時は親戚に死人がある、といい、岡山県でも、眠気を激しく催すと近親の人が死ぬという。人が死ぬ時は眠い（岩手県陸前高田市）。強い眠気に襲われるのは、近親者の死の予兆ではないかと心配する。岡山県には、早くから眠気のする夜はきっと泥棒がはいるのだ、という伝承がある。

○高知県十和村〈四万十町〉では、川辺へ行くと不思議に眠くなることがある、この状態を

「エンコウ（猿猴）が憑きよる」といい、そんな時に眠るとエンコウの子を孕むといわれている（『十和村史』一九八四年）。欠伸の伝承にも見られるが、眠くなる状態、それを示す身ぶりを、神霊が乗り移る徴《しるし》と見做す例は少なくない。

○ハンギリ（盥《たらい》）を外に置くものではない。泥棒がハンギリを伏せると家人が目を覚まさぬという（福島県舘岩村〈南会津町〉）。寝る時に盥を外に置くと盗人に入られても目が覚めない（愛知県北設楽郡）。盥を伏せてその中に草履を入れ箒を載せておくと、盗人の来た時に目が覚めるという（岡山）。夜の盗難を除けたいときは、雨戸を閉めて、休む前に囲炉裏の中に火箸を二本×印に組み、「寝るぞ桁《けた》、起こせよ棰《たるき》、梁枕《はりまくら》、なにごとあっても頼む大引き（床の根太）」と三回唱えてから寝る（福島県桑折町）。

○帯を枕にして寝てはならない、とは全国的にいう。枕に用いると、長患いをする（ほぼ全国的）、長い夢を見る（岩手・山梨・高知・福岡など）、悪い夢を見る（岩手・高知）などといって忌む。足袋をはいて寝るものではない。親の死に目に会えない（全国的）（『日本俗信辞典　衣裳編』参照）。

○敷居を枕にしてはならない。長患いする（秋田・茨城・神奈川・新潟・富山・石川・島根・山口）という。七月の内に敷居を枕にして寝れば、悪病にかかる（三重県熊野市）。石川県金沢市では、敷居ごしに寝ると、嫁に行っても出てこなければならぬ（離縁する）という。

○畳の合わせ目に寝ると風邪を引く（宮崎）とか、畳の四つ辻の上で寝ていれば病気は治らない（奈良県室生村〈宇陀市〉）という。畳の四つ角を枕にして病気になると治らない（熊本県球磨郡）とも。若い夫婦がニクブク（藁筵《わらむしろ》）や筵などの、敷き合わせ目に寝ると双生児を生むといって避けた（沖縄県宜野湾市）。畳の縁に寝てはならない（佐賀県脊振村〈神埼市〉）。八畳間に女が一人寝るとうなされる。また曰く、魂が出る（岡山）。八畳の部屋に娘一人を寝せるな、生首がころげる（福島県三島町）。

○高知県では、子供が「夢の中で思い出し笑いなどをしているのを見受けると、老人たちはそれをオブの神がコソバショル（くすぐっている）などと言った」という（桂井和雄『耳たぶと伝承』）。これを土地によっては「エナにあやされる」という。

○その他の俗信。仏壇に足を向けて寝るな（熊本・沖縄）。仏壇に頭を向けて寝ると譫言《うわごと》を言う（秋田県平鹿郡）。夜、前掛けをして寝ると親の死に目に会えない（奈良県下市町）。二百十日の晩は蚊帳の中に寝るな。もし病にかかると長引く（福島県大沼郡）。勝手（台所）に寝ると死んでからヘビになる（愛知）。風呂の中で寝れば中気になる（広島）。胸に手をあてて寝ると、恐ろしい夢を見る（岩手・愛知・岡山・広島・鳥取・徳島・福岡）、うなされる（岩手）。左手を下にして寝ると夢を見る（長野県北安曇郡）。足を曲げて寝ると夢で逃げるとき走れない（新潟・愛知）。足を伸ばして寝ると夢の中で走れない（山形県長井市）。うつ伏せに寝る赤ん坊は丈夫な子（岐阜武儀町〈関市〉ほか）。酒を飲み過ぎて吐きそうな時は、便所の廊下で砥石（または箒）を枕に寝るとよい（福岡県田川市）。寝ている人の枕元に膳を置くことを忌む。人の枕元に膳を据えるのは死者がでたときにすることだから（沖縄）。墓参り団子を食えば寝ぼけない（福島県郡山市）。鉤《かぎ》につけた団子を取って食うと、夜、寝ぼけない（同県飯舘村）。夜、髪を洗って乾かないうちに寝ると不吉（沖縄）。鼻の頭に汗をかいて寝る子はよい嫁をもらう（新潟県三条市）。寝起きに泣く子は働き者になる（長崎県美津島町〈対馬市〉）。全国的に知られる「食後すぐに寝るとウシになる」は、因果関係を言ったものではなく、食べてすぐ寝るのはウシのようだという状態を表現した俗信。

脛　すね

○脛の細い人は漬物を多く食う（秋田）。立ち食いすると脛ばかり太る（岩手県大船渡市）。脛の長い人は胸の病気になりやすい（秋田）。脛の毛の長い人に金貸すな（岩手・秋田・新潟）。

○脛毛を剃ると、火事のとき逃げ出せない（茨城・愛知・岡山）、キツネに化かされる（長野県北安曇郡）という。

○脛にホクロのある人はよい着物を着る（秋田県仙北郡）。男の向こう脛はノミにも食わすな（和歌山県野上町〈紀美野町〉）。向こう脛を打つと笑いながら死ぬ（同県南部川村〈みなべ町〉）。脛に紙を巻くのは人の死んだときばかり（秋田県雄勝郡）。トビイ（脛にできる吹き出物）ができたときは、囲炉裏の灰に足形をつけ、これに熾《おき》をのせておく（新潟県月布施村〈佐渡市〉）。⇩足《あし》・体毛《たいもう》

【せ】

性器　せいき

○性器に関する伝承は多様である。飯島吉晴は「性神信仰の背景には、男女の交合による新たな生命の誕生という生殖作用を神秘的なものとみてこれを崇拝する古来の姿勢がある。」と述べている（『日本民俗大辞典』）。また、『岡山県性信仰集成』（一九六四年）を分析した倉石忠彦は、祈願の内容を①病気快癒、②子授け、③安産、④縁結び、⑤夫婦円満、⑥五穀豊穣、⑦家運繁盛の七種類に分類して

いる。さらに、性器形奉納物に期待されている機能には、生殖機能、除災機能、性的快楽にかかわる機能が認められるという（『身体伝承論』）。本項では性器にまつわる俗信を中心に紹介する。

○新潟県東古志郡東中野俣（長岡市）では、山仕事に行って鉈《なた》など道具をどこかに置き忘れて見つからぬ場合は、男根を褌《ふんどし》からはずして見せるとすぐ見つかる、といい、福島県小野町吉野辺でも、山仕事中に鋸《のこ》や鉈などが見えなくなったときは男根を出すとすぐ見つかる、山の神は女神、と伝えている。山での失せ物は陰部を少し出して「探して下されば全部見せます」と山の神に願掛けする（岐阜県串原村〈恵那市〉・愛知県豊根村）。山の中で物を失ったときは、陰部を半分だし「探してくれれば全部見せる」と言って山の神に願を掛ければ出る（長野県南信濃村〈飯田市〉）。山の中でほろった（物を落した）ときは、パンツを脱いで探すと見つかる。山の神は女だから（宮城県白石市）。山で刃物などが無くなったら男根を出し、大きくすると見つかる（福島県二本松市）。

○「美作や備中北辺の山村では、牛が山中ににげた時の効果ある呪術として、山の神の祠の前に行って、男根を山の神の前で出すと容易に牛を見出すことが出来るという信仰が古くあった。これも女神の歓心を得ようとする意図に出たものであろう。」（『岡山県性信仰集成』）。

○澤田四郎作は「マノフィカ考」（『山でのことを忘れたか』一九六九年）で、興味深い俗信を紹介している。マノフィカ（女握り）とは、人差し指と中指の間に親指を入れて握ったしぐさで、女性器や性行為を意味する。「東京付近では、豆を煮るときや、火を早く起すまじないに、両手をマノフィカに握って、火鉢にかざすと、早く豆が煮え、火がよく起きたりするという（内務省神社局谷川磐雄氏談）。愛知県名古屋の東部では、火がパチパチとはねるとき、拳をマノフイカに握って『山デノ事ヲ忘レタカ』というと、火のハネが止る（青山冬樹氏談）。相模地方では、炭火や粗朶《そだ》の跳ねあがるとき、マノフイカを作り『山デノ事ヲ忘レタカ』といえば、火は跳ね上らない（斉藤昌三氏『性的神の三千年』）。宇和島では食物を炊くとき、薪や炭に火がつきがたいときは、女がカマドの前に蹲《うずくま》り、前を出して見せると火がよく燃えつく。また炭火の跳ねるときは、マノフイカを火の上にかざし『山デノ事ヲ申ソウカ』と唱えれば止む（出口米吉著『日本性崇拝資料一覧』一二〇頁）」とある。福岡県北九州市では、クド（竈）の前で女が裾を広げて火を焚くとよく燃える、という。女性器には火勢を煽る力があるようだ。ただ、「山での事を忘れたか」という言葉を発すると火は弱まるという。この言葉の意味は不明だが、炭火がはねるとき、新潟県佐渡〈佐渡市〉では「山に居た時の事を忘れたか」と言えば止まる、といい、秋田県大内町〈由利本荘市〉では「山に居た時のことを忘れだが」と言って三度たたけば止まる、と伝えている。兵庫県では炭がはじけるときは「山でやかれたことを忘れたか」と言う。『享保世話』巻之三に「五つ指人さし指の其間に親ゆびはさんでに豆おかしき」の狂歌が見える。

○後藤圭司「女のホド（陰戸）をあをぐ」（『民俗学』二巻五号、一九三〇年）に、「中里某が東京で商売をして居るとき知人が教へたのに、商家の内儀又は娘が朝早く、人に見られない様に店先の敷居内に立つて、外方に向かつて前衣を開け陰部を出して、お玉杓子で向こふのものを此方へ掻き寄せる様に、杓子を下向けにして、三度ホドへあをぎ込めば其の日は商売繁盛するといふ」とある。

○「裸」の項目で紹介したが、小正月に夫婦が裸になって囲炉裏のまわりを四つん這いで廻りながら粟や稗《ひえ》の予祝をする儀礼があった。その際、亭主は男根を振りながら「粟穂も稗穂もこのとおり」と唱え、女房は片手で女陰を叩きながら「割れた、割れた、実入って割れた」と唱えたという（宮城県一迫《いちはさま》町〈栗原市〉）。

○高知県中土佐町矢井賀では、大敷網に不漁が続いたとき、マンナオシと呼んで、漁師の女房らが網船に乗り込み、船霊さまの前にうずくまり、「漁をさしてくれたらみんな見せます」といいながら、前をはぐる所作をするふうがあった（桂井和雄『土佐の海風』）。

○鼻の大きな男はものも大きい（長野県北安曇郡）とか、鼻の大きな男は道具も大きい（和歌山県高野口町〈橋本市〉）という。鼻の太い男の一物は大きい（岡山県哲西町〈新見市〉）。大きな鼻の男は男根も大きいとの俗信は近世には広く知られていた。浮世草子『色道後日男』に「男の鼻の高いハ一物が見事なり」とあり、『冠附塵手水』（文政五年〈一八二二〉）には「しばらくはは、が案じる聟の鼻」の句が見える。江戸小咄集『今歳咄二篇』（安永二年〈一七七三〉）に「はな」と題する話が載っている。「鼻の大きなを見込みにして婚礼もすみ、新枕《にい》にむだごとの時、むこの鼻を小指で叩きながら『嘘つき〳〵』」（宮尾しげを編注『江戸小咄集1』一九七一年）。巨根にまつわる話は多いが、その代表は弓削道鏡《ゆげのどうきょう》で江戸時代の川柳にも詠まれている。

○江戸時代の俗信に、褌を外した男にお歯黒の壺（鉄漿《かね》壺）を跨いでもらうとよく染まる、というのがあった。「咒《まじな》いのへのこが利イて歯が染り」（『誹風末摘花』三篇）は、男根の呪力を示す句だが、果たしてどれほどの効果があったものか。「鉄漿へはつたのは女筆《にょひつ》の

への こ也」（『川傍柳《かわぞいやなぎ》』）のように、周りに適当な男がいないときには男根を紙に描いて壺に貼った。南方熊楠の「鉄漿」という短文に、「近日、和歌山生れの五十七歳の老婦より、同地でも古くフリチンでお歯黒壺を跨ぐとよくつくと言い伝えたと聞く。また田辺の雑賀貞次郎氏も、七、八歳の時、毎度その母氏のためにこの役を勤めたと親《みずか》ら話された。（八月二日）〈大正十五年八月『彗星』一年六号〉」（『南方熊楠全集』第四巻）とある。

○ミミズに小便をかけると陰茎が腫れる（全国的）。小児の陰茎が腫れたときはミミズに小便をかけたためだといい、この時は女子に腫れた陰茎を火吹き竹で吹かせるとよい（福島県表郷村〈白河市〉）。ミミズに小便の禁忌については「小便」の項目を参照。鼻血が出たら「血の道や父と母との血の道は、血の道止める血の道の神」と唱えながら、左の鼻なら左の睾丸、右なら右の睾丸をにぎる。女性は乳房をつかむ（大分県宇目町〈佐伯市〉）。徳島県木屋平村《こやだいら》〈美馬市〉では、鼻血が出ると、右なら右の睾丸、左ならば左の睾丸を強くにぎる。女の人の場合でも、傍にいる男が自分の睾丸をにぎると止まる、といわれる。『調法記　四拾七ゟ五拾七迄』（江戸後期写）に、「鼻血をとめるでん」として「鼻血出《いづ》る人の前に向ひ、右の鼻ゟ《より》出る時ハ我金玉の左りを懐より握る也、又左りゟ出る時ハ右の陰嚢《きんたま》を握るべし、忽ち留《とま》る也、但し其人の見ぬように握るべし」とある。前の事例と左右が逆になっているのは、にぎるのが本人ではなく、前に立つ男が鼻血の出る方に合わせて握るからであろう。

○火傷の時は、女性の陰部に手をあててその手を火傷の患部の上にあてる（愛知県岡崎市）、女陰の汁をつけると効く（愛媛県野村町〈西予市〉）。宮武粛門「門司より」（『郷土研究』二巻六号）に「門司のみならず、総じて九州にてはヤケドの応急手当は其局部を女の或処へ入れるに限ると言て居る」と見える。女がムカデに刺された時は、そこを陰嚢《いんのう》にあてると治る。男の場合は女陰にあてるとよい（鹿児島県東郷町〈薩摩川内市〉）。
○宮城県気仙沼市では、コムラガエシ（腓返り）の時は、男女とも自分の性器を引き伸ばしながら「ぽけとぽけと」と唱える、という。サエデ（腱鞘炎による手首などの痛み）は、三三歳や厄年の女の陰部の毛でしばってもらえばよい（福島市）。睾丸の病は一升枡に砂を盛って睾丸の跡をつけ、それに灸をすえると治る（石川県鹿島郡）。コンニャクを食えば睾丸の砂を取る（和歌山県太地町）。
○巻堀村〈岩手県盛岡市〉の金勢大明神（男根を祀る）に祈願すると妊娠すること妙であるといって参拝する者が多い。奈良の春日大社の摂社水谷神社の前の子授石《こきずけいし》（女陰の形）を布で拭き清めると子宝に恵まれる。この子授石について『日本産育習俗資料集成』（一九三五～三八年頃調査）には、「拝殿前にあるオメコイシ（陰門石）をひそかにまたぐと懐妊する。時々現に実行されている。」とある。妊婦が茶袋を縫うと睾丸の大きな子が生まれる（奈良県五條市）。女が擂粉木をなめればチンポコのむくれた子を生む（岩手県胆沢郡）。チンチンが小さい子は丈夫だ（山形県酒田市）。
○男子一三歳（高目では一五歳）になると、叔父から褌が贈られる。これをしめると男根の病気に罹らないという（福島県西会津町）。商人は「儲けがない」といってかわらけ（年頃の女性に陰毛がないこと）を嫌うが、職人は「怪我なし」といって喜ぶ（長野県北安曇郡）。土居重俊・浜田数義編『高知県方言辞典』の「かーらけ」の項目に、注として「舟乗りはこうした女性をよろこんだという。『ケガ（怪我）無ィ』に通じるからである」と見える。障子の桟のゴミを局部につけると毛が生える（岡山県備中町〈高梁市《たかはし》〉）。朝マラ立たん奴に銭を貸すな（鹿児島県栗野町〈湧水町〉）。

○『岡山県性信仰集成』（一九六四年）に、「男根をいる話」と題して次の資料が載っている。「後月郡《しつきぐん》大江村（井原市）の地方では、女道楽の夫の不行跡をやめさすために、家族の妻が夫の男根に似たやつを、木や土で作って名前と年齢を記入して、ホウロクの上にのせ、焚火でいる（煎る）と女道楽が直るといわれて、かつて昔には行なわれたという。また、男根が子供のように小さくなるという。奈良県桜井市の大福でも、土で一物の形をつくって、ほうろくでいると、男のものが立たなくなって浮気を封じることができるといわれている。」とある。夫の浮気封じに作り物の男根を用いる民俗については、南方熊楠が出口米吉に宛てた書簡のなかに田辺町〈和歌山県田辺市〉の伝承が紹介されている。次の文章は大正一〇年（一九二一）二月に送ったものである。「左の筆記は前日申し上げ候節申し洩らせしことと記憶候。けだし異伝なり。鶏助《けいろく》とは存じ候えども写して差し上げ候。故楠本松蔵は（楠本氏は一昨年ごろ死亡、当町の提灯屋なり。田本仁七と仮号し、しばしば『郷土研究』投書せり）に聞しは、夫が外の女に通うを止めんとする本妻、夫の根の太さ永さに均しく土の根を作り、外なえ内おえと三たび唱え、焙烙《ほうろく》にて熬《い》り、四辻に棄つる時は、夫が外の女に行くも陰萎して事成らず。もし誤りて外おえ内なえと唱うれば全く反対の事を仕出だす。ただしこの方を行なえば、その土製物、人に失わるるゆえ、夫の勢力を自宅後まで恢復する能わず、夫婦旅行中事叶わざるなどの憂いあり。この憂いを予防するには、かの土製物を四辻に棄てず、自家の屋根を越して投じて落ちたる所にゆき拾収し、夫の陽を外にて力なくして置き、さてその力を外より恢復せしめんと思う時、取出して前と反対の方向に抛げ返すべし、と。」（『南方熊楠全集　第八巻』）。四辻と屋根とは生活領域の身近な境界として置換可能なレベルにあることを示している。それにしても、屋根を越して異界に捨てた男根を保管しておいて、必要に応じて投げ返し、再び活力を蘇えらせるというのは、庶民の願望を映し出したしたたかな知恵（伝承の論理）である。⇩小便《しょうべん》・体毛《たいもう》・裸《はだか》

性別判断　せいべつはんだん

⑴妊婦の表情から占う、右か左か

○生まれてくる子の性別については誰しも関心が深く、それを占う俗信が各地に伝えられている。妊婦の表情や体の変化は有力な判断材料とされる。妊婦の顔がきつくなると男の子、変わらない（やさしい）と女の子が生まれる（岩手・福島・栃木・群馬・茨城・千葉・新潟・長野・愛知・大阪・和歌山・広島・香川・福岡・熊本・大分）と広い範囲でいう。妊婦の、顔がやせて見えると男が生まれ、太って見えると女が生まれる（新潟県栃尾市〈長岡市〉）、目がきつくなると男児、やさしくなると女児が生まれる（愛知県渥美町〈田原市〉）。妊婦がやつれたら男、やつれないと女の子が生まれる（福島県梁川町〈伊達市〉・鹿児島県中種子町）。妊婦の体がこわい（硬い）ようなときは男の子、身軽に歩くときは女の子（長野県天龍村小沢）。妊婦の口がかわき体力が弱ると男、反対にきつくないと女の子（新潟県山古志村種苧原〈長岡市〉）。また、妊婦の、顔がきつくなると男の子（茨城・長野・静岡・愛知・山口・愛媛）、顔がやつれると男の子（山形・福島・栃木）、顔がさびれると男の子（香川県志度町〈さぬき市〉）、顔色が悪いと男の子（福島県滝根町〈田村市〉）、顔にケンができたら男の子（茨城県麻生町〈行方市〉）、気性が荒くなると男

の子（長野）、血色がよいと男の子（沖縄県那覇市）、顔がやさしく柔和になると女の子（同県）という。男の子が生まれる特徴のみをいう例が多いのは、男児の場合は妊婦の表情に変化がでるとされるためであろう。当然、その特徴が見られないのは女の子であることを意味している。珍しい例だが、妊婦の表情がきつくなると生まれてくるのは女の子（福井県美浜町）という報告もある。
○妊婦の腹がとがっていると男の子（福島・栃木・群馬・長野・愛知・沖縄）。妊婦の腹がとがっていると男の子、横に広いと女の子が生まれる（福島・栃木・群馬・茨城・千葉・新潟・長野・愛知・三重・和歌山・兵庫・広島）という。妊婦の腹が前につき出ていると男の子、背ばらみは女の子が生まれる（兵庫県赤穂市）。妊婦の腹がつき出ていたりシタハラミだと男の子、顔がやさしいとかウワバラミだと女の子といった（群馬県安中市）。胎児が腹の上にいると女の子、下の方にいると男の子が生まれる（茨城・兵庫）。妊娠中に腹のしまりがよいと男の子、腹が前にたれると女の子という（鳥取県河原町〈鳥取市〉）。お腹の下が太かったら男の子が生まれる（高知県本山町）。三重県熊野市磯崎では、男の子のときは妊婦の腹が出ており、女の子のときは平であるといい、双子のときは腹の真ん中に溝ができるという。
○福岡県甘木市〈朝倉市〉では、妊婦がきびしい顔つきで腹がとがっていたら男の子、やさしい顔つきで腹がなだらかであれば女の子が生まれる、という。福島県滝根町〈田村市〉では、妊婦の顔色が浅黒く腹がでていると男の子、顔色がよくてやさしい顔つきだと女の子、といわれる。
○腹の中でよく動くと男の子（山形・福島・栃木・長野・福岡）という。胎児の動きがやさしければ女の子が生まれる（岡山県高梁市）。

福島県山都町〈喜多方市〉では、胎児が腹の中でよく動けば男、あまり動かなければ女の子が生まれる、と伝えている。

○胎児の位置（動き）が左腹だと男の子、右腹だと女の子（福島・栃木・群馬・茨城・新潟・長野・岐阜・愛知・大阪・和歌山・福岡・熊本）と各地でいう。愛知県大治町では、胎児が左住い（左腹）だと男児、右住い（右腹）だと女児が生まれる、といわれる。福島県奥会津では、妊婦の左腹の方が大きいときは男、腹の中の子供が右の方を向いている。右腹の方が大きいときは女、腹の中の子供が左の方を向いている、という。

○左腹は男、右腹は女とは反対の伝承もある。福島県西会津町で、妊婦の右腹でよく動くと男の子が、左腹なら女の子が生まれる、といい、香川県志度町〈さぬき市〉でも、胎動を感じるようになると右側でよく動くときは男の子、左側で動くと女の子の場合が多いという。

茨城県石下町〈常総市〉では、妊婦の右腹をけると男児が、左腹をけると女児が生まれる、といわれる。妊婦の左腹に住んでおれば女子、右腹に住んでおれば男子が生まれる（岐阜県輪之内町）。胎児が腹の右に居れば男の子、左に居れば女の子が生まれる（高知県本山町）。胎児が妊婦の右腹で動くと男の子という（長野県茅野《ちの》市）。

○福島県奥会津では、妊婦が右側を下にして横になると女の子が、左なら男の子が生まれるといい、愛知県碧南市でも、右腹を下にして寝る方が楽なときは女、左のときは男、と伝えている。

○左か右かを手がかりにして性別を占う方法には、次のような俗信もある。高知県十和村〈四万十町〉では、妊婦が敷居を跨ぐとき、右足から跨ぐと男児、左足から跨ぐと女児が生まれるという。同じ伝承は岐阜県高山地方や熊本県有明町〈天草市〉にもある。これとは反対に、妊娠中に敷居を跨ぐとき、左足から跨げば男、右足からだと女の子が生まれる（島根県柿木村〈吉賀町〉）とか、妊婦が敷居を跨ぐとき左足だと男（長野県南木曽町）という所もある。福島県富岡町では、妊婦が土間から部屋に上がるとき、右足から先に上がったら男で、左足が先だと女の子が生まれるという。その確率は高かったと言い伝えられている。同じことは長野県丸子町〈上田市〉でもいい、群馬県桐生市川内では、妊婦が高い所に上がるに際しまず右足を上げれば男児、左足なら女児、と伝えている。一方、長野県中川村大草などでは、妊婦が階段を上がるとき、左足から上がれば男の子、右足からだと女の子と判断する。和歌山県高野口町〈橋本市〉でも、妊婦が左足より上がれば男、右足より上がれば女の子が生まれるという。大阪府阪南市では、歩き出しが右足だと男、左足だと女だといった。伝承で見るかぎり、踏みだす左右の足と男女の関係は必ずしも一定ではない。○長野県高遠町御堂垣外《みどうがいと》〈伊那市〉では、妊婦が真後ろから呼ばれて、左側に振り向けば男の子、右側に振り向けば女の子と判断する、という。『民家日用 廣益秘事大全』（嘉永四年〈一八五一〉）に、「胎内の子男女を知る法」として「懐妊したる婦人の南へ向てゆく時、後《うしろ》より呼かくるに、左より見かへるハ男子、右より見かへるハ女子と知るべし、又、婦人厠へゆく時、夫《をつと》後よりよびかくるに、見かへる時右のごとく左右を以て男女を知る、又、乳房にかたよりあるに左にあるハ男子、右にあるハ女子とする也、尤秘事也」とある。鹿児島県中種子町梶潟で、後ろを見るとき右を見れば女、左を見ると男、というのは妊婦の俗信（性別判断）と思われる。○生まれた子の太ももに筋（くびれ）が一つあると次に生まれるのは男の子、二つだと女の子（青森・秋田・山形・福島・栃木・群馬・新潟・石川・長野・愛知・京都・大阪・奈良・兵庫・広島・香川・福岡・熊本）と、ほぼ全国的にいう。ただこの判断も一様ではなく、さまざまな変化形が見られる。子供の太もも筋が、一つだったら男の子、二つ以上は女の子（長野・奈良・鹿児島）、奇数の場合は男の子、偶数だったら女の子（長野）、二筋は男で三筋は女（福井・長野）、二、三筋あると次は女児で無い場合は男児（栃木県小山市）、筋が二本の場合はその子と同性の子が生まれる（秋田・長野）、筋が一本なら男、二本なら女、片方が一本で片方が二本の場合は分からない（新潟市）などという。赤ん坊の足首のくびれが一つなら次の子は男、二つなら女という（福島県保原町〈伊達市〉）。前に生まれた子の手首のくびれが深いときは男の子が生まれるという（長野県佐久市横根）。妊婦の股に筋が二本でたら男が生まれ、三本でたら女が生まれる（新潟県栃尾市〈長岡市〉）。

性別判断　せいべつはんだん

⑵最初の訪問客で占う、その他

○妊娠しているとき、元日の最初の訪問客が男だと男の子、女だと女の子が生まれる（長野・岐阜・愛知・大阪・兵庫・岡山）という。岡山県勝山町〈真庭市〉では、元日の朝、子供が挨拶に来るが、最初に来た子が女の子ならその年は女の子（ウシなら雌）が、男なら男の子（ウシなら雄）が生まれる、といわれる。正月に来る最初の客が男ならば男の子が生まれる（福島県梁川町〈伊達市〉）。○産み月の一日《ついたち》に最初に来た人が男だと男の子、女の人が来れば女の子が生まれる（富山・長野・岐阜・愛知・滋賀・大阪・奈良・三重・兵庫・岡山・山口）という。子供が生まれる月の一日の朝に、男の子供がその家に行くと男の子が生まれる。女の子が行くと女の子が生まれる（大阪府茨木市）。産み月の最初の訪問者が男ならば男の子、女ならば女の子が生まれる（長野・岐阜・愛知・三重・兵庫・福岡・熊本）。

○子供が生まれる日、一番初めに来た人（会った人）が女なら女の子、男なら男の子が生まれる（群馬・石川・長野・岐阜・香川・熊本）という。ほかにも、妊婦が五か月目の一日の朝に、最初の訪問者が男なら男の子、女なら女の子が生まれる（長野県諏訪湖畔地方）とか、妊婦の五か月目に男が来客すると男の子が生まれる（奈良県御杖村）という。

○福島県田人町地方では、お産のとき「主人が馬を引いて山の神の境内までお迎えに行くが、境内に着くまで馬が止まらないと産が重いといって心配する。また、帰る途中で会う人が、男なら男が、女なら女が生まれる」という（『福島県史』二四巻）。

○福岡県甘木市〈朝倉市〉では、久留米市の善導寺詣りをしたとき、最初に会った人が男なら男の子が、女なら女の子が生まれるという。もし違ったときにはその子は早死にする、といわれる。大分市では、高城参詣のときには日豊線の線路を越えなければならないが、踏切を越して最初に出会った人が男なら男の子、女なら女の子が生まれる、と伝えている。愛知県西春町沖村〈北名古屋市〉では、美濃の洲原神社へ詣り、最初に寄ってきた子供が男の子なら男、女の子なら女が生まれる、という。

○菖蒲谷の子安地蔵（和歌山県橋本市）へ行くと、たばる腹帯が白赤の順に積んであって、その時あたった色が白ならば男、赤ならば女が生まれるといった（和歌山県かつらぎ町）。出城村北安田（石川県白山市）の摩耶夫人（行善寺）に参詣し、赤褌を貰えば女児、白褌を貰えば男児が生まれるという。和歌山県那智勝浦町では、妊婦は安産のため神内《こうのうち》神社（紀宝町）に参拝し、境内で目をつむって白い石を一つ拾う。石が長ければ男、短いと女だという。芳賀町の延《のぶ》生地蔵尊から受けたお守りの竹に節があれば男、なければ女の子が生まれると信じられている（栃木県茂木町）。福島県滝根町（田村市）では、田植えをしていて、ナラ（楢）の木の田の神様に尻をぶつけた女性は男の子を授かるといった。
○生まれて来る子の性別を知りたいときは、先に生まれた子に杓文字と擂粉木《すりこぎ》を見せ、擂粉木を手にすれば次に生まれる子は男、杓文字に手をだせば女の子である（山形・福島・新潟・長野）という。大分県国東市では、二番目の子が生まれるときは、長子に杓文字と蓮華《れんげ》を見せ、杓文字を取れば女児が生まれるという。高知県大月町でも、子供に杓文字と蓮華を取らせて、次に生まれる子の性別を占う。杓文字は女、蓮華は男と判断する。子供に飯の杓文字とおかずの杓文字を見せ、おかずの杓文字を持つと次に生まれる子は男である（石川県辰口町〈能美市〉）。同県金沢市では、生まれる子が男か女か知りたいとき、先に生まれた子に飯杓子をもたせて床の上に置かせる。杓子のくぼんだ方が上なら女の子、反対のときは男の子が生まれる、という。
○夫婦の年齢を合わせて三で割り、割り切れれば女児、割り切れないと男児が生まれる（群馬・新潟・長野）という。これとは違って、愛知県碧南市では夫婦の年齢の和を三で割って割り切れると男、さもなければ女という。両親の年齢を足して三で割り、その年に生まれるときはこのままの数が、翌年になるときはそれに一を足した数が、奇数なら男の子、偶数なら女の子という（長野県飯田市箕瀬）。夫婦と子供の年齢を足して三で割り、割り切れると女の子、割り切れなければ男の子が生まれる（長野・愛知・沖縄）。夫婦の年齢に一を足して、三で割り切れると女が生まれ、割り切れないと男が生まれる（秋田・和歌山）。『理斎随筆』巻四（江戸後期）には、「ある人申けるは、妊女《はらみをんな》の男子か女子かを知る俗伝に、婦人の年と夫の年との数を合せて三つに割り、不尽あるは極めて男子なり。割切れるは女子なり。産月《さんつき》としを越れば一つを其数の中に加入《くはへいれ》て三つに除するなり。此事十に八九は違ひなしと。」とある。夫婦の年齢を足して二で割り、割り切れると女の子、割り切れないと男の子（長野・山口）。福岡県太宰府市では、一年子（受胎した年に出産する子）の場合、夫婦の年齢を足して二で割り、割り切れるときは女児、割り切れないと男児という。二年子の場合は夫婦の年齢に一を加えて二で割り、割り切れれば女児、そうでなければ男児。熊本県阿蘇地方では、夫婦の年齢の和の二分の一が偶数なら女児、奇数なら男児と占う。配偶者の年齢を合わせて、奇数だと男、偶数だと女という（福島県いわき市）。奈良県室生村〈宇陀市〉では、母親の年齢が二、四、六、八の数の年に妊娠し、翌年五月の節供より前に生まれる子は男の子、後は女の子が生まれるという。母親の歳が一、三、五、九の数の年の子は反対という。

○妊婦が、酸っぱいものや甘いものを好めば女の子、さっぱりしたものや刺激のあるものを食べたがると男の子（長野）、肉を食べると男の子（山形県米沢市）。長野県南木曽町では、妊婦が酸っぱいものを好むと女で、酒を好むと男という。切り終わりの餅を食べると男の子ができる（福島県浅川町）。女が焦《こ》げつき飯を好むと女の子を持つ、好まないと男の子を持つ（茨城県古河市）。

○つわりが重いと男の子、軽いと女の子（茨城・長野）。

○出産が予定日より、早いと女の子（長野・鳥取県河原町〈鳥取市〉）、遅いと男の子（長野・鳥取県河原町〈鳥取市〉）という土地と、予定日より早いと男の子（広島県加計町〈安芸太田町〉）、遅いと女の子（兵庫・広島）という所がある。

○お産の日に朝早く男が起きたら男児、女が早く起きたら女児が生まれる（和歌山県南部川村〈みなべ町〉）。妊婦の家が初庚申のヤドに当たったときは男の子という（長野県泰阜《やすおか》村金野）。妊娠中に針仕事を好む場合は女児を生み、嫌う場合は男児を生む（福島県田島町〈南会津町〉）。妊娠して年を越せば男の子（山形県南陽市）。

○福島県山都町〈喜多方市〉で、女の子を欲しいときは、男の子に女物の着物をきせると次に女の子が生まれる、といい、男の子を欲しいときは、女の子に男物の着物をきせると男の子が生まれる、と伝えている。秋田県平鹿郡でも、女児に男装させると次は男児が生まれるという。

○男の子ができない場合、女の最後の子供にキソという名前を付けると男の子が生まれる（新潟市）。もう女の子がほしくないときには、名をアグリと付けると女の子は生まれない（鹿児島）。女の子が続けて生まれ、次にも女の子を望むときには、生まれた女の子に「子」の字を付けなければよい（新潟市）。今野圓輔の『檜枝岐民俗誌』（一九五一年）に「男子を産む呪法」と題して次のようにある。

「女の子ばかりで、次子にどうしても男子を産みたい時は、産まれた女子の名前をオワグリとかチヨノエのように字数が四字の名をつけると、次には男の子が産まれると信じられている。」

○男の子が生まれたら大女、女の子が生まれたら大男と言う（沖縄）。

○その他の俗信。畳の編目を二〇センチほど取って数え、偶数なら女、奇数なら男が生まれる（山口県宇部市）。男の子がほしいときは出産前にタライを作っておくとよい（福島県滝根町〈田村市〉）。二人女の子（または男の子）なら三人目も女の子（男の子）が生まれる（愛知県西春町〈北名古屋市〉）。夫婦で餅を搗き、ドンと大きな音がしてひっくり返せれば男の子、小さな音だと女の子が生まれるという（福島県梁川町〈伊達市〉）。田へ苗を配ることを苗ぶちという。畔から苗束を持って水田の中に放り込む。このとき臼石などでは、苗がひっくり返ってしまうと女の子が生まれ、立てば男の子が生まれるといっている（同県飯舘村）。縞苗ができると男の子が生まれる（兵庫県赤穂市）。鳥居に石を投げて、上にのれば男の子、下にのれば女の子が生まれる（山梨県牧丘町〈山梨市〉）。日または月を呑む夢は賢明な男児を孕む。日食または月食の夢は女児を孕む（共に福島県表郷村〈白河市〉）。生まれた子のボンノクボの毛がつぼんだようにまとまっていれば次は男の子、開いたように分かれていれば女の子が生まれるという（長野）。潮の満ちる時に生まれる子は男、干る時は女（山口県宇部市）。生まれたときうつ伏せだと男、仰向けだと女（長野・徳島）。生まれた瞬間にあげる産声が高ければ女児（栃木県小山市）。子が男のような顔をして生まれたときは次は女の子、女のような顔をして生まれたときは次は男の子と判断する（長野県岡谷市西堀）。男の子が座って小便をすると次は女の子で、逆に女の子が立って小便をすると次は男の子が生まれる（沖縄県北谷町）。「子供留守、用事があれば男こい」と戸口に貼っておくと男の子が生まれる（愛知）。婚礼の時に天気がよかったら男の子、雨のときは女の子が生まれる（石川県江沼郡）。男女を占う方法として、数珠を回して止めた時に、自分の前で大きな珠が止まったら男、小さな珠なら女という（福島県小野町）。墓地や寺跡を耕地にするとその家は女の子ばかり生まれる（茨城県水戸市）。

咳《せき》

⑴咳払いと便所神、河童など

○便所に入るときは、咳払いをして入るもの

（宮城・岐阜・京都・和歌山・兵庫・岡山・島根・香川・徳島・長崎）と各地でいう。兵庫県神戸市では、厠《かわや》の神は盲目だから、入る時には咳払いをせねばならぬという。香川県仁尾町〈三豊市〉では、便所へ黙って入ると、便所の神は目が見えないので出合って死ぬ、といわれ、同県詫間町〈三豊市〉では、便所神をオチョウズノカミといい、盲目の神様なので、ぶつからないように便所に入る時には必ず一言咳をする。黙って入ると手を突き出す、などと伝えられている。咳払いをする理由として、便所神は盲目だからとの説明は、宮城県本吉郡や和歌山県高野口町〈橋本市〉でもいう。

○岐阜県宮川村〈飛騨市〉では、便所の神は女で人に見られるのを嫌うので、入る時には必ず咳払いをして入らなければならない、といわれる。岡山県作東町万善〈美作市〉では、便所の神をサス神という。裸で便所に入ったり、唾を吐いたりしてはいけない。驚かさぬよう入る前には咳払いをしなければならないという。徳島県一宇村〈つるぎ町〉では、便所に黙って入るな、入口で「エヘン」とか「オホン」とか声をだして入れ。便所の神様は剣を持っているから、突き当たると死ぬ、と伝えている。山口麻太郎の『壱岐島民俗誌』（一九三四年）に「雪隠の神」と題して、次の伝承が載っている。「厠に行く時は咳払いをしてはいる。だまって這入ると雪隠の神に行き当たる事がある。この神に行き当たって病気になり死んだ者がたくさんあるという。雪隠の神様に行き当たって倒れた時は、南天につかまって起き上がるとよい。それで便所の側には南天を植えておくものだという。」と見える。これらの資料から、黙って便所に入ると、便所の神と遭遇し災難を蒙るという不安が読み取れる。「便所神は盲目だから」という説明は、便所神との遭遇の危険性をわかりやすく訴えていて説得力がある。出雲や隠岐の一部には、便所に行くときは昼夜を問わず咳払いをする。そうしないと、便所の神に祟られるという。これをイキアウといっている（島根）。便所へ入る前には必ず咳払いをせぬと、雪隠の神様に行き当たって病気になるという（同県）。日暮れ方に便所に入るには「ハイゴメンナサイ」と言わぬと顔にかかる（千葉県東葛飾郡）。かつて、庭の隅に便所のあった農家などでは、大小便の際に急激な温度の変化で倒れることが少なくなかった。それを便所神に出合ったためと解釈した場合もあっただろう。

○咳払いは便所の神に知らせるだけではない。花咲一男は『江戸厠百姿』で、便所の咳払いについて「使用中の人は、外《ほか》の人が来たと察知したり、外側の戸のとってに手がかかったと思ったら、急いで内に人が居ることを、咳ばらいや、えへんえへんとか云って知らせないと、お互いに嫌な思いをすることになる」と述べている。「雪隠であふむがへしの咳ばらい」（『誹風柳多留』文化三年〈一八〇六〉）。「雪隠でヱへんといふと月を誉め」（『誹風柳多留』文化八年〈一八一一〉）。

○右に紹介した咳払いは、自身の存在を相手に知らせ、注意を引くことで予期せぬ出合いの危険を回避する手段だが、咳払いをするのは便所に入る時だけとは限らない。矢口裕康「日向の河童伝承」（『日本民俗学』一三三号、一九八一年）に、河童に関する次の一節がある。「川とか溝に行く時はですね。必ず遠い所から、からぜきですね、ヘエーンていうでしょうが、からぜきか鼻唄どん歌って行けていうですね。でないと、カッパがですね。水神様でしょう、やっぱり、なかなか、たまがりやっと、非常に、そこに熱病を思うとかですね、いろんなことを聞いちょりますかりよ。遠い所から、鼻唄でも、せきでもして行けということを、親爺が言いよりましたですね。」（語り手 丸山良雄・宮崎）。川に行くときは遠くから空咳をして河童を驚かせないという。それと同じ意味が鼻唄にもあるというのも興味深い。熊本県では、山童《やまわらし》の声を真似たり悪口を言ったりすると怒り、約束を守らなければひどい仕返しを受ける、という。山の曲がり道や山中では咳払いをしたり、立木をたいて通らないといけない。山童は姿が見えないのでぶつからないようにとの配慮である（『季刊人類学』一六巻一号）。ガラッパを威かしてはいけない。川に行くときは手前のほうから「エヘン」と咳払いするとよい（鹿児島県伊佐市）。

○川や井戸で、朝早くまたは夕方だまって水をさわがすといけない。必ず咳払いでもすること（鹿児島）。高木誠一・岩崎敏夫「磐城の水の伝説」に、「濁り沼」の話が紹介されている。「沼の主は金の牛ということで、沼畔を通る時はせきばらいして通るものと考えられている。五十年程以前の事であった。村のある婆さんが日暮れてこゝを通った時、金の牛がねて居たが婆さんの足音を聞いて池中に入って行くのが見られた。婆さんは帰って三日ばかり床についた。せきばらいをするのを忘れたからであった。」（福島県いわき市）（『旅と伝説』通巻一〇四号、一九三六年）。婆さんが寝込んだのは、咳払いを忘れ、寝ていた金の牛をふいに驚かせたためである。同県飯坂町茂庭〈福島市〉では、山仕事に行って目的の山に着いたら、咳をするか歌をうたわないと、山の神の目につかないため行き合って隠されてしまう、と伝えている。古典と民俗学の会編『和歌山県古座の河内祭り』（一九八二年）には、大蛇がすむというシゲキ（咳払い）の池の伝説が紹介されているが、その地名について「お池様は虫喰い岩の下で、川に添った道のそばにあったが、そのそばを通る時は必ず咳払いをして通ることからシゲキの池と呼んでいた」と見える。以上、神霊や妖異のひそむ場所で咳払いをするという俗信を紹介したが、それだけでなく、他家を訪れた際に家の外で咳払いをする風があったことは、菅江真澄の日記などから知ることができる。

咳　せき

(2)咳と鶏、咳のをば様

○咳払いは意図的で調節可能な場合が多いが、喘息や百日咳などは、小野地健が指摘するように、制御困難で苦痛を伴う生理現象の一つといってよい（「身体音と声の体系的分析への予備考察」二〇一〇年）。長野県南信濃村〈飯田市〉では、咳がでる時は、雄鶏を紙に描いて釜の神様に逆さに貼って上げ「咳が止まればじきに雌鶏を描いてあげます」と願をかけるとよい、という。同じ伝承は岐阜県串原村〈恵那市〉にもある。『文政新刻　俗家重宝集』（文政七年〈一八二四〉）に「痎《せき》を止る法」として「鶏の雄ばかり紙ニ画キ、荒神に向ひ痎直らバ雌を画キ納むべきよし願かけべし、治する事妙也、平癒せバ雌鳥を画キておさむべし」とある（痎は瘧のことだが、この場合は咳の意味だと思われる）。百日咳はニワトリを描いた絵馬を、逆さにトンボグチ（戸口）へ貼るとよい（福島県小野町）、神棚か台所に貼るとよい（同県鏡石町）、流しもとに貼り水をかける（同県岩月村〈喜多方市〉）という。百日咳にかかった時は、ニワトリを二羽描いて橋に逆さに貼れば治る（岩手県二戸郡）。山形県南陽市では、咳がでるときは二《に》色根《いろね》（薬師寺？）のニワトリの絵馬を借りてきて、流しに下げ霧を吹くという。福島県西郷村では、百日咳のときは、鎮守の庭渡《にわたり》神社に願をかけ、アサを借りてきて首に巻くと治る、といわれる。全快すれば倍返しをし、ニワトリの絵馬も奉納する。咳が止まらない時は、三渡《みわたり》神社にトリの絵を描いて上げると止まる（山形県長井市）。昔、鎌倉市太郎がタゴリ（咳）で苦しんだ若い頃、夢に荒神様が現れ、鶏の絵を描いて信仰するとよいとのお告げがあった。実行すると全快したので幟を奉納した。鶏は三宝大荒神のお使いだとされる。鎌倉家では鶏を食べない。村人も一般にはニワトリを殺さない（伊予三島市中ノ川〈愛媛県四国中央市〉）。百日咳の神様に願掛けしているときは、ニワトリや卵を食べない（福島県川内村）。岩手県紫波郡で、ケイトウを植えると百日咳にかかる、というのは、この花の形状や色が鶏冠をイメージするところから派生したのだろう。咳と鶏が結びつく背景はよくわからないが、この鳥の鳴き声に咳を連想する要因がありそうだ。

○高知県には幡多地方を中心に猫を祀る祠が点在する。喘息、百日咳に御利益があるという。筆者も須崎市多ノ郷の祠を訪ねたことがある。近くに住んでいる人の話では、喘息など首から上の病気に御利益があるとのことだった。ネコと喘息は縁が深い。ネコをいじめると喘息のような病気になる（鹿児島）とか、ネコが死んだら六文銭を添えて木に掛けること。そうしないと喘息を病む（沖縄県名護市）といった報告がある。子育て中の猫に近づくと、口を開きシャーッと息を吐いて威嚇する。また、その時の気分によってはゴロゴロと喉を鳴らす。こうしたネコの生態の印象が、喘息や咳と結びついたのかも知れない。

○咳がでて困る時は生塚（三途河？）の婆さんに香煎を上げる（秋田県山本郡）。咳が止まらない時はサイノカミ（塞の神）の坂から拾ってきた石を喉に当てると治る（新潟県佐渡市真更川）。咳がでて困る時は、地蔵さんにオチラシ（麦こがし）を供える（香川県飯山町〈丸亀市〉）。咳の流行る時は、咳の神にお団子を供えたりお茶を供えたりする（岡山県加茂町〈津山市〉。咳止めに御利益があるとされる石像や祠は方々にある。赤松宗旦『利根川図志』（安政二年〈一八五五〉自序）に「おたつ様　古城跡より東南の方、一町ばかりはなれて田の中に石の小祠《こほこら》あり。里人おたつさまといふ。咳の出る人、この祠に焦椒《こがし》とお茶を奉りて祈念すれば、奇妙に治るといへり。」として、その由来を記している。江戸で咳止めに霊験があるといわれた本所原庭〈墨田区〉の咳のをば様について、松浦静山『甲子夜話』巻六三には、行智（修験者）の記文を紹介している。「そは笠森てふ所にある稲荷を、やがて瘡守のことゝして、瘡やむもの、願ことしぬれば、しるし有ていゆると同じ。今のはもと関路にます神なるを、関と咳と言葉の同じきより思ひよりて、咳の願事かくる神とはなせる成べし。」とある。関の姥神を咳のをば様として祈願するようになったと説き、せきは遮り止める意味だという。柳田国男は「咳のをば様」（『定本　柳田國男集』二六）で、「関のをばさまが江戸でこのように評判になったのも、私はきっと質の悪い感冒の、はやった年などが始めであったろうと思っています」と述べている。

○福島県国見町では、子どもが百日咳の時、水雲神社の縁の下に卵を埋めて、そこの一枚田の水を飲ませるとよいといった。また、昔は咳止めに川の水門の杭をけずって煮立てて飲ませたりもしたという。流れを塞《せ》き止める杭の力にあやかって「咳止める」呪《まじな》いに利用したもので、先の関と咳の関係に似ている。幼童が百日咳の時は井堰の修理をする（兵庫県千種町〈宍粟市〉）のも類想といってよい。

○百日咳に関する俗信は多い。そのいくつかを紹介する。子供の首に墨壺の糸を巻いておく。またはナンテンで作った小さい手杵を首に結わえる（福島県船引町〈田村市〉）。便所の中に生えたタケ（竹）は百日咳の薬になる。

一枚田の水は百日咳の妙薬。南から北へ流れる水を逆水といい百日咳に効き目がある（共に岩手）。子供が百日咳を患った時は、庚申さまにウマの沓《くつ》を上げると快癒する。また、竈に飯杓子を吊り下げて全癒を祈っても効果あり（長野県上田市）。百日咳にかかった子供の手形を紙に押し門口に貼るとよい（富山・石川）。病んでいる子供の手形をとって電柱や門口に貼っておく。手形が百人の人に見られると治るものだ（青森県蟹田町〈外ヶ浜町〉）。百日咳の時は、杓文字に墨で顔を描き、人の通る所に立てておく。百人の人が見るとよくなる（熊本県五木村）。「コドモルス」と書いて戸口に逆さに貼る（三重県伊勢市）。「隣の機はいつおれたやら、今朝は聞こえぬくつぶきの音」と書いて門口に貼る（高知県東津野村〈津野町〉）。「馬」という字を逆さに三つ書いて、トボグチに貼っておくと百日咳にならない。三夫婦そろった家のご飯をもらって食べるとよい（共に群馬県子持村〈渋川市〉）。

○文銭六文を煎じて飲めば咳が治る（岩手県松尾村〈八幡平市〉）。うば咳は、文久銭を七つ持って七つの橋を渡り、違う道を帰るとよい（三重県勢和村〈多気町〉）。

○咳には、白南天を煎じて飲むとよい（岐阜県垂井町）、梅干の仁がよい（秋田県鹿角郡）、アンズの実を焼いて湯と一緒に飲むと止まる（長野県北安曇郡）。

○婚礼の席で咳をするとよくない（福井県雲《うん》濱《びん》村〈小浜市〉）。

背中　せなか

⑴背中と妖怪・幽霊

○シャックリが止まらない人がいると、後ろからふいに背中（背）を叩くとよい（福島・岐阜・愛知・和歌山・福岡）という。叩かれた瞬間の驚きがシャックリを止めるには有効のようだ。ただ、背中を叩く狙いはそれだけではないらしい。『長野県史 民俗編』第三巻（三）にこんな話が載っている。桜小路のお六という女狐に騙された人が、川でもない所で着物を端折って「深い、深い」と言いながら歩いている。それを見た人が「おめさん、何をやってるんだ」と言っても気づかない。背中を叩かれてやっと正気に戻る（塩尻市洗馬上組）。香川県宇多津町には、猫に化けるのが得意な猫狸がいた。追いかけると捕まりそうで捕まらない。そのうち夢中になって駆けまわるようになる。そんな人を見た時は、背中をドンと一つ叩いてやると正気に戻るという。狐狸に化かされたり憑かれたりした者を正気に戻す方法はいくつかあるが、背中を叩くのもひとつである。長野県上山田町〈千曲市〉で、晩におろしたての着物で外出すると、キツネが背におぶさる、といい、千葉県御宿《おんじゅく》町では、野良狐に憑かれると背中が重くなるといわれる。憑かれたという現象はしばしば背中に感じるようだ。シャックリの場合にも「シャックリが憑く」（島根・山口・香川・徳島）という言い方をする地域が少なくない。背中を叩くのは、驚かすと同時に、取り憑いたものを落す意味が含まれていることも考えられる。キツネに騙されたら背中を火にあぶれ、キツネは逃げる（秋田県鹿角郡）とも。

○背中合わせは縁切りの形である。岩井宏實は背中合わせの絵馬について「関東では足利市の門田稲荷、東京板橋の榎神社が名高い。この両者は、縁を切るといえばなんでも絶縁してくれるといわれ、（中略）したがって、図柄の種類も多く、男女が背合わせに坐っている図、軍服姿の男と祈願者本人が背合わせに立つ、兵役と縁切の図、大盃と背合わせしている断酒の図など、実にバラエティーに富んでいる」と述べている（『ものと人間の文化史12 絵馬』一九七四年）。背中合わせの行為は、葬送習俗などで儀礼的に演じられる場合があるが、共通しているのは死霊などの影響を断つ、また絶縁の意志を表明していることだといってよい。高知県津野町の「死人の正月」は、十二月の最初の巳の日に、その年に亡くなった人の墓前で行われる。近親者（二人）が背中合わせになり、一升餅を後ろ手で引っ張り合う。新仏との食い別れの儀式である。青森県五所川原市で、背中合わせで物をやり取りするものではない、といい、長野県伊那市では、背中合わせは災難に遇うという。難産で親子が死ねば背中合わせに葬る（愛媛県大洲市）。人を背負うに後ろ向きに背負うな。死んだ時ばかり（新潟県新発田市滝谷）。長野県北安曇郡で、家を出る時に背中合わせに出るとその家は海になってしまう、というのは、二人が同時に家を出て左右に（つまり背中合わせに）分かれるのを忌むのではないかと思われる。青森市後潟《うしろがた》では、盆に遊びに行くとき背中合わせに行くとよくない、といわれる。

〇三重県志摩にはトモカヅキ（共潜き）という妖怪の伝承がある。海女が海中に潜ると自分と同じ姿の海女が現れる。この妖怪の誘いにのれば深みに引き込まれ危険な目に遇うが、その一方で、海女がなによりも欲しい鮑を呉れる。ただ、鮑を貰う際には顔と顔を見合わせてはいけない。命を奪われる。貰うときには、トモカヅキに背を向けて後ろ手で受け取ればよいといわれる。背を向けるのは相手を無視する行為である。後ろ手は、妖怪との関わりを拒否しつつ相手と交流するしぐさといってよい。

〇トモカヅキには背を向けてその影響を断つが、妖怪によっては、背を向けるのを不安視する場合もあるようだ。奥山ゆかりは、見越し入道がでると言われる八丈島〈東京都〉の辻で、顔の赤い坊主頭の大きな男に遭ったときのことを次のように記している。「わたしはとっさに頭を働かせた。見越されないように、背中を見せないように気をつけながら、息を止めて走って帰った。わたしは見越し入道に見越されずにすんだ。」(「幼年期のわたしと『あの子』と八丈島」『女性と経験』21号)。見越し入道の性格はさまざまだが、名前の由来は、人の背後に立って伸び上がり、後ろから見越して顔をのぞきこむことからきている。
○沖縄県本部町や読谷村などでは、夜、道を背にして立っている者に声をかけてはいけないという。同県嘉手納町では、夜道で背を向けて立つ者は幽霊である、といわれる。新城真恵の『沖縄の世間話』(一九九三年)に、「後ろ向きの幽霊」というこんな話が載っている。「保四郎おじさんはね、運転手の助手として、あとは運転手になるためにね、助手台に乗っていたって。するとね、女の人が道を後ろにして、立っていたって。道を後ろにして立っていたから、運転手が、『あれは、声掛けるなよ。声掛けるなよ』って、言いよったって。で、時々これが見えるからね、『ここに声掛けたら、もう大変なことになるから、声掛けるな、声掛けるなするから、そおーっと何もしないで来たが、ほんとに見た…。』と、言っているんだよね、この後ろ向きの…。で、何もこれに災いしたことはないけれども、『後ろ向きにして立っているのは、これはね、ほんとの人間ではないから、声掛けるな』と運転手の方がね、そう言われたので声掛けないで、そおーっと過ぎて来たという話。」(語り手　大城茂子)。後ろ向きで立っているのは本当の人間ではないという。夜間には、時として幽霊は後ろ向きの姿で出現するようだ。

背中　せなか

⑵生れ変わり、背筋と魂

○死人の背や足の裏に字を書いておくと生ま

れ変わる（群馬）という。生れ変わりに関する報告は多いが、中には、その証拠とされる文字や印が背中に表れたという話がある。二、三例を挙げてみる。東八代郡下曽根村〈山梨県甲府市〉の浄照寺の比丘尼が死んだ時、背中に「お寺のめしたき」と書いて葬った。しばらくして、隣村の番人（野守）の家に子供が生まれたが、背中に同じ文字が書いてあり、比丘尼の生れ変わりに違いないといわれた（土橋里木「生れ変りの譚」一九四四年）。野向村牛ヶ谷〈福井県勝山市〉の五兵衛という男は、松岡（吉田郡）の殿様に生まれてきた。背中にはっきり、「牛ヶ谷 五兵衛」と書いてあった。後になって、殿様の家老が五兵衛と言う者の家は如何な家かと思ってか、見に来た（石畝弘之「生と死のイゲ」一九四四年）。動物が人に生れ変わる話もある。天野信景の『塩尻拾遺』にこんな話がでている。三州挙《こ》母《ろも》〈愛知県豊田市〉の神竜寺に一匹の猫がいた。たびたび外に出るので、紙に「神竜寺猫」と書いて首に結んでおいたが、江湖会《ごうこえ》中に死んでしまったので、供養して弔った。その後、岡崎の何某の妻が一女を生んだが、背中に「挙母神竜寺猫」の字が黒く見え、洗っても消えなかった。『日本霊異記』中巻第九は、人間が牛に生れ変わり、その背中に碑文《ひもん》が見えたという説話である。安井眞奈美は、『日本霊異記』の話を引いて「背中に生まれ変わりの文字が現れる伝承は、このような仏教説話が下敷きになっていると考えられる。これを基にして背中には、異界からのメッセージが浮かび上がる身体部位という特徴が付与されるようになったと考えられる。」と述べている（「狙われた背中」『怪異と身体の民俗学』）。岐阜県川辺町で、人の背中に文字を書くと書かれた人は死ぬ、といい、岡山では、人の背中に文字を書くと算用が下手になるといわれる。

○宮城県黒川郡や塩竈地方で、結婚して一年たっても妊娠しない場合は、嫁の背中を餅を搗くきぎ（杵）で三回搗くと妊娠する、といわれる。妊娠中に背に背負うことはいけない（長野県茅野市）。妊婦が背孕《せばら》みだと女の子、前につき出ていると男の子が生まれる（兵庫県赤穂市）。夫が妊婦の背を箒でなでると安産（群馬県太田市）。妻がお産をするとき、夫が臼を背負って家の周りを廻るとお産が軽くなる（茨城県岩瀬町〈桜川市〉）。難産の時は、夫が臼を背負って家の周りを廻るとよい（和歌山県紀北地方）。

○新潟県七谷村〈加茂市〉では、初子の初誕生日に赤子を箕につかまらせて、この子のトリアゲバアサンが、子供の背中を丸い大きな餅で三度叩く。これは八八歳まで生きるようにとの呪《まじな》いである。

○産着をはじめ一つ身の着物には、後襟の下に縫い飾りなどをつける、これをセマモリといい、新生児を災厄から守るための呪《まじな》いである。沖縄県で、幼児の着物の背にマブヤウー（背守り）をつけなければ魂が抜ける、といわれるように、人の魂は背中、とくに背筋のあたりから抜け出ると信じられてきた。身体のなかでも背中は無防備で、外部の邪霊に狙われやすい部位でもある。とりわけ、生児の場合にはその不安が大きかった。産着など背につき合わせのない着物には、セナマモリといって、背の襟の下に方形の布片またはサルモネをつけ、あるいは数種の色糸をくくり、男児には雄縫い、女児には雌縫いにして飾ることもあった（島根県松江市）。産着の背首に長方形の小さい赤い布を縫いつけ、これを赤切れと呼んだ。魔除けの印である（高知県室戸市・東津野村〈津野町〉）。幼い子供の着物の背中の襟の下にマブヤーウーを縫い付けた。色糸を合わせて束ね、先端は房のように垂らした。マブヤーウーは幼児を悪霊から守り、マブヤー（魂）が身体から遊離するのを防ぐ呪法である。マブヤーウーには色糸の代わりに矩形《くけい》の赤い布片をつけることもあった（沖縄県那覇市）。霊魂は背縫いのところから抜けると考え、産着には米粒と長老の髪を一本入れた袋を背守りとして縫い付ける。また、後襟の下に男の子なら菱形の縫取りをして下に房をつけ、女の子は三角の縫取りをする（鹿児島県和泊町）。（『日本俗信辞典　衣裳編』産着の項）。

○着物の背縫いをするときは糸をついではいけない（秋田・群馬・岐阜・滋賀・奈良・兵庫・鳥取・山口・徳島・高知・鹿児島）と各地で禁忌とされる。背縫いの糸をつぐと、出世しない（秋田・群馬・山口・高知）、長生きしない（大阪・兵庫・鳥取・鹿児島）、着るたびにせつない（群馬）、背丈が伸びない（高知県土佐山村〈高知市〉）、一生すべての勝負に負ける（奈良県吉野郡）という。日向馬関田〈宮崎〉で、着物の背がほころびているのを着ると魂が抜ける、といい、沖縄県国頭郡でも、衣装の背中の破れれば魂の逃《ぬ》ぎゆん、という。背筋は魂の出入りする部分と見做され、背縫いのほころびは魂が抜け出るなどと心配した。糸をつぐ禁忌もこれと関係するのであろう。

○食事中に背伸びをすると、怪我をする、果報を落す（共に岩手県九戸郡）、背骨の間に飯粒が入る（岩手・福島・栃木）という。長野県松本市では、背伸びをすることをコロノビといい、食べたものが皮肉の間に入るといって忌む。福島県伊南村大原〈南会津町〉では、高い所に伸び上がってはいけない、流産するという。胸のつかえは、頭の上に箸を立てて背伸びする（群馬県板倉町）。

○背中にアザがあると出世する（富山・愛知）。背中にホクロがあると、着物をたくさん着る（秋田県平鹿郡）、金持ちホクロという（福島県滝根町〈田村市〉）。背中にイボがあると、運が次第に開ける（大分市）、不幸せ（香川県土庄町）。
○民間療法。群馬県太田市で、風邪を治すには、風の神を送り出すといって、炒ったマメを紙に包み、風邪を引いている人の背中をこすり、そのマメを三本の辻に捨ててくる。帰りに振り向いてはいけないといった。福島県小野町和名田では、百日咳を防ぐには、ウズキの葉（二枚葉）を袋に入れて子供に背負わせる。幼児の背中に「そり毛を焼く」といって灸をすえると疫病を予防する（岡山県美作地方）。疳の虫には、やいと（灸）を背中の大きな骨の下の窪みにすえるとよく効く（愛媛県柳谷村〈久万高原町〉）。瘧は、スギの木の下に子供を連れて行き、背中をこすると治る（岐阜県安八町）。赤子の背中に山彦という虫（ウスタビガ）の巣をつけると無病息災になる（福島県下郷町）。鼻血は、水で背中を冷やす。または、しばらくの間、背中に水を流しつづける（鹿児島県伊仙町）。胸のつかえは、頭に草履をのせて背中をなでる（群馬県板倉町下新田）。中気は、病人が男なら七七歳になる女から（女の病人は男から）背中に喜の字を書いてもらうとよい（長野県諏訪湖畔地方）。腫物が出ないように、生まれた赤ちゃんの背中を少し切り出血させる（和歌山県那智勝浦町下里）。ネコを背中にのせると出来物ができる（岩手県西磐井郡）。物差しで背中をかくと出来物ができる（群馬）。背筋を毎日こすると背が曲がらない（徳島県小松島市）。
○その他の俗信。愛知県西春町〈北名古屋市〉では、クジを引く時、人に見られないようにご飯のついた杓文字を背中におんで（負って）行くとよいものが当たる、という。新潟県でも、クジを当てるには、杓子（または石臼）を背中にかついで行くと当たる、といわれる。人の知らぬ間に背中に灰をかけておくと、必ずその人は帰宅する（大阪）。野外にいるときの落雷除けには、クワの小枝を背中にさす（福島県田島町〈南会津町〉）。入浴のとき人の背中をすり、手を洗わぬとその人と喧嘩する（島根県安来市）。背中がかゆいと雨がふる（宮城県本吉町〈気仙沼市〉）。洗濯物の背中を日に向けて干すのは死んだ人の物を干すときだけ（群馬）。サバを食べてすぐ湯に入ると背中がわれる（栃木県真岡市）。

⇩身長《しんちょう》

【そ】

そばかす

○母親が赤ん坊に乳をかけると、その子はソバカスになる（岐阜県宮村〈高山市〉）。富山県氷見市でも、母乳を乳児の顔にかけるとソバカスができるという。同様の俗信は福井市西安居《にしあご》にもある。石川県輪島市石休場《いしやすんば》では、妊娠中に白い着物を着るとソバカスのある子が生まれる。これを防ぐには懐に鏡を入れるとよいという。鏡は妊婦が禁忌を冒したさいの制裁を解消する呪具で、俗信にはよく登場する。妊婦は、糠袋《ぬかぶくろ》をていねいに掃除しないとソバカスの子が生まれる（奈良県大宇陀町〈宇陀市〉）とも。
○顔にソバカスのある人は、美人だ（群馬）、よいところへ嫁に行く（兵庫県赤穂市）、おしゃべり（岩手県一関市）という。

【た】

大便《だいべん》

(1)便意と呪い、泥棒と大便

○便意を催しても我慢しなければならない時の呪《まじな》いがある。静岡県光明村〈浜松市〉では、他所へ行く途中で大便を催したら、帯に石を挟めば思う所まで耐えることができる、という、奈良県上竜門村〈宇陀市〉では、大便がしたくなった時、人に知られぬように小石を三個帯に挟み「便所に行きたいのを治してください」と言って拝むとおさまる、と伝えている。便意を一時的に止める呪《まじな》いとしては、石を拾って帯に挟む（兵庫県多可郡・山口市）、小石を三つ帯に挟む（岩手）、小石を帯に挟み三度体を回す（福岡県北九州市小倉南区西谷）、石を三個拾って頭に載せるか帯の間に挟む（奈良）、石を三つ袂に入れるとよい、小石を手に持っている（共に長野県上伊那郡）、石を股に挟む（兵庫）などがある。ほかにも、大便がしたくなって便所のない時は鼻の先に唾をつける（愛知）とか、頭のはち（額）にワラスベを貼ると耐えられる（福井）、額に塵をつけておくと一時的におさまる（徳島）という伝承もある。長野県北安曇郡では、大小便をこらえるには、大便は大の字、小便は小の字を、男は左手に女は右手の掌に記しこれを三度なめる、という。『民家日用 廣益秘事大全』（嘉永四年〈一八五一〉）に、「大小便をこらへるまじなひ」として「大便に立がたき所にてハ殊の外めいわくなるものなり、此時に大便ならバ男ハ左、女ハ右の手の中に指にて大の字をかき舌にて三度なめてよし、又小便ならバ右のごとくに小の字を書てなむべし、奇妙にこらへらるゝ也」とある。事前に便意をおさえる呪《まじな》いもある。外出の朝、雪隠に入って「戻るまで待って下され」と言うて、石を一つ雪隠の踏板にのせてから行くと、家に帰るまで大便に行かぬという。これは主に婦人などが行う（滋賀県高島郡）。

○昔の農家は便所が母屋の外にあるのが普通

だったので、夜、子供が大小便を訴えたときには親がついて行くことも多かった。斎藤たまは『落し紙以前』（二〇〇五年）で、「寒い夜や恐い闇中、眠いのに用足さねばならない本人も辛いところではあるが、いちばんの被害者はこの付添人である。しかも厄介なことに一晩行くと、決ってまた同じ時刻に催してくるもので、こうなると、おばあさんや母親たちは子どもに呪い言葉を唱えさせるのだった」と記して、次のような唱え言を紹介している。「夜糞どの　夜糞どの　昼ぁ　ござれども　夜ぁ　ごさんな」（岩手県宮古市・岩泉町）、「明日の晩から　お庚申さんで　よう来ません」（愛媛県津島町〈宇和島市〉）。もちろん、この唱え言は子供だけでなく大人の呪《まじな》いでもある。手許にある資料をいくつか挙げてみる。夜糞の癖がついたときは、便所で「便所の神様、明晩は用事がありますから参りません」と三度言えば次の晩から行きたくなくなる（長野県朝日村〈辰野町〉）。一度夜中に便所に行くとその後くせになるから、便所の中で「明日の晩から用事があるから、昼間に来やしてもらいます」と三度繰り返すと、くせにならない（奈良県上竜門村〈宇陀市〉）。度々便所に立つ癖があると、便所で「せんちのおばさん預けます」あるいは「南無うすしゃま明王」と言うとよい（和歌山県高野口町〈橋本市〉）。夜、便所へ行ったとき「とんぼ神さま、とんぼ神さま、あしたの晩から来ないから、待たねぇでけろや」と唱えると、夜間に便所へ行かなくなる（福島県南郷村〈南会津町〉）。夜中に大便を催したときは、便所の中で「昼呼んで晩呼ばんでおくれ」と唱える（山口県阿武郡）。夜、大便に行く癖の人は「おばさんさびしいから今度からきません」と便所で言うと行かなくなる（同県大島町〈周防大島町〉）。

○夜、タライ（盥）を外に出しておくものではない（福島・栃木・群馬・新潟・長野・静岡・愛知・大阪・和歌山・三重・兵庫・岡山・島根・高知・長崎）と各地でいう。この禁を破ると、泥棒が入る（新潟・長野・静岡・大阪・三重・兵庫・岡山）、泥棒に入られても目が覚めない（気づかない）（福島・群馬・長野・静岡・愛知・兵庫・島根・高知・長崎）、盗人の呪《まじな》いに使われる（愛知・和歌山）といわれる。

○夜間にタライを庭に出しっ放しにしておくと、泥棒が侵入の際にそれを利用して家人に気づかれないための呪《まじな》いをする。長崎県壱岐市では、盗人が盗みに入る時、脱糞してタライをかぶせておけば家人が目を覚まさぬ、といい、茨城県土浦市では、泥棒はまず入るに先立ち、自ら糞便しこれにタライを伏せ、その上に片草履を裡返《うらがえ》しで載せておくのだという、と伝えている。長野県上山田村〈千曲市〉では、泥棒が入って枕元まで掻きまわされても、知らないで寝ている。こういう場合、泥棒は家に入る前に庭あたりに脱糞して、その上にタライなどを伏せておくと、どうしても目を覚まさないという。これを「伏せる」という。盗賊は自分の糞を桶にて蓋をしておけば無事なりと（大阪）。盗人が大便をしてタライで伏せておくと、盗みに入っても見つからない。だから、タライは外に置くものではない（兵庫）。盗人は大便をしてタライをかぶせておくと、家人に気づかれないという。子供の頃に自宅でこれを実見したことがある。だからタライは家の外に置くものではないといわれる（静岡）。盗人が家に入り込み、大便をしてタライで伏せておくと家内の者は物が言えない（徳島）。タライは夜は戸外に置かない。盗人が大便した上にタライをかぶせると、その家の者は容易に目が覚めない（島根県安来市）。「夜が明けてたらいのくそに人だかり」（『誹風柳多留』文化三年〈一八〇六〉）。「無念こつずい盗人のくそさらい」（『誹風柳多留』文化六年〈一八〇九〉）。
○大便にかぶせたタライの呪力も、その効力を発揮する時間には限度があるようだ。秋田県雄勝郡では、盗人が忍んだ家の屋敷内に脱糞し白紙でぬぐい、ハンゾー（木を彫ったタライ）で蓋をすれば、その糞が冷えるまで家人が目を覚まさぬ、という。奈良県新沢村〈橿原市〉では、盗人は人家に入って大便をし、その温みの冷めるまで家人に覚られない、という。宝来正芳『犯罪捜査技術論』（創造社、一九四〇年）に、「迷信から来た脱糞は必ず脱糞上に被害者宅の洗面器、洗濯盥を覆うものが多い、之れは自己の脱糞の温味の冷めない間、家人が目を覚まさないと云う迷信から出ているのであるから、此の温味保存行為を敢行する犯人は常習者と観て誤謬は無い。」とある。
○金聖培『韓国の民俗』（一九八二年）に「どろぼうが物を盗んで、その家に大便をして行くと見つからない」とあり、『図説・ドイツ民俗学小辞典』（同学社）にも「泥棒が現場で糞をするとそれが暖かいうちはつかまらないという」と見える。この俗信の伝承は日本だけではないようだ。右の『犯罪捜査技術論』で、著者は「往昔から犯罪と脱糞とは附き物とせられている程、犯罪現場には能く脱糞を見るものである。而して此の事実は世界各国に共通して居るから面白い。」と述べている。
○泥棒にタライを伏せられると一大事だが、その前に、タライを伏せて泥棒除けにする呪《まじな》いもある。タライを伏せて上に鎌を置けば盗人が入らぬ（徳島市他）。草履をタライで伏せ、箒をのせておくと盗人が来たときに目が覚めるという（岡山）。南方熊楠の「紀州俗伝」に「数ある竈のうち一番大きなを田辺で「大くど」と呼ぶ。その灰の中へ茶碗一つ伏せ置くか、主人の下駄を金盥《かなだらい》で覆《ふ》せ置けば、盗人入りえず。盗人、入らんと欲する家の盥で大便を覆せて家内を昏睡せしめんとしても、右の法を行なわれてはその効なし、と。」とある。

大便　だいべん

⑵糞と魔除け、便壺に落ちると

○斎藤たま『落し紙以前』に、次のような一節がある。「琉球圏では、子どもが生まれた時、『糞生《くすま》ーれた』という。家の者も、見舞いの者も、『ちゃあな　くすくす生《ま》ーれいし（まあ、糞々が生まれたよ）』『くすくされ生れしちょうむな』（糞くされ生まれたってね）といい合う。そうでないと『しー（精・生）とられる』というのである。」生児を狙う悪霊の目をごまかすとともに、悪霊が嫌う糞の力で寄せ付けないのであろう。南方熊楠は、「出口君の『小児と魔除』を読む」（一九〇九年）で、「邪鬼を避けんがために、人名に屎、丸等の穢きを撰べりと言える」と述べて『消閑雑記』を挙げている。岡西惟中《いちゅう》の『消閑雑記』（江戸時代）には「人の名に、丸といふ字をつくる事、まるは不浄を入るゝ器なり。不浄は鬼魔のたぐひも嫌ふものなり。されば鬼魔の類ちかづかざる心を祝して、名の下につく心なり。古今集の作者に、屎《クソ》といひ、貫之が幼名をあこくそといふ類おほし。」とある。妖怪や災厄を祓うために、屎尿《しにょう》やそれに関係するものを用いる俗信は各地にあり、糞穢が帯びている魔除けの呪力を示す例は少なくない。

○出産後間もなくマクリ（海人草）を飲ませた。これは幼児のカニクソ（出産後はじめて排する大便）の通じをよくするためである（新潟県国上《くがみ》村〈燕市〉）。マクリは新生児の胎毒下しとして広く利用されてきた。宮武省三『習俗雑記』（一九二七年）に、「南方先生より承るところに由れば小児の胎屎（胎便）をカニコと紀州田辺で言うそうであるが、讃州高松ではガニゴコ、相模ではカナババ、但馬加賀豊前地方ではカニババ、佐賀ではオグソと呼んでいる。尤も是は小児の胎屎《たいし》に限られたものでなく、人生るるときと、死すときとは黒糞たれるとて、佐賀にてはオグソしたから高松にてはガニゴコしたから、もう寿命が在るまいと是にて人の死期を予想する事となっている」「肥後八代地方では胎屎を紙に包んで雪隠に吊るし置くと小児はヒキツケにかゝらずと言い、高松では妊婦が火事を見た為に出来るというホヤケを此ガニゴコで小擦《す》ると消散すと言われている。」とある。

○汲み取り式の便所では、たまに子供が便壺に落ちることがあった。子供が便所（便壺）に落ちると、出世しない（宮城・千葉・石川・岐阜・愛知・大阪・奈良・徳島・福岡）、早死にする（宮城・石川・愛知・大阪・奈良・和歌山・三重）といって心配する。長野県北安曇郡では、旧五月中に屎尿の壺へ落ちるのを大変嫌う。便所は境界性を帯びた空間である。便壺に落ちるのは単なる事故ではなく、この世から他界への落下という意味があるのかも知れない。大阪府枚方市では、子供が便所へはまったら名を変えないと早く死ぬ、といい、奈良県でも、便取にはまった時はそのままでは死ぬから、名前を変えねばならぬという。宮城県では、便所に落ちた子は短命だが改名すればよい、といわれる。名前を変える例は、ほかにも富山・和歌山・三重・兵庫・岡山・徳島・福岡の諸県から報告がある。高知県大豊町下桃原では、子供が便所に落ちたら、呼び名に亀の字をつけると長生きするといい、名を変えたら家族で盃をする、という。長寿の象徴である亀にあやかるためで縁起直しといってよい。便所へはまった時は、餅を搗いて便所へ上げなければならぬ。その餅のお下がりは食わないもので、池の鯉にやったりする（福島県磐城・相馬地方）。便所へ落ちたら井戸を、井戸へ落ちたら便所を覗かせるとよい（兵庫県赤穂市）。はまった子供を親戚の家の前に置き、拾ってもらう（同県西宮市）。そして名前を変えて返してもらう（同県西宮市）。便所に落ちたときは、近所の人にお茶を出してふるまうとよい（新潟県十日町市高山）。便所に落ちたら塩をふる（岩手県北上市）。

○便所に落ちるのを凶兆とする伝承が多いなかで、落ちると、出世する（福井県美浜町）、命が長くなる（愛知）、運が良くなる（宮城）、難を逃れたり長生きをする（島根県江津市）と吉兆とする例も見られる。

○小便壺に落ちると、命があぶない（愛知）、名前を変えないと出世しない（福岡県北九州市）、改名しないと若死にする（三重県四日市市）という。小便所に落ちると出世する（広島県加計町〈安芸太田町〉）とも。

○道端の大便の上に、釘を打つと大便した人の尻が腫れる（栃木県真岡市）、棒を刺すと大便した人の尻が痛くなる（静岡県入出村〈湖西市〉）、棒を立てた者は尻に腫物を生ず（石川県珠洲郡）という。してはいけない場所に大便をすると、その大便にもぐさ（灸）をすえられれば肛門が腫れる（高知県東津野村〈津野町〉）。野糞の上で火を焚くとその人の尻《けつ》がまがる（愛知県北設楽郡）。うんこ（糞）を日光のあたるところにするとお天道様に罰をあてられる（埼玉県加須市）。

○便所や大便の夢は金が入るしるし（宮城）。便所の夢は吉、うんこの夢は吉（山形県長井市）。便所や大便、尿などの汚い夢は良い（長野）。銭を拾いし夢を見れば糞をつかみ、糞をつかみし夢を見れば銭を拾う（筑前筑紫郡席田《むしろだ》地方〈福岡市〉）。便所に落ちた夢は、縁起が良い（和歌山県野上町〈紀美野町〉）、金持ちになる（岐阜県東白川村）。

○新しい草履を履いて大便に行くと、不吉（和歌山県太地町）、早くやぶれる（奈良県山添村）。クスノキの下駄を履いて大便に行けばすべる（和歌山県太地町）。

○出漁直前に大小の用を足すことを忌む。便所に入ると身体にその臭いがつくので不漁になるという。野糞しても不可という〈奄美〈鹿児島〉〉。人が糞しているのを見ればカラスになる（青森県五所川原市）。糞づまりの時は豆炒りの皮を半分むいて「われは出ろおれは出ぬぞ」と言って、半分食うとよい（長野県北安曇郡）。ハチに刺されたら糞をつける（大阪府河内長野市）。イルカを食べると大便が出ても知らないでいる（岩手県東磐井郡）。乳飲み子の大便をイヌに食わせるとその子がやせる（群馬県古馬牧村〈みなかみ町〉）。⇩小便《しょうべん》

体毛　たいもう

⑴陰毛の呪力

○生後初めて産毛を剃る際、後頭部の盆の窪の毛を残す風は各地にあった。この毛をチンケとかトトクイゲなどと称し、子供が囲炉裏に落ちそうになった時、神様がこの毛を持って助けてくれると伝えている。また、剃った産毛の処理についても多様な伝承があるが、こうした習俗については、髪・盆の窪の項目で述べた。ここでは、福島県下郷町の「髪立祝い（初毛剃り）」について、『下郷町史　第五巻　民俗編』（一九八二年）の報告を紹介する。「赤子の初毛は汚れているので、新しい清い毛をはえさせるために、生後一八日目に祖母が赤子の顔や頭の初毛を剃り落して、それを紙に包んで道に捨てておく。また、この初毛を一〇人の人に踏んでもらうと丈夫な愛敬のいい子に育つというので、人が出入りする玄関の入口の地面に埋めておく。この時、大きくなってから頭刈りが嫌いにならないように、自分の家でカミソリで剃っていた。女

性は、嫁入りぐらいの年齢になると日ごろから自分の脛《すね》などを剃って訓練していた。この初毛剃りの時、赤子の後頭部のドウノクボの部分だけは剃り残すのが普通であった。これを『オカマ様（家内安全を守る神様）の引っぱり毛』と言っている。赤子が炉辺で転んで火傷しそうになった時や水の中に落ちそうになった時など、オカマ様にこの髪の毛をつかんで、救助してもらおうというわけである。」
○宮城県気仙沼市で、出血したとき、男は女の陰毛を、女は男の陰毛を傷口につけると、血が止まるという。南方熊楠が柳田国男に宛てた大正二年一月（一九一三年）の書簡に、ウグ（ゴンズイ）の針に刺された時のこんな話がでている。「これにつかるる者の話を聞くに、蝮どころの騒ぎにあらず、はなはだしく苦痛する由なり。しかるに、小生勝浦〈和歌山県那智勝浦町〉にありし日、大いにあわてて婦人の陰毛を乞う者あり、狂人かと思い尋ねしに、まじめに創処をおさえ、宿のよめの陰毛をもらい受けおる。全くこの魚にさされたる創口へ、三本とか陰毛を差し入るる時は痛み止むとて貰いおるなり。誰にきくもかくいう。」と見える（『南方熊楠全集』第八巻）。門司では、オコゼに刺された痛みを止めるには、刺されたところに女の陰毛を三筋ほど当てて着けておけば効果があるという（福岡県北九州市）。止血や痛み止めには、傷口に陰毛を当てるとよいとの俗信である。『本草綱目』に、「男子の陰毛は蛇咬に主効がある。口に二十條を含んで汁を嚥《の》めば、毒を腹に入らしめない」とある（『新註校定 國譯本草綱目』）。
○青森県大畑町〈むつ市〉では、女性の陰部のヘアを財布に入れておけば魔除けになるといい、長野県諏訪湖畔地方でも、陰部の毛を財布に入れていれば魔除けになるという。財布にヘビの脱け殻か三三歳の女の厄年の陰毛を入れておくと博打とか商売繁盛でもうかる（三重県美杉村〈津市〉）。同県松阪市では、三三歳の厄年の女の陰毛を三本抜いて財布に入れると、その年は商売繁盛する。とくに戦時中、軍人が出征するとき持参すると武運があるといわれる。寅年生れの女の陰毛を三本持って戦地へ行くと敵の弾丸に当たらない（茨城県水戸市）。三三歳の厄年の女性の股の毛を抱いて検査に行くと、兵隊検査に合格しないですむといった（群馬県太田市）。三三歳の婦人の陰毛を襟に縫い付け（ただし当人が知らぬよう）徴兵検査に行けば合格しない（栃木県茂木町）。辰年の女の陰毛を三本懐中していれば思うことが叶う（長野県北安曇郡）。○静岡県沼津市で、三三歳の女の下の毛を持っていると漁があるといい、福島県でも、船主が女の陰毛を持っていると大漁になる、と伝えている。漁師は陰毛のない女と会うのを嫌う（沖縄県糸満市）。

○平田篤胤の『宮比神御傳記』に「今の世に縫物すとて、針を失ひたる時に、その女ひそかに、信仰の神を念じて、前の毛を三遍かき上げ、三遍たゝけば、失たる針かならず出るを、出たる時に、前の毛を三遍かき下すと云ふまじなひも、此わざの残れるなり」とある。○島袋源七の「頭髪」（『旅と伝説』通巻五二号、一九三二年）に、南島では「男女の誓《ちぎり》の方法の一つとして、昔日は男女の髪を抜きとり二人してこれを結び変心なき証拠として各自で持つか、或は人知れぬ場所に二人で埋めて置いたこともあった。又男女の頭髪を焼き灰にして飲んだともいわれている。陰毛を焼き灰にして酒で飲んだという話は近頃聞いた事である。」と見える。○南方熊楠は、一九一三年に発表した「陰毛を禁厭《まじない》に用うる話」（『南方熊楠全集』第三巻）の冒頭で次の話を紹介している。「七月三十日『不二新聞』の三面に、『大阪西区四貫町の波川きぬ（二十八）は、久しく子宮病で苦しんでおりましたが、ある人から、三十三歳の女三人から陰毛を三筋ずつ貰い受け守りとして持っておれば全治するとの話を聞き、さっそく小西きた（三十三）という知合いの女から貰いましたが、後の二人分が貰えぬので、きたに貰うたのを棄ててしもうたが、その後きたが熱病になったので、きぬが陰毛を棄てたのは自分を呪うたものに違いないと思い込み、毎夜丑三つごろに付近の地蔵堂で呪い返しをしていたそうです』とある。」南方は、小西きたが熱病を発したのは、波川きぬが自分の陰毛を棄てて呪ったためと信じた背景に、髪が他人の手に渡ると呪詛に用いられることがあるという諸外国の例を挙げて説明している。身体の一部であるが同時に分離可能な頭髪や陰毛は感染呪術の対象であった。ほかにも、魔除けや招福の伝承も認められる。とくに陰毛は性器を連想する、あるいは象徴する意味を帯びているといってよい。とりわけ、かつての女性器に対する穢れ観が投影されている面があり、それが魔を祓う呪力の一因でもあるようだ。

体毛《たいもう》

⑵足の毛を剃るな、その他

○空の臼をひくと陰毛が生えぬ（和歌山県紀北地方）。睾丸の下から陰毛の生え始める者は肝玉が小さい（同県高野口町〈橋本市〉）。ウマの咽喉つまりには、女陰部の毛を三本フキの葉に包んで呑ませるとよくなる（長野県北安曇郡）。トーラヤさん（小正月の火祭り）の火をあてて前の部分を扇げば早く毛が生える（新潟県畑野町〈佐渡市〉）。

○毛深い人は、丈夫（群馬県倉渕村〈高崎市〉）、皮膚が弱い。親切でやさしい（共に徳島県小松島市）、怠け者（秋田）、病気が治りにくい（同県大館市）、色情が深い（青森・愛知）。すね毛の濃い人に金を貸すな（岩手県花巻市）。すねの毛の長い人に金貸すな（新潟県横越町〈新潟市〉）。胸に長い毛が生えていると親よりえらくなる（群馬）。毛の薄い人は弱い（群馬県倉渕村〈高崎市〉）。女が髪をといて（解いてか）便所に行くと毛が薄くなる（山形県長井市）。辛いものを食べると毛の薄い子ができる（栃木県小山市）、妊婦が熱い湯を飲むと毛の薄い子が生まれる（福島県滝根町〈田村市〉）。毛のやわらかい者は心やさしく長生きする（秋田県山本郡）。
○足の毛を剃ると、火事の時に逃げられない（栃木・群馬・茨城・静岡・新潟）、駆けることができない（群馬県太田市）、地震の時に立てぬ（鳥取県淀江町〈米子市〉）、力が減る（岡山市）、河童に捕らえられる（鹿児島県大根占町〈錦江町〉）、水の害がある（沖縄）という。宮崎県高崎町〈都城市〉では、鎌で足の毛を剃ると化物に遭った時に足が立たぬという。脛毛を剃ると、火事の時に逃げられない（茨城・愛知・岡山）、夜おそろしいものと出合う（鹿児島）、キツネに化かされる（長野県北安曇郡）。足の毛を剃ってしまうと、力が抜けて肝心の時に役にたたぬことを示している。足の毛（体毛）には脚力を支える力が宿ると考えられていた。石川県金沢市では、足の膝の毛を抜くと幽霊に遭うという。手や足の毛を剃ると、火事の時に逃げられない（静岡県浜松市）、怪我をする（群馬）、親の幽霊を見る（熊本）、怖ろしい獣に出合う（富山県氷見市）。
○毛を燃やすと、気がふれる（富山・愛知・和歌山）、親の死に目に会えない（愛知）、ヘビがでる（福島・富山）という。この俗信は、髪を燃やすのを忌む禁忌として広く伝承されている。茨城県常陸太田市では、脛毛を燃やすと火事の時に逃げられなくなる、という。
○ヘビを踏みつけるとそこから毛が生えるといわれている（群馬県板倉町）。キツネが憑くと体に毛が生える（青森県七戸町）。産婦が櫛で子の頭を三度梳《と》くと毛が抜けぬ（兵庫県加東郡）。毛を数えると抜ける（愛知）。拝所の井戸から魚やウナギを取って食べると毛が抜ける（沖縄県玉城村〈南城市〉）。
○袂に毛が入っていると戦争がある（愛知）。奉公袋に毛が入っていると応召になる（岩手県衣川村〈奥州市〉）。懐中の中に毛を入れると縁起がよい（愛媛県内海村〈愛南町〉）。
○朝の食器の中に毛がついているともうかる（長野県大町市）。食物に毛が入っているともうけ（儲け）といった（長野県辰野町）。
○ホクロに毛のある者は出世する（山口県久賀町〈周防大島町〉）。毛の抜けた夢はよくない（長野県伊那市）。嫁ごにならぬうちは顔の毛を剃らぬこと（岩手県陸前高田市）。風邪を引いたとき、とろろ汁を食うと毛穴がふさがって死ぬ（青森県五所川原市）。夜、ショウガを食べてはいけない。毛穴がふさがるという（茨城県龍ケ崎市）。疳の虫は、子供の掌に墨でまじないを書き、「アブラオンケンソワカ」と三回唱え、墨が乾いたら手を洗うと、爪の間や毛穴から白い細い糸のようなものが出てくる。これを疳の虫が出たといった。（愛媛県御荘町〈愛南町〉）。⇩髪《かみ》・盆《ぼん》の窪《くぼ》

痰《たん》

○便所に痰を吐いてはいけない（岩手・秋田・山形・宮城・福島・石川・愛媛）。吐くと、便所の神様の罰が当たる（宮城）、口の病にかかる（秋田県大館市）、虫歯になる（石川県金沢市）、ナメズ（白癬）にかかる（山形県白鷹町）、出世しない（福島県相馬市）という。福島県棚倉町では、便所に痰や唾を吐くな。便所の神様はきれい好きで不浄を嫌う、といわれる。
○炉（囲炉裏）に痰をすると、喉が腫れる（秋田県仙北郡）、目がつぶれる（富山・愛知）、病気になる（福島）、出世しない（同県

相馬市〉といって忌む。
○お宮やお寺の前を通る時、痰や唾を吐くと罰が当たる（山形県櫛引町〈鶴岡市〉）。
○シジミを川に流すと痰が治る（福島県白沢村〈本宮市〉）。痰咳には松脂《まつやに》を少量飲む。痛むところがあれば、紙にのばして貼ると痰が切れて痛みが止まる（岐阜県下呂町〈下呂市〉）。芋汁を食ってその椀で湯を飲むと痰もちになる（長野県生坂村）。

【ち】

血　ち

(1)血止めのまじない

○血止めの呪《まじな》いに、父母を読み込んだ唱え言が各地に伝承されている。福岡県大野城市では、「血の道は父と母とのはじめなり、血の道かえせ、血の道の神」この歌を三度唱える、といい、長崎県厳原町阿連《あれ》〈対馬市〉では「血というものは父と母との間《あい》にあり、止まれこの血」と唱えながら、両手で頭の上から耳にかけて三度なでる、という。出血の時には「父母の肉と皮との間にすむこの血は止まれ、南無あぶらうんけんそうわか」と唱えると止まる（京都府美山町〈南丹市〉）。血が出て止まらぬ時は「血の道は父母の血の恵み、血の道止まれ父の血の道、なむあびらうんけんそわか」と唱える（奈良県十津川村）。出血を止めるには「父母のわけてくれたる血ならば止めてくだされうぶの神さま、南無あびらうんけんそわか」と唱える（和歌山県南部地方）。「血の道は父と母との血の道よ、血の道守れ血の道の神」と唱える（静岡県春野町〈浜松市〉）。血止めは「父の血筋が千八筋、母の血筋が千八筋、両方合わせて二千十六筋ナムアビラオンケンソワカ」と三度唱える

（長野県北安曇郡）。刃物で切った時の血の止め方「父母の恵みも深き血の神や、血止め給え、アブラブンケン」と三回唱える（福島県天栄村）。「血の道は父と母との境なり、この血を止めよ、血の道の神アブラケンソワカ〳〵」と唱える（宮城県気仙沼市）。

○長野県北安曇郡では、山で切り傷をした時は、有り合わせの草を三種取ってその揉み汁をつけると血止めになる、という。三種の草の汁をつけるとよいとの伝承は、秋田県北秋田郡や富山県氷見市にもある。三種類の木の葉を重ねて当てる（福島市）。血止めには、ヨモギの汁をつける（岩手・群馬・新潟・岐阜・静岡・岡山・香川）、チドメグサの汁をつける（岐阜県久瀬村〈揖斐川町〉ほか）、マルコ（オオバコ）の葉を揉んでつける（秋田県山内村〈横手市〉）、ゼンマイの綿をつける（宮城県気仙沼市）、ヨモギとニラをつぶしてつけるとよい（岩手県北上市和賀町）などという。岐阜県宮村〈高山市〉では、血止めには草や木の葉を四つに折って四回噛んではる、という。同県久瀬村〈揖斐川町〉では、大きい木の葉を「イロハニホヘトチ」と八回折って当てる。最後にチで止めるのは「血を止める」に掛けているのであろう。

○三種類の草の葉を用いて呪文を唱える例もある。島根県柿木村福川〈吉賀町〉では、血止めには種類の違う野草を三枚重ねて患部に当て「大阪の坂の下の血止め草、ここにあるかやのう、アビラオンケンソワカ〳〵」と唱える。同村下須でも三種の草の葉を当てて「牡丹、芍薬《しゃくやく》、冬止まれ」と三回唱える、という。愛媛県久万町〈久万高原町〉では、三種類の葉を取ってきて「血は父母の恵みぞや、アブラオンケンソワカ」と唱えながら傷にはれば止まる、といわれる。何の草でも三種を傷口につけながら「伊吹山」と三度言うか、または「伊吹山の血止めの薬」と三度唱えたあとでアブラオンケンソワカを三度唱える（長野県諏訪湖畔地方）。『調法記 四拾七ゟ五拾七迄』（江戸後期写）に「血どめのでん」として、「何草《なにぐさ》にても三《み》艸取《くさとり》手にて揉《もみ》付る也、是一艸ごとに天に向ひ手を合唱へる、哥 朝日が下の三ツ葉艸付《つけ》ると留《とま》る血が止るアビラウンケンソハカ 三度となへ、一艸取てハとなへ一艸取ては唱へ、以上三草揉付《もみつけ》る也、怱ち血止る也、哥は一編よミ、アビラウンケンとハ三べんづ、唱《となへ》る也」とある。

○血止めは、草で傷口を押さえ「大阪の坂のふもとの血どめ草、ひとは尋ぬればここにありしか、アブラオンケンソワカ〱〱」と唱えてかたく握っていれば止まる（島根県赤来町〈飯南町〉）。「いろはにほへとち」と三回言って「あびらおんけんさま」と三回唱え、近くにある葉っぱで押さえる（群馬県黒保根村〈桐生市〉）。血の出る時は「父母のこじた（小舌）に生えるからヨモギ、もんでつけるは血どめぐさ、ナムアビラウンケンソワカ〱〱」と唱える（和歌山県大塔村〈田辺市〉）。木の葉を傷口にはって「四方に口なしアビラオンケン」と三度唱える（長野県諏訪湖畔地方）。

○愛媛県柳谷村〈久万高原町〉では、「ニニンガ四、ニシガ八」と言うと血が止まる、といい、高知県十和村〈四万十町〉では、野山で怪我をした時の血止めは「インニガ二、インニガ二、ニニンガ四、ニニンガ四」と唱えて、何かで傷口を押さえると止まる、という。福島県船引町〈田村市〉では、草木の葉を「ニニンガ四」と言ってたたみ、つぎに「ニシガ八」「ニゴノ十」と言ってたたみ、切り口にあてる。血止めは、木の葉や芋の葉を取り三つに折って傷口に当て「エンニガニ、ニンガワ」と三回唱え、「アビラウンケンソワカ」と二回唱える（栃木県日光市）。血止めは「二《に》一天作《いちてんさく》の五アビラオンケンソワカ」と三度繰り返す（長野県諏訪湖畔地方）。草の葉を三つに折って血の出るところを押さえ「クジ〳〵」または「親ノツワツワ」と三回唱える（兵庫）。

○血を止めるには、紙を「インニガ二、ニニンガ四」と言って折り、血の出るところを拭くとよい（愛知）。半紙を「インニガ二」と言って折る。「ニニンガ四」と言ってもう一度折る。「ニシガ八、アビラオンケンソワカ」を三度言って半紙を息で吹き、血の出ているところに当てると止まる（岡山県落合町〈真庭市〉）。「ニシガ八、クラバーデン」と三、四回唱え、一枚の紙を八つに折って傷口に当てる（秋田県鹿角郡）。きれいな紙を四つに折り、これを傷に当てて「北は黄、南は青、東は白、西は紅、そめわけの旗、アビラオンケンソワカ」と言う（岡山県加茂町〈津山市〉）。

○福井県勝山市では、血止めをするには鼻紙を四度たたんで一六折にしたのを当てればよい、という。紙を一六に折って傷に当てると治る（兵庫県赤穂市）。『譚海』巻一三に「血止のまじなひは、紙を三ツに折、又夫を三ツに折て、血の出る所を押ふべし、即時に血とまる事妙也」とある。

○血止めは、「千早ぶる神代もきかず龍田川からくれないに水くくるとは」と唱える（群馬・長野）。「熱田の宮のこがくれに色ある娘止まらざりけり」と唱える（長崎県美津島町〈対馬市〉）。「猿沢の池に住んだる大蛇の傷うまず痛まず汗たらず、オンアビラオンケンソワカ」と三度唱える（長野県北安曇郡）。側にあるものをすぐひっくり返す。それから傷口を指さして「いろはにほへとちっ」と三度唱える（群馬県大間々町〈みどり市〉）。

○血止めには袂《たもと》ぐそ（袂のゴミ）をつけると止まる（岩手・群馬・京都・和歌山・兵庫・岡山・熊本）という。

○出血したとき、男は女の陰毛を、女は男の陰毛を傷口につけると血が止まるという（宮城県気仙沼市）。マッチの箱の薬の塗ってある紙（側薬）をはがして貼ると血が止まる。親の唾をつける（共に岐阜県久瀬村〈揖斐川町〉）。血止めには、煙草をつけるとよい（岩手県大迫町〈花巻市〉）。冷水をグイッと飲む（秋田県山内村〈横手市〉）。古畳、古俵、古藁などを取り揉んでつける（福井市）。針で手足を刺して血が出たときは、鋏でたたくと血が止まる（群馬県太田市）。血止めとして、クワの木の根元にあるクモの巣を傷口につけた（宮城県気仙沼市）。ヒルに吸われて血が出ると、藁すべに唾をつけて括ると治る（和歌山県高野口町〈橋本市〉）。

血　ち

(2) 出血と潮の干満、夢、その他

○静岡県春野町〈浜松市〉では、怪我をしたときが満潮の時刻だと出血が激しいので、その時には血止めのウタヨミを唱える。「血の道は父と母との血の道よ、血の道守れ血の道の神、ナムアビラウンケンソワカ」と三唱する。福島県保原町〈伊達市〉では、同じ傷でも引潮の時は出血が少なく、差し潮の時には多く出るという。同様のことは、長野県北安曇郡や静岡県島田市でもいう。

○妊婦は、タコ・イカ・辛い物を食べると血が騒ぐのでいけない（茨城県牛久市）、スルメを食べると血が騒ぐ（山形県南陽市）、カキ（柿）を食べると血をあらす（栃木河内町〈宇都宮市〉）、赤ダツを食べると古い血がおりる（愛知県名古屋市）という。産後三日のぼたもちは悪血を払う（茨城県桜村〈つくば市〉）。出産後シソの実を食すれば古血が下りる（石川県金沢市）。イモの葉のお汁を飲むと古血が下がる（滋賀県水口町〈甲賀市〉）。ヤマウドは古血が下りてよい（山形県南陽市）。分娩直後、床下に鋏、物差しなどを入

れてやると不時の出血をしない（福島県三島町）。
○女は男の血、男は女の血を踏むと腫れる（岡山）。人の歯から出た血を足で踏めば足が腫れる（沖縄県宜野湾村〈宜野湾市〉）。男が女の血を踏むと、気がふれる（茨城県土浦市）、踏まれた女が死ぬ（同県下館市〈筑西市〉）。男が女の血を、女が男の血をまたぐと中気になる（栃木県芳賀郡）。
○カラスが血を見ると、親が死ぬ（奈良県菟田野町〈宇陀市〉）、母が死ぬ（兵庫・岡山・島根）、死人がでる（秋田・愛知）、その家の者が旅先で死ぬ（愛知）という。ヘビに血を見せると手がくさる（愛媛県朝倉村〈今治市〉）。ウズラに血を見せると親が死ぬ（大阪府枚方市）。手を切ったとき、イヌになめさせると血が止まる（岩手県九戸郡）。イヌに血をなめられると、親が死ぬ、馬鹿になる（共に群馬県太田市）。子供の歯から出た血をイヌがなめると、その子の親の気がふれる（同県）。縁の下のヒキガエルは人の血を吸う（岐阜・愛知・徳島）。
○鹿児島県中種子町広野では、人に斬られて血が出る夢を見るとよいことがある、といい、同県南種子町広田では、夢で血を見たとき海に行くと大漁、という。体からうみや血が流れ出る夢は万事大吉（和歌山県吉備町〈有田川町〉）。血の夢を見ると金が入る（愛知）。足を傷つけて血を流す夢は富貴の身となる（福島県表郷村〈白河市〉）。血の夢を吉とする一方で、血の夢は、よくない（愛媛県肱川町〈大洲市〉）、火事になる（愛媛・佐賀・宮崎）、怪我をする（岡山県哲多町〈新見市〉）といって嫌う。沖縄県名護市では、血を吐く夢を見たら病気になるという。血の夢を見たら火事を、火事の夢を見たら怪我に気をつけなければならない（愛媛県一本松町〈愛南町〉）。火事の夢は血を見、血の夢は火事を見る（宮崎県小林市）。歯の抜ける夢で血の出たときは血の濃い人が死ぬ（和歌山県高野口町〈橋本市〉）。

○血液型占いは一時期ほどではないが、今もしばしば耳にする話題である。板橋作美は、血液型による性格判断は日本以外では言われていないこと、また、科学的根拠はない点を指摘したうえで、次のように述べている。「はじめ、古川竹二という人が発表した論文をもとに、一九三〇年代に大流行し、一時は社会問題となるほどであった。このブームは、医学者その他の厳しい批判があって収束したが、一九七〇年代になって、能見正比古の『血液型人間学』で再熱し、今日に至っている。この占いの基本は、A型とB型の対立である。古川は、A型は保守的・消極的・他動的・陰性、B型は進取的・積極的・自動的・陽性とし、能見もこれを踏襲している。今日のものも、この対立をさまざまに変形加工しているだけで、基本的にはまったく同じである。」（『世界の秩序化装置としての占い』二〇一〇年）。血液型占いが根強く支持される背景は分からないが、血は体内を流れる液体というだけではない意味を帯びている。私たちは日頃、「血が騒ぐ」「血のつながり」「熱血漢」「血も涙もない」など、感情や性格、人間関係を血に託してよく表現する。そうした文化も影響しているのかも知れない。

○その他。シキミの木を天秤棒にすると肩が痛まないが、ツバキの六尺棒は肩の血を吸う（福岡県田川市）。ザクロの木は人の血を見たがるので家の周りに植えるものではない（福島県西会津町）。ニンジンを食べると血がふえる（三重県大山田村〈伊賀市〉）。女がネギをまたぐと血の道になる（岡山）。太陽に出血を見せてはいけない。気がふれる（千葉県市川市）。耳鳴りがすると血のめぐりが悪いという（鹿児島川辺町〈南九州市〉）。フケを酢に入れると血になる（和歌山県太地町）。川原にある小石を持ち帰るときは、自分の頭を叩き血を出してから持ち帰る（鹿児島県徳之島町）。自分が傷をして血が出たらその血を吸え、そうすると力が強くなる（大阪府茨木市）。⇩鼻《はな》

乳　ちち

(1)乳がよくでる、乳イチョウほか

○母乳がでない時は、大信村〈白河市〉の乳イチョウ（天満天神の小祠）のカーブリ（皮）を煎じて飲むとでるようになる。お礼参りは甘酒をつくってイチョウにかけてくる（福島県天栄村）。滋賀県米原市上板並の諏訪神社に、樹齢四〇〇年の大きなイチョウの木がある。幹から乳房状のものがたくさんでている。子供ができると、お乳にあやかろうとお宮に祈願して、この乳を吸うか、いただいて神の授けを祈る（『日本伝説大系』八巻）。乳のでる呪《まじな》いには、乳イチョウの木を跨ぐ（栃木）、気根の部分をなでる（青森）、木の乳を削って煎じて飲む（秋田・福島・群馬・神奈川）など、イチョウにまつわる伝承が各地にある。イチョウは大木になると、しばしば乳房状の気根を生ずる。その形状の類似から乳の出ない女性がこれに祈願を掛ける習俗はほとんど全国的である。たいてい社寺の境内にあり、霊木となっている。それで、乳銀杏、乳の木さま、乳房銀杏、乳の神などと呼ばれ、根強い信仰が分布している（『日本俗信辞典　植物編』公孫樹の項）。

○筆者も、横須賀市大津町の信誠寺の大銀杏について調査をしたことがある。言い伝えでは、蓮如上人が持っていた杖を逆さにさしたのが根づいたといわれる。このイチョウについては、『三浦古尋録』（江戸後期）に「銀杏の樹の杖を庭中に挿《さし》玉う処今大樹となりて枝葉茂り木の節々乳の垂《たる》るか如し、近国の婦人乳の少き者尋来て此樹ゑ祈願するに普《あまね》く其奇特

ありと云」と記されている。成長するにしたがって気根が垂れ、それが乳房の姿として注目を集めたのであろう。住職さんの奥さんも、寺に嫁いできたころ、姑に母乳の出がよくなるからとすすめられて、イチョウのこぶを削ったものを煎じて、一日に三、四回飲んだという。以前は、乳の出が悪い女性がよくみえていたと話してくれた（『新横須賀市史　別編　民俗』二〇一三年）。児島恭子「イチョウ巨樹の乳信仰」（二〇一八年）によれば、祈願には次の方法があるという。A、巨樹のチチを削ったものを、煎じて飲んだり粥に炊きこんで食べたりする。B、木に向かって祈願する（木のチチをなでることもある）。C、チチに祈願や名前を書いた紙か布を結わえる。D、木がある寺で経をあげてもらう。祈願してもらった米を炊いて食べる。E、木に乳房状の布製のものを下げる。F、木がある寺社に布製あるいは土製の乳房型のものを奉納して祈願する。G、チチから垂れる樹液を飲む（実際には樹液が垂れることはない）という形式である。

○神仏に祈願する例は多い。いくつか紹介しよう。母乳がでないとき、おんば様では、乳房を模《かたど》った紅白の小豆の入ったお手玉を貸してくれる。このお手玉で乳房をこすると母乳がでるようになるという。乳がでるようになると、お礼としてお手玉を倍の四個にして返すしきたりがある（福島県猪苗代町）。乳がでないときは、一二トウと呼ばれる白糸を一二本に切ったものを持って、乳の地蔵様に頼みに行く（三重県熊野市小又）。地蔵様に涎掛けや乳形に縫った細工物を供えれば乳がよくでる（岡山市）。乳のでる呪法は、子育て地蔵尊に「おん、かかか。びさんまえい、そわか。」の呪《まじな》いを百遍唱える（徳島県上那賀町〈那賀町〉）。鬼子母神に乳首の形を作って供えると乳汁が豊かにでる（石川県金沢市）。

乳が足りないときは、深内の乳神様（乳石山神社）にお参りに行く。甘酒を入れた竹の筒を二つ持って行き、一つは乳石にかけ、一つはお参りに来ている子供達に飲ませる（福島県鏡石町）。鳥越岩のアナガミサマを拝むと、産婦の乳の出がよくなる。アナガミサマは山《さん》北《ぽく》町浜新保〈村上市〉の海岸にある大岩山で、大きな空洞がある（新潟）。出産後、母乳の出難い時はウノ神といって赤石を祀るとでる（和歌山県高野口町〈橋本市〉）。乳がでないときは、氏神様に裸足参りや月参りをする（福岡県岡垣町）。石川県羽咋郡で、乳の出ざる時は寺院の階段の擬宝珠《ぎぼし》を吸うべし、というのは、その形が乳房を連想させるのであろう。

○乳の出をよくするには、コイを食べる（栃木・埼玉・茨城・山梨・新潟・石川・長野・岐阜・岡山・佐賀）、コイの味噌汁を飲む（福島・福井・富山・大阪・岡山・広島・佐賀）、コイの丸煮を食す（岡山）、赤鯉を食べる（岐阜県美山町〈山県《やまがた》市〉）、コイの鱗を乳房に貼る（鳥取県日吉津村）、コイの鱗の干したものを乳房に貼る（広島）などという。山口県新南陽市〈周南市〉では、乳がでない時はメイタンゴ（メダカ）を飲むとよい、といい、愛媛県伯方町〈今治市〉では、チヌを食べると乳がよくでる、といわれる。イワシの絵を描いて枕元に貼ったり、膳にのせておくと乳がよく出るといわれた（福島県船引町〈田村市〉）。

○餅を食べると乳がでる（山形・福島・茨城・広島・徳島）。乳の出をよくするには、力餅を食べる（三重県多気町）、お餅を汁で炊いて食べる（兵庫県赤穂市）、もち米を食べる（大分県国東町〈国東市〉）、もち米の粥を飲む（福岡県岡垣町）、三つ目のぼた餅を食べる（栃木・茨城）という。

○後産《のちざん》はトボグチ（出入り口）に穴を掘って埋める。そのとき、飯の茶碗に水をいっぱい汲んで、その水も一緒に埋めた。こうすると母親の乳がよくでるという（群馬県太田市）。ゴサン（後産）を黒焼きにして飲むと、乳の出がよくなる（福島県三春町）。産湯をビンに入れて、木の根っこに埋めるとその子は乳に不自由しない（同県鏡石町）。最初の産湯を一升徳利にいっぱい詰めて、床下に埋めると母乳が豊富になる（群馬県桐生市）。

○岐阜県東白川村では、妊娠中に甘酒を飲むと乳がよくでるようになる、という。『諸民秘伝重宝記』（江戸後期）に、「乳のいづる傳 はちのすの黒やきを粉にして食後にあま酒にて呑バ乳の出ること妙也」とある。

○『上発知町史』（一九八七年・群馬県沼田市）に「乳出でざるときの符『乳牲水品鬼隐急如律令』と書きて清水にて呑むべし、乳出ずること妙なり。」とある。同じ呪符が『新撰咒咀調法記大全』（天保一三年〈一八四二〉）に見える。

○その他。乳の出をよくするには、塩水を飲む（愛知県碧南市）、ゴボウの種を飲む（兵庫県赤穂市）、腹帯を強くしめる（富山県福光町〈南砺市〉）、朝日橋の欄干を削って煎じて飲む（愛知県下山村〈豊田市〉）。産婦の床下に、塩を入れたホウラク（焙烙）を吊るすと乳がよくでる（奈良県五條市）。主人の茶碗を伏せて、灸をすえると乳がでるようになる（山口県新南陽市〈周南市〉）。乳のでない人は、毎夜下水に灯明をあげて拝むと、下水が常に乾かないように乳がでる（秋田県山本郡）。三夫婦揃った家から五合米を借りてきて、一升にして返せば乳のでない母親の乳がでる（長野県北安曇郡）。他家の味噌でつくった味噌汁を食べると、産婦の肥立ちがよく乳の出もよいといわれていた（福島市荒井）。福島県三春町では、乳不足のときは、初めての入浴の水をビン二本に入れて、入口の人の多く歩くところに埋めておくと乳不足が治る、という。乳に関する俗信については、今野圓《えん》輔《すけ》が『日本迷信集』（一九六五年）で取り上げている。かつて、医療に恵まれず、厳しい労働と貧しい生活を強いられたなかで、乳児を育てるのに欠くことのできない母乳の不足は、母親たちにとっては死活問題であった。今野は、実際に効果があるかないかという理屈よりも、効果があると信じて行ってきた事実を、まず認めるべきだという。その上で、『なぜ、そんな馬鹿らしい暮し方をしなければならなかったのか』を考えるべきだろうと思う」と述べている。俗信を通して、それが生きていた時代や社会に想いを馳せ、伝承されてきた意味を生活の実態から読み解いていくことの重要性を説いたものといってよい。

乳　ちち

(2) 乳がでなくなる、乳房の腫れ

○カキ（柿）を食べると乳がでなくなる（福島・栃木・群馬・茨城・愛知・山口）という。福島県平田村では、妊婦がカキを食うと体が冷えて乳がでなくなる、といい、茨城県石下町〈常総市〉では、産後しばらくはカキを食べてはいけない、乳がでなくなるという。妊婦が吊し柿を食べると乳がでない（広島県比婆郡）。カキの下を通ってはいけない。乳がでなくなる（福島・栃木・群馬・茨城）とも。栃木県西那須野町〈那須塩原市〉では、カキを食べると乳がでなくなるというだけでなく、カキの木の下で用を足しただけでも乳がでなくなる、といわれる。カキの木を燃やしてお粥をつくると乳がでなくなる（栃木・茨城）という所もある。カキを禁忌とする理由として、体を冷やすからと説明されるが、この木の下を通るのを忌むなど別に訳がありそうだ。○イカを食べると乳がでない（栃木県市貝町）。ハスを食べると乳が糸状になる（群馬県板倉町）。妊婦が、ネギを食べると乳が細くなる（茨城県牛久市）、カボチャやミョウ

ガを食べると乳の出がわるくなる（福島県平田村）。

○甘いものを食べると乳がでなくなる（群馬・長野・愛知）という。産婦に水飴はくれるな、乳がでなくなる（福島県伊南村〈南会津町〉）。他方で、甘いものは乳の出がよくなる（茨城県牛久市）との伝承もある。山形県南陽市で、酸っぱいものは乳がでなくなるのでいけない、といい、千葉県大網白里町〈大網白里市〉でも、酢の物は乳道がふさがるので妊婦は食べてはいけない、という。黄な粉は乳腺が詰まるのでいけない（山形県米沢市）。

○香川県志度町〈さぬき市〉で、着物を高いところに干すと乳の出がわるくなる、といい、新潟市では、髪を梳かすなど頭より上に手をあげると乳がでない、という。産後五〇日前に手を上げると乳がでなくなる（同県栃尾市〈長岡市〉）。栃木県粟野町〈鹿沼市〉では、妊婦が高いところに手を伸ばすと、赤ん坊が乳を吸っている乳綱が切れハンサン（流産）するといって忌む。高いところに手を上げると乳筋がはなれ乳がでなくなる（奈良県磯城郡）。『女重宝記』三之巻（元禄五年〈一六九二〉）に「懐妊の間に、高き所の物を手をのばし取《とる》べからず。重き物をもつべからず。蹲《つまづ》きころぶべからず。これを反けば小産（流産）して、腹の内の子死するなり。」とある。新潟県栃尾市〈長岡市〉では、寝ていて生むと乳が細くなるので坐って生む、とか、オビアキのすむまで横になってはいけない、乳がでなくなる、といわれる。

○壁に乳をつけたら親の乳がでなくなる（徳島市ほか）。壁または灰に乳をかけると乳があがる（岐阜県海津町〈海津市〉）。桶を火にくべると乳がでぬ（長野・愛知）。出産後、すぐに腹帯をとるとお乳がおちる（滋賀県蒲生町〈東近江市〉）。乳をオムツでふくと乳の出がわるくなる（兵庫県赤穂市）。
○産後何日か乳がでない期間、近所の人を頼んで授乳してもらうことがあった。この人をチチクレバンバと呼ぶ。男の子のときは女の子の母親、女の子のときは男の子の母親から乳をもらうと丈夫に育つという（福島県舘岩村〈南会津町〉）。
○余った乳は人の踏まない所に捨てる（群馬・埼玉・茨城・三重・和歌山）。余り乳は人の踏まないところへ流す。そうしないと乳の出がわるくなる（茨城）。乳が余分に出すぎるませ（石川県羽咋郡）。乳が余分に出すぎる人は茶碗やタオルにしぼって壁にかける。虫やミミズになめられると乳がでなくなるといって、川の流れに捨てる人もいる（福島県梁川町〈伊達市〉ほか）。奈良県十津川村では、乳が余って困るときは、小さな草履（長さ一寸足らず）を作って便所の神様に供え、預かってもらう。次の子ができて乳の足りぬときは戻してもらう、という。茨城県龍ケ崎市では、乳が余ったときは人に踏まれぬところに捨てるといい、ナンテンの木の根やカボチャにくれてやった。ナンテンの木のもとに捨てる例は茨城県の各地にあり、ほかにも岐阜県八百津町でもいう。産婦の余り乳はクワの木の株にあずけるとよいという（高知県大方町〈黒潮町〉ほか）。埼玉県越谷地方では、乳は井戸の周囲や木の根に捨てる。人に踏まれるところに捨てると乳がでなくなる、という。しぼった乳を捨てるときに石にかかると乳がでなくなる（佐賀）。
○乳児が死ぬと乳房が張って困るので、乳を瓶にいれて棺に納めたり、脱脂綿に浸して乳預をする（岐阜県輪之内町）。和歌山県高野口町〈橋本市〉では、子供が死んだときは、親が墓へ乳を持って行って上げてくるとでなくなる、という。幼児の死骸に親の乳汁をそそぐときは、乳汁の出ること止むべし（石川県羽咋郡)。
○入浴中に赤子に乳を飲ましてはいけない(栃木・埼玉・山梨・岐阜・愛知・和歌山)。入浴中に乳を飲ませると、河童に引かれる(栃木県真岡市)、子供が癇癪《かんしゃく》もちになる(岐阜県高山地方)、子供が水に入って死ぬ(愛知)といって心配する。尚、乳に関する俗信については、『日本産育習俗資料集成』(一九七五年)の「乳付けと母乳」の項目に全国の豊富な事例が収録されている。
○産湯は日蔭に穴を掘って、他にもれないように静かに捨てる。もれると赤子が乳を吐くようになるといわれた(茨城)。同様のことは群馬県桐生市でもいう。
○母乳を乳児の顔にかけるとソバカスができる(富山・福井・岐阜)。
○眼病には乳をさすとよい(秋田・徳島・佐賀)。
○授乳のときに青菜を食べると子供が下痢をする(愛媛県朝倉村〈今治市〉)。母乳で育てれば子供の性質は乳を与えた人に似、牛乳で育てればウシに似る(秋田県山本郡)。乳合せとて宮参り後、女児は男児の家へ、男児は女児の家へ乳を飲ませてもらいに行く(和歌山県高野口町〈橋本市〉)。年子が生まれて、上の子が乳を欲しがるとき、母親が枕元に熊の手を置いて寝ると欲しがらない(福島県船引町〈田村市〉)。
○子供が赤い石を拾ってくると、母親の乳房が腫れる(和歌山・徳島)。白い石を拾ってくると乳房が腫れる(茨城・神奈川)。円い石を持ってくると乳が腫れる(福島県天栄村)。高知県土佐山村〈高知市〉では、イモリを殺すと乳が腫れるといわれ、平常でも女がイモリを殺すのを忌む。
○愛媛県小田町〈内子町〉では、子供ができた後、産婦がちぐさ(乳の腫れる病気)になると「鯉」という字を乳の上にできるだけ多く書く。そうすれば治るという。群馬県赤城根村〈沼田市〉では、乳の腫物には乳に「鯉」と書き、また「急々如來律来」と三度書き「嵐吹くと山の風のはげしさに向うあくまも吹きはらいつつ」と唱える、という。大分県湯布院町〈由布市〉では、乳こわりの時は「鯉」と「鮒」という字を乳房に逆さに書いて、それを黒く塗りつぶし、般若心経を一回上げる。『新撰咒咀調法記大全』（天保一三年〈一八四二〉）に、「乳かぜのまじない」として「鯉といふ字をはれたる処へ書て墨にてぬるなり」とある。乳腫れには、墨をぬる（宮崎県五ヶ瀬町ほか）、茶碗に生きたメダカを三匹うかせて一息に飲む（茨城県岩瀬町〈桜川市〉）、正月一四日の供餅を黒焼きにして乳房に貼る（福島県船引町〈田村市〉）、参宮した人に踏んでもらう（熊本市）という。長野県北安曇郡では、乳が腫れたとき、夫婦きりの家の束子《たわし》で温めると治る、という。

○二本の杖を左右に持ってついてはならない、との禁忌はほぼ全国的である。禁忌を犯した際の制裁は多様だが、母の乳が腫れる（福島・栃木・茨城）という土地もある。

○乳と乳の間の広い人は達者だ（和歌山県高野口町〈橋本市〉）。乳房と乳房の遠い者は遠い所へ、近い者は近い所へ縁づく（長野県北安曇郡）。乳大きく肥えると見れば健康幸福の兆し（和歌山県吉備町〈有田川町〉）。乳房にホクロのある者は男の縁が遠い（島根県江津市）。右の乳の上にアザのある者は良い（山口県久賀町〈周防大島町〉）。お乳が痛くなると次の子を妊娠する（福島県原町市〈南相馬市〉）。乳首の色が黒いと女児、薄いと男児が生まれる（福岡県太宰府市）。試験当日の朝、母親の乳房を手で撫でながら「どうぞ良い点を取らせて下さい」と祈ると良い点が取れる（栃木県大平町〈栃木市〉）。⇩目《め》

【つ】

疲れ　つかれ

○群馬県大胡町横沢〈前橋市〉では、田植えが終わったとき、余った苗で足をこすったり、体をこすったりすると疲れがぬけるという。同町滝窪では、田植えが終わらないうちは、着物は全部洗わないで、いくらかでも残しておくものだという。そうしないと、田植えのうちに草臥《くたび》れがでるといわれる。田植えが終わってから、きれいに洗濯する。福島県猪苗代町では、田植えの着物を洗わないでおくと、疲れがぬけないという。作業に使った道具をきれいに洗わないと疲れがとれない（山形県南陽市）とも。正月のさけた餅は疲れた人によい。小正月の小餅は疲れた人によい（共に岩手県気仙郡）。正月の年縄を三つとっておき、疲れてむくんだ時にそれを手にはると治る（福島県須賀川市）。

○お山がけや伊勢参りなどの長旅には、道中の安全を期して影膳を供える。また、足型石とよばれる足の形をした石をよく洗ってやると、疲れがとれ道中が無事であるという（福島県猪苗代湖南）。山形県長井市では、兵隊に行く人にその人の足のような石を拾って、毎日洗ってやると草臥れないという。『奥州秋田風俗問状答』（江戸後期）に「旅立の時の事」として「農家なんどには旅立て後草鞋を作り、外へ向くようにして神棚へ置く、其人の故郷へ赴かん程をはかりて、内へ向くやうにして置く也。又石二つ清く洗つて神棚へ置く。その人の足強からん厭勝《えんしょう》（呪《まじな》い）なりと申す也」とある。石二つは左右の足を意味するのであろう。足が疲れたら弘法大師さまの前に石を積むとよい（愛知）。

○旅先での足の疲れをとる方法については、八隅蘆菴の『旅行用心集』（文化七年〈一八一〇〉）に「道中にて草臥を直す秘傳幷奇方」と題して「一　草臥足痛《くたびれそくつう》する時ハ宿へ着風呂へ入て後、塩を調へ足のうらへしたたかになすり付、火にてあぶるべし、妙なり。一至極草臥たる時は、風呂へ入て後、焼酎を足の三里より下、足のうらを吹付べし、手にてぬりてハきかぬなり。」とある。『理斎随筆』巻四（江戸後期）に「旅行するに足草臥《くたび》れざる薬　一石灰《いしばい》　一半夏《はんげ》　各等分細末」として「右の薬泊りに着て、足の膝頭《ひざがしら》より爪先まで、薬を少しあたゝかなる湯にてとき摺付《すりつく》るなり。よく治す。妙々是を鉄脚散《てつきやくさん》といふ。」と見える。

○山道などを歩いている時、突然、疲労と空腹に襲われて動けなくなることがある。これを、高知県などで「ヒダルガミが憑いた」という。憑かれた時は、弁当の残りを少し与え、自分でも食べると歩けるようになるという。伝承は、近畿・四国地方に多く、土地によってダリ（和歌山・奈良・三重）とかジキトリ（愛媛）などと呼ぶ。行き倒れや飢え死にした人の霊が、食べ物が欲しくて取り憑くと考えられている。

唾　つば

(1)便所や炉に唾を吐くな

○便所で唾を吐くな、という禁忌の分布はほぼ全国的である。唾を吐くと、歯を病む（岩手・福島・茨城・新潟・長野・岐阜・静岡・愛知）、歯が抜ける（岩手・山梨）、口の病気になる（山梨県牧丘町〈山梨市〉）、口熱を病む（岩手県胆沢郡）、あくちが切れる（兵庫）、唇が腫れる（福岡県北九州市）、目が見えなくなる（島根・愛媛）、目が悪くなる（愛媛県西条市）、病気になる（岩手・富山）、病人が絶えない（富山県氷見市）、お産が重くなる（群馬県安中市）、便所の神が怒る（山形・高知)、罰があたる(三重・徳島)、貧乏になる(新潟県大江山村〈新潟市〉)などという。この行為を忌む訳について、筆者は新潟県山古志村虫亀〈長岡市〉で次のように聞いた。雪隠《せっちん》の神様は双方の手で大小便を持っているので、痰や唾を吐くと神様は口で受ける。それで、雪隠で痰や唾を吐くと、神様が罰を当てるため、歯が痛くなったり口の病気になったりする。大阪府三島郡では、便所《せんち》にはせんちの神様が居られる、大小便をすると、左手で大便を受け右手で小便を受けられる。もし唾を吐くと、便所の神さんは自分の口で受けられる。つまり、神さんの口に唾を吐くことになるから罰が当たる、と伝えている。井之口章次は、便所で唾を吐くなという禁忌について「厠神は盲目であるとか、排泄物を手で受けとめるのだとか、解説のための伝承が種々つけ加わっているけども、そういうものに惑わされて、本質を見失うべきでない。」と述べている(「産神そして厠神」一九八〇年)。井之口の指摘を踏まえて、野沢謙治は「ツバを吐くなという禁忌は井之口章次氏の指摘されるように『口先から出たものが、行き先まで連続しているという感覚』によるのである。ただ、その場合、ツバを通して感染する汚穢は身体の内部におよぶということである」と説いている(「身体のフォークロア―糞尿・ツバ・裸・髪―」一九八二年)。この俗信の禁忌と制裁は、伝承では便所神の怒りに触れるためと説明されるが、本来の意味は、唾を通して身体の内部が便所の穢れに感染することにあるという。

○囲炉裏に唾を吐いてはいけない、との禁忌も多い。囲炉裏に唾を吐くと、荒神様の罰があたる(群馬・新潟・長野)、火の神に咎められる(青森県東通村)、囲炉裏の神の罰があたる(石川県七尾市)、病気になる(岩手・秋田・福島)、長患いする(富山県東礪《ひがしと》波郡《なみ》）、病人が絶えない（栃木県大平町〈栃木市〉）、糖尿病になる（広島・鳥取）、出世しない（和歌山県有田郡）、死んでから鬼が叩く（福井県小浜市）などという。竈に唾を吐くと口を悪くする（奈良）とも。この禁忌は、便所とはちがい、荒神の宿る神聖な場所を穢すことを忌むのであろう。囲炉裏に唾を吐くのは、ついうっかりという場合が多いと思われるが、それが忌まれる背景には、唾を吐くという行為に、相手を軽蔑するとか邪悪なものを退散させる意味が内在するからだと思われる。

○火鉢の中に唾を吐くと、病人がでる（群馬・茨城・石川）、病人が絶えない（栃木・東京）、口の病になる（山形）、口が荒れる（群馬）という。火を唾で消してはならない（徳島）。

○井戸に唾を吐くと、井戸神様が怒る（愛知）、井戸神様に引き込まれる（栃木）、祟る（奈良）、罰があたる（徳島県小松島市）、舌が切れる（沖縄県竹富町）、盲目になる（鹿児島県喜界町）、目の周りに腫物ができる（岡山）、幽霊がでる（高知）という。

○庭に唾を吐くと、罰があたる（山形県酒田市）、地神が罰を与える（奈良県御杖村）。ニワ（土間）に唾を吐いてはいけない（京都）。内庭に唾を吐くとオドックウ様（土公神）が怒られる（岡山）。雨垂れに小便をしてはならない。ただし「御免」と言って唾を吐けば差支えない（和歌山）。フール（便所兼豚小屋）に唾を吐いたり不潔にしてはいけない。フールの神は位が高いから（沖縄県宜野座村）。畔に唾を吐いたら指がもげる（島根県江津市）。

○人に唾をかけると、口のところに腫物ができる（愛媛県松山市）、口の辺にハタケ（皮膚病）ができる（佐賀県大和町〈佐賀市〉）、口がゆがむ（愛知）、ハンセン病になる（石川・岐阜・奈良・三重・岡山・山口・島根)、瘡ができる(京都市美山町〈南丹市〉)、腫物ができる(岡山)、出世しない(福井県小浜市)、ヘビになる(同県大飯町〈おおい町〉)といって忌む。また、人に唾をかけられると出世しない(愛知)という。やん目(流行目)の人に「やん目犬の糞ツーツー」と唱えて、唾をかける真似をすると感染しない(高知県中村市〈四万十市〉ほか)。

○往来で小便をするときには唾を吐く(佐賀地方〈佐賀県〉)。小便をした後に唾を吐かないと出来物ができる(愛知)。川へ小便したら唾を吐いておくと水神様の罰はない(徳島県小松島市)。

○山口県福栄村〈萩市〉では、ヘビやムカデなどを殺したときは「一昨日《おとつい》来い」と言って唾を吐きかけないと化けて出る、といい、沖縄県本部町では、夜虫が(家に)入ったら「ヲッテヌナーチャー(一昨日の翌日)来い」と唱え唾を飛ばして外に出す、という。女の唾をムカデにかけるとムカデが死ぬ(徳島県小松島市)。ヘビに唾をかけると指がくさる(島根県江津市)。

○宮武省三の「唾吐く事に就て」(『習俗雑記』一九二七年)に、「肥前佐賀地方では辻風は悪気の集中するものなりとて忌み、往来などで塵埃を渦巻にする辻風に遇うと唾を吐かなければ病気すと老人連は信じている」「築後久留米地方より三潴《みずま》郡一帯にかけては河水に唾を吐き、唾はやく散ずればよきも、散ぜざるときは河童のいる証拠なりと怖れられ」と見える。沖縄県伊是名村では、夜道を歩いて、何かショックをうけ立ち眩《くら》みする時、マジムン(魔物)におそわれたとして、男は褌を、女はハカマ、メーチャー(共に下着)を脱いで振りまわし追い払う。あるいは唾を三回吐きすてる、という。疱瘡神を送るには、一二日目の平癒期に酒をふりまき、桟俵に小豆飯を供え、赤紙幣を立てて火をつけ川へ流すか四つ辻に置く。帰る人（通行人？）はこれを避けて唾を吐き去る（島根県江津市）。○高知県には、草履の裏に唾を吐きかけて招くとケチビ（火の玉）が飛んでくる、との伝承が各地にある。柳田国男はケチビについて、「妖怪名彙」（『妖怪談義』所収）で「竹の皮草履を三つ叩いて喚べば近よるといい（郷土研究一巻八号）または草履の裏に唾を吐きかけて招けば来るというのは（民俗学三巻五号）もとは人の無礼を宥さぬという意味であったらしい」と解説している。唾は、髪や爪などとともに身体の一部であるが同時に分離可能な存在といってよい。ただ、髪や爪とちがって、唾は状況に応じて瞬時に、しかも自在に切り離すことが可能である。唾のもつこの特性は、行為する人の意図を即時に表現する手段となり得る。この点は野沢謙治が「ツバを吐く契機としての意識がより意図的になる場合、それは呪術的・儀礼的となる」と指摘したことと通じている（「身体のフォークロア―糞尿・ツバ・裸・髪―」一九八二年）。

唾　つば

(2) 唾の効能、占い、その他

○愛媛県砥部《とべ》町では、子供が倒れて頭などを打ったときは、唾をつけて「親の唾、親の唾」と言ってもむと治る、といい、福岡県築上郡では、子供が体を打ったときは、親が唾をつけてやり「親の唾、親の唾」と言えば痛みが止まる、という。同様の呪《まじな》いは、群馬・京都・徳島からも報告がある。宮武省三の「唾を吐く事に就て」（『習俗雑記』）に、「大阪辺はもとより豊後大分地方にてもよくやる事で在るが、子供が天窓《あたま》をうち瘤をでかすと、『親のつばき々々』と三唱して唾をつけると早く癒《い》ゆなど言い、」とある。眼病や腫物には母の唾をぬれば治る（石川県鳥越村〈白山市〉）。怪我や火傷をしたとき、親の唾をつけると早く治る（愛媛県小田町〈内子町〉）。
○傷のときは「私の唾が万病の薬」と言って唾をつける（愛知）。血豆を治すには「会津の米屋のお爺さんが言ったこと」と三回唱え、爪に唾をつけて三回押す（長野県川上村）。小児の舌しとみのときは、双生児のどちらか一人の唾をつければ治る（石川県鹿島町〈中能登町〉）。唾は瘤の妙薬（山形）。顔に何かできたときは「南無善光寺お如来様」と言って唾液を三度つければ治る（長野県生坂村）。流行目にかかれば念仏を三度唱えて唾液を目につける（大阪）。年取りのときイワシの頭に唾液をつけて焼くと脳を病まない（栃木県黒磯市〈那須塩原市〉）。ムカデに刺されたら、そばの石に唾をつけて俯《うつむ》ける（ひっくり返す）と腫れない（大阪府河内長野市）。アブに刺されたら唾をつけておけば治る（静岡市）。鼻がつまったら鼻の上に唾をつける（岐阜・愛知）。
○目にゴミが入ったときは、北に向いて三回唾を吐く（群馬・愛知・大阪）。西に向いて三度唾を吐く（愛知県豊根村）。後ろを向いて三度唾を吐く（同県平和町〈稲沢市〉ほか）。後ろを向いて肩越しに唾を吐く（島根県出雲市）。空を仰いで唾を三度吐く（愛知・鳥取）。上を向いてゴミの入った目を開いてから地面に唾を吐く（広島県加計町〈安芸太田町〉）。富士山の方を見て唾を三回する（山梨県増穂町〈富士川町〉）という。目にゴミが入ったら、唾を三回吐くとよい（山形・群馬・千葉・長野・愛知・大阪）。瞼を引っぱって三度唾をする（秋田県仙北郡）。したき（唾）を三回出して「ふっとばせ、ふっとばせ」と言う（福島市）。愛知県赤羽根町〈田原市〉では、左眼に入った場合は右眼に唾液をつけ、右眼の場合は左眼に唾液をつけるという。
○シビレが切れたときは、額に唾をつけるとよい（ほぼ全国的）。額に唾で十の字を書く

（岐阜県国府町〈高山市〉）、唾を額につけてそのまわりを指で丸くなでる（群馬県高山村）、額に紙片を唾でつける（長崎県吾妻町〈雲仙市〉）、額に一寸ぐらいの麦わらを唾でつける（香川県長尾町〈さぬき市〉）、眉に唾をつける（福井・愛媛・宮崎）という。（「痺れ」の項参照）。

○秋田県平鹿郡などでは、ちょっとした失せ物は、左の掌に唾をし、右手の食指一本か食指と中指の二本でこれを打ち、多く飛んだ方にあるといい、これを唾八卦という。鹿児島県東郷町〈薩摩川内市〉では、物を失くしたら、片手に唾をつけ「どんこどん、どんこどん、△はどけああか。ゆうてかせにゃ、蛇いかまれた時、助けてやらんど。」と唱えて、片手で叩き、唾の多く飛んだ方向を探せばよい、という。唾占いは各地で行われてきた。いくつか紹介しよう。物を失くしたときは「ボーズッコ、ボーズッコ」と唱えながら、手にためた唾に人差し指を突っ込み、唾の多く飛んだ方を探すと見つかる（福島県山都町〈喜多方市〉）。物を紛失したときは、掌に唾を吐き出して乗せ、二本指でピシャンと唾のかたまりを打って、その唾の飛び散った方角を探す（群馬県子持村上白井〈渋川市〉）。失せ物のある方向は、掌に唾を乗せ指で叩いて、その飛び散っていく方向で占う（高知県大方町〈黒潮町〉）。沖縄県竹富町では、物をさがす時の呪文は「我《ばー》すてぃ△や すぐに とぅみらりり みっきらりり うーとうとぅ あーとうとぅ とうとぅ とうとぅ とうとぅ」である。左手に唾を吐き、△の部分に落とし物の名前を入れてこの呪文を唱える。つぎに右手の人差し指で唾を強く打ち、唾の飛んだ方向を探せば、落とし物は必ず見つかるという。

○山の分かれ道で困ったときは、棒を立てて転んだ方へ行けばよい。また、唾を左の掌に吐き、右手の二本の指で叩いて多く飛んだ方へ行くとよい（愛知県北設楽郡）。道に迷ったときは唾を飛ばすと分かる。唾を掌に吐き、人差し指と中指の二本で叩く（和歌山県高野口町〈橋本市〉）。道に迷ったとき、杖を立てて倒れた方向に行くとか、掌の唾を叩いて飛んだ方向を見て定めるという方法もある（福島県相馬市）。進むべき道に迷ったときの唾占いも各地に伝承されているが、やり方はほぼ同じである。

○群馬県太田市鳥山では、掌に唾をおいて指で叩き、唾の飛んだ方から良いことが聞こえるとか、悪いことがありそうだとかいった。同市台之郷では、唾のたくさん飛んだ方向に行くと良い縁があるといい、若い衆が夜遊びに行くときによくやった、という。

○水に唾を落して広がったときは晴の兆し（千葉・岐阜・愛知）。川へ唾を落して広がれば晴、かたまれば雨になる（神奈川・富山・愛知）という。ただ、静岡県大須賀町〈掛川市〉では、唾を水面に浮かべて広がると雨、かたまっていれば晴天、と反対の判断をする。

○佐賀県川副町〈佐賀市〉で、キツネは額に唾を三回つけた者は騙しきらん、といい、鹿児島県栗野町〈湧水町〉では、キツネに騙された時はしゃがんで額に唾を三度つける、という。夜道を歩くときは、キツネに化かされないように唾を眉につける（群馬・岐阜）。（「眉」の項目参照）。手に唾をつけると芝天《しばてん》は逃げていく（高知県東津野村〈津野町〉）。河童と相撲をせねばならぬときは、手に唾をつけると退去する（筑後〈福岡〉）。川漁に行くとき、草履の裏につばけ（唾）を吐きつけて行くと魔物につけられないという（高知県物部村別府〈香美市〉）。唾に関する俗信は、禁忌、魔除け、治癒、占いなど多彩である。特定の場所やある状況のもとでなされる意識的な行為によって、唾液は単なる分泌物ではなく、呪的な作用を発揮する多面的な意味を帯びてくる。
○新しい履物をおろすときは、唾をつけてはく（福島・群馬）、裏に唾と鍋墨をつけ先ず便所に行く（群馬県甘楽町）、午後おろすときは唾を三回かけておろす（福島県保原町〈伊達市〉）、夜おろすときは唾を吐きかけてからはく（徳島）。新しい下駄をはき始めるときは裏に唾をかけると欠けない（群馬県小野上村〈渋川市〉）。夜、下駄をおろすときは裏に二、三回唾をつける（茨城県日立市）。長居の客を帰すには下駄の裏に三度唾を吐くとよい（長野県諏訪湖畔地方）。草履をおろすときは、唾をかける（鹿児島県栗野町〈湧水町〉）、裏に唾をかける（群馬県大間々町〈みどり市〉）、犬猫の糞を踏まないように唾をつけておろす（茨城県東海村）。草鞋は拾ってはかぬもの。但し唾をかけてはくとその人の病が移らない（石川県七尾市）。
○新潟県堀之内町〈魚沼市〉で、注連縄を綯《な》うときは手に唾をつけるな、といい、三重県美杉村〈津市〉では、正月はナワナエ（縄綯い）に唾をつけない、という。山口県大島郡では、クド（竈）に縄をくべると隣が金持ちになるといい、くべるときには唾をつけてくべるという。岐阜県蛭川村〈中津川市〉では、縄を燃やすと火事になるので唾をかけてから燃やすもの、といわれる。一尺以上の縄を燃やすときは、唾をかけてからにしないと親を喪《うしな》う（石川県羽咋郡）。空唐箕《とうみ》を回すと火事のときに逃げられない。後で唾を三回するとよい（栃木県真岡市）。
○櫛を拾うときは、その櫛に唾をつけて拾わないとマンが悪い（山口県宇部市）。服を着たままで縫うときは、唾を三遍つければよい（茨城県東海村）。手拭を火であぶると人中にでて恥をかく。唾をかけてあぶればよい（愛知県北設楽郡）。
○節分の門飾りは、イワシの頭を豆がらに刺し、唾をかけて、豆がらを燃やす火であぶり、ヒイラギの葉とともに飾る（福島県棚倉町）。節分に食べたイワシの頭をカヤの棒に刺す。このとき唾をかける（長野県佐久市駒込）。○流れ星を見た時、禍のかからぬように飛んだ方向に唾をする（東京都大賀郷村〈八丈町〉）、唾を出す、または髪の毛を三本抜く、そうしないと病気になる（静岡県芳川村〈浜松市〉）、「大風吹くな、大雨降るな」と唱えて三度唾を吐く（同県千代田村〈静岡市〉）、三度唾をしないと親が死ぬ（同県土肥村〈伊豆市〉）、まだ消えないうちに唾を三回して「枡に金三杯」と三度唱えると金持ちになる（同県浦川村〈浜松市〉）という。青森県八戸市では、流星が足もと近くに落ちたと感じた時は唾を三回吐かないと病気になる、といわれる。ほかにも、流れ星を見た時は、年齢の数だけ唾を吐かないと死ぬ（同県むつ市）、唾を吐いて下駄で踏んでおく（静岡県浜北市〈浜松市〉）、後ろを向いて唾を吐く（同県浜松市）という。○内田邦彦『南総の俚俗』（一九一五年）に、幼童間の制約として「唾を吐くもの、先ず互いに誓約せる後に両人二回ずつ地上に唾く。もし約に背く時はこれらの唾をことごとく拾えとなり（本）（真）。中川にては一人は空中に向きて唾し、一人は地上にはくと、」とある。（本）は本納村本納〈千葉県茂原市〉、（真）は二宮本郷村真名〈同市〉、中川は中川村〈千葉県いすみ市〉。丸山學「唾考」（一九三五年）には、「約束を固めるのに唾を使う民俗も今日に至るまで全国的に残っている。二人とも同じく地上に一回乃至三回づつ吐くのが一般の方式であるが、地方によっては一人は天を向いて他の一人は地に向って唾を吐くと云うのもある。これを説明して、若し約束を違えた場合にはその唾を再び取って来ると云う意味であると云う地方がある。白河の関地方では「指きり」をして之の結びついた小指の上に二人が唾を吐きかける。」と見える。『日本書紀』神代下に、海人が彦火火出《ひこほほで》見尊《みのみこと》に鉤《はり》を授けていわれるのに「兄《このかみ》に鉤《ち》を還《かへ》さむ時に、天孫《あめみま》、則《すなは》ち言《のたま》はまく、『汝《いまし》が生子《うみのこ》の八十《やそ》連屬《つづき》の裔《のち》に、貧鉤《まぢち》・狭狭貧鉤《ささまぢち》』とのたまはむ。言《のたま》ひ訖《をは》りて、三《み》たび下唾《つは》きて與《あた》へたまへ。」とある（日本古典文學大系67『日本書紀 上』）。注では「唾を吐くのは、言葉や約束の固いことを示す俗習」とある。

○臭気に耐えられぬときは、鼻の頭に唾をぬるとよい（福岡県北九州市合馬）とか、便所汲みに来たとき唾を指につけて鼻に三度つければ臭くない（千葉県東葛飾郡）という。福井県武生市〈越前市〉では、肥取りが来て臭いときは、台所に行って茶碗に水を一杯入れて伏せておくか、自分の歳だけ唾を鼻の頭につける、という。悪臭のするときは鼻先に唾をつけるとよい（岐阜県国府村〈高山市〉）。小便して臭いときは唾を吐けば臭いのが止む（和歌山県太地町）。

○仕事をするとき力を入れるには、手つばきをつけるとよい、また、縄を綯《な》うときもつける（群馬県大間々町〈みどり市〉）。幼児を抱いて戸外に出る際は、母親は唾を指先につけて三度幼児の頭につけた（沖縄県那覇市）。炭火のはねるときは「山にいた時忘れたか」と言いつつピュッ〳〵と二回唾をかけるのを三回繰り返す（群馬県桐生市）。餌をつけた釣針に唾をかけて釣るとよく釣れる（高知）。泉や流れが濁ったとき、その中に唾を吐くと早く澄む（福島県猪苗代町）。⇩痺《しび》れ・眉《まゆ》・目《め》

旋毛《つむじ》

○ツムジが頭の真ん中にある人は、賢い（福井・愛知・和歌山・兵庫）、正直（富山・石川・愛知・福岡）、正直で気長（秋田県仙北郡）、素直（山形・新潟・富山）、根性がよい

（岐阜・和歌山県白浜町）。頭の中央にある人は、温和（秋田・福岡）、意地がよい（岡山）、親孝行でおとなしい（福岡県太宰府市）という。これに対して、ツムジが横にずれている人は、意地が悪い（岩手・秋田・山形・群馬・石川・岐阜・岡山・山口・宮崎）、へそ曲がり（新潟県村上市）、心がゆがんでいる（富山・愛知）、変人（三重県大山田村〈伊賀市〉）といわれる。秋田県大内町〈由利本荘市〉で、ヅンヅリマキ（ツムジ）が真ん中にあれば温和で、真ん中になければ意地くされ、といい、香川県志度町〈さぬき市〉では、生まれた子の頭のギリギリ（ツムジ）が真ん中にあると、その子はおとなしく、横にあると性がわるいという。福岡県田川市では、幼児の頭のギリギリが真ん中にあれば親孝行でおとなしい、ゆがんでいたり二つある子は意地悪で言うことを聞かない、という。ツムジと性格とはまったく関係がないが、かつては、子供の性格を判断する手掛かりとして関心が高く、親たちには恰好の話題でもあった。

○ツムジが曲がっている、という言い方もする。曲がっていると、意地が悪い（長野）、性根が悪い（秋田・茨城）という。俗にいう「つむじ曲がり」のことである。茨城県水戸市で、ツムジが頭の真ん中にないのはつむじ曲がり（根性が悪い）か強情であるという。ところで、頭の真ん中とか中央というのは、頭のどの位置をいうのであろうか。新潟県村上市で、頭のツヅリマキ（ツムジ）が鼻とボンノクボ（盆の窪）を結ぶ中心線の上にあれば、その人は素直な性格である。中心線をずれていると意地っ張り、へそ曲がりという。頭の中央巻毛（ツムジ）が顔の中心線に沿っているのは根性がよい、沿っていないと根性がわるい（岐阜県武儀町〈関市〉）。頭のツムジが鼻筋と一直線にある人は賢い（秋田県南秋田・平鹿郡）。高知県中村市〈四万十市〉や大方町〈黒潮町〉では、ツジ（ツムジ）が頭の中央から左右に逸《そ》れているとイゴッソウ（頑固者）だという。これらの事例を見ると、頭の真ん中というのは、鼻から後頭部のボンノクボにかけて、頭を左右に分ける中央線を想定した場合、頭部におけるその線上を意味している。ツムジが曲がっているというのは、ツムジの位置が中央線上にはなくて、左右どちらかにずれていることをいう。先の「横にずれている」というのと同じだが、指で中央の線を直になぞっていくとずれた分だけ曲がっていることになる。頭の真ん中にあるツムジは頭（顔）を左右に分ける線上の位置を占めている。それは、身体を左右に両分する基点といってよく、その延長線上にヘソを位置付けることも可能であろう。「つむじ曲がり」に対応する「へそ曲がり」である。ただ、ヘソの場合は左右を二分するだけでなく、身体の上下を分けるという意味を帯びていて、まさに左右上下の交錯する真ん中（中央）といってよい。いずれにしても、ツムジもヘソも身体のなかでは真ん中に位置する重要なところである。驚いたときなどに両手で頭を覆ったり、雷鳴の時にヘソを隠すといったことなども、ここが大切な箇所であることを示唆している。

○谷川健一はツムジについて、「宮古島（沖縄県）では人間の運気（フー）が衰えたことを『フー下がり』といっています。フーを元にもどすには麻糸（苧《ブー》）をまるめてしばり、それをフーの下がった人間の頭の上に置きます。」「宮古の方言では、頭のてっぺんの『つむじ』をピスといいます。また『へそ』はプスです。ピスもプスも生命の息（フー）を体内に吹きこむ所と考えられています。」と述べている（「玉の緒」『谷川健一全集11』）。ツムジは渦巻きや複数の線の交差するところで、道のツジもツムジに由来するという。渦巻きの中心と道の交点には共通する発想があるようだ。
○頭にツムジが二つある人は、蔵を二つ建てる（岩手・山形・富山・石川・長野・愛知・福岡）、金持ちになる（岐阜・三重）、出世する（青森・富山・岡山）、イナイツジといってよい（和歌山県高野口町〈橋本市〉）、幸運（宮崎県高崎町〈都城市〉）、果報がある（富山県氷見市）、頭がよい（岩手・秋田・岐阜・石川）、よい人（滋賀県愛東町〈東近江市〉）、商売上手（岩手県胆沢町〈奥州市〉）、タコ獲り上手になる（沖縄県伊是名村）という。福岡県水巻町では、ツムジが二つあると蔵が二つ建つ、大釜が二つあるような家に嫁に行くといい、石川県江沼郡では、ツムジの二つある者は二つ、三つある者は三つの蔵を建てるといわれる。茨城県水戸地方では、クツワツムジの人（轡ツムジ。ツムジが二つある人）は出世する、女ならばウマのいる家に嫁入りするという。いずれも二つあるのを喜ぶ伝承だが、一方で、ツムジが二つある人は、意地が悪い（岩手・秋田・群馬・富山・石川・岐阜・愛知・三重・和歌山・兵庫・山口・福岡）、意地っ張り（岩手）、意地が固い（秋田県阿仁町〈北秋田市〉）、負けず嫌い（奈良）・負けず嫌いで意地が悪い（徳島県小松島市）、根性がある（長野県南箕輪村）、短気（青森・秋田・福島）、頭がよくて気がきつい（群馬）。ツムジが二つある子はきかん坊（秋田・福島・茨城・新潟・沖縄）などという。ツムジは一つの人がほとんどだが、二つある場合は評価が分かれる。負けず嫌いで意地が悪いとか根性があるといわれる人は、うまくいけば、一代で蔵を二つも建てるほどの能力を発揮するというのであろうか。性格の長短二面性を言っているようにも思える。大阪府枚方市では、頭の渦巻きが二つある人はその人の先祖の生れ変わりであるという。兵庫県姫路市では、頭のギリギリが二つある者は、その家に二度生れ変わってきた者である、と伝えている。

○長野県小諸市耳取では、大正初期までナナツボーズといって、子供が丈夫に育つよう善光寺様に願をかけて、頭のツムジのところの毛を直径三センチから四センチくらい丸く残し、長くなると三つ編みにしていた。七歳になると剃り落して善光寺様へあげた人がいた、という。難産で気を失ったら巻き目の毛を三本引っぱると気を取り戻す（秋田県二ツ井町〈能代市〉ほか）。

○その他。ツムジは明神様がつけてくださる（長野県北安曇郡）。妊婦が牛馬の手綱をまたぐと二つツムジの子ができる（栃木県小山市）。妊娠中に馬柵棒《ませんぼう》をまたぐと額にツムジのある子を生む（愛知県北設楽郡）。マキマキ（ツムジ）が右巻の人は頭がよい（岐阜県美並村〈郡上市〉）。マキメ（ツムジ）の長い人は長生きする（岩手県住田町）。額にツムジのある人はまき上げるといって縁起がよい（長野県生坂村）。ギリが額の前方にあると意地が悪い（岡山）。額の正面にマイマイのある者は元気者だが意地が悪い（徳島県小松島市）。頭の真ん中のマキゲ（ツムジ）は、女ならば難産、男ならば散々（福島県船引町〈田村市〉）。鳥居旋毛は出世する（京都府与謝郡）。⇩頭《あたま》・臍《へそ》

爪　つめ

⑴夜爪の禁忌と呪文、六日爪

○夜、爪を切るのを忌む俗信は全国的で、禁忌を破った際の制裁も多様である。夜に爪を切ると、親の死に目に会えない（全国的）、母の死に目に会えない（愛知）、父の死に目に会えない（大阪府枚方市）、親と死別する（岩手・秋田・山形・新潟・富山・石川・福井・長野・岐阜・愛知・京都・大阪・和歌山・岡山・島根・山口・高知・佐賀）、母に

死に別れる（富山県氷見市）、死人がでる（青森・岩手・石川・長野・静岡・宮崎）、親類が死ぬ（群馬県太田市）、早く死ぬ（青森・岩手・山形・福島・栃木・新潟・福井・愛知・京都・岡山・広島・大分）、世を詰める（青森・山形・福島・群馬・茨城・新潟・石川・静岡・広島）、世詰め（夜詰め、通夜）をすることになる（青森・岩手・秋田）などという。

○禁を侵した際の制裁には死を想起させる例が顕著だが、ほかにも次のような伝承がある。夜に爪を切ると、気がふれる（岩手・福島・群馬・茨城・新潟・岐阜・愛知・京都・三重・徳島・愛媛・鹿児島）、病気になる（岩手・石川・愛知・島根・鹿児島）、熱病にかかる（福井県武生市〈越前市〉）、目がつぶれる（石川・山梨）、爪を病む（愛知）、指が赤くなる（高知）、畳の間に爪が入ると病人が絶えない（長崎県美津島町〈対馬市〉）、出世しない（秋田・群馬・山梨・愛知・三重・徳島・長崎）、貧乏になる（茨城・千葉・長野・福岡）、火事になる（栃木・茨城・岐阜・愛知）、縁起が悪い（富山・愛知）、願い事が叶えられない（岩手・群馬）、頭がわるくなる（愛知）、物覚えがわるい（長野県北安曇郡）、小遣い銭に不自由する（山口市）、ウシのような爪になる（愛知）、泥棒に入られる（茨城県真壁町〈桜川市〉ほか）、キツネに化かされる（栃木・茨城・愛知・岡山）、化物に遭う（新潟県新発田市）、お化けが来る（岐阜県洞戸村〈関市〉）、幽霊に遭って迷わされる（長崎県南有馬町〈南島原市〉）、鬼が来る（群馬県高山村）、エスカモン（恐ろしいもの）に遭う（熊本県南関町）などという。

○禁忌とされる時間帯は、ほとんどは「夜」というだけだが、なかには具体的な時間の目安を設けている例もある。正午を過ぎてから爪を切るな（山形）。爪は午後切ってはならぬ（岩手県大船渡市）。午後四時以降に爪を切ると両親に早く死に別れる（石川県金沢市ほか）。日暮れに爪を切るな。親の死に目に会えない（長野県大町市西借馬ほか）。夕さり（晩方）爪を切ると化物がでる（新潟県栃尾市〈長岡市〉）。六時過ぎてから爪を切ると親に早く別れる（富山県氷見市）。

○やむを得ず夜間に爪を切らねばならぬ時は、制裁を免れる呪文を唱える。岐阜県宮村〈高山市〉では「今夜の爪は鷹の爪」と唱えて切ればよい、といい、福島県梁川町〈伊達市〉では「夜切る爪は鷹の爪」と言って切る、という。筆者は新潟県山古志村中野〈長岡市〉を歩いた時、次の俗信を聞いた。夜、爪を切ると親の死に目に会えない。どうしても切る時は「夜切る爪は鷹の爪、鷹の爪ならわしが切る」と唱えて切る。この場合、わしは儂と鷲を掛けているのだろう。茨城県古河市や内原町〈水戸市〉では、どうしても切る場合は「夜の爪は猫の爪、夜の爪は猫の爪、夜の爪は猫の爪」と三回唱えれば、災厄から逃れられるという。長野県川上村でも「猫の爪切る〳〵〳〵」と三回続けて言う。山梨県落合村〈南アルプス市〉では「虎の爪を切り申す」と三度唱える。相手がいる場合は、この唱え言を三度ずつ唱え合うとよい、といわれる。茨城県大洗町では、夜爪は泥棒に入られるといって忌むが、どうしても切る時は、自分で「何の爪」と問いかけ、相手に「犬の爪」と答えてもらってから切る、という。夜爪を捨てる時は「夜の爪は犬の爪」と三唱する（兵庫）。栃木県宇都宮市では、万一夜爪を切らねばならぬ時は「犬の爪、猫の爪」と言う。夜、爪を切る時は「牛の爪、馬の爪」と三遍言って切れば災いなし（大阪）。「馬の爪、牛の爪、熊の爪、など何でもいいから自分以外の動物の爪を切っていることを周りに知らせながら切りなさいと祖母に言われた。」(福岡)(松崎かおり「なぜ《夜、爪を切ってはならない》のか」二〇一〇年)。長野県麻績村では、夜、爪を切る時は「明日は旅立ち、やれ急じゃ」と三回唱えて切るとよい、と伝えている。

○夜爪を忌む理由は一つではない。現在とちがって、夜間の照明が乏しかった時代には、小刀で爪を削ぐのは深爪の心配があったから、との解釈がある。よく言われるのは、夜爪から世詰めを連想して忌むという説明である。松崎かおりは「《夜爪》のヨヅメという発音から、夜を詰める→徹夜→通夜の連想→重病人や死人が出る→特に親の死期を早めるという『葬儀の連想』と、夜を詰める→世を詰める→寿命を縮める→自分が親よりも早死にする→親の死に目に会えないという『逆縁の連想』にも結びついてゆく。」と指摘している(「なぜ《夜、爪を切ってはならない》のか」二〇一〇年)。納棺の際に近親者が爪を切って入れる習俗の影響も考えられる。爪は髪などと同様に身体の一部でありながら分離可能な存在でもある。また、夜は悪霊の徘徊する時間といってよい。切った爪が飛び散ってそれに邪霊が取り憑くと、当の本人に影響が及ぶとの感染呪術的な不安もあっただろう。沖縄県読谷村では、夜、爪を切るのは死者にすることだから、夜は切ってはならない、という。同県南風原町では、死人の爪は夜切る。昼切らねばならん時はロウソクを灯して切る。山梨県旧上九一色村では、夜、爪を切ってはいけない、死者の爪を夜切るから、という。

○出がけに爪を切ってはいけない(岩手・秋田・山形・福島・群馬・茨城・千葉・東京・石川・福井・長野・岐阜・和歌山・三重・岡山・高知・鹿児島)と各地で禁忌とされている。出がけに爪を切ると、出先で恥をかく(岩手・秋田・群馬・千葉・東京・石川・福井・岡山)、親の死に目に会えない(山形・

茨城）、災難に遇う（岐阜県北方町ほか）、怪我をする（岩手・和歌山）、凶事がある（鹿児島）、人に憎まれる（山形県立川町〈庄内町〉）、縁起が悪い（長野）という。福島県浅川町では、出かける前に、爪や髪を切るな、針を使うな（出針をするな）という。『松屋筆記』巻八六（江戸後期）に、「出爪《でづめ》を剪《きる》を忌　今俗他行せんとするをり爪を剪を出爪とて忌嫌へり」とある。ものごとの初発時の行為や状態が、その後の展開や結果を強く拘束するとの心意は、現在の私たちのなかにも脈打っている。

○六日爪《むいかづめ》と称して一月六日に爪を切る土地は多い。群馬県安中市では、六日爪といって正月六日は爪を切るよい日である、といい、宮城県本吉町〈気仙沼市〉では、正月六日に爪を切ると、その後はいつ切ってもかまわない、といわれる。六日爪を切ると幸運が訪れる（長野県大町市山崎）。正月六日に爪を切って湯に入ると良いことがある（秋田県北秋田郡）。一月六日にカブの葉を茹でた汁を指先につけて爪を切る。それまで爪を切ってはいけない（京都）。岡山県新庄村では、六日は爪切りで、早朝、家族全員の足の爪を切り白紙に包んで川に流す。早く流せば龍宮の屋根板に用いられるが、午後になると便所板に用いられる、と伝えている。

○正月七日に切る所もある。鈴木棠三『日本年中行事辞典』（一九七七年）の「七日爪《なぬかづめ》」の項には、「東京付近で、正月七日の七草を浸した水に爪をしめして切ると、悪い風邪にかからぬという俗信から、この日に爪を切る風がある。また七種粥のおもゆをつけて爪を切っておくと後は一年中、日を選ばず切ってよいともいった。遠江では、七日の菜の汁を爪につけて切ると、怪我をしないといい、菜爪という。」とある。山形県長井市や栃木県粟野町〈鹿沼市〉では、正月元旦から七草まで爪を切ってはいけない、という。『梅園日記』巻三（弘化二年〈一八四五〉）に、「正月七日七草爪とて、人ごとに必爪きるは、前条にいへる鬼車鳥、人の捨つる爪をとる、といふ説あれば、とらせじとて、かの鳥を禳はん料に、たゝきつる七草を水に浸し、其水にて爪をぬらしてきるなり。」と見える。福島県下郷町楢原では、四日正月になって初めて爪を切り、この日に爪を切ると幸いがあるといわれ朝湯につかってゆっくり休んだ、という。

○丑の日に爪を切ると、爪が二つに割れる（秋田・愛知・和歌山）、親に早く死に別れる（秋田県仙北郡）、縁起が悪くなる（愛知）といって忌むが、一方で、丑の日に手足の爪を切ると思うことが叶う（秋田県平鹿郡）ともいう。巳の日に爪を切ると、出世しない（愛知・徳島）、命を縮める（大分県大野郡）、身を切るといって嫌う（愛知県蟹江町）。子の日に爪切るな（愛知・和歌山）。神沢《かんざわ》杜口《とこう》の『翁草』巻之三八に「昔は正月子日に爪を切らざりしにや。土佐日記に、二十九日船出て行くほどに日照りて漕ぎゆく、つめいとながく成にたるを見て、日をかぞふれば、けふは子日なれば切らずと云々。」と見える。新潟県新発田市滝行では卯亥未に爪切るな、という。卯亥巳未の日に爪を切らない（東京・山梨・長野・静岡）土地も多い。倉石忠彦は「『卯亥巳』は『ういみ（憂い身）』という語呂合わせによるのかもしれない。あるいは『卯亥巳未』を『ういきみ』と読み、『憂い君』『憂い気味』とでも読ませようとしたのかもしれない。」と述べている（「爪を噛まないで―彩る爪―」『身体伝承論』）。卯の日、辰の日は爪を切らない（長野・沖縄）。寅の日に爪をはぎる（切る）とセントラハギといい長者になるといわれる（茨城県常陸太田市）。未の日の爪切りは不幸を招き、寅の日の爪切りは幸を呼ぶ（和歌山県那智勝浦町）。火曜日に爪を切ると銭が儲かる。水曜日に爪を切るとよい友ができる。土曜日に爪を切るのはよくない（共に愛知）。
○爪を切るときは無名指《むめいし》（薬指）から切るもの（沖縄県名護市ほか）。小指の爪を切ると、物覚えが悪くなる（石川・愛知・和歌山）、親の死に目に会えぬ（長野・愛知）、成功しない（三重県大山田村〈伊賀市〉）、寂しくなる（愛媛県内子町）、喉が腫れる（秋田県雄勝郡）という。反対に、小指の爪を伸ばすと、物覚えがよくなる（秋田・群馬・石川・岐阜・京都・山口・香川）、出世する（愛知県小牧市）、立身せぬ（秋田県雄勝郡）という。
○病人の爪を切るとよけいに悪くなる（愛知・三重・徳島）。大病人の爪を切るものではない（長崎県美津島町〈対馬市〉）。人が死んだ日に爪を切ってはいけない（沖縄県糸満市ほか）。葬式の日に爪を切ってはいけない（同県玉城村〈南城市〉）。手と足の爪を同時に切ってはいけない（和歌山・三重・佐賀）。佐賀県有田町では、チカラヅメ（力爪）といって、家族が死亡すると手足の爪を持たせることから、普段手足の爪を一緒に切るのを嫌う、という。兄弟姉妹の爪切りは、親の死んだ時にするものだ（同県小城町〈小城市〉）。
○長崎県有明町〈島原市〉で、畳の上で爪を切るな、畳の間に入って腐ると病気になる、といい、和歌山県由良町では、爪を切って畳の上に捨てておくと出世できない、という。敷布団の上で爪を切ると病死する（福岡県久留米市）。台所や畳の上で爪を切ると出世しない。掃き出せるところなら切ってもよい（茨城県常陸太田市）。風呂に入って爪を切ると気がふれる（同県土浦市）。爪を歯で切ると気がふれる（福井県高浜町ほか）。爪を切ったあと、同じハサミですぐに爪を切ってはいけない（佐賀県東脊振村〈吉野ヶ里町〉）。朝爪を三年つづけて切れば金が貯まらぬ（長野県北安曇郡）。赤ん坊のとき、初めて切った爪を紙に包んで仏壇に上げておくとよい（茨城県土浦市）。

爪《つめ》

⑵爪を火に入れるな、爪を染める

○爪を火にくべるな、との禁忌は全国的で、爪を燃やすと気がふれる（全国的）という。この禁忌について、板橋作美は「『爪を燃やすこと』と『発狂』のあいだに時間的継起関係としての因果関係を見出しているのではなく、爪と火およびそれらの結合についての文化的意味づけを、発狂という人間の精神状況に言い換えて表しているのだと考えられる。」と述べている（『俗信の論理』一九九八年）。ほかにも、爪を燃やすと、母親の気がふれる（茨城県土浦市）、病気になる（北海道・青森・宮城・茨城・新潟・石川・福井・福岡・佐賀・鹿児島）、長患いする（石川・広島）、かわきの病（糖尿病）になる（石川・岐阜・岡山・兵庫・島根・鳥取・広島・山口）、癲《てん》癇《かん》になる（新潟・富山・宮崎・鹿児島）、目が見えなくなる（新潟・愛知・山口）、黄疸になる（青森・秋田）、中風になる（岩手）、流行病にかかる（福井県丸岡町〈坂井市〉）、頭が痛くなる（山口市）、ツマンバレ（爪と肉との間が腫れる）になる（長野県丸子町〈上田市〉）、ヒヅメ（形の悪い爪）になる（高知県東津野村〈津野町〉）、爪が二つに割れる（鹿児島）、指が曲がる（熊本・大分）、火傷をする（群馬県碓氷《うすい》郡）などという。

○爪を燃やした際の制裁としては、病気に関するものが多いが、ほかにも次の例がある。親の死に目に会えない（石川・愛知）、親に早く別れる（富山県氷見市）、人が死ぬ（岐阜・岡山）、不幸がある（群馬・山梨・富山・愛知）、荒神様の罰があたる（新潟県中魚沼地方）、火の神様が罰をあてる（群馬県子持村〈渋川市〉）、火事になる（秋田・福井・岐阜・徳島)、火事の時に逃げられない(群馬県群馬町〈高崎市〉)、貧乏する(秋田・和歌山・福岡)、七代貧乏する(長野・和歌山・高知)、出世しない(山梨・兵庫)、鬼が出る(富山・愛知)、幽霊や化物に遭う(新潟県川西町小白倉〈十日町市〉)、キツネに馬鹿にされる(福島県船引町〈田村市〉)、ヘビが出てくる(石川県金沢市)、四里四方からヘッピ(ヘビ?)が集まってくる(新潟県川西町〈十日町市〉)という。
○爪を燃やすのを忌む理由として、鹿児島県枕崎市では、爪が燃えると嫌な臭いがでて不吉を想像させるから、という。茨城県石下町〈常総市〉では、爪や毛髪の焼ける臭いと、人体を焼く臭いが同じだからだ、といわれる。沖縄県大宜味村では、自分の爪を焼いて嗅ぐな、嗅げば死ぬ、という。
○切った爪が炉に入るのを心配して、囲炉裏のそばでは爪を切るな(岩手・宮城・兵庫・鹿児島)とか、火鉢のそばで爪を切ってはいけない(茨城県古河市)という。
○爪の短い人は、器用(福島・岡山・香川)、短気(岩手・群馬)。爪の先の丸い人は、器用(三重県大山田村〈伊賀市〉)、出世する(岡山)、短気(山形県長井市)。指の爪が短く横に広い人は器用(長野・岐阜・愛知)。爪が平たく大きい人は利口(和歌山県太地町)。爪の形が短く横の広い者は器用だ、長い者は不器用だ(長野県生坂村)。爪が三角の人は何をしても器用である(栃木県真岡市)。和歌山県上富田町で、ハビ爪の人は手利口であるという。ハビはマムシのこと。当地では、ハビ爪は横の方が長い形の爪で、普通に縦の長い形の爪はグチナワ爪と呼ぶ。山口県大島町〈周防大島町〉では、親指の爪の形がハミ(マムシ)のようだと発明である、といわれる。これらは、蝮指《まむしゆび》とかにが手と呼ばれる爪(指)のことであろう。蝮指の人は、マムシに強いとか器用などという。南方熊楠の「蛇に関する民俗と伝説」（一九一七年）に、「予の現在地（和歌山県田辺市）の俗信に、蝮指の爪は横に広く、癪《しゃく》を抑うるに効あり、その人手が利くと言う。」とある（『南方熊楠全集』第一巻）。横に広い爪を蝮指と称して特別視するのは、三角形をしたマムシの頭に連想を働かせたためであろう。そのほか、手の爪の細長い人は細かい事をよくする（岡山）、手の指の爪が小さい人は頭が良い（群馬）といわれる。

○爪に白い星（斑点）ができると、着物がふえる（秋田・栃木・群馬・東京・富山・石川・長野・岐阜・静岡・愛知・滋賀・兵庫・岡山・山口・香川・徳島・高知・福岡・長崎）、欲しいものが手に入る（富山・岐阜）、何か買ってもらえる（広島県加計町〈安芸太田町〉）、良いことがある（山形・福島・群馬・富山・岐阜）、思うことが叶う（和歌山・岡山）、沢山の土産物をもらう（秋田県山本郡）、幸福（岩手県住田町）、健康（長崎県有明町〈島原市〉）などといって喜ぶ。静岡県島田市では、爪にできる白い斑点を物着星《ものきぼし》と呼んで、着物のふえる予兆としている。長野県北安曇郡では、爪花咲くと着物をきるという。『嬉遊笑覧』巻一下に「ものきぼしとて爪に白点出来るを衣服を得る兆とす」とある。「物着星かたみをもらふなさけなさ」（『誹風柳多留』寛政元年〈一七八九〉）。「もの着ぼし客わざわいにあわんとす」（『誹風柳多留』寛政三年〈一七九一〉）。

○爪にできる白い斑点は、一般に吉兆といわれるが、沖縄県では凶兆とされる。白い斑点ができると、不吉（沖縄市ほか）、厄（北中城村ほか）、縁者に死人がでる（名護市ほか）という。同県読谷村座喜味では、爪に白い星形のアザができると不幸がある。特に人差し指に出るのは身内に不幸が起きる、といって心配する。同県糸満市では、中指の白い斑点は事故や重病の知らせだとされる。沖縄県以外では、鹿児島県中種子町で、親指の爪に白い星があると心配事がある、という。
○爪に黒い点がでると、不幸がある（秋田・岐阜）、よくないことが起きる（沖縄県大里村〈南城市〉）、近親者に死別する（群馬）という。爪に赤い斑点ができると火事になる（同県）。爪に縦皺《たてじわ》ができると病気になる（青森・岐阜）。爪の色が変わると病気になる（富山県氷見市）。
○爪の根元に白い半月（爪半月《そうはんげつ》）が出ていると、健康（石川・岐阜・愛知・滋賀・和歌山・岡山・広島・徳島）、長生きする（奈良県東吉野村）という。爪半月の大きい人は、健康（新潟・和歌山・三重）、病気をしない（富山県氷見市）、長生きする（秋田県山本郡）。爪半月が、多いと健康（長野・愛知・和歌山）、長いほど病気をしない（富山県氷見市）とも。反対に、爪半月が、無い人は短命（秋田・富山）、少ない人は病弱（青森県大畑町〈むつ市〉）、無くなると体が悪い（和歌山県南部町〈みなべ町〉）という。
○鹿児島県坊津町〈南さつま市〉で、便所に唾を吐くと逆さ爪（ささくれ）ができる、という。福島県相馬市では、逆さ爪がでるのは叔母に憎まれたため、という。不孝をすると爪にささくれができる（愛知）。逆さ爪ができるのは親不孝（岩手・宮城・秋田・佐賀）という。節分の夜、豆の中で指を掻きまわすと爪にささくれができない（愛知）。逆むけは便所の戸を三度たたけば治る（山口県小野田市〈山陽小野田市〉）。逆さ爪がでたら、一センチ下がったところを糸で結ぶ（山形県長井市）。生爪を起こしたら小便をつければよい（富山県氷見市）。
○蠶《かいこ》の種を爪でつぶすとつゝまんばれいを病む（長野県北安曇郡）。爪を呑み込むと何日も腹が痛む（新潟県赤泊村〈佐渡市〉）。爪を布団の下に敷くと大病する（福岡県穎田町〈飯塚市〉）。熱病にかかったときは「かけはらい」と呼んで、両手の爪とちりけ（ぼんの窪の毛？）を切って紙に包み、小さい輪注連《わじめ》を添え、塩で祓って四つ辻に捨てるとよいという（高知県南国市浜改田）。爪のきれいな人は健康である（愛知県下山村〈豊田市〉）。
○欲が深いと、爪が抜ける（青森・岩手）、爪が割れる（群馬県古馬牧村〈みなかみ町〉）。人に与えた物を取り返すと、爪が抜ける（岩手）、爪を病む（秋田）。嘘をつくと爪がはがれる（岩手）。
○父の爪を煎じて飲むと出世する（愛知・高知）。親の爪を煎じて飲むと偉くなる（徳島県小松島市）。智者の爪を煎じて飲めば利巧になる（岐阜）。爪を食うと短命になる（高知県高岡郡）。
○子供の疳の虫の呪《まじな》いをすると、虫が爪先から出るという。栃木県都賀町家中〈栃木市〉では、子供の掌に墨で「虫」の字を三回書いて、「アビラウンケン　ソワカ」と唱えながら、その字を墨で塗りつぶし塩水で洗う。そうすると爪の間から虫が出る、という。子供の掌に「南」と書くと、虫が爪の間から出る（和歌山県高野口町〈橋本市〉）。爪先が疳の虫の脱出口とされているのは興味深い。
○長野県南相木村では、白狐は手足の爪の間から人間の体に入る、といい、山口県大島町〈周防大島町〉では、魔物は親指の爪の皮から入る、といわれる。邪霊が人の爪先、とくに親指の先から侵入し、災いをもたらすとの観念があった。和歌山県高野口町〈橋本市〉でも、妙なものは爪の間から入る、という。爪を伸ばしていると、その間へ狐が棲む（宮城県登米郡）、その中に狸が入る（徳島市ほか）、狐に化かされる（栃木県大平町〈栃木市〉）という。『民家日用　廣益秘事大全』（嘉永四年〈一八五一〉）に、「道のあるきやうにて狐狸の類を近よせざる方」として「両の手を握り爪をかくし、さて足もかくのごとく何にてなりとも爪を包ミて歩行すべし、いかなる所にても難をさくること妙也」とある。「霊柩車を見たら親指を隠す」という現代の呪《まじな》いも、こうした俗信の流れを汲むものであろう。

○熊本県南関町で、ホウセンカの花弁とカタバミの葉の汁とで爪を染めていれば、ヘビに咬みつかれない、といい、沖縄県竹富島では、ホウセンカで爪を赤く染めるのは女性の守りで、魔よけになるという。宮武省三の『習俗雑記』（一九二七年）に「肥後八代地方では、夏、遊泳するにブッキサンとて仏に供えた飯を食って行くか、さもなくば、鳳仙花《ほうせんか》を梅酢、並にドス（明礬《みょうばん》）に和して足の指を赤く染めた上で出かけないと河童の難にあうとて、子供等は今尚之を実行する風がある。そして鳳仙花の事をツマグロと言うが、是は爪紅《つまくれ》の訛で」とある。柳田国男は「野草雑記」（『定本 柳田國男集』二二）で、鳳仙花について「天草島では旧暦六月三十日の夏越《なごし》の行事に泳ぐ風習があるが、村によっては此花と『かたばみ』の葉とを合せて石の上で搗き、其液を以て爪を染めてから海にはいり、或は棕櫚の葉に紅白のトビシャゴの花を貫いたものを、女の子などは頸に巻いて泳ぐという。即ち河童の害を防ぐまじないに、ひとりで実を飛ばすような有力な花を利用したらしいのである。」と述べている。トビシャゴは鳳仙花のことである。また、斎藤たま『行事とものけ』（一九八八年）には、「ホウセンカで爪を染めるのにもはっきりした理由のあることで、この近辺（長崎県新上五島町）では爪を染めていると『ひらくっ〈まむし〉にかまれん』という。山に行く時は年寄なども手足の爪を染めたし、小さい子は眠っている間に染めてやった。この爪を染める習俗は、じつは、今に女たちの用いる爪紅、さらには口紅にまで続くものである。そしてそのいわれは、明らかに赤色が魔よけという点にあるのである。」と記されている。

○その他の俗信。白馬に爪を見せると、両親に早く別れる（石川県江沼郡）、爪が腐る（愛知）。爪に垢をためると恐い夢を見る（岐阜県国府町〈高山市〉）。爪の抜けた夢は悪いことがある（長野県和田村久保〈長和町〉）。葬式の草鞋を拾って履くと爪先の怪我をしない（山形県南陽市）。爪に字を書くと親の死に目に会えない（新潟・兵庫）。酒飲みに爪を入れて飲ませると飲まなくなる（鹿児島県坊津町〈南さつま市〉）。七歳前の子供の爪を刃物で切らないこと（福島県白沢村〈本宮市〉）。人の爪を踏んだらウシの爪になる（三重県大山田村〈伊賀市〉）。

⇩指《ゆび》

【て】

手　て

⑴左手と右手、手の平と手の甲

○左手で柄杓を使うことをヒダリビシャク（左柄杓）といって禁忌とされる。左柄杓は使うな（青森・岩手・秋田・群馬・石川・長野・岐阜・愛知・広島・熊本）と各地でいう。その理由として、長野県北安曇郡では、野送り（野辺送り）の時には左柄杓で手を洗うから、といい、愛知県一宮市では、左柄杓は湯灌の時に限る、と説明している。秋田県雄勝郡では、左手でものを汲むのは人の死んだ時ばかり、という。柄杓以外にも、左手で茶・酒・湯などを注ぐな（沖縄県国頭郡）、左手で茶を出すな（上野勢多郡〈群馬〉）、左手で飯を盛るな（茨城・鳥取）、汁杓文字を左手でよそうのはいけない（群馬）、左手で箸を使ってはいけない（山形県長井市）、左手で物をはさむのは凶（秋田）など、左手の禁忌は少なくない。各地の左手の習俗を調査した松永和人は『左手のシンボリズム』（一九九五年）で、「葬制上の『左』の習俗が死の穢れ観のゆえに、日常生活上の右重視の事実のサカサの『左』にすると認識されているのに対し、氏神祭祀に見る『左尊』事実には、南と東の方位観がかかわっているであろうということが、各地の調査の結果強く意識されるのである。」と述べている。

○ほかにも、着物を左手で縫うな（佐賀県小城町〈小城市〉）。扇を拾うときは左の手で拾う（和歌山県東牟婁郡）。左手を下にして寝ると夢を見る（長野県北安曇郡）。神社の格子戸に左手の指で紙を巻き付けると如何なる念願も叶う（秋田県河辺郡ほか）。イボ取りにはお寺の釣鐘の乳《ち》に左の手でよった紙縒り《かみより》（こより）を左手指でイボの数ほど結びつける（福島県滝根町〈田村市〉）。頑癬《がんせん》（田虫）のできたときは、左手で南という字を三遍書いてそれを上に貼るとよい（岩手県大船渡市）。墓に供えた団子を左手で取って食べると長生きする（岩手県江刺郡）。左手にホクロがあれば歌が上手（秋田県仙北郡）などという。

○左利きの人は、器用である（新潟・愛知・滋賀・三重・岐阜）、仕事が早い（岩手県花泉町〈一関市〉）という。茨城県常陸太田市では、産着をきるときに左手から先に袖を通すと左利きになるといわれ、気をつかったという。産着に最初に手を通すとき、左手から通すと左利きになるとの伝承は、長野・愛知・三重・徳島県でもいう。

○長野県豊科町（安曇野市）では、産着は生まれて三日目に着せる。必ず右手から袖に通す。左から通すと左かち（左利き）になる、といわれる。大分県臼杵市下中尾では、夜、川で網を打つときは右手で打つとよい。左手で網を打つと河童がかかる、という。神仏に初物をあげるときは右手であげる（群馬県群馬町〈高崎市〉）。骨ひろいは右手でする（秋田県平鹿郡）。墓に供えた団子を右手で取って食べると中風になる（岩手県和賀郡）。右手にホクロがあると、仕事をよくする（兵庫県加東郡）、絵や字が上手（愛知県豊田市）という。女の右手の指先がきれいなのは仕立物が上手（愛知）。鼻血が右の方から出るときは右手の小指、左ならば左手の小指、両方ならば両手の指を紙縒りで少し強く括ると止まる（福岡県大野城市）。食道に食べ物がつまったときは、右手で箸を握って（手を）上げ、「箸」と言って息を止め、胃に力を入れる（福島県郡山市）。

○掌《てのひら》が痒いと、贈物がある（岩手・石川）、おいしい物が入る（富山県氷見市）、不思議なことがある（長野県北安曇郡）という。

○掌の中央を横に貫く筋を枡掛筋《ますかけすじ》と称し吉相とされる。ヒャクニギリ（百にぎり）とかトカキ（斗掻）などと呼ばれる。枡掛筋の手をした人は、出世する（富山・岐阜・愛知・滋賀・徳島・宮崎）、運が良い（石川・山梨・長野・岐阜）、幸福（岐阜）、金持ちになる（長野・和歌山・宮崎）という。『運附《うんつく》太郎左衛門』（安永元年〈一七七二〉）に、「太郎左衛門夢に、大黒より金を授かりしと見て、大きに喜び手のすじを見て貰ふ。（易者）ほゝヲよいすじじや、此横に一文字にあるが升かけすじ。おしつけ幸せがよふなるぞや。」とある。「炭売の升懸筋が黒くなり」（『誹風柳多留』天保五年〈一八三四〉）。天下筋があると、出世する（群馬）、運がよい（長野県北安曇郡）。左右の手筋がきっぱり合っていれば長生きする（秋田県秋田郡）。掌の筋が人差し指と中指の間に入っている人は、仕事が上手（同県由利郡）、男は山川で怪我をし女は難産する（同県仙北郡）という。いわゆる弓箭筋《きゅうせんすじ》で、剣難の相といわれる。

○掌の大きい人は、金持ちになる（秋田・石川）、長命（秋田県南秋田郡）、幸福である（石川県石川郡）という。島根県江津市で、掌がくぼんで水が溜まれば金持ちになる、といい、石川県鹿島町〈中能登町〉でも、掌のくぼんだ人は金に縁のある人、といわれる。手の腹のよく反る人は器用である（広島県加計町〈安芸太田町〉）。手のしなう人は巧者（器用）だ（長野県生坂村）。

○妊婦は掌の上でものを切ってはいけない（沖縄県嘉手納町）。掌を額に当て、腕を見たとき腕が切れて見えると、その人は早死にする（秋田県仙北郡）。岡山県富村〈鏡野町〉では、山へ入るとき掌に「王命勝是水」と書いて息を吹きかけ、その手を握って山に入るとその日一日は怪我をしないという。『永代大雑書萬暦大成』（天保一三年〈一八四二〉）に、「我是鬼　凡《およそ》野山を往《ゆき》て怪《あや》しき者にあひ怕《おそ》るゝ事あり、夜中何方《いつかた》へも往《ゆか》んとおもハゞ、右の符を掌に書て堅く握りて歩行《あるく》べし、決して怪しき者に逢ふ事なし」とある。

○長野県伊那市山本では、厄病除けとして、旧一月一四日に掌に墨をぬり、中折り紙に左右の掌を押し重ねてカニの形を作る。同じ形のものを二つ作り「男かに」「女かに」と下に書き添えて戸口に貼った、という。

○手を握ったとき、その中にホクロがあるとニギリボクロといってよい（群馬）。手の中にアザのある人は金持ち（岩手県水沢市真城〈奥州市〉）。

○寝床に入って、翌朝起きたい時刻を掌に指で書き、さらにその上に「大」の字を三字書いておくと、その時刻に目が覚める（島根県広瀬町〈安来市〉）という。掌に「人」という字を三回書いて舌で舐《ねぶ》って飲み込むと、人前であがらない（愛知県阿久比町）。掌に字を書くと、字が下手になる（福井県小浜市ほか）、手が上がらぬ（愛媛県松山市）。死者の掌に字を書いておくと、生れ変わりの子の掌にその文字があらわれる（奈良県五條市）。
○子供の虫（疳の虫？）は、雑巾で手を拭き、掌に「蟲」と三度書き、両手を合わせて目をつむっていると指の先から虫が出る（和歌山県高野口町〈橋本市〉）。土用の丑の日に雨落ち（雨垂れ落ち）の石を掌に転ばせば雪焼けにならない（秋田県平鹿郡）。引き付けは、子供の寝ている上に傘をさす。掌にまるを三つ書いてやる（岐阜県川島町〈各務原市〉）。
○手の甲に馬蹄状の血管が浮いて見える人は蚕が当たる。男は左、女は右にあれば最高である（福島県飯舘村大倉）。手の甲筋が曲がっている人は食べ物に不自由せぬ（山口県大島町〈周防大島町〉）。手の甲に杓子形に筋のある人は一生幸福だ（群馬）。手の甲にイボができると親戚の者が死ぬ（岐阜・愛知）。
○病人が手鏡を見る（自分の掌や甲を見る）ようになったら死期が近い（山形・群馬・新潟・長野・岐阜）という。愛媛県柳谷村〈久万高原町〉では、病人が寝ていて手を見るようになったら先が長くない、といい、高知県十和村〈四万十町〉では、重病人が自分の手を気にしだすと死が近い、といわれる。
○手の大きい人は、金持ちになる（岩手・福島）、出世する（福島県田島町〈南会津町〉）、よく働く（岩手県石鳥谷町〈花巻市〉ほか）と評価されるが、難儀する（秋田県仙北郡）という土地もある。手の長い人は、怠け者（岩手県住田町）、女ぐせがわるい（和歌山県南部川村〈みなべ町〉）。片手の長い人は仕事が上手（秋田県仙北郡）。福井県丸岡町〈坂井市〉で、古帯を子供の着物にすると手が長くなる、という。手の温かい人は心が冷たい

（滋賀・広島）といい、手の冷たい人は心が温かい（滋賀県新旭町〈高島市〉）といわれる。死者に触れると一年中手が冷たい（兵庫県赤穂市）。手の冷たい人はアカギレができない（三重県多度町〈桑名市〉）。

手　て

(2) 手形、そら手、手振り水

○盗難除けとして、福島県郡山市富田町では、正月一四日の団子のゆで汁に手を入れ、濡れた手に米粉をまぶしその手で家の入口に手形を押す、という。同県白沢村〈本宮市〉でも一月一四日の団子の粉を手に付けて、板戸の内側に手形をつけると泥棒除けになる、と伝えている。岩手県葛巻町では、果樹園や野菜畑の入口に手を描いておくと盗んだ者の手が腐る、という。また、五黄の寅年の女の左手の手形と女の髪の毛を三本もって戦地に行くと弾除けになる（愛知）、との俗信もある。手形は本人であることの証明として誓約の意味が重視されてきたが、他方では魔除けとしても用いられた。筆者は二〇〇七年から三年間、民俗調査で中国貴州省岩洞村を歩いたが、よく、豚小屋などの板にべたべたと押してある白い手形を見かけた。聞いてみると、病魔が小屋に入ると家畜が病気にかかるので、それを防ぐためとのことだった。病魔の侵入を阻止する手形である。相手の目の前に突き出した掌（手形）は、これ以上の接近を拒む意思の表明といってよい。

○龍山村瀬尻（静岡県浜松市）では、二月八日・一二月八日の両度、ソバ粉を水で捏《こ》ねてダンゴに丸めたものを生のまま串にさしたのをオトコモチと称し、榊の枝とともに戸口に挿す。それを作る際にソバ粉が手の平につく。その手で戸口の羽目板に手形を押す。左右の腕を交差させて親指を外側にするようにする。これをコトガミサマといい、悪魔がこれを見て驚き「こんな手の人がいたのか、これじゃかなわん」といって退散するという(『静岡県史』民俗三)。
○長野県信濃町仁之倉では、百日咳にかからないように子供の手形を紙にとって貼る、といい、青森県蟹田町〈外ヶ浜町〉では、子供が百日咳にかかった時はその子の手形をとって、電柱や門口に貼り付けておく。手形が百人の人に見られると治る、という。子供の百日咳は、その子の手形を多くの人の目にふれる所に貼っておくと早く治る。停車場や大通りの電柱などに貼った(石川県辰口町〈能美市〉)。百日咳にかかったときに、子供の手形を門口や人目に付くところに貼る伝承は富山・福井・岐阜・三重県にもある。驚風《きょうふう》は、男は左手、女は右の手に墨をつけ、手判を紙に捺《お》して戸口に貼る(奈良県五條市)。手の形を紙に押して門口に貼ると疫病が入らない(秋田県由利郡)。
○米寿の人の手形をもらって戸口に貼っておけば、家内安全(和歌山)、厄除け、長生きする(三重)。
○そら手《で》(腱鞘炎による手首などの痛み)は、土地によってコウデとかスバコなどといい、痛みを取る呪《まじな》いが数多く伝承されている。いくつか紹介したい。ソラデで手首の痛いときは、黒糸で二重にしばる(三重県大山田村〈伊賀市〉)、麻糸を手首に巻く(山形県南陽市)、棟上げのときの御幣の麻糸でしばるとよい(新潟県村上市松山)、大工の墨壺の糸でしばる(群馬県板倉町上新田ほか)、山繭《やままゆ》の糸で手首を巻く(同町島)、三三歳や厄年の女の陰毛でしばってもらえばよい(福島市)などという。
○手首が痛いときは、末子に糸でしばらせると治る(沖縄県名護市)。手首が痛いときは、障子を突き破って痛い方の手を出し、男性の場合は女のオトゴ(末子)に、女性の場合は男のオトゴに、白糸で手首を巻いてもらう。

その時、礼を言ってはいけない（愛媛県内子町）。田植えや草取り時になると、手首や指の節々が痛みだすことがある。これをツキデ（臼石）とかサエデ（草野）という。田植えサエデは田植えが終わらないと治らないし、田の草サエデは田の草取りが終わらないと治らないものだというが、そんな時は、三人兄弟の末っ子にワラミゴで手首を結わえてもらうとよい（福島県飯舘村）。

○長野県上伊那郡では、コウデは、朝日の出る時間に便所に行き、東に向って「奥山の笹山の笹の葉に住む笹女、まねかとすればこうでよくなる」と言って、痛い方の手で三回招くと治る、といわれる。宮崎県五ヶ瀬町では、手首が痛いときは「東山のこのさが滝に立つ女、招きたけれど空腕《からうで》痛うて招かれぬ、アブラウンケン、ソワカソワカソワカ」と唱える。ソラウデのとき、男は障子の穴に手を突っ込んで「こうそが滝の白女（女なら白男という）、ソラウデ痛めたので治してください」という（長崎県美津島町〈対馬市〉）。愛知県大治町馬島では「朝熊山《あさまやま》のコエ女、招きたいけど空手が起きて招かれぬ」と、手を朝熊山（三重県伊勢市）の方向に向けて三回唱えると治る、という。スバコは末娘に木綿糸で手首を結んでもらい「どっこい、すばこめ、こんのいと」と三回唱える（岐阜県宮村〈高山市〉）。

○きつね糸（機の最後の残り糸）を手首に結べば手の病にかからない（千葉県干潟町〈旭市〉）。手首に黒糸を巻いていると手がくたびれない（愛知県師勝町〈北名古屋市〉）。青田に小便するなソラデが起きる（福島県飯舘村）。

○物差しを手渡ししてはいけない、と各地でいう。手渡しすると、仲違いする（山形・千葉・福井・静岡・大阪・奈良・山口など）、知恵が移ってしまう（神奈川・滋賀）、貧乏になる（愛知・徳島）といって忌む。秋田県鹿角郡や静岡県島田市では、物差しを渡すときは手渡しせずに一度下に置いてから渡すもの、といわれる。二人の人間が一つの物に同時に触れることを忌む俗信、「同時に同じ」の禁忌である。禁を破ると「仲違いする」といわれるように、相互に激しい侵犯性が生じることを示している。『誹風柳多留』（安永八年〈一七七九〉）に「物さしを娵《よめ》へなげるはうつくしい」の句が見える。投げるのは手渡しの禁忌を避けるためであろう。高知県東津野村〈津野町〉では、火のついたロウソクを手渡しするものではない。一度火を消してから新たにつける、といい、静岡県光明村〈浜松市〉では、楊枝を手から手へ渡すな、仲違いをするという。

○濡れた手を振って滴《しずく》を散らすことを手振り水といって忌む。手振り水をかけると、早死にする（岩手県住田町）、乳が腫れる（新潟県猿沢村〈村上市〉）、難産する（秋田県浅舞町〈横手市〉）などという。高知県東津野村〈津野町〉では、手汁を人に散らすと手しお（手の病気）になる、といわれる。『改訂 綜合日本民俗語彙』のテバリミズ（手振り水）の項には「その水の身にかかることを忌む習わしは広い。長野県南安曇郡では、手振水は犬にもかけるものでないといい、人にかけると親の死んだときに水がなくて困るともいう。或は親の死目に会えぬともいい、北安曇郡では人に手水をかけられると、振りかえしてもらわぬと、船に乗ったときに落ちるという。」とある。井之口章次は、この禁忌について「人が死んだ時に、水のとばっちりを振りかけることが広く行なわれていたために、同様の待遇を受けることによって死を連想するからであろうと思われる」と述べている（『日本の俗信』）。

手　て

(3)夜の井戸水汲み、夢、その他

○大分県蒲江町〈佐伯市〉では、夜中に釣瓶《つるべ》で井戸の水を汲んではいけない、といい、宮城県気仙沼市では、暗くなったら井戸に行くものではない、という。岩手県宮古市では、夜、井戸端に行くと水神様が障《さわ》るという。夜間に井戸水を汲む時は手を打ってからにせよ（青森・岩手・秋田・宮城）。黙って汲むと、神の罰があたる（青森・岩手）、水神様をびっくりさせる（宮城）といわれる。岩手県花巻市では、夜、井戸に水を汲みに行ったら三度手をたたいて拝んでから汲む、といい、秋田県山本郡では、夜、井戸水を汲むときは三度手をたたいてから汲むと災難に遇わぬ、と伝えている。夜、井戸や便所に行くときは手を打ち鳴らすとよい（岩手県西根町平館〈八幡平市〉）。夜間は水汲みをしない時間帯である。突然行って水神を驚かせないように、自身の存在を相手に知らせ、予期せぬ出合いの危険を回避するためであろう。便所に入るときには咳払いをして入るもの、という俗信とも通じている。

○山で手をたたくことはいけない（山形県南陽市）。炬燵の中で手をたたくと火事に遭う（岩手県遠野市・長野県松本市）。風呂の中で濡れ手をたたくと親の死に目に会えない（同県大鹿村）。

○拳を握って皺《しわ》がたくさんあったら子供の多い生れである（愛媛県南宇和郡）。手首にできるイボの数だけ子供を生む（長野県生坂村）。箒で人を打つと手の不自由な子を生む（石川県珠洲市）。挽き臼の目を手で払うと盲目の子が生まれる（愛知）。親が手癖の悪いことをすると、手癖の悪い子が生まれる（岐阜県恵那市）。妻が妊娠中は夫は死人に手を触れない（沖縄県糸満市）。

○妊婦は高所に手を伸ばすなと各地でいう。高いところに手を伸ばすと、臍の緒が切れる

（栃木・茨城）、臍の緒がのびる（沖縄）、臍の緒が首に巻きつく（福岡県太宰府市）、子供の首に輪ができる（大阪府摂津市）、腹の中の子が乳首を離す（大阪・和歌山・三重・福岡）、流産する（茨城・福岡・沖縄）、早産する（長野県泰阜村）、チカズラ（力綱？）がはずれる（香川県志度町〈さぬき市〉）などという。妊婦は七か月にもなれば手を上げるな（長崎県三和町〈長崎市〉）。陣痛のときは麻糸で手首を巻く（千葉）。
○石川県金沢市海で、生まれた時に手を握っていると金持ちになり、広げていると銭が授からないという。愛媛県肱川町〈大洲市〉では、生まれる時に手を握っているとヨクンボ（欲張り）で、開いているとオテヒラ（欲がない）という。生まれたばかりの子供が手を固く握っていると欲張り子だという（群馬）。
○子供の手首より上に輪が入っていると、お釈迦はんの申し子といって喜ぶ（兵庫県神戸市）。地蔵くびれ（手首のくびれが一回り一本の溝をなしている者）は早死にする（神奈川）。
○胸に手を置いて寝ると、こわい夢を見る（青森・岩手・愛知・和歌山・岡山・広島・徳島）、悪夢を見る（和歌山・広島・鳥取・福岡・佐賀）、うなされる（岩手県川崎村〈一関市〉）という。和歌山県吉備町〈有田川町〉で、手足を洗う夢を見ると久しい病気が治る、といい、広島県安村〈広島市〉では、手足を汚したまま寝るとこわい夢を見る、という。年の暮れに手の夢を見ると、良いことがある（岩手県大船渡市）、吉（同県住田町）。ヘビに手をかじられた夢を見ると金が入る（群馬県倉渕村〈高崎市〉）。
○左右の手に杖を持ってつくことを、二本杖とか両杖といい各地で禁忌とされている。禁を犯すと、親が死ぬ（石川・愛知・奈良・岡山・宮崎ほか）、母親が死ぬ（群馬・千葉・

長野・京都・三重）、母の乳が腫れる（福島・栃木・茨城）などといって忌む。二本の杖を左右の手に持ってつく姿から、牛馬や犬など四本脚の動物を連想して忌むのであろう。人と動物の境界があいまいになるのを嫌う俗信と思われる。

○長野県北安曇郡で、鎌を研いでから使わずにまた研ぎなおすと手を切る、といい、和歌山県有田郡でも、鎌の二度研ぎをすると手を切る、といわれる。鎌をまたげば深く手を切る（岩手県九戸郡）。朝日に向かって鎌を使えば手を切る（兵庫）。朝一番に包丁を使うとき、東へ向かって使うと手を切る（播州赤穂地方〈兵庫〉）。ソバ刈りに手を切れば手が曲がる（岩手県九戸郡）。鍋の蓋に刃物を上げると手を切る（同県胆沢郡）。

○風呂に入って手の皺が多い時は翌日雨になる（熊本）。手足がかさかさして温かいとき、風が吹く（群馬県赤堀村〈伊勢崎市〉）。

○ヘビの尺（長さ）を測ると手がくさる（長野県北安曇郡）。モズの卵を取ると手がくさる（岩手県下閉伊郡）。ムカデが手に這い上がると死ぬ（同県東磐井郡）。

○逆むけは印肉をつけると治る。また、逆むけができるのは便所に唾を吐いたときであるから、便器の穴に手を三度入れる真似をすればよくなる（鹿児島）。手にささくれのできる者は親不孝（愛知）。手の皮が逆むけすると不吉（沖縄県南風原町）。初雪で手を洗うと、霜やけにならない（福島・長野・徳島）、ひびがきれない（岩手県気仙郡）。夏、熱い砂で手足を焼くと冬に凍傷にかからない（山口県大島町〈周防大島町〉）。雨垂れの水で手足を洗うとニガムシ（水虫）がわくから洗うな（香川県綾歌町〈丸亀市〉）。田植えのときに苗をしばった藁の輪に手を入れると手が腫れる（群馬県太田市長手ほか）。手足の内側に魚の目ができると家人が死ぬ（岐阜県池田町）。流行風邪は黒糸で手首を括れば治る（鹿児島県東郷町〈薩摩川内市〉）。手首に針金を巻いておくと中風にかからない（滋賀）。顔へ手を当ててみてその手の中に入ってしまう部分にできた出来物は命にかかわる（長野県北安曇郡）。子供が手などを打ったときは「ねんねの手はほっかりせ、烏の手はぴっしゃりせ」と言う（石川県七尾市）。

○月明に手首を目につけて見て、細く切れていればその人は死ぬ（秋田県仙北郡）。病人が手もうずかく（手を左右に振る）と長持ちしない（長野県南牧村板橋）。死人に着せる白衣は手で裂いて縫う（青森県五所川原市）。水死等で手足が曲がらないときは、箒で打って曲げていた。それで箒で人を打つのは不吉である（沖縄県今帰仁村）。二人死ねば三人死ぬ。それを防ぐには藁打ちする槌を後ろ手にして川に投げればよい（岩手）。

○その他の俗信。仏様は二つの手で持たなければいけない（長野県川上村）。親に手を出すと手が曲がる（栃木県小山市）。眠った子の手を握ると子の手癖が悪くなる（新潟県南蒲原郡）。寝ているとき拳をつくっている人は出世する（愛知）。人の物を盗むと手がくさる（福島県伊南村〈南会津町〉）。味噌を盗めば三年手がくさい（岩手県九戸郡）。手を洗って拭かないと人中で恥をかく（長野県北安曇郡）。蚕室にはヨモギの葉で手を拭いてから入れ（福島県飯舘村）。苗の滴を人にかけると、かけられた人の手や足が曲がってしまう（三重県磯部町〈志摩市〉）。手をついて飯を食べる者は出世をしない（徳島県小松島市）。針供養のときにお針をすると手が曲がる（栃木県真岡市）。夜歩くとき、人と手を組み合うと魔に遭う。組んだ手がちょうど網のようになるから魔がこれにかかるのだという（鹿児島県天城町）。⇩指紋《しもん》・爪《つめ》・肘《ひじ》・指《ゆび》

【と】

胴《どう》

○胴の長い人は怠け者（秋田・福岡）という。

岩手県軽米町で、首の長い人は呼吸器系が弱いが胴の長い人は強い、という。

○高知市布師田では、女性がお産で死んだとき、死者の姉にあたる者が、死者の髪を切って大きな輪につなぎ、顔から胴体にかかるようにかけてやる。それがあの世の血の池で浮袋の代わりになるのだという。

【な】

涙《なみだ》

○死者に涙を落とすな（宮城・福島・群馬・新潟・石川・長野・岐阜・静岡・奈良・岡山・島根・山口・香川・宮崎・鹿児島）との禁忌は各地でいう。涙をかけると、死者が迷う（石川・岡山・香川）、成仏できない（静岡）、死者が迷って成仏できない（宮城県女川町）、仏さんが迷ってあの世に行けない（香川県仁尾町〈三豊市〉）という。涙をかけられると死者はこの世に未練が残って、あの世への旅立ちに迷いが生じるというのであろう。死者の迷いは、言い換えれば、死者への思いが断ち切れない生者の迷いといってもよい。ほかにも、死者が、極楽に行けない（岡山・石川）、浄土に行けぬ（宮崎県高鍋町）、三途の川を渡れない（宮崎・鹿児島）、三途の川が洪水で浄土に行けない（宮崎）、火の雨に遭う（岐阜県墨俣町〈大垣市〉）などといわれる。石川県輪島市では、縁者の涙が死人にあたると、血が通い色がでるという。山口県下関市では、湯灌、入棺の際に涙をこぼしてはいけない、涙をこぼすと、死者が鼻血を流すといわれている。

○元日に涙を流す（泣く）と一年中泣くようなことが起きる（奈良県御杖村・福島県鏡石町）。泣きながら飯《まま》食うと茶碗から火がでる（山形県村山市）。便所掃除の束子《たわし》を放り出しておくと、涙ながしの子が生まれる（同県米沢市）。

○臨終に際して、老人は大きいため息や涙を流す（沖縄県糸満市）。

○茨城県龍ヶ崎市で、着物は寅の日と八日は裁つものではないという。この日に裁つと涙が絶えない、といわれる。高知県佐川町でもこの日の裁ち物を忌み、禁を破ると袖に涙のかわく間もない、という。群馬県甘楽町では、未の日に着物を裁つと袖に涙が絶えない、と伝えている。山梨県富士吉田市には「卯《う》亥《い》巳《み》未《ひつじ》に爪とらず、袖に涙は絶えはせず」という言葉がある。栃木県宇都宮市では、未の日に爪を切ると生涯袖の涙が乾かないといい、寅の日に爪を切ればその人は成功する、といわれている。目の近くにホクロやイボがある人は涙の絶え間がない（大阪）。

【の】

喉《のど》

⑴刺さった骨、さする・のむ・のせる

一、さする・なでる・こする

○喉に刺さった魚の骨などを取る方法は実に多様である。骨が刺さったときは、象牙で喉をさする（秋田・山形・福島・茨城・富山・長野・岐阜・愛知・岡山・鳥取）、象牙で喉を三回さする（群馬・長野）、象牙の箸で喉

をさする（群馬・茨城・岐阜・愛知・和歌山）、象牙の判子で喉をこする（茨城県大子町ほか）、象牙の簪の丸いところでなでる（群馬県安中市）という。ほかにも、象牙の櫛（長野）、根付（山形）、パイプ（群馬）などが利用される。『諸民 秘伝重宝記』（江戸後期）に「喉へ魚の骨立たるを直す傳」として「又象牙にてのどをなでてもよし」とある。
○喉に骨が刺さったときは、厩《うまや》のません棒で喉をこする（長野・岐阜）、牛小屋のカンヌキ（閂）で喉をこする（京都）、牛馬小屋のホセキ（入り口の横棒）で喉をなでる（兵庫県赤穂市）。京都府美山町〈南丹市〉では、牛舎のカンヌキに喉を当ててこすりながら「モウ、モウ、モウ」と三回鳴くと取れる、という。
○喉に骨が刺さったときは、ウシの角で喉をさする（茨城県常陸太田市）、角のヘラ（裁縫用）で喉を逆になでる（兵庫県小野市）、三味線の撥《ばち》でなでるとよい（新潟県川西町田代〈十日町市〉）、親の箸で三回なでる（群馬県桐生市）、女が使用した櫛でなでると取れる（福島県白河市）、鉤《かぎ》つるしで三回喉をなで下ろす（群馬県板倉町離）、鳥の羽で喉をなでる（和歌山県高野口町〈橋本市〉）。
○群馬県大胡町上大屋〈前橋市〉では、ムギもイネも初穂をとってきて、おかまさまに上げた。ノゲとか骨が喉に刺さったときに、この穂で喉をさするとさがるといった。同県上郊村〈高崎市〉でも、竈に進ぜたムギの穂でなでると喉に刺さった魚の骨など下へおりる、という。喉のトゲは仏様のお椀で喉を三遍なでおろすと取れる（福島）。魚の骨が喉にひっかかったときは仏様のカネで喉をなでるとよい（新潟県十日町市高山）。喉につかえた骨は、大神宮様のお札で喉をなでる、えびす講にあげた懸けの鮒を焼いておいてそれで喉をこする（共に群馬県板倉町）。「引っかかったものを取っておくれ」と言って、八幡様のお石で喉をこする（長野県北安曇郡）。

○骨が喉につかえたときは、小正月にあげた花づくりの木で喉をなでる、年越しにあげたイワシの頭（ヤイカガシ）で喉をなでる（共に群馬県板倉町）。喉に刺さった骨は、五月五日のヨモギ・ショウブでこすると取れる（長野県丸子町〈上田市〉）、仏さまにある盆花で喉をなでる（群馬県板倉町高鳥）。

○長野県立科町塩沢では、喉にトゲを立てたときは、「オイ」と呼びかけ「ハイ」と声を出させて喉をなでる、という。

二、飲む・食う・呑みこむ

○仏様に供えたお茶を飲むと、喉に刺さった骨が取れる（岩手・山形・福島・茨城・和歌山）という。喉に骨の刺さったときは、神様の花立の水を飲むとよい（秋田県山本郡）、仏壇の花立の水を飲む（和歌山・島根・鳥取）、仏器で水を飲む（福島・長野）。福島県山都町〈喜多方市〉では、仏様の碗で喉をさすり、その碗で水を飲むと刺さった骨が下りる、という。

○魚の骨が喉に刺さったとき、茶碗に水を入れ、箸を十字に渡して四隅から飲むと取れる（沖縄）。長崎県吉井町〈佐世保市〉では、やり方はおなじだが茶碗にはお茶を入れる。福岡県北九州市では、茶碗に水を入れた上に箸を十文字に置き、お念仏を唱えながら箸の間から水を飲む。この方法はシャックリを止めるときの呪《まじな》いとして広く知られている。

○喉に骨を立てたときは、正月様の花木を水に浮かべてその水を飲む、節分のユズの実を飲む（共に群馬県板倉町）、エノキの実の陰干ししたものを飲む（福岡県北九州市）、ナンテンの葉を揉みその汁を飲む（福島県玉川村）、卵の白身を飲む（岐阜県蛭川村〈中津川市〉）、フエフキ（フエフキダイ）の頭を干したのを包丁でこさいで（削り取って）水で飲む（長崎県大瀬戸町〈西海市〉）という。
○富山県氷見市で、喉に骨が立ったら障子の塵を煎じて飲むと取れる、といい、秋田県山本郡では、障子や戸縁《とぶち》の塵を水を入れた碗に入れて飲むとよい、といわれる。熊本県有明町〈天草市〉では、敷居の下の土を水に浮かべて飲み、上を向いて三度唾を吐く、という。
○喉にトゲを立てたときは、東京の巣鴨にあるとげぬき地蔵のお札を飲む（長野県御代田町小田井）、茶碗の糸尻で水を飲む（長野県北安曇郡）、唾を三回呑む（群馬県板倉町）。
○魚の骨が刺さったら、お茶を汲んで、それに「流れ」という文字を書いて飲むとよい（岐阜県海津町〈海津市〉）。喉に骨が立ったら、皿に墨で「正喜道根」と書き、「根」の最後の筆を皿の縁までひっぱり、そこから水を飲むとよい（出雲中海沿岸地区〈島根〉）。森彦太郎編『南紀土俗資料』（一九二四年）に「酒盃の中に九龍化骨神侵骨と書き、左手にて其の盃をとり酒を呑むも可」とある。『続咒咀調法記』（元禄一四年〈一七〇一〉）に「咽に物たちたるまじなひ」として「九龍化骨神侵身、是をさかづきの中にかき、水にてときてのますべし」とある。骨と身、酒と水が異なるが基本的に同じである。調法記類などからの影響が考えられる。
○鹿児島県金峰町〈南さつま市〉で、魚の骨が喉にかかったときは箸を逆さに使って食べるとよい、といい、沖縄県糸満市でも、箸を逆さに使い黙って硬いご飯を三回食べると刺《とげ》がおちる、という。喉に骨が刺さったときは、仏様に供えた団子を食べると取れる（福島県平田村）、正月様のお供え餅を食べると治る（群馬県板倉町）、シルティンサグ（白花の鳳仙花）の花を食べさせればよい（沖縄県北谷町）。
○喉に骨が刺さったときは、ご飯を嚙まずに丸呑みする（山形・福島・岐阜・愛知・和歌山・鳥取・徳島・高知・福岡・熊本）と各地でいう。筆者も子供の頃に、この方法で喉に刺さった小骨を取った経験がある（高知）。ご飯の上に「峠」という字を書いて呑みこむ（福岡）。

三、のせる・たてる

○魚の骨が喉に刺さったら、残りの骨を頭に載せる（岩手・福島・群馬・長野・岐阜・愛知・大阪・奈良・和歌山・兵庫・岡山・島根・山口・福岡）、その魚の大きな骨を頭に載せる（栃木・大阪）、その魚の頭を頭上に載せる（滋賀県新旭町〈高島市〉）という。高知県東津野村〈津野町〉では、食べた魚の骨を頭のオドリコに載せておくと治る、といい、熊本県三加和町〈和水町〉では、ほかの魚の骨をブクメキ（ヒヨメキ）に載せて湯を飲む、という。喉に骨が刺さったときは頭の上に、イリボシの骨を置く（岡山）、味噌を上げる（秋田）、漬物を載せる（岩手県気仙郡）ところもある。松浦静山の『甲子夜話』巻三七に「又骨鯁痛には、その魚の骨を頂上に置けば、苦を脱すること妙なり。これは予が少年、或人の伝へし法なり。後試《こころみ》にその肉を置《おく》に功又同じ。又他魚の肉を置も亦功あり。或日、予茶を喫し、茶がらを吭《のど》にたて、苦《くるし》めり。このとき茶がらを頂に置《おき》たるに痛即止《いたみすなはちやみ》たり。」と見える。

○岩手県東磐井郡では、魚の骨をひっかけたときはその皿を三回頭に載せると治る、といい、同県江刺郡でも皿をかぶると取れる、という。『調法記　四拾七ゟ五拾七迄』（江戸後期写）に、「咽に魚の骨立《たち》たるをぬく傳」として「其魚の入たる皿を頭にいただき口内ニてあびらうんけんそわかと三べんとなへるべし」とある。

○喉に骨がつかえたときは、頭の上に箸を立てる（群馬県板倉町板倉下）、頭の上に箸をまっすぐ立ててそれを叩くと取れる（長野県南箕輪村)。
○喉に骨の立ったときは、魚の骨を額に当てて「アビラウンケン」を三度唱える(和歌山)、額に魚の尾を載せる(同県高野口町〈橋本市〉)。魚の骨を人にわからないように耳の後ろにはさむ(愛媛県西宇和郡)。

喉《のど》

(2) 刺さった骨を取る呪文、その他

○魚の骨が喉に刺さったときは、「鵜《う》の喉、鵜の喉」と唱える(長野県佐久町下川原〈佐久穂町〉)、「鵜の喉、鵜の喉、鵜の喉」と三回言う(和歌山県高野口町〈橋本市〉)、「うの、のど〳〵アビラオンケンソワカ〳〵〳〵」と唱える(群馬県桐生市)。ほかの魚の骨を頭に載せて「うのど〳〵」と言うとよい(兵庫)。熊本市では「テンジクノ、リュウシャガワノウノトリハ、イカナルシャデモ、ノドニサワラヌ、アブランケンソ、アブランケンソ、アブランケンソ」と呪え(唱え?)三度息を吹く、という。『咒咀調法記』(元禄一二年〈一六九九〉)に、「喉に魚の骨立たる時の咒《まじなひ》」として「鵜ののどと三遍となふべし」とある。
○魚の骨が喉に刺さったときは、「鯛の骨」を三回繰り返す(和歌山県那智勝浦町)、「伊勢の鯛」と言えばよい(徳島市ほか)、「天竺の龍三《たつみ》川《かわ》のタイの骨、七瀬落ちる間に早ぬけた」と言うとよい(愛媛県柳谷村〈久万高原町〉)という。高知県安芸市畑山では、喉に魚の骨が立ったときは「南松の五左衛門さま、鯛の骨がかかりましたきに取ってつかさいませ」と唱えると治るという。石川県金沢市では「二見が浦の赤鯛が浪に揺られてたったか、とんとん」と三度唱えれば骨が取れる、といわれる。和歌山県高野口町〈橋本市〉では、「和歌山の町の九軒の丁の泉屋はん、この者が喉へ鯛の骨が立ちましたんで抜いて下はれ」と言って、患者を向こう向きにつくもさ

して（しゃがませて）、自分は後ろでハッ〳〵と三度手刀すると不思議に骨がとれる、という。喉につかえた骨は、「ウガラスが柳の木の下で昼寝して、ウのノド通るタイの骨かな。アビラウンケン、ソワカ」と三遍唱える（群馬県板倉町上五箇）。

○喉に魚の骨が刺さったときは、「カメヨモヤの仏様」を三回繰り返す（和歌山県那智勝浦町）、「江比間《えひま》の太郎兵衛さ」を唱えさせる（愛知県渥美町〈田原市〉）、「今吹きかやせ伊勢の風神、アブラオンケンソワカ」と唱える（兵庫）。福島県山都町〈喜多方市〉では「卯の花のはぶしのもとへ　とげたてて　とけさなるまい　あいの白法師」と唱える。青森県蟹田町〈外ヶ浜町〉では「ウシガモリニテツゲサシタリ、ツゲガモリニテコロモナリ、アブラケンソワカ、アブラケンソワカ、アブラケンソワカ」と唱える。この呪文は海中の岩礁に網を引っかけたときの呪文と同じである、という。岐阜県海津町〈海津市〉では、魚を食べるとき「ほうせんかこ」と言うと骨が喉に刺さらぬ、と伝えている。

○呪文と「さする」行為が結びついた例も少なくない。喉に骨やトゲが立ったときは、「鵜の喉」と唱えながら喉を三回さする（群馬・長野）。「うのと〳〵」と九回唱えて九回喉をなでおろす（鹿児島）。「鵜の喉〳〵」と唱えて象牙でなでる（島根県赤来町〈飯南町〉）。「鵜の喉〳〵」と唱えて象牙で逆に三度さする（大阪）。「鵜の喉〳〵〳〵」を二回唱えて象牙の箸で喉をなでる（栃木県宇都宮市）。『諸民 秘伝重宝記』（江戸後期）に、「喉《のんど》へ魚の骨立たるを直す傳」として「鵜の喉〳〵と何べんもいひてのどをなでゝぬける事妙也。又象牙にてのどをなでゝもよし」とある。「ウガラスが柳の下で昼寝した」と三回言いながら喉をなでおろす（群馬県板倉町樋之口）。馬小屋のません棒で喉をさすって

「ぞうげ、ぞうげ、鵜の喉通れ」と三回唱える（福島県飯舘村）。箒で喉をなで「お伊勢さん、お伊勢さん、お伊勢さん」と三回唱える（和歌山県本宮町〈田辺市〉）。

○呪文＋「飲む」の例。喉に骨やトゲが立ったときは、人目につかないように「ウノノンド、ウノノンド」と唱えて三回水を飲む（茨城県土浦市）。水を入れた茶碗に箸を一本渡し「うののどとおす魚の骨かな」と三回唱えて飲む（岐阜県海津町〈海津市〉）。茶碗に水を入れその上に箸を十字に渡して「南無阿弥陀仏」を唱えながら飲む（高知県東津野村〈津野町〉）。茶碗の上に箸を十字に置き、水を飲むとき「うのとりの　はがいの下に　はしおいて　ほねふき出すは　いせの神風」と言う（山口県大島郡）。「ウノトリノ鋼《はがね》の上にチリウチテ、チリウチハロウ伊勢の神風」と三回一息で唱えて水を一杯飲む（長野県南木曽町）。「とどまりし塵《ちり》もあくたも流れいくさもあり得べき水の勢」と三度唱えて水を飲む（長野県北安曇郡）。「大鯛の骨がかかりました」と言ってお供えの水を飲む（岡山県中央町〈美咲町〉）。茶碗にきれいな水を入れ「鵜の羽がいの下にたたみ込み、早ぬけ、早ぬけ、鯛の骨、アブラウンケンソワカ」を三回唱え、水に息を吹きかけ、その水を大口に呑みこむ（鳥取県淀江町〈米子市〉）。紙きれに「鵜の鳥の羽がいの上にはし立てて、吹けや返せや魚のさかさま」と七回書き重ね、最後にこれを丸めて呑む（高知県仁淀村沢渡〈仁淀川町〉）。沖縄県読谷村宇座では、魚の骨が喉にかかったときは「イキナユクヌムヌン　カラダ鰻《うなじ》　イッティ飲《ぬ》ミ　イッティハキ　オーサカシ　オーサカシ」と唱えながら、魚という字を手の平に書いて、魚の字を呑みこむようにして水を飲む。呪文の内容は、ウナギはつるつるして飲みやすいという意味。

○喉の骨を取る方法その他。後ろの帯の結び目を見る（山形県長井市）。ちゃん（父）の衿《えり》を箸で突く（群馬県板倉町海老瀬地区）。着物の裾《すそ》を結ぶ。気づかれないように他人の右の袂の塵を払う（共に島根県出雲市）。鍋の底の墨をなめる（山形県長井市）。「骨が取れたら抜いてやろう」と言ってオモトの根に針を刺す（長野・兵庫）。ツバキの葉を喉に当ててネコの鳴きまねをする（島根県広瀬町〈安来市〉）。箒をひっくり返せ（鹿児島県里村〈薩摩川内市〉）。ボンノクボのトトックイ（毛）を引っぱって背中を叩く（長野県佐久町上本郷〈佐久穂町〉）。頭に「の」の字を反対に書く（兵庫県赤穂市）。頭を下にするか、その魚を逆さまにすればよい（奈良県室生村〈宇陀市〉）。厩《うまや》の口をのぞいて「モー」と言う（兵庫県千種町〈宍粟市〉）。酒を入れた盃の中に「月」という字を筆を離さないで続けて三つ書く（島根県赤来町〈飯南町〉）。厠《かわや》の前の小石を裏返す（広島県沼隈郡ほか）。海にもぐった時のことを思い出せば取れる（岩手県釜石市）。『民家日用　廣益秘事大全』（嘉永四年〈一八五一〉）に、「魚のほね喉に立たるまじなひ」として「骨を喉に立たる人の頭より投網をかけおほふべし、忽《たちま》ちにぬけること奇妙なり」とある。魚を獲る投網の働きから、魚の骨を取る呪《まじな》いを連想したのであろう。

○喉の骨を取る方法以外の俗信。喉仏の高い人は思慮敏活（秋田県北秋田郡）。つまみ食いすると喉がつまる（熊本県水俣市）。餅が喉にかかったときは、障子の桟のゴミを飲むと取れる（福井市本郷）、醬油を飲むと落ちていく（茨城県古河市）。喉にご飯がつかえたら、箸を頭の上に逆さに立てる（長野県山口村〈岐阜県中津川市〉）、茶碗に箸を十字にのせて四か所から順に茶を飲むと通る（京都）。喉に何かがつまったときは、頭を上に向けて箸を立て背中を叩く（熊本県松橋町〈宇城市〉）、右手を真っ直ぐ上に伸ばし息を止めて待つ（鳥取県淀江町〈米子市〉）、仏壇のお茶を飲む（福島県平田村）。とろろが喉に引っかかると早く死ぬ（岩手県九戸郡）。葬式の御斎《おとき》の飯を喉につめると死ぬ（岐阜県下呂町〈下呂市〉）。

○便所に唾をすると喉が腫れる（群馬）。ネコの毛をのむとノドケ（喉の痛み）になる（福島県鏡石町）。正月一四日のからから煎餅《せんべい》はノドケの薬になる（同県飯舘村）。喉の痛みは山蚕の繭の糸を首に巻くと治る（群馬県甘楽町）。喉の痛いときは臼の縁でさするとよい（佐賀県脊振村〈神埼市〉）。風邪にかかったときは神明社の狛犬の首に真綿を巻き、それを自分の喉に巻くと治る（秋田県南秋田郡）。春早くフキの根で喉をこすると喉腫れにならない（岩手県西磐井郡）。ネコの食物を食べると喉が鳴る（同県胆沢郡）。病人の喉が鳴ると長く持たない（同県大船渡市）。

【は】

歯　は

(1) 歯痛に霊験のある神仏

○今も昔も歯痛に苦しむ人は多い。ただ、現在のような歯科医療が存在しなかった時代には、苦痛を取り去る手段はもっぱら神仏への祈願やまじないであった。島根県隠岐郡では、歯痛の時は長尾田（隠岐の島町）の白山権現様へお参りして、萩の箸一二本をお供えするとよくなるという。福島県飯舘村草野では、白山様に歳の数ほど萩の箸を上げると歯痛しないが、その人一代は山で萩の箸を使ってはいけないといわれている。茨城県取手市でも、白山様は虫歯の神様といい、歯痛の時にはお参りする。萩を割箸にして、縄で芋がらを編むように長く編んで上げる。これを百膳といった。岐阜県輪之内町では、鵜森の白山比咩神社は歯の神様なので、歯痛の時は豆腐を持って参ると帰りには痛みが止まるといわれる。愛知県西春町九之坪〈北名古屋市〉でも、白山社に豆腐を供え、それを食べると歯痛が治るという。大阪府泉大津市北曽根では、白山神社は歯痛の神様で、祈願をして治ると針と糸で鳥居を作って納める。同市では、白山神社境内の黒い玉石を探して、その石を虫歯で噛むと痛みが止まる、とも伝えている。山梨県下曽根村〈甲府市〉では、白山様の石灯籠に載せた石で頬をなでて祈れば歯痛が治るという。岡山県上斎原村〈鏡野町〉では、歯の疼く時には「ヨウゴ村のハクサ権現さま、歯の痛みを止めてください」と三回たのめば効き目があるという。ハクサ権現は蛇を祀った神といわれる。ほかにも、白山神社を歯の神様とする土地は多い。神津文雄の『民俗への旅　歯の神様』（一九九一年）によれば、もともとははくさ（歯瘡）さんと呼ばれて信仰されていたものが白山さん（白山神社）と結びついた可能性があるという。『江戸神仏願懸重宝記』（文化一一年〈一八一四〉）に、「榎坂のえのき」と題して「溜池のあをい坂のうへに大えのきあり、この木の根にいたり白山権現と念じ虫歯のぐわん（願）をかけ、治してのち柳の楊枝を木の根に供ずるなりと里人の物がたりなれバしるす」とある。

○歯痛止めには「隠岐国《おきのくに》のあごなし地蔵さん、あなたの御利益で歯をなおしてください」と頼めばなおる（島根県赤来町〈飯南町〉）。歯の疼く時は、浜に出て線香を一本立て、茶湯を供えて北の方を向き、隠岐国のあごなし地蔵を拝むとよかった（山口県大島郡）。歯の痛みは、隠岐国のあごなし地蔵を信心せよ。全快すれば広告の札を上げるとよい（岡山県阿哲地方）。「安芸国《あきのくに》顎田村顎無地蔵様、歯の痛みを治して下さい。治して下さると名を広めてあげます」と祈願する（長野県北安曇郡）。「四国の地蔵さま、あごかけ地蔵様、歯の痛みを守らせ給え」と三回唱えて拝むと治る（福島市）。島根県隠岐の島町都万目《つばめ》に祀られているあごなし地蔵（木像）は、歯痛に霊験があるとして各地で信仰されてきた。言い伝えでは、隠岐に配流された小野篁《おののたかむら》が島を離れるときに刻んだものだという。小泉八雲の「伯耆から隠岐へ」に、「歯痛を病む人は、顎なし地蔵にお祈りをしますよ。ご本尊は隠岐にあるのですが、出雲の人たちはみんなそれへお祈りをします。治ったら、宍道湖《しんじこ》か、それともどこかの川か海か、でなければ流れ川へ行って、梨を十二、毎月一つずつ、―つまり十二カ月流します。その梨が汐の流れで、海をこえて隠岐へ運ばれていくと、みんなそう信じています」と紹介されている（『全訳 小泉八雲作品集』第六巻、一九六四年）。

○歯痛の時は、六地蔵様に参る（富山・愛知・徳島）、六地蔵様に豆を供える（奈良県室生村〈宇陀市〉）、田辺の法輪寺の六地蔵に立願しその前に炒り豆を埋めておく（和歌山県田辺市）、地蔵様を七か所参る（大阪府河内長野市）、地蔵尊に箸を献ずる（石川県松任市〈白山市〉）、地蔵さんに炒った大豆を供える（大阪府能勢町）、地蔵様の口に黒砂糖を塗る（秋田県仙北郡）、西岩代中村の地蔵に前掛けをお供えする（和歌山県南部町〈みなべ町〉）、地蔵様のほっぺたの石の粉を取ってつける（山形県長井市）、石地蔵様に水を上げそれをつける（秋田県山本郡）など、地蔵への祈願は多彩である。大柳の阿保原地蔵は虫歯の地蔵様である。虫歯が痛い時は煙草をふかして地蔵様にかけるとよい（福島県保原町〈伊達市〉）。歯の痛い時、使っている箸を持って地蔵さんへ卯の刻か酉の刻にお参りすると治る（岐阜県垂井町）。早朝または夜、人目につかぬように楢原のはえぬき地蔵にお参りすると歯痛が治る（兵庫県赤穂市）。歯が病む時は、上助の中学校の側の虫歯地蔵にお参りすると治る（静岡市）。
○新潟県横越町〈新潟市〉では、虫歯が痛む時は金塚の庚申塔（新発田市？）に炒り豆を持って行って「この豆が芽を出すまで、どうぞ痛くないように」とお祈りした。福島県二本松市では、遍照尊寺の雲堂和尚の墓石の下に炒った豆を入れ、お椀を伏せておく。その際「豆の芽が出るまで歯が痛くならないように」と唱える。山形県新庄市では、白蛇様（白蛇大権現）に炒り豆を三つ上げて拝み、箸で縁の下の土を掘り「この豆、芽が出るまで歯痛みさせないでください」と願いながら埋める。村の北方のサンマイ（墓場）にある六子童へ夜の子の刻に、人に見られないように行く。その時に炒り豆を供えて「この豆の生えるまで歯痛を止めよ、アビラウンケンソワカ」と三唱する（和歌山県岩出町〈岩出市〉）。石橋の上に立ち「この豆の芽が出るまで歯が痛まないように願います」と言って、歳の数だけの炒り豆を橋の下に振りまく（熊本県三加和町〈和水町〉）。菊岡沾涼の『本朝俗諺志』巻二（延享三年〈一七四六〉）に、大坂天王寺の東門の内に祀られている歯の神の小祠に祈願した際の記録が見える。「所の人云、歯の神へ立願すへし、大豆を少煎て持参し、此豆生て花咲実のるまて歯の煩を治せしめ給へと、社の下に埋むへしと也」とある。また、『諸民秘伝重宝記』（江戸後期）には、「歯のいたミを治す法」として「むし歯その外一切の歯の痛《いたむ》にハ、白豆三粒針にさし焼て石地蔵ある所の前にうづミ、此豆《この》に芽の出るまで歯のいたミをやめぬへしと立願すれハ立處《たちどころ》に治す」とでている。
○虫歯の時は、勝常のお薬師様の戌亥《いぬい》（北

西）の角のハギ柱を削って煎じて飲むとよい（福島県湯川村）。歯の痛む時は浅井村前野〈愛知県一宮市〉の薬師の楊子でなでると治る（愛知）。虫歯は観音の石像に頬をつける（長野県下伊那郡）。大師様のお札を貰ってきて柱に貼り、釘をさして叩くと歯痛がなおる（茨城県龍ケ崎市）。大師様の箸で虫歯を突っつくとよい（群馬県板倉町）。歯が痛む時は、おびんずる様の頬に黒砂糖をつけそれを自分の頬につけると治る（秋田）。歯痛は毘沙門天に参詣すると治る（同県矢島町〈由利本荘市〉）。歯の痛みは、大塚の羽黒山へ萩の箸を上げてお参りするとよい（茨城県龍ケ崎市）。歯痛の時は、高野山の奥之院で受けてきた歯痛に効く葉（名称不明）を痛い歯で嚙むとよい（三重県大山田村〈伊賀市〉）。高鳥の天満宮にタニシを食べないから虫歯を治してくれるようにお願いし、治った時はタニシを五個あげる（群馬県板倉町島）。自分の歳の数の豆を焼き清正公様に供える（京都府宮津市）。九頭竜様へナシを絶対に食べないから虫歯を治してくださいとお願いする（長野県佐久市高呂）。気仙郡小友村〈遠野市〉の明神様に卵を二つ持って参詣すると虫歯が治る（岩手）。男川村〈愛知県岡崎市〉瀧宮に祈願してその川水を掬えば歯痛を癒す。感謝の礼として人形を瀧宮に沈める（愛知）。歯痛は、佐久市平賀のお蛇様から小さな鎌を受けてきて口にくわえていた（長野）。歯の疼く者は宇野兵庫様の墓に参る。宇野兵庫は村で一番古い大家（山本という）の先祖で、その墓をフルハカサマといっている。鎌倉様式の宝篋印塔である。必ず治るという（山口県大島郡）。

○歯の痛む時は、便所の神様に祈願する（徳島県小松島市）、便所に灯明を上げる（和歌山県高野口町〈橋本市〉）、便所の神様に供えた繭玉を食べる（群馬県北橋村〈渋川市〉）という。

○神奈川県横須賀市西浦賀の常福寺（浄土宗）には、虫歯に霊験があるといわれる位牌がある。位牌には「良樹院殿珊譽昌榮大禪定尼尊霊位　寛永十一年八月八日」と記されている。生前、歯の病に苦しんだ珊女が、死に臨んで虫歯を患う者が私の位牌に祈れば助けようと言って亡くなったことに由来すると伝えている。かつては、歯痛が治った人は、お礼に白粉《おしろい》や紅などをお供えしたという（『新横須賀市史　別編　民俗』二〇一三年）。関連する記事は『新編相模国風土記稿』（天保十二年〈一八四一〉）や為永春水の『閑窓瑣談』巻二、万寿亭正二『江戸神仏　願懸重宝記』などに見える。

歯　は

(2) 歯痛と唱え言

○歯が痛む時、愛媛県小田町〈内子町〉では「天竺のこうかの山の青き虫、根は食うとも葉（歯）は食うな。アブラオンゲンソワカ〳〵」と唱えると痛みが止まるという。同じ唱え言は同県久万町〈久万高原町〉にも伝えられている。和歌山県大塔村〈田辺市〉では「天竺のリウシャ川に桃の葉食う虫がある。根を食うとも葉を食うな。ナムアビラウンケンソワカ〳〵」と言う。「天竺の口の川原の口柳、枝を食うとも歯（葉）ぞ食うな。」と言い、アビラオンケンソワカを三度唱える（長野県北安曇郡）。「天竺の猿沢の池の柳木の、根を食って葉を枯らす、葉を食って根を枯らす。アビラウンケンソワカ」と三度唱える（岐阜県下呂町〈下呂市〉）。「天の川の柳の虫も芽は食うとも葉は食うな」と三度唱えて、三度吹く（岐阜県板取村〈関市〉）。「天竺の、天の川の歯を食う虫の供養」と三回唱えるとよい（和歌山県本宮町田代〈田辺市〉）。「天竺の天の川原にざくろに似たる虫あらば根を食うよりもこの釘を食え」と唱えながら、この文句を紙に書き、小さくたたんで痛む歯の跡をつけ、そのところを梁などに打ちつけておく（長野県諏訪湖畔地方）。『続咒咀調法記』（元禄一四年〈一七〇一〉）に、「むしくひ歯のまじなひ」として「天ぢくの天野川原で葉を喰ふむしの供養、と三遍よミてさて次に、梅の木の楊枝をいたむ歯にくわえさせ、其楊枝のさきに灸を三火すべし」とある。

○高知県大野見村〈中土佐町〉では、子供が歯痛の時は、弘法の筆草で歯痛の頰をなでながら、「高野の奥の桃の木の根を食うても葉を食うな、アビラウンケンソワカ」と三度繰り返すと不思議に治る、と伝えている。兵庫県飾磨地方では「高野の山の歯（葉）を食う虫なれど、歯を食わずに枝を食え、アウラウンケンソワカ」と唱えて、ホーホーとほけ（息）をかける。「東の山の桃の木は、根は食うても葉は残る」と言って、アビラオンケンソワカを三回唱えると痛みが取れる（徳島県美馬町〈美馬市〉）。「桃の木の歯は食うとも根は食うなよアビラソウケン」と三度唱えると治る（静岡市）。「朝日さす、車にさしたる桃の枝、枝うつたびに虫歯とどまる」と言って、アビラウンケンソワカを三回唱えると歯痛が治る（茨城県美和村〈常陸大宮市〉）。

○歯痛には、「二見の浦のクツワムシ、茎は食うとも歯食うな」と言って真言を三回唱える（兵庫）。「伊勢の庭の黒檀《こくたん》の木に虫があっても菜（葉？）を食わぬ」と言うとよい（愛媛県柳谷村〈久万高原町〉）。「カラクサノ、ムシハクイドモ、ハハクワズ、アビランケンソワカ」と三回唱えると歯痛は治る（福島県平田村）。「東日の本、にいらんの草、根を絶って葉を枯らすぞや」と唱える（徳島県祖谷山地方）。「十五夜の月を片割れ月とたれがいうた、歯を食う虫がいうた、歯を食う虫は呪うて呪うて呪い殺す。アブラウンケンソワカ」と唱える（高知県仁淀村沢渡〈仁淀川町〉）。痛む歯を手でおさえ「馬千匹、かひらうんけんそが、そうが」と十回唱えると痛みが止むという（沖縄県竹富町）。「大空と同じ心の明らかにはれたる身は障りあるまじ」と唱える（兵庫）。「肥後の国の白石山のかんすけさんは歯をなおしてください」と三回言う（長野県上伊那郡）。「セイショコウのオッカサン」と唱えながら、痛む頬をなでてやる（茨城県北茨城市）。「三上のおんさん頼みます」と言って、軒端の小石をまくると治る（福井県丸岡町〈坂井市〉）。「西の国のマゴヘイ親子、歯が痛いでなおいて下さい」と線香を立てて祈る（長野県南木曽町）。頬をさすって息をかけ「アブラオンケンソワカ」と唱える（埼玉県大滝村〈秩父市〉）。「ますみ山のます明神、枡を一生枕にあてませんから痛みを止めてください」と三回唱える（福島県船引町〈田村市〉）。「柄杓水を飲まない」と四遍唱える（長野県北安曇郡）。

(3) 歯痛とまじない、オモトに針

○歯の痛む時は、オモトに針を刺すとよい（群馬・富山・長野・熊本）。富山県氷見市では、人の知らぬ間にオモトの根に針を刺すと治る、といい、群馬県子持村〈渋川市〉では、オモトに針を刺して「虫歯を治してくれれば針を抜きます」と言う。福島県船引町〈田村市〉では、虫歯はタラノキに穴明き銭を釘で止め、三回叩いて振り向かないで戻るという。同県飯舘村深谷では、タラノキに針を刺すと痛まないが、一代タラを食ってはならない、と伝えている。歯痛は、タラノキに針を刺しておけばよい（群馬・岐阜）。静岡県春野町〈浜松市〉では、夜、桑畑に行き、クワの木に木綿針を刺して「歯の痛みを取ってくれたら抜いてあげる」と言う。歯の痛む時はクワの木に針を刺すと治る（群馬県桐生市）。誰もいない時にウツギの木に針を刺して「私の歯が治れば針を抜いてやる」という（長野県諏訪諏湖畔地方)。ウツギの木の汁に針を突き刺すと虫歯の痛みが止まる(茨城県取手市)。生きたソテツに釘を打てば歯痛が治るという(長崎県壱岐郡)。歯痛になったらナンテンの木に針を刺す(大阪府能勢町)。歯の痛む時はナシに針を刺して川に流し、一年間ナシを食べない。翌年よりナシを食べても歯が痛まない(富山県氷見市)。ミョウガに針を刺して「よくしてくれたら抜いてあげます」と言う(長野県上伊那郡)。歯痛はハリギリに針を刺せば治る(岩手県江刺郡)。

○昔は、天保銭を敷居に打ちつけておくと虫歯が治るといわれた(群馬県板倉町)。歯が痛い時は五銭玉を敷居に釘づけにすると治る(埼玉県加須市)。上がり端に五円玉を釘で打っておき、虫歯が痛んでくるとハーと息をかけ三回叩くと治る(群馬県板倉町)。筆者も埼玉県玉川村〈ときがわ町〉の調査で、虫歯が痛む時は上がり端に文久銭を打ちつけるとよい、と聞いた。穴明き銭を戸口の地面に釘で刺しておくと歯痛が治る(愛知県岩倉市)。庭の真ん中へ穴のあいた銭を釘で打ちつける(長野県南木曽町)。一厘銭を庭のよく踏まれる所に金槌で打ちこむ(和歌山県那智勝浦町)。文久銭を痛い歯の上にのせて、アブラオンケンソワカと唱え、雨垂れの下に埋める(兵庫)。

○歯の痛む時はツバキの葉を歳の数だけ戸口に針で打っておく(愛知)。歯痛の時は柱に釘を打つと治る(神奈川県足柄地方)。家の後ろの柱に五寸釘を打ちつける(新潟県村上市上山田)。紙を痛むところに当て、その紙を水屋尻の柱に歳の数だけ釘を打てば治る(秋田県仙北郡)。白い紙を縦三寸、横二寸ぐらいに切って、人目につかない柱のかげの方に貼り、釘を刺して金槌で叩く(群馬県渋川市)。虫歯痛には、柱に布を当てて釘で三度叩くと痛みが消える(栃木県南河内町〈下野市〉)。
○歯の痛む時、三重県美杉村〈津市〉では「筑前の国山本勘助」と書いて大黒柱に貼り付けるとよい、といわれる。愛知県では「肥後国白石村勘助宅」と書いて柱に貼っておくと治るといい、治ったらそこにお礼の手紙を出すという。歯の痛む箇所を紙に書いて「摂津国豊島郡早尾政三郎墓場行」へ手紙を出す(同県)。群馬県倉渕村大反〈高崎市〉では「山中かんすけのいえ」と半紙に描いて大黒柱に貼っておく。「備前国川口村内家善左衛門(男女幾才)」と書き、人目によくつく鴨居に貼っておくと歯痛が治る(岐阜県本巣町〈本巣市〉)。
○虫歯は、二センチ四方の紙に「虫」の字を九つ書いて「アビラウンケンソワカ」と息をつめて三度唱え、虫を書いた紙を四方から包むように丸めて歯につける(福島県岩代町杉沢〈二本松市〉)。歳の数だけ虫の字を書いた紙を細かく折って、便所の柱に釘で止め、痛む時はその釘を打つと痛みが止まる(茨城県美和村〈常陸大宮市〉)。福島県三春町実沢では、白紙に虫と書き、格子型に八本の線を引き、四角に折りたたんで五寸釘でどこにでも打ち付けておいて、痛みだしたら釘の頭をトントンと叩くという。群馬県桐生市では、半紙に虫の字を書き四つに折って、痛む歯でこれを嚙み、柱に釘づけにする。
○三重県熊野市桃崎では、歯痛の時は「ウマセンビキ」と書いて鴨居に貼り、オビラウンケンソワカと三回唱えた、といい、秋田県では「馬千匹」と書いた紙で撫でれば歯痛は治る、といわれる。蛇という字を三つ書いて、その紙を小さくたたんで柱に釘で打ちつける。治ったら川に流す(福島県飯舘村飯樋)。歯が痛む時は「啄木鳥」と書いた紙を嚙むと止まる(石川県金沢市)。紙に星の形を書いて痛む歯で嚙んで、それを便所の柱へ釘でその人の歳の数だけ叩いて打つ（長野県北安曇郡）。歯痛を病む時は便所へ小僧を画く（同県諏訪湖畔地方）。
○和歌山県田辺地方では、白紙を一二《いんに》が二と唱えて横に折り、二三が六と唱えて縦に折り、また二四が八と唱えて横に折る。これを家の南の柱に釘で止めておき、歯が痛む時に鉄鎚でその釘を打てばたやすく治る、という。虫歯のまじないは、一辺三寸くらいの正方形の紙を作り、「日」を九つ書いて文字を内側にして折る。一辺が一、二分程度に折りそれを歯で嚙む。四、五分間たったら嚙んだ紙を針で柱などに打ちつけて「どうだ、どうだ」と一度打ちつけるたびに聞き、五、六回その動作を繰り返す（茨城県桜村〈つくば市〉）。
○歯の痛みを止めるには「危（急？）急如律令」と紙に書いて、これを八つに折って痛いところに入れて嚙む（福井市）。「天鬼喼急如律令」の字を白紙に書いて歯にはさむと速やかに治する（群馬県沼田市上発知町）。福井県大野市では、歯の病に飲む符として「天魑喼急如律令」が知られているが、ほぼ同じ符が『新撰咒咀調法記大全』（天保一三年〈一八四二〉）に「天魑喼急如律令　この符をのミて祈念すべしいたミ止る」と見える。占い師などを介して重宝記の知識が民間に流布した可能性が考えられる。
○虫歯の痛む時、歯型を紙に書いて痛む歯に印をつけ小さく折って、これを流しの柱に釘で打ちつけ、次の呪文を三度唱える。「ふじのもとの　あぐなし地蔵　この歯なおせば無礼でおくる　おんあびらうんけんそわか　のうまくさんまんだ　ばさらだあせんだ　まかろしやだそわか　たあやうんたらたあ　かんまん」（福島市）。両足を揃えて細紐でその回りを測って、その紐を紙の上に置き、顔の輪郭として顔を描く。口の位置をきめ、歯を描きこんで、痛む歯の位置が表に出るように紙を折り、その歯の部分に釘を当て、家の土台に打ちつけた（長野県佐久市清川）。足の裏の形を半紙に写し取り、これに目・鼻・口を描き入れ、口から歯を出すように描き、痛むところに錐を刺しておけば治る（群馬県板倉町）。痛む歯が右側なら右足、左側ならば左足を紙にのせて、筆で足型を写し取る。その足型の中に歯茎を描き、痛む歯を描いてそれに灸をすえた（新潟県村上市門前）。歯痛には口中の絵を描き、痛む歯を墨で塗り便所に貼る（愛知県旭町〈豊田市〉）。『続咒咀調法記』（元禄一四年〈一七〇一〉）に「絵にかくのごとく図をいたし、我が歯何枚ありとかぞへ、図にもその数などかき、そのいたむ歯に鉄釘《かなくぎ》にて柱に打つくる、いたミ止《やみ》て其釘をぬくべし」とある。

○福島県金山町川口では、痛む歯の頬に墨をつけて円く塗り、そこに人差し指を軽くおいてくるくる円を描くように撫でながら唱え言をする、という。痛む歯で刃物をくわえ、その歯の上の頬に墨を塗る（長野県北安曇郡）。虫歯の痛い時は、頬っぺたに墨で丸を一つ描いてもらえば治る（新潟）。

○歯の痛む時は、火箸を十文字にして痛む歯の頬の上に置き、火箸の十文字の上に大きな灸をすえる。歯がひどく痛む時には火箸の上のもぐさがパチ〳〵と音がしてはぜる（兵庫県小野市）。横になり火箸を耳から痛む側の頬へかける。その火箸の上からお灸をしてもらう（広島県加計町〈安芸太田町〉）。ヤナギの枝を口にくわえ、その先にお灸をすえると歯の痛みが止まる（長野県上伊那郡）。歯痛には敷居へもぐさをすえるとよい（高知県香我美町徳王子〈香南市〉）。擂鉢の裏底にお灸をすえる（栃木県湯津上村〈大田原市〉）。

○韮《にら》の実（乾燥したもの）とツバキの油を瓦の上にのせ、その瓦を燻《いぶ》す。そのとき出る煙を痛む箇所に当てるために、木製の椀で蓋をし、椀の底に穴をあけ、その穴に管（機織りの時に使用する竹製の管）を通して煙を一か所に集める。煙をしばらく痛む箇所に当てていると、椀の内側に白い虫のようなものが、へばりつくのが見られる。これが歯を痛めた虫である（熊本県有明町〈天草市〉）。根岸鎮衛の『耳嚢』巻二に、「虫歯痛みを去る奇法の事」として「韮《ニラ》の実を火に焚《たき》て、右煙りをもつて痛《いたみ》候所をくだ抔《など》にて通し、いぶし候《そうら》へば即効あり、と人の語りしに、亦或人の言へるは、瓦を焼《やき》て半盥《はんぞう》やうのものへ入《いれ》、にらの実を置《おき》湯をかけ候へば、煙りたち候を、右煙りにて耳を蒸し候へば、耳より白きもの出《いで》候。右白きものは虫歯のむし也といへるが、まのあたり様《ため》し見し、と人の語りける。」とある。ネギの白根をくすべて管で痛い歯へ煙を這わすと治る（和歌山県高野口町〈橋本市〉）。煙草の煙をキセルから虫歯に入れる。キセルの脂《やに》を入れる（共に沖縄県伊是名村）。湯立神楽の消し炭を当てると歯の疼きが治る（福岡県北九州市）。

○歯痛は算盤の桁《けた》に灸をすえる（栃木・岐阜・広島）。算盤で八九三《はくさ》を六四八《むしば》で割ってそれで撫でると痛みが治る（長野県諏訪湖畔地方）。群馬県赤城根村〈沼田市〉では、算盤に六四八とおき、これを二九四で割り、その割り残りのところに灸をすえるという。二九四は憎しか。

○歯痛は、雷の落ちた木を削って歯をつつくと痛みが治る（岩手・福島・新潟・長野・岐阜・奈良）と各地でいう。落雷にあった木片を噛みしめる（石川・岐阜・岡山・島根・徳島・福岡）。落雷のあった木で虫歯を撫でる（群馬県板倉町）。

○岡山県上斎原村〈鏡野町〉では、ヘビを殺すと歯が疼くといわれ、もしヘビが死んでいたら「歯が疼きませんように」と言って埋めてやると疼かない、といい、大阪府能勢町では、へビが死んだら埋けておいて、歯痛の時は線香を立てて拝むと治るという。死んだ蛇を埋けてやると歯痛が治る（岡山・鳥取）とも。へビは白山神社の使いともされるところからいうのであろうか。和歌山県日高町で、歯が痛む時は蛇が脱いだ皮を口に入れると治る、といい、同県高野口町〈橋本市〉では、へビのかたびら（脱け殻？）やハビ（マムシ）の頭を噛むという。『新撰咒咀調法記大全』（天保一三年〈一八四二〉）に「まむしの骨をいたむ歯にてかミしめてもよし」と見える。歯痛には、へビの脱け殻を痛む箇所に当てる（熊本県有明町〈天草市〉）、マムシ酒を含む（新潟県山古志村梶金〈長岡市〉）、ウマの歯を口に含む（岐阜県垂井町）、脱脂綿に包んだ馬糞を痛むところに入れる（群馬県桐生市）、ネズミの糞を噛む（長野県北安曇郡）、ヤマホーズェー（煙管貝）の尻でつつくとよくなる（長崎県壱岐郡）などという。滝沢馬琴の『燕石雑志』巻五に「齲《むしば》を患《うれ》ふるもの、節分の日門に挿たる鰯の頭《かしら》を霜《くろやき》とし、その痛む歯へ銜《くゝま》すれば即癒《すなはちいゆ》。」と見える。

○歯の痛い時は、梅干を噛む（山形・新潟・岐阜・愛知・奈良）、梅干をのばして頬にはる（新潟・岐阜・愛知・徳島）、梅干の皮とニンニクをおろした物を練り合わせて頬にはる（福岡県田川市）。ナシに名前と年齢を書いて川に流す（石川県金沢市）。ナシを川に流して「どうぞ虫歯をなおして下さい」と願をかける（新潟県栄町〈三条市〉）。ナシを断つとよい（和歌山県高野口町〈橋本市〉）。歯痛の時はモモの枝を噛む（長野・茨城・大阪）。痛む歯でモモの枝を噛み、枝の先にやいと（灸）をすえる（島根県赤来町〈飯南町〉）。歯の痛い時は、ヨモギを噛む（岐阜県蛭川村〈中津川市〉）、ヨモギの灰を飲む（岐阜県美山町〈山県市〉）、ヨモギを塩でもんで痛いところに入れる（愛知）。痛い歯の方の耳へネギをつける（愛知県北設楽郡）。ネギの白根を嚙む（島根県赤来町〈飯南町〉）。歯の痛む時は塩水を口に含む（愛知）。ユキノシタに塩を包んで嚙む（大阪府茨木市）。青松葉を口に入れる（山口県大島郡）。カキの葉をくわえて祈禱してもらう（茨城県常陸太田市）。ザクロの木の皮を嚙む（石川県七尾市）。シロナンテンの実を虫歯の中に入れる（福島県天栄村）。歯茎が痛くなった時は苦い木をなめればよい（岩手県九戸郡）。歯痛は、ダイズを炒って橋の下に埋める（大阪府能勢町）。ダイズを真っ黒に焼いて、村境にある橋の上に置いてくると痛みがとれる（群馬県板倉町）。

○歯痛は、お墓に供えた団子（岩手県紫波郡）、菓子（大阪府能勢町）、餅（奈良市）を食べると治る。墓石の苔を焼いて食えば治る（長野県北安曇郡）。火葬場で用いた火箸でつつけば治る（秋田県北秋田郡）。

○虫歯には、餅搗きの杵や臼にへばりついた残りの餅を食べるとよい（山口）。胡麻餅を門口において誰かが食べると虫歯の痛みが治る（岩手県西磐井郡）。六方饅頭（六面体の饅頭）を食べると治る（大阪府泉大津市）。饅頭で口の周囲を撫でて、病人の臥している上に吊るしておく（和歌山県南部地方）。饅頭に糸を通して天井に吊るす（岐阜県川島町〈各務原市〉）。年神に供えた正月一四日のウメの木に一二個つけた団子を歯痛の時になめると治る（栃木県烏山町〈那須烏山市〉）。

○歯痛の時は、風呂場に「石山村のゲンゴロ……」と書いて貼る（栃木県都賀町〈栃木市〉）。歯と書いた紙を風呂場に貼る（愛知）。便所に線香を立てて祈願する（愛知・大阪）。

○虫歯の痛む時、男は女の恥部の毛を一本くわえると痛みが止まる。女の場合は男の恥部の毛をくわえる（高知県大月町小才角《こさいつの》）。歯が痛い時は爪を押すとよい。どの歯が痛いかによって押す爪がちがう（茨城県大子町）。
○歯痛には、臼の杵の減っているところを挽き切り、戸口に貼る（奈良県五條市）。包丁で切る真似をする（群馬県倉渕村〈高崎市〉）。ヘラ（杓文字）をあぶって虫歯のいたむところに当てる（岩手県久慈市）。イバラの箸で食事をすれば歯痛を忘れる（兵庫県小野市）。お椀に水を入れて半紙で覆い、その上に燠をのせ紙が落ちたら、その水を病む歯につける（愛知県豊根村）。歯痛の時は焼酎や冷水を口に含むと治る（新潟県畑野町〈佐渡市〉）。オボチ（仏壇にお供えするご飯の器）の底を火であぶり、それを患部に当てる（福島県西会津町）。歯が痛い時は、茶碗に箸二本を十文字に置き、その間から水を飲めばよい（岩手県陸前高田市）。虫歯には、硯を押しつけておくとよい（茨城県常陸太田市）、溝《どぶ》をきれいに掃除する（群馬県板倉町）。流し台の垢を頬に貼れば歯痛が治る（青森県深浦町）。

歯

⑷強い歯、虫歯にならない

○生まれて百日目ころに行う「食い初め」では、生児に少しばかりご飯を食べさせる真似をするが、この時の膳に石のおかずなどと称して小石を添える土地も多い。これを歯がためといい、丈夫な歯が生える呪《まじな》いである。福島県鏡石町では、食い初めは男児は百十日目に、女児は百九日目に行う。このときお膳に石を供え、この石を赤ん坊になめさせる。歯が丈夫になるという。石は川から硬そうなものを拾ってくる。栃木県大平町〈栃木市〉では、生後百十日目の子供にお食い初めと称して、石をおかずにご飯を食べさせる真似をする。こうすると歯が丈夫になるという。群馬県太田市では、子供の食い初めのとき、茶碗の中に石を入れて食べさせる真似をすると歯が丈夫になるといわれる。京都府木津村〈京丹後市〉では、生後百日目に食い初めをする。長男長女の場合、子供膳を新調し、赤飯を炊き飯、汁、小皿物をそれぞれ椀につぎ、川から美しい石を一つ拾って来て膳につける。石は頭も歯も固いようにとの心である。

○年中行事のなかには、虫歯の予防を願う俗信がちりばめられている。元日に飴を食べると歯が丈夫になる（岩手県胆沢郡）。正月二日にカキやクリを食べれば虫歯を病まぬ（長野県北安曇郡）。便所へ上げた繭玉を食べれば虫歯にならない（同県朝日村）。小正月の便所の団子を食べると歯が悪くならない（群馬）。便所の神であるウッサ明神（烏枢沙摩明王）はテンボウの神様できれい好きだといい、一月一四日の夜、膳立てをして便所に持っていき、少しの間置き、その後でみんなで食べると歯を病まないといった（群馬県倉渕村川浦・権田〈高崎市〉）。小正月の火祭りであるドンドヤキの火で団子を焼いて食べると虫歯にならない（埼玉・山梨・長野・岐阜）。ドンドヤキの火で神棚に飾ってある餅を焼いて食べると歯がかたまる（福島県鏡石町）。サイノカミ（ドンドヤキ）の火で煙草を吸うと虫歯にならない（山形・福島・新潟・長野・静岡）。鳥追いの燃え残りのタケで箸を作ると虫歯にならない（茨城県藤代町〈取手市〉）。二月一日に正月のお供え餅をおろして焼いて食べると歯固めといって歯が丈夫になる（福島県須賀川市）。節分の豆は歳の数ほど食うと歯が丈夫になる（同県岩代町〈二本松市〉）。節分に便所にまいた豆を食べると歯が丈夫になる（群馬県桐生市）。節分の日に豆の木に挿したホシコ（ごまめ）を、人に知られないように食べると虫歯にならない（福島県須賀川市）。節分の夕方、芝焼きをするとき「歯が痛みませんように」と祈願すると、歯痛が起こらないという（高知県伊野町神谷〈いの町〉）。六月一日に、飴を食べると歯が丈夫になる（岩手県胆沢郡）、歯固めといってかき餅を食べると歯が丈夫になる（兵庫・愛媛）。旧六月一日に、餅を食べれば歯が丈夫になる（秋田県阿仁町〈北秋田市〉）、正月の鏡餅を食べると歯が丈夫になり歯痛が一生起きない（岡山県本郷村〈新見市〉）、干し餅と雪を食べると歯が丈夫になる（青森県五所川原市）。お盆の送り火で焼いたものを食べると虫歯にならない（岩手県久慈市）。無縁仏の墓石に刻まれた文字に、八月一三日の墓参りの折に団子をはめ込むと虫歯にならない（福島県喜多方市）。一二月一日のかびたれ餅を拾って食うと虫歯にならぬ（栃木県真岡市）。○枕団子を食べると虫歯がくわぬ（愛知県北設楽郡）。お墓の団子、お葬式の護符を食うと虫歯にならない（福島県天栄村）。野焼場や納骨時のヤシキモチを食べると虫歯にならない（青森県蟹田町〈外ヶ浜町〉）。火葬の火で煙草をのめば歯が強くなる（石川県石川郡）。お墓に供えたものを食べると虫歯にならない（岩手・長野）。お墓に上げた団子を食べると虫歯にならない（岩手・長野）。○死んだヘビを埋めてやると、歯が丈夫になる（和歌山県日高町）、歯が痛むことがない（岡山）。ネズミの食い残しを食べると歯が強くなる（岐阜県上石津町〈大垣市〉）。ネズミの食ったものを食べると歯が丈夫になり、虫歯にかからない（岡山県阿哲地方）。○ナンテンの木で箸を作って食べると中風や虫歯にかからない（群馬県太田市）。ハギの箸で食べると虫歯にならない（岩手県気仙郡）。バラの箸で食べると虫歯にならない（福島県平田村）。タマンバラ（サルトリイバラ？）の木で箸を作って飯を食べると虫歯にならないという（群馬県太田市）。ミカンの好きな人は歯が美しく丈夫である（徳島県小松島市）。歯をほじくった針をクワの木に刺すと歯痛にかからない（愛知）。モモの中の実を食えばいい男になる、虫歯を病まぬ（長野県北安曇郡)。
○茨城県日立市では、昔から漁師のあいだではは銭湯に行って手拭で歯をみがくと丈夫になると信じられており、一部では大正の初期までやっていたという。石川県鹿島郡でも、入浴のとき浴槽内の湯を手拭に浸し、歯をみがけば強い歯になる、と伝えている。風呂水で歯を磨くと歯の性が丈夫になる(栃木県芳賀郡)。
○虫歯にならないためには、初雪を食べる、臼の残り餅を食べる(共に長野県北安曇郡)、ソラマメなど硬いものを食べる(奈良市)、雷の落ちた木で作った楊枝を使う(秋田県雄勝郡)、毎日便所を掃く(岩手県岩手郡)、毎月三日月さまに何でも二重ねのものを供える(岡山)などという。岡山県上道郡では、庭の入口に一厘銭を打ちつけておけば歯の痛むことなしという。岩手県住田町では、歯の弱い人は神社の狛犬をなめるとよい、といい、徳島県小松島市では、神前の獅狛はんにお米を供えて拝むと歯が丈夫になる、といわれる。
○虫歯や歯痛を防ぐ俗信とは反対に、禁忌を破ると制裁として歯を患うとする伝承がある。便所で唾を吐いてはいけない。唾を吐くと、虫歯になる(岩手・宮城・茨城・長野・奈良)、歯が痛くなる(山形・福島・群馬・埼玉・長野・愛知・鳥取)、歯が弱る(秋田県仙北郡旧中川村)、歯が抜ける(鳥取県安来市)などという。便所で口笛を吹くと虫歯がでる(岩手県二戸郡)とも。
○カキの種を火にくべると歯を病む(群馬・長野・岐阜・京都)。梅干を囲炉裏に捨てると歯が痛くなる(福島県熱塩加納村〈喜多方市〉)。ハギの箸で飯を食うと歯を病む(岩手・福島)。山でハギの箸で弁当を食べると歯がいたくなる(岩手県気仙郡)。タケの箸で飯をくうと歯が痛くなる(岐阜県八百津町)。箸を燃やすと歯痛を患う(石川県鹿島郡）。小児にとろろ芋を食わせると歯根が腐る（岩手県東磐井郡）。ナスの食べかけを食べると歯を病む。初雪を食べると歯が痛くなる（共に長野県北安曇郡）。寝ていてものを食うと歯の性がもろくなる（愛知県赤羽根町〈田原市〉）。麻がらで歯をほると虫歯を病む。赤子の頰を押さえると赤子は歯を病む（共に長野県北安曇郡）。白馬に歯を見せると虫歯になる（栃木県真岡市）。空臼《からうす》を搗くと虫歯を病む（秋田）。

歯　は

(5) 六月歯、十月歯の呪法

○歯が生えて生まれた子を鬼子と呼んで、かつては忌み嫌う風があった。親子のうち一方が死ぬといって恐れた（愛知県設楽町田峯）。高知県大月町小才角では、下駄をはいて餅を搗くのを忌む。もし、それをすると歯の生えた子ができる、といい、佐賀県脊振村〈神埼市〉や岐阜県安八町などにも同じ伝承がある。和歌山県日高町では、餅搗きのとき下駄ばきで搗くと歯の悪い子を生む、といい、同県那賀郡では、差下駄《きしげた》（足駄）に腰をかけると歯の生えた子を生む、といわれる。岩手県胆沢郡では、生まれた時に歯が生えた子は盥に入れて川に流し、橋を一つくぐらせる、という。福島県保原町〈伊達市〉でも、歯が生えて生まれた子供は橋の下をくぐらせる、と伝えている。群馬県桐生市には、生まれた時歯の生えていた子は鬼子といって山椒の擂粉木で打つ、との伝承がある。

○歯が生えて生まれた子を異常視し忌む風は早くから知られていた。松永貞徳の『徒然草慰草』二（慶安五年〈一六五二〉）に「日本ハおろかなる風俗にて、歯の生えたる子をうミてハ鬼子とい丶てころしぬ、牙歯《げし》ハ腎の藏をつかさとるゆへ、はやくはのおふるハ精力つよく無病なる子なるを、生るれハそのま丶うしなふことぞあたら事にてこそ侍れ」と見える。『奇異雑談集』巻二（貞享四年〈一六八七〉）の「獅子谷にて鬼子を産し事」は、明応七年（一四九八）のころ、京の獅子の谷の一村で、上に歯二本下に歯二本ある鬼子が生まれ、父が横槌で叩き殺したという話である。また、弁慶は生まれたときに歯が生えていたという話もよく知られており、この種の風聞や説話に関する記録は多い。
○生まれて七日目に歯が生える子は鬼子といって、一度捨て子にして拾いあげる（長野県北安曇郡）。二か月目、三か月目くらいで歯の生える子は鬼子（同県飯田市）。四か月ぐらいで歯が生えると親食い歯といって嫌った（福島県広野町）。一方、初めて生える歯が一〇〇日以内に生えれば非常に出世するという（群馬県桐生市）という報告もある。
○生後六か月前に歯が生えると、これを、六《む》月歯《つきば》（山形・福島・栃木・新潟）とか親食い歯（福島）といって嫌った。六月歯は、親を食う（秋田・福島）、親か子が死ぬ（山形県米沢市）、親不孝者（福島市）、子供がよく育たない（栃木県葛生《くずう》町〈佐野市〉）といわれる。新潟市谷内《やち》では、ムツキバ（六か月目に生えた歯）の子は、成人後に親の葬式をしないという。
○山形県櫛引町〈鶴岡市〉では、生まれて六か月もたたぬうちに歯が生えると六月歯といって嫌い、手籠《てんご》に入れて肥塚（堆肥を積み上げたところ）に捨てる。この場合、予め人に頼んでおいて拾ってもらい、捨て子を貰ったことにする。拾い親には酒一升を礼にする。福島県西会津町では、子供を三叉路か橋の上に捨て、他の人に拾って貰うとよいという。六月歯の子は道端に捨て、他家の者に拾ってきてもらう（栃木県葛生町〈佐野市〉）。四辻に一度捨てそれを拾ってもらう（秋田）。福島市では、六月歯の子供は親不孝者だから川に流せといわれていた。ハンギリ（盥）に乗せて上流から流す真似をして、下流に待ち受けている親類の者に拾い上げてもらった。拾い子をしてもらった者を「親がわり」と呼んで、成人してからも恩義を感じたという。福島県保原町〈伊達市〉では、六月歯の子は盥に入れて池に浮かして拾ってもらうとか、歯が弱いので川に流せという。また、六月歯は親食い歯だから袴を質に入れてもお祝いせよ、などの俗信があった。山形県南陽市では、六月歯の子は橋の下をくぐらせて拾ってもらう。六月歯の子は、盥に入れて橋の上流から流し、橋をくぐって拾ってもらう。拾ってくれた人を呼んで赤飯の御馳走をする（福島市荒井）。いずれも、六月歯の厄が憑いた身体を辻や橋といった境界から他界に捨て去る行為だが、その際、身体については拾うという手段で取り戻す。つまり、厄の落ちた状態にして健やかな成長を願う擬死再生の習俗といってよい。土地によっては、挽き臼に子供を乗せ臼を回す真似をする（福島県須賀川市仲）とか、六月歯は集落のまじないをする人に抜いてもらう（同県郡山市）との報告もある

○群馬県渋川市では、十か月目に歯が出るとトゥバ（塔婆）になるといわれた。丈夫に育たないというので、前もって拾い主を決めておいて、その子を三本辻へ捨てた。捨てに行くときは、大豆の炒り豆を半紙にくるんで持って行き一緒に置いておく。拾い主は子供のすぐそばにいて、少し間をおいて拾い上げる。子供とともに大豆も拾って来て、できるだけ大勢の人に食べてもらうようにした。大勢であればそれだけ子供が丈夫になるといわれた。栃木県烏山町〈那須烏山市〉では、生後十か月で歯が生えると「十月《とつき》トゥバに立つ」といって嫌われた。そのときは、歯が抜けるようにと、子供に餅を食べさせる。福島県天栄村では、十か月で歯が生えると塔婆を書くようになる（死ぬ）といった。そんな場合には、赤

子をいったん捨てるとよいといい、盥に赤子を入れて橋の下をくぐらせる。これらは、「十か月目の歯」から十歯《とおば》、塔婆を連想したものであろう。大藤ゆきは「十《と》月歯《つきば》も塔婆に音が通じるので全国的にきらわれている」と述べている（『児やらい』一九六七年）。
○子供の歯が早く生えると、次の子が近い（茨城・長野）。福岡県岡垣町では、子供の歯が早く生え揃うと次の子が生まれる、という。歯が早く生え始めると歯が弱くなる（福島県広野町）。反対に、歯の生えるのが遅い子は、丈夫（福島・愛知・徳島）、達者（大阪府摂津市）、長命である（和歌山県由良町）という。
○七月目に歯が生えた子は、七歳で歯が替わる（福島・愛知）。八か月にして生えた歯は八歳、九か月にして生えた歯は九歳にして抜け替わる（群馬県桐生市相生）。
○子供の歯が生えないときは、白山さまへ金の鳥居を上げると言って願をかける（長野県北安曇郡）。歯の生えぬ者は赤牛の臀《しり》を舐めよ（岡山）。『咒咀調法記』（元禄一二年〈一六九九〉）に「歯はへざる大事」として「おねずミ（男鼠）のせぼねを粉《こ》にし、すりぬれバすなハち生ずる、甚《はなはだ》妙也」とある。
○乳歯が上から先に生えると、その子は夭死するか親の命を縮める（石川県河北郡）、その子は死ぬ（鹿児島県金峰町〈南さつま市〉）、ガラッパどん（河童）に合う（同県松元町〈鹿児島市〉）といって嫌う。長崎県壱岐島では「上の歯から早く生えるのも悪いとされている。もし上から生えたら七機一反の着物をきせるか、日中機《ひじゅうばた》（その日に立ててその日に織り下す）を織って着せねばならぬといわれている。」（山口麻太郎『壱岐島民俗誌』一九三四年）。『改訂 綜合日本民俗語彙』の日機《ひばた》の項目には、「一日のうちに機にかけて織り上げ、着物に仕上げることを北九州で広くいう。赤子の歯が上からはえたときなどにする。」とある。大藤ゆきの『児やらい』に「鹿児島地方でも上歯が先にはえると水神様に命をとられるといって、ヒゲ布（日機のこと）をつくって子どもに着せ、そのきものは身代わりに川に流す。あるいはわら人形にそのきものをきせて川に流したりする。」と見える。同書で大藤は日機について、「おそらくもとは神様に捧げるものは一日でつくり上げねばならぬ信仰があったのであろう。」と述べている。通常、乳歯は下の前歯から生えるためか、たまに上から生えるのを嫌う。しかし、新潟県山古志村虫亀〈長岡市〉では、上の歯が先に生えると出世する、または縁起がよい、と伝えている。一般的ではない稀なケースを吉兆と解釈する例といえる。

○歯が一本だけ生えるのは位牌歯で、その子は育たない（新潟市笠木）。乳歯が二本揃って生える子は大いに出世するという（群馬県桐生市）。

歯　は

(6)下の歯は屋根の上、上の歯は縁の下

○抜けた乳歯の始末に関する俗信は多い。なかでも、下の歯は屋根の上に、上の歯は縁の下（または床下）に投げる、という伝承は全国的に分布する。投げる際に「ネズミの歯と替えてくれ」（岡山県久米町〈津山市〉）など、唱え言を伴っている場合も多いが、この点については次の「(7)ネズミ型と鬼型」の項で述べる。こうすると、丈夫な歯が生える（岩手・福島・茨城・新潟・愛知・京都・島根・徳島ほか）、歯が早く生える（宮城・山梨・岐阜・静岡・愛媛・鹿児島ほか）、良い歯が生える（岩手・栃木・石川・岡山・鳥取・高知・福岡ほか）、よく生え揃う（熊本県南関町）などという。これをしないと、歯が生えない（香川・沖縄）とか、歯の生えるのが遅い（徳島）と心配する報告もある。

○下の歯を屋根に投げ上げるのは、ほぼ全ての事例に共通しているが、上の歯については、縁の下（床下）に投げ入れるほかに、いくつかの類型が確認できる。下の歯は屋根に投げ、上の歯は、雨垂れ（雨垂れ落ち）に埋める（岐阜・愛知・大阪・奈良・和歌山・三重・兵庫・香川）、雨垂れに捨てる（福島・新潟・石川・岐阜・愛知・三重・兵庫）という。香川県直島町では、抜けた乳歯は「三日のうちに歯が生えますように」と言って、上の歯は雨垂れに埋め、下の歯は屋根の上に放り上げる。下の歯は雨樋に、上の歯は雨垂れに捨てる（愛知県下山村〈豊田市〉）。上の歯は雨垂れに置き、下の歯は雨垂れから空へ放り上げる（石川県加賀市）、抜けた歯は雨垂れに打たしておくと良い歯が生える（富山県入善町）など、細かい点では変化があるが、こうすることで、丈夫な歯が生える、早く生え替わるといったことが期待されている。ここでは、抜けた乳歯の処理の場所として雨垂れ落ちが重要な役割を果たしている。雨垂れ落ちはしばしば指摘されるように、この世とあの世の境界としての性格を帯びたところといってよい。子供の生まれたときに雨垂れ落ちの石を産の神に供えるとか、ここを三途の川と呼んで冥土につながっているとの言い伝えがある（例えば、桂井和雄『生と死と雨だれ落ち』一九七九年）。雨垂れ落ちに埋めたりするのは、抜けた歯を他界に捨て去る意味であろう。福井市では、抜けた歯はどこへでも捨てずに、雨垂れに捨てないと次の歯がうまく生えない、といわれる。他界性という面では屋根や縁の下についても言えるのではないかと思う。

○下の歯を投げるのは「屋根の上」とだけいう場合が多いが、なかには「便所の屋根」と特定している例もある。下の歯は便所の屋根に投げ上げ、上の歯は便所の雨垂れに埋める

（岐阜・愛知・滋賀・京都・大阪・兵庫）。歯が抜けると「ネズミの歯と替えてくれ」と言って、下の歯は便所の屋根へ投げ、上の歯は便所の雨垂れに埋める（兵庫）。和歌山県紀北地上で、上の歯が抜けたら雪隠の雨垂れの下に埋め、下の歯が抜けると屋根に放り上げる、というが、下の歯の場合は便所の屋根かどうか分からない。
○下の歯は便所の屋根に投げ、上の歯は、便所の下に捨てる（新潟・和歌山・三重）、便所の脇に埋める（奈良市・三重県美杉村〈津市〉）、便所の床下に捨てる（福島県三春町）。下の歯は屋根に投げ、上の歯は便所に捨てる（福島・新潟）。下の歯は便所の屋根に投げる（石川・愛知・大阪）。新潟県山古志村虫亀〈長岡市〉では、抜けた歯は便所に捨てる。上の歯が抜けた時は下に向かって投げ、下の歯は上に向かって投げる、という。
○下の歯は屋根に投げ、上の歯は流し（水屋）の下に捨てる（岩手・秋田・群馬・神奈川）。群馬県安中市では、乳歯が抜けると、上の歯は流しの下に、下の歯は便所の屋根に放り上げると、良い歯が生えるという。歯は「良い歯に替われ」と言いながら、上の歯は勝手の流しに、下の歯は屋根に投げ上げる（神奈川）。抜けた歯を流しの下に投げて「ネズミ、ネズミ、汝《な》の歯は強い、吾《わ》の歯と取り替えろ〳〵」と言えば、新しい良い歯が生える（青森県鶴田町）。長崎県吾妻町〈雲仙市〉や南有馬町〈南島原市〉では、下の歯は屋根の上、上の歯は水瓶《みずがめ》のそばに置くと、自然と歯が生えて来るという。
○下の歯は屋根に投げ、上の歯は、溝に捨てる（富山・石川・奈良・熊本）、下水溜《ため》に捨てる（山形・新潟）、堀に捨てる（愛知県豊橋市）、堰《せき》に捨てる（山形県酒田市）という。富山県氷見市では、抜けた歯は、上の歯は井《せい》溝《こう》に捨て、下の歯は屋根へ投げ上げる。石川県江沼郡では、上の歯は溝に、下の歯は屋根に放る。それをカラスが食べると歯が生える、という。

○ほかにも、下の歯は屋根に投げ、上の歯は、肥塚に捨てる（山形県櫛引町〈鶴岡市〉）、橋の下へ投げる（石川県鹿島町〈中能登町〉）、湯殿（風呂場）に捨てる（佐賀県武雄市）、竈の影（陰？）に捨てる（岩手県胆沢郡）という所がある。岩手県山形村〈久慈市〉では、上の歯は下に、下の歯は上の鼠がいそうな所に投げるときれいで丈夫な歯が生える、という。

○下の歯のほとんどは屋根に投げ上げるが、そのなかで、天井裏という例がいくつかある。下の歯は天井裏に、上の歯は縁の下（床下）に投げる（岩手・愛知・山口・島根・熊本・沖縄）。島根県日原町〈津和野町〉では、上の歯は床下へ、下の歯は天井裏へ「ネズミの歯と生えくらごう」と言って投げる。鹿児島県松元町〈鹿児島市〉では、下の歯が抜けたら「ネズンドントオエクラボ」と唱えて天井ん裏い投げよ、という。

○茨城県岩瀬町〈桜川市〉では、子供の歯が抜けると、下駄の歯を少し削ってそのかけらを川に流すと早く歯が生える、という。大阪府能勢町では、歯が抜けたら仏壇の灰をつけておくと、生え替わる歯がネズミのような強い歯になる、といわれる。

歯　は

(7) ネズミ型と鬼型

○抜けた乳歯を投げる際に、唱え言を伴っている例が数多くある。呪文の内容は、ネズミの歯を対象にしたネズミ型と、鬼の歯を対象にした鬼型に大別できそうだ。まずネズミ型から紹介する。秋田県鷹巣町〈北秋田市〉では、歯が抜けた時「ネズミ、ネズミ、そなたのよい歯と取り替えてくれ」と唱えながら、下の歯は屋根の上、上の歯はみんじゃ（流し）の溝に捨てる。鳥取県日吉津村では、乳歯が抜けた時「ネズミの向こう歯と替えてごせ」と言って、上の歯は床下、下の歯は屋根に投げると良い歯ができる、という。宮崎県国富町には、上の歯は瓦に、下の歯は床下に投げて「ネズミの歯と引き替えじゃ」と言うところところがある。いずれも、乳歯を投げ捨てるのと交換に、ネズミのような強靱な歯が生えるのを願うものである。仮に「交換」系とすると、手許の資料では、青森・岩手・秋田・福島・栃木・兵庫・岡山・島根・鳥取・宮崎の諸県で確認できる。次は「先に生えろ」系で、長野県南信濃村〈飯田市〉では、歯が抜けると「ネズミの歯より先に生えれ」と言って、上の歯は縁の下、下の歯は屋根に投げる。岩手県稗貫郡では、上の歯は流しの下へ、下の歯は屋根に投げ、「ネズミの歯は来年生えろ、俺の歯は今年生えろ」と言えば、早く生えるという。この系統は岩手・新潟・長野・岐阜・愛知に分布する。今一つは「生え比べ」系である。山口県福栄村〈萩市〉では、抜けた乳歯は床下に、下の歯は天井裏へ投げ上げ「お姫さー（ネズミのこと）と生え比《くら》ごーしょー」と唱えると、早く生え替わるという。生え比べの唱え言は、島根県日原町〈津和野町〉や鹿児島県松元町〈鹿児島市〉でもいう。

○ネズミ＋スズメ型。ネズミ型は、ネズミと他の動物が組み合わされることで、類型を形づくっている。実際には、ネズミ＋スズメ型とネズミ＋カラス型である。山口市では、子供の歯が抜けた時、上の歯は「ネズミの歯と替えてくれ」と言って床下へ、下の歯は「スズメの歯と替えてくれ」と言って屋根に投げる。この呪文は「交換」系である。愛媛県小田町〈内子町〉では、上の歯は床下に投げ入れて「ネズミの歯より早く生え！」と唱える。下の歯は屋根に投げ上げて「スズメの歯より早く生え！」と唱える。そうすると永久歯が早く生えるといわれる。これは「先に生えろ」系で、愛媛県内では大洲市、久万町、柳谷村〈共に久万高原町〉から報告がある。香川県多度津町では、上の歯が抜けた時は「僕の歯とネズミの歯と生えごくしよう。僕の歯が早よ生えた」と唱えて雨垂れに埋める。下の歯は「僕の歯とスズメの歯と生えごくしよう。僕の歯が早よ生えた」と唱えて屋根に放り上げる。これは「生え比べ」系といってよい。福岡県穎田《かいた》町〈飯塚市〉では、上の歯は「ネズミの歯と私の歯はどっちが強いか」と言って床下に、下の歯は「スズメの歯と私の歯はどっちが強いか」と言って屋根に投げる、という。強さ比べである。ネズミ＋スズメ型は、上の歯は地面のネズミに、下の歯は屋根のスズメに対応している。この型の分布は、今のところ四国、中国地方と九州北部が中心で事例数は少ない。岐阜県海津町〈海津市〉で、抜けた歯は「スズメの歯」と言って屋根の上に投げるという例が見られる。スズメは屋根上などでよく見かける鳥だが、ただ、強い歯の持ち主として登場する意味が分からない。

○ネズミ＋カラス型。香川県飯山町〈丸亀市〉では、上の歯は縁の下へ「ネズミの歯とどっちが早く生えるか競争しよう」と言って投げ、下の歯は屋根の上に投げて「カラスの歯とどっちが早く生えるか競争しよう」と言う。高知県大方町〈黒潮町〉では、小児の歯が抜けた時、上の歯は床下に投げ込み「オラン（俺の）歯とネズミん歯と生えくらご、オラン歯が先ぃ生え」と唱え、下の歯なら屋根に投げ上げて「オラン歯とカラスん歯と生えくらご、オラン歯ん先ぃ生え」と唱えると、早く良い歯が生えてくる、という。いずれも「生え比べ」系である。この型に関しては、確認できたのはこの二例のみである。近い例としては、沖縄県読谷村で、上の歯は床下に、下の歯は屋根に投げるが、その際、瀬名波では「カラスと私の歯と生え勝負」と言い、牧原・瀬名波・伊良皆などでは「ネズミの歯と私の歯と生え勝負」と唱えた、という。
○鬼型の分布も広い。茨城県龍ヶ崎市では、子供の最初の歯が抜けた時、父親が、上の歯は縁の下に、下の歯は屋根の上に放り上げて「おれの歯と鬼の歯と取り替えろ」と唱える。こうすると丈夫な歯が生えてくるという。静岡県宇刈村〈袋井市〉では、下の歯は屋根へ、上の歯は縁の下へ投げ「鬼の歯に替われ」と言う。「交換」系である。栃木・群馬・茨城・静岡県に分布が見られる。鬼の歯は強いというイメージがあり、それにあやかりたいとの呪《まじな》いである。ほかに、上の歯は雨垂れ落ちに捨て「ネズミの歯と替われ」と言い、下の歯は便所の屋根の上に投げて「鬼の歯と替われ」と言うと歯が丈夫になる（大阪）という、ネズミ＋鬼型の伝承が一例確認できた。
○次に「先に生えろ」系。福島県下各地で、抜けた乳歯は「鬼は遅く生えろ、俺の歯は早く生えろ」と唱えながら、上の歯は縁の下へ、下の歯は屋根の上に投げると、丈夫な歯が早く生えるという。長野県諏訪湖畔地方では、上の歯は床下へ、下の歯は屋根上に投げながら「俺の歯ぁ先にできろ、鬼の歯ぁ後からできろ」と唱える。「先に生えろ」系で、下の歯を屋根、上の歯を縁の下に投げる事例は、山形・福島・栃木・群馬・茨城・長野・山梨・大分の諸県に分布する。縁の下以外では、福島県舘岩村〈南会津町〉で、下の歯は屋根に投げ、上の歯は雨垂れ落ちに捨てながら「俺の歯さきに生《お》えろ、鬼の歯あとに生えろ」という。群馬県上野村では、下の歯は便所の屋根に投げ、上の歯は流しの下に捨てながら、本人が「鬼の歯より俺の歯が早く生えろ」と唱える。新潟県山古志村小松倉〈長岡市〉では、乳歯の抜けた時は「俺の歯は早や生いれ、鬼の歯は遅そ生いれ」と言って投げるが、どこに投げるかは不明である。『嬉遊笑覧』巻八に、小児の退歯として「又云、小児退歯、上齶者置二床下一、下齶者抛二屋上一、云使二歯速生一。こゝにて今みな、かくの如くす。但し鬼の歯と替れと呪ひいふは、つよからむことを願ふなり」とある。

○ネズミや鬼が登場しない例。神奈川県津久井町〈相模原市〉では、上の歯は縁の下へ、下の歯は屋根へ「いい歯に替えれ」と言いながら投げる。静岡県裾野市では、上の歯は縁の下へ、下の歯は屋根の上へ「いい歯、早く生えろ」と唱えて放る。こうすると早く生えるという。滋賀県新旭町〈高島市〉では、下の歯は「上に向いて生えよ」と言って屋根に投げ、上の歯は「下に向いて生えよ」と言って地面になげる。三重県御薗村〈伊勢市〉でも、歯が抜けた時は、便所の屋根へ、下の歯は「上向いて生えよ」と言い、上の歯なら「下向いて生えよ」と言って投げる。

○和歌山県上富田町では、上の歯は下屋へ落とし、下のは屋根に真っ直ぐに放り上げると、歯が真っ直ぐに生えるという。熊本県三加和町〈和水町〉では、抜けた乳歯は、足を揃えて、上の歯は床下か下水に投げ込み、下の歯は屋根の上に投げる。足を揃えるのは歯並びをよくするため、下水と屋根は人に踏まれない所のため、だという。筆者は、二〇〇二年に民俗調査で中国の浙江省を歩いたとき、石塘鎮東山村の陳其忠さん（男性、一九四六年生れ）から、乳歯が抜けた時は足を揃えて、上の歯はベッドの下へ、下の歯は屋根の上に投げる。足を揃えるのは歯の上下がうまく噛みあうようにとの意味、と聞いた。足を揃え、上の歯はベッドの下、下の歯は屋根の上に投げるという例は他の地域でも耳にした。

歯　は

(8) 歯の抜けた夢は凶兆

○歯の抜けた夢は凶、とは全国的にいう。歯の抜けた夢を見ると、人が死ぬ、身内の者が死ぬ、不幸がある、とほぼ全国的にいうが、ただ、九州では福岡県を除いて伝承が希薄である。ほかにも、夢を見た人は早死にする（秋田・群馬）、親が死ぬ（福島・群馬・新潟・石川・長野・岐阜・愛知・和歌山・島根・福岡）、兄弟に別れる（岩手・長野）、縁起が悪い（青森・群馬・新潟・長野・岐阜・大阪・和歌山・福岡）、病気をする（茨城・新潟・三重）、家族に病人がでる（長野）、風邪を引く（岐阜県宮村〈高山市〉）、怪我の前兆（秋田・茨城）、家内不和になる（山形県新庄市）、失敗する（愛知）、損をする（岩手県花泉町〈一関市〉）、宝物を失う（宮崎県高崎町〈都城市〉ほか）、その日は不吉（愛知県長久手町〈長久手市〉）、水の災害がある（岩手県浄法寺町〈二戸市〉）などという。資料の中には、歯が欠けた夢と書かれた例が少なくないが、歯が抜けたと同意といってよい。ただ、福島市で、歯が折れる夢を見ると災いがある、といい、鹿児島県栗野町〈湧水町〉にも、歯の折れた夢は凶という例がある。『軽口頓作』（正徳二年〈一七一二〉）に「きにかゝる・はのぬけた夢みよさ迄」の句が見え、早くから凶兆とされていたことがわかる。

○抜けた歯の位置や状況から判断する俗信もある。上の歯が抜けた夢を見れば目上の人が、下の歯が抜けた夢を見れば目下の人が死ぬ（岩手・福島・群馬・新潟・長野・和歌山）。上の歯が抜けた夢は身内の男の人が、下の歯が抜けた夢は身内の女の人が死ぬ（長野県伊那市荊口《ばらぐち》）、上の歯が一本抜けた夢は身内の年上の者が、下の歯が一本抜けた夢は身内の年下の者が死ぬ（奈良県西吉野村〈五條市〉）。上の歯が抜けたら父、下の歯が抜けたら母が死ぬ（和歌山県高野口町〈橋本市〉）。上の歯が抜けた夢は家内に死人があり、下の歯が抜けた夢は親類に死人がある（富山県氷見市）。

○奥歯の抜ける夢は、身内に不幸がある（岩手県軽米町）、親戚に死者がでる、家族の中に死ぬ者がある（共に沖縄）。前歯が抜ける夢は他人の不幸の予兆（同県）。歯が抜けた夢で、前歯なら親と別れ、奥歯なら遠縁の者と別れる（広島県加計町〈安芸太田町〉）。前歯が抜けた夢は他人に、奥歯が抜けた夢は親に死に別れる（奈良県西吉野村〈五條市〉・沖縄県多良間村）。前歯が抜けた夢は親戚から死人が出る。犬歯が抜けた夢は家族内に死人が出るとされている（沖縄県読谷村）。
○歯が抜けた夢を見て、その歯が家の中にあれば自分の家に死人がでる、外にあれば外の人が死ぬ（富山県氷見市）。抜けた歯が口の中にある夢は家内の者が死に、口の外へ出た場合は他人の死がある（同市）。歯の抜ける夢を夜の一二時前に見れば近親者が死に、一二時以降だと親戚に死者がでる（沖縄県浦添市）。歯が抜けた夢で血が出ないと、忌まれる（沖縄県渡名喜村）、親と別れる（広島県加計町〈安芸太田町〉）という。歯の抜ける夢で、長い歯はよいが、短い歯はよくない（新潟県村上市）。旅立ち前に歯が抜けた夢はよくない（長野県長和町）。
○歯が抜けた悪夢を解消する呪《まじな》いが各地に伝承されている。歯が抜けた夢を見たら、下駄の歯を抜くとよい（茨城・京都）、下駄の端を欠き取ればよい（群馬県子持村〈渋川市〉）、下駄を川に流す（岩手・山形・静岡・愛媛）、下駄を片方川に流す（愛知）、下駄の歯を川に流す（栃木・長野・愛媛）、下駄の歯を堰に流す（秋田県仙北郡）、下駄の歯を海か川に流す（長崎）という。悪夢がもたらす災厄を、下駄の歯に移して流してしまおうとの魂胆である。青森市では、歯の欠けた夢を見たら下駄の歯を欠いて屋根の上に投げろ、という、秋田県雄勝郡や平鹿郡では、下駄の歯を欠いて後ろに投げれば凶事を逃れる、と伝えている。
○歯の抜けた夢を見たら、下駄の歯を削ってその削り屑を、川に流す（新潟・石川・島根・徳島・愛媛）、捨てる（秋田）。下駄の歯のヒゲを削るとよい（大阪）という。山形県温海町〈鶴岡市〉では、歯の欠けた夢を見たときは、下駄の歯を小刀で削って「下駄の歯だ」と言って、台所の流しに捨てるとよい、という。
○兵庫県竹野町〈豊岡市〉では、歯の抜けた夢は身内に死者がでる、といい、夢違えとして、夢を見た朝「歯が抜けたと思ったら下駄の歯だった」と唱える。長野県生坂村では、歯の欠けた夢を見たら、下駄をひっくり返しておく。そうしないと身内の者が死ぬ、という。群馬県大間々町〈みどり市〉で、歯の抜けた夢を見た時は、できるだけ人に話すとよい、というのは、周りの人に話すことで災厄を分散させ、一人で抱え込むのを避けるのであろう。
○櫛も歯のある道具として呪《まじな》いに用いられる。歯が抜けた夢を見た時は、櫛の歯を折る（群馬・新潟・山梨・愛媛・鹿児島）、櫛の歯を一本折る（群馬・新潟）。群馬県子持村北牧〈渋川市〉では、朝起きてすぐ櫛の歯を欠くか、下駄の歯の端っこを欠き取ればよい、という。岩手県陸前高田市では、歯の欠けた夢は人が死ぬ。それを避けるためには、櫛を便所に三晩とめればよい、という。山梨県落合村〈南アルプス市〉では、下駄の歯とか人間の歯が欠けた夢を見ると不吉といわれる。この時は、朝、櫛の歯を欠いてそっと外へ投げながら、誰にも聞こえぬように「枕の下の玉手箱、開いて見たら何事もなし」と唱えればよい、と伝えている。
○その他。歯の抜けた夢は凶兆とされるが、筆者は新潟県山古志村虫亀〈長岡市〉で、歯がおいる（生える）夢を見ると悪い、との俗信を聞いた。岩手県久慈市では、歯の欠けた夢は不吉、歯を懐に入れた夢は吉という。一例のみだが、歯が抜ける夢を見ると良いことが起こる（山形県新庄市）との報告がある。

歯　は

⑼歯くそとハチ、歯ぎしり、その他

○ハチに刺された時は歯くそ（歯垢）をつけるとよい（岩手・秋田・埼玉・富山・石川・福井・長野・岐阜・大阪・奈良・和歌山・愛媛・高知・福岡・熊本・宮崎・沖縄）と広い範囲でいう。高知県東津野村〈津野町〉では、ハチに刺された時は歯くそかコンニャクの茎の汁をつけるとよい、といい、福岡県穎田《かいた》町〈飯塚市〉では、歯くそをつけたりサンショウの葉を湿らせて貼るという。ムカデにさされたら歯くそをつけるとよい（和歌山・山口・徳島・高知・福岡・長崎）。山口県大島郡では、ムカデやオコゼなどに刺された時は、小便をかけるか歯くそをつける。煙草でふすべてもらってもよい、という。虫に刺された時は歯くそをつける（京都市）。刺《とげ》を抜いたあとに歯くそをつけるとよい（愛知・大阪）。歯くその夢は悪い（岡山）。長崎県壱岐では、ヌカボ・ヤマヌカボをアモジョーツリグサといい、この草の穂を抜いて、もとに歯くそをつけ、地虫を釣って児童が遊ぶ。

○歯ぎしりする人は、餅を搗いたあと臼に付いている餅を人に知られないように食べると治る（長野・兵庫・長崎）。佐賀県大和町〈佐賀市〉では、杵にくっついた餅をかぶりついて食うと歯ぎしりが止まる、という。京都府京北町〈京都市〉では、歯ぎしりを治すには、当人の常に寝ている所の下の土を取り、細かに篩《ふる》ってその人の寝た時にひそかに口に入れるという。秋田県雄勝郡でも、歯ぎしりは、その人の寝床の下の土を取り、その人が眠っている時に少し口に入れてやると治る、という。歯ぎしりは床下の土を口に入れてやると治る（岐阜県垂井町ほか）。『諸民必要 懐中

呪咀調法記』（文政頃）に、「はぎり（歯ぎしり）をとめるまじなひ」として「はぎりする人のつねにねたる下の土をとり、こまかにふるひ、其人のねいりたるときに口に入べし、又方、米を一つかミひだりの手ににぎり、雪隠のうちへはいり、其米を右の手にうつしくらふべし」とある。山口県大島町〈周防大島町〉では、砥石を本人に知られぬように枕にしてやると歯ぎしりが治るという。同じ俗信は静岡県磐田郡にもある。歯ぎしりする者には、砥石をなめさせると治る（山口）とも。歯（刃）を研ぐ意であろうか。岩手県住田町では、歯ぎしりをする人は、枕の下に石を入れるとよい、といわれる。熱田社の御神馬の豆を食べると歯ぎしりが治る（愛知県岩倉市）。神馬の食い残りの豆を食えば歯ぎしりが治る（同県尾西市〈一宮市〉）。子供の歯ぎしりは、樹木の枝の擦れ合うのを直してやるとよい（福岡県田川市ほか）。寝ていて歯ぎしりをする人に、裾よけを噛ませるとしなくなる（石川県金沢市）。

○歯（前歯）にすき間がある人は、親に早く別れる（ほぼ全国的）、母と早く別れる（広島県加計町〈安芸太田町〉）、親の死に目に会えない（岩手・和歌山）、金が貯まらない（新潟県横越町〈新潟市〉）、運が悪い（群馬・東京）、子供に運がない（群馬県子持村〈渋川市〉）、命が短い（富山）という。前歯の不揃いは親に早く別れる相（高知県大方町〈黒潮町〉）。前歯二本の間がはなれていると片親に別れる（愛知）。上の歯がすいていると父親に、下の歯がすいていると母親に早く別れる（岡山・島根）。『永代大雑書萬暦大成』（天保一三年〈一八四二〉）に、「むかふ歯（向こう歯）二まいの内にかけあるか、間すくか申分あれハ片おやに早くはなるゝ、左ハ父、右ハ母なり、むかふばよくそろふハ大によし」とある。歯にすきのある人は長生きする（岩手県住田町）。歯並びの悪い人は金持ちになる（群馬）との伝承もある。

○白馬に歯を見せると、歯が取れてしまう（岩手・長野・群馬）、歯が黒くなる（栃木・愛媛）、歯が白くなる（愛媛）、歯がくさる（石川・愛知）、ウマの歯になる（栃木県真岡市）、お歯黒がつかぬ（埼玉・岐阜）、髪の毛がみんな白くなる（岩手県紫波郡）、親が死ぬ（岩手・石川・愛知）、親の死に目に会えない（群馬）などという。白馬を見て笑うとか白い歯を見せてはいけない（山形）。白馬に歯を見せるとウマに笑われて悪い、また歯が痛むという（石川）。沖縄県読谷村高志保では、祝女《のろ》の乗る白い馬の前では歯を見せてはいけない、という。アオウマに歯を見せると歯がくさる（秋田県大館市）。ウマに歯を見せると嫁入りしてから屁をこく（長野県南信濃村〈飯田市〉）。ウマが小便するのを見ると歯がかける（岩手県紫波郡）。

○人の前では白い歯を見せるな（鹿児島県里村〈薩摩川内市〉）。女は白い歯を見せるものではない。明治時代の女性はお歯黒をしていたので（愛知県西春町九之坪〈北名古屋市〉）。初子に白い歯を見せるな（同県豊根村）。新潟県新津市〈新潟市〉では、忌中の家の前を通るとき、歯と親指を見せて通ると親が早く死ぬので、歯と親指は隠して通らなければならない、という。歯を見せるのは口を開けることを意味し、そこから邪悪なものや穢れが侵入するのではないかとの心配があったようだ。大分県国東町〈国東市〉でも、お悔やみや葬式で白い歯を見せるな、という。

○赤ん坊に鏡を見せると歯が生えない（岩手・静岡・愛知・岡山）という。各地で、赤ん坊に鏡を見せると童顔が抜けない、という俗信と同類であろう。赤ん坊の魂が鏡に吸い込まれて離脱し、本人の成長が止まる（この場合は歯が生えない）という意味であろうか

（『日本俗信辞典 衣裳編』鏡の項参照）。○子供の歯が抜けたとき、鉤（自在鉤）に見せると歯が生えない（岩手・秋田）という。○その他の俗信。庚申の日はお歯黒をつけない（青森県弘前市）。歯を黒く染めておくとエンコウ（猿猴）に憑かれない（高知県十和村〈四万十町〉）（お歯黒については『日本俗信辞典 衣裳編』参照）。歯が動きだすと小便する時に歯をかみしめたら止まる（徳島県小松島市）。歯をはじけば親が早く死ぬ（佐賀県小城町〈小城市〉）。夜、歯が抜けると死者がでる（富山県細入村〈富山市〉）。歯がうすく生えている人は親と早く死に別れる（鹿児島）。歯が三三枚ある人は化ける（岩手県花巻市）。歯の数の多い者と口争いするな（福島県小野町）。奥歯を抜いてもらうと一日早く死ぬ（愛知）。捩《ねじ》って歯を抜くと捩り歯が生える（新潟県中魚沼地方）。ウメの種を歯で割ると天神様に祟られる（岩手県盛岡市）。自分の歯が抜けたら、女の人の簪を押し折れ（鹿児島県中種子町）。妊婦は熱い湯を飲んではいけない、飲むと歯茎のうすい子が生まれる（宮城県気仙沼市）。うまい物を一人で食うと歯が欠ける（岩手県遠野市）。前歯の大きい人は人にいじわるをする（三重県磯部町〈志摩市〉）。死人の歯は棺に入れろ（岩手県水沢市〈奥州市〉）。歯で帯を締めるな（長野県北安曇郡）。血止めの呪《まじな》いは、木の葉を二つに折って前歯で歯のあとをつけ「二進のいん十、四進のいん十」といって傷口にはる（岐阜県板取村〈関市〉）。水は嚙んで飲めば水当りしない（福島県浅川町）。

裸《はだか》

○裸で便所に入ってはいけない、との禁忌はほぼ全国的に分布する。禁を侵すと、腋臭《わきが》になる（岩手・東京・石川・福井・愛知・滋賀・京都・和歌山・兵庫）、身体が臭くなる（大和高田地方〈奈良〉）というのは、便所の臭気からの連想か。ほかにも、禁を侵した際の制裁は多い。罰があたる（富山・静岡・愛知・徳島）、便所の神が怒る（秋田・福井）、不動様に怒られる（岩手県北上市ほか）、便所神に髪をつかまれる（山形県米沢市）、厠神様がお尻を引っ掻く（東京都八王子市）、仏様が負ぶさる（新潟県十日町市）、坊主（化物）に遭う（岩手県大迫町〈花巻市〉ほか）、坊主が現れる（鳥取市）、出世しない（富山・岐阜・愛知）、便所にはまる（和歌山県東牟婁郡）、便所の戸が開かなくなる（石川県鳳至《ふげし》郡黒島村〈輪島市〉ほか）、ヘビが落ちてくる（愛知）、魔がさす（鳥取県三朝町）、親の死に目に会えない（石川県松任市〈白山市〉）、病気になる（静岡・愛知）、鯰禿ができる（兵庫県加東郡ほか）、尻に出来物ができる（愛知県小牧市）、田虫になる（山形県東根市）などである。山形県川西町では、裸で便所に入って雪隠の神に尻をなでられると三年のうちに死ぬ、といい、同県南陽市では、便所には裸で入らない、手拭一本でもつけて入るものという。裸で便所に入るのは死んだ真似（愛知）。裸で便所に入るのは一種の「場違い」の行為といえるが、禁忌の理由はそれだけではなさそうだ。便所空間に漂う不浄に裸の身体（全身）が直に触れるのを忌むのであろうか。

○雷鳴のとき裸でいると雷に臍《へそ》を取られる、との俗信は全国的。（「臍」の項目参照）。

○飯島吉晴「裸回りの民俗」（『一つ目小僧と瓢簞』所収）は、小正月に夫婦が裸になって囲炉裏のまわりを廻り、粟や稗の予祝をする儀礼について各地の事例をもとに論じている。たとえば、佐々木徳夫「栗駒の艶笑譚」（『季刊 民話』七号、一九七六年）には、宮城県の習俗が紹介されている。「昔、長崎（一迫町長崎）十七軒のある旧家で、小正月の女の年取りに家人が寝静まってから行なわれる奇習がある。当主が『どこで年取っぺや』と言いながら家の回りをまわると、おかみさんが『どうぞ、入って年取らえん（取りなさい）』と言って、招き入れる。それから囲炉裏でドンドン火を燃やし、夫婦が真っ裸になり、亭主が四つん這いになって男根を振りながら、『粟穂も稗穂もこのとおり』と唱えて炉端をまわると、その後から女房がこれも四つん這いになって、片手で女陰を叩きながら、『割れた、割れた。実入って割れた』と唱えて三度まわるという。花山村浅布《あざぶ》にもこうした奇習があったという。（話者 尾崎健児）」。飯島は「裸回りには多様な諸要素がみられ、それらが複雑に組み合わされて一つの豊かな儀礼になっているのだが、年初の年中行事として旧年から新年への時間や秩序の更新が主眼となっているのは間違いのないところだろう。」と指摘している。

○尾張藩士高力種信の『金明録』文化一二年一二月の記事に、こんな出来事が記されている。偽の二朱銀を造った者を召し捕ったが、詮議の途中で隙を見て逃げ出した。男は「両替町より七間町を、魚の棚へ走る。此所にて着物をぬぎ、丸裸にて伊勢町を下へ、桜の町角」へと逃げ込んだ。跡を追いかけたが見失う。そこで村の家々を吟味したところ、百姓家に干してある襦袢《じゅばん》を盗み、それを着て「村より田面へ逃出し、身体のつかれし故にや、道のかたわらに小便たごおろして有を見て小便を呑、夫より古渡りの方へ逃げ出す。」手分けをして捜したが結局取り逃がしてしまった。男は逃げる途中で丸裸になり、小便を呑んで走ったという。この記事の後に「但し、丸裸にて逃るは後日に知れぬまじなひにやと言。又、小便を呑しは、つかれし故、わかちなく呑しと思へば、是も長々走りし節は、小便を呑は、いき切れせぬまじなひの由、評有。」と見える。丸裸になったのも小便を呑んだのも、捕まらぬための呪《まじな》いだったというのは興味深い。幕末土佐の世相を活写した井上静照の『真覚寺日記』文久三年二月一日条にも、盗みを働いた男が追っ手と揉み合ううちに「盗人急ニ帯引ほどき丸裸ニ成行衛しれず成ぬ」とある。「川崎の世間話」調査団編『川崎の世間話』（一九九六年）に、こんな話が載っている。昔、家に侵入した泥棒を見つけて追いかけたところ、途中で泥棒は六尺褌を外し、道をさえぎるように長く置いて逃げた。それを見た家の者が「道切り」をされたので、追いかけてもしようがないと諦めたという。泥棒が褌を外して道切りをする行為も、裸で逃げると捕まらないという俗信と関係がありそうだ。

○その他。裸で仏様を拝むと、罰があたる（徳島県小松島市）、次の世に色が黒くなる（愛知県豊田市）。裸で仏様の前に行くと犬が来たという（新潟県赤泊村〈佐渡市〉）。お盆に仏壇の前に裸で行くと仏様が逃げられる（佐賀県武雄市）。神や仏に裸で参ると鬼が来たと思われる（愛知）。裸で神参りすると罰があたる（茨城県水戸市）。着る物もなく裸でいる夢を見れば幸福になる（和歌山県吉備町〈有田川町〉）。婦人が裸体になっている夢を見ると厄（沖縄県伊是名村）。女の裸体画を持っていると漁が良い（高知県月灘村〈大月町〉）。裸体のままで散髪するのは葬式の真似で縁起が悪い（徳島県小松島市）。食事のとき裸で食べると鬼が来る（長野）。炊き豆の皮をとって食うと死んでから裸にされる（岩手県九戸郡）。裸詣りすると思うことが叶う（奈良県広陵町）。⇩臍《へそ》

鼻　はな

⑴高い鼻、低い鼻、大きい鼻

○鼻が高い人は、出世する（秋田・岐阜）、賢い（岐阜県国府町〈高山市〉）、酒を好む、短気（共に秋田）という。鼻が高くて太い人

は出世する（愛知県豊田市）。鼻柱が高くて太い人は出世する（徳島県小松島市）。鼻骨の高い人は意地が悪い（奈良県御杖村）とも。
○仏様に供えるご飯を高く盛ると鼻の高い子が生まれる（岩手・群馬・福井・愛知・兵庫・山口・香川・福岡・佐賀）と各地でいう。和歌山県南部川村〈みなべ町〉では、ちょうじ（鼻筋）の通った子供が欲しいときは、仏壇に供えるご飯をこんもりさせればよい、といわれる。卯月八日の花を高く上げると鼻の高い子が生まれる（大阪府河内長野市）。鼻を高くするには、つまんで引くとよい（富山・愛知・徳島）、大神のお祀りをしてある前で鼻をつまめば高くなる（大阪府枚方市）。流れ星を見た時、鼻をつまめば低い鼻が高くなる（静岡県雄踏《ゆうとう》町〈浜松市〉）。鼻を高くするには、熱湯で（鼻を）もんで「人知らぬ高嶺のはなを我が物に、一人見るなりいめめいのみよ」と唱える（兵庫）。
○仏様のご飯を低く盛ると鼻の低い子が生まれる（長野）。ご飯を押さえつけて食べると鼻の低い子ができる（奈良県菟田野町〈宇陀市〉）。妊婦が窯を押さえたり田の水口を踏むと鼻の低い子が生まれる（山口県福栄村〈萩市〉）。釜の蓋を押さえると鼻の低い子が生まれる（京都府口丹波地方）。枡を量るときに低く盛る者は鼻の低い子を持つ（熊本）。石川県金沢市では、物をはかるときに緩くすると鼻の高い子、逆は低い子が生まれるという。鳥取県用瀬町〈鳥取市〉では、油気のものを多く食うと鼻の低い子が生まれる、といわれる。胎児の鼻に山の神さんが腰かければ、鼻の低い子を生む（岩手県盛岡市）。鼻の低い人は便所で鼻をつまむと高くなる（福井県高浜町）。鼻の低い人は便所で箆《へら》で叩くとよい鼻になる（秋田県秋田郡）。いずれも鼻の低いのを嫌い高くなるのを望む例だが、鼻の低い人は、運がよい（群馬）、有福《ゆうふく》（秋田県仙北郡）といい、俗信の評価は低くない。
○鼻の大きい人は、金持ちになる（富山・石川・山口・大分）、立身する（秋田・山形）、運がよい（東京都東久留米市）、福がある（新潟県横越町〈新潟市〉）、酒飲み（山形県米沢市）という。鼻の大きな男はもの（男根）も大きい（長野・和歌山）。鼻の小さい人は、金が備わらぬ（岐阜県国府村〈高山市〉）、身体がよわい（秋田県鹿角郡）。
○団子鼻の人は出世する（兵庫県赤穂市）。丸鼻は金持ち性、鼻の平たい人は福が備わる（共に岐阜県国府村〈高山市〉）。鼻の尖った人は貧乏性（秋田・岐阜）。
○小鼻の大きい人は大屋敷を持つ（秋田県由利郡）。獅子鼻の人は、大成する（秋田県由利郡）、出世する（徳島県小松島市）、意地が悪い（岩手県一関市厳美）という。小鼻の怒った人は財に富み、流れた者は富まぬ（秋田県雄勝郡）。
○鼻の孔の大きい人は、偉くなる（秋田県鹿角郡）、金が貯まる（山口県熊毛町〈周南市〉）、正直者（岩手県水沢市真城〈奥州市〉）、長生きする（鹿児島県中種子町東之町）という。鼻の穴の小さい人は小心（秋田県由利郡）。ベッツィ（鼻腔）が小さいと小さい暮らしをする（和歌山県高野口町〈橋本市〉）。
○鼻が天井へ向いている人は死んでから天国へ行ける（群馬）。鼻孔の上に向く人は、意地悪（秋田県平鹿郡）、剣難の相（同県南秋田郡）。長野県生坂村では、鼻が上を向いて大きいのは運が良い、のめり鼻は貧相、笑うとき鼻じわを寄せて笑うのは運の悪い人、という。鼻に段のある人は強情（岩手県矢巾町）。
○鼻の下の長い人は、長命（岩手・秋田・新潟・富山・長野・愛知・和歌山・岡山・福岡）、好色（岩手・秋田・長野・岐阜・愛知・滋賀・三重）という。鼻と口の間が短い人は短命（長野・和歌山・岡山）。
○鼻毛の長い人は気持ちがのんきである（青森県平賀町〈平川市〉）。鼻ひげが長い人は、女にのろける、怖がりで一人旅ができない（共に和歌山県高野口町〈橋本市〉）。お櫃の中の飯を男が拾うと鼻髭が生えぬ（山口県小野田市〈山陽小野田市〉）。鼻の赤い人は出世ができない（富山県小杉町〈射水市〉）。漬物をたくさん食べると鼻の下が赤くなる（岩手県胆沢郡）。
○鼻の上にホクロがあると、不幸（岩手県住田町）、持病をもつ（群馬）。鼻の頭にホクロのある人は、とても良いか、とても悪い（岐阜県美並村〈郡上市〉）。鼻の下のホクロは、福ホクロ、お産が重い（共に群馬）。広島県加計町〈安芸太田町〉では、小鼻にくっついたようなホクロのある人は、小さい頃かわいがられた人だという。
○鼻の中にできものが出来ると、親類に子供が生まれる（群馬・埼玉・千葉・新潟・富山・石川・福井・岐阜・京都・大阪）、身内に子供が生まれる（新潟・岐阜・愛知・徳島・沖縄）、家に子供ができる（福島・新潟）、叔母（伯母）さんが妊娠する（栃木・群馬・茨城・福岡）、甥嫁が子を生む（長野・愛知）、いとこに子が出来る（香川・徳島）、隣に子供ができる（福井・岐阜・滋賀・京都）、近所に子供が生まれる（京都・大阪）という。福島県伊南村宮沢〈南会津町〉では、鼻の内側にできものが出来るとその家に子ができ、鼻の外側に出来ると隣の家に子ができる、という。同県山都町〈喜多方市〉では、右の鼻の孔《あな》にできものが出来ると右隣の家に、左の孔にできると左隣の家に子供ができる、といわれる。京都府美山町〈南丹市〉では、鼻の孔に瘡が出来ると隣に子ができる兆しという。右の孔は女の子、左なら男の子と伝えている。鼻の上のできものは親類に赤ちゃんが生まれる

（鹿児島中種子町）。女の鼻にできものが出来ると身内に子供ができる（新潟県黒川村〈胎内市〉）。富山県小杉町〈射水市〉で、鼻にできものが出来ると親戚に幸せがくる知らせ、というのも子供を授かる意味であろう。鼻の中が痒いのは叔母（伯母）のなかで誰か一人が妊娠しているという知らせ（栃木県大平町〈栃木市〉）。
○鼻先の瘡《かさ》は人を恋しているしるしで思い瘡《がさ》、前なじき（額？）にあれば思われ瘡、口元にあれば口瘡《くちかさ》（青森県五所川原市）。鼻の上に傷ができると親子や親類の誰かが死ぬ（島根県江津市）。
○鼻の頭に汗をかく人は、よい嫁さんをもらう（茨城・新潟・和歌山・島根）という（汗の項目参照）。

鼻　はな

(2) 鼻づまり、鼻血と俗信

○袋で鼻をかむと、袋子（卵胞に包まれて生まれた胎児）が生まれる（石川県羽咋郡）、鼻が袋になる（岩手県稗貫郡）、口の大きい子を生む（同県住田町）という。福島県保原町〈伊達市〉では、袋で鼻をかむな、破ってから使えという。茶袋で鼻をかむと、鼻茸《はなたけ》ができる、鼻が曲がる、鼻が高くなる（共に岩手）。薬袋で鼻をかむと、鼻茸ができる、鼻が曲がる、鼻血がでる（共に岩手）。
○字を書いた紙で鼻をかむと、字が下手になる（福井・兵庫）、字が上手にならない（兵庫県加古川市）、勉強ができなくなる（福島県白沢村〈本宮市〉）という。手習いの紙で鼻をかむと字がまずくなる（山梨県増穂町〈富士川町〉）。帳面で鼻をかむと字が下手になる（愛知県東海市ほか）。
○障子紙で鼻をかむと、腫物ができる（栃木県芳賀郡）、風邪にかかる（香川県志度町〈さぬき市〉）、大鼻血となる（秋田県中川村〈仙北市〉）、疳が起こる（長野県北安曇郡）という。
○便所で鼻をかむと鼻の中にできものが出来る（愛知・奈良）といわれる。福島県飯舘村では、せっちん神様がいるから便所で鼻をかんだり唾をするな、という。便所の中へ鼻汁を落とすとイボができる（兵庫県加東郡）。
○鼻紙（鼻をかんだ紙）を燃やすと、鼻の中に腫物ができる（茨城・長野）、鼻が悪くなる（兵庫・広島）、鼻が曲がる（長野・山梨）、罰があたる（長野県北安曇郡）、鼻の病気になる（茨城・長野）といって忌む。
○鼻くそを燃やすと、鼻瘡になる（愛知）、鼻が腫れる（高知県東津野村〈津野町〉）、鼻こげになる（岡山）、気がふれる（福井県小浜市）という。
○青森県大畑町〈むつ市〉で、病人の小鼻がぴくぴく動くようになると死ぬ、といい、新潟県佐和田町〈佐渡市〉でも、小鼻が動くようになると病人は死ぬ、といわれる。同県栃尾市
〈長岡市〉では、鼻が曲がってくると死が近づいたという。徳島県小松島市では、鼻がゆがむと死ぬ、病人の鼻がこけると死ぬ、と伝えている。鼻の中がすすけているのは死期が近づいた兆し（島根県江津市）。鼻のつけ根に青筋が立つと死の前兆（長野県八千穂村崎田〈佐久穂町〉）。鼻の頭にできものが出来るとその人は死ぬ（愛知県武豊町）。餅をふかした湯で着物を洗うと、死に際に鼻や口から風が出る（岩手県胆沢郡）。
○鼻の真上に青筋の立つ者は早死にする（長野県諏訪湖畔地方）。鼻の頭から下にニキビのあるときは嫌われている知らせ（群馬）。人と話しながら小鼻をぴょこぴょこ動かす人は嘘つき（秋田県山本郡）。
○鼻が乾くと天気が続く（岩手県雫石町御明神）とか、鼻くそが固まるときは天気が続く（同県西根町〈八幡平市〉）という。
○鼻がつまったら、鼻の上に唾をつける（岐

阜・愛知）、鼻の頭に三回唾をつける（福井県武生市〈越前市〉）、鼻の下に唾をつける（愛知）、上唇に唾をつける（富山・岐阜・愛知）、クチナシの実を鼻の頭にぬる（和歌山県すさみ町）という。福島県船引町〈田村市〉では、子供が鼻づまりで苦しいときは、薬指をなめ子供の鼻の頭を三回なでてやる、という。茨城県常陸太田市では、ウブカゼといわれる子供の鼻づまりには、張子の犬を枕元に置くとよいといわれる。犬がけがれを吸い取ってくれると信じられていた。群馬県桐生市では、チンコロ（子犬の玩具）をヘッツイ（竈）の上にのせるか煙突に縛りつけると、乳児の鼻がつまらない、といわれる。

○古い骸骨をいじると必ず鼻を病み熱病を起こす（沖縄県南風原町ほか）。古琉球の各処の洞窟の中に髑髏《どくろ》が散在していたが、その鼻の穴にコヨリなどを入れると髑髏の霊のためにクシャミさせられると信ぜられたので、子供はこんな悪戯《いたずら》をさけた（佐喜真興英『シマの話』一九二五年）。

○棘《とげ》が立って抜いた後は鼻の息を三度かける（大阪）。鼻の中にできものが出来たらお臍《へそ》に塩をすりこむと治る（徳島県小松島市）。鼻の中がかゆいと腹に虫がわいた証拠（山梨県落合村〈南アルプス市〉）。オビヤ（産後の忌明け）までの間に小豆を煮ると赤子の鼻が悪くなる（新潟県新発田市）。

○鼻血が出たときは、ボンノクボの毛を三本抜くと止まる（岩手・秋田・福島・栃木・群馬・新潟・石川・長野・岐阜・愛知・滋賀・大阪・奈良・兵庫・広島・鹿児島）と各地でいう。ボンノクボは後頭部から首すじにかけての中央の窪んだところで、生後初めて産毛を剃るとき、ここの毛を残した。土地によってはチンケとかトトクイゲなどという。抜く数は三本というほかに、一本抜く（三重・兵庫）、一本抜く（岐阜・愛知・岡山・福岡）、

二、三本抜く（長野・岐阜・広島・福岡・熊本）、一、二本抜く（長野・岐阜）などまちまちである。ただ「ボンノクボの毛を抜くと止まる」（群馬・岐阜・徳島・愛媛・高知・福岡・熊本）という場合も多いが、本来は三本抜くとしたものであろう。江戸小咄『畔の落穂』（安永六年〈一七七七〉）に「鼻血」と題して、「『けしからぬ鼻血、どふも留《とま》らぬが、なんぞ薬はないか』『ヲツト待つたり』と、うしろへ廻り、ぼんのくぼ毛を二三本ぐっと引ぬくと、顔が猿になつた。」と見える。猿は人に毛が三本足らぬ、という俗説を踏まえた笑い話。「あゝ痛い又痛ァ痛鼻血留め」（『誹風柳多留』天保五年〈一八三四〉）。
○鼻血が出たときは、仰向けにしてボンノクボをたたく（青森・群馬・茨城・新潟・石川愛知・広島・熊本・宮崎）とよい。ボンノクボを手で三回たたいて仰向けに寝せる（群馬県板倉町）。鼻血はボンノクボを力強く押さえつけると止まる（長野県望月町高呂〈佐久市〉）。長崎県美津島町〈対馬市〉では、ボンノクボの毛を二、三本抜いて、そこを手で数回たたく。大分県国東町〈国東市〉でも、鼻血は首の後ろを軽くたたいて髪の毛を抜くとよい、という。熊本県水俣市では、首を仰向けて手刀でたたいたり、ボンノクボの毛を二、三本痛さをこらえて引き抜いた。そして、鼻孔にフツ（ヨモギ）を揉んで詰めこんだ。しばらく仰向けになっていると出血は止まる、という。
○鼻血が出たときは、鼻毛を三本抜く（山梨）、上を向かせて鼻毛を抜く（岡山県吉永町〈備前市〉）。
○群馬県子持村北牧〈渋川市〉では、子供が鼻血を出したときは「きらきらときらめくうらのさわぐ血もその声聞けばながれとどまる」と言って「アビラウンケンソワカ」を三回唱えると止まる、と伝えている。『咒咀調法記』

（元禄一二年〈一六九九〉）に「鼻血とめるまじなひ」として、「哥ニいわく　きちく〳〵とときめく浦にさわく血も此こゑきけばながれてとゞまる　此うた三べんよむべし」とある。福島県表郷村〈白河市〉では、鼻血を止める呪《まじな》いとして「熱田の宮の木かくれに色あと（ある？）娘とまらざりけり」と唱える。『諸民秘伝重宝記』（江戸後期）に、「鼻血をとむる傳」として「頂髪際《ぼんのくぼ》の毛を二三本ぬけハとまる也、又方　〽あつたのミやのこがくれにいろあるむすめとまらさりけり　此哥を何べんもよめハ止る也」と見える。鼻血のときには、「いろはにほへと」と口をつぐんで言い、「ち」と言う時に鼻先を上向ける（兵庫）。子供が鼻血を出したとき、左右のこめかみを後ろから両手で押さえて高くつり上げ、「江戸をみろ、江戸をみろ」と言うと止まる（長野県上田市小井田）。

○福岡県大野城市では、鼻血が右の方より出るときは右手の小指、左ならば左手の小指、両方ならば両手の指（小指）を紙縒《こよ》りで少し強く括ると止まる、という。鼻血が出たとき、男性ならば自分の睾丸をつかみ、女性ならば自分の乳房をつかむと止まった（長野県佐久市横根）。鼻血が出ると、右なら右の睾丸、左なら左の睾丸をにぎると止まる（大分・徳島）。『雲萍雑志《うんぴょうざつし》』（天保一四年刊〈一八四三〉）に「誰人の塚といふことしらぬ古塚、歌の中山の入口にあり。鼻血の出るとき、この塚をいのるにかならず験あり。何の花にてもさゝげて、鼻より血の、右よりいづれば、左の陰嚢を握り、左より出づれば、右をにぎりて拝すれば、忽に癒るといへり。」とある。類似の俗信は『調法記　四拾七ゟ五拾七迄』（江戸後期写）にも見える。

○福島県船引町〈田村市〉や長野県真田町真田〈上田市〉では、鼻血が出たときは、しゅろ箒の先をハサミで切り取って鼻の穴にさし込むと止まる、という。『新撰咒咀調法記大全』（天保一三年〈一八四二〉）に、鼻血を止める呪《まじな》いの一つとして「又方 しゆろ箒の毛さきを切て出《いづ》る方《かた》のはなの穴へさし込《こむ》べし、左右とも出るならバ左右ともさし込へし、きめう也」とある。鼻血は手の親指を揃えて三回水をかけてやる（群馬県板倉町高島）。鼻血には、草を三種類耳に詰めればよい、ヨモギを揉んで詰めるとよい（共に秋田県仙北郡）。鼻血が出るときは、地中に半ば埋もれた小石を「どっこいしょ」と起こす（高知県中村市〈四万十市〉）。

○男の鼻血は、縁起が悪い（山梨県増穂町〈富士川町〉）、夢に見ても悪い（長野・和歌山）という。女は鼻血を夢に見てもよい（秋田）。女の鼻血はよいが、男の鼻血は夢に見ても悪い（和歌山県野上町〈紀美野町〉）。

○異性の鼻血を踏むと、頭痛を起こす（秋田県南秋田郡）、死ぬ（茨城県土浦市）。鼻血を人に踏まれたら出世しない（徳島県小松島市）。鼻血を跨ぐと血の道になる（岡山）。

○鼻血をイヌがなめるとオオカミになる（石川県七尾市）。鼻血をキツネになめられると気がふれる（同県鹿島郡）。鼻血を出したのをカラスが見るとその人は死ぬ（京都府宇治田原町）。

○事故死などをした遺体のそばに肉親が駆けつけると、死者が鼻血を出すという。青森県大畑町〈むつ市〉では、肉親が遠方から駆けつけ死体に触れると鼻血を流す、といい、富山県氷見市では、死んだ人の傍へ父母兄弟が行くと、死んでいるにもかかわらず鼻から血を出す、といわれる。死んでいても身内の者が来たら鼻血が出る（香川県豊中町〈三豊市〉）。血族の人が来たときは死人の口鼻より血が出る（和歌山県太地町）。水死体で身元がわからないとき、近親者に会うと鼻血が出るという。それで遺族であることがわかったという話もある（島根県江津市）。筆者は、二〇〇三年八月に中国浙江省温嶺市石塘鎮の民俗調査を行ったとき、東海村在住の陳其才さん（男性・当時六二歳）から次の話をうかがった。「元宝（水死体）を見つけると、元宝に向かって『これから一緒に帰りましょう。よろしく船を守ってください』と言って、連れて帰る。元宝の家族が来て名前を呼ぶと、元宝は鼻血を出す。身元の分からない元宝は土地を買って埋葬する。男の元宝はだいたい下向きになって浮いている。もし上向きだったら上げない。女の元宝は上向きだったら上げるが下向きは上げない。」水死体が鼻血を出すとの話は他の人からも聞いた（常光「漁と海に関する俗信」二〇〇六年）。

○菅江真澄の「かすむこまかた」天明六年二月二日（一七八六）条に、鼻をこする呪《まじな》いが見える。「上中下みならちあげしゐろりのもとには、若男《ワカゼ》どもあまた酒のみうたふに、たきたつる榾《ホダ》の火焰《ホノホ》たか〲ともえて、火《ヒ》の散《コ》、火棚の煤《スヽ》に付てければ、鼻すれ〱とて指もて、みな、おのが鼻をすりにすりぬ。しかすれば、火棚てふものゝ煤に、火埃《ヒボコリ》の付たるを鎮《シヅメ》る咒《マジナヒ》なりといふ。うべならん火消ぬ。」とある（『菅江真澄全集』一、未来社）。高く燃え上がった炎を見て、皆が鼻をこすると火は消えたという。現在の岩手県平泉辺りでの見聞である。炉の火が跳ね上がるときに、マノフィカ（女握り）をして「山でのことを忘れたか」と言えばしずまる、といわれる（澤田四郎作『山でのことを忘れたか』）。鼻をこするのも、女性器あるいは性的な行為を意味しているのかも知れない。

鼻　はな

(3) 魂・悪疫の出入り口、臭いと魔除け

○昼寝をしている男の鼻からハチやアブが飛び出し、再び戻って鼻に入ると目覚めるという「夢の蜂」の昔話は、魂が小動物に化して

飛翔し財宝を発見する話として広く知られている。死の前後などに体から抜け出した霊魂が火の玉となって浮遊するとの報告も多く、その際、鼻が霊魂の出入り口の役割をしていることは、先学によって説かれている。松浦静山の『甲子夜話』巻一一にこんな話が載っている。泥谷某が僕を連れて平戸の海で夜釣りをしていると、喉の渇いた僕が舟を岸に着けて水を飲むことを要求した。しかし、泥谷は許さなかった。「僕止《やむ》ことを得ず櫓を揺し立ながら睡る。泥谷これを見るに、僕の鼻孔の中より酸漿《ほほづき》実の如き青光の火出たり。怪《あやし》と思たるに、ふは〳〵と飛行て、やがて彼《かの》岸泉の処に到り、泉流に止てあること良久《やや》なり。夫より又飛来てやゝ近くなる。愈々怪み見ゐたるに、僕の鼻孔に入りぬ。」とある。目覚めた僕は、岸の水を飲む夢を見て目が覚めたが、喉の渇きはなくなったと言ったという。

○病魔が人間の体に侵入する箇所は爪先や口などいくつかあるが、鼻の孔もその一つだった。幕末土佐の庶民生活を記した井上静照の『真覚寺日記』によれば、安政五年（一八五八）から三年間コレラが流行った時、宇佐浦（高知県土佐市宇佐町）では、悪病に罹らないためにこんなことをしたという。「安政五年九月一二日　又当浦辺ハ酢を人毎ニ鼻へ引こむ」「安政六年八月三日　宇佐の中にても東町ゟ《より》西ノ者ハ橋田へハ来らす、偶用事有て據なく来るものハ酢をのミ蒜《ニンニク》を鼻へすりこみ酒なとのミて来るもの多し」と見える。酢を嗅いだり、蒜を鼻に擦りこんだのは、悪病が鼻から入って来るとの恐れがあり、それを防ぐためといってよい。斎藤たまは『死とものの け』（新宿書房）で、青森県南郷村〈八戸市〉や岩手県野田村などで、湯灌をする者が手拭で鼻や口をふさぐのは、死人に取り憑いているかも知れぬモノの侵入口になるのを恐れたからである、と述べている。

○右の『真覚寺日記』にでてくる酢やニンニクのように、強い刺激やにおいを放つものは、厄病除けなど、しばしば魔除けとして用いられる。ニンニクを玄関に吊るしておくと、流行病にかからない（宮城・愛知・和歌山・宮崎など）、悪病が家に入らない（青森・千葉・山梨・福井・愛媛など）と各地でいう。流行病の病人を見舞うときは、袂にトベラの葉を入れておく。こうすると、その悪臭で病気が感染しない（山口）。シキミは有毒植物で葉に強い芳香があることなどから、邪気を祓うと信じられてきた。『善庵随筆』（嘉永三年〈一八五〇〉）に「余山家ノ人ノ話セルヲ聞クニ、樒ハ香気アリテ、狼ノ忌嫌フコトノ甚シケレバ、新葬ノ地ニハ必ズ此木ノ枝ヲ折リ立テ、、塚ヲ発クノ患ヲ防グコトノヨシ」とある。五月節供にショウブ・ヨモギを用いるのも、においの力で邪気を祓うのが主眼である。

○一九七九年の夏に日本中の子供たちを震え上がらせた口裂け女も、「ポマード〳〵」と言えば退散した。この男性用整髪料のにおいが嫌いだったようだ。今でも節分にはイワシの頭を焼いたヤイカガシを戸口に挿して鬼を祓う。天狗がサバ（鯖）を嫌うとの伝承は各地にある。筆者も、高知県檮原町で、芝天狗がいる木の元でサバを焼いて退散させた話を聞いたことがある（常光編『土佐の世間話』）。小倉学「加賀・能登の天狗伝説考」（『昔話伝説研究』二、一九七二年）に、「能美郡川北村〈石川県川北町〉地帯においては、家屋の建て前儀礼に、藁三把をつけた糸枠を家のオモ柱に結びつけ、糸枠の末に鯖を載せておく。これは天狗が家に入らぬ魔除けのためだとされる。」とある。風邪を引いたときは、スルメを焼いて屋内を燻《いぶ》すと風邪が出て行く（東京・新潟・奈良・三重など）。風邪の神がスルメのにおいを嫌うとの伝承も方々にある。長野県南箕輪村では、戸口でナンバンと髪の毛を燃やすと家に病気が入ってこない、という。柳田国男は「案山子祭」（『定本柳田國男集』一三）で、「カガシという語の起りには色々の説も有るらしいが先づ大よそはカグ（嗅ぐ）という語の他動形を、名詞にしたものと解するのが正しいであろう。即ち悪い臭気のするものを田畠のへりに立てゝ、動物の中でも主として獣類に不安を感じさせて追い退けることから、導かれた命名なのである。（中略）以前は竹の串に髪の毛を少し綰《わが》ねて挟み、その片端を焦がしたもの、或は野猪の生皮を一寸角ばかりに切って、これもちょっと焼いて竹のさきに挟んだものなどを立てる。猪は同類の皮の焼ける香だから、殊に気味悪く感じて遁げ去るものと解して居たようである。」と述べている。

○臭気で病魔や妖怪を退散させる一方、においにつられて妖異や獣が近づいてくることもある。焼き味噌のにおいは貧乏神が大好き（福島県浅川町ほか）という。夜間に味噌を炙《あぶ》ると天狗などが来る（石川県鳳至郡）。山へ味噌を持って行くと大蛇がでる（石川県鶴《つる》来《ぎ》町〈白山市〉）とか、山には味噌をつけた握り飯は持たない（山形県新庄市）という。筆者も新潟県羽《は》茂《もち》町〈佐渡市〉で、弁当に味噌を入れて山に行くと味噌のにおいでヘビが寄ってくる、という話を聞いた。味噌と貧乏神の関係については、羽鳥佑亮「日本における貧乏神譚の研究」（『國學院雑誌』一二〇巻七号、二〇一九年）に詳しい。京都府美山町〈南丹市〉では、毛髪を燃やすとナガモノ（ヘビ）が来るという。ヘビが毛髪の臭いを好むため、といわれている。

○コノシロ（鮗）を焼くと、死体を焼いたにおいがするといわれる。『和漢三才図会』にも、鮗《このしろ》を炙ると屍《しびと》のにおいのようだとあり、子代《このしろ》と名づけられるようになった由来譚を紹介している。澤田四郎作の「カザのこと」（『山でのことを忘れたか』一九六九年）に、コノシロについて次のように出ている。「村に疫病の入らぬようにと、鰶を五尾村の入口に埋めたという。泉北郡黒島では、鰶を焼いて三昧に埋め病気の平癒を祈る。南河内郡加賀田村唐久谷では鰶をシブトウヲといって、子供が相次いで死ぬ家では、これを墓に埋めた。」などの事例を紹介し「これらも鰶のもつ臭いに由来して発生した習俗である事は明らかである。このように、鰶は焼く臭気のため、あまり人々には好まれなかった。」と述べている。「死体を焼いた臭い」という言い方は、髪や爪を焼いたときにもいわれ、禁忌の理由とされる。茨城県石下町〈常総市〉では、炉のそばで爪や髪を切って燃やしてはいけないという。これは爪や髪の焼けるにおいと人体を焼くにおいが同じだからという。火の中に爪をくべると死人のにおいがする（兵庫県赤穂市）。

○『延寿撮要』（慶長四年〈一五九九〉）に「朝おきて空腹に尸《カハネ》（屍）をみることなかれ、しゐてみへきならは臭気鼻に入て毒となる、しゐてみへきならは酒をのみてみるへきなり」とある。死体や糞尿などに関する穢れは視覚と同時に臭気として感じ取る、あるいは、視覚を離れても臭いから生々しく想起する。においは過去の記憶や経験を瞬時に呼び覚ます。時として臭気は穢れでもある。

○便所の臭いがつよいときは雨になる（岩手・山形・宮城・神奈川・新潟・石川・長野・愛知・岐阜・滋賀・大阪・奈良・和歌山・三重・広島・鳥取・香川・徳島・福岡・佐賀・長崎・熊本・鹿児島）と、ほぼ全国的である。宮城県気仙沼市では、雨が降る二、三日前は便所の臭いが激しくなる、といい、岐阜県山県市では、便所の臭気が強くなるときは夜半より雨、と伝えている。低気圧が近づくとアンモニアなどの揮発物質の発散が多くなり、しかも臭気が地面近くに停滞することが「臭気が強くなると雨」の俗信の背景にあるという（『新説ことわざ辞典』東京堂出版）。

○便所が臭いときは、茶碗に水を入れ、その上に箸を十文字にして便所の近くに置くと臭くない（鹿児島県国分市〈霧島市〉）。便所の臭いを取るには、茶碗に水を入れお盆で蓋をして、逆さにしておくとよい（福井）。同県武生市〈越前市〉では、肥取りが来て臭いときは、台所に行き茶碗に水を一杯入れて伏せておく、または、自分の歳だけ唾を鼻の頭につけてもよいという。汲み出しのとき便所の臭気を防ぐには、洗面器へ水を汲んでおくとよい（長野県上伊那郡）。便所汲みが来たとき、唾を指につけて鼻に三度つければ臭くない（千葉県東葛飾郡）。臭気に耐えられぬときは、鼻の頭に唾をぬるとよい（福岡県北九州市合馬）。

○福島県川内村で、煙草のにおいが良いときは雨になる、といい、同県滝根村〈田村市〉では、煙草のにおいが遠くまでとどくと天気が変わる、という。味噌汁のにおいの強いときは雨が降る（長野県上伊那郡）。

○生まれて七日目に名づけ祝をするが、このとき赤子に小豆のにおいを嗅がせないと鼻づまりになるといって、小豆飯を炊いて神様に供え、産婆を呼んで祝う（福島市中野）。⇩汗《あせ》・くしゃみ・血《ち》・屁《へ》

腹《はら》

○福島県喜多方市では、腹痛のときは腹を手でさすりながら「へん（屁）なれ、ばん（糞）なれ、とっと（鳥）になって飛んで行け」と唱える、といい、長野県南箕輪村では「へになれ、くそになれ、三尺畑のこやしになれ」と三回唱える、という。福島県天栄村では、子供が腹痛のときは「へ（屁）ーんな

れ、ばーんなれ、ばっこ（うんち）になって出っちめえ」と腹をさすってやる。腹痛のとき、「ヘンナーレ、バーバニナレ」と唱える（兵庫）。「ジーになれ、ボーになれ」と言って腹をひしぐと治る（茨城県美和村〈常陸大宮市〉）。腹病みのときは「天竺の 腹ラン国の 腹中に 泰山木は 立ちければ 年に一度の花が咲く コウカサンチャの閏月《うるうづき》までも ハクチュウという虫は 耳早き虫なれば 元の居マイに 帰りたまえ アビラケンソワカ〳〵〳〵」と唱える（宮城県気仙沼市）。腹痛は、焼き塩を腹に当てて温めながら「アビラウンケンサマ」と唱えた（群馬県高崎市）。腹痛の呪《まじな》いは、鋏または小刀で病人の腹をつつき、一度つつく度に「アブラオンケンソワカ」と黙禱する（福島県檜枝岐村）。「ノオマクサンマン、ダバサバダンカン」と七回唱える（群馬県渋川市）。

○腹痛は、臍《へそ》の緒《お》を煎じて飲ませる（福島県山都町〈喜多方市〉）、臍の緒をなめさせる（福島・茨城）、腹を「の」の字にさする、臍の上に灸をすえる（共に広島県加計町〈安芸太田町〉）、煤《すす》を飲むと痛みが止まる（岐阜県川島町〈各務原市〉）という。群馬県東村田部井《ためがい》〈伊勢崎市〉では、俎板《まないた》に包丁はつきものといわれ、腹痛のときは俎板をなめろといった。沖縄県嘉手納町では、湯飲み茶碗に水を半分ぐらい入れて、指先で一息に「我鬼」と書いて、これを腹痛で寝ている人に三口で飲ませたら、たちどころに治ったという話がある、という。腹痛には、八十八歳の祝い餅と、四十九日の餅と、初めての男の子の初の祝い餅とを一緒に焼いて食う（奈良）。

○腹痛のときは、にが手の人になでてもらうと治る（神奈川・長野・京都・大阪・奈良・和歌山・兵庫）と各地でいう。にが手はまむし指とかまむし手などともいい、毒蛇のマムシを鎮めることができる特別の力をもつといわれる手（指）のことである（「指」の項目参照）。かつて、腹痛は腹の中の虫がさわぐために起きるとも考えられていた。にが手でさすると、腹の虫も鎮まるという算段であろう。腹痛には女のまむし指で腹をさするとよくなる（長野・京都・大阪）という土地もある。

○子供が虫のため腹を病むときは「天竺の天の河原の細うなぎ下るとも上るべからず、アビラオンケンスハカ」と唱えながら、腹を上から下へなでおろすとよい（長野県北安曇郡）。腹の虫による腹痛は「腹の虫、悪の虫、ブット出〳〵、悪イムシヤ京ニイケ〳〵」と唱える（兵庫）。

○腹の虫おろしは、掌に□を書き、その中に鬼という字を書いて三遍まわし「オオシユウのウジガミサマにオウジン、シオダニの分れ、きかくの桃の枝を折るな、水となる。アビラオンケンソワカ」と三遍唱えると虫が出てくる。書くのは墨で書くこと（島根県赤来町〈飯南町〉）。旧端午の節供にショウブの葉を腹に当ててしごくと腹の虫が退治できる（群馬県上野村）。ショウブを帯に差して腹に巻くと虫が切れる（長野県南相木村）。虫封じには子供の腹に筆で田の字を書くとよいといわれた（長野県南木曽町）。沖縄県嘉手納町で、虫腹ヲ秘ス法として「秋過ギテ冬ノ始メ十月ニ霜モ枯レ行カバ虫ノ子無シ」と一息で三唱すべし、という。

○臍《へそ》の垢《あか》（ゴマともいう）を取ると腹が痛くなる（全国的）。島根県出雲地方で、朝、縄を焼くと腹痛になる、といい、奈良市では、ヒキガエルに石を当てると腹痛が起きる（神様の使いだから）という。ネコを腹にのせると腹病みをする（岩手県和賀郡）。カラスに糞を引っかけられると腹が病む（同県紫波郡）。タニシの胡麻和えを食べると腹痛になる（大阪府枚方市）。とろろを食べたあとお茶を飲むと腹が割れる（福島県山都町〈喜多方市〉）。子供に鏡を見せるな、腹がくだる（岐阜・愛知）。東京の四ッ谷稲荷に夫婦で行くと腹を病むので行くものではない（青森県七戸町）。
○赤子が生まれてまだ乳を口に含まないうちに、フキの根をなめさせると腹に虫がわかない（福島県二本松市原瀬地区）。正月一二日に紙で人形を切り抜いて、便所の壁に貼っておくとその年は腹が痛くならない（同県須賀川市狸森）。小正月のドンドンヤキの火で焼いたマイダマ（繭玉）を食べると腹痛にならない（群馬県安中市）。トンドの火で手をあぶり、腹をこすると腹が痛くならない（岡山県久米町〈津山市〉）。トンド（トンド焼き）の灰を飲めば腹痛が起らぬ（兵庫）。節供の切り餅を六月土用に食べると腹の薬になる（福島県熱塩加納村〈喜多方市〉）。菖蒲湯に入ると腹痛みしない（同県北塩原村）。初雪を食べると腹痛を起こさない（岩手県稗貫郡）。庚申様の日はいくら食べても腹をこわさない（栃木県大平町〈栃木市〉）。
○長野県丸子町〈上田市〉で、妊婦の腹が出っぱっていると男の子、横へ広がっていると女の子、また顔の表情がきつくなると男の子が生まれる、といい、鹿児島県中種子町でも、男の子のときは妊婦の腹がとがっていて、女の子のときは丸い、という。妊婦のお腹をける力が強いと男の子が生まれる（愛知県阿久比町）。妊婦の右腹が痛むと女の子が生まれる（山口県新南陽市〈周南市〉）。（「性別判断」の項参照）。
○宮城県桃生町〈石巻市〉で、上棟式の五色の旗を妊婦が腹に巻いているとお産が軽い、といい、栃木県黒羽町〈大田原市〉では、棺に用いた麻縄を腹に巻いておくとお産が軽い、という。妊婦が腹に巻いているとお産が軽いとされるものには、葬式のイロ（葬衣）や棺の前綱（福島県広野町）、クマの腸を干したものを芯にした帯（同県猪苗代町）、ヘビの脱け殻（岩手・茨城）、矢が的中した時に切れた弓の弦（岩手県上閉伊郡）などがある。山形県東根市では、難産のときは熊の手で掻き出すように腹をなでてやるとよい、という。長崎県美津島町根緒〈対馬市〉では、難産のときの呪《まじな》いとして、産婦の腹をなでながら次のように唱える。「長き夜のとうのねぶりは波のり波の音がするぞや。早く下りろ。アブラオンケンソアカ、アブラオンケンソアカ、アブラオンケンソアカ。」

○妊婦が昆布を食べると腹のなかのややが大きくなる（福島県熱塩加納村〈喜多方市〉）。腹の上に手をのせて寝ると面白い夢を見る（群馬・広島）。氏神の社殿の下の土を腹に当てていると船酔いしない（石川県珠洲市）。床の下の土を腹に当てていると乗物に酔わない（島根県邑智町〈三郷町〉）。冬至にコンニャクを食べると腹の砂払いになる（群馬・茨城）。腹の上にホクロのある人は大食漢（愛知）。横腹にホクロのある人は身体強健（秋田県由利郡）。腹にホクロのある女はよい夫をもつ。腹の大きい人は金持ちの相（共に同県平鹿郡）。五〇歳になっても腹が出ていない人は借金がある（三重県磯部町〈志摩市〉）。

⇩性別判断《せいべつはんだん》・臍《へそ》・指《ゆび》

【ひ】

髭《ひげ》

○鹿児島県中種子町上中では、勝負の当日に顔を剃ると、剃り負けといってあまりよくない、といい、兵庫県赤穂市では、ヒゲを剃ると勝負に負けるという。今でも、勝運を願い、ゲンを担いでヒゲを剃らないというスポーツ選手をたまに見かける。赤穂市では、籾を蒔いて芽がでるまでヒゲを剃ってはいけない、との伝承もある。秋田県北秋田郡では、山へ行くときは鬚髯《しゅぜん》（あごヒゲとほおヒゲ）は剃らぬこと、という。同県大館市では、山へ行くときはヒゲを剃るな、という伝承と、山へ行くときはヒゲを剃り顔をきれいにして行け、山の神が喜ぶ、という相反する伝承がある。
○新潟県佐和田町〈佐渡市〉では、喪中に鬚髯は剃らぬものという。秋田県山本郡などでは、親が死ぬと男は五〇日間鬚《ひげ》が剃られず、女は五〇日間忌中髪に油をつけられない、という。逆さ剃刀《かみそり》を使うものではない。死んだ人のヒゲを剃る仕方だから（青森県五所川原市）。風呂場でヒゲを剃ると死病になる（新潟県川西町平見〈十日町市〉）。鬚髯を立てたり落としたりする人は早く死ぬ（秋田県鹿角郡）。
○恵比寿様の飯を子供が食べるとヒゲが生える（長野県生坂村）。山の神様へ供えた物を子供が食えば鬚が生えない（同県北安曇郡）。
○佐喜真興英『シマの話』（一九二五年）に沖縄県宜野湾村〈宜野湾市〉の俗信として、「男子は落ちた物を拾うて食うべからざるものとされた。落ち物を食べれば鬚《ひげ》が生えなくなる。女子は落ちものを食べても差し支えない。男子もまた『鬚えよかし』といって食えばよいと言われた。」とある。
○岩手県二戸市仁左平《にさたい》で、赤ヒゲに酒を見せるな、といい、秋田県大館市では、赤ヒゲは大酒飲み、という。ヒゲの濃い人は情け深い（茨城県小川町〈小美玉市〉）。髯《ひげ》の濃い夫は色も濃い（山形県米沢市）。髯の深い人は色深い（秋田県河辺郡）。鼻の下のみぞにヒゲの薄い人は好色（同県由利郡）。口髭の濃い人は苦労する（群馬）。

膝　ひざ

○膝の毛を抜くと幽霊に遭う（石川）とか、膝の下を剃ると念仏ができる（新潟県十日町轟木〈十日町市〉という。念仏ができるとは、葬式がでるの意か。膝を打つと笑いもって死ぬ（福井県十村〈若狭町〉）。膝に黒ホクロのある者は旅をする（愛知）。
○食事中に膝をゆすると、貧乏になる（岩手）、貧乏神が来る（岩手・岐阜・奈良）という。『永代大雑書萬暦大成』（安政三年〈一八五六〉再刻）に「座するにかたち動き手足何となくうごき、膝などふるふ人ハ貧き人と見るべし、俗に貧乏ゆるぎといふも偽《いつはり》ならず」とある。立て膝で飯を食うと喧嘩ができる（福島県滝根町〈田村市〉）。
○シビレがきれた時には、膝の下のふくらみを手の親指の腹で強く押す。膝に唾をつける（共に群馬県板倉町）。胸のつかえは、箸を茶碗の糸尻に立てて膝におく（同）。幼児の膝の内側のひだが一本だと、つぎに生まれる子は男、二本だと女（山形県温海町〈鶴岡市〉）。
○針を失くした時は、膝を三回なでると見つかる（群馬県板倉町大久保）。⇩足《あし》

肘《ひじ》

○山口市で、飯台に肘をついて飯を食べると地震が揺る、といい、鳥取県鹿野町〈鳥取市〉でも、肘をついて飯を食うと地震がくる、といって忌む。妊婦が肘をつくとお乳が出なくなる（福島県西会津町）。子供が両肘ついて親に見せれば、親が死ぬ（愛知県岡崎市）。
○長崎県壱岐島〈壱岐市〉では、肘で頭を打たれるのを忌む。誤って打たれたらその肘を噛む真似をする、という。肘鉄砲をくった時は、「ひじゃむ」と唱えないと、相手の人が身体に障害のある子を生む（同県吉井町〈佐世保市〉）。ひじゃむは肘病むの意か。肘どうし打つと肘なしの子が生まれる（福井県小浜市）。
○「尾の肘木《ひじき》、洞《ほら》の枠木」という言葉がある（岐阜県旧徳山村など）。「肘のように曲った枝のある木と根元近くから四股にわかれた木はともに天狗がいるといって伐らないものと

して忌む」という（『改訂 綜合日本民俗語彙』）。肘木は、幹から横に伸びた枝が途中で直角に曲がった形をいうのであろう。
○鈴木勝忠『川柳雑俳江戸庶民の世界』（一九九六年）に、「おろす錠・官女のひぢにいもりの血」（『不二の高根』享保一〇年〈一七二五〉）の句について「番《つが》った井守の血を取り、それを女の肘に塗っておくと、男に交われば消えてしまうという伝承があり、その黒焼きの粉が惚れ薬となるように特別に扱われている。」とある。イモリの血をぬる俗信は現在の伝承には見当たらないが、近世には知られていたようで、『雑俳語辞典』（東京堂出版）に、「いもりの血すつぺり落て旅戻り」（『春の湊』宝暦中）の句が見える。柳沢淇園《きえん》『独寝』（江戸中期）に「博物志に、いもりに朱を食しむれば、後には、いもりことごとくあかふ成て死ける也、それを取て陰干にして、女の身に、文字にても何にても、印を書ておくなり、此印は、いかやうに洗ひても、おつる事なし、もし其女淫事をなしぬれば、おつる也、それによりて、是を印にして、女の貞節不貞節を見わくる事也共あり」と見える。

額　ひたい

○額の広い人は、心が広い（秋田・三重・岡山・山口）、運がよい（秋田・福島・富山・愛知）、大きな仕事をして成功する（群馬県板倉町）、出世する（福島・群馬・石川・徳島・愛媛）、世間が広い（長野・愛知・兵庫）、頭が良い（岩手・東京・石川・奈良・三重）、田地持ちになる（群馬）、額が広い子は賢くなる（秋田県大館市）等々、総じて評価が高い。そのほか、額が広い人は楽天家（岩手県遠野市）、額が広い人は夫に死別するおそれがある（群馬・和歌山）という。岐阜県国府村や丹生川村〈共に高山市〉では、額が禿げ上った人は金持ちになる、といわれる。
○額が狭い人は、小心である（岩手県住田

町）、気短（愛媛県柳谷村〈久万高原町〉）、立身しない（秋田県仙北郡）、苦労する（岩手・福島）、お金が貯まらない（岩手県住田町）という。

○出額《でびたい》（おでこ）の人は、果報者（岩手・秋田）、福がある（岩手県水沢市〈奥州市〉）、賢い（秋田・和歌山）、将来幸福になる（石川県江沼郡）という。おでこに馬鹿なし（岩手・山口）とも。額の出ている人は後家額と称し夫に死別する（秋田）。

○額の皺《しわ》が、多い人は長命（茨城県大宮町〈常陸大宮市〉）、深い人は幸せが多い（徳島県小松島市）、長く切れ目がなければ長命する（秋田県秋田郡）、三本筋の通った人は長生きする（愛媛県御荘町〈愛南町〉）、深くて多い人は苦労が多い（長野県南信濃村〈飯田市〉）。岩手県住田町では、額に皺の寄る人は気短な人という。鼻の上の額に筋が一本ある人は運が良いが、二本ある人は苦労が多い（広島市）。

○岐阜県国府町〈高山市〉で、額から鼻先までの長い人は運がよいという。額の真ん中にホクロのある人は、美人である（広島県加計町〈安芸太田町〉）、再婚する（群馬）。額にホクロのある者は大きな農家へ嫁に行く（石川県江沼郡）。額にニキビができたときは、自分の好きな人が見つかる知らせ（群馬県利根地方）。ニキビが額にでるときは人によく思われ、目より下にでると人から憎まれている（茨城県大宮町〈常陸大宮市〉）。愛知県北設楽郡で、妊娠中にません棒（馬柵《ませ》）を跨ぐと額にツムジのある子を生む、という。

○炉縁を踏むのは主人の額を踏むのと同じこと（山形県長井市）。

○明日の天気を祈るとき、テルテルボウズのほかに、自分の額に指で三度輪を描き、三遍まわるとよい（奈良）。まわるのはテルテルボウズを廻る意味か。

○子供が額を打った時は「親の唾、親の唾」と言って唾をつける（福岡）。子供が引きつけたときは、父親の下駄の裏で額を三回なでるとよい（播州赤穂地方〈兵庫〉）。風邪で熱がでたときは墨を額に塗ると熱が取れる（同県竹野町〈豊岡市〉）。一月六日、七草粥を作るために茹《ゆ》でたカブの葉の汁を額につけておくと、一年中病気にかからない（京都）。トンド（ドンドヤキ）の灰を額につけると夏病みしない（岡山県真備町〈倉敷市〉）。八月一四日に朱を水で溶き小児の額につけると百病を免れ壮健になる（大阪）。足がしびれたときは額に唾をつけるとよい（ほぼ全国的）。○浜に一人で出るときは、竈《かまど》の鍋墨を額につけて行くと魔除けになる（山口）。出漁のとき竈の墨を額につけると漁がよい（同県）。五島列島宇久島（長崎）では、海や山に行くときは、クド（竈）の焚き口の三か所のヘグラ（煤）を指に付け、「インノコ」と三回唱えながらヘグラを額につける。こうすれば化物に化かされないという（高見寛孝「五島列島宇久島の荒神信仰」『日本民俗学』一九五号）。額は鍋墨や朱を付けやすい部位であるだけでなく、害を及ぼしかねない邪霊の目につきやすい身体の位置といってよい。○乳幼児の外出時などに、主に魔除けの目的で子供の額に×や犬などと書く習俗は、以前は各地で見られた。高知県吾川村〈仁淀川町〉では、赤ん坊を連れて外出するときには、家人が赤ん坊の額に鍋墨をつけてやる。ものにたまげない呪《まじな》いという。岩手県九戸郡では、赤子を初めて外に出すときは、額に十を書いてやれば流行病がこない、という。子供が生まれてから三日目の夜、子供の額に紅で犬と書き、産婆さんが抱いて向こう三軒両隣の便所を、橋を渡らずに廻る（群馬）。お宮参り前の赤子を外に連れ出すときには額に墨をぬる（和歌山県本宮町〈田辺市〉）。⇩頭《あたま》・痺《しび》れ

皮膚《ひふ》

○赤子は二一日間タライで湯浴みをさせるが、これを怠ると成人してから皮膚にカユガリができて悩まされる（福島市）という。群馬県太田市毛里田《もりた》では、子供の口のまわりに皮膚病ができたとき、草の葉でこすり、その葉をウマにやるとよい、と伝えている。草は瘡《くさ》の意でもあり、それをウマに食ってもらう呪《まじな》い。茨城県麻生町青沼〈行方市〉では、子供の体にポツポツができることをホウシといい、これができると、縄を左縄にしてまるめ、囲炉裏のかかっている梁《はり》に三回通し、それで体をこすって囲炉裏の火で焼くと治る、という。

○福島県檜枝岐村では、草びけ（皮膚病？）ができた時は、笹の葉で皮膚のただれた上を払い「朝日さすころかの山の草の根を切って草を枯らす。葉を枯らす」と三度口の中で唱えて、笹を川に流す。また「この草は川越え向こうさ行きて見れば水にて草は流れる流れてしまえばあともなし」という呪文もあるという。この場合も草と瘡を掛けている。静岡県春野町〈浜松市〉では、皮膚病が悪化したときには「疼き去る流るる川の悪水も山川越えて海を渡さず ナムアビラウンケンソワカ」というウタヨミを三度唱えると楽になる、といわれる。七夕の紙を焼いて皮膚病につけると早く治る（群馬県太田市）。

○ハタケ（疥）ができたときは、鍬で削り取る真似をすると治る（熊本県南関町）。顔にハタケができたら、鍬で耕す真似をすると治る（三重県二見町〈伊勢市〉）。

○妊婦の旦那さんはお産のときには船の中に隠れる。サメを見ると鮫肌の子が生まれるから（福島県いわき市）。同市には、ナツミカンを食べると色の白い子が生まれる、との伝承もある。ムケツイタチ（六月一日）にうどんを食べると色が白くなる（栃木県真岡市）。お茶を飲むと色が黒くなる（岩手・福島）。

濃いお茶を飲むと色が黒くなる（群馬）。便所の掃除を手まめにしておけば肌のきれいな子が生まれる（長崎県新魚目町〈新上五島町〉）。
○福島県鏡石町では、ムケノツイタチ（六月一日）に桑畑に行くと人の皮のむけるのが見える、といい、同県田島町〈南会津町〉では、ムケノツイタチの陽の昇らぬうちは、コガシ（香煎）をなめて桑の木に逆さにぶら下がると、人の皮の剝《は》げるのがわかる、と伝えている。
○炊き豆の皮をとって食うと鬼に皮をはがされる（岩手県九戸郡）。節分の豆は皮むくな、地獄で鬼に皮むかれる（福島市）。
○毛深い人は皮膚が弱い（徳島県小松島市）。皮膚にシミがでると長生きする（静岡県裾野市）。色の白いのは七難かくす（秋田・高知）。女の白い肌は七難かくす（愛知・徳島）。
○子供を育てるとき、親に肌をつけて寝かすと丈夫になる（長野県諏訪湖畔地方）。

ひよめき

○大泉門《だいせんもん》のこと。新生児の頭にある菱形をした骨の隙間で、脈を打つたびにひよひよと動くことに由来するという。オドリコと呼ぶ土地も多い。福島県天栄村では、赤子の頭でペコペコと動くところをヒョッコメキといい、シャックリをするときはここに息を三度吹きかけると治るという。赤子のシャックリは、ヒムキ（大泉門）に息をふっかけて温めてやると止まる（群馬県粕川村〈前橋市〉）、フクメキに温かい息をかける（熊本県有明町〈天草市〉）、頭のオドリコサンにほうしかけて（息を吹きかけて）やれ（香川県長尾町〈さぬき市〉）、頭のオドリに親の息をハアッと吹きかける（和歌山県上富田町）。熊本市では、乳児の前頭部をフクメキと称し、長方形に剃る。シャックリの時にその部分に息を吹きかけると治るという。ヒヨメキは、息を吹き入れるところ、いわば魂の通路といってよい。

『女重宝記』(元禄五年〈一六九二〉)に「一、子寝入りたらば、燈《ともしび》を遠《とを》〳〵と明《あか》すべし。乳《お》母《ち》の寝入りたる鼻息にて、子の顖会《おとり》を吹くべからず。病いづるなり。」とある。顖会はヒヨメキの意で乳母の寝息で吹かれるのを忌む。『和漢三才図会』巻第一二の「頭」に、嬰児の脳の骨がまだ合わず、軟らかで跳《おど》り動く処を顖会《おとり》という、と見える。

○桂井和雄の『耳たぶと伝承』(一九五四年)には、土佐の伝承について「これをオドリコ、オドリ、オドリゲ、オヌリケなどと言って大切がる風は今でもある。昔はここに藍を塗っておく習慣があった。悪魔がここから可憐な子供の生気を吸いとるという伝承を信じたからである」と見える。

○福島県鏡石町では、赤ん坊のヒョウメキの毛は残しておけ、みんなに笑われるとその子が丈夫に育つという。島根県松江市では、昔は子どものヒヨメキのところを、三日月形、あるいは方形にそり落としたり髪を残したりする風があった。ボンタク(盆の窪)に髪を残し、またチャリコといって、頭の両脇に円形に髪を残したりした。喉に魚の骨が立った時、高知県東津野村(津野町)では、食べた魚の骨を頭のオドリコに載せておくと取れる、といい、熊本県三加和町〈和水町〉では、残りの魚の骨を頭の中央(フクメキ)に載せて湯を飲む、と伝えている。⇩息《いき》・髪《かみ》・しゃっくり

【ふ】

頭垢　ふけ

○フケを燃やすと、頭痛病になる(長野県北安曇郡)、気がふれる(愛知県渥美町〈田原市〉)。フケを酢に入れると血になる(和歌山

県太地町)。酒の中へフケを入れて飲ませると顔が青くなる(愛知)。心配すると頭のフケが多くなる(長野・岡山)。フケの多い人は苦労性(群馬)。『常用奇法 俗家重宝集』(文政一〇年板〈一八二七〉)に「風屑《ふけ》を去《さる》くすり」として「菊の葉を水に浸し置、右の水を櫛の歯に付髪をすくべし」とある。⇩垢《あか》・髪《かみ》

【へ】

屁　へ

○誰かが放屁をしたら、「べろべろかんじょ、べろかんじょ、今の屁は誰ゃふった(放《ひ》った)、ぬか部屋の隅《すま》で狸ゃふった、ふった方へ一寸向《ちよつと》け」(上野)とか、「からんぼ、からんぼ、誰ゃ屁ふった、ふった方へ一寸向いてくれよ」(新庄)と唱え、目隠しをして、マッチ棒や割箸で作った小さなカランボ(搦め棒)を回し、その先がどこを向くかですか屁の犯人をさがす(福井県美浜町)。かんじょは勧請であろう。マッチや紙縒《こよ》りの先を折り曲げて回し、放屁者を判定する占いで各地に伝承されている。福島県田島町〈南会津町〉では、先端を鉤の手に折り曲げた麻幹を両手で押し回しながら「べろべろ誰屁たっちゃ」と唱える。唱え終わったところで止め、鉤の先が指した方の者をみなで囃《はや》す、という。宮城県では、先が鉤に曲がった枝や紙縒りを両手で回し「ベロベロの神は正直神で、誰が屁放ったか、ひった方さフン向け」などと唱え、唱え終ったところで鉤の先の向いた方の子供をみんなで囃す。放屁人が名乗って出ないときに、箸くらいの棒の先を一寸ほど折り曲げ、これを両掌に挟んで回転させながら「ベロ〳〵カメロ、トーメノカメロ、親でも子でも

屁コイた方へチョンと向け」と唱える。唱え終わったとき、折り曲げた部分の指している方が放屁人とされる（新潟）。放屁した人を見つけるには、曲尺《かねじゃく》のように先の曲がったものを両手でもみもみし「へひり〳〵かなんど、屁ひった方へちょいと向け」と唱え、手と口と同時に休止した時、カギの指している方の者がその人だ（高知県田ノ口村下田ノ口〈黒潮町〉）。同県南国市改田では、小枝の先端を折り曲げて回しながら「屁ひり屁ひり平左衛門、平左衛門へちょいと向け」と唱えたといい、同県吾北村西津賀才〈いの町〉では「屁カンコ屁カンコ、屁をひった方へちょいと向け」と唱えた。カンコは小枝を折り曲げた鉤《かぎ》の部分のこと。『誹風柳多留』に、「かくし屁しれるべろ〳〵の御神徳」（文政九年〈一八二六〉）、「べろ〳〵の神すかし屁のぬしをさし」（文政一一年〈一八二八〉）の句が見える。

○武藤鉄城「音と民俗」（一九三八年）に、放屁者の判断について、秋田県角館付近の伝承が載っている。「箸などの先を一寸折り曲げて、両掌で『ベロ〳〵のカンメロは、親でも子でも屁ひった方を一寸向け』と唱えながら廻し終った時、その先の向いている者が放屁者であるとすることは、何処でも行われていることであるらしい。口遊びにもこの音に関するものが多い。『舎弟《おじ》ぁ屁ひって長野を聞けだ、長野で臭せやどて鼻曲げだ。』『兵隊さんが屁たれだ、ブブブとたれだとさ。』『ぜいご（田舎）のアネコ達蕎麦食ってご馳走、腹がオップクレで屁がドン〳〵。』」とある。『改訂 綜合日本民俗語彙』の「ベロベロ」の項には「ベロベロの名の起りは念ずるときにこの鉤を口のはたにつけて廻すという作法があったためかと思われる。京都では酒席の戯れに紙縒を箸の握りにくりつけて鉤の形とし、両掌の間でもむ。ヘロヘロの神様は正直な神様で　お酒の方へとおもふきやれ　と唱え、その方角の人が罰盃を受ける」とある。ベロベロのベロは、折り曲げた先の部分を舌に見立てたのであろうか。『嬉遊笑覧』巻六下に「べろ〳〵の神は正直がみよなどいふ、何の故事何の義といふことの有べき、べろとは舌の形容をいふなり」とある。式亭三馬の『船頭深話』に「そりやこそ屁の證拠があらはれたでござい。なぜ〳〵。ハテ屁ひりの神は正直神よ。誰《た》が放《ひっ》た彼《か》が放たひつた方へつん向て寝たから違《ちげへ》ねへ〳〵。サア〳〵放屁《へひり》の神の屁見世、い丶出し屁《べ》の問屋。ポン音《おと》はこれでござい」と見える。

○『改訂　綜合日本民俗語彙』「ベロベロノトシトリ」の項には、「ベロベロの神は現在すでに遊戯化してしまったが、もとは小枝ある木を口の前で揉み廻して、方角を見る古来の卜法であった。」とある。福島県相馬市では、失せ物を探すときにもこの占いが用いられたようだ。

○子供たちが集まっていて誰かが屁をこいた時、すぐ「今の屁は誰がこいた、隅んだ輿市兵衛がブッとこいて隠んだ」と唱えながら、一人ずつ指さしてゆき、最後の「だ」にあたった子供が屁をこいたとされる（兵庫県小野市）。愛知県尾西市〈一宮市〉では、放屁の判断に「イマノヘイダレガコイタカ、オツガコイタカ、タツガコイタカ、ナンドノスデブットコショ」と言って、一人一人数えて一番終りの人が放屁者となる、という。小野秋風「人體俗信集」（『旅と伝説』通巻四六号、一九三一年）に、「おならをした人をさがすには『言いだし目から三人目』と言いながら、臭いと言いだした人から右へ一人〳〵数えて、最後の『目』に当った人がしたときめる。子供の時はよくこんなことをやるが、不思議に当たることがある。」と見えるが、伝承地が記されていない。田畑千秋「童詞、童歌、唱え言」（一九九二年）には、奄美大島名音《なおん》〈鹿児島県大和村〉の伝承が報告されている。遊んでいるとき、屁を放《ひ》って知らぬふりをしている者がいると、一人が「誰が屁をしたかフィカンジョ」と声をかけて、後ろ向きにみんなを立たせ、声をかけた人がユングトゥ（誦み言）をしながら、一人一人の背を指していく。最後の「アティティミリョカキ（あてみようか）の「カキ」にあたった人が屁を放った事になるが、違っていた場合はやり直す。放屁者がわかると、みんなで「ウシマヤマトゥ（大島、大和）と言いながら、もみくちゃにする、という。ユングトゥは「屁を放った人は 誰か 放らぬぞ放らぬぞ 誰が屁を放ったか あててみようか」である。フィカンジョは屁勧請であろうか。

○屁をした人を見分けるには、舌を見ると黄色いから知れる（長野県上伊那郡）。

○石川県鳳至郡で、正月一五日の朝、放屁すれば田植えのとき風が吹く、といい、秋田県北秋田郡では、正月一五日の夜から三日間は決して放屁してはならぬ、田植えのときに大風が吹く、といわれる。小正月に小豆粥を吹いて食べると田植えのときに風が吹く、という俗信と同類で、予祝にかかわる類感呪術といってよい。岩手県九戸郡では、正月一五日に屁をひると牛蒡蒔きのとき風が吹き、便所へ行くと腫物がでるという。静岡県天竜市熊〈浜松市〉では、節分の二月三日または四日を「鬼おどかし」という。「鬼は外、福は内」のほかに「隣の婆々、屁をひった、しゃらくさい、うーんと臭い、まっと臭いぷー」と唱える。臭いといって鬼が逃げるという。澤田四郎作は「カザのこと」（『山でのことを忘れたか』）で、「讃岐では、節分の夜、田に出て屁をこくと、肥料をやらなくともよくみのるといわれ、南紀では節分の夜、尻をあぶると瘡生ぜずという俗信が行なわれているのも、悪臭が悪鬼を退散せしめるという思惟に根ざしている。」と述べている。
○新潟県赤泊村〈佐渡市〉では、風呂の中で屁をすると、火事のとき腰が立たぬ、といい、岐阜県高山地方では、風呂で屁をこくと火事のときに出られぬ、という。風呂で屁をひると中風する（高知県東津野村〈津野町〉）。
○臼の上に座ったまま屁をひってはならぬ。誤って臼の上で屁をひると、臼を担いで家のまわりを七回廻らねばならぬという（沖縄県宜野湾村〈宜野湾市〉ほか）。臼の上でおならをすると足が曲がる（群馬県太田市）。竈《かまど》で屁をこくとメバチコ（麦粒腫）ができる（奈良県下市町）。籠をかぶって屁をひると背が伸びない（岩手県気仙郡）。蚕室で屁をひるとヘヒリメーといって形の整わない繭ができる、といって屁をつつしむ（長崎県壱岐郡〈壱岐市〉）。蚕室で屁をひってはならない、屁っぴり蚕（繭の一端に穴があく）ができる（福島県船引町〈田村市〉）。家の中でおならをすると神様が逃げていく（秋田県鷹巣町〈北秋田市〉）。妻戸の外で放屁すれば火災のときに出られない（石川県河北郡）。ウマに乗っていて放屁するとネブトができる（秋田）。足をこそばしていて屁をひると中風する（高知県東津野村〈津野町〉）。岩崎山の五枚岩の間でおならをすると挟まれる（愛知県小牧市）。
○屁をひって隠すと、太らない（新潟県赤泊村〈佐渡市〉）、背丈が伸びぬ（石川県穴水町）という。
○岩手県東磐井郡では、渡し金に焼き付いたものを食うと恥の屁をひる、とか、金網に残った餅を食べると来客のとき屁がでる、という。木割り台に腰をかけると恥の屁がでる（同県江刺郡）。擂粉木をなめると人のなかに出たとき屁をたれる（同県岩手郡）。茶にアサガオを入れて飲めば屁がでる（同県宮古市）。耳くそをなめると屁がでる（長野県北安曇郡）。ウマに歯を見せると嫁入りしてから屁をこく（同県南信濃村〈飯田市〉）。

○小野地健は「身体音と声の体系的分析への予備考察」（二〇一〇年）で、「屁はしばしば嘲笑の対象となる行為であり、興を醒めさせる行為であり、公の場や儀式では不適切な音声とされた。これらに共通するのは、それまでの円滑に進行していた物事を中断させてしまう原因として、屁が語られるということである」と指摘している。

○坂本正夫は「放屁の民俗」（二〇〇四年）で、昭和三〇年頃までの高知県の村や町では、放屁して恥ずかしがっている娘さんや子供に、お年寄りたちが半ば真面目に、そして半ばふざけ気分で、次のような唱えごとを教えたという。「屁をひって必ず恥と思うなよ、屁は鳴り物の王なるぞ、笛や太鼓に臭いなし、ケツ（尻）の埃がのいてサッパリ、サッパリ」（室戸市羽根）。「屁をひって無礼と思うなよ、屁は肛門のあくびなり」（仁淀村大植〈仁淀川町〉）。「屁をひって恥と思うなよ、屁には三つの得がある、お腹がへって気が晴れて、おイドの埃がフッと飛ぶ」（伊野町勝賀瀬〈いの町〉）。

○子供が腹痛のときは「へ（屁）ーんなれ、ばーんなれ、ばっこいなって出っちめえ」と言って腹をさすってやる（福島県天栄村）。

○キジムナーが屁を嫌うことはよく知られている。沖縄県では、放屁するとキジムナーが逃げる、とか、キジムナーが人を背負っているとき放屁するとはなしてしまう、といわれる。幽霊にうなされたとき屁をたれると一層つようなされる（秋田県平鹿町〈横手市〉）。

⇩鼻《はな》

臍　へそ

○雷が鳴るときに裸でいると雷にヘソを取られる、との俗信は全国的である。「ヘソをだしていると雷様に取られるぞ」などと、もっぱら子供に対して言うことが多い。兵庫県西宮市では、雷が鳴るとヘソを取られないように手で隠せという。静岡県春野町（浜松市）では、雷が鳴ったときは蚊帳の中に入ってヘソを隠し「くわばら、くわばら」と三度唱えてじっと静かにしている。蚊帳に入れば安全との伝承は各地にある。雨の降る日にヘソをだして歩くとヘソを取られる（岩手）とか、雨降りに裸になると雷にヘソを取られる（青森）という土地もある。福島県桑折町では、雷様の鳴るときに子供が裸でいるとヘソを取られるといってすぐに着物をきせるという。雷雨になると急に気温が低下することがあるため、腹を冷やさないように注意する意味もあるのだろう。井原西鶴『好色一代男』巻四「火《ひ》神鳴《がみなり》の雲がくれ」（一六八二年）に「俄に白雨《ゆふだち》して、神鳴臍《かみなりへそ》をこころ懸《が》け、落ちかかる事間《ま》なく時なく、大風、いなびかり、」とある。「わけがあろ・なぜかみなりはへそがすき」（『折句庫《おりくぐら》』寛政二年〈一七九〇〉）、「雷にひどくおびゆる出臍の子」（『誹風柳多留』文政一〇年〈一八二七〉）の句もある。小咄本『珍話 楽牽頭《がくたいこ》』（明和九年〈一七七二〉）の「雷」には、「ゴロ〳〵ピシャ〳〵〳〵。『万吉よ、お雷がお鳴りなされる。そこに居て、臍をつかまれるな。早く内へ行つて、蚊帳の中へはいつて、おとなくして居ろ』。」と見える。雷がヘソを取るとの俗信は、近世には広く流布していた。菅茶山の『筆のすさび』（江戸後期）に「雷臍を取るといふ事　雷の臍をとるといひて小児などを警《いまし》むるは、雷震《らいしん》のときは俯伏《うつぶし》するものは死せず、仰朴《あおむけ》する者はかならず死するによつてなり。失火の烟たちこめて息をつぎがたき時は、土を舐《ねぶ》れといふも同じをしへなり。」と見える。伴蒿蹊『閑田次筆』（文化三年〈一八〇六〉）に、雷について書いた記事のなかで「臍《ほぞ》ひらくものは不救《すくはず》といへり。俗に雷が臍を掴《つか》むといふも、此ことゝぞ」とある。

○ヘソを取るのは雷だけではない。岐阜県高山地方では、キュウリを食べて泳ぎに行くとガオロ（河童）にヘソを取られる。茗荷竹《みょうがたけ》を髪に挿して行けばよいという。長野県売木村では、子供が川に行くと河童にヘソを取られたり引き込まれたりするので行かないように親が言い聞かせた。茨城県稲敷郡では、霞ヶ浦で遊んでいると「河童にヘソを抜かれる」と言っておどかされたという。キュウリを食べて川に入ると河童にヘソを抜かれる（福島県山都町〈喜多方市〉）。メドチ（河童）は友達に化けて子供を引く、ヘソを抜く（青森県八戸市）。河童は尻子玉を抜くというのが一般的だが、ヘソを抜くという伝承も少なくない。井之口章次は、河童が尻子玉を抜くというのは霊魂を奪うことであるという。そして、雷がヘソを取るのは、ヘソにはへその緒のイメージもあって腹の中に通じているという感覚があり、ヘソを通路としてその人の霊魂を取ろうとしているのである、と説いている（『暮らしに生きる俗信60話』）。ヘソは身体の中心といわれ、何かと重視される。仮に身体を中央線で左右に分け、また上下に二分するとすれば、ヘソは左右上下の線が交錯する身体の中心というイメージがある。ヘソを取られるのは、身体の均衡を保つ核を失うことでもある。

○雷石《かみなりいし》の伝説は各地にあるが、秋篠寺（奈良市）にある「かみなり石」の言い伝えは面白い。田中俊次「雷様の話」には「大和秋篠寺には雷の臍と言う碑がある。天平の頃金堂に落雷して火事になった時の長老は、呪文をとなえて雷を捉えその臍をぬき、再び落ちないと誓わせて放してやった。その臍を埋めた處であるとの事」と見える（『郷土趣味』三巻三号）。一説には、この石に落ちた雷が村人にヘソを取られ、以来秋篠寺には落ちなくなったともいう。
○ヘソの垢《あか》（ゴマともいう）を取るのを忌む。取ると、腹が痛くなる（全国的）、病気になる（新潟・石川・徳島）、風邪を引く（岩手・新潟・長野）、早死にする（愛知県西春町〈北名古屋市〉）、虫病みになる（新潟県十日町市高山）、腫れる（福井県小浜市）などという。また、ヘソの垢を取ると力が抜ける（茨城・長野・岐阜・山梨・愛知・兵庫）との伝承も各地にある。雑俳集『長ふくべ』（享保一六年〈一七三一〉）に、「ためておくなり〳〵」の前句に「角力とりハ子にもかゝせぬ臍の垢」の句が見える。当時もヘソの垢を取ると力が抜けるという俗信が知られていたことがわかる。
○ヘソが上向きの人は、出世する（富山・岐阜・愛知）、酒のみだ（長野県北安曇郡）、肝玉が小さい（和歌山県高野口町〈橋本市〉）、親を賭ける（岡山）。千葉県松戸市では、ヘソからでている線が上向きの子供は孝行者になり、下向きの子供は不孝者になるという。ヘソが受け穴になっている者は親孝行で有福者になる（愛知）。ヘソの形から吉凶を占うものだが、しばしば耳にするへそ曲がりの伝承については、収集した俗信資料には見当たらなかった。歴史的に新しいのであろうか。
○和歌山県那智勝浦町では、頼母子講《たのもしこう》に出かけるとき、他人の家の土瓶《どびん》の蓋《ふた》をヘソに当てているとよい籤《くじ》を引くという。会津喜多方地方（福島）では、墓から掘り出した銭（六文銭）をヘソに当てて行けば無尽《むじん》にあたるという。石川県金沢市では、賭け事に勝つには茶釜の蓋をこっそりヘソに当てて臨むとよいと伝えている。俗信とは直接結びつかないかも知れないが、昔話の「龍宮童子」譚のなかには、異界から貰ってきた小童がヘソから小判を出す話がある。ヘソと富について考える上で興味深い。

○梅干をヘソに貼ると、乗物酔いしない（ほぼ全国的）、船酔いしない（岩手・大阪・兵庫・山口・熊本）。東京都中央区では、乗物酔いの予防として、梅干を一個むいてヘソに貼りつける。とくに駕籠《かご》の酔い止めとして効く、と言い伝えている。汽車や船に酔う者は、荷車の心棒の油を取ってヘソにつけていればよい（長野県諏訪湖畔）。『民家日用 廣益秘事大全』（嘉永四年〈一八五一〉）に「船に酔ざる法」として「半夏（カラスビシャク）を湯煮して臍へいれ紙にて上をはりておくべし、船に酔ふ事なし、また梅干を食ふもよし」と見える。『秘密妙知伝重宝記』（天保八年〈一八三七〉）には「ふねによわぬ二ハいわう（硫黄）をへそに当てのるべし」とある。石川県七尾付近では、船に酔う人は波止場の砂を包んでヘソに当てて行くとよいという。『待問雑記《たいもんざつき》』（文政一二年〈一八二九〉）に、船に乗ろうとする場所で土砂を少し取って紙に包み、それを臍《ほぞ》に当てて乗れば船酔いをしないとある。

○モノモライ（麦粒腫）は、ヘソに塩をすりこむ（長野県北安曇郡・大阪府能勢町）、便所に入ってヘソに塩をぬる（山梨県甲西町〈南アルプス市〉）、人に見られないようにヘソに塩を入れる（兵庫県竹野町〈豊岡市〉）。鹿児島県西之表市浦田では、ヤンメ（流行目）には人の知らないうちにヘソに塩をつけていた。雑俳に「胋ひは目瘡まじなふ臍の塩」（『十八公』享保一四年〈一七二九〉）の句がある。

○ヘソをなぶると、病気になる（愛知・徳島）、腹が痛くなる（岐阜県墨俣町〈大垣市〉）。腹痛のときは、ヘソに梅干を貼る（熊本県松橋町〈宇城市〉）、ヘソに塩をすりこむ（沖縄県嘉手納町）。子供の腹痛はヘソのゴマを飲ませると治る（福島県岩代町〈二本松市〉）。虫病み（腹痛？）は仏様の茶碗を温めてヘソに当てると治る（新潟県川西町〈十日町市〉）。同県山古志村虫亀（長岡市）では、腹痛が起きたらヘソのまわりをのの字の方向に手で撫でまわすという。子供の夜泣きには、煙管《きせる》のやに（脂《やに》）をヘソにぬると夜泣きしなくなる（福島県平田村）。小児のヘソの上に晶の文字を書いておけばよい（同県表郷村〈白河市〉）、ヘソに味噌をのせてその上に灸をすえる（徳島県小松島市）。瘧《おこり》になったらヘソに膏薬を貼ればよい（富山県氷見市）。子供の疳には煙草の脂をヘソにつけてやるとよい（宮城県蔵王町）。疳の虫が起きたときはヘソの下に田の文字を書いた（長野県川上村）。あまり赤ちゃんを泣かすと出臍になる（徳島県小松島市）。お金をヘソに当てると出臍がなおる（静岡市）。出臍の子は山上詣（大峯登山者）の人の杖でヘソを押してもらえばなおる（大阪）。鼻にできものができた時はヘソに塩をこめると治る（愛知）。串柿を紙に包んでヘソに押し付けておけば酒に酔わない（長野県北安曇郡）。シャックリはヘソに力を入れると止まる（愛知）。⇩垢《あか》・裸《はだか》・臍の緒《へそのお》

臍の緒　へそのお

○胎児と胎盤をつなぐ管状の器官で、母体から酸素や栄養物を胎児に送る。分娩後に切り、新生児の臍《へそ》に残った一部は、通常、一、二週間ほどで取れる。取れた臍の緒は、その子の健康や運勢に影響を与えるものとして、大切に保管されることが多かった。群馬県太田市では、臍の緒は刃物で切ってはいけないといわれ、筆のさやか竹べらで切った。茨城県龍ケ崎市でも、臍の緒は金物で切ってはいけないといい、必ず麻の紐でしばって切る、という。臍の緒を竹で切るという例は各地にある。『日本産育習俗資料集成』「臍の緒」の項目には、次のような事例が載っている。臍の緒を切るには葦か竹の刀で切る風が稀にある。鉄は毒気を含んでいるという（岩手県盛岡地

方）。臍の緒はトリアゲバンバが竹べらで切る（石川県旧月津村）。三センチほど残して竹のへらで切り、その先を麻縄で結んでおく（福井県足羽郡《あすわ》）。臍の緒は手の指四本の幅の長さに竹のへらで切る（島根県赤屋村〈安来市〉）。臍の緒はヤノセと称する竹のかみそりを作り、これで切り取る（岡山県高山村〈高梁市〉）。臍の緒は雨だれの石を台として竹べらで切る（愛媛県大川村〈大洲市〉）。昔ははさみの代用として女竹・男竹で小刀ようのものを作り、男子分娩の時は女竹、女子分娩の時は男竹で切る（福岡県福岡地方）。臍の緒を竹で切るのは、『日本書紀』神代下（日本古典文學大系）に「時に竹刀《あをひえ》を以て、其の兒《みこ》の臍《ほそのを》を截《き》る。其の棄てし竹刀、終に竹林《たかはら》に成る。」とある。竹の刀で臍の緒を切るのは『山槐記《さんかいき》』に見え、『塵添壒囊鈔《じんてんあいのうしょう》』巻二に「臍緒以二竹刀一切事」の項目がある。古くからある習俗といってよい。

○『日本産育習俗資料集成』には竹べら以外の例も記録されている。臍の緒は切るとはいわないでツグという。上層の家では葦で切るが下層でははさみで切る（岩手県盛岡地方）。臍の緒は産婆が産婦の家の鎌を借りて切った（富山県礪波郡）。現在ははさみを用いるが、明治初年までは大方鎌を用いた。これを切った鎌は長く日陰で雨ざらしにし汚れを祓い去った（愛知県段嶺村〈設楽町〉）。刃物を用いず、必ず茶碗の破片で切る。そうでないと気の短い子になる（奈良県三郷村〈三郷町〉）。糸で強く縛ってはさみで切る。このはさみは後で塩で清める（愛媛県新居浜町〈新居浜市〉）。

○臍の緒を長く切ると、小便が遠い（富山・岐阜・愛知・三重）、後産が出にくい（大阪府阪南市）、縁が遠くなる（愛知県額田町〈岡崎市〉）、長命（群馬・茨城）という。臍の緒を短く切ると、小便が近い（福島・東京・三重・長崎)、短命（岩手・福岡)、短気になる（茨城・岡山)、寝小便をする（岡山）という。福島県保原町〈伊達市〉では、ヘソナを切る場合は二握りの長さにする。長くとも短くともよくない。短く切ると次の子が早産する、といわれる。

○臍の緒が早く取れると、元気のよい子に育つ（群馬・長野)、後の子が早くできる（愛知県西春町〈北名古屋市〉）という。臍の緒をすぐに取ると小便の回数がまめになる（茨城県桜村〈つくば市〉)。

○お七夜に子供の頭の毛を剃って、その毛と一緒に臍の緒を氏神様の後ろに埋けておく。こうすると、その子が出世するという（群馬県太田市細谷)。赤ん坊の臍の緒を蔵を建てるときに、土台の下に埋めるとその家は栄える（岐阜県宮村〈高山市〉ほか)。

○臍の緒に虫がつくと、その子は病気になる（栃木県真岡市)、丈夫に育たない（茨城県常陸太田市)、虫持ちになるともいう（福島市茂庭)。

○山形県新庄市や福島市では、襷《たすき》をかけて便所に行くと、お産のときに臍の緒が巻きついて生まれる、といって忌む。襷をかけたままご飯を食べると、臍の緒が、巻きつく（千葉)、子供の首にからまる（山形県長井市）ともいう。妊婦がウマの手綱を飛び越える（跨ぐ）と、胎児の首に臍の緒がからまる（岩手・福島)。山形県東根市で、帯を枕にすると胎児が臍の緒にからまる、といい、福島県只見町では、背負い縄など長い物を跨いだりしてはいけない、臍の緒が腹の子にからまる、という。妊婦が葬式に行くと臍の緒が左巻きになる（愛知県南知多町)。妊娠中に転ぶと臍の緒を巻く（同県大府市)。モダラ（縄を丸めて鍋底を磨くタワシのような物）は、あまり大きくしてはならない。臍の緒が丸まって生まれる（福島市)。

○秋田県では、臍の緒を首に巻いて生まれた子は偉くなる（山本郡）とも、立身せぬ（仙北郡）ともいう。臍の緒を首にかけて生まれた子は僧になる（富山県氷見市）。臍の緒を袈裟懸けにして生まれた子は、出世する（茨城県内原町〈水戸市〉）、坊さんにすると出世する（同県常陸太田市）、縁起がよい（群馬）、坊さんの生れ変わり（福島県西会津町）、育たぬ（埼玉県越谷地方）といわれる。臍の緒を首に巻いて生まれた子には、「けさ」という字のついた名前をつける（長野・山口）。臍の緒を肩にかけて生まれた子には、「けさ」という字のついた名前をつける（長野・高知・鹿児島）。臍の緒を肩にかけて生まれた子には、袈裟松、袈裟尾などと命名する（高知）。臍の緒を巻いて生まれた子は僧位を持って生れ出たもの故「袈裟」と名付ければ丈夫に育つという（群馬県桐生市）。

○大病のときは、本人の臍の緒を煎じて飲むと助かる（秋田・福島・群馬・新潟・長野・愛知・静岡・奈良・和歌山・徳島・愛媛・福岡・沖縄）と各地でいう。愛媛県内子町では、臍の緒には生年月日と名前を書いておき、その子が大病したときに煎じて飲ませる、という。奈良県十津川村では、ヘソノ（臍の緒）は保存しておいて、その子が死ぬか生きるかの大病のときに煎じて飲めば助かる、という。危篤のとき、自分の臍の緒を煎じて飲めば一度は助かる（岡山県美作地方）。愛媛県肱川町〈大洲市〉では、大病をしたとき、臍の緒を黒焼きにしていただくとよくなる、といわれる。臍の緒は諸病に効果があるとされ、大切に保存された。沖縄県竹富町では、幼児の臍の緒は大切に白紙に包み、母の引出枕に入れておき、子供が腹痛を起こしたときに煎じて飲ませる。福島県郡山市では、臍の緒は乾かしてしまっておき、赤ん坊の夜泣きや腹痛のときなどに嘗めさせるとよいといわれている。

腹の病めるとき臍の緒をなめさせる（新潟県新発田市）。引き付けを起こしたら臍の緒を煎じて飲むと治る（青森県鰺ヶ沢町）。臍の緒を干した物を煎じて飲むと筋がつらない（福岡県築上郡）。臍の緒を火棚に上げておくと火傷をしない（岩手県衣川村〈奥州市〉）。高知県東津野村〈津野町〉では、臍の緒は大切にしまっておき、その子が嫁入りのとき持っていく。難産のときは煎じて飲むとよい、という。嫁入りのときに持って行くという土地は少なくない。茨城県常陸太田市では、女は嫁に行くとき、鏡台の抽出《ひきだし》に入れて持って行くものとされ、一生大病にもならず持っていれば、棺の中へ入れるものだといわれている。『誹風柳多留』に「臍の緒に残る記念《かたみ》ハ母の筆」「聞て落涙臍の緒に父の筆」の句が見える。石川一郎は臍の緒について、『江戸文学俗信辞典』（一九八九年）で「大切にして油紙に包み、桐の箱などに入れて蔵っておく習慣がある。箱書きに亡き両親の筆の跡を偲び、またその子の成長を祈って寿などと書くことが川柳の句にうたわれている。」と述べている。

○福島県猪苗代町では、籤《くじ》ごとをしたり、試験のときなどにヘソナワ（臍の緒）を身につけていると良い結果が得られると信じられていた。また、男子が出征するときにこれを持って行くと無事生還できるといい、女子の場合は嫁入りのときに持たせると安産するといって持たせる人もいた、という。同県小野町では、裁判のときに臍の緒を持っていくと負けないといって大事にしている、という。同県舘岩村〈南会津町〉では、子供を商人にしたい場合は、出入りの商人に気づかれないように、臍の緒を荷物に入れてやると、願いが叶えられるという言い伝えがある。初子の女の子の臍の緒は弾除けになる（岩手県衣川村〈奥州市〉）。

○愛知県西尾市寺津町で、子供が海で遭難したとき臍の緒を流すと、子供のところで止まる、といい、岐阜県川島町〈各務原市〉では、子供が溺れて行方がわからないとき、その子の臍の緒を流すと、いる所で止まるという。愛知県岡崎市大柳町では、子供が水難にあって生死の確認ができないとき、臍の緒を近づけると身体から血を出す、といい、同県豊田市では、水に溺れて沈んでしまった子供は、臍の緒を洗面器に浮かせると、浮き上がってくる、と伝えている。水難事故などで子供の安否を占う俗信は、なぜか愛知県からの報告が多い。子供が行方不明になったとき、臍の緒を水に浸《ひた》してふくらめば生きており、ふくらまねば死んでいる（愛知県豊田市）。子供が生死の境にいるとき、臍の緒を水につけると結果がわかる（同県岡崎市小丸町）。『梅園拾葉』巻之下（天明元年自序〈一七八一〉）に、「我、ある人にきく事あり。児初生已に死するが如き者、臍帯を按ずるに、浡々として動気あるもの、猶生を望むべし。急に艾をとり臍帯に灸すべし、活する者ありと」と見える。

○親の死んだときは、臍の緒を入れて親に戻す（和歌山県高野口町〈橋本市〉）というのは、母親の死の場合であろう。福井県美浜町では、臍の緒は嫁入りに持たせたり、母が死んだときに棺に入れる、という。京都府美山町〈南丹市〉では、臍の緒は白紙に包んで水引を掛けて大切にしまっておく。母親が死んだときはこれを棺に入れて持たせる。閻魔大王に「お前はなんぼ子供を生んだのか。証拠を見せい」と言われたとき、臍の緒を見せなければならないからだ、と伝えている。

○会わせたい人がいれば、臨終近い人に臍の緒を煎じて飲ませると、死に目の出会いがかなう（茨城県岩瀬町〈桜川市〉）。山上あたりでは、乳児が寝ながら笑うのはヘソナワにあやされているのだといっている（福島県相馬

市）。産髪と臍の緒を保存しておいたら身の守りになる（沖縄県大宜味村）。⇩臍《へそ》

【ほ】

頬　ほお

○岩手県大船渡市などで、左の頬がほてると男、右なら女にほめられているという。島根県広瀬町〈安来市〉では、耳や頬がほてると他人が自分のうわさをしている、といい、同県江津市では、耳や頬がほてると人が自分のことを悪評している、という。山口県熊毛町〈周南市〉で、人がほめ口を言うと頬をかむ、というが、同県新南陽市〈周南市〉では、頬をかんだ時は人が悪口を言っている、といわれる。

○福井県高浜町では、ご飯のときお膳に向って頬杖をすると、家が小さくなるという。手を顎にあてて肘をつくと、両親とも早死にする（鹿児島）との伝承もある。山形県米沢市では、手拭でホッコ（頬かぶり）したまま便所に入ると袋子ができるといって忌む。

○愛媛県肱川町〈大洲市〉で、子供の名付けのときに米粒を両頬につけるとエクボができる、といい、岡山県上道郡では、名付けのときに赤飯の小豆を小児の頬につければエクボができる、と伝えている。頬にエクボのできる子は、お月様に可愛がられる（長野県北安曇郡）。頬の張った人は福相（和歌山県高野口町〈橋本市〉）。頬が高い人は、きかんぼう（岩手県滝沢村〈滝沢市〉）、夫に縁が薄い、嫉妬深い、強情、苦労性（共に秋田）、不幸なことが多い（群馬）。頬にホクロのある人は万人に好まれる。しかし誘惑される恐れあり（同県雄勝郡）。右の頬にホクロができると親の死に目に会えぬ（岐阜県関ヶ原町）。

○ほうきんさん（頰のはれる病）になった人に「おめでとう」と言えば移らぬ（徳島市ほか）。オタフクカゼにかかった時は、女の子なら父親の褌、男の子なら母親の腰巻で頰を撫でれば治る（新潟県栄町〈三条市〉）。頰寄せをすると歯痛になる（長野県諏訪湖畔地方）。歯の痛む時は、おびんずる様の頰に黒砂糖をつけ、それを自分の頰につけると治る（秋田）。虫歯の痛い時には、頰っぺたに墨で丸を一つ書いてもらえば治る（新潟）。⇩えくぼ

黒子《ほくろ》

(1)目・鼻・口・耳

○目の下や目尻にあるホクロを、泣きぼくろといって一般に不運の相とされる。目の下にホクロがあると、泣いて暮らすことが多い（新潟・長野）、女は亭主運に恵まれず一生泣いて暮らす（群馬県子持村〈渋川市〉）、子供に泣かされる（広島）、目下の者に苦労させられる（秋田）、すぐに泣く（福島・岐阜）、泣きべそ（長野）、親に早く死に別れる（秋田）、不幸に遭う（岩手・山形・福島・香川）、悲しいことに遭う（京都）、心配が絶えない（秋田）などという。『永代大雑書萬暦大成』（安政三年〈一八五六〉再刻）には、「男女黒痣《ほくろの》吉凶《よしあし》」として詳しく載っている。たとえば「眼の下に黒子あるハ子を克し又疑ひぶかく男女とも色難あり」と見える。実はこれとまったく同じ俗信が、秋田県南秋田郡の伝承として『秋田県の迷信、俗信』（一九三九年）にでている。ホクロをはじめ占いに関する俗信には、三世相や大雑書等を根拠にしたものが少なくないと思われる。『柳筥《やないばこ》』二篇（天明四年〈一七八四〉に「ほくろがあたり三世相をこわがり」の句が見える。目の下のホクロを不運の相とするなかで、福島県小野町小戸神では、目の下にホクロのある人は人情深く出世する、といい、広島県加計町〈安芸太

田町〉では、女子で左の目の下に大ホクロがあると一生幸福という。
○目尻にホクロがあると、両親が不幸になる（沖縄県伊良部町〈宮古島市〉）、哀しみが多い（和歌山県川辺町〈日高川町〉）、多情、出世する（共に秋田）、長生きする（広島）という。目のふちにホクロがあると、親に早く別れる（長野・福岡）、不幸（秋田）、泣くことが多い（富山県氷見市）、泣き上戸（岡山）、泣き虫（群馬県太田市）。『誹風柳多留』（明和五年〈一七六八〉）に「前表は後家の目ぶちのほくろなり」の句がある。前表は前ぶれの意。目の右側のホクロは賢、左側は愚（秋田）。涙ぼくろは苦労する。涙もろく良いことがない（石川県金沢市）。福井県小浜市で、目のふちにあるホクロを泣きぼころといい、その人は泣き味噌だという。大抵の人は取ってしまうという。
○目の上にホクロがあると、出世する（岩手・秋田・福島・奈良）、縁起がよい（福島県川内村）、幸福、果報（共に秋田）、人に敬われる（長野県北安曇郡）、目の上にあるのは地蔵ほくろ（群馬県小野上村〈渋川市〉）という。目の上のホクロは吉相とする例が多いが、なかには、両親に死別する、大難がある、目上の人のために苦労する（共に秋田）という例も見られる。
○瞼にホクロがあると、出世する（秋田県大館市）、苦労する（同県仙北郡）。
○眉毛の中にホクロがあると、幸福だが兄弟の縁がうすい（秋田・愛知）、銭に不自由しない（宮城県蔵王町）、出世する（岡山）、縁起がよい（福島）、賢明の相（秋田）、早く親に死に別れる（福島県広野町）、運が悪い（愛知）という。鹿児島県中種子町で、眉毛のうしろにホクロがあると長生きする、というのは眉の中の意であろうか。左眉の中にホクロのある人は幸福（秋田県由利郡）。眉毛の下のホクロは、立身する、長寿（共に同県）。眉毛の上にホクロがあれば、一生しあわせがよい（岐阜県丹生川村〈高山市〉）、福を得る、早く死ぬ（共に秋田）。
○鼻の上にホクロがあると、出世する（秋田・岐阜）、不幸（岩手県住田町）。鼻筋にホクロのある人は、親に早く死に別れる、子供がない（共に秋田）。鼻筋の真ん中にホクロがあると二児が生まれる（群馬県太田市）。鼻先のホクロは立身する（秋田）。ホクロが鼻の脇にあると、嚊《かか》を二人もらう（福島）、溺れて死ぬ（秋田県山本郡）。小鼻にホクロのある人は、夫や子供に縁が薄い（秋田県雄勝郡）。鼻の下にホクロのある人は、大成功するか大失敗する、多産（共に広島県加計町〈安芸太田町〉）、双子を生む（秋田・広島）、子福長者、子の縁に薄い、破産する（共に秋田）、福ほくろ（群馬）。
○口のまわりにホクロがある人は、穀物ホスビ（ホクロ）といって食い物に不自由しない（福島県船引町〈田村市〉）、一生食べ物に困らない（石川・香川）、食いしん坊（群馬・長野・兵庫）、饒舌（秋田・岡山・広島）、水商売が繁盛する（広島県加計町〈安芸太田町〉）、親切（福井県小浜市）、食べ物にいやしい（岡山・熊本）という。口元のフスベ（ホクロ）は愛嬌フスベ（岐阜県蛭川村〈中津川市〉）。口の横にホクロのある人は食べ物に不自由しない（新潟県横越町〈新潟市〉）。口の両端にホクロがあると食べ物に不自由しない（広島県加計町〈安芸太田町〉）。口の上にホクロのある人は雄弁家（長野県南箕輪村）。口の下にホクロがあると、一生生活に追われる（秋田・愛知・広島）、生涯生活の心配はない（秋田県由利郡）。口にホクロがある人は、食べ物に困らない、おしゃべり（共に三重県多度町〈桑名市〉）。口の右下にホクロのある男は聡明（秋田県南秋田郡）。唇にホクロがあると、おしゃべり（広島）、苦労する（岩手県二戸地方）、一生生活に不安なし、破産の相（共に秋田）。唇の中央にホクロのある人は水難に遭う（同県大館市）。唇の上にホクロが二つあると双生児を生む（和歌山県紀北地方）。『永代大雑書萬暦大成』（安政三年〈一八五六〉再刻）に「上唇に黒子のある者ハ双子を産といふ説あれども黒子のミにては定めがたし」とある。下唇のホクロは親泣かせ（同県由利郡）。

○耳にホクロのある人は、カネモチフスベといって金運に恵まれ一生食うに困らない（群馬県子持村〈渋川市〉）、金持ちになりよい子を生む（秋田県大館市）、金が入る（福島）、幸福（岩手）、出世する（富山県氷見市）、正直で親切（秋田）という。耳朶《みみたぶ》にホクロがある人は、賢人の相（岩手県花巻市）、孝行（秋田県南秋田郡）、幸運（愛知）、金持ちになる（群馬・愛媛）、着物に不自由しない（福島・香川）、ヘビに咬まれない（福岡県北九州市）。ホクロが耳の中にあると、親孝行、女は聡明（共に秋田）、長生きする（群馬）、嘘つき（愛知）。耳の側にホクロがある人は、縁起が良い（群馬）、手工が上手（秋田県秋田郡）。右の耳にホクロのある女は正直で親切（秋田県山本郡）。

○眉間にホクロのある人は、天下フスベといって偉人になる（長野県生坂村）、偉い人になる。天下を取る相だという（群馬県倉渕村〈高崎市〉）、天下を取る。財産が豊かになる（石川県金沢市）、金持ちや偉い人になる（福島県小野町）、聖人になる（長野県麻績村）、地蔵様の生れ変わり（福島県小野町）、出世する（秋田）、幸福（和歌山）、福を有す（石川）、縁起が良い（福島県広野町）という。いずれも吉相だが、なかには、幸運だが運負けすることもある（同県鹿島町〈南相馬市〉）、女は三度嫁入りする（秋田県大館市）、死にぼくろ（滋賀県新旭町〈高島市〉）、相手（夫婦）を食う（福島県小野町）という伝承もある。
○額の真ん中にホクロのある人は、運勢がよい（宮城県七ヶ浜町）、高貴の相、頭が良い、良い時は最もよく悪ければ非常に悪い（共に秋田）、美人である（広島県加計町〈安芸太田町〉）、テンボシといって良い人と悪い人とがある（群馬県大間々町〈みどり市〉）という。額の左にホクロがあれば、親に早く死に別れる（秋田県仙北郡）。額の右の中央にあるホクロは親不孝者（広島県加計町〈安芸太田町〉）。額にフスベ（ホクロ）のある人はしあわせが良い（愛知）。額にホクロのある人は夫より押しが強い（秋田県平鹿郡）。髪の生え際にホクロのある女は難産（同県大館市）。
○頭にホクロがでると人の師になれる（山形県長井市）。頭の上にホクロがあれば立身する（秋田県由利郡）。
○頰《ほお》にホクロのある人は、万人に好まれる。しかし誘惑される恐れあり（同県雄勝郡）。右の頰にホクロができると親の死に目に会えぬ（岐阜県関ヶ原町）。エクボにホクロのある人は食道楽（同県平鹿郡）。
○顎《あご》にホクロのある人は、金持ちになる（秋田県大館市）、大難に遇う（同県鹿角郡）、海で死ぬ（同県山本郡）。
○顔にホクロのある人は、弱運の相（岩手）、歌が上手（福島県小野町）、二つ以上あれば長命（秋田県仙北郡）という。クスベが顔の真ん中にできると運が良い（愛知県碧南市）。顔の正面にホクロがある者は末に幸福がある（富山県氷見市）。
○首にホクロがある人は、衣装持ち（岩手・三重・和歌山）、着物に不自由しない（石川・長野）という。ほぼ同じ意味で、襟首にほくろ（襟ぼくろ）のある人は着物に不自由しない（秋田・宮城・福島・群馬・石川・富山・和歌山・岡山）と各地でいう。喉にホクロのある人は金持ちになる（秋田・長野）。首の後ろにホクロのある人は学問ができる（秋田県鹿角郡）。

黒子　ほくろ

⑵肩・乳・手・足、その他

○肩にホクロのある人は、出世する（群馬県板倉町）、着物をたくさん持つ、金持ちの相（共に秋田）、兄弟の縁が薄い（群馬）という。秋田県仙北郡では、子年生れの人の肩には必ずホクロがあるという。

○胸にホクロがあれば懐に金が入る（秋田県鹿角郡）。両親の胸にホクロがある子は出世する（群馬）。

○乳房にホクロがある人は、運が良い（岩手県室根村〈一関市〉）、子供を大切にする、子を失う（共に秋田）。乳房にスベ（ホクロ）のある女は動物の生れ変わり（岐阜県宮村〈高山市〉ほか）。

○腹にホクロがあれば、女はよい夫をもつ（秋田県平鹿郡）、大食漢（愛知）。腹の真ん中にホクロのある人は腹痛する（秋田）。横腹にホクロのある人は身体強健（同県由利郡）。

○背中にホクロがあると、金持ちホスビという（福島）、重い荷を負うことができる（秋田県由利郡）という。

○手にホクロがあると、字が上手また着物を縫うのがうまくなる（香川県仁尾町〈三豊市〉）、女は裁縫、男は手の業が上手だという（富山県氷見市）。掌にホクロのある人は、金儲けする、病弱、天下を取る（共に秋田）。掌にホクロができると金を摑む（静岡県清水町）。掌の真ん中にホクロのある者は出世する（長野県北安曇郡）。両手の掌にホクロのある者は必ず立身する（秋田県由利郡）。手の甲にホクロがあると、金銭に不自由しない（秋田・福島）、字がうまい（愛知）。手首にホクロがあると利口である（和歌山県龍神村〈田辺市〉）。手首から先にホクロのある人は手工が上手（岡山）。手首から肩までにホクロが七つある人は偉くなる（秋田県鹿角郡）。指にホクロがあれば、裁縫、手芸に秀でる（沖縄県伊良部町〈宮古島市〉）、器用である（群馬）。左手にホクロがあれば歌が上手（秋田県仙北郡）。右手にホクロがあると、仕事をよくする（兵庫県加東郡）、絵や字が上手（愛知県豊田市）。手の見えないところにホクロがあると運がよい（同県）。

○脚にホクロのある人は足が丈夫（岡山）。膝に黒ホクロのある者は旅をする（愛知）。足の小指にホクロがあれば立身する（秋田県平鹿郡）。足の裏にホクロのある者は良家へ嫁ぐことができる（和歌山県紀北地方）。

○ホクロができると長生きする（兵庫・福岡）。ホクロの多い人は長生きする（秋田・茨城・和歌山）。ホクロのある子は出世する（大分市）。ホクロのある人は弁が立つ（石川県金沢市）。自分の目に見えないところにホクロのある人はお金が貯まる（広島県加計町〈安芸太田町〉）。見えないところにホクロのたくさんある者ほど、幸福で美衣を着て出世する（秋田県雄勝郡）。身体の中央線上にホクロのある人は成功相（同県由利郡ほか）。ホクロに長い毛のある人は出世する（山口県大島町〈周防大島町〉）。

○ホクロを取る俗信について、『板倉町史 別巻2』（板倉町史編さん室編、一九七九年）（群馬）には、町内に伝承されている複数のやり方を報告している。紹介したい。盆に作ったナスの馬のヘタを切ってホクロにつける（離地区）。人の見ていないところでナスの中身をホクロに擦りこむ（細谷）。ホクロのとなりにそのホクロと同じ大きさの墨を塗る（岩田・原宿）。糸に墨をつけた針をイボかホクロに通す（山口）。南向きの観音様の前に立って、ウリの葉三枚でホクロを撫でる（上新田）。地蔵様に赤布で作ったタスキを上げるとエボやホクロが治る（西岡新田）。ホクロの取り方一つを見ても、さまざまな方法が地域のなかに伝えられていて興味深い。また、ホクロを取る方法には、ナスのヘタでこするなど、イボを落す方法と共通する例がいくつか見られる。同県桐生市では、ホクロを取るには、大きな雷鳴のする最中に庭に出て、竹箒で撫でると跡形もなく取れるという。静岡県藤枝市では、浅間神社の水を貰ってきてつけるとホクロが取れる、といわれる。

○ホクロができる原因として、つぎのような俗信がある。妊婦は灸をすえない。生児のそのところへ（灸をすえたところへ）ホクロができるから（香川）。三重県熊野市で、懐にアオモノを入れるとホクロができる、というのは青魚のことであろうか。妊娠中に顔に墨をつけられるとホクロのある子を生む（山口県大島郡）。乳を飲むうちに汁が飛んだところがホクロになる（岐阜県国府町〈高山市〉）。ホクロは地獄の鬼に鎗で突かれた痕（同県高山地方）。ホクロは前世で銃弾を受けた傷痕なり（石川県鹿島郡）。ここまでホクロの俗信を紹介したが、ただ、ホクロのことをアザという土地も多く、またアザをホクロと呼ぶ地方もあって、俗信だけでは判断のつきかねる例も含まれている。鈴木棠三は『日常語語源辞典』（東京堂出版）でホクロ（黒子）について、「なくなったわたしたちの先生には、顔の真ん中に青インクのようなアザがあった。長崎県の一部でこの話をしたら、そんな大きなアザのあるはずがない。それはホクロだろうという珍問答がはじまった。そこではアザがホクロで、ホクロのほうをアザというのである」と述べている。鹿児島県中種子町坂井本村で、火事を見たらホクロができるから、その時は顔をのんぼり（下から上へ）洗うという。大分県玖珠町柿西では、妊婦が死んだ者を見て押さえたところにホグロができる、といわれる。この場合のホクロ・ホグロはアザ（痣）のことであろう。⇩痣《あざ》・疣《いぼ》

骨 ほね

○福島市で、カキの木から落ちてカメノコ（尾骶骨《びていこつ》）をうつと三年もたない、という。高知県では、尾骶骨をカメノオ（亀の尾）と呼び、この骨に打撃を加えると生命にかかわる、といわれる。桂井和雄はカメノオについて「この骨に関する伝承を県下の町や村（上倉村、土佐山村、池川町、尾川村、大桐村、高知市）などで聞いてみると、これを折ると笑いながら死ぬるというのが一番多かった。一昨年愛媛県に旅行して、そこでも同じような伝承のあるのを知った。高岡郡東津野村ではこの伝承を意味してカメノオの呼称以外に、オカシボネ（可笑骨）の呼び名のあることを教えてくれた人もあった」と述べている（『耳たぶと伝承』一九五四年）。似た伝承に、向こう脛《ずね》を打つと笑いながら死ぬ（和歌山県南部川村〈みなべ町〉）がある。

○食後すぐに背伸びをすると飯粒が背骨に入る（岩手・福島・栃木）という。また、食後すぐに横になると、骨の中に飯粒が入る（島根県広瀬町）、飯粒が背骨に入る（岩手県稗貫郡）という。

○小豆を三年食べると骨が丈夫になる（岩手県気仙郡）。

○妊婦がタコを食べると骨無し子ができる（秋田・福島・埼玉・新潟・広島）というのは、タコの姿や性質から単純に連想したもので、同じことは、イカ（福島）、ナマコ（福島・群馬）、コンニャク（福島・栃木）などでもいう。搗きたての餅を焼いて食べると骨無し子ができる（群馬県旧上郊村）。妊婦は、洗骨をするな（沖縄県伊良部町〈宮古島市〉）、洗骨のとき遺骨を見てはいけない（同県糸満

市）。
○死者の耳の穴に雨垂れの砂を少し入れると、その骨が自由に折れる（大阪府枚方市）というのは、坐棺に納棺する時の呪《まじな》いであろうか。お骨が箱に入らないときはヨモギでつつくと入る（山形県酒田市）。遺骨を持ち帰るときに話をしてはいけない（兵庫県赤穂市）。親兄弟の骨は人に見せるな（岡山）。遺骨を拾う夢は不吉（沖縄）。
○古い骸骨をいじると必ず鼻を病み、熱病を起こす（沖縄県具志川市〈うるま市〉ほか）。福島県滝根村〈田村市〉で、フジの蔓で殴られると骨曲がりになる、といい、茨城県藤代町〈取手市〉では、ビワの木で殴られると骨から腐る、という。シラミを石の上でつぶすと骨《こつ》膜《まく》を病む（岩手県宮古市）。瘧にかかったときは、臥している床の下に人骨を置くと治る（石川県江沼郡）。
○青森県五所川原市で、死んだ人の骨を焼いて粉にして飲めば肺結核が治る、といい、福井県美浜町では、骨あげの灰（焼骨）を飲むと性病や結核、精神異常に効く、という。石川県石川郡では、梅毒は人骨を食すれば平癒す、といわれ、岡山県美作地方でも、人骨を粉にして飲むと梅毒が治る、と伝えている。実際に行われたかどうかは不明だが、人骨には薬効があるとされ、骨を用いた民間療法は少なくない。瘧を患ったときは、墓所の雨のあたらぬ骨を飲めば治る（岐阜県海津町高須〈海津市〉）。切り傷のときに死人の骨を粉にしてつけると治る（同県南濃町〈海津市〉）。横根は頭蓋骨を煎じて飲むとよい（群馬県板倉町飯野新村）。死人の骨拾いに頭骨を食べると脳がよくなる（富山県小杉町〈射水市〉）。
○自分の敬仰せる人が死亡すると、その人の如くなりたい為、焼却の後その人の骨を食す（香川県庵治《あじ》町〈高松市〉）。
○骨こぶり習俗については、飯島吉晴は次のように述べている。『骨こぶり』習俗の解釈には、葬儀への加勢やそこでの饗応振舞とする見方と、さらにそれらを含めて実際に死者の骨をかじった風習の直接間接の反映や名残りとする見方があった。後者の場合、骨こぶりの目的は死者の魂や形見を生者が自分の中に取り入れ生かすことにあるとしている。たとえば、折口は『食人習俗の近親の肉を腹に納めるのは、之を自己の中に生かそうとする所』にあると見ている。著者は、骨のもつ民俗的イメージから、『骨こぶり』習俗は死者を此世からあの世（死者の国）へ移行させる儀礼と見ている。」（「骨こぶり習俗」『日本民俗学』一五四号）。文中、折口の引用は、折口信夫「民族史観における他界観念」（『折口信夫全集』一六巻、中公文庫）。

盆の窪　ぼんのくぼ

○ボンノクボは、後頭部から首すじにかけての中央の少し窪んだところ。新潟県妙高高原町〈妙高市〉では、赤ん坊の髪の毛を剃るときボンノクボに一つまみの毛を残した。こうしておくと、子供が川へ落ちそうになったとき氏神（または薬師様）がそれを引っぱって助けてくれるといわれる。福島県猪苗代町では、髪の毛がよくなるといって、生後一八日目に剃刀《かみそり》で剃《す》った。男の子の場合は、後頭部のキンペ（ボンノクボ）の毛を残す場合が多かった。これは子供が転んだり川の中に入ったりしたときに、神様にキンペをつかんで引っぱってもらうためである。同県天栄村では、赤子の髪を剃るとき、ボンノクボノコシと称して、頭のてっぺんとボンノクボの毛を残した。子供が囲炉裏に落ちたとき、神様に引っぱってもらうためだという。宮城県では、生後六日目に新生児の産毛を剃ることを六日剃りという。ボンノクボや耳ぎわの毛、あるいは頭の中央の毛を少し残しておく。これは子供が災難に遭った時に、神様がその毛をつかんで助けてくれるためといわれる。桂井和雄の「爺髪への疑問」に「高知県の西南太平洋岸の土佐清水市下川口や貝ノ川浦では、盆の窪の髪をイオクイガミと記憶する老人たちがいて、特に貝ノ川浦の七十余才の老人は、幼年の頃両鬢《びん》と盆の窪に一握りの髪の毛を残しとある。そして、この毛を残したわけについて、頭髪をすべて剃り落すと、出家の頭になって魚を食べることができないと伝え、イオクイガミは「魚食い髪」の意味であったという（『生と死と雨だれ落ち』）。秋田県鹿角郡ではトトクイゲといい、これがあると僧ではないので魚が食えるのだといわれた。トトは魚をいう幼児語。群馬県多野郡で、ボンノクボの毛をトトゲという。七夜に初めて毛を剃るときにここだけ残す。転んだときには産神様がこれを持って引き上げてくださるという。千葉県香取郡では、産毛は二一日の産屋明けに剃る。その際、丈夫に育つようにといって、頭の中央および後頭部の首際の毛を少し残しておく。その後頭部の毛を俗にトトゲと称し、これを剃り取る時は魚を食べることが出来ないという。トトゲを残しておくと荒神様が守ってくださる。長野県佐久町上本郷〈佐久穂町〉では、トトックイといって弱い子のボンノクボの毛を七歳ぐらいまで残しておいたという。柳田国男は「習俗覚書」で「入道ではあるが生活は俗人だから、それで型ばかりに後の方に髻を残した。ということは子供の盆の窪に、少しの毛を残してそれをトトクヒゲ、すなわち魚を食べる毛といっているのからも想像し得られる」と述べている（『定本　柳田國男集』三〇）。かつて、赤子の頭の毛を剃る際にボンノクボの毛を残す習俗は広く行われた。その理由として、子供が危ない目に遭った時に神仏がこの毛を持って助けてくれるからだとの説明が多い。静岡県庵原《いはら》村（静岡市）では、この毛をモズキィキィといい、便所に落ちたときその毛を持って拾い上げてくれるという。幼児が危険な場所に行った時、オブの神がこの髪を持って引き上げてくれる（高知県宿毛《すくも》市手《て》代岡《しりおか》）。子供が井戸や囲炉裏に落ちそうになった時、神様がチンケ（ボンノクボの毛）をつかんで助けてくださる（福島県船引町〈田村市〉）などという。ほかにも、丈夫に育つように（長野）、カゲ（疳の虫）が起きないように（福島県船引町〈田村市〉）、幼児のオブがすすむ（たまげる）ことがないように（高知県檮原町）といって剃り残す例が見られる。『守貞謾稿』巻之一二に「盆ノ窪　男女児トモニ、出生シテ第七日ニ産髪全ク剃之。其次ニハ、項《うなじ》ニ上図ノ如ク、聊カ髪ヲ残ス。是ヲ、京坂ニテ、ボンノクボト云。或訛テ、ボンノクソト云。江戸ニテハ、ゴンベイト云。又、稀ニハ、八兵衛、或ハジジフ毛トモ云。」と見える。

○『改訂　綜合日本民俗語彙』のボンノクボの項目には、「すでに『源平盛衰記』あたりにも見えている。山梨県では、ボンノクタという土地もあり、徳島県美馬郡では、ドウノクボともいう。静岡県の山間部では、衰弱して影が薄くなったことを、盆の窪が寂しくなったという。」とある。

○鼻血が出たときは、ボンノクボの毛を抜くと止まる（秋田・福島・群馬・長野・兵庫・高知・福岡・熊本・宮崎）という。その際、毛を三本抜く（秋田・栃木・神奈川・長野・兵庫・宮崎）土地が多いが、一本抜く（神奈川・長野・福岡）とか一、二本抜く（長野）、二、三本抜く（長野・福岡・長崎・熊本）所もある。『諸民必要　懐中咒咀調法記』（文政頃）に、鼻血を止める呪《まじな》いとして「ぼんのくぼの毛を三本ぬくべし、とまる也、又方、あつたのミやのこがくれにいろあるむすめとまらざりけり、此歌を何べんもよめバとまる也」とある。ほかにも、ボンノクボを、たたく（青森・新潟・長野・宮崎・熊本）、揉む、強く押さえる（共に長野）と止まるという。福島県船引町〈田村市〉では、子供が転んで鼻血を出した時はチンケを引っぱると止まると伝えている。

○長野県南信地方で、生まれた子のボンノクボ（スンズメショともいう）の毛が、つぼんだようにまとまっていれば次は男の子、開いたように分かれていれば女の子が生まれるという。同じ伝承は福島県船引町〈田村市〉にもある。同県小野町では、前の乳児のボンノクボにホクロがあると次は男児、乱れていれば女児が生まれるという。乱れていれば、というのはボンノクボの産毛のことである。

○疳の虫には、煙草の脂《やに》を子供のボンノクボや背筋にぬる（福島県船引町〈田村市〉）。喉にトゲを立てたときはボンノクボをたたく（長野県佐久市）。シャックリはボンノクボの毛を三本抜くと治る（愛知県豊根村）。シビレがきれたらボンノクボの毛を三本抜くと治る（長野県明科町〈安曇野市〉）。のぼせる時はボンノクボを押さえよ（和歌山県高野口町〈橋本市〉）。風呂に入ってボンノクボを洗わないといいことがない（石川県金沢市）。⇩頭《あたま》・髪《かみ》・体毛《たいもう》

【ま】

股《また》

○横根《よこね》（両足の付け根のリンパ節の炎症）ができた時は、杓（柄杓）の柄を腫れたところに当て、反対の杓の中へ灸《やいと》をすえてもらう。灸をすえる人が「そこらによこねはおらんか」と言いながら、きょろきょろと探す真似をする。すえてもらっている人は「おらん、おらん」と答える。そうすると治るという

〈愛媛県久万町〈久万高原町〉〉。山形県米沢市では、いねご（横根）の場合、そこに指か墨で「狼」と三度書く。「犬」と書く所もある。また、反対側の足の親指を細糸でしばる。新潟市では、いにご（横根）は他人に見られないようにして焙烙《ほうろく》の墨をぬる、といい、福島県船引町〈田村市〉では、横根は患部に印鑑を自分の歳の数ほど押す、という。熊本県南関町では、いのね（横根）のできた時は、人に知られぬように便所に行き、女の櫛（ツゲに限る）の背で撫でると治る、と伝えている。
○人の股をくぐるなという。くぐると、背が伸びない（福島・岐阜・愛知・岡山・山口）、出世しない（福島・愛知・徳島）といって忌む。女の股をくぐると出世できん（愛知）というところもある。栃木県湯津上村〈大田原市〉では、子供が親の股をくぐると後の子ができない、という。人の股ではないが、仁王様（鶴岡市の松倉山馬頭観音）の股の下をくぐると、病気にならない、麻疹に罹らない、天然痘が軽くすむ（山形）などといわれた。仁王様に限らず神輿などの下をくぐるのは、神仏の御利益を身に受ける方法の一つである。
○妖怪に股をくぐられるのは、極めて危険なことであった。田畑英勝「奄美物語 その二」（『季刊 民話』八号、一九七六年）に、「名瀬（鹿児島県名瀬市）の金久《かねく》辺ではミンキラウワックワ（耳のない子豚）と言い、三昌亭という料亭のあったその前の通りにそれが出るといってこわがられていた。これに股をくぐられると死ぬとも言って、足をXに交叉して歩かねばいけないなどとも言っていた」と見える。沖縄本島山原地方の民俗を記した島袋源七の『山原の土俗』（一九二九年）に、「道の辻を通る時は、小股に又は足を交叉して歩かねばならぬ。辻にはジーハーハー又はジージーウワーグワーが居る、之に股下をくゞられたら死す。」とある。足を交叉させるのは、魔よけの呪力をもつとされる斜め十字の形をつくることでもある。沖縄県本部町では、ネコに股をくぐられると魂が抜ける、といい、同県糸満市では、ネコが人の股を通ったら豚舎でブタを起こす、という。ブタの鳴き声が魔を払う。
○子供が股のぞきをすると、次の子が生まれる（青森・福島・新潟・高知）という。人に食いつくイヌは、股の間から覗くと食いつかない（青森県七戸町）。田植えのとき、女は股の間からお天道様を見てはいけない（茨城県茎崎町〈つくば市〉）。
○妖怪の正体を見抜くには、股のぞきをして見るとよいとの伝承がある。周防大島（山口）出身の宮本常一は、島の沖で幽霊船に遭遇したという老漁師の体験談を若い船乗りに話したところ、幽霊船の見分け方について、次のように教えてくれたという。「之《これ》は怪しいと思う船を見たら股の間から逆見（股のぞき）をするのだそうである。逆見をしてあたり前だったら幽霊船ではない。逆見をして、船が海面をはなれて、少し高く走って居るのを認める時は即幽霊船である。と。」（「周防大島（二）」『旅と伝説』通巻二六号、一九三〇年）。富山県小杉町〈射水市〉では、なにかに化かされたときには股の下から空を覗くと相手の正体がわかるといい、鹿児島県奄美大島でも、化物に遭遇したときは自分の股の下から見るとよい、といわれている。妖怪は正体が露見すると、人間を誑《たぶら》かす力を失う。股のぞきのしぐさの特徴は、対象に尻を向けた恰好で、つまり相手を無視しながら、それでいて相手の様子をうかがう姿勢である。上半身と下半身の向きが逆で、顔は下にさげて後ろを見ているが足は前を向いて立っているという、上下と前後があべこべの関係を同時に体現した境界的な形といってよい（常光『しぐさの民俗学』）。

○鞍馬の火祭（由岐神社の祭礼）では、神輿が山門前の石段を下りるとき、神輿の担ぎ棒にぶら下がった二人の青年が仰向けで股を大きく開き、足をV字の形にして周りの人に支えられている。チョッペンの儀である。こうすることの意味は分からないが、ただ、形から想起されるのは、山中でVやYの形をした木を、山の神や天狗が宿るなどといって神聖視し、信仰の対象とする民俗である。津軽石川の又兵衛祭（岩手県宮古市）などもそうだと思うが、V・Yの形には神霊が宿る、もしくは顕現する媒体としての意味があるようだ。根底には陰陽一体化の思想が流れているのだろう。

○生まれた子の股のくびれが、一つのときは次は男の子、二つだと女の子が生まれる（ほぼ全国的）。不時に大小便を催したときには石を股にはさむ（兵庫）。昔、安産の呪《まじな》いとして、クワの根を適当な長さに切り、これに糸をつけて股のところに縛りつけた（福島県天栄村大里）。

睫毛　まつげ

○睫毛が長い人は長生き（青森・岩手・長野）。年寄りで睫毛の長い人は長生きする（青森県平賀町〈平川市〉）という。睫毛が目より長い人は親より出世する（岡山）。眉と睫毛の近い人は若死にする（岩手県住田町）。イボが睫毛のまわりにある人は運が良い（広島市）。睫毛がかゆいと珍しい人が来る（青森県鶴田町）。シビレは睫毛に唾をつけるとなおる（島根県赤来町〈飯南町〉）。モノモライは睫毛で粒（突起）ができたところを突くとよい（福島県南郷村〈南会津町〉）。メボ（麦粒腫）ができたら、そこと睫毛の間にアズキをはさんで井戸に行き、アズキを井戸の中に落とすとメボが取れる（香川県詫間町〈三豊市〉）。

○睫毛に唾をつけるとキツネにだまされない

（富山県氷見市・山梨県北杜市・東京都立川市）。ムジナにだまされないために睫毛をぬらす（新潟県畑野町〈佐渡市〉）。イタチに出合ったら睫毛に唾をぬる（同県小木町〈佐渡市〉）。⇩眉《まゆ》

瞼《まぶた》

○秋田県由利郡では、二重瞼の人は幽霊を見るが一重瞼の人は見ない、といわれる。生児の目（瞼）が一重だと次の子は男、二重だと女の子が生まれる（福島県北塩原村）。瞼がピクピク動くと、誰かが自分の噂をしている（沖縄県宜野湾市ほか）、雨が降る（同県）という。瞼の大きい者は幸福者である（群馬）。瞼にホクロのある人は、出世する（秋田県大館市）、苦労する（同県仙北郡）。上瞼にホクロがあれば親より出世する（青森県津軽地方）。

○埼玉県川越市で、目に入ったゴミが取れない時は、上瞼をつまんで鼻先を見るように四、五回すると取れる、という。目籠を被ると瞼に腫物ができる（栃木県葛生町〈佐野市〉）。瞼の一部が腫れるモノモライ（麦粒腫）は、土地によってさまざまな呼び名がある。これを取る呪《まじな》いも多様だが、櫛（とくに黄楊《つげ》の櫛）の背を温めて患部に当てるとよいとの伝承は全国的に知られている。メコジキ（麦粒腫）には、黄楊の櫛を畳でこすって患部につけた（和歌山県本宮町〈田辺市〉）。メボロができると、梳き櫛を熱くあぶって患部を撫でればよい（富山県氷見市）。

眉《まゆ》

(1)眉毛が長い人、眉がかゆいと

○眉毛が長い人は、長生きする（青森・岩手・秋田・山形・福島・群馬・茨城・新潟・長野・岐阜・愛知・和歌山・岡山・広島・島根・福岡・宮崎）、出世する（秋田・愛知・島根・徳島）、成功する（富山県入善町）、聡明である（京都府与謝郡）と各地で評価が高

いが、執念深い（岩手県住田町）という例もある。新潟県三条市では、眉の毛の長いのは長命のしるしだから抜いてはならぬ、といわれる。事例を見ていくと、「眉毛が長い人」というだけでなく、眉毛のなかに長い毛のある人は、長命である（兵庫県赤穂市）、運がよい（山梨県武川村〈北杜市〉）、成功する（富山・愛知）ともいう。山梨県牧丘町〈山梨市〉では、眉毛に長い毛のある人は運がよいといい、福眉毛といって喜ばれる。ほかにも、眉毛の中に一本長い毛があると、長寿（秋田・群馬・富山・愛知・徳島）、キツネに化かされない（愛知）という。眉毛のなかの一本か二本が長く伸びている人は長生きする（新潟県村上市）。眉毛のなかに二本か三本長い毛があるのは長命筋である（和歌山県高野口町〈橋本市〉）。眉毛の短い人は、苦労する（岩手県住田町）、出世しない（秋田県仙北郡）という。『永代大雑書萬暦大成』（天保一三年〈一八四二〉）の眉の部に、「眉と目のあひだ高くはえ毛長きは位に昇る」「眉細く毛ミぢかきは短命なり」とある。

○眉毛の濃い人は、長命（岐阜県輪之内町）、気丈である（秋田県山本郡）、気が短い、色にこい（共に愛媛県内子町）、立身出世する（秋田・山形）という。長野県南箕輪村では、眉毛が濃くて長いと人の上に立つ人になる、といわれる。眉毛が薄い人は泣きべそ（秋田県鹿角郡）。眉毛の薄い夫は立身出世する（山形県米沢市）。眉毛の薄い人は、障子の塵をつけていると濃くなる（岡山・徳島）

○眉毛の尻下がりの人は好色（秋田・東京・徳島）。眉毛の尻上がりの人は意地悪（秋田県平鹿郡）。

○両方の眉がつづいている人は、短命（秋田県雄勝郡）、幽霊を見る（沖縄県名護市）。眉を剃るのに両眉の間を剃らぬと幽霊に遭う（秋田県雄勝郡）。

○眉毛の端の曲がっている人は短気である（山口県大島町〈周防大島町〉）。眉尻に旋毛《せんもう》あれば若死にする（秋田）。眉毛が途中で切れていると親に縁がない（同県山本郡）。

○眉の中にアザのある人は、出世する（愛知・徳島）、人の頭に立つ（愛知）、運がよい（岩手県川崎村〈一関市〉）。眉の上のアザが男は左、女は右にあれば福持ち（岩手県花泉町〈一関市〉ほか）。眉のまわりにアザのある人は果報者（鹿児島県中種子町増田）。この場合のアザはおそらくホクロ（黒子）のことであろう。眉毛の中にホクロがあると、金が貯まる（群馬）、幸運だが兄弟の縁がうすい（愛知）、再婚する（同県碧南市）、銭に不自由しない（宮城県蔵王町）。眉毛の上にホクロがあれば、貴相、福を得る、早く死ぬ（共に秋田）。眉毛の下にホクロのある人は、立身する（同県山本郡）。

○眉の長い人は兄弟が多い（青森県大畑町〈むつ市〉・富山県氷見市）という。眉毛（眉？）が目より長いと運がよい（長野県北安曇郡）。眉毛のなかに白い毛があると長生きする（奈良県東吉野村）。眉毛に白い毛があると中年凶、晩年長寿（愛知）。『永代大雑書萬暦大成』（天保一三年〈一八四二〉）の眉の部に、「目より眉ながきハ兄弟六八人有べし、朋友にもしたしく芸者ハ名を上命長し、白毛《しらが》あるハ三十前後ハ愁《うれひ》あり五十以後にハ長命也」と見える。

○眉と目の間が遠い人は、遠くへ縁づく（秋田県大館市）、気がゆっくりしている（和歌山県高野口町〈橋本市〉）。眉と目の近い人は、短気である（山口県大島町〈周防大島町〉）。眉と目の間が近い人は近い所へ、遠い人は遠くへ嫁に行く（岩手県水沢市〈奥州市〉）。眉毛と額の生え際の間が遠いと早く後家になる（和歌山県高野口町〈橋本市〉）。眉と睫《まつげ》毛の近い人は早死にする（岩手県住田町）。

○眉がかゆいと、珍客が来る（青森・岩手・秋田・福島・岐阜）、懐かしい人に会える（山形県長井市）、親しい人が来る（長野県北安曇郡）、嬉しい人に逢う前兆（秋田）、女に出会う（岩手・福島）、吉事の前兆（秋田）などという。福島県北塩原村では、眉のかゆいのは蔭口と知れといい、左眉だと悪口で右眉だと褒《ほ》められている、という。高知県大方町〈黒潮町〉などでは、朝は右眉、夕方は左眉がかゆければ良い噂をされているが、その逆は悪評されている、といわれる。和歌山県野上町〈紀美野町〉で、眉毛がかゆいと誰かに想われている、といい、長野県北安曇郡では、眉がかゆければ思う人を見る、という。『万葉集』巻一一の「今日なれば 鼻《はな》ひ鼻《はな》ひし眉《まよ》痒《かゆ》み思ひしことは 君にしありけり」（二八〇九）の歌について、桜井満は「訪れが今日だったので、なるほど、つづけてくしゃみをしたり眉がかゆいと思ったことは、あなたに会える前兆だったのですね。」と訳している（『万葉集（中）』旺文社、一九八八年）。眉がかゆいのは、誰かに想われているとか噂をされているからという俗信は早くからあったようだ。

眉 まゆ

⑵眉唾と化物、その他

○群馬県利根地方で、キツネの出そうな道を通るときは眉毛に唾をぬる、といい、岐阜県海津町〈海津市〉では、夜、眉毛に唾をつけて歩かぬとキツネが化かす、という。山道や夜道を歩くときは、眉毛に唾をつけていればキツネに化かされない、との伝承は栃木・群馬・富山・石川・岐阜・大阪・岡山・島根の諸県から報告がある。栃木県黒羽町〈大田原市〉では、眉毛を唾でしめすとイタチやキツネに騙されぬ、といい、新潟県畑野町〈佐渡市〉では、ムジナに騙されないために眉に唾をつける、と伝えている。眉毛に唾をぬっておけば狐狸に誑《たぶら》かされない（大阪）ともいう。事前の予防として唾を眉につけるだけでなく、実際に遭遇したり騙されたと気づいた時にもつける。佐賀県大和町〈佐賀市〉では、野狐に出合った時は眉に唾をつけると野狐は寄り付かぬ、といい、群馬県高山村では、キツネに化かされた時は煙草を吸うが、眉毛に三度唾をつけてもよい、といわれる。キツネに見つけられたら眉毛に唾液をつける（秋田県山本郡）。眉に唾ではないが、鹿児島県栗野町〈湧水町〉では、キツネに騙された時はしゃがんで額に唾を三度つける、という。『続狂言記』（元禄一三年〈一七〇〇〉）の「狐塚」に「さればこそ狐が出た、あれは二郎冠者が声じや、よふ似せた、をのれ、化かさるることではないぞ、先眉毛濡らさふ」とある（『狂言記』新日本文学大系58）。

○夜間夜道を歩くとき、怖ければ唾を眉につけ、人差し指をのばし、右手を前に左手を後にして歩けば化物は逃げてしまう（沖縄県今帰仁村）。

○眉に唾をつけるわけについては、次のように説明される。キツネは人間の眉を一本一本数えてから化かすので、唾をつけているとキツネは眉を数えることができないから化かし得ない（島根県江津市）。キツネが人を騙す時には、その眉毛を読んでかかる。騙されそうになったら、眉毛に唾をつけて数えられなくする（石川県七尾市）。キツネは眉毛の数を数えて化かすから、山に行く時は眉毛をよく湿らせて行く（群馬県甘楽町）。イタチに出合ったら眉毛に三回唾をつけると化かされない。それはイタチが人を化かすには眉毛を数えるからで、唾をつけて数えられないようにする（同県利根地方）。『西鶴諸国ばなし』巻一の「狐四天王」に、「としひさしく、播磨の姫路にすみなれて、その身は人間のごとく、八百八疋のけんぞくをつかひ、世間の眉毛おもふままに読みて、人をなぶる事自由なり。」と見える。南方熊楠は「眉唾について」(『南方熊楠全集』第五巻)で、「全くは今日、イタリア人が星点多き隕石や無数の砂や穀粒を袋に盛って佩ぶると、邪鬼や妖巫がその人を睨み害せんとしてもたちまち点や粒の数を算えに懸かり、算え終わらぬうちに眼力が疲れおわるから、ついにその人を睨み害し得ぬと信ずる同様、数え難い眉毛を読むうち狐の魅力が衰えてしまうという俗信より、狐等に魅せられぬ用心に眉唾を行なうのだ。」と述べている。この俗信には唾のもつ呪的な力も作用している。

○シビレが切れたときは、眉毛に唾をつける(福島・千葉・長野・岐阜・三重・広島・島根・長崎・宮崎)。静岡県細江町〈浜松市〉では、シビレが切れたときは、唾を眉につけて「しんびりしんびり遠くに行け」と言うと治る、と伝えている。島根県江津市では、シビレを止めるには人に知られぬように唾を眉毛につけるとよい、という。

○妊婦の眉毛が薄くなると男の子(長野)。妊婦の眉が薄くなると男の子、変わらなければ女の子が生まれるという(福島県船引町〈田村市〉)。妊婦が湯を飲むと、眉が薄くなる、眉の薄い子が生まれる(共に同県梁川町〈伊達市〉)。

○福島県飯舘村で、初めての子にこうの毛(眉毛)を見せるな、といい、滋賀県水口町〈甲賀市〉では、初めての子が生まれると眉を落す。そうしないと母親の顔が鬼に見えるからだという。昔は女は子供を生むと眉を剃った。剃らぬと生まれた子は盗みをするといわれた(島根県西ノ島町船越)。子供に眉を見せるものではない(栃木県茂木町)。昔は宮参りのときは眉を子に見せるなといって、母親は眉を落していた(福島県須賀川市・西会津町)。連れ合いが死ぬと眉を落す(滋賀県水口町〈甲賀市〉）。

○カキの実の煙《けむ》が眉毛にあたると眉毛が落ちる（長野県北安曇郡）。タニシとニシンにあたると眉毛が抜ける（福島県滝根村〈田村市〉）。

○その他。眉毛を剃るとキツネに化かされる（長野県南信濃村〈飯田市〉）。眉のとれた夢は縁起が悪い（岡山県哲多町〈新見市〉）。疳の虫を起こしたときは、煙草の脂《やに》を眉毛につける（長野県真田町上郷沢〈上田市〉）。眉毛をみな抜くとその人は死ぬ（鹿児島）。眉毛にシラミがたかると死ぬ（岩手・群馬）。眉にシラミが生じると家内か親族が忌を受ける（沖縄）。⇩痒《かゆ》み・痺《しび》れ・唾《つば》

【み】

眉間　みけん

○眉と眉の間が離れていると遠くへ嫁に行く（岩手・岐阜・岡山）。眉と眉の間が近い人は近い所に嫁に行き、遠い（広い）人は遠くへ縁づく（岩手・福島・群馬・石川・長野・兵庫）という。眉と眉の間が広い人は、情が深い、長生きする、色を好む（共に秋田）、広い田圃を持つ（長野県北安曇郡）、縁が遠い（岩手県住田町）、短命（愛知県木曽川町〈一宮市〉）。眉と眉の間がせまい人は、体が弱い（岩手）、薄命の相（富山・岐阜・愛知）、短気である（秋田・岡山）。福岡県北九州市では、両眉の広い者は気が大きく狭い者は気が狭い、という。

○眉間にホクロのある人は、裕福な生活をする（青森）、幸福すぎて不幸になる（富山県小矢部市）、天下を取る、財産が豊かになる（石川）。眉と眉の間にアザのある人は出世する（岐阜県蛭川村〈中津川市〉）、洟垂《はなた》らし

（岩手）。
○幼児が初めて渡船に乗るときに、眉間に十字を書けば災いに遇わぬ（秋田）。
○眉と眉の間に、出来物ができると死ぬ（岐阜・愛知）、傷があると出世できない（富山・石川・岐阜）。眉毛と眉毛の間は急所である（徳島県小松島市）。
○目と眉間の遠い人は、親から遠く離れる、金持ちになる（共に秋田）。目と眉間の近い人は、辛抱づよい、短気（共に秋田）。
○シビレが切れたら、眉間にツバをつけよ（岐阜県美並村〈郡上市〉）、眉間にツバを三回つけるとなおる（三重県磯部町〈志摩市〉）。
○頭痛には梅干を眉間、こめかみにぬる（愛知）。⇩痺《しび》れ・黒子《ほくろ》・眉《まゆ》

耳　みみ

(1)福耳、耳と予兆

○耳の大きな人は、福がある（岩手・富山・岐阜・愛知・和歌山）、金持ちになる（岩手・秋田・福島・群馬・富山・石川・島根・山口・宮崎・鹿児島）、出世する（秋田・群馬・岐阜・山口・大分）、賢い（岩手・秋田）、長寿（石川・宮崎・鹿児島）、幸運に恵まれる（岐阜・兵庫・岡山）という。福岡県築上郡では、耳の葉の大きい人は福耳といって一生難儀はせぬ、といい、兵庫県赤穂市では、耳の大きい人は福耳といって幸運、小さい人は貧相である、という。群馬県子持村横堀〈渋川市〉では、耳の大きい人をミミッタブという。ミミッタブは金運に恵まれ、一生食うに困らず、老後も幸せだといわれる。「あの人はミミッタブだ」といえば、トクセエ（金持ち）で家族円満なことである、という。ミミッタブは耳たぶのことであろう。耳たぶにまつわる伝承は各地に多い。
○耳たぶの大きい人は、福耳（福島・新潟・静岡・福岡）、福がある（岩手・新潟・富山・長野・岐阜・静岡・愛知・岡山）、金持

ちになる（青森・秋田・宮城・福島・群馬・茨城・石川・長野・岐阜・愛知・三重・福岡・宮崎）、運がよい（福島・長野・岐阜・愛知・愛媛）、幸福になる（福島・茨城・東京）、出世する（石川・長野・愛知・滋賀・岡山・愛媛）、長命（和歌山・愛媛・宮崎・鹿児島）という。福岡県北九州市では、耳たぶの大きい人は福耳といって福・禄を持っている、といわれる。江戸中期の随筆『雑交苦《まぜこぜにが》口記《くちき》』に、「福の神じやとて、耳の大きかるべき様はなけれども、世俗にいふ仕合のよき人を、耳たぶのよいといふより起りて、福の神は耳を大きく書なるべし」とある。『誹風柳多留』一四七篇に「耳ッたぼ肩へ掛てる布袋さま」の句が見える。岩手県大船渡市立根《たっこん》では、耳の形が大黒様に似ていると金運がよいという。福助の耳たぶが、大きくふくらんだ福耳をしていることもよく知られている。

○大きな耳たぶは評価が高く吉相とされるが、ただ大きいというだけでなく、もう少し具体的に姿形をいう場合もある。茨城県大宮町〈常陸大宮市〉で、耳たぶの厚く垂れ下がる人は運がよい、といい、愛知県阿久比町では耳たぶが大きく下がっていると福がある、という。青森県尾上町〈平川市〉などでは、耳たぶの長い人は金持ちになる、といわれる。受け耳の人は、福がある（岐阜・愛知・徳島）、金持ちになる（岐阜県美濃加茂市）。耳たぶが厚く内に曲がっていると福耳（長崎県壱岐島〈壱岐市〉）。耳が内側に巻きこんでいると金持ちになる（新潟県畑野町〈佐渡市〉）。『永代大雑書萬暦大成』（天保一三年〈一八四二〉）に「垂珠《みみたぶ》厚く円きハ大に発達す、垂珠なきハ貧なり」とある。耳たぶの小さい人は貧相（秋田県平鹿郡）。耳たぶの大きい人は運がよい、小さいのは仕合せが悪い（岐阜県国府町〈高山市〉）。

○耳たぶに、米がのる人は、金持ちになる

（愛知・岡山・徳島）、出世する（広島・山口）、という。米が三粒のると、金持ちになる（京都・兵庫・岡山・福岡）、出世する（長崎県吾妻町〈雲仙市〉）。米が二粒のれば福耳という（石川県金沢市）。高知県中村市〈四万十市〉では、耳たぶに米粒がのるくらいの窪みがあるのは殊に吉相、といい、福島県原町市〈南相馬市〉では、耳たぶが杓文字のようになっている人は、米が落ちないので金に不自由しない、といわれる。耳たぶに、豆がのる人は、長者になれる（岐阜県国府町〈高山市〉）、運がよい（群馬県倉渕村〈高崎市〉）。徳島県小松島市では、耳たぶに小豆がのる人は出世する、といい、群馬県では、小豆粒をのせて落ちない人は大金持ち、という。長野県北安曇郡で、耳たぶに豆があれば百万長者になる、というのは、小さなイボのようなものを耳たぶにのせた豆に見立てたのであろう。

○和歌山県高野口町〈橋本市〉で、耳の立った人は福相といい、広島県加計町〈安芸太田町〉では、耳が大きく立っている人は偉い、という。耳の寝ているのは良くないが起きているのは福耳だ（岐阜県国府町〈高山市〉）。耳が外側に張っていると運が悪い（茨城県大宮町〈常陸大宮市〉）。

○目尻より耳が下にある人は、賢い（岩手・秋田・岡山）、出世する（岐阜・山口）。宮城県七ヶ浜町では、耳のつけ根が目尻より下がっていれば福耳という。耳が下のほうについている人は、利口（和歌山県南部川村〈みなべ町〉）、出世する（岩手県紫波町）、運がよい（同県川崎村〈一関市〉）。耳が目より上にある人は金持ち（同県住田町）。耳が常人より後方にある人は、長命（秋田県平鹿郡）、知恵がある（岐阜県国府町〈高山市〉）。

○耳がかゆいと、良いことを聞く（福島・埼玉・富山・長野・京都・奈良・鳥取・高知など）、誰かが自分のうわさをしている（岩手・京都・兵庫・佐賀など）、客がある（愛知）という。朝は右耳、夜は左耳がかゆいのは吉兆（群馬・新潟・三重・岡山・香川・福岡など）。『不思議な世界を考える会会報』三七号（一九九四年）に、こんな話が載っている。「母親の話だけれど、右耳がかゆくなるといいことがおこり、左耳がかゆくなると、悪いことがある。おとうとの話だけど、左耳がかゆいとさわいでいたら、次の日に、母の父がたおれたという話が入ってきた。」
○耳がほてるのは、誰かが自分のうわさをしている（青森・岩手・秋田・山形・宮城・愛知・島根）、誰かに悪口を言われている（青森・岩手・秋田・島根）、誰かに憎まれている（岩手・秋田・宮城）、良いことがある（岐阜・愛知）、運がよい（岐阜・愛知）、誰かに想われている（秋田）という。秋田県大内町〈由利本荘市〉では、他人の悪口を言っているとき「相手方は耳ァほどって（ほてって）いるだろう」と言ったりする。岩手県山形村〈久慈市〉では、左の耳がほてると男、右の耳なら女に憎まれている、といい、秋田県由利郡では、左耳たぶがほてる時は男、右耳たぶがほてる時は女に憎まれている、という。左の耳がほてると男、右の耳なら女にほめられている（岩手県大船渡市ほか）。耳がほてるときは誰かがうわさをしている。右の耳なら身内、左なら他人（宮城県蔵王町）。左の耳がほてったり、かゆい時は良いことがある（岐阜県真正町〈本巣市〉）。冬、耳や顔がほてると翌日は晴（沖縄県伊良部町〈宮古島市〉）。
○耳鳴りがすると、よいお客が来る（長野県原村払沢）、天気が変わる（同県大町市）という。左の耳が鳴ると珍しい人に会う（岩手県山形村〈久慈市〉ほか）。左の耳が鳴ると珍しい人に会い、右の耳が鳴ると嫌いな人に会う（同県住田町）。
○見たところ健康そうであるが、耳が反り返っているような感じを受けることがある。これを、ミミヌタッチョーン（耳が立っている）といって、死の前兆といわれる（沖縄県佐敷町仲伊保〈南城市〉）。耳に風が舞い込むと晴になる（熊本県三加和町〈和水町〉）。

耳　みみ

(2)音と天気、厠で時鳥、耳鐘が鳴る

○お寺の鐘の音がよく聞こえる時は雨になる（福島・長野・鳥取・長崎・鹿児島）という。同じ意味だが、近く聞こえる時は雨になる（秋田・山形・石川・長野・岐阜・愛知・和歌山・熊本）とか、遠寺の鐘がはっきり聞こえると雨になる（山形・宮城・福島・新潟・富山・愛知・鹿児島）といった言い方をする。高山町の東山の鐘の聞こえる時は雨となる（岐阜県高山市）、出石寺の鐘が聞こえると雨（愛媛県長浜町〈大洲市〉）など、具体的な場所や寺院名を伴っている例もある。『新説ことわざ辞典』（東京堂出版）によれば、曇っている時は地上と上空の温度差が小さいため「空気の密度も上層と下層との差が小さくなるので、音声が上層へにげていかないで、遠くまで聞こえるようになる。したがって鐘の音がよく聞こえるときには、温度が高く曇っているときで、このようなときにはやがて雨が降る。」という。夕方の鐘の音が山にこだますると雨（山形県長井市荒砥）。鐘の音が近くに響くと荒れる（岩手県紫波町長岡）。お寺の鐘が北の方へよく聞こえる時は天気が変わる（長野県神城村〈白馬村〉）。

○少数だが、鐘の音から晴を予想する俗信もある。鐘の音が沈んだように聞こえると晴（埼玉）。鐘の音が澄んで聞こえる時は天気（長野県上伊那郡）。千光寺の鐘が聞こえる時は天気よし（岐阜県高山市）。寺の鐘の響きがよい時は晴、悪い時は雨になる兆し（群馬）。

○寺の太鼓の音がよく聞こえるとよい天気

（新潟県長岡市）。汽車の音が近く聞こえると雨が近い（愛媛県野村町〈西予市〉）。冬、汽車の音が山に聞こえる時は天気が変わる（山形県朝日村〈鶴岡市〉）。鉄橋を汽車が通る音が高く鳴る時は二、三日中に雨（同県真室川町八敷代）。川の瀬音が近く聞こえると雨（山形・山口・愛媛）。

○ウグイスの初音を聞いて吉凶を占う。初音を左の耳で聞くと、良いことがある（岩手・福島・石川・長野・和歌山）、運がよい（福島県棚倉町）、幸福が多い（長野県麻績村）、福を授かる（岐阜県武儀町〈関市〉）という。ただ、神奈川県津久井町〈相模原市〉では、左の耳で聞くと年中ひだりい（ひもじい？）思いをする、といわれる。また、ウグイスの初音を右の耳で聞くと、良いことがある（新潟県巻町〈新潟市〉）、運がよい（福島県西会津町）、金持ちになる（宮城県蔵王町）ともいう。左右の耳と吉凶が対になっている場合も少なくない。ウグイスの初音を、右の耳で聞くとその年は収入が多く、左で聞くと出費が多い（宮城）。右耳で聞くと縁起が良い、左耳で聞くと縁起がわるい（長野県南木曽町）。左の耳で聞くと縁起が良い、右の耳で聞くと縁起がわるい（新潟）。性によって吉凶を分ける例もある。福島県南郷村山口〈南会津町〉では、ウグイスの初音を、男は左で女は右で聞くとその年は運勢がよい、といい、長野県諏訪市上野では、初音を男は右、女は左で聞くとその年は運がよい、という。こうしてみると、左右の耳と吉凶の関係は必ずしも一定していない。福島県只見町では、初ウグイスを右の耳で聞けば右、左の耳で聞けば左の方から吉報がある、といわれる。滋賀県水口町〈甲賀市〉では、ウグイスの初鳴きを立って聞けば一年中忙しい、座って聞けば一年中ゆったりする、という。ウグイスの初聞きで運がわかる（群馬）とか、ウグイスの初声の方向によって吉凶がある（長崎県壱岐〈壱岐市〉）といわれるように、かつては、ウグイスの初音に気を止め、その年の吉凶に想いを馳せて感受する心持ちがあった。見方を変えれば、ものごとの最初を重視する俗信の一つといってよい。

○長崎県美津島町鴨居瀬《かもぜ》〈対馬市〉では、ウグイスが便所の中や、家と家との間など狭苦しい場所で鳴くのは縁起が悪いとされ、「ウグイスよウグイスよ初声と思うなよ、今日も聞きゃ昨日も聞く」と唱えるという。

○便所でホトトギスの初音を聞くと、禍がある（宮城）、悪いことが起きる（三重県度会町）、よくない（和歌山県東牟婁郡）、年中運が悪い（広島）などという。熊本県宮地町〈阿蘇市〉では、初音を座して聞けばその年は楽に暮らされ、寝て聞くとその年は病多く、便所で聞くのが一番悪いとされている。初音ではなくても便所で聞くことは嫌われた。便所でホトトギスの鳴き声を聞くと、病気になる（愛媛・大分）、大病になるか死ぬ（熊本県阿蘇郡）、その年は不運（宮崎県高原町）という。大分県蒲江町〈佐伯市〉では、ホトトギスの声を便所や寝室で聞くと病気になる、といわれる。群馬県甘楽町では、ホトトギスの初音を右の耳から聞けばひだるくない（豊作）、左の耳から聞けばひだりい（凶作）という。ホトトギスの初音を蚊帳の中で聞くと甚だ不吉（佐賀）とも。

○奈良県十津川村では、ホトトギスの初音を便所で聞けば凶といい、その時は「ホトトギス聞き初めと思うなよ、昨日もおとといも竜田の森で聞いた。ナムアビラウンケンソワカ」を三唱する。難を逃れるための呪文には次のようなものがある。「ホトトギス、ホトトギス、われは初音と思えども昨日も聞きつ今日もき、つ」（佐賀県佐賀郡）。「ホトトギス、今日は初音と思うかや、聞き知りきいた今日の古声」（熊本県黒川村〈阿蘇市〉ほか）。「ホケキョ、われは初音と思うかや、昨日もきけば今日の古声」（同県古城村〈阿蘇市〉）。「ホトトギス今日を初音と思うなよ、今日も昨日も一昨日も、アビラオンケンソワカ」（大分県南海部郡《みなみあまべ》）。『塵添壒嚢鈔《じんてんあいのうしょう》』に「カワヤニテ郭公（時鳥）ヲ聞ハイム事ト云ハ大国ニモ有ル事也、カワヤニテ是ヲ聞ク時ハ犬ノホユルマネヲシテ咒フト云事、本草ノ中ニ見タリ、此辺ニハキモノヲ脱キテ払ヘナトヲハスレ共、犬ノマネハ無ニヤ」とある。『本朝食鑑』には「本邦ニモ亦言フ正月元日早晨厠ニ登テ杜鵑思フトキハ則凶シ」と見える。『酉陽雑俎《ゆうようざつそ》』にも記載がある。この俗信は中国から伝えられたものであろう。

○便所で聞くのとは反対に、ホトトギスの初音を芋畑で聞くと福が来る（宮城・広島）という。江戸中期の随筆『夏山雑談』に、「時鳥の初音を廁にて聞けば禍あり、芋畑にて聞けば福あり」として、「まことや時鳥の初音を廁《かはや》にてきけば禍《わざはい》あり。芋畑にてきけば福《さいはひ》あり。是故に時鳥のなく頃は、高貴は御廁には芋を鉢に植ていれおくとなり。」とある。

○岐阜県久瀬村〈揖斐川町〉で、耳の中がサンサンと鳴ると同年の人が死ぬ、といい、新潟県新発田市では、耳鳴りがするとヒトトシ（同年齢）の者が死んだ兆し、という。耳鐘が鳴れば同年者が死ぬ（和歌山県南部川村〈みなべ町〉）。耳鳴りがすると同級生が死んでいる（岩手県和賀郡）。奈良県十津川村では、同じ年の者が死ぬとミミガネ（耳鐘）といって耳がガーンと鳴る、といい、その時は「南無阿弥陀仏」を三度唱えると治まるという。耳が鳴ると同年者の死ぬ前兆（福岡県志賀島〈福岡市〉）。同年齢者の死の前後に、同い年の者の耳がじんじん鳴るという俗信である。ただ、同齢者同士であればだれとでもこうした現象が起きるというわけではない。同じ集落、あるいは屋根が見える範囲に住む同齢者間において、特別の影響関係が生じると信じられてきた。この場合の耳は、視覚以前に逸早く不幸を感知する器官である。かつては、同年齢の者が死んだ時には「耳塞ぎ」をするとか、また、葬式に参加しないという土地が方々にあった。死の影響を直接受けるのを避けるためであろう。最上孝敬は「耳鐘の話」(『西郊民俗』四号)で、自身の体験として、自宅で激しい耳鳴りを感じたときに病の友人が死んだとの経験から「心痛のはげしい時に、はげしい耳鳴風のものをおこすということは、きっと生理的にもある程度説明ができることなのではなかろうか」と述べている。緊迫した時間と不安のなかで感知する身体の現象という面は充分考えられる(常光「予兆譚と事実」『学校の怪談』)。

○耳塞ぎに関する報告は多いが、その一部を紹介する。福島県小野町では、ヒトトシ(同年齢)の知人が死ぬと「死人に引かれる」といって、縁を切るために餅を搗いて両手で耳に当てて「いいこと聞け、悪いこと聞くな」と三回唱える。その餅は道の四つ辻に置いてくる。これを耳ふさぎ餅といっている。宮城県大和《たいわ》町では、耳ふたぎは、同年の者が死んだとき、鍋などの蓋とヘラ(杓子)を持って「ええこと聞け」と三度言って耳をふさぐ。また、同年の者が死んだのを聞いたとき、着物を縫っていると片方の袖をほどかねばならない。だから早く両方をつけてしまえという。栃木県黒羽町〈大田原市〉では、幼児の死と同年の子は耳ふたぎ(耳を菓子で蓋する)をして川に流す。もしそうしないと後を追って死ぬ、といわれる。「三河の豊橋辺り(愛知)では、餅を単に耳に当てるだけだが、北設楽郡へ行くと特に米の粉を練って耳の形としたものを作り、是を耳にあてて、ネヂカネ〳〵〳〵と三度唱える。この行事を耳塞ぎと謂っている。ネヂカネは恐らく捻ぢ合って勝ったということであろう」(『葬送習俗語彙』)。京都府知井村〈南丹市〉で、同年の人が死ぬと耳鐘が鳴るという。同年の人が死んだ時にはナベトリで「きこえん、きこえん」と言って両耳を叩く。ある人は「きこえんようにく〵」と言い、ある人は「よい事きけく〵」と言う。次いでミミフサギモチといってボタモチを親類近所に配るが、家には入らず外から貰ってもらう。高知県大月町では、同じ年の者が死ぬと羽釜と鍋の蓋を耳にあてて耳塞ぎを行う。死んだ人と同齢の者は相見舞いといって見舞いに行ったり、出棺に立ち会ったりしてはいけない、という。井之口章次は『日本の葬式』(一九七七年)で、鍋や釜など容器の蓋を用いるのは「根元的には、霊魂の動揺をおさえしずめる心持」であり、耳をふさいだ餅を川に流し捨てるのは「餅を一種の形代《かたしろ》として、身についているかも知れない同齢同士であるための忌を、自分たちの生活圏から外へ送り出そうとするものである」と解釈している。耳鐘や耳塞ぎの習俗は、おそらく「同時に同じ」感覚を忌む心意に根差していると考えられる。

○今日では希薄になった心意だが、ある限られた範囲で生活をする同年齢者のあいだには、通常の付き合いを超えた精神的な影響関係が作用していた。耳塞ぎでは、実際には同齢者の死を知っていても、聞かなかったことにして行うケースが多い。聞くことはその情報(死)に感染する危険を意味している。見る行為は葬儀の場にいることが前提だが、耳の場合はどこにいても情報が入る。「聞かない」ことは「見ない」こと以上に難しい。同じ年齢の者が死んだとき、死者より歳が一つ上ということにして影響を避けるトシチガエの方法も知られている。平山敏治郎は「耳ふさぎ史料」(一九七九年)で、これが中世の公卿たちの間で行われていたことを指摘している。時代は下るが、平山が紹介した『華頂要略』元文三年（一七三八）三月二五日の次の記事は興味深い。「御母儀光音院殿より御耳塞ぎの餅進上あり。今度輪王寺准后公寛親王の薨去せらるるによる。当宮と御同年齢なり、未過ぐる剋、御耳塞ぎの儀あり。法橋常久勤仕す、御本主ヨリ年齢長シ者此役たるべし云々。左右の掌ニ青石ヲ載せ、その上ニ餅を置く。下白上ニ小豆餅、左右共ニ同前、宮の御後より御年齢ヲ問ふ。宮一ツ上ヲ御答あり。三反しをはんぬ。万々歳ト祝ひ申す。次ぎに件の餅は常御所ノ棟ヲ越す。次ぎに餅四十三重御年ニ一ツ増しヲ常久喰ひ始め、宮江上ルナリ」。

○耳の習俗に関してはミミクジリの習俗も注目される。『改訂 綜合日本民俗語彙』のミミクジリの項には、次のように出ている。「五月五日の朝、シホデ（牛尾菜）という草を採って耳にあてる風習は、山形・秋田の二県にわたって広く行われている。南秋田郡ではこの草に薯の蔓を添えて耳をくじる真似をすると耳がよく聞こえるという。また横手市では神仏にこの草を供えたのを卸して、家族一人々々がこれを耳にあて『ええこと聞かせてたんせ〳〵』という。山形県東田川郡では『悪いことときかないよう、よいことを聞くよう』と唱え言にしている。」。五月節供に、タケノコ、ワカメ、シオデ、ヨモギ、ショウブで「よいこと聞け〳〵」と耳のあたりを撫でまわす（秋田県仙北郡）。菅江真澄の「奥の浦うら」寛政五年五月五日条（一七九三）に、「笹の粽《ちまき》にほどの根を食い、家ごとにしほでぐさの茎で耳をかくことは、秋田の風俗と同じである」と見える（内田武志ほか『菅江真澄遊覧記（3）』平凡社）。

○夜間の音響や音声にまつわる怪異譚は多い。なかでも、夜の山中で怪音を耳にする「天狗倒し」の話は各地に伝えられている。日没とともに辺りの風景は夜のとばりに包まれてゆく。活動の大部分を視覚に依存している人間にとって、視界が不自由になるにつれて行動は自ずと制約される。暗夜を照らす技術が発達していなかった時代ではなおさらであった。灯をともしても身の回りの外には視界がきかない世界では、耳がなにより敏感に周囲の変化に反応を示す。なじみのない音響であれば、不安と同時にその原因や正体について想像力がふくらむ。深夜に徘徊する悪霊の恐怖が創造されてきた背後には、暗闇の不安のなかで研ぎ澄まされる耳の想像力に心を馳せる必要があるだろう。怪音を聴くのは、周囲が見えない、あるいは見えづらい状況と裏腹の関係にある。昼間でも深山などで怪が発生しやすいのは、視覚での確認がむつかしいという事情もありそうだ。現代は視覚が優位の時代といってよいが、かつては聴覚の果たす役割が今よりずっと大きかったにちがいない。

耳　みみ

(3)耳の病と祈願、まじない

○徳島市などでは、ミミゴ（耳だれ）を治すにはみみご石（穴のあいた川原石）に糸を通して地蔵さんに供える、といい、鳥取県倉吉市耳の耳ろく地蔵は耳の悪い人が信仰し、願開きには穴をあけた小石を奉納する、という。地蔵さまに穴あき石を供えると耳の病気が治る（岐阜県墨俣町〈大垣市〉）。和歌山県那智勝浦町では、耳の遠い人は穴のあいた石に糸を通し、薬師様にお参りするとよくなる、といい、福島県小高町〈南相馬市〉では、耳漏《じろう》や難聴は穴のあいた石に縄を通して薬師様に上げるとよい、といわれる。耳の病には穴のあいた小石を神仏に供えて祈願するとよい、との伝承は各地にある。三重県熊野市の妙見山の麓にある耳島様は、耳の病気によく効くといわれる。小さな鳥居をつくり、石に穴をあけて糸を通したものを鳥居に付けて供え、祈願するとよいという。穴あき石を三つ神様に上げると、耳の聞こえないのが聞こえるようになる（岩手県紫波郡ほか）。耳の病は耳の神様にお参りをし、治ったらオガンバタキに穴のあいた石をお供えする（静岡県春野町〈浜松市〉）。耳だれのときは、平たい石に穴をあけ、庚申様に願をかける。治ったらその石を供えてお礼を言う（群馬県甘楽町）。山形県長井市泉の道陸神様に穴あき石を納めてお参りすると耳の病気が治る。耳が悪いときは穴をあけた石を道祖神さんに供える（山梨県増穂町〈富士川町〉）。山の神に穴石を上げて拝むと耳の病が治る（岩手県住田町）。高知県十和村〈四万十町〉では、耳が痛むときはみみご祭といって、穴のあいた川原石を紐でぶら下げて、池の淵に供えると治る、といわれる。春安の天神さんへ参る途中の道に落ちている穴のあいた石に触れると、耳が聞こえるようになる（兵庫県山崎町〈宍粟市〉）。耳の痛むときは穴のあいた石で耳をこすると治る（岩手県岩手郡）。聞こえないとか聞こえづらいのは、病気などで耳が詰まっているためと感じたようだ。穴あき石にあやかって、詰まっている耳が通るようにという一種の類感的な発想である。

○祈願に用いるのは穴あき石だけではない。福島県檜枝岐村では、耳の遠い人はゴキ（木の椀）の底に穴をあけそれに麻糸を通し、橋場の傍らにある桂の古木に結び下げて祈願するとよくなる、といわれた。桂の木は枯死した。長野県小諸市耳取では、耳からうみが出てなかなか治らないときは、上皿掛にある石祠の道祖神様に願掛けをした。治ったらオカサ（汁椀）に錐《きり》で穴をあけて糸を通したものを、お礼参りで上げた。岡山県本郷村〈新見市〉では、耳の遠い人は塞の神に参拝するとよいといい、全快すると椀の底に穴をあけて供える。
○耳の悪い人は、アワビなどの貝に穴をあけて紐を通したものを、吉備町土生《はぶ》〈和歌山県有田川町〉の耳地蔵に掛けて祈願すると治るといわれる。耳の悪いときは、道祖神に穴あき銭や穴あき石を供える（山形県南陽市）。瓦に穴をあけて紐を通したものを、道端にある薬師さんにお供えすると耳が良く聞こえるようになる（京都）。耳の病気は薬師様に申し上げ、治ったら焼き餅に穴をあけてお礼をする。山の神様に底の無い柄杓を三個上げ、治ったら底つきの柄杓を三個上げる（共に群馬県板倉町）、道祖神に節を抜いた青竹の底抜け柄杓を供える（同県渋川市）。耳の遠い人は毘沙門天様に火吹き竹を作って奉納するとよい（長崎県南有馬町〈南島原市〉）。シャクジさま（石宮）には耳を患う者が吹き竹を供える。それを借りてきて耳だれを吹くと治るといわれている（群馬県額部村〈富岡市〉）。

○奈良県広陵町では、氏神に錐を奉納すれば耳の病が治る、といい、長野県南信濃村〈飯田市〉では、カラミミが痛いときは道祖神へ願を掛け、治ったら月の数だけ木で錐の形をこしらえて上げる。岐阜県蛭川村〈中津川市〉では、薬師様は耳の病を治してくださるといって錐を奉納する。錐は穴をあける道具であることから、耳が通ることを期待したのであろう。
○筆者は新潟県山古志村〈長岡市〉で、耳の病のときは藁で耳の形のものを作り木籠へ抜ける道にある道陸神に供えると治る、と聞いたことがある。観音様に耳の形をした石を据えると耳の病気が癒える（愛知）。
○地蔵石を借りて来て一夜床下に入れて寝、二個にして返すと耳が聞こえてくる（秋田県平鹿郡）。耳の悪い人は紙に「みみ」と書き、氏名年齢を記して地蔵さまに上げる（和歌山県高野口町〈橋本市〉）。耳の病気には耳の字を歳の数だけ書いてお宮やお堂に上げる（長崎県壱岐島〈壱岐市〉）。耳の悪い時は山家《やまが》神社の地獄石に耳をあてる（長野県真田町〈上田市〉）。社日の御神酒は耳の悪いのが治る（和歌山県上富田町）。龍ケ崎市小屋では、天王様に豆腐を上げると耳の病が治るといった（茨城）。

○耳痛には年越しのイワシの頭で「ばーばー」と三度唱えて、耳穴を覗かせるとよい（大阪）。節分のイワシの頭に耳を覗かせると耳の病が治る（岐阜・愛知）。耳の痛い時は節分のイワシの頭を耳に載せると治る（長野県山口村〈岐阜県中津川市〉）。

○耳の病は耳垢をネズミに引かせると治る（秋田県平鹿郡）。難聴はヒョウ（豹）の髪でなでると治る（岩手県盛岡市）。

○福島県相馬市では、水泳をしていて耳に水が入った時は乾いた石を耳にあて、他の小石をもってそれをとんとんと叩きながら「川原のばばさー水とってくだれ」と唱えると水が取れる、という。岩手県山形村〈久慈市〉でも、耳に水が入った時は小石を耳にあて、他の小石で打ちながら「川原のかかさま水とってけさえ」と言えばすぐ取れる、と伝えている。耳の中の水を取るには、熱い石を耳にあてて「ミン〳〵トウ」と言う（兵庫）、「カーラノ焼ク石ミンミン水トレ」と言う（徳島県美馬郡）。カーラは川原であろう。

耳　みみ

(4) 民間療法、妊婦と禁忌、その他

○子供が夏の水泳のとき焼け石に耳をあて「耳だれやむな、川風邪ひくな」と言えば、その病に罹らない（福岡県築上郡）。端午に長芋を食えば難聴にならない（岩手県下閉伊郡）。○空唐箕《からとうみ》を回すと、カラミミになる（宮城・福島・栃木・茨城）、耳が聞こえなくなる（山形県西村山郡）、耳が遠くなる（福島県平田村）、耳が痛くなる（福島・茨城）

という。カラミミ（空耳）は、耳の痛みや失聴をいうらしい。空臼を搗くと、カラミミを病む（山形・福島）、耳が聞こえなくなる、食にありつけない（共に沖縄）。空臼を回してはいけない。耳が聞こえなくなる（同県）。宮城県気仙沼市浦の浜では、カラミミの時は「やそ島山の 小松塚 たどれば祈る ことのはのねじ」と三度唱える。この呪歌は六部から伝承したものだという。

○タンポポの綿毛が耳に入ると耳が聞こえなくなる（岩手・長野）。ススキの穂が耳に入ると耳が聞こえなくなる（新潟・福井）。小豆飯に汁をかけて食うと耳が聞こえなくなる（岩手）。赤飯に汁をかけて食うと耳が遠くなる（福島県熱塩加納村〈喜多方市〉）。子供が生まれて一週間以内に小豆を煮ると子供の耳が聞こえなくなる（秋田県由利郡）。乳飲み子にナシを芯まで食べさせると耳が遠くなる（福岡県岡垣町）。耳鳴りは中風の兆し（新潟県新発田市）。耳鳴りがすると血のめぐりが悪いという（鹿児島県西之表市）。障子紙で鼻をかむと耳が聞こえなくなる（福島県滝根町〈田村市〉）。壁に針を刺すと耳が遠くなる（富山県氷見市）。囲炉裏を汚したり水を捨てたりすると耳が遠くなる（同県西礪波郡）。

○ムカデの油を耳につけると耳だれが治る（山口県大島郡）。耳の痛いときはセミの抜け殻を煎じて飲むか味噌漬けのナスの汁をつける（京都府宮津市）。耳の病には、墓にある枝にたまった水をつける（群馬県太田市）、自分の小便をさす（和歌山県高野口町〈橋本市〉）、便所の水を少し入れる（大阪・三重）、ウマの糞の絞り汁をつける（福島・長野）、ウマの小便が効く（鹿児島県金峰町〈南さつま市〉）、灯油を温めて一滴入れる（岐阜県美山町〈山県市〉）。耳鳴りにはユキノシタを絞って入れると治る（岡山）。

○夜泣きは、太陽が昇らない暗いうちに煙草の脂《やに》を赤子の耳たぶにぬると治る（福島）。子供の疳の虫には、耳たぶの後ろと足の裏に煙管の脂をつける（同県山都町〈喜多方市〉）。歯が痛いときは、耳たぶをつかんで咳をするとよい（富山県上平村〈南砺市〉）、痛い歯の方の耳にネギをつける（長野県北安曇郡）。モノモライ（麦粒腫）は、障子の穴から耳を出して他人の異性の人に耳をくくってもらう（長野市付近）。火傷をした時、痛いと言わずに耳をつまむと治る（徳島）。手に火傷をしたら耳をつかむとよい（三重県飯南町〈松阪市〉）。鍋や鉄瓶のツルなどを手にして熱い時は耳たぶにふれるとよい（新潟県長岡市）。

○茨城県常陸太田市で、妊婦が機織りをすると子供の耳に小さな穴があく、といい、兵庫県赤穂市では、妊婦がシンシバリ（伸子張）をすると耳に穴のあいた赤ん坊が生まれる、という。福井県美浜町では、生児の耳たぶに小さい穴があいているのは産神さんが機織りのツミ（錘）で突いたため、と伝えている。妊婦が畳に針を刺すと、耳たぶに小さな穴があいた子が生まれる（福井・兵庫）、耳の後ろに穴のある子が生まれる（和歌山県那賀郡）。妊婦が、着物の襟に針を入れると耳に穴のある子が生まれる（奈良県西吉野村〈五條市〉）。針を襟に刺すと耳に穴のあいた子が生まれる（群馬県桐生市）。耳の穴といっても実際に穴が開いているわけでなく、耳たぶにできた小さな窪みであろう。柳田国男は「にが手と耳たぶの穴」（一九四二年）で、「或は耳環の名残では無いかと思って居たのだが、今日の生物学では、後天の畸形は遺伝せぬものとなって居るのだそうである。しかし世間では専らそういう解釈をして居た。」と述べている。妊娠中に機を織ると、生児の耳の後ろに伸子の跡がつく（滋賀県水口町〈甲賀市〉）、生児の耳たぶの上部に伸子の跡がつく。これはすぐに取れて無くなる（福島県猪苗代町）という。

○その他の俗信。耳穴の毛の長い人は長命（秋田県南秋田郡）。耳の穴元に毛の多い人は長命である（長野県南箕輪村）。『永代大雑書萬暦大成』（天保一三年〈一八四二〉）に「耳の内に毛生るハ長命なり」とある。ヘビが行くのを止めるには、右手で左耳を引っぱってシッと言うたら止まる（沖縄県国頭地方）。おむすびを焼くとき、耳のところでおむすびを三回まわしてから焼くと絶対にこげない（岩手県気仙郡）。水泳に行くときは、線香の灰を耳たぶになすりつけたりして泳ぎに行った（熊本県水俣市）。耳鳴りがするとその家の仏が地獄で泣いている。耳がじーんと鳴ると地獄の鐘が鳴っている（共に岩手県胆沢郡）。蚊帳の中で雁の声を聞けば死ぬ（福島県会津高田町〈会津美里町〉）。九月には蚊帳を吊らない。蚊帳の中で雁の声を聞くとよくない（群馬）。夢で臼を搗く音を聞くと不吉。臼を搗く音が早いと早く死ぬ（沖縄）。⇩垢《あか》・痒《かゆ》み・黒子《ほくろ》

【む】

胸　むね

○胸に手を置いて寝ると、恐ろしい夢を見る（青森・岩手・茨城・愛知・和歌山・広島・徳島）、悪い夢を見る（和歌山・鳥取・福岡・佐賀）、悲しい夢を見る（群馬県太田市）、うなされる（岩手県川崎村〈一関市〉）などという。『梅園日記』巻二（弘化二年〈一八四五〉）に、「俗に胸に手をおきて寝、又梁の下に寝ぬれば、おそはるといふは、久しきならはし也。源氏物語御幸巻に、夢にとみしたる心ちして侍てなん。むねに手を置たるやうに侍と申給ふ。湖月抄に、おびゆる心なりとあ

り。又俳諧紅梅千句に、楽寝にはおそはれましや小夜枕。といふ句に、胸にある手をのけてのびする。とつけたり。又俗に左右の手の拇指を屈して、四の指にておさへて寝ぬれば、おそはるゝ事なしといふは」云々とある。貝原益軒の『養生訓』には「あふ（仰）のきてふすべからず。おそはれやすし。手の両の大指をかがめ、残る四の指にて、にぎりてふせば、手むねの上をふさがずして、おそはれず」とでている。
○睡眠中、何者かに胸を押されてうなされるのは、ネズミや狐狸をはじめ妖怪のしわざとされた。ネズミを殺すと夜おむされる（重しをかけられる。うなされる）という（愛知）。ネズミが仇をすると、寝ている人をムス。その人はうんうん言って目を開けようとしても開かず、物も言えない。ある人がそれでも思いきって「ムセカエタ」と言ったら、ネズミは布団の上で死んでしまったという（兵庫県城崎郡）。香川県では、雨垂れの白い砂を掘るのは禁忌で、掘るとアマダレコゾウが出てくるという。アマダレコゾウは、夜寝ている人の胸を締め上げる妖怪である。岩手県岩手町では、寝ていて半意識状態のとき、足から河童・ネズミが上がってきて体がしびれるのを座敷わらしという。古い家の座敷の奥や床の間に背を向けているとき、また、手を胸にあてているときにくる、といわれる。ある年の旧二月一八日の晩のこと。山小屋で夕飯を終えて、少しとろ〳〵すると、胸を押さえつけられたので苦しくて足を伸ばした。ちょうど囲炉裏の火を蹴ってなおった。こういう経験は他の人にもよくあることで、山で死んだ人々の怨念のしわざであろうという（福島県南会津）。玄関の北口を二寸ほど開け、その方を枕にして寝ると色の青ざめた女が胸の上に乗り、笑いながら冷たい手で首をしめる（徳島市）。この種の話はいくつもあり、その多くは金縛り（睡眠麻痺）現象の怪異表現だと思われる。
○岐阜県川島町〈各務原市〉などで、家の中または知人に災難があった時、胸さわぎが起きるという。胸さわぎがすると、よくないことが起きる（青森県尾上町〈平川市〉ほか）、悪いことがある（長野）、変りごとがある（同県御代田町）、死者がでる（同県上田市真田）、ふしぎがある（青森県五所川原市）と心配する。松本友記「熊本県阿蘇地方」（『旅と伝説』通巻六七号、一九三三年）に、「家を離れて遠く、旅で暮す者には、故郷に於ける肉親の死は、何等かの形に於て予告せられるものだという。急にその人に会いたくなるとか、夢に見るとか、胸騒ぎがするとか、いろいろあるだろうけれども。」と見える。
○胸のつかえを治す方法について、群馬県板倉町における伝承が『板倉町史基礎資料第七三号』（一九七九年）に詳しく報告されている。いくつか紹介したい。町内に広く分布するのは「頭の上に逆さに立てる」「箸を頭の上に逆さに立てる」という二つのやり方だが、その変形や応用と思われる方法もある。頭の上に箸を立てて、水を飲む（高鳥・島）、背伸びする（中下）、ぐるぐる三回まわる（籾谷下）とよいという。箸を逆さにして頭の真ん中を叩く（風張ほか）・額に箸を立てて上を向いている（板倉中三・大同）・箸を茶碗の糸尻に立てて膝に置く（板倉大林・石塚）。以上は箸を用いる方法だが、ほかにも、頭に草履を載せて背中をなでる（下新田）。水を飲んで握りこぶしを頭の上に載せて呼吸を止める（下新田）。頭の上に手を上げて空を見る（飯野ほか）。また、茶碗に水を入れ箸を十文字にしてのせ、その四隅から飲む（稲荷木ほか）というのは、シャックリを止める方法と共通する。象牙で喉をこする（除川）のは、一般には喉に骨が刺さったときの呪法として知られている。

○胸焼けは、藁で軽く首をくくると治る（大阪府能勢町）、藁を首に一本巻いて結んでおく（三重県多度町〈桑名市〉）、「猿沢の池の大蛇が昼寝して章魚《たこ》の入道昼寝かやす」と唱えればよい（長野県北安曇郡）という。岡山県備中町平川〈高梁市〉では、胸がくぎる（胸焼けの）時には、木炭を少量飲むと胸がくぎるのを一時おさえるという。

○胸中の広い人は達者だ（和歌山県高野口町〈橋本市〉）。他人に胸を叩かれると親が死ぬ（下野足利郡〈栃木〉）。ハトの肉を食べると鳩胸になる（岩手県和賀郡）。疳の弱い子は親指で三度胸をなでてやると治る（埼玉県越谷地方）。

【め】

目　め

⑴目のゴミを取る呪法

○目に入ったゴミを取る呪《まじな》いは多彩である。愛知県では各地で「爺々婆々、熊手を持って来て掻き出せ」と言って目をフッと吹く（拭いてもらう）という。群馬県桐生市川内南では、目にゴミの入った時は「高砂の爺婆《じじばば》、茶の木の下へ家を作ってくれるから、熊手を持って、かんだせ〳〵」と言って、唾を三回吐くと出る、といい、長野県諏訪湖畔地方では「高砂の爺婆、鬼の熊ざらい（熊手）で掻き出せ〳〵」と唱えて三度吹いてもらう、という。目にゴミの入った時は、「お前の目には何もない、カラスの目には土いっぱい、爺と婆とごみかき（熊手）で搔き出せ〳〵」と言ってこする（長野県北安曇郡）。「爺と婆とゴウカケ（熊手？）もって帰って行け」と唱える（三重県長島町〈桑名市〉）。「爺と媼が来てゴカキ（熊手）で搔いていけよ」と言って吹くとよい（岐阜県輪之内町）。兵庫県では「おじいさん、おばあさん、私の目にゴミが入ったから、箒で掃き取っておくれ、そうしたら明日油あげる」と言って、地面に唾を吐いて目を拭く、という。愛知県では「爺婆箒で掃き出しておくれ」と言って、口で目を吹く。爺と婆が熊手で目のゴミを搔き出し、箒で掃き出すのは、「高砂」に登場する熊手を持った尉《じょう》と箒を手にする姥《うば》からの連想が働いているのであろう。

○爺と婆が目のゴミを取る道具は、熊手と箒以外にもある。岡山県中央町〈美咲町〉では「向こうの山から爺《じい》と婆《ばあ》と大杓子を持って来てすくうてくれ、アビラオンケンソワカ」と言ってふく、といい、島根県鹿足《かのあし》郡では「爺にゃ首をましょう（増そう）、婆にゃ身をましょう。金の杓子を持って掘りだあてくしゃれ」と言う。爺と婆ではないが、福島県玉川村では「おかまさん、おかまさん、赤いヘラ（杓子）で出しておくれ」と、これを三回繰り返す。秋田県仙北郡では「目さ埃が入った、爺と婆とで又ぶり持って突つき出せ」と唱える。目のゴミは「爺婆《じじばば》金棒で突き出しとくれ」と言って、三回吹く（群馬）。「じさま、ばさま、目にゴミ入ったのを仏のカギでパックラどとってけろ」と三回唱えて取る真似をするとゴミが取れる（青森県平賀町〈平川市〉）。「俺の目へ何はいった、爺と婆と杖ついて鼻へ行け」と三度唱える（長野県北安曇郡）。

○太陽や神仏などにお願いをする場合も多い。群馬県甘楽町では、目のゴミは、太陽に向かって「おてんとう様、おてんとう様、俺の目のゴミを金ん棒で突き出してくんない」と言って、瞼を手で返して太陽に見せる。栃木県宇都宮市では、太陽に向かって「お天道さん、お天道さん、綿やるから目のゴミ取っておくれ」と唱える。熊本県水俣市では「天の神、天の神さま、どうかゴミを取ってください」と心の中で唱え、舌を少し出し加減にして唇をきゅーと結び、ゴミの入った方の目を思い切り開いたまま、目玉を上下左右にぐるぐる回すと、涙と一緒にゴミもでる、という。「地蔵さま、俺《おら》目の中にもの入ったが、どうか取って下され」と言いながら、上を見、下を見る。これを三度繰り返して唾を吐くとゴミが取れる（新潟県新発田市）。「この子抱いて粉挽《ひ》きよって、この子の目の中へ粉が入って、今度からこの子抱いて粉挽こまい、喃《のう》高野弘法大師」指で目を開けるようにしてこの歌を唱え、アビラウンケンソワカと三遍言って、ふっと息を吹きかける（兵庫県小野市）。子供のまなぐ（目）にゴミ入ったときは、仏様の前で「わらしのまなぐさゴミ入った。仏さまのあかりでぴんとなおれ」と言えばすぐ治る（青森県弘前市）。「仏さま仏さま、この子のメモノを除《の》けて下さい」と唱えて唾を吐くと治るという（高知県土佐山村〈高知市〉）。メモノは目に入ったゴミのこと。「目のゴミは鹿島の神の吹き流し、おふき給えや伊勢の神々」と唱える（栃木市）。「目ぇの神さん、目ぇのもんが入ったので、どうぞ金《かね》の棒で出してくんなはれ」と三回唱えると取れる（京都）。東の方を向いて「目の神さん、目の神さん、大杓子でポイ」と言う（兵庫）。

○徳島県美馬町〈美馬市〉では、目にゴミが入ったら「カラス、カラス、目のもの取れ。われ子を生んだら御器《ごき》もしめし（おむつ）もみな洗ってやる。アビラオンケンソワカ」と言う。岡山県では「コンガラス、コンガラス、（名前）の目のゴミ取ってやってくれ。わが

（汝が）子を生んだときは御器も箸も皆洗ってやるけえ」と言って、アブラオンケンソワカを三回唱え、目を三度拭く（吹く？）。「（自分の名）の目からカラスの目へ飛んでけ」と三度唱えて唾を吐く（石川）。「カラスの目にゴミいっぱい、△さんの目にはなんにもない」と言って、三回息を吹きかける（群馬）。
○目のゴミを取る唱え言には、最後に唾を吐く行為を伴っている例が見られるが、唾そのものの呪力による伝承も少なくない。目に塵が入った時は、痛い目を開けて唾を吐く（富山県氷見市）、目を閉じて唾を吐く（愛知県西成村〈一宮市〉）、唾を三回吐くと治る（山形・千葉・群馬・長野・愛知・大阪）、瞼を引っぱって三度唾を吐く（秋田県仙北郡）、北を向いて三回唾を吐く（群馬・愛知・大阪）、西を向いて三度唾を吐く（愛知県富山村〈豊根村〉）、後ろを向いて三度唾を吐く（愛知県木曽川町〈一宮市〉ほか）、後ろを向いて肩越しに唾を吐く（島根県出雲市）、上を向いて唾を吐く（愛知・徳島）などという。ゴミが左目に入ったときは右目に唾液をつける。右目の場合はこの反対（愛知県赤羽根町〈田原市〉）。
○目にゴミが入ると、舌でなめてもらう（愛知）、子供になめてもらう（群馬）。ゴミが入った目の反対側の頰の内側を、舌でなめる（愛知・山口・島根）、三度なめる（群馬・福井・長野・愛知・兵庫）、三回なめて三回唾を吐く（福島県小野町）。反対側の口角を三度なめると出る（岡山）。京都府京北町〈京都市〉では、ゴミが入った目の方の頰の内側を舌で三遍なめると出る、という。『新撰咒咀調法記大全』（天保一三年〈一八四二〉）に、「目にもの丶入たるを出す呪」として「物の入たる方の頰のうちを舌にて三遍んねぶるべし」とある。目に入ったゴミは、唇を三回なめる（群馬）、目をつむって上唇を三度なめて唾を三度吐く（愛知県渥美町〈田原市〉）、下の唇で上の唇を三回なめる（埼玉県川越市）。和歌山県南部地方では、ゴミが左目に入れば、右肩をなめて「南無アビラウンケンソワカ」と三唱する。右目なら左肩をなめて三唱する。香川県仁尾町〈三豊市〉でも、右目にゴミが入ったなら左の肩をなめ、左の目なら右肩をなめて「アビラウンケンソワカ」と言う。愛媛県御荘町〈愛南町〉では、埃《ほこり》が入った目の方の肩をなめる、という。

○目にゴミの入った時は、目を吹く（吹いてもらう）、南の方を向いて息を三度吹く（愛知）、目をつむって息を三回吹き出す（同県南知多町）。

○目にゴミが入った時は乳をさすとよい（秋田・福島・群馬・富山・長野・岐阜・愛知・広島・徳島・熊本・沖縄）と各地でいう。富山県氷見市では、目の中へゴミが入ったら親の乳を入れると治る、といわれる。

○目のゴミを取る呪《まじな》いには、呪文・熊手・杓子・カラス・唾・息などさまざまな要素が作用している。それぞれの要素は単独で機能する場合もあるが、実際には複合することでより強力な効果が期待されており、組み合わせの可能性が多様な呪法を生み出している。これまでに紹介した例のほかにも次のような俗信がある。目にゴミが入った時は「天竺の白き山のオゴロモチ（モグラ）目もの入りたりアビラオンゲンソワカ」と言って吹くと取れる（愛媛県柳谷村〈久万高原町〉）。土蜘蛛（こっぽどん）のいるところに行き「こっぽどん、こっぽどん、目にゴミの入ったけん取ってくれ、取ってくれんとお前が子ば川に流すばい」と何度も言う（熊本県三加和町〈和水町〉）。「太郎の目にゴミが入ったから吹っとんで行け」と三度大声で言いながら目を吹くとよい（山形県長井市）。指で目の周りを三回まわして「目のゴミ耳へ行け」と言って、アビラウンケンソワカを三回唱える。あるいは「行かなきゃ、金の杖で突き出すぞ」と言う（長野県麻績村）。「目もんじょ、きゃもんじょ、きゃあど下りのうばの目に、ちょろっとはいれ」と三遍唱えて、その目にフッフッフッと三度息を吹きかける（長崎県吉井町〈佐世保市〉）。「お爺《じい》のまなにゴミいっぱい、お婆《ばあ》のまなにゴミいっぱい、おれのまなこにゃ一つもない」と唱える（群馬）。「鬼の目に砂一升土一升、おれが目は早くあけあけ」と言って三回こすり、唾を三回吐く（同県）。風の吹いて来る方を向いて「ゴミだら出ろ、石だらとけろ」と言い、唾を三回する（同県）。ゴミが目に入ったら、石をひっくり返す（岩手県気仙郡）、周りにある物を何でも裏返しておく（福井）。「ネコの糞ととと、かまではけととと」と唱える（岩手県北上市）。目をつむり「トフェ、トフェ」と言いながら、額を手の平でたたく（沖縄県伊是名村）。真珠を入れると取れる（高知県中村市〈四万十市〉）。目を大きく剝《む》いて「天にスズメがいる」と言う（兵庫）。唾を三回して「ミミツクク」と目を開けて言うと、不思議にゴミは無くなる（福島県小野町）。

○群馬県桐生市や和歌山県南部地方で、目にゴミが入った時は、ユズの種を黒焼きにして、それを舌の上に置くとよい、という。『諸民　秘伝重宝記』（江戸後期）に、「目に物の入たるを出す傳」として「ゆづのたねを黒焼にして舌の上に置べし、其まま出る事妙なり」と見える。島根県赤来町〈飯南町〉では、南無阿弥陀仏を三回唱えて、三遍唾を吐く。福島市では、「なんまいだ、なんまいだ、なんまいだ」と南無阿弥陀仏を三回唱え、唾をつけて「どうかゴミ取れますように」と祈る。『調法記　四拾七ゟ五拾七迄』（江戸後期写）に、「目に物入たる時の傳」として「目をふさぎ南無阿弥陀仏を三べん唱へ、其まゝ唾を呑べし」とある。

目《め》

(2) はやり目大安売り

○はやり目（流行性結膜炎）をはじめ、目を患ったときに治癒を願う呪《まじな》いは、いろいろな形で各地に伝えられてきた。福島県保原町二井田〈伊達市〉では、はやり目になったときは、目脂《めやに》をお金や手拭その他の物につけて、人の拾いやすい所に捨ててくる。人に拾われるとその人のはやり目は治る、という。群馬県板倉町では、はやり目は、豆を炒って半紙にお金とともに包み、それで目をこすり三ッ辻に持って行って捨ててくる、といい、岩手県九戸郡では、石または銭をもってこすり、それを道路の三か所に積み重ねる。その石を他人が踏み転ばせば、はやり目は他人に移り、その人は治る、という。山形県長井市では、眼病の時は、菅や藁でヤンメ人形を作り、それに病気を移して、人通りの少ない所に捨てて来ると治るという。ヤンメ人形を見たら、唾を吐きかけて逃げないと移る、といわれる。

いずれも、眼病をお金や手拭や人形などに移して辻などに捨てれば、それを拾ったり見たりした者に病が取りつき、本人は快復するという。貨幣が頻繁に用いられるのは有用性が高いことによるのだろう。目を患ったときは、目くそを銭にこすりつけて道路に捨てるとすぐ治る（山形県櫛引町〈鶴岡市〉）。病み目のときは銭にすりつけて捨て、それを拾った者に移って治る（和歌山県太地町）。目をさすって捨てた古銭を拾って使うと眼病になる（山口県大島郡）。目が悪い時、唐辛子と綿と穴明き銭を糸でしばって目脂をつけて、町の角の所に人に知られないように落としておくと治る（栃木県真岡市）。

○福島県保原町〈伊達市〉では、はやり目になったら、「はやり目大安売り」と紙に書いておくと、それを読んだ人にはやり目が移り本人は治る、といい、群馬県赤城根村〈沼田市〉では、「やんめ、やんめ、大安売り」と書いて、三本辻にその紙を捨てておく。それを踏んだ人に移り自分は治る、と伝えている。栃木市では、トラコーマにかかると、銭を道路に置き「やんめ大安売」と書き、銭と字を囲むように線を引いておく。銭を誰かが拾えばその者に移り、自分は治るという。埼玉県大宮市土呂〈さいたま市〉では、やんめ（病み目）には「大安売」と紙に書いて、とぶぐち（玄関口）に立てかけておくと病気が軽くすむ、といわれる。はやり目の時は、付木《つけぎ》に「はやり目大安売」と書いて道端に立てる（福島市）。はやり目になった人が、「やに目を売出し」と大きく書いて四つ角に貼っておけば、それを読んだ人がはやり目になる（岩手県盛岡市）。眼病は、「奥山の檜槵のあらめ板買い手があれば売ってやります」と白紙に書いて道に落としておく（長野県北安曇郡）。紙に「やんめ大売出し」と書いて電信柱に貼りつける。最初に読んだ者に移る（群馬）。

○左の目に星ができたら右の薬指に、右の目にでたら左手の薬指に灸をすえると目星が散る（秋田）。眼星は、朝日の出ないうちにワラミゴを目のところで数回むすび、塩で清め、囲炉裏にくべると二、三日中に治る（福島県小野町大倉）。目に星ができた時は、柄杓を目に当てて灸をすえる（福島県保原町〈伊達市〉）。灸は柄杓にすえるのであろう。目に星ができた時は、一枚紙の上に灰を広げて両足で踏み、それに目や口を描き、星のあったところに印をして灸をすえると治る（山口県大島郡）。目星のできた時には、体中の何処かに斑点ができるからそれを焼いてしまえばよい（長野県北安曇郡）。カマキリの卵を黒焼きにして三回服用すると目の星が消える（福島県白河市）。岐阜県板取村〈関市〉では、目のかすみをとるには「中日向《ひゅうが》生き目の八幡大菩薩、照らす生き目の水鏡、後の世まで曇らずにして去る」と唱える。かすみ目の者は、目に乳汁を入れてもらうと治る（山口県大島郡）。鳥目（夜盲症）は、クマの胆嚢《たんのう》で三回目を洗う（福島県天栄村）、土用ウナギを食うと治る（山口県福栄村〈萩市〉）。ヤツメウナギを食う（福島県保原町〈伊達市〉）、カラスの肝を食うとよい（山口県大島郡）という。乳児の眼病には母親の乳をさしてやる（岐阜県垂井町）。突き目には母乳を点眼する（鹿児島県栗野町〈湧水町〉）。

○福島県天栄村白子で、はやり目はアズキで目をこすり井戸の中に投げ込む、という。はやり目をアズキに移して井戸に捨て去る意で、井戸の中は他界といってよい。飛騨（岐阜）では、アズキを三粒人に知られぬように隣の井戸に入れ、後ろを振り返らずに逃げ帰ると眼病が治る、と伝えている。軽度の眼病は、篩《ふるい》を半分井戸に見せ、もし平癒すれば全部見せる、と言えば治る（愛知）。目に星のできた時は、アズキを煮て井戸に落とすと治る（秋田県由利郡）。はやり目は井戸の上にザルをかぶせると治る（千葉県木更津市）。皆川の向山（栃木市）にある弘法井戸で頂いた水で目を洗うと眼病が治る。眼病を患ったら、井戸の神様に祈願すればよい（徳島県小松島市）。水神様のおいでになる井戸に御線香を上げる。最初は七本、次は六本と一本ずつ減らしていく（群馬）。

○和歌山県高野口町〈橋本市〉では、眼病は便所の上で目を開き臭いを目にしませるとよい、といい、徳島県木屋平村〈美馬市〉では、女が眼病になると便所へ赤紙の幟を立てるとよくなる、といわれる。群馬県板倉町では、はやり目は便所掃除の箒で目を掃く真似をするとよい、といい、同県赤城根村〈沼田市〉でも、やん目はセッチンボウキ（便所の箒）で掃き出すといって、便所に行きその箒で掃く真似をする、という。各地で、眼病は小便で洗うと治る（岩手・栃木・和歌山・岡山・広島・沖縄）という。沖縄県伊是名村では、流行性眼病は放尿直後の小水で洗うという。岡山県では、はやり目には小便をかけると、悪病神が逃げて病は治る、と伝えている。先の便所の臭いもそうだが、糞尿が帯びている魔除けの力に病魔退散を期待するのであろう。また、便所空間には、排出する（落とす）ところというイメージもある。山口県大島郡には、鳥目にはカラスをダイツボ（肥壺）に入れておいて、その身を取って食うとよい、との報告がある。群馬県桐生市では、やん目は女の湯文字（腰巻）でこすると治る。不浄を嫌う故といわれる。

○大阪府能勢町では、明月の夜、北へ流れる川で目を洗うと眼病が治る、といい、秋田県雄勝郡では、鳥目になった時は堰の水で洗えば治る、という。福井県丸岡町〈坂井市〉付近では、眼病は大野の篠倉さんの湧き水で洗顔するとよい、しかし、途中で盲人に会うと治らない、といわれる。一枚田の水ははやり目によい（岩手県住田町）。眼病は手水鉢の水をつけると治る（宮崎県えびの市）。お墓にたまった水をつけると目の病が治る（岡山）。

○その他の俗信。紙に「奥山にひのきさわらはめをやめど、我は目やまん」と書き、三本辻に置く（群馬）。イキグネ（生け垣）を揺すって「おれは忙しくってやん目を病んでいられねぇから後にまわしてくれ」と唱える（同県北橘村〈渋川市〉）。目の悪い時は「景清の一目に輝す水鏡後の世までも雲らざりけり」と三度唱えて、アビラオンケンソワカと言う（長野県北安曇郡）。やん目（病み目）の人に会ったら「やん目、やん目、けつがかいい、せっちんぼうきで掃き落とせ」と唱えると、自分には移らない（群馬県赤城根村ときは、半紙の左側に片目を五つ描いて願をかけると治る。治ったらもう片側を描いて満足な目として上げる（群馬県桐生市梅田）。囲炉裏の上にお杓文字を吊るすと目が治る（栃木県真岡市）。目の病気には、流し場の溜まり水をつけるとよい（同県大平町〈栃木市〉）。はやり目の時、着物の袂に糸を結んでおくと、その糸がとけるに従って目が治る（岩手県釜石〈釜石市〉）。初雪を目に入れると眼病が治る（同県岩手郡）。朝茶の湯気に目を当てると眼病が治る（茨城県小川町〈小美玉市〉）。眼病にはミョウガの汁をさすとよい（岐阜県谷汲村〈揖斐川町〉）。目の傷には大根葉と乳が良く効く（愛知）。『松屋筆記』巻七一に「目を突或は打などして傷つけるには、蠅の頭をおほくとりて突潰し、乳汁に漬してその水を納事《サス》あまたゝびにて平癒す」とある。

目　め

(3)眼病と神仏の御利益

〈沼田市〉）。目を二つ描いて、その間へ橋を架けて「やに目〱この橋わたれ」と言えば、やに目が癒える（福井市）。

○はやり目は、徳利にヨシ（葦）とスギ（杉）を入れて入口に置く。「とっくにすぎたよしよし」というのだそうだ（茨城県上野村〈筑西市〉）。やん目の時はクワの葉に針を刺して「治して下さい。治れば抜いてあげます」と言う（長野県北安曇郡）。はやり目は、ウツギを三、四センチの長さに切って糸を通し、三角形にして腰に下げていると早く治る（同県御代田町）。やん目は「流しの下にウツギの木をあげます」と唱える（群馬県北橘村〈渋川市〉）。穴のあいた金を首に下げると眼病がよくなる（岩手県気仙郡）。一厘銭を糸で吊るして茶碗の中に入れ、これで目を洗えば眼病は治る（岐阜県上之保村〈関市〉）。眼瞼炎はシリガイ（馬具の一種）でこすると治る（茨城県大子町）。眼病が容易に治らない

○薬師如来は病気平癒に霊験があるとして広く信仰されているが、なかでも眼病との結びつきは深い。群馬県黒保根村〈桐生市〉では、目の病には薬師堂に願掛けし、そこの水を貰ってきて目を洗う、といい、岡山県新見町水舟〈新見市〉では、眼病には薬師さまを信心し、お茶湯で目を洗うと全快する、という。眼病には薬師ゆかりの水で目を洗うとよい、との伝承は各地にある。真福寺の薬師様のお堂の下にたまった水を沸かして目を洗うと眼病が治る（福島県いわき市）。粉所の宝禅寺境内の庭に多くの穴のあいた岩がある。その穴の中にたまっている水を目につけると眼病によいという。これは薬師如来の御利益といわれている（三重県熊野市）。眼が痛いと薬師さんの水をつけると治る（兵庫県赤穂市）。佐伯郡宮島町〈広島県廿日市市〉にある弥山《みせん》には潮石（牛石か）というのがある。大日堂のうえ目洗薬師のそばにあるこの石の、高さ約二メートルのところに小穴があり、海の干満によって増減するというたまり水を、薬師さんに祈りつつ眼にそそぐと眼病が治るという。

○薬師さまの水で目を洗うやり方と並んで多いのが、紙に「め」の字を書いて薬師に納めるものである。目の病気の時は、薬師様に歳の数だけ「め」の字を書いて奉納するとよい（福島県滝根町〈田村市〉）。自分の年齢の数だけ「目」「め」の字をかいて南部川村の奥谷薬師にお供えする（和歌山県南部町〈みなべ町〉）。やん目は、薬師様に願をかけ、治ると年齢の数だけ「め」の字を書いて供える（群馬県甘楽町）。以上は歳の数だけ「め」の字を書く例だが、数が決まっているわけではない。群馬県桐生市川内南では、やん目になったら、「め」の字を三つ書いて薬師様の御堂に貼る、といい、栃木県茂木町では、薬師堂に「め」の字を三字または五字か七字書いて上げると治る、という。栃木市では、半紙に

「目」もしくは「めし」と書いて薬師堂の扉に貼ってお頼みする。よく知られているのは、「め」の字を向かい合わせに書いた「向かい目」（鏡文字）の絵馬や額であろう（図2）。筆者が調査した神奈川県横須賀市鴨居の能満寺の例を紹介したい。本寺の薬師堂に祀られている多光薬師如来像は、地元では蛸薬師と呼ばれて眼病に霊験があることで知られている。薬師堂の中には、明治三九年（一九〇六）に奉納された「め」の字の鏡文字を十文銭でかたどった額が掲げられている。薬師堂の登り口に真水の出る井戸があり、昔はこの水を銅製の器に入れて柄杓とともに薬師堂の中に供えてあった。お参りに来た人は、この水で目をそそぎ祈願をした。海の仕事などで患った目には、真水でそそぐことで効果があったのかも知れない（『新横須賀市史 別編 民俗』二〇一三年）。『誹風柳多留』一五二篇に「薬師へめめめめ戸隠へはははは」の句が見える。

図2　向かい目（鏡文字）

〇目の病にかかると、穴のあいた石に紐を通したものを持って、お薬師さまや薬師堂に参り、お供えして治るように祈願する（岡山県吉永町〈備前市〉）。眼病と耳病のときには、穴のある石を村の薬師に上げるとよくなるという（岐阜県丹生川村〈高山市〉）。薬師様に穴のあいた石を上げると眼病が治る（群馬県上野村）。やん目には、セミの抜け殻をたくさん取ってきて、糸に吊るして薬師様に供える（群馬県黒保根村〈桐生市〉）。眼病の人は、池桜の薬師神に御神酒とおひねりを上げると治る（長野県明科町〈安曇野市〉）。正明寺の薬師は目の神様。小さな着物を借りてきて、願ばたきには二枚にして返す（静岡県細江町〈浜松市〉）。やん目は薬師様の目をなでる（群馬）。

○お不動様にお参りすると眼病が治る（山形・福島・石川）。お不動様の水で目を洗うと眼病が治る（岩手県住田町・佐賀県武雄市ほか）。福島県小野町には東堂山の裏に滝不動がある。この滝に行っててんじょつらして（上を向いて？）滝の水を目に当てるとはやり目が治る、という。石川県金沢市では、眼病にかかった時は宝町にある馬坂不動尊の竜の口から流れ落ちている霊水で目を洗えば治る、と伝えている。秋田県矢島町〈由利本荘市〉では、新町の不動様の滝の水で目を洗うと眼病が治る、といわれている。

○山形県長井市では、目の悪い人はお不動様に行ってツブ（田螺《たにし》）を放してくると治るという。お不動様は目の神様で、ツブはお不動様の使いなので、目の悪い人がツブを食べるとかえって悪くなる、と伝えている。福島県三春町では、はやり目は、不動様を祀ってある滝の水で目を洗う。そのときツブを供えるか、ツブ断ちをして願を掛けるとよい。群馬県水上町〈みなかみ町〉では、酉歳の人の守り本尊は不動様だからタニシをたべてはいけない、といわれる。同県では、「タニシを絶対に食べません」といって、越後の菅谷《すがたに》の不動尊に願を掛けるとよい、という。新潟県新発田市の菅谷不動尊は、眼病に御利益があるとして知られている。昔、火災に遭ったとき、滝の中のタニシが不動明王像に取りついて焼失から守ったといわれ、以来、眼病の人は、滝つぼにタニシを奉納し目を洗うと御利益があるという。『甲子夜話』続篇巻一五に、「信州にも不動堂あり。須賀の不動と称して霊像なりとぞ。眼を患る者祈願して田螺を食せざれば、必験《かならずしるし》ありて平癒す。」と見え、ここでも、堂が火災に遭ったときに、タニシが像を囲んで助けた、との由来が説かれている。不動と眼病、そしてタニシとの関係はよく分からないが、不動尊の特徴のある眼の印象や、水神的な性格をもつタニシがツブと呼ばれツブラに通じる点、また、その形なども目を連想させる要因かも知れない。和歌山県高野口町〈橋本市〉では、目の悪い人は、河内瀧谷（大阪府富田林市）の不動様へ生きたドジョウを持参して田圃に入れてやる、という。

○地蔵様にたまっている水で目を洗うと眼病が治る（岩手・秋田・長野・岐阜・和歌山・徳島・鹿児島）という。地蔵様の頭にたまった水を目につけるとトラホームが治る（岩手県岩手郡）。辻のお地蔵様のお水をつけたら眼病が癒える（徳島県小松島市）。地蔵様に供えた水で目を洗うと目がよくなる（和歌山県紀北地方）。目が悪いときは、やんめ地蔵（小滝・狄・金山）に参詣する（山形県南陽市）。目の悪いときは、お地蔵さんの目をこする（愛知県碧南市）、地蔵様の頭を三回なでる（秋田県平鹿郡）。目の悪い人は、自分の目をこすって地蔵様の目をこする（岩手県東磐井郡）、地蔵様に目脂《めやに》をこすりつけると治る（山形県長井市）。目の悪い人は、地蔵様の目をなぜた手で自分の目をなでる（秋田・群馬・和歌山）。高知県本山町大石では、朝、顔を洗ったままで「東方の濡れ手のお地蔵様、私は△歳、△（干支）の△村の女です。目を患って困っているので治して下さい。治ったら御披露目をします」と毎日唱える。治れば、辻に札をぶら下げて、そのこと（治ったこと）を書きお知らせする。

○四月八日のお釈迦様にかける甘茶で目を洗うと眼病に効く（岩手・愛知・和歌山）。観音様の目をなでるとかすみ目が治る（石川県中島町〈七尾市〉）。トラコーマはお賓頭盧《びんずる》さまの目をなでて、その手で自分の目をなでる（秋田）。眼病はお大師様の水で洗うとよい

（岩手・和歌山・三重・山口）。山口県大島郡では、お大師さまの祠にはどこにも小さな瓶《かめ》があり、それにお水が供えてある。それを小さな杓で汲んで目にぬると眼病が治る、という。

○眼病は神様に供えてある水を目につける（岩手・富山・愛知・大阪）。眼病は神社の手洗い水（手水場の水）で目を洗うと治る（岩手・山形・栃木・群馬）。お宮の前の石にたまった水をつけると眼病が治る（秋田県南秋田郡）。三吉神社にある大杉の水溜りの水は痛みと目に効がある（秋田県吉田村〈横手市〉）。やん目は、おぼり様（小祝神社）の堀の水で顔を洗い、治ると道祖神に味噌をぬる（群馬県群馬町〈高崎市〉）。玉ノ井の賀茂神社の水をつけると眼病が癒える（愛知県一宮市）。眼病は、多度神社の摂社の一つである一拳社の社前の清水で目を洗う（三重県桑名市）。眼病のときは生目神社に参って、そこの水をもらって目につけると治る（福岡県豊前市）。目が悪いときは、山王さんの像を家に持って帰る。治ると元の場所に返す（佐賀県有田町）。やん目は、石橋の上に線香と一文銭を持参して水神に祈り、後を見ずに帰る（兵庫県千種町〈宍粟市〉）。目の悪い人は、塞ノ神にお願いする。椀に穴をあけ、一文銭を通して上げる（島根県隠岐郡元屋《がんや》〈隠岐の島町〉）。

目　め

⑷ご飯をこぼすな、禁忌の諸相

○ご飯をこぼすと、目が見えなくなる（ほぼ全国的）。こぼした飯粒を拾わないと、目が見えなくなる（岩手・山形・福島・群馬・茨城・岐阜・三重）という。ご飯を粗末にすると、目が見えなくなる（青森・岩手・秋田・山形・福島・栃木・茨城・福井・長野・岐阜・愛知・三重・愛媛）、目を患う（兵庫県赤穂市）。食べ物を粗末にすると、目が見えなくなる（福島・群馬・静岡）。ご飯を残すと目がつぶれる（岩手・福島・栃木）。ご飯を捨てると目が見えなくなる（岩手・愛知）。ご飯立ったままご飯を食べると目が見えなくなる（岩手県紫波郡）。塩物を無駄にすると目がつぶれる（茨城県土浦市）。
○ツバメを殺すと目がつぶれる（栃木・群馬・茨城）。茨城県藤代町〈取手市〉で、ツバメを捕らえると目の病で苦しむ、といい、群馬県桐生市では、ツバメに石を投げると目がつぶれる、という。ツバメに触れた手で目をこすると目がつぶれる（茨城県石下町〈常総市〉）との報告もある。ツバメは縁起の良い鳥とされ、家に巣をかけると繁盛するなどといって喜ぶ。それだけに、この鳥を虐めたり殺したりすることを強く忌む（『日本俗信辞典　動物編』参照）。千葉県香取郡では、ツバメの雛を捕ると目がつぶれる、という。新井白蛾の『牛馬問』巻二には、ヘビに卵を取られたツバメが、翌春、梁に針を仕掛けて報復した話が載っている。オショウデン（セキレイ？）を殺すと目がつぶれる（栃木県粟野町〈鹿沼市〉）。夜雀を捕ると、夜盲症になる、目が見えなくなる（共に岩手）。カラスを殺すと目がつぶれる（群馬県太田市）。
○栃木県真岡市では、ドジョウを流し場または溝《どぶ》の中に捨てると目がつぶれるといい、茨城県下館市〈筑西市〉でも、溝の中にドジョウを入れるのを忌む。井戸の中にドジョウを入れると目がつぶれる（群馬県太田市強戸《ごうど》）。流し場に生きた魚を流すと目が見えなくなる（山形県東根市）。タニシを流し《い》へ落とすと目がつぶれると伝えられている（茨城県石下町〈常総市〉）。ツブ（タニシ）を食うと眼病になる（福島県金山町）。目を患っている者はタニシをたべてはならない（秋田・新潟・兵庫）。オタマジャクシを殺すと、眼病にかかる（岩手県岩手郡）、目がつぶれる（山形県新庄市・栃木県真岡市)。カエルを虐めるとカエルに小便をかけられ、それが目に入ると目が見えなくなる(岩手県九戸郡)。ホタルを捕った手で目をこすると、目が悪くなる(山形県長井市)、目が見えなくなる(茨城県古河市)。
○大分県国東町〈国東市〉で、ネズミがかじった餅を食べると目が光りだす、といい、岩手県気仙郡では、ネズミの食べかけた団子を食べると目がつぶれる、という。ネズミの食べかけを食べると、目がパチパチ、ピカピカする(同県江刺郡ほか)。ネコの小便が目に入ると目が見えなくなる(同県気仙郡)。ヘビの脱皮しているところを見ると、目が見えなくなる(山形県村山市)。
○福島市で、ケヤキを三年焚くと目がつぶれる、といい、岩手県釜石市では、キリの木を三年焚けば座頭になる、という。チャ(茶)の木を植えると目がつぶれる(栃木県真岡市)。夕飯に梅干を食べると目がかすむ(福島県熱塩加納村〈喜多方市〉)。
○福島県鏡石町で、田植えのときのネエバワラ(苗把藁)は植えたあとに捨てろ、ネエバワラの輪の中に苗を植えて、その苗で目を突くと盲目になり治らない、という。同県東村〈白河市〉でも、苗把藁の輪の中に苗を植えるな、その苗で目を突くと失明する、といわれる。岐阜県南濃町〈海津市〉では、田植えのときに苗を束ねてあった輪の中に植えると目がつぶれる、といい、同県藤橋村〈揖斐川町〉でも、田植えのとき、苗をからげた藁の中に植えると目がつぶれる、と伝えている。茨城県常陸太田市では、苗を植えるときナーバワラ(苗把藁)の輪の中に植えた苗で、目を突くと目がつぶれる、という。島根県邑智町〈美郷町〉では、れんげの日(れんげ祭)に田の草を取ると穂先で目を突く、といわれる。
○井戸を埋めると祟りがあるとか凶事がある

といって忌むのは全国的で、とくに、目がつぶれる（岩手・新潟・岐阜・愛知・広島・山口・鹿児島）、目が悪くなる（茨城・山口）という土地が多い。愛知県平和町〈稲沢市〉では、井戸を埋める場合、マナコ（眼）を抜き取って、地上に達する竹筒を入れないと、家族に盲目になる者があらわれる、といって心配する。筆者はマナコを見たことはないが、井戸を掘ったときに、井戸の底に板を方形か円形にして打ち込み、湧き出る水をそこに確保するためのものらしい。ここは、水神がやどる最も大事な所と信じられたようだ（常光『魔除けの民俗学』）。井戸に金物を落すと目が悪くなる（愛知県安城市）。

○南に井戸や池があって、その水を飲用水にするときは病人ことに眼病が絶えない、飲み水は北か東の方をよしとする（長野県北安曇郡）。家の上の方に流しをつけると眼病が絶えない（岩手県気仙郡）。厠を不潔にすれば眼病にかかる（秋田）。

○挽き臼の目を手で払うと目の見えない子が生まれる（岐阜・愛知・滋賀）。臼の目をよく掃除しないと目が悪くなる（兵庫県加西郡）。秤の目をごまかすと目がつぶれる（愛知県春日町〈清須市〉）。いずれも道具の目と人間の目を掛けた禁忌である。石臼を空廻しすると目がつぶれる（栃木県宇都宮市ほか）ともいう。畳に針を刺すと目がつぶれる（愛知県美浜町）。夜、お手玉をとると目が悪くなる（秋田県平鹿郡）。活動写真を見ると生まれる子供の目がちらつく（奈良市）。三尺流れれば水清いといって、川へゴミを流してはいけない。流すと目がつぶれる（長野県大町市）。

○妊婦がツブ（田螺）を食べると、目が悪くなる（山形県長井市）、目の悪い子が生まれる（福島県平田村）。目に悪いから妊婦に夏鱒は食わすな（同県南郷村〈南会津町〉）。妊婦が、辛いものを食べると目の悪い子が生まれる（岩手・栃木・茨城・長野）、ヤマドリの肉を食べると目の悪い子が生まれる（福島県金山町）。産後、油ものは一〇〇日食べるものではない。食べると子供の目が悪くなる（茨城県真壁町〈桜川市〉）。妊娠中に田の草むしりをすると目が見えなくなる（同県常北町〈城里町〉）。妊婦の目がきつくなると男の子、やさしくなると女の子が生まれる（愛知県赤羽根町〈田原市〉ほか）。妊婦の目が光ってくると男の子という（長野県上田市越戸《こうど》）。

目　め

(5) 眼病を防ぐ俗信、その他

○その年に初めてツブ（田螺）を食べたとき、家人の目の数だけ殻を入口に吊るしておくと、はやり目よけになる（福島県広野町ほか）。目が悪かったら、井戸へ炒った豆を三粒いれて「この豆生えるまで、はやり目にかからぬように」と言うとよい（和歌山）。栃木県茂木町では、節分の炒り豆を井戸に投じ「この豆生えたら流行目《やんめ》しょいましょ」と言えば、その年は流行眼病しない、という。群馬県太田市では、年越しの日にイワシの頭を刺して玄関におくとはやり目にかからない、といい、広島県高田郡では、戸口の敷居に灸を三か所すえておくとはやり目にかからない、といわれる。京都府宮津市では、眼病にかからぬ呪《まじな》いとして、八月一五日にナスに穴をあけて川へ目を洗いに行き、白萩で水をかけて「日向のゆきみかずきよ目をわずらいませんように」と言って月を拝む、という。大阪府堺市では「景清（景勝ともいう）の生月をうつす水鏡、末の世までもうつらざりけり」と唱えて、水を三度すくって目に入れると、孫末代まで眼病を患わず、という。サケの卵で目を洗うとはやり目にかからない（福島県白沢村〈本宮市〉）。

○福岡県田川市では、眼病の人の傍らに行くときは「やん目うつんな、いとこじゃないぞ」と口の中で低く唱える、といい、和歌山県高野口町〈橋本市〉では、目の悪い人と出合ったときは「わしとお前とあかべの他人」と言えば伝染せぬ、という。

○初雪で目を洗うと、眼病にかからない（岩手・福島）、一年中目の病気をしない（大阪府能勢町）、はやり目にかからない（福島県飯舘村）、雪目にならない（岩手・山形）、目が丈夫になる（岩手県紫波郡ほか）という。初物七十五日の俗信もそうだが、最初のものには特別の力があると考えたようだ。島根県出雲市などでは、初めて降った霰《あられ》を目に入れると雪目にならない、といわれる。

○旧正月一四日の夜、七井戸参りをすれば眼病にならぬ（福島県三春町）。灌仏会に甘茶で目を洗うと目を患わない（愛知県西春町〈北名古屋市〉）。七夕のネブタの木の葉で目をふくと眼病にならない（群馬県上野村）。十五夜のとき、月の光で針に糸を通すと目がよくなる（群馬県太田市）。水屋をきれいにすると目を病まぬ（長野県北安曇郡）。流し尻の米を拾って粉を挽き、団子を作って食うと目が悪くならない（福島県山都町〈喜多方市〉）。サンショの実を三粒ずつ三年つづけて食うと昼でも星が見える（岩手県九戸郡）。春先、雪目にならないように被り物に赤い布切れをつける（山形県米沢市）。

○目の大きい人は、意地がよい（長野県生坂村）、白玉餅を好む（秋田県鹿角郡）。目が大きく光り鋭い人は人の長となる（同県平鹿郡）。目玉の大きいのと口の悪いのに悪人はいない（岩手県一関市厳美）。月見団子を食べると目が大きくなる（奈良県御杖村）。目の細い人は、幽霊が見える（秋田県由利郡）、家業持ち（岩手県住田町）。目の小さい人は根性が良い（和歌山県高野口町〈橋本市〉）。目玉の黒い子は虫がつよい（長野県諏訪湖畔地方）。
○目尻の下がった人は好色（秋田・岐阜・京都・兵庫・徳島）。目尻の上がっている人は、出世する（岡山）、人相がよい（和歌山県高野口町〈橋本市〉）。『永代大雑書萬暦大成』（天保一三年〈一八四二〉）に「象眼　目ほそく目尾あがりたり仁義たゝしく慈悲の心ありて名をあぐる目なり、但したれたるハ淫欲ふかし」とある。
○目の下や目尻にあるホクロを、泣きぼくろといって一般に不運の相とされる。岐阜県坂下町〈中津川市〉では、目の下にホクロがあるのは泣き性、といい、富山県でも、目のふちにホクロがあると泣くことが多い、という。目の上にあるホクロはクライボクロといって良いホクロである（群馬）。
○目と眉の近い人は、辛抱づよい、短気（共に秋田）、世間が狭い（岡山）。目と眉が離れている人は、親から遠く離れる、金持ちになる（共に秋田）。目と目の間が近い人は近くへ、離れている人は遠くへ縁づく（岩手県一関市ほか）。
○子供が寝ている時、すこし目を開けているとその子は短気だという（山口県久賀町〈周防大島町〉）。目に白い線が横に入ると水難がある（岐阜県海津町〈海津市〉ほか）。
○山口県鹿野町〈周南市〉で、伏し日に田の草を取って目を突くと盲目になる、といい、兵庫県赤穂市では、伏し日に目を突くと治らない、という。『改訂　綜合日本民俗語彙』では、フシビについて「伏丑日か。栃木県安蘇郡野上村（田沼町）でいう忌日。この日に稲で目を突くとなおらぬといい、田の草を取らぬ」と解説している。七夕に稲の葉で目を突くと盲目になる（愛媛県松山市）。目を突いた時は母乳をしぼりこめばよい（岐阜・高知・福岡）。
○家や同族あるいは村を単位に、特定の作物を栽培しないという土地が各地にある。由来はさまざまだが、昔、先祖や神仏がある植物（ゴマ・キュウリ・トウモロコシ・クリなど）で目を突いたため、以来、その植物を栽培しないと伝える例が少なくない。福島県小野町では「吉野辺の三渡神社は、祭神が天村雲の命で大蛇を使っており、この大蛇がゴマの木で目をつき片目を潰したので氏子はその後村内のあらゆる土地にゴマを植える事を禁じ、ゴマが芽を出せば不幸が出来るといわれている」（『小野町史 民俗編』一九八五年）。中村姓の家では、今に至るまでトウモロコシを作らぬ。それは先祖がトウモロコシの葉で目をついたからで、もし作れば必ず目にたたるという（長野県三岡村市村〈小諸市〉）。作物禁忌については「この作物が元来神供であったとする説、外来種が多いとの指摘、キュウリ禁忌と天王信仰との関連を説くもの、氏神や御神霊への断ち物祈願とする説がある。」という（『日本民俗大辞典』）。

目 め

(6)妖怪の正体を見抜く、にらむ呪力

○妖怪は正体が露見すると、人を誑《たぶら》かす力を失うとされる。妖怪の本性を見抜く俗信が各地に伝承されている。「股のぞき」もその一つで、見るという行為が帯びている呪術的な力の発動である。關山守彌は『日本の海の幽霊・妖怪』（一九八二年）で、長崎県五島の嵯峨島〈五島市〉で、明治三〇年（一八九七）生れの吉田久蔵翁から聞いたという幽霊船を見抜く方法を紹介している。「船幽霊と区別する時には、人間の股から相手の船を見る。本物の船は、帆柱の十字の先が出ている。ここをセブといって、そこから綱を張った。幽霊の船には、この頭のセブがない。」という。富山県小杉町〈射水市〉では、なにかに化かされたときには股の下から空を覗くと相手の正体がわかるといい、鹿児島県奄美大島でも、

化物に遭遇したときは自分の股の下から見るとよい、といわれている。（股のぞきについては、股の項参照）。
○河童その他の化物は袖の下から見れば見える（宮崎県えびの市）。キツネの嫁入りは袖をかぶって見ると見える（長崎県壱岐島〈壱岐市〉）。夜着の袖から見ると人魂が見える（秋田県鹿角郡）。
○武田明『日本の民俗　香川』（一九七一年）に、「大川郡の多和ではナオメスジのことをナワスジとよんでいるがここも化物といきあうところといっている。このナワスジの道を牛を連れて通りかかると牛がじっと止まって動かなくなることがあるという。そんなときには牛の手綱のワサの間から牛の耳と耳との間をのぞきこむと化物がみえるという」とある。ワサは輪のことである。以前、筆者も高知県物部村〈香美市〉で、萩野雄三氏（一九二四年生れ）から、山中で得体の知れないものに出合ったときや、なにか怪しいと感じたときには、銃の照門（目標を定める照準装置）についている小さな穴から覗くと、魔物の正体がわかる、と聞いたことがある。小さな穴を通して見ることが、得体の知れないものの正体を見抜く有効な手段だったようだ。物の穴や隙間から覗き見て相手の本性を知るのは、昔話「鶴女房」のモティーフとしてもなじみが深い。妖異の正体を見破る「狐の窓」のしぐさも同想といってよい（常光『しぐさの民俗学』）。
○にらむという行為は、相手を威嚇し侵犯する激しい攻撃性を帯びている。『平家物語』の「物怪之沙汰《もつけのさた》」では、ある夜、入道（平清盛）が伏しているところに巨大な顔が現れた。入道相国が睨みつけると見る間に消えてしまったという。その後また、中庭に多くの髑髏が現れて入道相国を睨みつけたときも、入道は少しも騒がす「はたとにらまへて、しばらく立たれたり。かの大かしら余《あまり》につよくにらまれたてまつり、霜露なンどの日にあたッて消ゆるやうに、あとかたもなくなりにけり」とある。『平家物語』の逸話をはじめとして、にらみの威力で難を逃れた話は多い。『諸国百物語』巻二（延宝五年〈一六七七〉）に「奥州小松の、城ばけ物の事」と題して、こんな怪異談が収められている。ある夜、侍の妻が雪隠に行ったところ「向うより、鉄漿《かね》くろぐろと付たる、女の首ひとつ飛び来たりて、妻を見て、にこにこと笑ふ。この妻、恐ろしくは思ひけれども、かやうの物に、見まけぬれば、悪しきと心得て、目を見ひらき、睨みつけて居られければ、かのくび睨み負けて、次第々々に遠ざかりゆきて、つひに消え失《う》せけると也」とある。妻に睨み負けた首は去っていった。にこにこと笑う女の首につられて一緒に笑えば被害を受けたに違いない。筆者が、高知県西土佐村（四万十市）の中平良生さん（一九一一年生れ）から聞いた「炭焼きと山女郎」の話もよく似ている。芳吉という炭焼きが、夕方、山の炭窯にいたところ「そこへ山女郎が来て、ケタケタ、ケタケタ笑い出したと。ついて（一緒になって）笑うたらカップリ食われるそうな。笑わんずくにギッと睨《にら》うじょったら大丈夫じゃ。ゲタゲタ、ゲタゲタ笑ううちに、しだいに夜が明けて、夜が明けたら山女郎もいやになるか、よう食わんずくに逃げた」という内容である（常光編『土佐の世間話』）。ケタケタと笑う妖怪を睨みつづけて難を逃れた点は、「奥州小松の、城ばけ物の事」に共通している。笑ったら負けである。

○日本人は相手と目を合わすことを避け、視線をずらす傾向があるといわれる。とくに初対面の人との出会いは緊張を伴うが、柳田国男はにらめっこの起こりを、はにかみ（わにる）しぐさから説いた。初めて会った人と目を合わすのは勇気のいることで、気の弱い方が伏し目になり、見られる人になってしまう。この緊張を意思の力でほぐす練習が目勝《めかち》で、これがにらめっこの始まりだという（柳田国男『明治大正史 世相篇』）。岩手県一戸町小鳥谷では、にらめっこして負けた方が早く死ぬ、といわれる。⇩唾《つば》・股《また》

【も】

物忘れ　ものわすれ

○ミョウガを食べると、物忘れをする（全国的）とか、記憶力が鈍る、物覚えが悪くなる（山形・富山・石川・福井・岐阜・奈良・山口・愛媛）などという。山形県温海町〈鶴岡市〉では、ミョウガをあんまり食うと物忘れする、頭が悪くなる、といい、岩手県胆沢郡では、子供がミョウガを食べると物忘れするという。ミョウガの花を食べると物忘れする（熊本）という例もある。安楽庵策伝の『醒睡笑』（元和九年〈一六二三〉成立）には、茗荷物忘れの言い伝えを素材にした笑話が二話見えており、早くから知られていたことがわかる。為永春水の『閑窓瑣談』巻一に、「俗説に蘘荷《めうが》を食すれば魯鈍《ばか》になるといひ、又記《もの》憶《おぼへ》を悪くするものなりと云。其故はと尋ぬれば、めうがは釈迦の門弟《でし》の般特《はんどく》が墓より初て生出《はへいで》しものなり。般特は愚《おろか》にして、我名をも忘るゝ程なれば、名を書て首に掛て歩行《あるき》し者なり。其塚に生たる草なればとて、名を荷《にな》ふと書て茗荷《めうが》と名号《なづく》。是を食すれば心気を瀉《くだし》、記憶なからしむ。依て茗荷の異名を鈍根艸《どんこんそう》といふと言り。」云々とある。

○岩手県和賀郡や茨城県常陸太田市では、ショウガを食べると物忘れをする、と伝えている。喜多村信節《のぶよ》の『瓦礫雑考』巻二に、茗荷

を食えば痴《ばか》になるという諺について「東坡志林」を引いて「生姜を茗荷と誤れる也、生姜のことも本より東坡の戯言《けごん》なり。」と見える。

○愛媛県野村町〈西予市〉では、汁かけご飯を食べると物忘れをする、とか、子供が仏様に供えたものを食べると物忘れをしやすくなるという。同県大洲市でも、仏様に供えた飯を子供に食わせると物覚えが悪くなる、といわれる。仏様のお供え物を食べると物忘れをする（愛知・岡山）。釜の蓋の上で飯を食うと家道（家路）を忘れる（岩手県胆沢郡）。岩手県下には、物忘れをする原因としてつぎの俗信が伝承されている。柄杓で水を飲む（下閉伊郡）、カケスが隠したクリを食う（西磐井郡）、生栗を食う（住田町）、ワスレナグサをとる（江刺郡）。ほかにも、シイタケを食えば物忘れする（静岡県藤枝市）。小指の爪を切ると物覚えが悪くなる（石川・愛知・和歌山）という。

○物忘れをしない方法として、長野県上伊那郡では、物を忘れっぽい人は指をしばって行くと忘れない、といい、同県諏訪湖畔地方でも、指に何でもしばりつけていると物忘れをしない、と伝えている。山口県小野田市〈山陽小野田市〉では、小指の爪を長くすると物忘れせず物覚えがよくなるという。小指の爪を伸ばすとよいとの伝承は、群馬・石川・岐阜・京都・山口・香川の諸県でもいう。また、耳垢《みみあか》（耳糞）を食うと物覚えがよくなる（岐阜・奈良・和歌山・福岡）と各地でいう。

○忘れ物をした時は、便所に行って考えると思いだす（長野県上伊那郡）。同じことは、石川県七尾市・広島県加計町〈安芸太田町〉でもいう。福井市東安居《あご》で、物忘れを思い出すには囲炉裏の鉤縄にひもを結びつけて、しばらく考えると思いだす、といい、山梨県落合村〈南アルプス市〉では、物忘れや物を置き忘れたときは、自在鉤を観世縒《かんじんより》で一重結びにしばってやると出てくる、といわれる。物を忘れた時は、自在鉤を水引でしばって頼むとわかる（長野）。自在鉤をしばるのは無くし物をさがす時にも行われる呪《まじな》いである。物を置き忘れた時は、茶釜の口や手を紐（藁）で結んでおくと早く出る（愛知）、茶釜を藁でくくると思いだす（大阪府枚方市）という。ほかにも物忘れは、横槌を吊ってそれが振れた方向を探す（大阪府）、横槌を吊ればわかる（同府中河内郡）、鋏をしばって頼むと思いだす（愛知県大府市）、鍋の耳をくすれば（擦れば）思い出す（奈良県室生村三本松〈宇陀市〉）、竈の口に塩をふるとわかる（同県）などという。新潟県長岡市東中野俣では、山仕事に行って、鉈など道具をどこかに置き忘れて見つからぬ場合は、男根を褌からはずして見せるとすぐ見つかる、と伝えている。忘れ物をしたとき、指をくくると出てくる（岐阜県北方町）。物を忘れない呪法として「あとみよ　そわか」と三遍唱える（徳島県上那賀町〈那賀町〉）。『続咒咀調法記』（元禄一四年〈一七〇一〉）に、「物わすれせぬまじなひ」として「五月五日夜《よ》いまだあけざる時、東へむかふたる桃のえだをとり、三寸にきり衣服のえり（襟）にぬひ入れてをくべし、物わすれせず」とある。

○その他。葬式の時に忘れ物をすると忘れ物がつづく（陸中東磐井郡東山地方〈岩手〉）。葬列が発ってから忘れ物を思い出しても戻るものではない（福島県鏡石町）。忘れ物をして、それに気が付いて沖から出戻るとその日は不漁（富山県魚津市）。山仕事の時に切れ物を忘れると災難がある（兵庫）。福岡県岡垣町で、三日泊りをしたら忘れ物をして帰れ、というのは、何かを残しておくことで三日泊りではないことにする便法であろう。

【ゆ】

指　ゆび

⑴親指と霊柩車、親指の俗信

○本項では手の指の俗信について取り上げる。霊柩車を見たら親指を隠せ、という俗信は全国的といってよい。親指を隠さないと親が死ぬ（宮城・福島・栃木・群馬・茨城・東京・神奈川・福井・静岡）というが、親指を隠すのは霊柩車だけではない。新潟県新津市〈新潟市〉では、忌中の家の前を通る時、歯と親指を見せて通ると親が早く死ぬので、歯と親指は隠して通らなければならない、という。秋田県男鹿市では、葬式に出くわした時は、親指を隠して通り過ぎないと身内に不幸がうつってくる、といわれる。葬式の行列を見たら親指を隠す。遠くへ去ったら小指を隠す。そうしないと親が死ぬ（群馬）。大正八年（一九一九）発行の『郷土趣味』一三号に、京都の土俗として「葬式に逢はば親指を隠せ。親が死ぬから」と見える。我が国で霊柩自動車が初めて運転されたのは、井上章一の『霊柩車の誕生　新版』（一九九〇年）によれば、大正時代の前半期だそうである。「霊柩車を見たら」というのは「葬列（葬式）を見たら」というのと同じことで、親指を隠す呪《まじな》いは、霊柩車の登場以前からの伝承の可能性が高い（常光『親指と霊柩車』二〇〇〇年）。

○霊柩車や葬列以外でも、親指を隠す場面がある。長野県北安曇郡では、厄病を除けるには、病人の戸間口に入るとき両手とも親指を中にして握って入り、「棟が九つ戸が一つわが行く先は柊の里」と唱えればよい、という。同県南箕輪村では、流行り病の人の家の前を通る時は、親指を中に隠して手を握って通り過ぎると移らない、と伝えている。夜、山を歩くときは親指を手の中に隠しておけばキツネに騙されぬ（秋田）。夜道でタヌキに化かされないためには親指を隠して通る（徳島県海陽町）。大蛇の出るという池のそばを通るときには、両手の親指を隠して通った（新潟県長岡市）。白馬に親指を見せると、親が死ぬ（千葉・愛知）、指がくさる、凶事がある（共に愛知）。群馬県太田市では、白馬を見たときは親指を隠し口を閉じないと不幸になる、という。何らかの不安や恐怖を感じる場面に遭遇したときに、ふりかかってくるかも知れぬ災禍を未然に防ぐ狙いがこのしぐさには込められている。親指を隠すのは、この指の先からケガレや目に見えない邪霊が侵入するとの心配があったためである。和歌山県高野口町〈橋本市〉では、親指を中にして手を握っているとキツネに騙されない、魔物は親指の爪の間から入る、という。埼玉県大滝村〈秩父市〉では、オーサキは尻尾の先までが黒い筋がある鼠のようなもので、親指の間から人間の体に入る、といわれる（國學院大學民俗文学研究会編『伝承文芸』一九号）。禁を破った際の制裁として、親が死ぬなど親の命を心配するのは「親指」から「親」を連想したためだと思われる。

〇この俗信では、霊的なものが親指の先（爪のあいだ）から侵入するとの意識が顕著だが、しかし、親指に限らず他の指先（爪）にも同様の不安が潜在しているといってよい。『民家日用　廣益秘事大全』（嘉永四年〈一八五一〉）に、「道のあるきやうにて狐狸の類を近よせざる方」として「両の手を握り爪をかくし、さて足もかくのごとく、何にてなりとも爪を包ミて歩行すべし、いかなる所にても難をさくること妙也」とある。幕末から明治の初め頃に作られたといわれる『土佐化物絵本』には、天狗に遭遇した男が「扨わ、天狗のお通りなるへし、爪おかくせ」と叫ぶ場面がでている（高知県立歴史民俗資料館編『あの世・妖怪・陰陽師』）。
○親指の俗信その他。親指の横幅の広い人は器用な人（岩手県住田町）。親指の丸い人は器用だ（岡山）。親指の短い人は、金持ちになる（秋田県由利郡）、ものに倦《う》む（同県仙北郡）、仕事がよくない（石川県加賀市）。親指の先の節の短い人は技能に秀でる（秋田県仙北郡）。親指のしなる人は裁縫上手（同県雄勝郡）。親指のよく反る者は銭を多く使う（愛知）。手首を前に屈して親指が腕につけば泥棒の性（栃木・長野）。
○岩手県九戸郡で、悪い夢に襲われる人はヘビガシラ（親指）を嚙んで寝ればよい、といい、福島県郡山市では、悪夢除けに親指を三回強く嚙んで寝る、という。左の親指をくわえると夢を見ない（群馬）。悪夢をもたらす邪悪なものは親指の先から入るとの観念があり、嚙むのはそれを防ぐためのようだ。
○親指をいつも吸っている子は、親孝行をする（長崎県美津島町〈対馬市〉）。腹が立ったら親指をなめろ（福島県梁川町〈伊達市〉）。
○親指の爪に白い星があると心配事がある（鹿児島）。親指にサカモゲ（ささくれ）ができると親から憎まれている（岡山）。ヨウノメ（魚の目）が親指にできると親が死ぬ（愛知県碧南市）。麦粒腫になったときは親指に×を書けば治る（沖縄）。疳の強い子は親指で三度胸をなでてやると治る（埼玉県越谷地方）。
○香川県多度津町佐柳島では、湯灌《ゆかん》のときにオヤマケせぬようにと死んだ親の親指を子供がみな嚙む。親まけせぬようにとは、親より長生きするようにということだという（土井卓治『葬送と墓の民俗』一九九七年）。武田明は『日本人の死霊観』（一九八七年）で、「親の指を咬むこと」と題して次の報告をしている。「これは親の死に際して子供が忌まけをしないようにと親の指を咬むめずらしい風習である。香川県仲多度郡多度津町の佐柳島では親の体を洗い清めるユカンの折にこの事が行なわれる。子供達が集まって、オヤマケせぬように、と言って親の主として人指し指や親指を咬むのであるが、この事を親より出世するように咬むのだとも説明している」

○長崎県対馬北西部（対馬市）では、魔性のものを見分けるには親指を一本立てて見る。普通の火は指の両側から後光が出るが、魔性の火はかくれて見えない、といわれる。石川二郎「野狐《やこ》の話」に佐賀県脊振村〈神埼市〉のこんな話が見える。「隣村の人だが、或晩、上の部落に用があって山道を登っている時、直ぐ前方に大きな火の玉が現れた。どこでこういう術を知ったかは不明だが、まずこぶしを握り、親指だけ立て、目の高さからすうと右にもって行くと、火の玉もそれと一緒にすうっと右に走りだした。左へやると左に走る。これは面白いと何遍もくり返している中、とう／＼その火の玉が消えて終わった。」（『民間伝承』一一巻六・七合併号、一九四七年）。

指《ゆび》

(2)指をさす、人差し指の俗信

○ヘビを指さすと指が腐る、との俗信はほぼ全国的。指が、腫れる（岩手）、痛む（兵庫県篠山市〈丹波篠山市〉）、ヘビが化けてでる（茨城県出島村〈かすみがうら市〉）という例もある。とくに、死んだ蛇を指さすと、手または指が腐る（岐阜・奈良・鹿児島）、三年たつと指が腐る（愛知）という。「ヘビがいる」というときは、握りこぶしでさせ（石川・岐阜・愛知・京都・和歌山・兵庫・広島・山口）とか、人差し指に唾をつけてさせ（福島県北塩原村）といわれる。「指をさす」といえば、通常は人差し指による行為を意味している。この指の名称は人を指し示す役割に由来する。

○誤ってヘビを指さしたときは、その害を逃れるための呪《まじな》いがある。さした指に、唾をかける（秋田・茨城・千葉・山口）、唾を三度吐きかける（奈良県宇陀郡）、自分の歳の数だけ唾をかける（群馬県板倉町）。唾をつけて片方の手で指をたたく（千葉）、指を誰かにたたいてもらう（福島）。さした指を誰かに歳の数だけたたいてもらう（福島市）。他の人から指先に三度フッフッと息を吹きかけてもらう（茨城）。その指を嚙む（秋田・石川・京都・和歌山・広島・熊本・宮崎）。他人に指を嚙んでもらう（山形・福島・茨城・兵庫）。その指を奥歯で嚙み帯の間に入れる（岩手県気仙郡）。さした指を他の人に踏んでもらう（群馬・山口）。自分で下駄の歯で踏む（岩手・愛知）。口で嚙んで足で踏まぬと指が腐る（大阪府河内長野市）。

○さした指が腐らぬように指切りをする呪《まじな》いもある。指切りといっても誓約としてではない。その方法は基本的に、さした指を切る真似をする（岩手・福島・群馬・神奈川・和歌山・島根・大分）やり方と、親指と人差し指でつくった輪を切ってもらう（神奈川・福井・徳島）場合がある。前者は傍に知人がいればその人に切ってもらうことが多いようだ。福島県鏡石町では、ヘビを指さすと指が腐るから手刀で切ってもらえ、といい、群馬県群馬町〈高崎市〉では、その指を鉈《なた》で切る真似をするとよい、という。ヘビをさした指を他人の食指（人差し指）で自分の歳の数だけ切る真似をしてもらう（長野県下伊那郡）など、種々のやり方がある。後者は、徳島県美馬郡では、両手の人差し指と親指で輪をつくり、これを他人の人差し指で「イッチョニチョウ切ってみ」と言って切ってもらう。相模大島〈神奈川〉では、ヘビを指さしたら、他の人が「鎌か鉈か」と言い、指さした人は「鉈」と答えて両手の親指と人差し指で輪をつくる。他の人は人差し指でその輪を真っ二つに切る。倉石忠彦は、前者については「文字通り『切る』という行為に主体を置いたもの」で、後者の輪を切り離すのは「対象物との関係を切り離したこと」を明確に示す行為だと指摘している（「指さし確認―攻撃する指―」『身体伝承論』所収）。栃木県大平町〈栃木市〉では、すぐに両手の人差し指同士をくっつけて、誰かに自分の歳の数だけ指切りをしてもらえば助かる、という。

○ヘビを指さしたあと唱え言をすることもある。福島県東村〈白河市〉では、指切りをして「指切りきまりヘビの手は石になれ、おれの手は金になれ」と唱える、といい、高知県では「ヘビの手は腐れ、おれの手はかねになれ」という。「指々金になれ、クチナゴ（くちなわ）クチナゴ腐れ」（京都）。「われイビくされ、おれイビかねじゃ」と唱える（和歌山）。

○トカゲを指さすと指が腐る（山形・福島・群馬・石川・長野・岐阜・愛知・富山・京都・大阪・和歌山・広島・山口・香川）という。福島県棚倉町では、カナチョロ（カナヘビ）に指をさすとその指が腐るといい、もう一方の手でさした指を三回切る真似をする。毛虫を指さすと指が腐る（青森・岩手・秋田・福島・長野）。

○カボチャを指さすと、カボチャが落ちる（福島・長野・愛知・京都・大阪・奈良・和歌山・香川・愛媛・高知）、カボチャが腐る（秋田・山形・宮城・福島・栃木・富山・石川・長野・岐阜・愛知・広島・高知・大分・佐賀）と各地でいう。沖縄県国頭郡では、カボチャの実り初めに指さして見ると実らずに引き込んでしまう、といい、高知県幡多郡では、カボチャを指さすと腐って落ちるので、握り拳で数えたりする。ヘビを指さすとさした指が腐る、というのに対して、カボチャではは、さされたカボチャの方が落ちるとか腐るという。「さすもの」と「さされるもの」との逆転がなぜ生じるのか。板橋作美は、人々が「南瓜と蛇を何らかの意味で反意関係にあると考えていたからではないか」と指摘し、中（身）は変わらず外（皮）が変質するヘビの脱皮と、外（皮）は変わらず中（身）が変質するカボチャの関係に注目している（「蛇と南瓜」『俗信の論理』所収）。
○ユウガオを指さすとユウガオが腐る（山形・栃木）。未熟なスイカを指させば、その実は熟することなく腐る（福島県棚倉町）。スイカを指さすとスイカが落ちる（同県保原町〈伊達市〉）。タケノコを指さすと、タケノコが腐る（栃木・石川・長野・京都・奈良・和歌山・山口・長崎・宮崎）、成長しない（長野県大鹿村）。マツタケを指さすとマツタケが伸びない（宮城県筆甫村〈丸森町〉）。茸を指させば茸が腐る（栃木県逆川村〈茂木町〉）。以上の例から、指さし対象はヘビとカボチャだけではないことは明瞭だが、伝承の分布域と量からみてこの二つが禁忌の中心であるのは間違いない。
○葬式のとき龕《がん》（棺を墓まで運ぶ輿《こし》）を指さしてはいけない。手が切れてしまう。思わず指をさした時は指をくわえて七遍回ればよい（沖縄県名護市）。平良豊勝『喜如嘉の民俗』（一九七〇年）に「龕が通るのを見て指をさしたりすると、その指は切れるといわれている。もしまちがって龕をさした場合にはその指を口にくわえてギンギチャ（片足で立ったり、歩いたりすること）で七回左廻りにまわらねばならないものとされている。」（沖縄県大宜味村）とある。また、登山修『奄美民俗の研究』（一九九六年）には、「子供のころ数人揃って遊んでいるとき、うっかり墓の方を指差すものなら、指の先が腐れるといってみんなからわいわいおどされたものである。そのときの呪いは、その墓を差した指を思いきり前歯で噛みながら、片足を曲げ、ケンケンをしてぐるぐる廻るものだった。」（鹿児島瀬戸内町）と見える。大島本島では、その時は指を口にくわえてゲンゲタして三回廻ると良いときいた。」（鹿児島県奄美大島）（野間吉夫『シマの生活誌』一九四二年）。ゲンゲタは片足跳びのことだが、酒井卯作『琉球列島における死霊祭祀の構造』では、ゲンゲンと書いている。
○指さしは、相手を特定し攻撃的な感情や嘲笑を表出する行為でもある。そのため平生人を指さすのは禁忌とされるが、一方で、妖異に対しては時として魔除けの力を発揮する。平敷令治『沖縄の祭祀と信仰』（一九九〇年）に「ボージャー（四、五歳までの子供）をおんぶして夜道を歩くときには、ボージャーのお尻を支えながら、両手でサシ指（人さし指）を後方に向けた。前で抱くときには、サシ指を前方に向けた。サシ指を太刀や槍になぞらえていた」（沖縄）とある。同県今帰仁村では、夜間、道を歩くとき怖ければ唾を眉につけ人差し指をのばし、右手を前に左手を後にして歩けば化物は逃げてしまう、という。幼児を抱いた母親が夜歩きするときは「片方の手の人差し指を前方に突き出して歩け」と祖母から言われた（沖縄県那覇市）。盃をもらうときは人差し指をさして盃をうけると呪いがつかない（鹿児島県住用村〈奄美市〉）。
○人差し指の俗信その他。和歌山県西牟婁郡で、ヘビに出合ったときは「わが行くさきに錦まだらの虫あれば、よけて通せやナムアミダウンケンソワカ」と三唱し、人差し指を突き出してくるくる回せばくわれない、という。トンボを取るときに人差し指を回しながら接近してつかむことがある。宇賀和彦『蚊居田村風土記』（一九八八年）に、古老の話として、赤とんぼを取るには「じこじこ近よっていき、人差指をクルクルまわし、トンボ、トンボおとまりと小さい声で呪文をとなえ、目をまわした奴のしっぽをつかんで捕りました」（高知県南国市）とある。根岸鎮衛の『耳嚢』には、「蜻蛉《とんぼ》を捕ゆるに不動呪《うごかざるまじない》の事」として「草木にとまる蜻蛉をとらへんと思ふに、右蜻蛉に向ひての、字をくふ（空）に書てさて捕ゆるに、動く事なしと也」と見える。おそらく人差し指を渦を巻くように回し、輪をだんだん小さくしていきながら相手を身動きできなくさせてしまう呪的なしぐさであろう。似た話が『松屋筆記』にも出ている。

○ケンムンは赤い毛におおわれた子供ぐらいの大きさの妖怪である。夜間に道を迷わせたりする。「ケンムンのわざわいをよけるには、種々の方法がある。徳之島では、ケンムンは人の左手を引いていくので、山などでケンムンにだまされそうな感じがしたら、自分の左手の人さし指を噛むと妖怪は離れるといわれた。」（鹿児島県徳之島町）。（吉田禎吾「クマは左利きか」『季刊人類学』一四巻二号）。

○石川県松任市〈白山市〉で、食指の長い者は親勝りの福がある、といい、富山県では、人差し指が薬指より長かったらその人は前途に幸福がある、という。爪に白いアザができると不幸がある。とくに人差し指に出るのは身内に不幸が起こる（沖縄県読谷村）。沖縄県名護市などで、人差し指に指輪をはめるなという。広島県加計町〈安芸太田町〉や山口県久賀町〈周防大島町〉では、人差し指に指輪をはめていると親が早死にする、といって忌む。手をのばして人差し指と小指がつけば親に早く別れる（青森県五所川原市）。包丁を握るとき、食指を包丁の背にのせて物を切るのは、自分の夫を刺し殺すのと同じことだ（鹿児島県国分市〈霧島市〉）。子供が親の言うことを聞かないときは、人差し指の第二関節のところに灸をすえる（茨城県龍ケ崎市）。

指　ゆび

(3) 中指・薬指・小指

○中指が短い人は、出世する（愛知・徳島）、正直だが物の役に立たぬ（秋田県平鹿郡）。中指が曲がっている人は夫婦仲が悪い（愛知）。中指に渦の巻いている人は裁縫上手（秋田県仙北郡）。中指にホクロがあれば縫物が上手（岡山）。中指と薬指の間が広くあく人は、世話好き（同県）、兄弟仲がよい（新潟県横越町〈新潟市〉）というのは、指二本（中指・人差し指と薬指・小指）をひっつけたまま二つにひらくことであろうか。中指と薬指の離れぬ人は親不孝（秋田県鹿角郡）。掌の縦筋が中指まで通っている天下筋の者は、運が良い（長野県生坂村）、上吉（高知県中村市〈四万十市〉）。乗物酔いには中指を常に動かしているとよい（広島県加計町〈安芸太田町〉）。

○山中共古の『甲斐の落葉』に、「指ニテ情ヲ通ル」の見出しで次の伝承が紹介されている。「八代及巨摩ノ諸村ニテ男ガ情ヲ女ニ求メントスル時ハ、道ニテ女ニ出逢フ時男ハ右手ヲ以テ女ノ食指ト中指トヲ握ル、女ノ方ニテモ情ヲ求ムルトキハ男ノ食指ト中指トヲ握リ返ス、此時女ハ親ガユルサヌトカ妨クトカ云フテ男ニ其意ヲ知ラセルニハ、握ラレナカラ男ノオヤユビヲ指ニテ押ス、若シ又女ハ男ヲ嫌フトキ男ノ手ヲ握リ返サヌトナリ」（山梨）。堀田吉雄の「おな神のうまし国　熊野牟婁の古俗」（『伊勢民俗』二巻一号、一九五三年）に、今西藤貞氏が語るこんな話を載せている。「指折と言うことは、自分らも若い時にやったナア、互に思を通はせた娘の手をそっと握って指をからませると、娘が、人差し指と中指を二本折りまげてくる。之は承諾の印で、爪の垢をほじくられると、いやだと言う意味だナア。爪の垢ほども思っとりゃせんと言うことだろう。」(三重)。「人差し指と中指を二本折りまげてくる」というのは、娘にその気がある時は、男のこの二本の指を握るという意であろう。人差し指と中指を同時に握るのは、相手に好意を伝えるしぐさだったようだ。

○筆者(一九四八年生れ)が子供の頃、鬼ごっこなどで遊んでいる時、途中で「ニッキ」と言って人差し指と中指でVサインをつくることがあった(高知県中土佐町)。これは勝利などのポーズではなく、こうすると、一時的に遊びを中断して抜けることができた。柳田国男は、子供の遊びで「何かの必要で暫くの休止を乞うときに、食指を上に向けてタンマと謂うのは、タメラフという古語から出たかと思うが」と述べて「大和河内では是をミッコ又はミッキ」と言ったと紹介している(「昔の国語教育」『定本 柳田國男集』一九)。

ニッキとVのしぐさが何に由来するのかわからないが、あるいは股木の形状と関係があるのだろうか。二本の木が根元で合着してそのまま分岐するとV字形に成長する。VやY形の股木は、山の神や天狗の宿り木と呼ばれたり、しばしば神木であったりする。「ニッキ」と言って示すVサインに、神霊の宿るV形との脈絡があるのかも知れない。

○薬指について、鈴木棠三『日常語語源辞典』(東京堂出版)には「ふだんあまり使わずよごれていないから、点薬のときに使いやすかったろうし、またベニサシユビ・紅つけ指の異名もあって、顔に紅をつけるときに使うのもこの指だ。沖縄では名なし指とか名知らずなどという。名が無いわけではない。あえて名を言わない指なのである。薬でも紅でも、この指先でつけると効果があると考えられていたので、呪法に使うのもこの指だから平素は名を呼ばなかったのだろう。」とある。

○鼻が詰まれば、薬指に唾をつけて鼻の頭を三回さすれば治る（福島・神奈川）。クサ（皮膚病）は、右手の薬指でクサのまわりに輪を描き「南無阿弥陀仏」と三回唱えて息を吹きかける（福島県船引町〈田村市〉）。左目に目星ができたら右の薬指に、右目にでたら左手の薬指に灸をすえると目星が散る（秋田）。打ち身には仏様の水を薬指でつけると早く治る（同県山本郡）。手足のマメは薬指でなでながら「南無弘法大師」と七回唱え、さらに「アビラウンケンソワカ」と七回唱えると治る（群馬県渋川市行幸田）。シビレには薬指で額に三度唾をつける。そのとき「一つぶれ、二つぶれ、三つぶれ、四つぶれ、五つぶれがなおれ」と唱える（同県板倉町）。紅さし指に指輪をはめると肩が凝らない（和歌山県高野口町〈橋本市〉）。爪を切るときは無名指（薬指）から先に切れば障りがない（沖縄県名護市ほか）。

○薬指が中指より長い人は、器用だ（兵庫）、親より出世する（岡山）という。鐘の疣に名無し指（薬指）で紙縒《こよ》りを結べば思いごとがかなう（福島県白沢村〈本宮市〉）。

○人がケンムンに引かれて意識不明になり、夢遊病者のように藪の中や野原などをさまよう場合がある。餅だと思ってカタツムリを食べたりしても自分では分らない。こんなときケンムンはナーナシユビ（名無し指、薬指）を握って引っぱり回すので、おかしいと思ったら自分のナーナシ指を歯で強くかめば放すという（鹿児島県徳之島町徳和瀬）。（小野重朗「河童の系譜と山の神」『日本民俗学』九三号、一九七四年）。赤子を外出させるときは、顔に薬指でヘグロ（鍋墨）をつける（同町）。

○小指の長い人は、出世する（長野）、長命、子が多い（共に秋田）といい、反対に、小指のとくに短い人は親に早く別れる（岩手・宮城）という。小指の先が薬指の第一関節の筋にとどかない人は、食べ物に不自由する（岐阜・福岡）、親より貧しい暮らしをする（高知県大方町〈黒潮町〉など）、親の死に目に会えない（長野県北安曇郡）、親不孝（栃木県茂木町）、子供のために苦労する（愛媛県内海村〈愛南町〉）と不吉とされるが、親よりよい生活をする（秋田県山本郡）という例もある。小指の先が薬指の第一関節の筋より長い人は、幸福である（富山・岡山）、出世する（石川県七尾市）、親勝り（長野県北安曇郡）といわれる。『永代大雑書萬暦大成』（天保一三年〈一八四二〉）に「小指の寸無名指《べにさしゆび》の上の紋《すじ》より長きハ運強く命長し、短きハ運甲斐なく命短し」とある。親指より小指が長いと出世する（富山・愛知・広島・徳島）。

○小指の爪を切ると、物覚えが悪くなる（石川・愛知・和歌山）、忘れ性になる（愛知）、親の死に目に会えない（長野・愛知）、成功せぬ（三重県大山田村〈伊賀市〉）、寂しくなる（愛媛県内子町）、喉が腫れる（秋田県雄勝郡）という。小指の爪を伸ばすと、物覚えが良くなる（石川・岐阜・京都・山口・香川）、出世する（愛知県小牧市）、立身せぬ（秋田県雄勝郡）。和歌山県御坊付近では、小指の爪を伸ばすのは死後水を掬《すく》って飲むため、という。

○小指が薬指の方へ曲がっている人は親孝行（愛知県下山村〈豊田市〉）。小指の爪が内側にへっこむと誰か死ぬ（同県）。小指と人差し指の先で粟三粒つかむ人は親孝行（秋田県雄勝郡）。将来結ばれる二人は、生まれたときから小指と小指が赤い糸で結ばれている（栃木・愛知）。小指にマメができるとその人の子にもできる（愛知）。ものが喉につまった時は、右手のハシ（箸？）で左手の小指の先を人に知られぬように強く押せば治る（島根県赤来町〈飯南町〉）。親は（が？）病にかかったら、小指の爪で米をすくってお粥を煮て食べさせると治る（山梨県増穂町〈富士川町〉）。鼻血は、右の鼻孔なら左の小指、左の鼻孔なら右手の小指を紙縒《こよ》りで強くしばる。止まったらほどくのを忘れてはならない（岐阜県川島町〈各務原市〉）。腹の立ったときは小指を圧するとよい（島根県邑智町〈美郷町〉）。

指　ゆび

⑷指の形、ササクレ、民間療法

○指の長い人は、器用（岩手・秋田・長野）、琴・三味線など楽器が上手になる（徳島県小松島市）、出世する（京都府宇治田原町）、背が高くなる（岡山・徳島）、達者である（大分市）という。指の短い人は立身せぬ（秋田県仙北郡）。指が太くて短い人は働き手である（富山県小矢部市）。指先の太いのは器用な生れである（愛媛県内海村〈愛南町〉）。指の元と先が同じ太さの人は長生きする（秋田県雄勝郡）。指先の丸い人は、出世する（同県山本郡）、何でも器用に仕事をする（茨城県土浦市）。指先が細長い人は、手わざがよい（岩手県遠野市ほか）、仕事がきれい（秋田）、器用（長崎県壱岐市）、親不孝、立身しない（共に秋田）。指先の細い子ほど利口（紀北地方〈和歌山〉）。女で指先がきれいな人は仕立物が上手（徳島県小松島市）。女で右手の指先がきれいな人は仕立物が上手（愛知）。

○手の指の間のすいている人は、金が貯まらない（秋田・山口・福岡）、金持ちになれぬ（山口・福岡）というのは、隙間から漏れるということであろうか。親兄弟が離ればなれに住む（宮城）ともいう。手の指の根元に隙間のある人は、親と早く死別する（新潟県村上市）。指がよく反る人は、器用（岩手・新潟・岐阜・愛知・三重・兵庫・徳島）、利口（和歌山県高野口町〈橋本市〉）、好色（長崎県壱岐市）という。

○指にササクレができるのは親不孝のしるし（秋田・宮城・福島・群馬・新潟・富山・石川・岐阜・愛知・和歌山・兵庫・島根）と各地でいう。千葉県成田市で、指にサカムケができるのは親に憎まれるしるし、といい、滋賀県では伯母に憎まれている、という。叔母に嫌われるとサカムケができる（兵庫）。徳島県小松島市では、節分の豆を炒るときに指先でまぜるとサカモゲができない、といわれる。

○布を測るときは指で寸法をとるな。物差しをつかえ（福岡県北九州市）というのは、死に装束を作るときは物差しを使わない（山形・千葉・長野・大阪・佐賀など）という葬送習俗と関係があるのだろう。

○風呂に入って指先がしなびると雨が降る（埼玉県大宮市〈さいたま市〉）。指鳴らしがうまくできないときは雨になる（群馬県安中市）。

○手の指が二本くっついたまま二つにひらくことの出来る人は、兄弟仲がよい（長野）、字が上手だ（愛知）という。親指と人差し指と他の三本の指がはなれると、親の死に目に会えない（愛知・徳島）。

○煙管《きせる》を三本の指で回すと商売が繁盛しない（石川県金沢市）。指に何でも縛りつけていると物忘れしない（長野県諏訪湖畔地方）。ダイコンを蒔くとき指の間から蒔くと双子の根ができる（富山県氷見市）。山中では合掌や手の指を組んではならない（山形県小国町）。

○民間療法。柄杓の柄を汚すと指病《ゆびや》めする（愛知）。岐阜県南濃町〈海津市〉では指病めをしたときは柄杓の柄を洗うと治る、といい、兵庫県赤穂市では、手の指が痛いときは柄杓に水を入れて立てかけ、痛い指で柄を洗うと治る、という。愛媛県大洲市では、ブ（指先が腫れて痛む病気）になったときは「今日も半役、明日も半役、ブにはならん」と言って「アブラオンケンソワカ」を三回繰り返すとブの痛みがとれる、といわれる。ブと夫（夫役）をかけた呪《まじな》い。指の痛むときは、ヘビの皮を巻くと治る（愛知）、マムシの皮を巻くとよい（岐阜県蛭川村〈中津川市〉）。指腫物ができたら、七草粥に用いる草を一種類でよいから水に入れ、その中で爪を切るとよい（茨城県古河市）。

○田植えのとき、苗を束ねてあった輪の中に苗を植えると指病めをする（岐阜県北方町）という。群馬県大胡町滝窪〈前橋市〉では、田植えのとき苗をしばった輪っか（ナエバという）の中に、知らずに苗を植えると突き指をするという。そのときはオオナへ（大苗？）三本苗を植えて拝むと治るという。福島県保原町〈伊達市〉では、田植えなどのとき、手がはれないように指袋を作って「どうか指をはらさねでくんちえ」と言って、歳徳様に上げて拝む。それは、正月の松を送るときに一緒に送る。指袋の切れは白でも縞でも何でもよいが、赤い裂《きれ》が一番よいのだそうだ。茨城県龍ケ崎市では、突き指などの手の病は、指の形に布を縫って道祖神に上げてお参りした。突き指をしたときは、水口の苗を三本取って拝むとよい。一本ずつ取って三回拝む（福島県飯舘村飯樋）。突き指、筋違いなどには、麦粉を酢で練ってつければ治る（秋田県山本郡）。

○文銭を溶かして指輪にしたのを指にはめておくと肩の凝りが治る（福井市）。指の霜焼けは年上の女に糸でくくってもらうと治る（和歌山県那智勝浦町）。目を突いたときは指の頭に線香を立てる（長野県北安曇郡）。指先を揉むと心臓が丈夫になる（岩手）。他出して飲用に適する水がなかった場合、悪い水でもその上に、指で「水」という字を三度書いて飲むと、けっして当たらない（長野県上山田村〈千曲市〉）。

○子供の虫封じには、額や両手の平に墨で鬼の字を書いて真言を唱える。そして洗面器の温湯《おんとう》に子供の手をつけると、絹糸のような小さい虫が指先から出る。四、五日続けると治る（島根県広瀬町〈安来市〉）。指先が霊的なものの出入り口であることをよく示している。

○ツバキの槌ん棒で指をつぶすと一生治らない（福島県保原町〈伊達市〉）。風呂に入って指に皺ができると風邪を引く（新潟）。針を粗末にすると指病みをする（岐阜県関ヶ原町）。包丁を鍋の蓋の上に置くと指を腫らす（山形県東根市）。鎌で指を切れば指が曲がる（岩手県下閉伊郡）。親不孝は指の病気に苦しむ（同県岩手郡）。子供が指をなめると虫がわく（茨城県常陸太田市）。

指 ゆび

(5) マムシ指、指の立つ日

○和歌山県すさみ町では、ヘビの太さを指で輪をつくって示してはいけない、といわれ、知らずに行ったときは、その輪に自分の顎《あご》で十の字を切ると解消する、という。千葉県川上村〈八街市《やちまた》〉や公平村〈東金市〉では、ヘビの太さを指で輪をつくって示すと指が腐るという。その時は、指で再び輪をつくってその中に唾を吐きかけ、他人に輪を切ってもらう。秋田県雄勝郡では、指でヘビの長さを示せば指が腐るという。その時は指に唾をするか、「ダンキ、ダンキ」と言って鉈で切る真似をすると腐らない、と伝えている。

○世の中には、まれにニガ手とかマムシ指と呼ばれる手（指）の持ち主がいて、この者は毒蛇のマムシをいっこうに恐れない。恐れないどころか、手を出すとマムシの方が動けなくなって簡単に捕まってしまうという。和歌山県太地町では、ニガ手の人はヘビをつかんでも咬みつかれるおそれなし、といい、福岡県北九州市では、マムシ指の人はヒラクチ

（マムシ）に咬まれぬという。桂井和雄は「マムシ雑話」（『土佐民俗』四〇、一九八三年）に、「吾川郡吾北村津賀ノ谷〈高知県いの町〉の、明治四十年生まれの老人によれば、マムシ手の持ち主は、ハミ（マムシ）に出くわしても噛みつかれることが少なく、捕まえると、ハミの方で抵抗力を失い、長く伸びるというから不思議である。」と記している。

○ニガ手はヘビに強いだけでなく、ほかにも特殊な能力が知られている。腹痛の時には、ニガ手の人になでてもらうと治る（神奈川・長野・京都・大阪・奈良・和歌山・兵庫）、女のマムシ指で腹をさするとよくなる（長野・京都・大阪）という。ニガ手が腹痛を抑える例は、西鶴の『好色一代女』にも出ており、歌舞伎十八番の『鳴神』（日本古典全書）にも、つかえ（胸の痛み）で苦しむ絶間姫に、鳴神上人が「おれが手は苦手じゃ、指が触ると積聚（癪）はなほりをさまる」と言う場面がある。かつては、人の体内にいるムシが騒ぐと腹痛が起きると考えられていた。マムシでさえ押さえ込んでしまうニガ手でさすれば、腹のムシは身動きできなくなるという発想であろう。ニガ手とかマムシ指と呼ばれる指にはどのような特徴があるのか。徳島県小松島市で、親指の関節を屈《ま》げて内側がふくれて鎌首になる指はマムシに咬まれぬ、という。親指のつけ根をのばして第一関節を反り曲げた形をヘビが鎌首をもたげた姿に見立て、それをニガ手と呼ぶ例は他にもある。南方熊楠「蛇に関する民俗と伝説」（『南方熊楠全集』第一巻）には「蝮指の爪は横に広く、癪を抑うるに効あり、その人手が利くと言う」とある。ニガ手は掌の横筋が一文字に途中で切れずに通っている人の手（愛知県設楽町）とも。ニガ手とされる指の特徴はさまざまである。

○右のほかにも、マムシ指の人は、器用（滋賀・広島）、よく働く（長野）、利口（奈良・

和歌山・兵庫）、金持ちになる（大分市）などといわれる。柳田国男は「にが手と耳たぶの穴」(『定本 柳田國男集』一五)で、「この手の指の上の節だけが、曲げられるかどうかを注意するよりも前から、まむし指という言葉は既にあったものと思って居る。そうしてそれは蛇のにが手というのも同じに、蝮を手づかまえにすることとの出来る人ということであったろうと思う。」との見解を示している。
○岩手県宮古市では「吠犬または怖れる犬を見たら、口の中で『我は虎、いかに鳴くとも犬は犬、獅子の歯がみを恐れざらめや』という呪歌を一遍だけ唱えた後『戌、亥、子、丑、寅』と言いながら、右の親指より折り始める。即ち戌で親指、亥で人差し指、子で中指、丑で薬指、寅で小指と順に折りて、強く握って前に突き出し『ウン』と丹田に力を入れる。そうすると犬がしょんぼりする。家に帰ってそのまじないを戻す時は『寅、丑、子、亥、戌』と逆に言う」(『宮古市史(民俗編)』一九九四年)という。凶暴な犬を退ける呪《まじな》いで各地に伝承されている。これとほとんど同じ呪いが『呪咀調法記』(元禄一二年〈一六九九〉)に「人喰犬《くらいいぬ》ふせぐまじなひ」として出ている。
○佐賀県大和町〈佐賀市〉でいう「寝《ね》蚊帳《がや》起《おき》蚊帳《や》」とは、蚊帳を吊る日の吉凶をいったもの。指を折って数える一日から五日までが寝蚊帳で、指を起こしていく六日からが起蚊帳。寝蚊帳に蚊帳を吊り始めると病人が絶えぬ、といって忌む。ただし、四月八日に一度吊っておけば、後はいつ吊っても支障がないという。高知県大月町小才角では、枕を作るときは、左手で一日二日三日と指を折ったり開いたりして、指の立つ日に作るものといわれる。指を折った日に作ると寝枕になるといって忌む。同県大方町〈黒潮町〉では、寝枕に枕を買ってはいけない。起枕である六、七、八、九、十の日ならば差支えない、という。
○新潟県の狩猟習俗で山小屋における禁忌に次のようなものがある。「山小屋で合掌組むな。ただし指一本でもはずせばよい」「茶わんをテッパツタガキするな。テッパツタガキとは茶わんなどを指をかけずに手のひらにのせることをいう。」（『民俗資料選集6 狩猟習俗Ⅱ』一九七八年）。以上、本項で取り上げた事例のほかにも指に関する伝承は実に多い。狐の窓、爪弾きについては、拙著『しぐさの民俗学』で紹介した。また、約束や仲直りの意味をもつ指切りについては、鯨井千佐登「子どもの誓言としぐさ」（『境界紀行』所収）や倉石忠彦「小指の思い出―小指の伝承―」（『身体伝承論』所収）に詳しい。⇩足《あし》・指《し》紋《もん》・爪《つめ》・手《て》

【よ】

酔い《よい》

○大阪府能勢町で、船、車酔いをする者は、ヘソの上に梅干の皮をはっておくと酔わない、といい、岩手県胆沢郡では、梅干をヘソの上において旅行すれば汽車に酔わないという。梅干をヘソの上にはっておくと乗物酔いしない、との俗信は、岩手・秋田・福島・栃木・群馬・茨城・東京・新潟・富山・長野・岐阜・愛知・滋賀・大阪・奈良・三重・兵庫・広島・島根・山口・徳島・福岡・長崎・熊本の諸県で確認できる。ほぼ全国的といってよい。中には、乗物で旅をするときは、梅干を額にあてると酔わぬ（長野県南信濃村〈飯田市〉）という例もある。また、梅干以外でへ

ソにあてておくと乗物に酔わないとされるのに、ナンテンの葉（福島県広野町ほか）、サンショウソウ（大阪府河内長野市）、干柿（京都）、茸（秋田県由利郡）がある。珍しい例としては、長野県北安曇郡で、盃をヘソにあてていると汽車に酔わないという。『民家日用　廣益秘事大全』（嘉永四年〈一八五一〉）に「船に酔ざる法」として「船にえふ人（酔ふ人）ハ乗る時塩を臍《へそ》にあて紙にてその上を張置べし、かくのごとくすれハ船にえふことなし」とある。
○船に乗るとき梅干を口に含むと酔わない（和歌山県御坊付近）とか、梅干を食べておくと乗物酔いしない（兵庫・広島）という。大田南畝《なんぽ》の『一話一言』巻二一に「舟に酔人は蘇香円《そこうえん》をなめてよし、又梅干を食してよし、梅干は血をとゞめ渇を止るの能有」とある。正月の串柿を食べて乗れば汽車に酔わない（奈良）。車酔いには南天の葉を噛むとよい（福岡県久留米市）。生のスルメをしゃぶっておれば乗物酔いをしない（和歌山県由良町）。
○和歌山県南部で、舟に酔わないためには、人に知られぬように帯に附木《つけぎ》を入れておくという。『諸民　秘伝重宝記』（江戸後期）に「駕《かご》に酔《えい》ぬ傳」として「かこにのるときつけぎを一枚かごへしきてのるべし、酔ぬものなり」とある。また、『譚海』一三には「舟に酔たる時、いわう（硫黄）を少しなめてよし、いわうなき時は附木の先をなむべし、立所に直る事妙也」と見える。
○石川県珠洲市で、産土神の境内の土を腹にあてていれば船酔いすることなし、といい、岐阜県美山町〈山県市〉では、乗物酔いには産土神の境内の土を耳につけるという。船酔いする時には、お宮にある砂を持って行けばよい（愛知）ともいう。石川県七尾市付近では、船に酔う人は波止場の砂を包んでヘソに当てて行くとよい、と伝えている。八隅蘆菴『旅行用心集』（文化七年〈一八一〇〉）に「船に乗時に陸《くが》の土を少々紙に包ミ臍のうへにあて丶をれば舟に酔ことなし」と見える。『待《たい》問雑記《もんざつき》』（文政一二年〈一八二九〉）にも、船に乗ろうとする場所で土砂を少し取って紙に包み、それを臍《ほぞ》に当てて乗れば船酔いをしないとある。ほかにも、土地の河原の小石を焼いて持っていると乗物酔いしない（福島県天栄村）とか、船に酔わないためには、乗る前に他人に見られぬように小石を一個拾ってそっと自分の袂に入れておく（常陸土浦〈茨城〉）などがある。

○船に酔わないためには、船に乗りて密かに帆柱を嘗むること三回するも可（和歌山県南部）という。大阪府枚方市でも、船に酔う者は船に乗る時に船の縁《へり》を嘗めておけば酔わぬ、と伝えている。愛知県大府市で、車に乗る前に車をなめて乗ると酔わない、というのも同想である。酔いをもたらす船や車を嘗めることで、相手と一体化しその影響を無くしてしまう意味であろうか。

○愛知県大府市で、車酔いするときは一銭玉を四つお尻に敷くと酔わない、といい、新潟県新津市山谷〈新潟市〉でも、一円玉を四枚敷いてその上に座ると乗物に酔わない、といわれる。

○福井市では、盃を包み封をして自分の袂に入れて乗物に乗るとよいという。酒を封ずる手段をもって乗物酔い封じに転用する呪《まじな》いであろうか。宮城県桃生町〈石巻市〉で、乗物酔いを防ぐためには、乗る前に三〇分くらい片目をつぶって遠方を見るとよいという。乗物酔いには中指を常に動かしておく（広島県加計町〈安芸太田町〉）。舟に酔うひとはタニシを煮て持っていくとよい（石川県門前町〈輪島市〉）。

○『文政新刻 俗家重宝集』（文政七年〈一八二四〉）に「船駕《ふねかご》に酔ぬ方」として、次のようにでている。「蚯蚓の首と尾を切、中の土気をこき出し、四五疋ミづにひた〳〵にして置、一両日過《すぎ》ミゝずふやけたる時取出し、跡の水を布にて漉《こし》眼を洗へハ治す」とある。

○富山県氷見市で、酒に酔った時には、その人の知らないうちに箒枕をさせると早く酔いが醒めるといい、石川県金沢市でも、箒を枕にすれば酒の酔いが醒める、と伝えている。同様の俗信は、岩手・福島・群馬・新潟・愛知・兵庫・山口・福岡の諸県でもいう。箒の掃き出す力にあやかって、酔いを体内から追い出してしまおうとの狙いである。

○串柿を紙に包んでヘソへ押し付けておけば酒に酔わない（長野県北安曇郡）。酒宴の座に行くときはカキの種をヘソにあてる（福岡県北九州市）。美濃の西条柿を薄くへいでヘソにあてておくと、いかほど大酒しても酔わない（徳島）。『民家日用 廣益秘事大全』（嘉永四年〈一八五一〉）に、「大酒して酔ざる法」として「極上の美濃柿をへぎて臍《へそ》にあてゝ酒をのむべし、何ほど呑ても酔ず、且《かつ》あてらるゝといふ事なし」とある。二日酔いにはカキ（柿）を食べればよい（埼玉・福井・佐賀・熊本・大分）とか、酔い直しに熟柿を食べる（栃木・石川・広島）所は多い。しかし、天正年間頃の成立とされる『月庵酔醒記』に「酒後、じゆくし（熟柿）をくへば、胸いたむ。死事あり。」と見え、酒後の熟柿を禁忌としている。

○風呂に酔うたときには足に水をかける（和歌山県紀北地方）。⇩臍《へそ》

涎　よだれ

○奈良県東吉野村で、ヨダレをたらす子は健康である、といい、長崎県美津島町〈対馬市〉でも、ヨダレをくる子は達者という。同様の伝承は島根県や徳島県小松島市にもある。静岡県藤枝市では、幼い時にヨダレを流す者は立身出世するといわれる。また、ヨダレをた

らす子は、大人になっても酒を飲まん（愛知）とも、酒飲みになる（新潟県佐渡市）ともいう。

○山形県東根市で、台所の束子《たわし》を常に濡らしっぱなしにしておくと、ヨダレの多く出る子が生まれる、といい、同県米沢市では、束子をきれいにしておかないとヨダレをたらす子がでるという。三河鳳来町〈愛知県新城市〉でも、束子の水を切らないでおくとヨダレをたらす子を生む、といわれる。山口県大島郡では、妊婦が柄杓飲みをするとヨダレくりの子が生まれるという。ウシの肉を食えばヨダレが出るようになる（岩手）というのは、ウシが常にヨダレをたらすところからの連想であろう。幼児のべろ（唾液）たらしは酒飲みになる（秋田県平鹿郡）。

○ヨダレをたらす子にカラスの金丸（カラスウリか）をなめさせると良くなる（新潟県小木町〈佐渡市〉）。ヨダレをたらす人はカラスノフングリ（カラスウリ）を焼いて食べれば治る（長野県北安曇郡）。地蔵様の団子を誰にも見られずに眺めるとヨダレが治る（岩手県気仙郡）。ヨダレの出過ぎる時は地蔵によだれ掛けをかけると治る（新潟県山古志村虫亀〈長岡市〉）。

○筆者は、秋田県藤里町を歩いた時、囲炉裏にヨダレをかけてはいけない。化物がでる、と聞いた。青森県五所川原市では、火さヨダレかげれば、おじおやじの頭さヨダレかげだと同じこと、という。

○青森県五所川原市で、足がしびれたら薬指でなずき（額）さヨダレつければ治る、といい、同県稲垣村〈つがる市〉では、足のしびれは額にヨダレでやすこ（十字）を書けば治ると伝えている。

○死なんとする魚にヨダレを飲ますと生き返る（秋田県南秋田郡）。

○福島県大熊町熊では、集落の子安観音に参詣して安産を祈願し、旗・よだれ掛けを借りてきてお産のときに身につけるとよいという。三才町の甲《かぶと》稲荷神社のよだれ掛けを借りてきてかけると咳が止まる（茨城県常陸太田市）。疳の強い子には舘山の夜泣き地蔵さまのよだれ掛けを借りてくる（山形県米沢市）。夜泣きしたときは子育て地蔵にお願いし、治るとよだれ掛けをあげる（栃木県粟野町〈鹿沼市〉）。赤子が弱いときは、延命地蔵の帽子とよだれ掛けを借りてきて身につけさせ、丈夫になったら新しく作って返す（福島市茂庭）。病気のときは日限《ひぎり》地蔵に祈願する。治ったらよだれ掛けをあげる（長野県岡谷市中屋など）。

○人ではないが、キツネなどがたらすヨダレが光るとの怪異伝承もある。狐火は雨のしょぼしょぼ降る闇夜にきまった所にでる。狐の嫁入りともいい、キツネの流すゆだれ（ヨダレ）が光るのだともいわれる（熊本県南関町）。夜、暗い山にポッと青い火が光るのを狸の火という。おしっこをして振りまくとなくなる。タヌキのヨダレが光るとも眼が光るともいう（高知県仁淀川町）。ケンムンは赤ん坊ほどの大きさで、頭の毛が長く赤い。手足も長く、口からでるユダイ（ヨダレ）が青白く光る（鹿児島県瀬戸内町西阿室）。

【わ】

腋 わき

○裸で便所に入ると腋がくさくなる（岩手・東京・福井・滋賀・和歌山・兵庫など）という。林羅山の『梅村載筆』人巻に、「腋臭には佐伯砥をよき古銭にてすりて、其粉をぬれば臭気やむとなり、たへずに一年も二年もぬるべし。或古銭を酢にて煎じ、細末して砥の粉と合せてぬるもよしと云。」とある。
○脇の下がくすぐったくないのは、母が継母であ る（愛媛県朝倉村〈今治市〉）、間男の子という（京都府野田川町〈与謝野町〉）。腋の下をくぐると背丈が伸びない（大分県大野郡）。脇の下のホクロは着物を多く着る（秋田県南秋田郡）。
○肺結核で死ぬと、コノシロを焼魚にして両脇にはさませるか棺の下に敷くと伝染が防げる（島根県広瀬町〈安来市〉）。石川県鹿島郡地方では、土葬の際、腋の下に墨で名前を記しておくと、その人が再びこの世に生まれ出るとき歴然とその文字が現れ、埋めた墓地の土でこすり取るほか消すことができないという俗信があって、その文字をぼうじ（墓字か）といっている（諏訪藤馬「石川県鹿島郡地方」『旅と伝説』通巻六七号、一九三三年）。
○ムジナが人の腋の下に入るとその人は馬鹿になる（新潟県畑野町〈佐渡市〉）。クダが憑いた人は腋の下と腰をなでると、痛がるのですぐわかる（長野県辰野町）。ガゴ（河童）に相撲を挑まれたときは、手に砂をつけてかかるべきこと、また、腋の下へ手を入れさせてはならないという（日向国都城〈宮崎県都城市〉）。⇩裸《はだか》

引用・参考文献

網野善彦『異形の王権』平凡社、一九八六年。

網野善彦「高声と微音」網野ほか編『ことばの文化史 中世1』平凡社、一九八八年。

飯島吉晴「骨こぶり習俗」『日本民俗学』一五四号、日本民俗学会、一九八四年。

飯島吉晴『竈神と厠神―異界と此の世の境』人文書院、一九八六年。

飯島吉晴「胞衣笑いの深層―霊魂の交通―」『比較民俗研究』一〇、一九九四年。

飯島吉晴『一つ目小僧と瓢箪―性と犠牲のフォークロア』新曜社、二〇〇一年。

池上俊一『身体の中世』ちくま学芸文庫、二〇〇一年。

石上七鞘『化粧の民俗』おうふう、一九九九年。

石畝弘之「生と死のイゲ」『民間伝承』一〇巻三号、一九四四年。

板橋作美「禁忌の構造―なぜミミズに小便をかけてはいけないのか―」『東京医科歯科大学教養部研究紀要』二一号、一九九一年。

板橋作美「火と小便―俗信の論理(三)」『東京医科歯科大学教養部研究紀要』二六号、一九九六年。

板橋作美『俗信の論理』東京堂出版、一九九八年。

板橋作美「俗信における怪異について―真ん中で不思議が起きる―」小松和彦編『日本妖怪学大

全』小学館、二〇〇三年。

板橋作美「世界の秩序化装置としての占い」国立歴史民俗博物館編『歴博』一六三号、二〇一〇年。

板橋春夫『誕生と死の民俗学』吉川弘文館、二〇〇七年。

板橋春夫『産屋の民俗』岩田書院、二〇二二年。

市橋鐸『俗信と言い伝え』泰文堂、一九七〇年。

犬飼公之『影の領界』桜楓社、一九九三年。

井上章一『霊柩車の誕生　新版』朝日新聞社、一九九〇年。

井上静照著・吉村淑甫書写『真覚寺日記』一―一〇、高知市立市民図書館、一九六九年〜七四年。

井之口章次『日本の俗信』弘文堂、一九七五年。

井之口章次『日本の葬式』筑摩書房、一九七七年。

井之口章次「産神そして厠神」『日本民俗学』一三〇号、一九八〇年。

井之口章次『暮らしに生きる俗信60話』講談社、一九八六年。

岩田準一『志摩の海女』中村幸昭（本書は『志摩の蜑女』一九三九年、アチックミューゼアム刊の復刻である）一九七一年。

碓井益雄『霊魂の博物誌―原始生命観の体系』河出書房新社、一九八二年。

臼田甚五郎『屁ひり爺その他　昔話叙説Ⅱ』桜楓社、一九七二年。

内田武志・宮本常一編『菅江真澄全集』二巻、未来社、一九七一年。

梅野光興「『真覚寺日記』にみる疫病と呪術」『国立歴史民俗博物館研究報告』一七四、二〇一二年。

大島建彦編・萬壽亭正二著『江戸神仏 願懸重宝記』国書刊行会、一九八七年。

大島建彦『疫神と福神』三弥井書店、二〇〇八年。

大藤時彦『日本民俗学の研究』學生社、一九七九年。

大藤ゆき『児やらい』岩崎美術社、一九六七年。

大藤ゆき『子どもの民俗学 一人前に育てる』草土文化、一九八二年。

大原梨恵子『黒髪の文化史』築地書館、一九八八年。

大間知篤三『大間知篤三著作集』四巻、未来社、一九七八年。

岡山県性信仰集成編集委員会編『岡山県性信仰集成』岡山民俗学会、一九六四年。

奥山ゆかり「幼年期のわたしと『あの子』と八丈島」『女性と経験』第21号、一九九六年。

小倉慈司・高田貫太編『REKIHAKU 特集・歴史の「匂い」』国立歴史民俗博物館、二〇二二年。

尾崎久彌校訂『豔道俗説辯 全』近世庶民文化研究所、一九五六年。

小野さやか「近世期出版文化に於ける日用類書の研究―『重宝記』序文から得られる考察―」『千葉大学社会文化科学研究』一〇号、二〇〇五年。

小野地健「身体音と声の体系的分析への予備考察―クシャミ・咳・あくび・屁―」『年報 非文字資料研究』六、二〇一〇年。

尾原昭夫『日本わらべ歌全集27 近世童謡童遊集』柳原書店、一九九一年。

折口信夫『古代研究Ⅰ』角川文庫、一九七四年。

折口信夫『古代研究Ⅲ』角川文庫、一九七五年。

折口信夫『古代研究Ⅳ』角川文庫、一九七六年。

恩賜財団母子愛育会編『日本産育習俗資料集成』第一法規出版、一九七五年。

鹿児島県立大島高等学校郷土研究部編『奄美民俗』四号、一九六三年。

梶原正昭・山下宏明校注『平家物語（二）』岩波書店、一九九九年。

勝俣鎮夫「家を焼く」網野善彦他編著『中世の罪と罰』東京大学出版会、一九八三年。

桂井和雄『耳たぶと伝承―土佐民俗叢記―』高知県社会福祉協議会、一九五四年。

桂井和雄『俗信の民俗』岩崎美術社、一九七三年。

桂井和雄『仏トンボ去来』高知新聞社、一九七七年。

桂井和雄『生と死と雨だれ落ち』高知新聞社、一九七九年。

桂井和雄『土佐の海風』高知新聞社、一九八三年。

樺山紘一『歴史のなかのからだ』岩波書店、二〇〇八年。

鎌田久子・宮里和子・菅沼ひろ子・古川裕子・坂倉啓夫『日本人の子産み・子育て―いま・むかし―』勁草書房、一九九〇年。

河上一雄「作物禁忌　胡瓜禁忌を中心として」五来重ほか編『講座・日本の民俗宗教4　巫俗と俗信』弘文堂、一九七九年。

川田順造『口頭伝承論』河出書房新社、一九九二年。

神崎宣武『ちちんぷいぷい―「まじない」の民俗―』小学館、一九九九年。

木村三四吾・井口壽校注『竹馬狂吟集　新撰犬筑波集』新潮社、一九八八年。

鯨井千佐登『境界紀行―近世日本の生活文化と権力』辺境社、二〇〇〇年。

鯨井千佐登『表皮の社会史考―現れる陰の文化』辺境社、二〇一三年。

久保孝夫編「高校生が語る現代民話（その3）」『大妻』八号、函館大妻高校、一九九五年。

倉石忠彦『身体伝承論―手指と性器の民俗―』岩田書院、二〇一三年。

蔵持重裕『声と顔の中世史―戦さと訴訟の場景より』吉川弘文館、二〇〇七年。

黒田日出男『姿としぐさの中世史―絵図と絵巻の風景から』平凡社、一九八六年。

郡司正勝『和数考』白水社、一九九七年。

小池淳一・橋本萬平編『寛永九年版 大ざつしょ』岩田書院、一九九六年。

小池淳一・林淳編『陰陽道の講義』嵯峨野書院、二〇〇二年。

小池淳一「耳のフォークロア―身体感覚の民俗的基礎」『国立歴史民俗博物館研究報告』一六九集、二〇一一年。

小池淳一「目のフォークロア―兆・応・禁・呪のひとつの基盤」『国立歴史民俗博物館研究報告』一七四集、二〇一二年。

礫川全次編『歴史民俗学資料叢書Ⅰ 糞尿の民俗学』批評社、一九九六年。

礫川全次編『歴史民俗学資料叢書 第二期五巻 左右の民俗学』批評社、二〇〇四年。

高知県立歴史民俗資料館編集・発行『あの世・妖怪・陰陽師―異界万華鏡・高知編―』二〇〇三年。

神津文雄『民俗への旅 歯の神様』銀河書房、一九九一年。

香原志勢『顔と表情の人間学』平凡社、一九九五年。

國學院大学民俗文学研究会編・発行『下北地方昔話集―伝承文芸第五号―』一九六七年。

児島恭子「イチョウ巨樹の乳信仰―歴史研究の資料に関する課題―」『札幌学院大学人文学会紀要』一〇三号、二〇一八年。

小島憲之他校注・訳『日本書紀①』小学館、一九九四年。

小林富次郎編『よはひ草』第一輯～五輯、小林商店廣告部、一九二八―三〇年。

小林初枝『被差別部落の世間ばなし』筑摩書房、一九七九年。

小松和彦『神隠し―異界からのいざない』弘文堂、一九九一年。

小松和彦『酒呑童子の首』せりか書房、一九九七年。

小松茂美編『続日本の絵巻26　土蜘蛛草紙　天狗草紙　大江山絵詞』中央公論社、一九九三年。

近藤直也『「鬼子」論序説―その民俗文化史的考察―』岩田書院、二〇〇二年。

今野圓輔『日本迷信集』河出書房新社、一九六五年。

小馬徹「クシャミの比較民族学―キプシギス文化を中心に」『歴史と民俗』一九、二〇〇三年。

財団法人東北更新会秋田県支部編発行『秋田県の迷信、俗信』一九三九年。

斉藤たま『生とものの け』新宿書房、一九八五年。

斉藤たま『死とものの け』新宿書房、一九八六年。

斎藤たま『落し紙以前』論創社、二〇〇五年。

斉藤たま『新まよけの民俗誌』論創社、二〇一三年。

酒井卯作『琉球列島における死霊祭祀の構造』第一書房、一九八七年。

坂本正夫「四国遍路と文化交流」『高知小津高校研究誌』二七号別冊、高知県立高知小津高等学校、一九九〇年。

坂本正夫『土佐の習俗—婚姻と子育て』高知市文化振興事業団、一九九八年。

坂本正夫「放屁の民俗」『西郊民俗』一八六号、二〇〇四年。

佐喜真興英『シマの話』郷土研究社、一九二五年。

佐々木達司編『あおもり俗信辞典』青森文芸出版、二〇二一年。

佐々木美智子『「俗信」と生活の知恵—揺籃期の民俗誌から—』岩田書院、二〇一八年。

佐藤清彦『おなら考』青弓社、一九九四年。

佐藤太二「背負われる化物の話」『昔話伝説研究』二一号、二〇〇〇年。

澤田四郎作『山でのことを忘れたか』創元社、一九六九年。

三松館主人著・内藤久男訳『民家日用 廣益秘事大全 江戸庶民の生活便利帳』幻冬舎ルネッサンス、二〇一三年。

沢山美果子『江戸の乳と子ども—いのちをつなぐ』吉川弘文館、二〇一七年。

繁原幸子「古典からみた産毛剃り儀礼」『女性と経験』二一号、一九九六年。

信濃教育会北安曇部会編『北安曇郡郷土誌稿 第四輯 俗信俚諺篇』郷土研究社、一九三二年。

島田勇雄訳注『本朝食鑑』5、東洋文庫、一九八一年。

島袋源七『山原の土俗』郷土研究社、一九二九年。

島袋源七「頭髪」『旅と伝説』通巻五二号、一九三二年。

清水馨八郎『手の文化と足の文化』日本工業新聞社、一九八四年。

新城真恵編『沖縄の世間話』青弓社、一九九三年。

神保泰紀『生活風俗の起源と意味』日蓮宗新聞社出版部、一九九〇年。

菅原和孝『身体の人類学』河出書房新社、一九九三年。

杉浦康平『かたち誕生』（ＮＨＫ人間大学）、日本放送出版協会、一九九六年。

鈴木明子『おんなの身体論―月経・産育・暮らし―』岩田書院、二〇一八年。

鈴木一舟『糞尿史―遷都は糞尿汚染からの逃避だった―』公共投資ジャーナル社、二〇〇〇年。

鈴木勝忠『川柳雑俳江戸庶民の世界』三樹書房、一九九六年。

鈴木棠三『日常語語源辞典』東京堂出版、一九九二年。

鈴木棠三『日本俗信辞典　動物編』角川ソフィア文庫、二〇二〇年。

鈴木棠三『日本俗信辞典　植物編』角川ソフィア文庫、二〇二〇年。

瀬戸内海歴史民俗資料館『瀬戸内の海上信仰調査報告（西部地域）』一九八〇年。

鈴木則子『江戸の流行り病　麻疹騒動はなぜ起こったのか』吉川弘文館、二〇一二年。

關山守彌『日本の海の幽霊・妖怪』關山トシエ発行、一九八二年。

高田衛編『江戸怪談集（下）』岩波書店、一九八九年。

高田衛『女と蛇―表徴の江戸文学史』筑摩書房、一九九九年。

武田明『日本の民俗　香川』第一法規出版、一九七一年。

武田明『日本人の死霊観』三一書房、一九八七年。

武田正『子どものフォークロア―その異人ぶり―』岩田書院、一九九七年。

竹原新『現代イランの俗信』大阪大学出版会、二〇二〇年。

多田道太郎『多田道太郎著作集３　しぐさの日本文化』筑摩書房、一九九四年。

田中俊次「雷様の話」『郷土趣味』三巻三号、一九二二年。

谷川健一『民俗の宇宙』Ⅰ 三一書房、一九九三年。

谷川健一『谷川健一全集11―わたしの民俗学 わたしの「天地始之事」他―』冨山房インターナショナル、二〇〇九年。

田畑千秋「童詞、童歌、唱え言」名瀬市立奄美博物館編『奄美博物館紀要』二、一九九二年。

田村安興監修 森本香代翻刻・訳注『寺川郷談』本川村、二〇〇二年。

土橋里木「生れ変りの譚」『民間伝承』一〇巻三号、一九四四年。

常光徹・花部英雄・小堀光夫・小堀美和「翻刻『身寶千万円ニ不替』」『昔話伝説研究』一八号、一九九七年。

常光徹「漁と海に関する俗信」福田アジオ編『中国江南沿海村落民俗誌―浙江省象山県東門島と温嶺市箬山』神奈川大学大学院歴史民俗資料学研究科、二〇〇六年。

常光徹編『土佐の世間話―今朝道爺異聞』青弓社、一九九三年。

常光徹『親指と霊柩車―まじないの民俗―』(歴博ブックレット14)、財団法人歴史民俗博物館振興会、二〇〇〇年。

常光徹「大声の力」『しぐさの民俗学―呪術的世界と心性―』ミネルヴァ書房、二〇〇六年。

常光徹『しぐさの民俗学』角川ソフィア文庫、二〇一六年。

常光徹『予言する妖怪』(歴博ブックレット31)、一般財団法人歴史民俗博物館振興会、二〇一六年。

常光徹『魔除けの民俗学』角川選書、二〇一九年。

常光徹『日本俗信辞典 衣裳編』角川ソフィア文庫、二〇二一年。

デズモンド・モリス他著　多田道太郎・奥野卓司訳『ジェスチュア―しぐさの西洋文化』ちくま学芸文庫、二〇〇四年。

天台真盛宗宗学研究所編『建保版「往生要集」翻刻と訳註』法藏館、二〇二二年。

戸井田道三『戸井田道三の本3　みぶり』筑摩書房、一九九三年。

土井卓治『葬送と墓の民俗』岩田書院、一九九七年。

徳田和夫「動物に宣命を含める話―お伽草子『横座房物語』論　その1」『国語国文論集』二五号、学習院女子短期大学国語国文学会、一九九六年。

栃木県立博物館編集・発行『異界～あなたとふいにつながるせかい～』二〇二二年。

戸塚ひろみ「『記憶』のなかの『前世』―再生譚再考―」『世間話研究』一〇号、二〇〇〇年。

戸塚ひろみ「影へのまなざし」野村純一編『伝承文学研究の方法』岩田書院、二〇〇五年。

登山修『奄美民俗の研究　南島叢書75』海風社、一九九六年。

内藤久義「表象される乳房―中世絵巻における差別される身体―」『年報　非文字資料研究』八号、神奈川大学常民文化研究所、二〇一二年。

内藤久義「放尿する一遍と画中詞」『神奈川大学評論』一〇二号、二〇二三年。

中尾達郎『色町俗謡抄―浅草・吉原・隅田川』三弥井書店、一九八七年。

中城正堯『アジア魔除け曼荼羅』NTT出版、一九九七年。

中野明『裸はいつから恥ずかしくなったか―日本人の羞恥心』新潮社、二〇一〇年。

中野真備「俗信としての流星伝承に関する一考察」日本民俗学会第七五回年会発表資料（二〇二三年一〇月二二日、成城大学）。

中村禎里『胞衣の生命』海鳴社、一九九九年。

長沢利明『江戸東京の庶民信仰』三弥井書店、一九九六年。

永島大輝「俗信研究は心意を扱えるのか」日本民俗学会第七五回年会発表資料（二〇二三年一〇月二二日、成城大学）。

長友千代治編『重宝記資料集成』第一六巻、臨川書院、二〇〇六年。

長友千代治編『重宝記資料集成』第一七巻、臨川書院、二〇〇六年。

長友千代治『江戸庶民のまじない集覧―創意工夫による生き方の知恵』勉誠出版、二〇二〇年。

長野栄俊「予言獣アマビコ・再考」小松和彦編『妖怪文化研究の最前線』せりか書房、二〇〇九年。

永原順子「『くぐる』試論」『岡山民俗』二四一号、二〇二〇年。

長ふくべ研究会『長ふくべ輪講』太平書屋、二〇〇二年。

名古屋市蓬左文庫編『名古屋叢書三編　第十四巻　金明録』名古屋市教育委員会、一九八六年。

根岸謙之助『民俗知識の事典』桜楓社、一九八六年。

野沢謙治「身体のフォークロア―糞尿・ツバ・裸・髪―」『日本民俗学』一四一号、一九八二年。

野間吉夫『シマの生活誌』三元社、一九四二年。

野村雅一『しぐさの世界―身体表現の民族学』日本放送出版協会、一九八三年。

野村雅一『ボディランゲージを読む―身ぶり空間の文化―』平凡社、一九八四年。

野本寛一「海上信仰」静岡県民俗芸能研究会『静岡県・海の民俗誌―黒潮文化論』静岡新聞社、一九八八年。

野本寛一『言霊の民俗―口誦と歌唱のあいだ』人文書院、一九九三年。

橋詰延寿『介良風土記』高知県文教協会、一九七三年。

長谷川正康『歯の風俗誌』時空出版、一九九三年。

服部幸雄『歌舞伎のキーワード』岩波書店、一九八九年。

羽鳥佑亮「日本における貧乏神譚の研究」『國學院雑誌』一二〇巻七号、二〇一九年。

花咲一男『江戸厠百姿』三樹書房、二〇〇〇年。

花部英雄『呪歌と説話―歌・呪い・憑き物の世界』三弥井書店、一九九八年。

花部英雄『まじないの文化誌』三弥井書店、二〇一四年。

兵藤裕己編『シリーズ思想の身体―声の巻』春秋社、二〇〇七年。

平松洋『いぼとり神様・仏様』羽衣出版、二〇〇五年。

平松隆円『黒髪と美の歴史』角川ソフィア文庫、二〇一九年。

平山敏治郎「耳ふさぎ史料」井之口章次編『葬送墓制研究集成』第二巻、名著出版、一九七九年。

広江清編『近世土佐遍路資料』土佐民俗学会、一九六六年。

廣田龍平「存在論的反転としての股のぞき」『日本民俗学』三〇八号、二〇二一年。

廣田龍平『妖怪の誕生―超自然と怪奇的自然の存在論的歴史人類学』青弓社、二〇二二年。

藤井正雄『骨のフォークロア』弘文堂、一九八八年。

福島県編集・発行『福島県史　第24巻　各論編10　民俗2』一九六七年。

福田アジオ編『中国江南沿海村落民俗誌―浙江省象山県東門島と温嶺市箬山―』神奈川大学大学院歴史民俗資料学研究科、二〇〇六年。

福富織部『こと典百科叢書 第8巻 屁』大空社、二〇一一年。

藤林貞雄『民俗民芸双書一四 性風土記』岩崎美術社、一九六七年。

平敷令治『沖縄の祭祀と信仰』第一書房、一九九〇年。

星野英紀「四国遍路と山岳信仰」宮家準編『大山・石鎚と西国修験道』名著出版、一九七九年。

保立道久『中世の愛と従属―絵巻の中の肉体』平凡社、一九八六年。

堀維孝「『くさめ』に関する俗信（完）」『民族』二―三、一九二七年。

槇佐知子『改訂版 病から古代を解く』新泉社、二〇〇〇年。

牧田茂『海の民俗学』岩崎美術社、一九六六年。

松尾恒一「延年芸能の声と話法―中世寺院の芸能表現―」『口承文芸研究』二一号、一九九八年。

松崎かおり「なぜ《夜、爪を切ってはならない》のか―禁忌の構造と回避策―」国立歴史民俗博物館編『歴博』一六三号、二〇一〇年。

松谷みよ子『現代民話考Ⅳ』立風書房、一九八六年。

松永和人『左手のシンボリズム』九州大学出版会、一九九五年。

松浪久子「『首のない影』攷」福田晃編『日本昔話研究集成4 昔話の形態』名著出版、一九八四年。

松山光秀『徳之島の民俗1 シマのこころ』未來社、二〇〇四年。

ミダス・デッケルス『うんこの博物学―糞尿から見る人類の文化と歴史』作品社、二〇二〇年。

丸山學「唾考」『旅と伝説』通巻九三号、一九三五年。

三谷栄一『日本文学の民俗学的研究』有精堂出版、一九六〇年。

南方熊楠『南方熊楠全集 第一巻』平凡社、一九七一年。

南方熊楠『南方熊楠全集 第二巻』平凡社、一九七一年。

南方熊楠『南方熊楠全集 第三巻』平凡社、一九七一年。

南方熊楠『南方熊楠全集 第四巻』平凡社、一九七二年。

南方熊楠『南方熊楠全集 第五巻』平凡社、一九七二年。

南方熊楠『南方熊楠全集 第八巻』平凡社、一九七二年。

宮武省三『習俗雑記』温古書屋坂本書店、一九二七年。

宮田登『女の霊力と家の神―日本の民俗宗教』人文書院、一九八三年。

宮田登『ヒメの民俗学』青土社、一九八七年。

宮田登『宮田登 日本を語る11 女の民俗学』吉川弘文館、二〇〇六年。

武藤鉄城「音と民俗」『旅と伝説』通巻一二七号、一九三八年。

村澤博人『顔の文化誌』講談社学術文庫、二〇〇七年。

村山道宣「耳のイメージ論―日本―『聴耳』考序説」川田順造・柘植元一編『口頭伝承の比較研究2』弘文堂、一九八五年。

村山道宣「耳のイメージ考―『耳塞ぎ』の習俗をめぐって」『季刊 自然と文化』一四、日本ナショナルトラスト、一九八六年。

村山道宣「神託としての声と身振り―青ヶ島巫女のパフォーマンス伝承をめぐって」一橋大学教育研究開発センター編『人文・自然研究』1、二〇〇七年。

室井康成『日本の戦死塚―増補版 首塚・胴塚・千人塚』角川ソフィア文庫、二〇二二年。

迷信調査協議会編『日本の俗信1 迷信の実態』技報堂、一九四九年。

迷信調査協議会編『日本の俗信2 俗信と迷信』技報堂、一九五二年。

迷信調査協議会編『日本の俗信3 生活慣習と迷信』技報堂、一九五五年。

毛藤勤治編『岩手の俗信』岩手日報社出版部、一九九二年。

最上孝敬「耳鐘の話」『西郊民俗』四号、一九五七年。

最上孝敬「呪の有効性」『西郊民俗』六五号、一九七三年。

森田登代子「大雑書研究序説―『永代大雑書萬暦大成』の内容分析から」国際日本文化研究センター編・発行『日本研究』二九集、二〇〇四年。

矢口裕康「日向の河童伝承―伝承存在と意識―」『日本民俗学』一三三号、一九八一年。

安井眞奈美「胞衣の近代―『奈良県風俗誌』にみる出産習俗の変容―」天理大学文学部編『山辺の歴史と文化』奈良新聞社、二〇〇六年。

安井眞奈美編『出産・育児の近代―「奈良県風俗誌」を読む』法藏館、二〇一一年。

安井眞奈美『怪異と身体の民俗学―異界から出産と子育てを問い直す』せりか書房、二〇一四年。

安井眞奈美『狙われた身体―病いと妖怪とジェンダー』平凡社、二〇二二年。

八岩まどか『匂いの力』青弓社、一九九五年。

柳田国男編『山村生活の研究』民間伝承の会、一九三七年。

柳田国男「妖怪談義」『定本 柳田國男集』四巻、筑摩書房、一九六八年。

柳田国男「一目小僧」『定本 柳田國男集』五巻、筑摩書房、一九六八年。

柳田国男「木思石語」『定本 柳田國男集』五巻、筑摩書房、一九六八年。

柳田国男「食物と心臓」『定本　柳田國男集』一四巻、筑摩書房、一九六九年。

柳田国男「熙譚日録」『定本　柳田國男集』一八巻、筑摩書房、一九六九年。

柳田国男「鍋墨と黛と入墨」『定本　柳田國男集』一八巻、筑摩書房、一九六九年。

柳田国男「クシャミのこと（孫たちへの話）」『定本　柳田國男集』二〇巻、筑摩書房、一九七〇年。

柳田国男「野草雑記」『定本　柳田國男集』二二巻、筑摩書房、一九七〇年。

柳田国男「日本の傳説」『定本　柳田國男集』二六巻、筑摩書房、一九七〇年。

柳田国男「民俗覚書」『定本　柳田國男集』二七巻、筑摩書房、一九七〇年。

柳田国男「習俗覚書」『定本　柳田國男集』三〇巻、筑摩書房、一九七〇年。

柳田国男『明治大正史　世相篇』講談社学術文庫、一九九三年。

矢野敬一「誕生と胞衣―産育儀礼再考―」『列島の文化史　4』日本エディタースクール出版部、一九八七年。

山里純一「くしゃみの呪文『クスクェー』」『沖縄の魔除けとまじない―フーフダ（符札）の研究―』第一書房、一九九七年。

山田厳子「産怪の伝承―ケッカイの諸相―」昔話研究懇話会編『昔話―研究と資料』一四号〈『昔話と世間話』〉、一九八五年。

山田厳子「目の想像力／耳の想像力―語彙研究の可能性―」『口承文芸研究』二八号、二〇〇五年。

山田慶兒・栗山茂久編『歴史の中の病と医学』思文閣出版、一九九七年。

山中共古『甲斐の落葉』有峰書店、一九七五年。

湯浅泰雄『身体論―東洋的心身論と現代―』講談社学術文庫、一九九〇年。

養老孟司『日本人の身体観の歴史』法藏館、一九九六年。

横井清『的と胞衣―中世人の生と死』平凡社、一九八八年。

横上若太郎「頭髪の習俗ウロ覚え記」『岡山民俗』六八号、一九六六年。

横山俊夫「大雑書考―多神世界の媒介―」『人文學報』八六、二〇〇二年。

横山泰子『江戸歌舞伎の怪談と化け物』講談社、二〇〇八年。

吉田三郎「男鹿寒風山麓農民日録」『日本常民生活資料叢書』九巻、三一書房、一九七二年。

吉成直樹『俗信のコスモロジー』白水社、一九九六年。

吉村風「俗信のテキストマイニングからみる『俗信の意味』―歯の俗信を題材として」日本民俗学会第七五回年会発表資料（二〇二三年一〇月二二日、成城大学）。

渡辺信一郎『江戸の知られざる風俗―川柳で読む江戸文化』筑摩書房、二〇〇一年。

渡辺満尾「お遍路さんのおまじない」『ふるさと久万』九号、久万郷土会、一九七四年。

国立歴史民俗博物館研究成果・論文目録データベース「俗信」

国際日本文化研究センターデータベース「怪異妖怪関係資料」

解説　多様な情報源

常光　徹

頭が痛いと雨が近い（予兆）、相性が良いかどうか血液型で判断（占い）、夜は爪を切ってはいけない（禁忌）、霊柩車に出合ったら親指を隠せ（呪《まじな》い）等々、私たちの周囲には、俗信と呼ばれる身近な知識や生活の技術が数多く伝承されている。逸早く俗信の重要性に注目し、調査・研究の道を拓いたのは柳田国男である。大正二年（一九一三）創刊の『郷土研究』の誌上で「国々の言習はし」と題して各地の俗信を連載し、『郷土生活の研究法』（一九三五年）では「心意現象」と関わる俗信の理論的な枠組みを示した。柳田の関心に呼応するかのように、民俗関係の雑誌や市町村史などで俗信を取り上げる機会が増え、現在、その集積は膨大な量に達している。

この頃は俗信を気に留める人がめっきり減ったが、かつては日々の生活のさまざまな場面で機能していた。内容的にも実に多様な性格を帯びている。ただ、一行知識にも喩えられるように、短い言葉で表現される形式が一般的だという事情もあって、個々の俗信がどのような背景に根差しているのか、その実態を窺い知るのは容易ではない。

天気予報はだれもが関心を寄せる情報だが、観測データに基づく詳細な予報に接する環境が整ったのは近年のことといってよい。天気の変化を予測する知識（予兆）は、長い間、その土地で暮らしてきた人びとの経験や観測から生まれた言い伝えが、生きた知識として重宝された。観天望気に関する予兆や自然歴は、大切な生活の知恵として代々伝えられてきた。このように、俗信には日常生活の経験の積み重ねから生まれた伝承が少なくないが、無論それだけではない。俗信の情報源は多種多様である。今回、「身体編」の資料を分類・整理する過程で感じたのは、江戸時代の出版物、とくに後期の大雑書や重宝記類等に見えるまじないや占いと類似の俗信がいくつもあるという事実である。この点については、鈴木棠三《とうぞう》が『日本俗信辞典 動物編』の解説で、「近世、それも近世末期に至って、新たに増加した俗信がおびただしい量に達する」と指摘していることと無関係ではないだろう。

※

大雑書の性格について、小池淳一は「大雑書が中世の陰陽道書の系譜を近世において引き継いだものであることは、その性質の一面に過ぎない。大雑書のもう一つの重要な性質は、近世における日常の多様性とそれに対応した項目の設定である。」と述べている（「大雑書と民俗研究」『寛永九年版 大ざつしよ』）。また、森田登代子は、平安時代以降の陰陽道や宿曜道《すくようどう》の系統を引く雑書が、「近世中期にはこうした暦註に加え、日常生活全般の知識や指針などを相互に巧みに関連づけ、伊勢暦などと同様、農事や家作や日常の儀礼などに大いに参考にされるようになる。具体的には、家相・人相・さまざまな雑占・夢判じをも取り込み、内容を肥大化させ百科全書の体裁を帯びるようになった。これが大雑書である。」と述べている。そして、完成版ともいうべき大雑書が『永代大雑書萬暦大成』（天保一一年）だという（「大雑書研究序説―『永代大雑書萬暦大成』の内容分析から」二〇〇四年）。

こうした研究を参考にして、改めて『天保新選　永代大雑書萬暦大成』（安政三年再刻）を覗いてみると、今日の俗信と共通する記載が多いことがわかる。たとえば、着物を裁つときは、悪日を避けるとか夕方に縫わないなどの禁忌が知られているが、実際には、事情があって手を休めるわけにはいかない場合もある。そんなとき、愛知県知多市では「津の国の荒きえびすの衣裁ちて　時をも日をも嫌わざりけり。津の国の荒きえびすの衣なれば　入日も時も嫌わざりけり」と唱えればよいといわれる（『日本俗信辞典　衣裳編』）。この呪《まじな》い歌とほぼ同じ歌が、『永代大雑書萬暦大成』に「急ぎ物を裁つときのうた」として載っている。さらに遡って、『寛永九年版　大ざつしよ』七十一に「いそきの物をたつ時此哥よミてたつへし」として同歌がでていることを小池淳一が指摘している（「大雑書と民俗研究」）。庶民の関心が深い占いや呪いなど、生活の情報を積極的に取り込みながら変遷を重ねてきた大雑書のなかで、裁物の呪歌は脈々と受け継がれているといってよい。

身体に関するものを拾っても、「咽《のど》に骨の立たるにハ鵜の咽〳〵と三遍唱べし忽《たちま》ちぬけること妙なり」「呃逆《しやくり》の薬　柿のへたを粉にして白湯にて用ゆ又煎じてもよし」「むかふ歯（向こう歯）二まいのうちにかけあるか、間すくか申分あれハ片おやに早くはなるゝ」「耳の内に毛生るハ長命なり」「座するにかたち動き手足何となくうごき膝などふるふ人ハ貧き人と見るべし、俗に貧乏ゆるぎといふも偽《いつハり》ならず」等々、現在の伝承と響き合う例が少なくない。叮嚀《ていねい》に検索すれば相当な数にのぼるだろう。『永代大雑書萬暦大成』は、誌面の上から三分の一ほどのところに横線を引き、上欄と下段の部分に分かれるが、これらの記事は、主に上欄（頭書）に記載され、「風雨雑占」「夢はんじ」「咒咀《まじなひ》秘傳」「男女黒痣《ほくろ》吉凶」といった見出しのもとに列挙されている。記述の形式も、いわば一行知識のように簡潔に表現されたものが多くあり、この点でも俗信の特徴と通ずる面が認められる。

大雑書と並んで、というか、それ以上に俗信と関係の深いのが重宝記であろう。庶民の日常生活に必要な知識を集めた書で、江戸時代を通して出版された。内容は分野別に事例を収載し、要点を記述したものである。調法記とも書き、書型は懐中本（横小本）が一般的。その多彩な分野については、長友千代治編『重宝記資料集成』（全四五巻・臨川書院）に収録の書目一覧を見ただけで明瞭である。分野別でまとめられているため、取り上げるテーマによっては今日の俗信と共通する事例が数多く見られて興味深い。本辞典でも、『咒咀調法記』（元禄一二年）をはじめ、各種の呪い関係の重宝記集を参照した。重宝記は、「重宝」という言葉が示すように、大雑書よりさらに実用面を意識した編集になっているが、ただ、双方に重なる記述も散見される。前に紹介した着物を裁つときの呪歌は、大雑書と同じ歌が『諸民 秘伝重宝記』（江戸後期）に「衣服日をえらまず立ち縫ひする傳」として載っている。

現在、私たちが俗信と呼んでいる身近な生活の知識や技術の一部が、大雑書や重宝記と密接にかかわって伝承されてきた事実は動かし難い。その際、文言や内容を比較して双方の共通項を取り出し、俗信の情報源のひとつとして推測するのは可能だが、しかしそれが、伝承の現場でどのようなあり方をしていたのか、俗信資料を読むだけでは実態が見えてこない。おそらく、一筋縄では解けない複雑な様相を呈しているに違いない。

一九八七年の夏、高知県窪川町〈四万十町〉の市川泰三さん（一九〇九年生れ）を訪ね、話をうかがっていたとき、氏が「こんなものがあるが」と言って、引出しからうすい冊子を出して見せてくれた。表紙に「身寶千万円ニ不替」と書いてある呪い集で、中には「ものわすれせぬ咒」「くつびき。たごりの咒」「犬食ふ時の咒」など、五十三の呪いが記されていた（詳しくは『昔話伝説研究』一八号を参照）。呪いの相当数が『咒咀調法記』や『陰陽師調法記』などに記載されている内容と共通する。市川さんによれば、知人から譲り受けたもので、元は遍路が宿を借りたお礼に教えたものらしいとのことだった。遍路が所持していた書付の類いから書き写したのではないかと想像されるが、確かなことは分からない。ただ、四国遍路が一夜の宿を借りた御礼に、あるいは厚いもてなしを受けた返礼として、呪いや灸のツボを教えることはしばしばあった。

愛媛県久万町〈久万高原町〉の渡辺満尾さんは、自身が遍路から教わった「火傷のお呪い」と「血止めのお呪い」を、『ふるさと久万』九号（一九七四年）で披露している。訪ねてくるたびに世話をしていた遍路から聞いたもので、火傷の時には「すぐその場で次の文言をとなえるのです。『霜柱氷の梁《はり》に雪の桁《けた》、雨の垂木に霧の葺草《ふきくさ》、ナムアブラウンケンソワカ〳〵〳〵』。そして、痛むところを自分の口でフウフウフゥと三回吹きます。是を三回繰返すと痛みがとれます。子供さんの場合は、親が行います。以上のように教わり、その時から私は、このお遍路さんの教えて下さったことは、お大師様の教えのような気がして、このおまじないを信じるようになり」と語っている。遍路が持ち伝える呪いが、土地に根を下ろしていく様子が手に取るようにわかる。霜柱の呪歌は「身寶千万円ニ不替」にも類歌がでている。星野英紀の「四国遍路と山岳信仰」（一九七九年）によれば、「近世以降においても、修験者あるいはいわゆる行者的性格をもつ数おおくの遍路が存在していた」という。また、広江清編『近世土佐遍路資料』の法令の部には、文化七年に出た「覚」のなかに「不絶不法之者共入込毎々於諸所病気と唱数日逗留或ハ呪咀祈禱又ハ九散薬等致売買其數ニ至候而ハ」とあり、呪咀や祈禱に関わった遍路の一面がうかがえる。もちろん、四国遍路の誰もが呪符の類いを所持し呪いを伝えていたわけではない。ここに挙げた例も多様な展開の一齣《ひとこま》にすぎない。

充分に調べたわけではないが、俗信、とりわけ呪《まじな》いや占い、民間療法に関する伝承については、大雑書と重宝記の影響は大きいと考えられる。ほかにも、日常知識の百科全書的な書物で呪いや民間療法の記事を多く含むものとしては、三松館主人《さんしょうかんしゅじん》『民家日用廣益秘事大全』も充実している。また、根岸鎮衛《やすもり》『耳嚢《みみぶくろ》』、津村正恭《まさゆき》『譚海』、八隅蘆庵《やすみろあん》『旅行用心集』など、今日いう俗信を数多く書き留めた近世の書物は実に多い。曲亭馬琴『燕石雑志』巻之五上の「俗咒方」は、各種の呪いを集めたもので注目される。常に情報の拡充を図って来た大雑書の編集には、こうした状況への周到な目配りがあったのだろう。鈴木棠三が指摘したように、俗信が、近世それも近世末期に至って著しく増加した背景には、活発な出版事情と、識字率の向上が挙げられる。そこには、長野栄俊《えいしゅん》が述べるように、情報を転写という形で受容し、他者に伝えていくような階層が地方まで広がっていた一九世紀という時代が横たわっている（「予言獣アマビコ・再考」二〇〇九年）。

※

個々の俗信の生い立ちや歴史的な展開については、関連する資料が乏しいこともあり、ほとんど解明されていない。しかし、なかには先人の関心を惹き、書物や図に記録された例もあって、伝承の背景を垣間見ることができる。たとえば、ホトトギスにまつわる俗信は資料に比較的恵まれているケースといってよい。便所でホトトギスの鳴き声（とくに初音）を聞くのは凶兆とされ、難を逃れるための呪文が各地に伝えられている。明治四〇年六月、『虞美人草』の執筆に没頭していた漱石は、時の総理大臣であった西園寺公望から届いた招待を、「時鳥厠半ばに出かねたり」の句を認めて出席を断ったという。有名なエピソードだが、この句は、厠でホトトギスの初音を聞くのを忌む俗信を踏まえているとされる。『馬琴日記』天保七年四月十一日の条に、「今朝五時頃、杜鵑の初音數十聲聞之、小満後四日也。去夏、琴嶺かはやに初音を聞つけ候など思ひ出し快らず覚ゆ」と見える。この記事について、饗庭《あえば》篁村《こうそん》は「厠《かわや》にて杜鵑の聲を聞けば凶難ありといふ伝説あり。その時は、がんばり入道ほとゝぎす、と唱ふれば、災を避くなどいひて、和歌俳句とも、杜鵑を厠にて聞くことを禁忌とす」と注を加えている（花咲一男『江戸厠百姿』。『馬琴日記』中央公論社には「琴嶺が、はやに」とある）。「がんばり入道」は、大晦日に妖怪を避けるため厠で唱える魔除けの言葉でもあったらしい。鳥山石燕の『今昔画図続百鬼』（安永八年〈一七七九〉）の「加牟波理入道《がんばりにゅうどう》」の図には、「大晦日の夜、厠にゆきてがんばり入道郭公《ほとゝきす》と唱ふれは、妖怪を見ざるよし、世俗のしる所也。」の詞書がある。足の無い毛むくじゃらの手をした大入道が、厠のそばで、一羽の鳥に向けて激しく息を吹きかけている。鳥はホトトギスであろう。厠にしめ飾りが掛けてあるところをみると大晦日と思われる。『嬉遊笑覧』巻八には、「小児の諺に、除夜に厠にてがつはり入道ほとゝぎすといへるも、厠にほとゝぎすを聞を忌ることよりいひ出しとみゆ（中略）、がんばりは眼張《ガンバリ》にて、をそろしげなるものを云ひて、ほとゝぎすを怖《オド》す意なるべし」とある。また、人見必大の『本朝食鑑』には、「本邦ニモ亦言フ正月元日早晨《そうしん》厠ニ登テ杜鵑思フトキハ則凶シ」と見える。

ホトトギスの初音を忌む俗信は多いが、その一方で、この鳥の初音を心待ちにし、わざわざ鳴き声を聞きに深山に出かけることもあった。寛政五年（一七九三）の春、下北半島を歩いた菅江真澄は、日記に「郭公《ほととぎす》聞ばやと、近きあたりのかたそば、山かげをめぐるに」（四月一二日）とか、「時鳥のなくを、いざ聞てんとと（外）にいづれば、あまのめ（海女の女）ならんか老いたる声して、三人斗、『君をおもへどほととぎす』とうたふに、月はうすく曇て」（四月一六日）と記している（「おくのうらうら」）。幕末土佐の庶民生活を活写した井上静照《じょうしょう》の『真覚寺日記』にも、「今夜初て時鳥を聞ク」（万延元年四月三日）、「今朝初めて杜鵑の鳴を聞ク」（文久二年四月一二日）、「今朝より郭公《ほととぎす》を聞ク」（元治元年四月六日）といった記録が随処に見え、毎年のように初音を耳に留めている。ホトトギスの鳴き声に、初夏を迎える季節の節目を感じていたようだ。『十六夜日記』にも、「さるほどに、卯月のすゑになりければ、郭公のはつねほのかにもおもひたえたり。人づてにきけば、比企《ひき》の谷《やつ》といふところに、あまたこゑなきけるを、人きゝたりなどいふをきゝて」とあり、ホトトギスの話題をつづっている。ただし、頻りに鳴くのは不吉とされていたようで、『帝王編年記』一条天皇の長徳元年（九九五）に「今年郭公聲不レ絶。尤不吉事也。先々有レ恐」とある。

三谷栄一は「物語る日──さつき待つ心──」（『日本文学の民俗学的研究』）で、古来、ホトトギスは田植えや田の神信仰と結びついた祝福をもたらす鳥で、人びとは初音にあこがれていたと述べ、『枕草子』をはじめ多くの事例を紹介している。それが、右の『帝王編年記』の記事や、『源平盛衰記』に「今年（永万元年）の夏、郭公京中にみちみちて、頻《しきり》に群《あつま》り啼けり、此鳥は初音ゆかしき鳥也とて、すき人は深山の奥へも尋ね入る例多き事なるに、今はけしからぬ事也とて」とあるように、来訪を心待ちにしていた鳥が不吉の鳥と考えられるようになった。三谷は、凶鳥とされるようになったのは『荊楚歳時記《けいそさいじき》』など、中国の影響がつよいとみている。『荊楚歳時記』には「杜鵑《ほととぎす》初めて鳴く。先ず聞く者、別離を主り、其声を学び、人をして血を廁溷《かわや》の上に吐かしむ。聞く者不祥にして、之を厭《はら》う法、当に狗《いぬ》の声を為り以て之に応ずべしと。」とある（守屋美都雄訳注『荊楚歳時記』東洋文庫三二四）。『酉陽雑俎《ゆうようざっそ》』にも、廁で杜鵑の声を聞くのは不吉で、これを厭う方法は大声で応答することだ、とでている。

ホトトギスの鳴き声を廁で聞くのを忌む俗信の解説に、中国の文献を挙げている例は少なくない。たとえば、『本朝食鑑』や『大和本草』では『荊楚歳時記』を引用しているが、『塵添壒嚢鈔《じんてんあいのうしょう》』には「カワヤニテ郭公ヲ聞ハイム事ト云ハ大国ニモ有ル事也、カワヤニテ是ヲ聞ク時ハ犬ノホユルマネヲシテ咒フト云事、本草ノ中ニ見タリ、此辺ニハキモノヲ脱キテ払ヘナトヲハスレ共、犬ノマネハ無ニヤ」と見え、ここでは『本草綱目』を紹介している。黒川道祐《どうゆう》の『日次記事《ひなみきじ》』でも『本草綱目』を挙げて説明している。廁で聞くホトトギスを不吉とする中国からの影響で、この鳥に対するわが国のイメージは変化したようだが、実際には初音を楽しみ、農事の目安とする文化は脈々と受け継がれてきた。ホトトギスは吉凶を併せ持つ鳥といってよい。便所で聞く初音は凶兆だが、宮崎・広島県には「ホトトギスの初音を芋畑で聞くと福が来る」との伝承がある。江戸中期の随筆『夏山雑談』には、「まことや時鳥の初音を廁《かはや》にてきけば禍《わざはい》あり。芋畑にてきけば福《さいはひ》あり。是故に時鳥のなく頃は、高貴は御廁には芋を鉢に植ていれおくとなり。」と、面白い記事を載せている。

ホトトギスについてやや詳しく紹介したが、一つの俗信を注意深く眺めると、そこに伝承を取り巻く生活の歴史や文化が横たわっていて興趣が尽きない。その際、留意すべき事柄のひとつは中国の書物からの影響であろう。筆者はこの分野には不案内だが、俗信の歴史を辿り、その変化の様相を知る道標として中国の典籍は見落とせない。

あたり前のことだが、俗信は日本だけに伝承されているわけではない。人の住んでいるところには、どこでもこの言い伝えが生きている。筆者は、二〇〇二年から五年まで、中国浙江省温嶺市の民俗調査（団長　福田アジオ氏）に参加して、海沿いの村落を歩いた。調査の主な目的は俗信である。ある時、通訳をしてくれた譚秋霞さん（寧波大学学生）とシャックリのまじないについて話していたときのことである。彼女の出身地（湖南省）では「シャックリは、水を入れた茶碗の上に箸を十字に置いて、四か所から一口ずつ飲みます」と教えてくれた。私は思わずほうと声を上げた。「日本でも同じことをしますよ」と言うと、譚さんも驚いた様子。とても偶然の一致とは思えない。二人とも、どこかでこの呪《まじな》いが繋がっているのではないかと直感したのである。かつて大陸から日本に伝えられたものか。そんな想像が膨らんで、調査ではシャックリの俗信には気を付けて聞くようにした。その結果、日本の事例とも共通する伝承をいくつか確認できた（二六八頁）。「シビレがきれた時は藁切れに唾をつけて額にはる」という呪いも方々で耳にした。日本と同じである。その後、二〇〇七年から九年にかけて、中国貴州省黎平県岩洞村の調査でトン族の集落を訪ねたときにも、まったく同じ俗信が伝承されているのを知った。

中国の調査で、現地の方に教えていただいた俗信の一部（四〇〇例）は、福田アジオ編『中国江南沿海村落民俗誌』（二〇〇六年）に報告した。「乳歯が抜けたときは、上の歯はベッドの下、下の歯は屋根の上に投げる」「歯が抜けた夢は悪い」「耳が痒いのは誰かが私のことを思っている」「耳の大きい人は福がある」「夜、口笛を吹いてはいけない」「夜、爪を切ってはいけない」「クシャミをすると、家族や友だちが私のことを思っている」「モノモライは着物の裾を糸で巻く」など、身体に関する俗信だけでも我が国の伝承と共通する例がいくつもある。もちろん、それだけではない。筆者の関心からつい隣国との類似性の高い事例に目がいきがちだが、日本では耳にしない伝承も多く、また、同じタイプの俗信でも、それぞれの地域の文化に根差した独自の表現で伝えられている。

民俗学における俗信研究は、資料の整理や分類が十分ではないこともあって、関心の目を外に向ける機会が極めて少なかった。筆者もその一人なのだが、ただ、乏しい経験ではあるが、日本列島にとどまらない視野と柔軟な思考が、俗信研究の創造的な世界を切り拓く契機になるのではないかという気がする。近年の動向としては、竹原新『現代イランの俗信』（二〇二〇年）は、長年にわたる現地調査に基づく研究で、新たな可能性を予感させてくれる成果である。

このたび、「衣裳編」につづいて「身体編」をなんとか形にすることができた。気の遠くなるような俗信の山を前にして、当てもないまま整理をしていると、作業に飽きて無力感に陥ったこともあった。それでもどうにか続けられたのは、整理を進めていく過程で、これまで筆者が気づかないでいた、かつての人びとの暮らしぶりや心のくせに出会う、心躍る機会があったからに他ならない。

生活文化を考察する上で、俗信は魅力的な可能性を秘めているが、ただ、そのなかには、今日の人権意識や歴史認識に照らして不適切な表現がまま見られるのも事実である。本書に収録した資料も例外ではない。身体に関しては、とくに女性にかかわる伝承にその傾向が認められる。理不尽な差別はあってはならないが、歴史的状況を正しく理解するために、基本的に原本のままであることを御理解いただきたい。

参照した個々の俗信資料については、夥しい数に上るため明記できなかったが、この場を借りて厚くお礼申し上げる。最後に、本書をまとめるにあたって、学芸・ノンフィクション編集部の麻田江里子さんと竹内祐子さんにお世話になりました。深く感謝いたします。

む

め

も

や

ゆ

よ

り

わ

へ

ほ

ま

み

ひ

ふ

た

ち

つ

て

と

し

す

せ

そ

索　引

あ

い

う

本書は書き下ろしです。

日本《に　ほん》俗信《ぞく　しん》辞典《じ　てん》　身体編《しん　たい　へん》

常光《つね　みつ》 徹《とおる》

令和6年 7月25日　初版発行

発行者●山下直久

発行●株式会社KADOKAWA
〒102-8177　東京都千代田区富士見2-13-3
電話　0570-002-301（ナビダイヤル）

角川文庫 24254

印刷所●株式会社暁印刷
製本所●本間製本株式会社

表紙画●和田三造

ISBN 978-4-04-400818-5　C0139

◇◇◇

角川文庫発刊に際して

角川源義

第二次世界大戦の敗北は、軍事力の敗北であった以上に、私たちの若い文化力の敗退であった。私たちの文化が戦争に対して如何に無力であり、単なるあだ花に過ぎなかったかを、私たちは身を以て体験し痛感した。西洋近代文化の摂取にとって、明治以後八十年の歳月は決して短かすぎたとは言えない。にもかかわらず、近代文化の伝統を確立し、自由な批判と柔軟な良識に富む文化層として自らを形成することに私たちは失敗して来た。そしてこれは、各層への文化の普及滲透を任務とする出版人の責任でもあった。

一九四五年以来、私たちは再び振出しに戻り、第一歩から踏み出すことを余儀なくされた。これは大きな不幸ではあるが、反面、これまでの混沌・未熟・歪曲の中にあった我が国の文化に秩序と確たる基礎を齎らすためには絶好の機会でもある。角川書店は、このような祖国の文化的危機にあたり、微力をも顧みず再建の礎石たるべき抱負と決意とをもって出発したが、ここに創立以来の念願を果すべく角川文庫を発刊する。これまで刊行されたあらゆる全集叢書文庫類の長所と短所とを検討し、古今東西の不朽の典籍を、良心的編集のもとに、廉価に、そして書架にふさわしい美本として、多くのひとびとに提供しようとする。しかし私たちは徒らに百科全書的な知識のジレッタントを作ることを目的とせず、あくまで祖国の文化に秩序と再建への道を示し、この文庫を角川書店の栄ある事業として、今後永久に継続発展せしめ、学芸と教養との殿堂として大成せんことを期したい。多くの読書子の愛情ある忠言と支持とによって、この希望と抱負とを完遂せしめられんことを願う。

一九四九年五月三日

角川ソフィア文庫ベストセラー

日本俗信辞典 動物編　鈴木棠三

「ネコが顔を洗うと雨がふる」「ナマズが騒ぐと地震が起きる」「ネズミがいなくなると火事になる」——。日本全国に伝わる動物の俗信を、「猫」「狐」「蜻蛉」「蛇」などの項目ごとに整理した画期的な辞典。

日本俗信辞典 植物編　鈴木棠三

「ナスの夢を見るとよいことがある」「ミョウガを食べると物忘れをする」「モモを食って川へ行くと河童に引かれる」ほか、日本全国に伝わる植物に関する俗信を徹底収集。項目ごとに整理した唯一無二の書。

日本俗信辞典 衣裳編　常光 徹

「夜オムツを干すと子が夜泣きする」ほか。衣類を中心に裁縫道具、化粧道具、装身具、履物、被り物、寝具など身近な道具に関する民間の言い伝えを収集。「動物編」「植物編」につづく第3弾！

しぐさの民俗学　常光 徹

呪術的な意味を帯びた「オマジナイ」と呼ばれる身ぶり。人が行うしぐさにまつわる伝承と、その背後に潜む民俗的な意味を考察。伝承のプロセスを明らかにするとともに、そこに表れる日本人の精神性に迫る。

新版 遠野物語　付・遠野物語拾遺　柳田国男

雪女や河童の話、正月行事や狼たちの生態——。遠野郷（岩手県）には、怪異や伝説、古くからの習俗が、なぜかたくさん眠っていた。日本の原風景を描く日本民俗学の金字塔。年譜・索引・地図付き。

角川ソフィア文庫ベストセラー

雪国の春
柳田国男が歩いた東北
柳田国男

名作『遠野物語』を刊行した一〇年後、柳田は二ヶ月をかけて東北を訪ね歩いた。その旅行記「豆手帖から」をはじめ、「雪国の春」「東北文学の研究」など、日本民俗学の視点から東北を深く考察した文化論。

新訂 妖怪談義
柳田国男
校注／小松和彦

柳田国男が、日本の各地を渡り歩き見聞した怪異伝承を集め、編纂した妖怪入門書。現代の妖怪研究の第一人者が最新の研究成果を活かし、引用文の原典に当たり、詳細な注と解説を入れた決定版。

一目小僧その他
柳田国男

日本全国に広く伝承されている「一目小僧」「橋姫」「物言ふ魚」「ダイダラ坊」などの伝説を蒐集・整理し、丹念に分析。それぞれの由来と歴史、人々の信仰を辿り、日本人の精神構造を読み解く論考集。

山の人生
柳田国男

山で暮らす人々に起こった悲劇や不条理、山の神の嫁入りや神隠しなどの怪奇談、「天狗」や「山男」にまつわる人々の宗教生活などを、実地をもって精細に例証し、透徹した視点で綴る柳田民俗学の代表作。

海上の道
柳田国男

日本民族の祖先たちは、どのような経路を辿ってこの列島に移り住んだのか。表題作のほか、海や琉球にまつわる論考8篇を収載。大胆ともいえる仮説を展開する、柳田国男最晩年の名著。

角川ソフィア文庫ベストセラー

日本の昔話　柳田国男

「藁しび長者」「狐の恩返し」など日本各地に伝わる昔話106篇を美しい日本語で綴った名著。「むかしむかしあるところに――」からはじまる誰もが聞きなれた昔話の世界に日本人の心の原風景が見えてくる。

日本の伝説　柳田国男

伝説はどのようにして日本に芽生え、育ってきたのか。「咳のおば様」「片目の魚」「山の背くらべ」「伝説と児童」ほか、柳田の貴重な伝説研究の成果をまとめた入門書。名著『日本の昔話』の姉妹編。

日本の祭　柳田国男

古来伝承されてきた神事である祭りの歴史を「祭から祭礼へ」「物忌みと精進」「参詣と参拝」等に分類し解説。近代日本が置き去りにしてきた日本の伝統的な信仰生活を、民俗学の立場から次代を担う若者に説く。

毎日の言葉　柳田国男

普段遣いの言葉の成り立ちや変遷を、豊富な知識と多くの方言を引き合いに出しながら語る。なんにでも「お」を付けたり、二言目にはスミマセンという風潮などへの考察は今でも興味深く役立つ。

先祖の話　柳田国男

人は死ねば子孫の供養や祀りをうけて祖霊へと昇華し、山々から家の繁栄を見守り、盆や正月にのみ交流する――膨大な民俗伝承の研究をもとに、古くから日本人に通底している霊魂観や死生観を見いだす。